사도행전 주해

철학 박사 김수홍 지음

도서
출판 언약

Exposition

of

The Acts of The Apostles

by

Rev. Soo Heung Kim, S.T.M., Ph.D.

Published by
Eonyak Publishing Company
Suwon, Korea
2024

"성경의 원어를 읽든지 혹은 우리 번역문을 읽든지,
성경을 읽는 것은 성부 하나님, 성자 예수님, 성령 하나님을 읽는 것이고,
본문을 아는 것이 하나님을 아는 것이며,
성경 본문을 붙잡는 것이 하나님을 붙잡는 것이고,
성경본문을 연구하는 것이 하나님을 연구하는 것(신학)이다".

■ 머리말

성경주해(exposition of the Bible)에 관심을 기울인지 어언 43년째다. 신학교에 입학하기 전에도 성경주해에 특이하게 관심을 두었고 또 사당동 소재 총회신학교를 졸업하고 미국으로 건너가 세 곳의 신학교에서 공부할 때도 주경신학을 중심하여 연구하였다. 그리고 이민의 땅에서 30년 동안 목회하면서도 성경 주해를 출판할 것을 준비하며 정열을 쏟았다. 이제 하나님께서 필자에게 수원 소재 합동신학대학원에서 주경신학을 강의할 수 있는 기회를 주셔서 학우들에게 강의하면서 동시에 주해를 집필하여 세상에 내놓게 되었다. 이 모든 것으로 인해 하나님께 한없는 영광과 감사를 드린다.

필자는 성경을 해석하면서 문법적 해석, 역사적 해석, 그리고 정경적(신학적) 해석을 시도했다. 그러면서 동시에 주님께 성경을 풀어주시기를 간절히 기도했다. 그 이상 더 좋은 주해는 없으리라고 확신한 것이다. 주님은 세상에 계실 때 제자들에게 성경을 풀어주셨다. 사두개인들이 부활을 부인하면서 주님을 시험했을 때 주님은 출애굽기 3:6의 말씀을 들어 부활의 확실함을 논증하셨다. "나는 아브라함의 하나님이요 이삭의 하나님이요 야곱의 하나님이로라"는 말씀을 가지고 놀랍게도 부활을 논증하신 것이다(마 22:23-33; 막 12:18-27; 눅 20:27-38). 예수님은 또 부활하시던 날 엠마오를 향하여 가던 두 제자들에게 성경을 풀어주셨다. 그때 그들의 마음은 뜨거워졌다(눅 24:32). 지금도 예수님께서 성경을 풀어주실 때 우리의 마음이 뜨거워지리라고 확신한다. 세상에 여러 해석법이 있지만, 필자는 예수님께서 풀어주시는 것 이상의 좋은 주해가 없다는 생각으로 주님께 기도하면서 성경을 풀어왔고 또 풀어나갈 것이다. 그리고 다른 학자들의 건전한 깨달음을 인용한다. 다른 학자들의 건전한 깨달음도 그리스도께서 풀어주신 것이니 말이다. 또한 필자는 과거 1970년대에 한국에서의 5년간의 목회 경험과 그 후 미국에서의 30년간의 이민교회 목회 경험을 살려 주해의 적용면을 살릴 것이다.

지금은 참으로 위태한 때이다. 신학사상이 혼탁하고 민족의 윤리가 땅에 떨어졌다. 너무 어두워졌고 너무 음란해졌다. 안상무신(眼上無神), 안하무인의 시대가 되었고 서로 간에 너무 살벌해져서 소름 끼치는 시대를 만났다. 한 치 앞을 분간하기 힘든 때를 만난 것이다. 이때를 당하여 필자는 하루도 쉴 사이 없이 이 땅의 교회들과 민족을 생각하며 성경주해를 써서 내 놓는다. 이 성경주해가 세상에 나가서 세상을 밝혔으면 하는 일념(一念)뿐이다. 주님이시여, 이 나라의 교계와 민족을 살려주옵소서!

2009년 5월
수원 원천동 우거에서
저자 김수홍

▌ 일러두기
: 본 주해를 쓰면서 주력한 것

1. 성경을 성경으로 해석해야 한다는 원리를 따랐다. 따라서 외경이나 위경에서는 인용하지 않았다.

2. 본 주해를 집필함에 있어 문법적 해석, 역사적 해석, 정경적 해석의 원리를 따랐다. 성경을 많이 읽는 중에 문단의 양식과 구조와 배경을 파악해냈다.

3. 문맥을 살펴 주해하는 일에 심혈을 기울였다.

4. 매절마다 빼놓지 않고 주해하였다. 난해 구절도 모두 해결하느라 노력했다.

5. 매절을 주해하면서도 군더더기 글이 되지 않도록 노력했다. 군더더기 글은 오히려 성경을 더 복잡하게 만들어 놓기 때문이다.

6. 절이 바뀔 때마다 독자의 편의를 위하여 한 줄씩 떼어놓아 눈의 피로를 덜도록 했다.

7. 본 주해를 집필하는 데 취한 순서는 먼저 개요를 쓰고, 다음 한절 한절을 주해했다. 그리고 실생활을 위하여 적용을 시도했다.

8. 매절(every verse)을 주해할 때 히브리어 원어의 어순을 따르지 않고 한글 개역개정판 성경의 어순(語順)을 따랐다. 이유는 우리의 독자들을 위해야 했기 때문이다.

9. 구약 원어 히브리어는 주해에 필요한 때에만 인용했다.

10. 소위 자유주의자의 주석이나 주해 또는 강해는 개혁주의 입장에 맞는 것만 참고했다.

11. 주해의 흐름을 거스르는 말은 각주(footnote)로 처리했다.

12. 본 주해는 성경학자들과 목회자를 위하여 집필했지만 일반 성도들도 얼마든지 이해할 수 있도록 평이하게 집필했다. 특히 남북통일이 되는 날 북한 주민들도 읽고 이해할 수 있도록 가능한 쉽게 집필했다.

13. 영어 번역이 필요할 경우는 English Standard Version(ESV)을 인용했다. 그러나 때로는 RSV(1946-52년의 개정표준역)나 NIV(new international version)나 다른 번역판들(NASB 등)을 인용하기도 했다.

14. 틀린 듯이 보이는 다른 학자의 주석을 반박할 때는 "혹자는"이라고 말했고 그 학자의 이름은 기재하지 않았다. 그러나 단지 필자와 다른 견해를 제시하는 학자의 이름은 기재했다.

15. 성경 본문에서 벗어난 해석들이나 주장들을 반박할 때는 간단히 했다. 너무 많은 지면을 쓰는 것은 바람직하지 않고 독자들을 피곤하게 만들기 때문이다.

16. 성경 장절(Bible references)을 빨리 알아볼 수 있도록 매절마다 장절을 표기했다(예: 창 1:1; 출 1:1; 레 1:1; 민 1:1 등).

17. 가능한 한 성경 장절을 많이 넣어 주해 사용자들의 편의를 도모했다.

18. 필자가 주해하고 있는 성경 책명 약자는 기재하지 않았다(예: 1:1; 출 1:1; 막 1:1; 눅 1:1; 요 1:1; 롬 1:1 등). 제일 앞의 1:1은 욥기 1장 1절이란 뜻이다.

19. 신구약 성경을 지칭할 때는 '성서'라는 낱말을 사용하지 않고 줄곧 '성경'이라는 용어를 사용했다. '성서'라는 용어는 다른 경건 서적에도 붙일 수 있는 용어이므로 반드시 '성경'이라는 용어를 사용했다.

20. 목회자들의 성경공부 준비와 설교 작성을 염두에 두고 집필했다.

21. QT에도 적절하게 사용할 수 있도록 주해했다.

22. 가정 예배의 교재로 사용할 수 있도록 쉽게 집필했다.

23. 오늘날 믿음을 잃은 수많은 젊은이들이 주님 앞으로 돌아오기를 바라면서 주해를 집필하고 있다.

사도행전 주해

Exposition of The Acts of The Apostles

사도행전의 저자는 누구인가

　본서의 책 이름은 책 내용을 따라 사도행전(사도들의 행전)이라 붙여졌다. 복음서들은 저자의 이름을 따라 책 이름이 붙여졌고 바울 서신의 경우 주로 편지를 받는 교회 측의 이름이나 아니면 편지를 받는 개인 이름을 따라 책 이름이 붙여졌는데 사도행전은 책 내용에 맞는 이름이 붙여졌다. 그런고로 본서의 책 이름을 보아서는 누가 저자인지 전혀 분간할 수가 없다. 그리고 책 내용을 다 살펴보아도 저자 이름이 전혀 나와 있지 않다.

　그럼에도 불구하고 본서의 저자는 누가복음과 더불어 의사(醫師) 누가라고 전통적으로 알려졌을 뿐 아니라 거의 의심하는 사람이 없을 정도이다. 그렇다고 본서의 저자가 누가라고 하는 것을 반대하는 사람이 전혀 없는 것은 아니다. 튀빙겐학파의 바우르(F. C. Baur)가 본서의 저자가 누가가 아니라고 주장하고 있으며 비평학자 중 일부가 동조하고 있다. 그들이 문제 삼은 것은, 1) 본서의 기록이 바울 서신과 모순된다고 주장하고(9:19, 23, 25-28; 11:30 등과 갈 1:17-19; 2:1, 그리고 17:16; 18:5과 살전 3:1), 2) 역사적 확실성이 결여되어 있다고 주장하며(16:6; 18:22이하; 28:30 이하), 3) 누가복음서와 저작 연대가 맞지 않는다고 말한다. 다시 말해 누가복음의 저작 연대가 70년경으로 보면 사도행전은 바울이 순교하기 이전에 써야 했으므로 70년경 이후일 수는 없다는 것이다(눅 1:3과 행 1:1 참조).

　그러나 대부분의 학자들은 본서가 누가의 저작이라고 하는데 의심하지 않는다(Calvin, Meyer, Zahn, Harnack, Moffatt, Ramsay, Knowling, Lenski, Bruce, Thiessen, Kistemaker 등). 외적 증거와 내적 증거는 탄탄하다.

1. 외적 증거.

초대교회의 전승에 의하면 바울의 동료였던 의사 누가가 본서를 기록했고 전한다. 1세기 말의 "12사도의 교훈"이 행 4:32을 인용하였고, 로마의 클레멘트(100년경)가 "클레멘트 1서"에 행 20:35을 인용하였으며, 요한 사도의 제자인 폴리갑(Polycarp, AD 69-155)과 폴리갑의 제자 이레니우스(Irenaeus, AD 130-220경), 알렉산드리아의 클레멘트(Clement of Alexandria, AD 155-220경), 터툴리안(Tertullianus, AD 150-220/240경), 오리겐(Origenes, AD 185-254경), 역사가 유세비우스(Eusebius, AD 265-340경) 등도 본서의 저자를 누가라고 인정했다. 무라토리단편(Muratorian Fragment, AD 170-200)도 누가 저작을 인정했다.[1]

2. 내적증거.

1) 누가복음과 본서는 문체와 어휘 및 구조면에서 매우 밀접한 관련을 가지고 있기 때문에 동일한 저자에 의해 기록되었다고 보아야 한다.

2) 두 책의 서문은 공통점이 너무 많다. 눅 1:1-3을 보면 "우리 중에 이루어진 사실에 대하여...그 모든 일을 근원부터 자세히 미루어 살핀 나도 데오빌로 각하에게 차례대로 써 보내는 것이 좋은 줄 알았다"고 말하고, 행 1:1-2을 보면 "데오빌로여 내가 먼저 쓴 글에는 무릇 예수께서 행하시며 가르치시기를 시작하심부터 그가 택하신 사도들에게 성령으로 명하시고 승천하신 날까지의 일을 기록하였노라"고 말한다. 이 두 책은 다 같이 데오빌로 각하에게 보내는 글임을 말하고 있다. 다시 말해 누가복음은 전편이고 사도행전은 후편임을 알 수 있다.

3) 두 책은 사상의 현저한 공통점을 가지고 있다. (1) 성령을 강조하는 점들이 많다(눅 1:15, 35; 2:25-27; 3:22; 4:1, 18; 10:21; 24:49과 행 1:2; 2:1-4, 38; 8:15-17, 29, 39; 10:44-47; 13:2, 4, 9; 15:28; 16:7; 19:1-7). (2) 기도를

---

1) Kirsopp Lake and Silva Lake, *An Introduction to the New Testament* (New York: Harper & Brothers, 1937), p. 280.

강조하는 말들이 많이 나온다(눅 11:5-13; 18:1-7; 22:39-46과 행 1:24-25; 2:42; 4:31; 6:6; 10:2, 9; 12:12; 13:3; 16:25; 21:5). (3) 부자들을 경계하는 말들이 많이 나온다(눅 1:53; 6:24; 12:13-21; 16:14과 행 8:18-24). (4) 부녀자들이 봉사한 점을 많이 말하고 있다(눅 2:36-38; 7:37-50; 23:27-29과 행 9:36-43; 12:12-13; 16:13-15; 18:2; 24:24; 25:13).

　　4) 본서에는 의학 술어가 빈번하게 사용되고 있다(3:7; 9:18, 33; 13:11). 이런 사실은 본서의 저자가 의사인 누가임을 암시하고 있다(골 4:14; 딤후 4:11; 몬 1:24).

　　5) 본서에는 저자가 바울의 전도여행에 동참하였다는 것을 보여주는 말들이 많이 나온다. 특히 "우리"라고 쓴 부분(We-Section, 16:10-17; 20:5-21; 21:1-18; 27:1-28:16)은 누군가가 바울과 동행하고 있었음을 암시하고 있다. 그렇다면 바울 주위에 바울과 동행할만한 사람이 누가 이외에 또 있을 것인가. 누가가 바울의 2차, 3차 여행과 예루살렘 입성 및 로마 호송에 동행했던 사실을 알 수 있다(16:10, 40; 20:6; 21:17; 27:1-28:16).

　　6) 바울은 누가에 대해서 3번 언급하고 있는데(골 4:14; 딤후 4:11; 몬 1:24) 누가는 의사였고 바울의 동역 자였으며 끝까지 바울을 떠나지 않았던 사람이다. 그렇다면 "우리-부분"에서 바울과 동행한 사람은 누가 이외에 다른 사람일 수는 없다고 보아야 한다.

사도행전의 수신자는 누구인가?

　　누가가 본서를 저술하여 데오빌로에게 보냈다. 이 데오빌로가 누구냐에 대해서는 두 가지 학설이 있다.

　　1) 데오빌로는 실지 존재하는 인물이 아니라 하나의 상징적인 인물이라는 것이다. 데오빌로(Θεόφιλος)라는 이름의 뜻이 '하나님의 사랑'이라는 뜻이기에 모든 성도를 지칭한다고 주장하는 학자들이 있다. 다시 말해 누가는 모든 성도들에게 사도행전을 드린다는 뜻으로 "데오빌로여"라고 말했다는 것이다. 그러나 누가가 가상적인 인물에게 두 개의 책을 보내지는 않았을 것이다.

2) 데오빌로는 실지의 인물이다. 실지 인물이기에 "각하"라는 칭호가
붙은 것으로 보아야 한다. "각하"라는 칭호를 붙인 것을 보면 그는 로마의
고관이었을 것이다. 눅 1:4("각하로 그 배운 바의 확실함을 알게")에 의하면
데오빌로는 이미 믿었던 사람이다. 그리고 데오빌로라는 이름은 그리스도를
믿은 후에 새로 지음 받은 이름일 것으로 보인다.

누가는 본서를 언제 기록했는가?

누가가 사도행전을 기록한 연대에 대해서는 크게 두 가지 학설로 압축할
수가 있다.

1) 바울이 로마의 감옥에 갇혀있던 시기, 즉 AD 61-63년 사이에 기록했을
것이라는 설(Thiessen, Alford, Bruce). 이 조기(早期) 설을 뒷받침하는 근거로
는, 첫째, 누가는 바울의 로마 도착 후 2년간의 옥중 생활로 끝맺고 있으니
(28:30-31) 바울의 순교 이전에 본서를 기록한 것으로 보아야 한다. 만약
그 후에 기록했다면 누가가 바울의 순교 사건이나 혹은 일단 석방되었다가
다시 투옥된 사건을 기록하지 않을 수 없었을 것이다. 둘째, AD 64년에
발생했던 네로 황제의 핍박에 대한 말이 전혀 없는 것은 본서가 AD 64년
이전에 기록되었다는 것을 말해준다. 셋째, AD 70년의 예루살렘 멸망에
대한 기록이 본서에 전혀 없다는 것. 넷째, 만약 AD 70년 이후에 본서가
기록되었다면 AD 66-70년 사이에 벌어졌던 전쟁에서 파멸을 당한 유대인들
이 본서에 친(親) 로마 성향의 발언을 하지는 않았을 것이다(13:7, 12; 6:35-40;
18:12-17; 19:31, 37; 23:26-30; 24:23; 25:25-27; 26:30-32; 27:43; 28:30-31).
다섯째, 본서는 바울이 로마에서 복음을 증거 할 때까지를 기록하고 있고
그 후 바울이 재판을 받은 사건을 기록하지 않은 점으로 미루어 누가가 바울의
전도기간에 기록한 것으로 보아야 한다(Alford). 그런고로 본서는 AD 70년
이전에 기록되었다고 보아야 한다. 여섯째, "우리" 부분들(we-sections)과
같은 생생한 내용들이 그 사건이 경과한 지 오랜 후에 기록되었으리라고
보이지는 않는다. 여섯째, 바울과 함께 275명(도합 276명)이 지중해에서 유라

굴로 광풍을 만나 사경을 헤맸던 생생한 사건을 오랜 후, 다시 말해 70년대 후나 혹은 90년대 후에 기록했으리라고 볼 수는 없을 것이다. 그런고로 많은 학자들이 주장하는 대로 누가는 61-63년 사이에 본서를 기록했을 것으로 보인다.

2) 예루살렘 멸망 후, 즉 AD 70-80년 사이에나 혹은 AD 100-130년 사이에 기록되었을 것이라는 주장이 있다. 혹자들은 누가복음에 예루살렘 멸망에 대한 기록이 있는 것(눅 19:43-44; 21:20)을 보면 사도행전은 예루살렘 멸망 (AD 70년) 후에 기록되었을 것이라는 주장을 편다. 그러나 누가복음에 나온 예루살렘 멸망에 대한 말은 예언이지 멸망 자체는 아닌 고로 후기(後期) 설 학자들의 주장은 설득력이 약하다. 또 후기 설 학자들의 주장으로 다른 이론들을 열거하나 일단 설득력이 약한 것으로 알고 생략한다.

누가는 본서를 어디서 기록했는가?

누가가 본서를 로마에서 기록했다고 제롬(Jerome) 이후 학자들은 줄곧 주장하고 있다. 로마에서 기록했다고 주장하는 근거로 첫째, 누가는 바울이 로마에 도착하여 2년간 복음을 전한 것을 기록하고 있다는 점(28:30-31), 둘째, 누가는 로마의 관리들이 복음에 협조적이라는 것을 전하고 또 로마 고관들의 회심 담을 담고 있다는 점(13:1-17; 24:24; 25:1)이다.

누가가 본서를 집필하게 된 목적은 무엇인가?

누가는 누가복음에 이어 본서에서도 그의 기록 목적을 분명히 말하고 있다. 즉 누가는 데오빌로에게 누가복음에 기록한 것 이외에 새롭게 진행된 일들을 알게 하려고 본서를 기록한다고 말한다(1:1-5). 누가는 초대교회가 발생한 때부터 시작하여 발전해 나가는 역사를 기록한 것이다. 본서는 한 마디로 초대교회의 발전을 보여주는 발전사이고 동시에 사도들의 활동사이며 성령께서 역사하신 것을 보여주는 역사이다.

누가는 데오빌로에게 그리스도를 변증하려고 본서를 썼다. 누가는 사도들이 로마의 관헌들로부터 때로는 모진 박해와 탄압을 받으면서도(11:23-27; 16:19; 17:6-9; 19:31-35; 22:24), 또 더욱이 유대인들로부터 목숨의 위협을 받으면서도 굴하지 않고 예수는 구약에 예언된 메시아라고 전한 사실을 전하고 있다(4:12).

그리고 누가는 교회의 시작과 발전과 부흥의 역사를 써나갔는데 교회가 너무 커지자 교회에 구제 사업으로 인하여 큰 불평이 일어났을 때 일곱 집사를 세워 해결해 나가는 것을 보여주었다. 또 누가는 예루살렘 교회가 박해로 인하여 사방에 흩어져 성도들이 복음을 증거한 것을 보여주고, 마침내 수리아 안디옥에 안디옥 교회가 설립되어 세계 선교의 본부가 된 것을 기록하고 있다. 그리고 누가는 안디옥 교회의 큰 두 기둥 바울과 바나바가 성령의 파송을 받아 전도 여행을 하여 많은 교회를 세운 것을 기록하고 있다.

누가는 사도행전을 기록하여 데오빌로에게 전하면서 특별히 성령께서 임하신 것을 중심하여 전하고 있다. 성령이 오순절에 예루살렘에 임하신 사실(2:1-4)과 그 성령님이 사도들의 역사를 통하여 사마리아에 임하시며(8:17), 다음으로 베드로의 사역을 통하여 고넬료의 가정에 임하시고(10:44-45) 그리고 에베소에 임하셨음을 기록하고 있다(19:6). 아무튼 누가는 역사만 기록한 것이 아니라 예수님께서 그리스도이심과 또 성령의 활동을 세밀하게 전하고 있다.

사도행전과 전도(선교)

사도행전은 다른 어떤 행위보다도 전도(선교)가 제일 중요함을 보여주고 있다. 예수님은 부활하신 후 승천하시기 전 제자들에게 전도의 능력을 받기 위하여 예루살렘을 떠나지 말고 기다리라고 하신다(1:4). 그리고 육적인 이스라엘 나라(불신 이스라엘)를 회복하는 일보다는 성령을 받고 영적인 이스라엘 나라를 세우라고 하신다(1:8). 즉 성령을 받은 후 예루살렘, 유대, 사마리아, 땅 끝까지 복음을 전하여 영적인 이스라엘을 세우라고 하신다. 다시 말해 이스라엘의 국경을 넘어 세계적으로 영적인 이스라엘을 세우라고 하신다.

예수님의 제자들과 여자들, 예수님의 어머니 마리아, 예수님의 아우들 합해서 120 명쯤의 사람들은 예수님의 명령을 순종하여 예루살렘을 떠나지 않고 전도의 능력을 받기 위해 오로지 기도에 힘을 썼다(1:13-13).

10일이 지나 오순절에 예루살렘에 사람이 많이 모였을 때를 틈타 성령님이 오신 것도 역시 전도를 위한 것임을 알 수 있다. 또 성령을 받은 제자들이 15개국에서 온 유대인들이 알아들을 수 있는 각국 언어로 말하게 된 것(2:1-4)도 역시 전도를 위한 것을 알 수 있다. 이 때 15개국에서 온 유대인들은 120명의 성도들이 각 나라말로 예수님에 대해서 전하는 것을 들을 수 있었다(2:8-11). 성령 강림은 전도를 목적한 것이었다.

그리고 성령을 받은 베드로가 한 번 설교 했을 때 3,000명의 사람들이 회개하여 그리스도를 믿는 신자들이 되었다(2:38-41). 예수님은 또 베드로와 요한으로 하여금 나면서부터 앉은뱅이 된 사람을 고치게 하셔서(3:1-10) 많은 사람들로 하여금 베드로의 설교를 듣게 하여 큰 은혜를 끼치게 하셨다(3:11-26). 사도들이 전도하던 중 유대 교권자들의 박해를 받아 잡혀갔다가 석방된 후 동류에게 가서 함께 기도하므로 성령 충만을 다시 경험하게 되어 초대교회가 크게 활성화 되었다(4:23-31). 성령님은 사도들로 하여금 계속해서 전도하게 하셔서 예루살렘이 영적 이스라엘이 되도록 하셨다(5:12-42). 그리고 예루살렘 교회가 공궤하는 문제가 생겨 헬라파 사람들의 원망이 생겼을 때 교회 공동체는 일곱 집사를 세워 그 일을 맡기고 사도들은 계속해서 말씀 전하는 일을 전무하게 했다(6:1-6).

이제는 복음이 유대로, 그리고 사마리아로 퍼지게 하기 위해서 주님은 스데반의 순교를 허락하셔서(6:8-7:60) 성도들을 유대로, 그리고 사마리아로 흩으셔서 복음을 전하게 하신다(8:1-40). 주님은 성도들을 통하여 복음을 유대에서, 그리고 사마리아에서 전하게 하시는 중에 사울의 회심을 이끄신다(9:1-31).

그리고 주님은 베드로로 하여금 멀리 룻다에까지(9:32-35), 그리고 욥바에까지 가서 복음을 전하게 하시고(9:36-43), 더 나아가 멀리 가이사랴에까지 복음을 전하게 하셨다(10:1-48). 그리고 스데반의 순교로 말미암아 흩어진 성도들은 수리아의 안디옥에까지 이르러 복음을 유대인에게, 그리고 이방인에게 전하게 만드신다(11:19-30).

특별히 주님은 전도의 범위를 더욱 확장하시기 위해서 야고보 사도의 순교를 허락하신다(12:1). 그리하여 베드로까지 예루살렘에 남아있지 못하게 하셔서 다른 지역에 가서 복음을 전하게 하셨다.

그리고 드디어 수리아의 안디옥 교회가 두 선교사 바울과 바나바를 파송하여(13:1-3) 1차 전도여행을 마치게 했고(13:4-14:28) 2차 부터는 전도단원이 두 팀, 곧 바울 팀, 바나바 팀으로 나뉘어(15:36-41) 전도하여 3차까지 전도하게 되었다(15:40-21:16).

그리고 바울은 예루살렘에서 유대인들에게 잡혔으나(21:17-23:30) 주님은 전도를 위하여 바울의 생명을 보호하시고(23:31-26:32), 드디어 대망의 로마로 보내신다(27:1). 바울 일행이 로마로 갈 때 만난 무서운 광풍도 바울로 하여금 바다 위에서라도 전도하도록 마련하신 하나님의 섭리였다(27:2-44). 바다위에서의 풍랑 때문에 바울은 배 안에 있었던 275명(자신을 뺀 사람의 숫자)의 사람들에게 하나님을 전하는 놀라운 기회를 가졌다.

그리고 바울은 로마에 들어간 후 즉시 재판이 열리지 않고 2년간의 기간 동안 거침없이 자유롭게 복음을 전하는 기회를 가졌다(28:1-31). 사도행전은 전도를 말하는 책이다. 성령님은 사도들과 성도들을 전도하도록 거의 강압하셨다고 말해도 될 것이다. 오늘 우리 교회들은 부지런히 전도(선교) 하여 하나님의 나라를 확장하거나 아니면 하나님의 섭리로 교회가 핵분열 되어 나누어져 전도할 수밖에 없다. 우리는 스스로 전도하여 하나님의 나라를 확장하는 편을 택해야 할 것이다.

사도행전의 특징은 무엇인가?

1) 사도행전은 누가복음의 연속이다. 누가는 그의 복음서에서 예수님의 3년의 공생애 동안의 활동을 전했고 또 계속하여 사도행전에서 예수님께서

부활하신 후 30년의 활동을 전하고 있다.

2) 본서는 역사책이다. 본서는 신약에서 유일한 역사책이다. 본서는 초대 교회의 복음의 발전사, 즉 예루살렘으로부터 시작하여 유대와 사마리아와 땅 끝까지(본서에서는 로마) 이르는 복음의 발전사라고 할 수 있다.

3) 본서는 성령의 행전이다. 복음이 외적으로 계속해서 퍼져나간 데는 성령의 역사하심이 계셨다(2:1-4; 4:23-31; 5:1-11; 8:14-17; 8:29; 10:44-48; 13:1-4; 15:28; 16:6-7; 19:1-6; 20:28). 사도행전을 읽는 사람들은 성령께서 어떻게 일하셨는가를 알 수가 있다.

4) 본서는 그리스도를 변증하는 변증으로 가득 차 있다. 사도들은 로마 정권과 유대의 율법주의와 이방 세계의 신비주의에 대하여 예수 그리스도를 변증하고 있다.

5) 본서는 바울 연구에 필요한 자료를 제공하고 있다. 바울의 회심으로부터 그의 그리스도 변증, 1차, 2차, 3차의 전도여행, 체포된 후의 로마여행 등을 기록하고 있어 바울 연구에 결정적인 자료를 제공하고 있다. 바울 서신을 연구하는 사람들은 본서를 연구하지 않을 수 없다.

■ 참고도서

1.박윤선. *사도행전*, 성경주석. 서울: 영음사, 1999.

2.박형용. *사도행전주해*. 합동신학대학원출판부, 2003.

3.이상근. *사도행전*, 신약주해. 대구: 성등사, 1991.

4.브루스, F. F. *사도행전* (상), F. F. 성경주석. 이용복, 장동민 옮김, 서울: 아가페 출판사 1986.

5.브루스, F. F. *사도행전* (하), F. F. 성경주석. 김재영, 장동민 옮김, 서울: 아가페 출판사 1988.

6.렌스키, R. C. H. *사도행전* (상), 배영철역, 서울: 백합출판사, 1978.

7.렌스키, R. C. H. *사도행전* (하), 차영배역, 서울: 백합출판사, 1990.

8.몰간, 캠벨 G. *사도행전강해*, 이용복, 조계광 옮김. 서울: 아가페서원, 1999.

9.스토트, 존. *땅 끝까지 이르러: 사도행전강해*. 정옥배옮김, 서울: 한국기독학생회출판부, 1992.

10.아이언사이드, H. A. *사도행전 1*, 신성수역. 서울: 코즈미서원, 1997.

11. 윌럼 헨드릭슨. *로마서* (상), 헨드릭슨 성경주석, 손종국 옮김. 서울: 아가페출판사, 1983.

12.이순한. *사도행전강해*, 서울: 한국기독교교육연구원, 1993.

13.제자원. *사도행전 제 1-7장*, 옥스퍼드 원어 성경대전. 서울: 제자원, 2001.

14. 제자원. *사도행전 제 15장-21a장*, 옥스퍼드 원어 성경대전. 서울: 제자원, 2001.

15.토우센트, 스탠리 D. *사도행전*, 두란노강해주석시리즈 23, 허미순옮김. 서울: 두란노서원, 1983.

16.포웰, 마크 A. *사도행전신학("What Are They Saying About Acts?")*, 21세기 신학시리즈(6), 이운연역. 서울: 문서선교회, 1991.

17.화이트로우, T. *사도행전* (상), 베이커성경주석 43. 홍정수역, 서울: 기독교 문사, 1983.

18.김수흥. *데살로니가전후서, 디모데전후서, 디도서주해*, 신약성경주해. 서 울: 기독교연합신문사, 2007.

19.Alford, Henry. *Alford's Greek Testament: An Exegetical and Critical Commentary*, 4 vols. 7th ed. 1877. Grand Rapids: Guardian, 1976.

20.Arlington, French L. *The Acts of the Apostles*. Peabody: Hendriksen Publishers, 1988.

21.Barnes, Albert. *Notes on the New Testament*. Grand Rapids: Kregel, 1962.

22.Barrett, C. K. *Luke,* The Historian in Recent Study. London: Epworth, 1961.

23.Bengel, J. A. "Acts" in *Bengel's New Testament Commentary*. vol. I. Grand Rapids: Kregel. 1971.

24.Brown, David. "Acts-Romans" in *A Commentary on the Old and New Testaments,* Grand Rapids: William B. Eerdmans Publishing Company, 1989.

25.Baker, William H. "Acts" in *Baker Commentary on the Bible*. ed. by Walter A. Elwell. Grand Rapids: Baker Books, 1989.

26.Calvin, J. *The Acts of the Apostles,* Calvin's Commentaries. Trans. by J. W. Fraser et al., Grand Rapids: Eerdmans, 1973.

27.Carter Charles W. and Earle Ralph. *The Acts of the Apostles.* Grand Rapids:

Zondervan Publishing House, 1976.

28.Diberius, Martin. *Studies in the Acts of the Apostles*. London: SCM, 1956.

29.Dunn, James D. *The Acts of the Apostles*, Narratives Commentaries, ed. by Ivor H. Jones. Valley Forge: Trinity Press International, 1996.

30.Ferris, Theodore P. "The Acts of the Apostles" in *The Interpreter's Bible*, vol. 9. New York: Abingdon Press, 1954.

31.Godet, F. L. *A Commentary on the Acts of the Apostles*. Grand Rapids: Kregel, 1978.

32.Guthrie, Donald. *The Apostles*. Grand Rapids: Zondervan Publishing House, 1975.

33._____. *New Testament Theology*. Downers Grove: Inter-Varsity, 1981.

34.Hackett, H. B. *A Commentary on the Acts of the Apostles*. Philadelphia: American Baptist Publication Society, 1882.

35.Harnack, A. *The Acts of the Apostles*, Trans. by Wilkinson, Jr., London: Williams & Norgate, 1909.

36.Harrison, Everett F. *Interpreting Acts: The Expanding Church,* Grand Rapids: Zondervan Publishing Books, 1986.

37.Henry, Matthew. *A Commentary on the Holy Bible*. Marshall Bros., n.d.

38.Kistemaker Simon J. *Exposition of the Acts of the Apostles*, New Testament Commentary. Grand Rapids: Baker Book House, 1990.

39.Kent, Jr. Homer A. *Jerusalem to Rome Studies in the Book of Acts*. Grand Rapids: Baker Book House, 1994.

40.Knowling, R. J. "The Acts of the Apostles" in *The Expositor's Greek*

Testament. Nicol,. W. R. ed. Grand Rapids: Eerdmans, 1951.

41.Ladd, George E. "The Acts of the Apostles" in *The Wycliffe Bible Commentary,* ed., Everett F. Harrison. Chicago: Moody Press, 1981.

42.Lechler, Gotthart Victor. *The Acts of the Apostles,* Lange's Commentary of the Holy Scriptures vol. 9, trans. Charles F. Schaeffer. Grand Rapids: Zondervan Publishing House, 1969.

43.Longenecker, Richard N. "Acts of the Apostles" in vol. 9 of *The Expositor's Bible Commentary*, ed. by Frank E. Gaebelein. 12 vols. Grand Rapids: Zondervan, 1981.

44.Marshall, I. Howard. *The Acts of the Apostles.* Grand Rapids: Wm. B. Eerdmans Publishing Company, 1981.

45.Moulton & Milligan. *The Vocabulary of th Greek Testament.* Grand Rapids: Wm. B. Eerdmans Publishing Co., 1982.

46.Neil, William. *Acts*, New Century Bible Commentary, Grand Rapids: Wm. B. Eerdmans Publishing Co., 1987.

47.Polhill, John B. *Acts,* The New American Commentary, vol. 26. Nashville: Broadman Press, 1992.

48.Rackham, R. B. *The Acts of the Apostles.* London: Methuen, 1919.

49.Ramsay, W. M. *The Cities of St. Paul.* New York: Armstrong, 1908.

50.Robertson, A. T. *The Word Pictures in the New Testament.* London: SCM, 1957.

51.Scroggie, W. G. *The Acts of the Apostles.* New York: Harper & Brothers Publishers, n.d.

52.James Smith, *Voyage and Shipwreck of St. Paul.* 3d ed. London: Longmans, Green, 1866.

53.Smith Miles W. *On Whom the Spirit Came*: A Study of the Acts of the Apostles. Philadelphia: The Judson Press, 1948.

54.Thomas, David. *Acts of the Apostles*. Grand Rapids: Kregel Publications, 1980.

55.Various Writers. *The Book of Acts in Its Ancient Literary Setting,* vol. 1. ed. Bruce W. Winter and Andrew D. Clarke. Grand Rapids: Eerdmans Publishing Company, 1993.

56.Various Writers. *Acts,* Ancient Christian Literature on Scripture, New Testament, V. ed. Francis Martin. Downers Grove: InterVarsity Press, 2006.

57.Various Writers. "The Acts of the Apostles" in *A Commentary on the Holy Bible*, ed. by J. R. Dummelow. New York: The Macmillan Company, 1060.

58.Vincent, Marvin R. *Word Studies in the New Testament*, Vol. I. Grand Rapids: Wm. B. Eerdmans Pub., 1946.

59.Willmington, Harold L. "The Acts of the Apostles" in *King James Bible Commentary*. Nashville: Thomas Nelson Publishers, 1975.

제 1 장
성령 강림 전의 여러 준비들
(성령강림약속, 예수님의 승천, 사도보궐선거)

I. 교회가 탄생하다 1:1-2:47

본서의 저자 누가는 먼저 누가복음을 기록한 다음 본 사도행전을 썼다. 누가는 먼저 1장-2장에서 성령님께서 강림하신 사실과 성령님께서 행하신 일을 기술한다. 누가는 책 처음에 머리말을 쓰고(1:1-5) 또 성령 강림 전의 여러 준비들로서(1:6-26) 예수님께서 승천하신 일과(1:6-11) 120명이 합심기도 한 일(1:12-14), 그리고 유다를 대신할 사도를 보선한 일(1:15-26)과 드디어 오순절에 성령님께서 강림하신 사실을 기록한다(2:1-36). 그리고 누가는 성령 강림과 동시에 교회가 탄생한 것(2:37-42)과 초대 교회의 신앙생활이 어떠했는지를 밝힌다(2:43-47).

A. 머리말(prologue) 1:1-5

본서의 머리말은 당시의 서신의 머리말 형식과는 전혀 다르다. 당시의 서신의 머리말은 송신자가 수신자에게 인사하는 형식으로 되어 있으나 누가복음과 본서의 머리말은 그런 형식이 없이 직접 내용으로 들어간다. 이런 점에서 누가복음과 본 사도행전의 저자가 동일인임을 알 수가 있다.

행 1:1-2. 데오빌로여 내가 먼저 쓴 글에는 무릇 예수께서 행하시며 가르치시기를 시작하심부터 그가 택하신 사도들에게 성령으로 명하시고 승천하신 날까지의 일을 기록하였노라.

본서의 저자 누가는 이 부분(1-2절)에서 "먼저 쓴 글," 곧 '누가복음'의 내용을 요약하고 있다. 누가는 "먼저 쓴 글"의 수신자였던 "데오빌로"(Θεόφιλος, 눅 1:3)에게 다시 편지를 쓰면서 누가복음의 내용을 간략히 상기시킨다. "데오빌로"(Θεός와 φιλος의 합성어)라는 사람의 이름은 '하나님의 사랑하시는 자' 혹은 '하나님의 친구'라는 뜻이다. 혹자는 "데오빌로"라는 사람은 실제로 존재했던 인물이 아니라 가상적인 인물이라고 주장하나 누가복음의 서문(눅 1:1-4)에 보면 '각하'라는 칭호가 붙어있는 것을 볼 때 실제로 존재했던 인물이다. 누가가 가상적인 인물에게 두 개의 책을 보낼 이유는 없었을 것이다. 아무튼 데오빌로라는 사람이 누구냐를 놓고 이런저런 추측을 시도하나 모두 추측일 뿐이다. 다만 데오빌로라는 사람은 기독교의 진리에 상당한 지식을 가지고 있었던 사람이었던 것은 분명하다(눅 1:3-4).

누가는 데오빌로 각하(각하라는 칭호는 로마의 고관에게 붙여진 칭호임)에게 "내가 먼저 쓴 글에는 무릇 예수께서 행하시며 가르치시기를 시작하심부터 그가 택하신 사도들에게 성령으로 명하시고 승천하신 날까지의 일을 기록하였노라"고 말한다. 곧 '내가 먼저 쓴 책, 즉 누가복음에는 예수께서 행하시며 가르치시기를 시작하심부터 그가 택하신 열 한 사도들(당시 아직 사도를 보충하지 않은 때였다)에게 성령으로 명하시고 승천하신 날까지의 일을 기록하였다'는 것이다. 여기 "예수께서 행하시며 가르치시기를 시작하심부터"란 말은 '예수님께서 사역을 시작하시고 또 가르치시기를 시작하실 때부터 계속하여'란 뜻이고 "그가 택하신 사도들에게 성령으로 명하시고 승천하신 날까지의 일을 기록하였노라"는 말은 '예수님께서 택하신 열 한명의 사도들에게 성령으로 명령을 주시고(24:47-49) 또 예수님께서 승천하신 날까지의 일을 기록했다(9절; 막 16:19; 눅 9:51; 24:51; 딤전 3:16)'는 뜻이다. 여기 "성령으로 명하시고"(ἐντειλάμενος...διὰ πνεύματος ἁγίου)란 말은 '성령을 통하여 명령을 내리시고' 혹은 '성령으로 지시하시고'란 뜻이다(10:41-42; 마 28:19; 막 16:15; 요 20:21). 예수님께서 그의 택하신 11 사도들에게 성령으로 명하실 수 있었던 것은 예수님께서 성령으로 충만하셨기 때문이었다. 예수님은 세례 받으실 때 성령과 능력으로 기름부음을 받으셨다(10:38; 눅 4:1, 18). 그리고 그는 성령님의 역사에 의하여 부활하셨으며(롬 1:4), 또 부활하신 날 저녁 때 제자들을 찾아가서서 "저희를 향하여 숨을 내쉬며 이르시되 성령을 받으라"고 말씀하셨는데 그것은 제자들이 앞으로 사역할 때 성령님이 함께 하실 것을 암시하신 것이다(요 20:22). 예수님께서 사도들에게 지시하신 내용은 누가복음 24:47-49에 있다(마 28:18-20; 막 16:15-18 참조). 그리고 실제로 예수님은 제자들이 전도하던 사역의 현장에서 성령을 통하여 사도들을 지시하셨다(16:7).[2] 베드로도 성령님의 지시를 따라서 사마리아에도 가고 혹은 고넬료의 집에도 가서 복음을 전했고, 바울 역시 성령의 지시를 따라 전도여행을 했다. 이렇게 예수님께서 성령을 통하여 사도들을 지시하셔서 교회가 확장된 사실을 기록한 사도행전은 성령행전이란 말이 붙여지게 되었다. 성령을 통한 명령은 사도들에게 반드시 필요했었다. 오늘 우리에게도 성령님의 명령은 반드시 필요하다.

행 1:3. 그가 고난 받으신 후에 또한 그들에게 확실한 많은 증거로 친히 살아 계심을 나타내사 사십 일 동안 그들에게 보이시며 하나님 나라의 일을 말씀하시니라.

누가는 예수님께서 십자가에서 "고난 받으신 후," 즉 '십자가에 못 박히셨다가 부활하신 후'에 두 가지 사역을 하셨다고 말한다. 하나는 "그들에게 확실한 많은 증거로 친히 살아 계심을 나타내사 사십 일 동안 그들에게 보이셨다"고 말한다(막 16:14; 눅 24:36; 요 20: 19, 26; 21:1, 14; 고전 15:5). '예수님은 많은 확실한 증거를 가지고 40일 동안 자신이 부활하셨음을 사도들에게 보여 주셨다.' 예수님은 십자가에서 대속의 죽음을 죽으시고 부활하신 후에는 항상 함께 계신 것이 아니라 나타나셨다가 사라지시고 또 나타나셨다가 사라지시는 형식으로 40일 동안 제자들에게 자신을 보여주셨다.[3] 예를 들면 부활하신

---

2) Simon J. Kistemaker, *Exposition of the Acts of the Apostles,* New Testament Commentary (Grand Rapids: Baker Book House, 1990), p. 48.

주일 저녁 제자들이 문을 닫고 있는 중에 평강을 선언하시면서 자신이 부활하신 사실을 보여주셨고(눅 24:36-43; 요 20:19-25) 또 다음 주일에도 보여주셨다(요 20:26-29). 그리고 제자들이 갈릴리 바다로 물고기 잡으러 갔을 때도 또 찾아오셔서 자신을 보여주셨다(요 21:1-14). 이렇게 여러 차례 예수님은 자신이 부활하신 사실을 보여주셨다(마 28:9, 17; 막 16:9, 12, 14; 눅 24:1-12, 13-35; 요 20:1-18, 19-25, 26-29; 고전 15:5-7).

그리고 예수님께서 또 두 번째 하신 사역은 "하나님 나라의 일을 말씀하신 것이다." 여기 "하나님 나라의 일"($\tau\grave{\alpha}$ $\pi\epsilon\rho\grave{\iota}$ $\tau\hat{\eta}s$ $\beta\alpha\sigma\iota\lambda\epsilon\acute{\iota}\alpha s$ $\tauο\hat{\upsilon}$ $\theta\epsilonο\hat{\upsilon}$)이란 '하나님 나라에 관한 일들'을 지칭하는 말로 예수님은 부활하신 후 40일간 제자들로 하여금 만민에게 예수 그리스도를 전파하여 사람들의 마음과 생활에 하나님의 나라, 곧 하나님의 통치가 실현되게 하라고 교훈하셨으며, 예수님의 재림 후에 온전히 실현되는 하나님 나라를 기대하도록 교훈하셨다. 예수님의 메시지는 항상 하나님 나라가 주제였다. 누가가 쓴 누가복음에도 "하나님 나라"("Kingdom of God")란 말이 30번이나 나타나고 있으며 본서에도 여러 차례 나타나고 있다(1:6; 8:12; 14:22; 19:8; 20:25; 28:23, 31).[4] 그러니까 예수님은 십자가 고난을 받으시기 전에도 하나님의 나라를 교훈하셨고 또 부활하신 후 40일간에도 역시 하나님 나라에 대하여 가르치셨으며 또 예수님께서 승천하신 후 사도들이 전파한 것을 기록해놓은 본서를 보아도 역시 하나님 나라(하나님의 통치)가 주제였다. 우리도 역시 예수님께서 주제로 여기셨던 하나님의 나라가 이 땅의 사람들에게 임하도록 그리스도의 복음을 전파해야 하고 동시에 사람들로 하여금 앞으로 온전히 이루어질 재림 후의

---

3) 예수님께서 부활하신 후 40일 동안 세상에 계시면서 확실한 증거로 나타나신 횟수는 적어도 10회에 이른다. 1) 무덤에서 여인들에게 나타나심(마 28:9-10), 2) 막달라 마리아에게 나타나심(막 16:9-11; 요 20:11-18), 3) 엠마오 도상의 두 사람에게 나타나심(막 16:12; 눅 24:13-32), 4) 예루살렘에서 베드로에게 나타나심(눅 24:34; 고전 15:5), 5) 부활 후 첫째 주일 10명의 제자들에게 나타나심(눅 24:36-43; 요 20:19-23), 6) 둘째 주일 11명의 제자들에게 나타나심(요 20:24-29; 고전 15:5), 7) 갈릴리 바다에서 7명의 제자들에게 나타나심(요 21:1-23), 8) 갈릴리에서 11명의 제자들에게 나타나심(마 28:16-20; 막 16:14-18), 9) 500여 형제에게 나타나심(고전 15:6), 10) 예수님의 형제 야고보에게 나타나심(고전 15:7).

4) Simon Kistemaker, p. 49.

하나님 나라를 기다리도록 해야 할 것이다. 지금 우리는 그리스도의 주제인 하나님 나라를 전하는 대신 기독교의 변죽을 울리고 있는 것은 아닌지 살펴야 할 것이다.

행 1:4. 사도와 함께 모이사 그들에게 분부하여 이르시되 예루살렘을 떠나지 말고 내게서 들은 바 아버지께서 약속하신 것을 기다리라.

예수님께서 40일간 제자들에게 나타나시다가 마지막에 "사도와 함께 모이셨다." 무엇인가를 분부하시려고 함께 모이신 것이다. 예수님은 두 가지를 분부하신다. 하나는 "예루살렘을 떠나지 말라"고 분부하신다. 성령을 받기까지 "예루살렘을 떠나지 말라"고 하신 이유는 예수님께서 십자가를 지시기 전에 이미 "위로부터 능력으로 입혀질 때까지 이 성에 머물라"고 약속하셨기 때문이었다(2:33; 눅 24:49; 요 14:16, 26-27; 15:26; 16:7). 그리고 또 예수님은 예루살렘5)이 복음 운동의 시발점이 되게 하시려는 의도였을 것이다. 바울 사도도 역시 예루살렘이 복음 운동의 시발점이라는 뜻으로 말한바 있다(롬 15:19). 그리고 구약 성경의 예언에도 여호와의 말씀이 예루살렘으로부터 나오리라고 예언되어 있기 때문이었을 것이다(사 2:3).

또 하나의 다른 분부는 "내게서 들은 바 아버지께서 약속하신 것을 기다리라"는 분부이다. 즉 '예수님에게서 들은 바 하나님께서 약속하신 것, 곧 성령님을 기다리라'는 분부이다. 예수님은 제자들에게 성령을 주시리라는 약속을 여러 차례 하셨다(눅 24:49; 요 14:15-16, 25-26; 15:26; 16:7, 13). 성령을 기다리지 않고 주님의 일을 한다는 것은 어려움을 의미한다. 박윤선목사는 "신자들은 종종 사업욕에 끌려 덤비면서 기도는 하지 않고 일만 한다. 그렇게 나아가면서 하나님의 일을 사람의 힘으로 하려다가 결국 실패한다"라고 말한다.6) 오늘 우리도 역시 성령의 충만을 매일 구하여 성령님이 주시는 힘으로

---

5) "예루살렘"(Jerusalem)은 팔레스틴의 주요 도시이다. 유대교도와 기독교도에게는 '위대한 왕도(王都)'로서, 또 이슬람교도에게는 제 3의 성도(聖都)로서 신성시되고 있다.

6) 박윤선, *사도행전*, 성경주석 (서울: 영음사, 1999), p. 42.

주님의 일을 해야 한다.

행 1:5. 요한은 물로 세례를 베풀었으나 너희는 몇 날이 못 되어 성령으로 세례를 받으리라 하셨느니라.

예수님은 앞 절(4절)에서 제자들에게 "아버지께서 약속하신 것," 곧 '성령'을 기다리라고 말씀하시고는 이제 "너희는 몇 날이 못 되어 성령으로 세례를 받을 것이라"고 말씀하신다(2:4; 11:15; 욜 3:18). 그런데 예수님께서 세례 요한이 요단강에서 사람들에게 세례를 베푼 사실을 상기시키시는 이유는 무엇인가(본 절 상반 절). 그 이유는 세례 요한이 세례 받으러 나아오는 사람들에게 앞으로 사람들이 성령으로 세례를 받을 것이라고 약속한대로 예수님은 세례 요한의 약속을 이루셔야 하므로 세례 요한이 물로 세례를 베푼 사실을 말씀하신 것이다(11:16; 19:4; 마 3:11; 막 1:8; 눅 3:16). 베드로도 훗날 세례 요한이 한 말을 되풀이했다(11:16).

예수님께서 앞으로 며칠이 못 되어 사람들이 성령으로 세례 받을 일을 말씀하시면서 세례 요한의 물세례를 언급하시는 또 하나의 이유는 세례 요한의 세례는 성령 세례에 앞서야 하는 세례였기 때문이었다. 다시 말해 세례 요한의 세례는 죄 사함을 받게 해주는 회개의 세례였기 때문이었다. "죄 사함"이란 '죄를 말끔히 씻는 것'을 뜻하고(시 103:12; 사 1:18; 44:22; 55:6-7; 미 7:18-19), "회개"란 마음의 근본적인 변화를 뜻하는데(고후 7:8-10; 딤후 2:25 참조) 요한의 세례는 죄 사함을 받게 해주는 세례이다. 그러니까 "회개의 세례"란 '회개한 자에게 베푸는 세례'란 뜻인데 요한은 회개한 사람들에게 물로 세례를 베풀었다. 다시 말해 요한은 회개한 사람에게 그 사람이 회개했다는 표시로 물속에 잠근 것이다. 그런데 성령 세례는 하나님께서 성령으로 베푸시는 세례로서 성령 속에 잠그시는 것을 지칭한다. 다시 말해 최초로 성령을 체험하게 하시는 것을 말한다.[7]

---

7) "성령으로 세례를 베풀다"(혹은 "받다"라는 말)는 말은 신약성경에 일곱 번 나온다(마 3:11; 막 1:8; 눅 3:16; 요 1:33; 행 1:5; 11:16; 고전 12:13). 마 3:11; 막 1:8; 눅 3:16; 요 1:33;

여기 한 가지 문제는 제자들은 이미 성령으로 세례를 받았기에 예수님을 향하여 주님이라고 고백했는데(마 16:16-17; 요 13:10; 15:3; 고전 12:3) 또 다시 성령으로 세례를 받아야 한다는 말씀은 이상하게 여겨질 수도 있다. 그러나 "너희는 몇 날이 못 되어 성령으로 세례를 받으리라"는 말씀은 사도들만을 지칭하는 것이 아니라 오순절에 성령 세례를 받을 120명 전체를 의미하는 것으로 보아야 한다.8) 120명은 오순절 날 성령 세례를 받았고 또 동시에 모두 성령의 충만함을 받았다(2:4).

B. 성령강림을 위한 준비 1:6-26

예수님은 앞에서 성도들이 성령 세례를 받으리라고 말씀하셨는데(1-5절) 누가는 성령님이 강림하시기 전에 몇 가지 준비가 필요하다고 말한다. 첫째, 예수님께서 승천하셔야 하고(6-11절), 둘째, 120명이 합심으로 기도하는 것이 필요하며(12-14절), 셋째, 구약의 예언대로 가룟 유다를 대신할 사도를 보충하는 일이라고 말한다(15-26절).

1. 예수님께서 승천하시다 1:6-11

성령님이 강림하시기 위해서는 예수님의 승천이 반드시 필요했다(요 16:7). 예수님께서 하늘로 오르신 기사는 본서 이외에도 마가복음과 누가복음에도 기록되었는데 그러나 본서가 가장 상세하게 전하고 있다. 본서는 예수님께서 부활하신 후 40일간 계시면서 사역하신 것과 또 승천하신 사건을 잘

행 1:5 등은 오순절 성령 강림을 앞에 두고 예언하는 구절들이고, 행 11:16은 오순절 성령 강림 후에 베드로가 과거를 돌아보고 하는 말이었다. 오순절 성령 강림은 예수님께서 하늘에 올라가셔서 아버지께로부터 성령을 받아서 베푸셨다는 점에서(행 2:33) 예수님의 천상 사역이다. 교회를 탄생시킨 오순절 성령 강림은 다시는 반복되지 않는 단회적인 사건이다. 단번에 오신 성령님은 불이 옮겨 붙듯 고넬료의 가정에(행 11:15, 17), 그리고 고린도의 성도들에게도 역사하셔서 성령 세례를 베푸셨다(고전 12:13). 성도들은 한번 성령 세례를 받은 다음에는 다시 성령 세례를 받는 일은 없고, 이후에는 성령으로 충만해야 하는 일만이 남는다.
8) 성령님이 최초로 임하는 것을 성령 세례라 하고 그 다음으로는 성령 충만에 이른다고 말한다. 그러니까 성령세례를 받은 사람들은 매일 성령으로 충만함을 받아야 한다. 다시 말해 성령의 지배와 인도를 받아야 한다.

전해주고 있다.

행 1:6-7. 그들이 모였을 때에 예수께 여쭈어 이르되 주께서 이스라엘 나라를 회복하심이 이 때니이까 하니 이르시되 때와 시기는 아버지께서 자기의 권한에 두셨으니 너희가 알 바 아니요.

사도들이 감람산에 모였을 때 사도들의 최대의 관심사를 예수님께서 여쭈었다(본 절의 사도들의 모임은 문맥에 의하여 아마도 4절에 모인 그 모임일 것이다). 본문의 "여쭈어"(ἠρώτων)라는 말은 미완료과거 시제로 제자들이 예수님께 계속해서 여쭌 것을 보여준다. "주께서 이스라엘 나라를 회복하심이 이 때니이까"하고 계속해서 여쭈었다(사 1:26; 단 7:27; 암 9:11; 마 24:3). '주님께서 이스라엘 나라를 독립시키고 회복시킬 때가 예수님께서 부활하신 바로 이 때입니까?'하고 여쭌 것이다. 제자들은 예수님(4-5절)의 말씀을 듣고 혹시 이 땅에 정치적인 뜻에서의 메시아 왕국이 임박한 것으로 오해하고 다소 흥분된 마음으로 거듭 반복하여 질문한 것이다. 제자들은 예수님께서 이스라엘 나라를 로마로부터 독립시키고 회복시키시면 자신들도 권력의 자리에 앉을 것이라는 기대감에 사로 잡혀있었다(막 10:35이하; 눅 22:24이하). 그래서 그들이 이구동성으로 질문했다.

그런데 예수님은 "때와 시기는 아버지께서 자기의 권한에 두셨으니 너희가 알 바 아니라"고 답하신다(마 24:36; 막 13:32; 살전 5:1). "때"(χρόνους, times, duration-periods)란 말은 일반적으로 환경에 관계없이 절대적인 때, 또는 긴 시간을 지칭하고, "시기"(καιρούς, appropriate seasons)란 말은 일반적으로 환경이나 형편과 관련된 어느 특정한 시점을 가리킨다.9) 다시 말해 '어떤 특별한 사건이 발생하는 결정적인 시기'를 지칭한다(마 24:3, 36; 행 1:7). 그런데 이 두 낱말이 다 복수라는 사실을 감안할 때 예수님의 답변은 '하나님의 모든 계획과 모든 섭리는 아버지께서 자기의 권한에 두셨으니

---

9) 옥스퍼드 원어 성경대전 사도행전 1-7장, (서울: 제자원, 2001), p. 54.

너희들이 알바가 아니라'는 뜻이다. 그러니까 이스라엘 나라의 독립과 회복의 시기만 아버지께서 가지의 권한에 두신 것이 아니라 모든 계획들과 섭리들, 예컨대 예수님의 재림의 시점까지도 하나님의 손안에 두셨다는 뜻이다. 우리는 하나님의 권한에 두신 모든 계획과 섭리에 대해서는 더 알려고 할 것이 아니라 우리가 해야 할 일이나 열심히 해야 할 것이다(다음 절).

행 1:8. 오직 성령이 너희에게 임하시면 너희가 권능을 받고 예루살렘과 온 유대와 사마리아와 땅 끝까지 이르러 내 증인이 되리라 하시니라.
첫 낱말 "오직"(ἀλλά)이란 말은 바로 앞 절(7절)과 대조를 나타내는 말이다. 바로 앞 절에서 예수님은 아버지께서 이스라엘 나라의 독립과 회복을 수중(手中)에 두셨으니 제자들이 알려고 할 것이 아니고 "오직 성령이 너희에게 임하시면 너희가 권능을 받고 예루살렘과 온 유대와 사마리아와 땅 끝까지 이르러 내 증인이 되리라"고 하신다. 예수님은 "성령이 너희에게 임하시면 너희가 권능을 받는다"고 하신다(눅 24:49). 사도행전에 보면 성령이 임하시면 "은혜"도 임하고(6:8), "권능"도 임하며(6:8), "지혜"도 임하는 것(6:10)을 볼 수 있다. 성령님은 모든 것을 주신다. 우리는 성령 충만을 받아서 권능으로 무장되어 복음을 잘 전할 수 있어야 한다. 오늘 전도자들이 모두 권능을 받아 복음을 전하고 있는지 살펴보아야 할 것이다. 우리는 하루에도 여러 시간씩 기도하지 않으면 성령 충만에 이를 수 없고 따라서 권능으로 충만하지 못하게 된다.

우리가 성령을 받고 권능으로 충만하여 해야 할 일은 "예루살렘과 온 유대와 사마리아와 땅 끝까지 이르러 내(예수님의) 증인이 되는 것"이다(22절; 2:32; 눅 24:48; 요 15:27). 우리는 가까운 곳으로부터 시작하여 점점 먼 곳으로 옮겨가면서 예수님을 증거 하는 사람들이 되어야 한다. 예수님의 이 말씀대로 사도들은 복음을 증거해 나갔다. 그들은 먼저 예루살렘 전도에 힘썼고(3장-7장), 유대와 사마리아에 복음을 전했으며(8장-12장), 땅 끝까지 (이방) 전도하였다(13장-28장). 사도행전은 28장에서 멈추었지만 복음은 그

후 계속해서 땅 끝까지 전파해 나갔다. 오늘날 20세기와 21세기에 들어 우리나라가 땅 끝 전도에 일익을 감당하게 된 것은 큰 은혜가 아닐 수 없다.

오늘 우리 전도자와 성도들은 예수님의 복음을 증거 할 때 순교의 정신으로 무장되어 전해야 할 것이다. 이유는 예수님께서 "내 증인이 되리라"고 하셨기 때문이다. "증인"(μάρτυρες)이란 말은 '순교자들'이란 뜻도 포함하고 있다(22:20; 계 2:13; 17:6). 많은 증인들은 피를 흘렸다. 예수님의 제자들은 요한을 제외하고는 모두 순교하였다고 한다. 스데반 집사도 역시 순교하였다(7:54-60).

행 1:9. 이 말씀을 마치시고 그들이 보는데 올려져 가시니 구름이 그를 가리어 보이지 않게 하더라.

예수님은 제자들에게 땅 끝까지 "내 증인이 되리라"(앞 절)고 하시고 "그들이 보는데 올려져 가셨다"(눅 24:5-51; 요 6:62). 다시 말해 제자들이 보는 가운데 승천하셨다(2절). 예수님은 제자들에게 그의 부활하심을 보이실 만큼 보이시고 또 제자들에게 사명을 맡기신 다음에는 더 이상 땅위에 나타나실 필요가 없으셔서 제자들이 보는 가운데 승천하셨다. 예수님은 부활하신 후 40일간 나타나셨다가 보이지 않으셨다가를 반복하셨는데 이번에는 아주 보이지 않기 위하여 제자들이 보는데서 승천하셨다. 그 동안 예수님이 보이지 않으신 때에는 하늘에 올라가셨다가 내려오신 것으로 보인다(F. F. Bruce). 이제는 그런 식의 방문을 더 이상 하시지 않는다는 뜻으로 제자들이 보는데서 승천하신 것이다. 예수님은 이제 재림하실 때까지는 하나님 우편에 계시다가 오실 것이다. 예수님은 하나님 우편에서 우리를 위하여 기도하실 뿐 아니라 모든 원수를 그 발 아래 두는 일을 하신다.

그런데 예수님께서 마지막으로 승천하실 때 "구름이 그를 가리어 보이지 않게 했다." 여기에 말씀하신 "구름"은 쉐키나(the Shekhinah)의 구름, 다시 말해 모세의 회막 위에 머물렀던 영광의 구름이었을 것이다(출 40:34). 예수님은 영광의 구름에 쌓여 승천하셨다.

행 1:10-11. 올라가실 때에 제자들이 자세히 하늘을 쳐다보고 있는데 흰 옷 입은 두 사람이 그들 곁에 서서 이르되 갈릴리 사람들아 어찌하여 서서 하늘을 쳐다보느냐 너희 가운데서 하늘로 올려지신 이 예수는 하늘로 가심을 본 그대로 오시리라 하였느니라.

누가는 이 부분(10-11절)에서 예수님께서 승천하실 때 두 부류의 피조물이 행동한 것을 진술하고 있다. 하나는 "제자들이 자세히 하늘을 쳐다보고 있었다"는 것을 진술한다. "자세히 쳐다보고 있었다"(ἀτενίζοντες)는 말은 '주의 깊게 응시하는 행위'를 지칭한다. 변화산에서 예수님께서 변모하신 것을 경험한 제자들은 이번에도 역시 구름이 걷히고 다시 예수님을 뵈올 수 있으리라고 기대했는데 기대에 어긋나게도 보이지 않게 되자 흰옷 입은 두 천사가 나타나서 그들 곁에 서서 말씀하는 것을 볼 수 있었다. 제자들은 드디어 다른 광경을 목격하게 된 것이다.

또 하나는 흰옷 입은 두 천사의 활동을 기술하고 있다. "흰 옷 입은 두 사람이 그들 곁에 서서 이르되 갈릴리 사람들아 어찌하여 서서 하늘을 쳐다보느냐 너희 가운데서 하늘로 올려지신 이 예수는 하늘로 가심을 본 그대로 오시리라"고 말한 것을 기술하고 있다. 흰옷 입은 두 천사들(10:3, 30; 마 28:3; 막 16:5; 눅 24:4; 요 20:12)은 제자들을 향하여 "갈릴리 사람들아"라고 부른다(2:7; 13:31). 그들은 제자들이 갈릴리 출신인 줄 알았다. 예수님과 천사들은 오늘 우리의 처지도 잘 알고 계신다. 천사들은 제자들이 필요 없는 일을 하고 있다고 말한다. 곧 "어찌하여 서서 하늘을 쳐다보느냐"고 묻는다. 이제는 하늘을 쳐다볼 필요가 없다는 뜻이다. 천사들은 "너희 가운데서 하늘로 올려지신 이 예수는 하늘로 가심을 본 그대로 오시리라"고 말해준다(막 14:62; 눅 21:27; 요 14:3; 살전 1:10; 4:16; 살후 2:10; 계 1:7). "하늘로 가심을 본 그대로 오시리라"는 말씀은 '하늘로 가신 그 모습 그대로 구름을 타고 영광중에 다시 나타나리라'는 말씀이다(F. F. Bruce). 예수님은 승천하신 모습 그대로 육체를 입으신 대로 오실 것이며 또 구름 타고 영광중에 오실 것이다. 우리는 그 주님을 지금도 기다리고 있다.

2. 120명이 합심기도하다 1:12-14

예수님께서 승천하신 후 제자들은 예루살렘으로 돌아와 마가의 다락방에서 합심하여 기도한다. 그들은 하나님 아버지께서 약속하신 성령 강림을 위해서 기도했다. 하나님께서 주시기로 약속하셨어도 사람들이 기도하는 일은 필수적이다(겔 36:37). 120명은 마음을 같이하여 오로지 기도에 힘썼다.

행 1:12. 제자들이 감람원이라 하는 산으로부터 예루살렘에 돌아오니 이 산은 예루살렘에서 가까워 안식일에 가기 알맞은 길이라.

예수님께서 승천하신(9-11절) 후 제자들은 뿔뿔이 흩어지지 않고 "감람원이라 하는 산으로부터 예루살렘에 돌아왔다"(눅 24:52). 예수님의 분부에 따른 것이다(4절). "감람원이라 하는 산"(눅 19:29; 21:37)은 보통 "감람산"이라고 불린다(마 21:1; 24:3; 26:30; 요 8:1). "감람산"이 감람산이라고 불리는 이유는 감람나무가 많기 때문이다. 그런데 눅 24:50-51에는 예수님께서 승천하신 곳이 "베다니 앞"이라고 말한다. 감람산이 베다니 앞에 있으니 누가가 그렇게 기록한 것이다. 감람산은 예루살렘 동쪽에 길게 뻗은 산이고, 베다니는 감람산의 동쪽 기슭에 위치하고 있다.

그런데 누가는 감람산과 예루살렘의 거리가 멀지 않다고 이방인 데오빌로에게 말한다. 그저 "안식일에 가기 알맞은 길이라"고 한다. 누가가 이렇게 사람이 안식일에 가기 알맞은 길이라고 말한 이유는 결코 예수님께서 안식일에 승천하셨다는 뜻은 아니다. 예수님은 목요일에 승천하셨다(부활절 40일째는 목요일임). 아마도 이방인이었던 데오빌로가 유대나라의 관습, 곧 사람이 안식일에 가기 알맞은 거리가 얼마인지는 잘 아나 유대나라의 지도에는 어둔 고로 감람산과 예루살렘의 거리(대략 5 리)를 알려줄 생각으로 말한 것 같다.

행 1:13. 들어가 그들이 유하는 다락방으로 올라가니 베드로, 요한, 야고보, 안드레와 빌립, 도마와 바돌로매, 마태와 알패오의 아들 야고보, 셀롯인 시몬,

야고보의 아들 유다가 다 거기 있어.

누가는 예수님의 제자들이 예루살렘으로 "들어가 그들이 유하는 다락방으로 올라갔다"고 말한다(9:37, 39; 20:8). 이 다락방은 입증된 것은 아니지만 예수님과 그의 제자들이 유월절을 먹었던 장소였을 것(눅 22:12)으로 보인다(Zahn, Alford, Bruce, Vincent, Kistemaker). 그리고 또 이 다락방은 예수님께서 부활하신 후에 찾아오셔서 제자들에게 보이셨던 그 다락방일 것이다(눅 24:33, 38; 요 20:19-20, 26-28).

그리고 그 다락방에는 "베드로, 요한, 야고보, 안드레와 빌립, 도마와 바돌로매, 마태와 알패오의 아들 야고보, 셀롯인 시몬(눅 6:15), 야고보의 아들 유다(유 1:1)가 다 거기 있어" 기도에 전념하고 있었다. 복음서 기자들은 자기들이 쓴 복음서에 사도들의 명단을 기록하고 있다(마 10:2-4; 막 3:16-19; 눅 6:14-16). 그런데 누가는 사도행전을 쓰면서 가룟 유다의 이름을 뺀 명단을 제시할 뿐 아니라 누가복음서에 기록한 명단과도 약간 다른 순서로 썼다: 베드로, 요한, 야고보, 안드레의 순서로 쓰고 있다. 누가복음에서는 형제들을 나란히 놓아 베드로와 안드레, 야고보와 요한의 순서로 썼는데 여기서는 베드로와 안드레 사이에 요한 형제를 넣었다. 그리고 사도행전의 마지막 사도 "야고보의 아들 유다"는 "다대오"이고(마 10:3; 막 3:18), 요한복음의 기록에 의하면 "가룟인 아닌 유다"이다. 유다가 본명이고 다대오는 그의 애칭으로 보인다(이상근).

행 1:14. 여자들과 예수의 어머니 마리아와 예수의 아우들과 더불어 마음을 같이하여 오로지 기도에 힘쓰더라.

다락방으로 올라간 예수님의 제자들(앞 절)은 "여자들과 예수의 어머니 마리아와 예수의 아우들과 더불어 마음을 같이하여 오로지 기도에 힘썼다." 여기 여자들은 갈릴리로부터 예루살렘에까지 따라와서 십자가 아래까지 따라갔던 여자들이었다(마 27:55-56; 막 15:40-41; 눅 23:49, 55; 24:10; 요 19:25). 끝까지 따르는 것이 얼마나 귀한 것인지 알 수 있다. 그리고 "예수의 어머니 마리아"도 함께 했다. 누가는 예수님의 어머니를 단독으로 기록한다. 예수님의 어머니는 초대교회에서 지도적인 권위를 지니고 어떤 역할을 한 것으로 보인다. 그러나 마리아가 무죄했다고 주장한다든지 혹은 숭배의 대상이 된다고 하는 주장은 비성경적이다. 마리아도 역시 하나님 앞에서 자기가 죄인임을 고백했고 또 하나님을 구주로 고백했다(눅 1:46-48). 기도의 자리에는 "예수님의 아우들"(마 13:55)도 동참하였다. 그들은 예수님께서 공생애 중에 사역하실 때 믿지 않았으나(요 7:5), 예수님의 부활 이후에 교회에 참여한 것으로 보인다.

예수님의 제자들은 여자들과 예수의 어머니 마리아와 예수의 아우들과 "더불어 마음을 같이하여 오로지 기도에 힘썼다"(2:1, 46). "마음을 같이한다"는 것은 기도하는 일에 있어서 아주 중요한 요소이다. 예수님이 승천하신 마당에 예수님을 생각하고 사랑하는 마음으로 하나가 되었다는 것은 기도하기에 가장 적합한 분위기였다. 마음을 같이하지 않는 곳에 기도 응답이 없고 큰 은혜가 나타나지 않는다. 우리 민족의 최대의 약점 중 하나는 마음을 같이 하지 못하는 것이다. 다른 좋은 점이 너무 많지만 마음을 같이하지 못하여 손해 보는 일이 너무도 많다. 기도 응답을 받지 못할 뿐 아니라 서로 싸우다가 징벌을 받는 사람들이 너무나 많다. 세계 어디를 가든지 한국 민족과 한국 교회가 있는 곳에는 거의 싸움이 있다. 안타까운 일이다.

사도들과 성도들은 "오로지 기도에 힘썼다." '오직 기도에 전념했다'는 말이다. 우리는 기도에 전념하는 시간을 길게 가져야 한다. 길게 가져야 하는 이유는 우리는 부패한 사람들이라 기도를 길게 하지 않고는 참 기도다운 기도를 별로 하지 못하기 때문이다. 미국 텍사스의 달라스(Dallas) 침례교회를 목회하던 크리스 웰(Cris Well)박사는 "하나님을 위한 아침"("Morning for God")이라는 슬로건을 걸어놓고 목회하였다. 그는 오전 12시까지 아무도 만나지 않고 기도와 성경연구 그리고 신학서적을 읽었다고 한다. 우리는 일반 신자의 경우 최소 하루 1시간, 목회자의 경우 하루 2시간 정도의 기도 시간을 가져야 그런대로 사역을 감당할 것이다.

3. 사도 보궐선거 1:15-26

누가는 성령님이 강림하시기 전 예수님께서 승천하신 사실과 또 사도들과 성도들이 함께 기도한 사실, 그리고 구약 성경의 예언을 따라 사도를 보충한 사실을 진술한다.

행 1:15. 모인 무리의 수가 약 백이십 명이나 되더라 그 때에 베드로가 그 형제들 가운데 일어서서 이르되.

누가는 예루살렘에 "모인 무리의 수가 약 백이십 명이나 되었다"고 말한다. 예루살렘에서 모였던 무리는 대략 120명이었는데 그들은 성령강림 전에 성령 받기 위하여 합심 기도했고 사도 보궐선거에 동참했다. 이들이 이처럼 이 기회에 참여할 수 있었던 것은 예수님을 참으로 사랑했기 때문이었다. 성도는 항상 예수님을 사랑하는 점에서는 앞장서는 사람들이 되어야 한다.

대략 120명의 성도들이 기도하러 모였을 때 "베드로가 그 형제들 가운데 일어서서 말한다." 베드로는 사도 보충 선거에서 지도적 입장에서 일을 처리 한다. 다시 말해 베드로가 지도자로 수고했다는 말이다. 베드로는 예수님을 세 번이나 부인한 사도였는데(마 26:69-75) 예수님으로부터 다시 신임을 얻어 (요 21:15-18) 이렇게 다시 지도자격으로 일하게 된 것이다. 그는 그리스도를 부인하였기에 크게 낮아져서 크게 일할 수 있게 되었다. 누구든지 낮아져야 크게 일하게 된다. 베드로는 예루살렘 교회에서 크게 사용된 지도자였다. 이제 사도행전 1장부터 베드로는 사도의 역할을 감당하기 시작한다. 사도행전 1장으로부터 12장까지 베드로가 크게 사용된 것을 볼 수 있다.

행 1:16. 형제들아 성령이 다윗의 입을 통하여 예수 잡는 자들의 길잡이가 된 유다를 가리켜 미리 말씀하신 성경이 응하였으니 마땅하도다.

베드로가 형제들 가운데 일어나서(앞 절) 말하기를 "형제들아 성령이 다윗의 입을 통하여 예수 잡는 자들의 길잡이가 된 유다를 가리켜 미리 말씀하신 성경이 응하였으니 마땅하다"고 주장한다. 베드로는 대략 120명의 성도들을 향하여 "형제들아"라고 부른다. 그는 자신들을 그들과 동격(同格)으로 놓고 말한다. 베드로는 로마 천주교에서 말하는 것처럼 사람들의 높임을 받을 정도의 완전 무오한 사람이 아니다. 그는 자신을 신(神)처럼 대하려는 고넬료를 향하여 그러지 말라고 만류하였다(행 10:25-26). 초대교회에서는 성도들을 "형제"라고 불렀다(마 23:8; 25:40; 28:10; 눅 22:32).

베드로는 "성령이 다윗의 입을 통하여"(시 41:9; 요 13:18)란 말을 했는데 그 내용이 실제로 이루어졌으니 마땅하다고 말한다. 성령은 다윗의 입을 통하여 말씀하셨고 또 구약의 선지자들을 통하여 말씀하셨다. 그리고 성령은 신약의 사도들을 통하여 말씀하셨다. 성령은 성경을 만드셨다. 그래서 성경은 완전히 영감 된 책이다(벧후 1:20-21).

베드로는 성령께서 다윗의 입을 통하여 "예수 잡는 자들의 길잡이가 된 유다를 가리켜 미리 말씀하셨다"고 말한다(눅 22:47; 요 18:3). 주전 1,000년에 성령께서는 다윗의 입을 통하여 '예수 잡는 자들로 하여금 예수님을 잘 잡도록 안내역을 맡은 유다가 행할 일을 미리 말씀해 놓으셨다'는 것이다. 그래서 베드로는 성령의 예언, 곧 다윗의 예언이 이루어졌으니 "마땅하다"고 말한다. "마땅하다"(ἔδει)는 말은 '반드시...여야 한다,' '필연코...여야 한다' 는 뜻이다. 구약 성경은 성령님의 말씀이니 반드시 이루어져야 한다. 유다에 대한 성령님의 구체적인 예언은 20절에 있다.

행 1:17. 이 사람은 본래 우리 수 가운데 참여하여 이 직무의 한 부분을 맡았던 자라.

베드로는 유다가 "본래 우리 수 가운데 참여하여 이 직무의 한 부분을 맡았던 자라"고 말한다(마 10:4; 눅 6:16). 베드로의 이 말은 유다가 아직 예수님을 배반하기 전에는 12사도 중 한 사람이었다는 것이다. 유다는 우연히 12사도 그룹에 들어온 것이 아니라 예수님께서 밤을 새워 기도하시고 뽑은 결과로 들어왔었다(눅 6:12-16). 유다의 참여는 우연한 것이 아니라 예수님의 기도의 결과였다. 또 유다가 회계 직무를 맡았던 것(25절; 20:24; 21:19; 요 12:6)도 역시 예수님의 선택의 결과였다. 그러니까 유다가 사도들의 그룹에서 빠져 나간 것이나 회계 직무를 버리고 빠져나간 것은 모두 다 배신행위였다. 그는 하나님의 섭리를 이루려고 나가기는 했지만 또한 자신이 저지른 배신에 대해서는 자신이 책임을 저야 했다. 그는 제 곳(지옥)으로 가는 수밖에 없었다(25절).

행 1:18-19. (이 사람이 불의의 삯으로 밭을 사고 후에 몸이 곤두박질하여 배가 터져 창자가 다 흘러나온지라 이 일이 예루살렘에 사는 모든 사람에게 알리어져 그들의 말로는 그 밭을 아겔다마라 하니 이는 피밭이라는 뜻이라). 이 부분(18-19절)은 베드로의 말이 아니고, 누가가 AD 57년에 예루살렘을 방문했다가 유다의 최후에 대하여 듣고 기술한 것이다(F. F. Bruce). 누가는 유다가 비참하게 된 세 가지 사건을 기록한다. 첫째는 유다가 예수님을 매각(賣却)한 돈(마 26:15; 벧후 2:15)으로 땅을 샀다는 것이고(마 27:5, 7-8), 둘째는 유다가 비참하게 죽었다는 것이며, 셋째는 유다의 일이 조용히 덮어지지 아니하고 예루살렘의 모든 사람들에게 알려졌다는 것이다. 이런 사건들은 예수님께서 십자가를 지신 것을 알려주는 역사적인 사건들이다.

누가는 "이 사람(유다)이 불의의 삯으로 밭을 샀다"고 말한다(마 27:7에 보면 유다가 예수의 몸값으로 대제사장들로부터 받은 돈을 반납했는데 그들은 이 돈으로 "토기장이의 밭"을 사서 "나그네의 묘지"로 사용했다고 한다. 아마도 대제사장들은 이 돈이 유다의 돈임으로 유다의 이름으로 샀을 것이다). 누가는 유다가 예수님을 팔고 받은 몸값이 "불의의 삯"이라고 규정한다. 즉 예수님을 대제사장들에게 팔고 받은 30세겔은 '불의를 행하고 받은 삯,' '나쁜 짓을 행하고 받은 삯'이란 뜻이다. 유다는 불의를 행하고 받은 돈으로 밭을 샀다.

그리고 누가는 유다가 밭을 사서 잘 먹고 잘 살지 못하고 "후에 몸이 곤두박질하여 배가 터져 창자가 다 흘러나와서" 죽었다고 말한다. "몸이 곤두박질했다"는 말은 '몸이 거꾸로 되었다'는 뜻이다. 몸이 거꾸로 되어 떨어진 결과 "배가 터져 창자가 다 흘러나왔다"는 것이다. 그런데 마 27:5에는

"유다가 은을 성소에 던져 넣고 물러가서 스스로 목매어 죽었다"고 말한다. 아마도 유다가 처음에는 높은 나무에 자신의 목을 맸는데 줄이 끊어져 돌바닥이나 바위 위에 떨어져 배가 터져 창자가 흘러나온 것으로 보인다. 우리는 이런 기사를 두고 성경이 잘 못되었다고 말해서는 안 될 것이다. 오늘 우리가 당시의 상황을 정확하게 모른다고 말해야 옳을 것이다.

그런데 누가는 "이 일이 예루살렘에 사는 모든 사람에게 알리어졌다"고 말한다. 유다가 불의의 삯으로 밭을 매입(買入)한 사실과 또 몸이 곤두박질하여 배가 터져 창자가 다 흘러나온 사실을 다 알고 있다는 것이다. 그래서 그들은 유다 소유의 밭을 "아겔다마"("피 밭")라고 이름 붙여 불렀다. 지금까지 인류 역사상 밭에 이름이 붙여진 밭은 유다의 밭뿐일 것이다. 사람들은 유다의 밭을 지나다니면서 이것은 "피밭"이라고 지껄였다. 불의한 일은 세상 사람들도 알아보는 법이다. 우리가 혹시 죄를 지었을 때 빨리 자복하여 씻어야 한다. 그렇지 아니하면 사람들의 머리와 하나님의 기억에 각인된다.

행 1:20. 시편에 기록하였으되 그의 거처를 황폐하게 하시며 거기 거하는 자가 없게 하소서 하였고 또 일렀으되 그의 직분을 타인이 취하게 하소서 하였도다.
베드로는 시편에 기록된 두 말씀이 유다에게 응했다고 말한다. 다시 말해 다윗이 원수들로 하여금 저주받도록 선언한 두 말씀이 유다에게 응했다고 말한다. 두 말씀 중에 한 말씀은 시 69:25인데 베드로는 이 시편을 자유롭게 인용하여 말한다. 즉 "그의 거처를 황폐하게 하시며 거기 거하는 자가 없게 하소서"라는 예언의 말씀이 응했다고 한다(시 69:25). 이 시편 말씀이 응하여 유다의 거처에 거하는 사람이 없어지고 말았으니 유다 대신 다른 사도를 보충해야 한다는 것이다.

그리고 베드로는 두 번째 말씀 즉 "그의 직분을 타인이 취하게 하소서"라는 시편 109:8을 70인역(LXX)에서 인용하여 유다의 사도직을 다른 사람이 취해야 한다고 말한다. 그런고로 이제 사도 보충 선거를 해야 한다는 것이다.

베드로는 이 때 성령의 감동으로 구약 시편의 두개의 글이 유다에게 응한 것을 알았고 또 시편의 글대로 사도를 보충해야 한다고 말한다. 성경은 반드시 이루어진다. 성경 말씀은 반드시 이루어진다.

행 1:21-22. 이러하므로 요한의 세례로부터 우리 가운데서 올려져 가신 날까지 주 예수께서 우리 가운데 출입하실 때에 항상 우리와 함께 다니던 사람 중에 하나를 세워 우리와 더불어 예수께서 부활하심을 증언할 사람이 되게 하여야 하리라 하거늘.
베드로는 다락방에 모인 120명의 성도들 앞에서 사도 보선에 대한 제안을 한다. 베드로는 "이러하므로," 즉 '그의 직분(유다의 직분)을 타인이 취하게 하소서라는 말씀이 있으므로' 사도를 보선해야 한다는 것이다. 베드로는 성경 에 기록된 말씀을 순종하지 않을 수 없다고 한다. 우리도 역시 항상 성경말씀에 순종해야 한다.

첫째, "요한의 세례로부터 우리 가운데서 올려져 가신 날까지 주 예수께서 우리 가운데 출입하실 때에 항상 우리와 함께 다니던 사람 중에 하나를 세워 야" 한다는 것이다. 여기 "요한의 세례로부터"란 말은 '예수님의 공생애의 처음'을 지칭하는 말이다(10:37; 13:24-25 참조; 막 1:1). 예수님은 요한으로부 터 세례를 받으셨다(마 3:13-17). 그리고 "주 예수께서 우리 가운데 출입하실 때"란 말은 '주 예수께서 우리 가운데서 일상생활을 하실 때'란 말로 사도들과 함께 인격적으로 교제하신 사실을 지칭한다(요 10:9; 행 9:28). 베드로는 사도 가 되는 필요조건으로 반드시 예수님의 공생애 기간 동안 시종일관 예수님과 동행하면서 예수님의 말씀을 경청한 사람, 이적을 목격한 사람, 그리스도의 고난을 목격하고 그리스도의 승천을 목격한 사람이어야 한다고 말한다(9절). 사도는 그리스도를 전해야 하는 사람으로서 역사상에 나타나서서 활동하시던 그리스도를 목격한 사람이어야 한다는 것이다.

베드로는 "하나"를 세워야 한다고 말한다. 예수님께서 12 사도를 세우셨 는데 유다가 빠졌으니 유대 대신 한 사람을 세워야 한다고 말한다. 훗날 야고보 사도가 순교한 후에는 더 세우지 않았다(12:2). 이유는 교회가 튼튼하게 세워졌기 때문이다.

그리고 둘째, 사도가 될 수 있는 필요조건으로 반드시 그리스도의 부활을 목격하고 부활을 증거 할 사람이어야 한다고 말한다(8절; 4:33; 요 15:27). 베드로는 "우리와 더불어 예수께서 부활하심을 증언할 사람이 되게 하여야 하리라"고 말한다. "우리와 더불어," 곧 '11사도와 더불어' 예수님께서 부활하신 사실을 증언할 사람이 되게 하여야 한다는 것이다. 가장 중요한 사항이 그리스도의 부활이다(2:24, 31-32; 3:15; 4:2, 10, 33; 10:40-41; 13:30, 34, 37; 17:3, 18, 31-32; 23:6; 24:15, 21; 25:19; 26:8, 23). 바울도 사도인고로 역시 부활을 중요하게 전했다(고전 15:1-57).

행 1:23. 그들이 두 사람을 내세우니 하나는 바사바라고도 하고 별명은 유스도라고 하는 요셉이요 하나는 맛디아라.

베드로의 사도 보선 제안이 끝나고(21-22절), 이제는 성도들이 두 사람을 추천한다. 두 사람 모두 사도가 될 수 있는 필요조건을 갖추고 있었다. 한 사람은 이름이 세 개였다. 즉 "바사바라고도 하고 별명은 유스도라고 하는 요셉"이었다. "바사바"란 말은 '사바(안식일)의 아들'이란 뜻이고(15:22) "유스도"란 말은 로마 이름으로 '의로운 자'의 뜻이다. "요셉"이란 이름은 유대인 가운데 흔한 이름으로 '더한다'는 뜻이다. 그리고 다른 한 사람은 "맛디아"였다. "맛디아"라는 이름은 "맛다디아스"(Mattathias)의 축소형으로 '여호와의 선물'이란 뜻이다. 두 사람 모두 70인 제자들 중에 들어있는 사람들이라고 한다. 그럴듯한 견해이다. 이유는 예수님의 시종을 목격해야 하는 사도 선거에 추천된 것을 보면 그럴듯하다. 회중의 선거는 하나님의 뜻을 알아보는 방법이었다. 교회에서 기도하고 선거하면 하나님의 뜻이 나타난다.

행 1:24-25. 그들이 기도하여 이르되 뭇 사람의 마음을 아시는 주여 이 두 사람 중에 누가 주님께 택하신바 되어 봉사와 및 사도의 직무를 대신할 자인지

를 보이시옵소서 유다는 이 직무를 버리고 제 곳으로 갔나이다 하고.

그들이 일단 두 사람을 추천한 후 그냥 제비를 뽑은 것이 아니라 주님의 뜻을 알아보기 위하여 기도했다. 그들의 기도 내용을 보면 첫째, "뭇 사람의 마음을 아시는 주여"라고 기도 대상을 부른다. "뭇 사람의 마음을 아시는 주"란 말은 성부 하나님께 적용 못할 이유는 없다(Meyer, Werdt, 박윤선). 이유는 성부께서도 역시 뭇 사람의 마음을 아시니 말이다(15:8; 삼상 16:7; 대상 28:9; 29:17; 시 7:9; 렘 11:20; 17:10; 계 2:23). 그러나 '주 예수'를 부르는 것으로 봄이 더 바람직하다(Bengel, Alford, Lumby, knowling, Bruce, I Howard Marshall, 이상근). 이유는 120명의 성도들은 얼마 전에 승천하신 주님을 불렀을 것이기 때문이다(2절, 21절). 예수님의 제자들과 성도들은 예수님께서 지상에 계실 때 사람의 마음을 꿰뚫어 보심을 경험했다. 주님은 마음을 아시는 분이시다(7:59; 9:14; 살전 3:11).

둘째, "이 두 사람 중에 누가 주님께 택하신바 되어 봉사와 및 사도의 직무를 대신할 자인지를 보이시옵소서"라고 기도한다. '이 두 사람 중에 누구를 택하셔서 봉사와 사도의 직무를 대신하게 하시겠는지 보여주옵소서'라고 기도한다(17절). 다시 말해 '우리들이 택하는 것이 아니라 예수님께서 택하여 주옵소서. 그리고 누가 더 합당한 자인지 보여주옵소'라고 기도한다. 바른 기도이다. 선택권을 온전히 주님께 드렸고 또 직무를 대신할 사람을 보여주십사고 기도하였으니 바른 기도이다. 우리는 일상생활에서 주님의 손에 맡기는 기도를 해야 한다.

그리고 셋째, "유다는 이 직무를 버리고 제 곳으로 갔나이다"라고 아뢴다. 그들은 기도 가운데 유다의 행위와 유다가 당한 비참함을 주님께 고한다. 유다가 사도직을 버렸다는 것을 아뢰었고 또 "제 곳으로 갔다"는 것을 고했다. 120명의 성도들은 주님께서 모르신다는 뜻으로 이렇게 고한 것이 아니라 주님께서 자기들의 처지를 돌아보시도록 하기 위해 이런 기도를 드렸다. 우리의 기도는 주님께서 모르시는 사항을 보고 드리는 것이 아니라 주님께서 다 아시는데도 그저 우리의 처지를 말씀 드려 긍휼을 얻으려는 마음에서 드려져야 한다.

본문에 "제 곳"이란 말은 '지옥'으로 갔다는 말을 부드럽게 말한 것이다. 이 말에 대하여 다른 학설을 주장하는 학자들도 있으나 지옥으로 갔다는 해석이 가장 타당하다. 이유는 그는 차라리 나지 않았더라면 좋았을 사람이고(막 14:21), 또 그리스도를 30세겔을 받고 판 사람이며(18a), 저주받아 죽은 사람이니(18b-19절) 지옥으로 갔다고 말하는 것이 바르다.

행 1:26. 제비 뽑아 맛디아를 얻으니 그가 열한 사도의 수에 들어가니라. 120명 사람들은 "제비 뽑아 맛디아를 얻었다." 그들이 제비를 뽑아 맛디아를 선택했지만 결국 주님께서 선택해주신 것이다. 구약 시대에는 제비를 뽑아 하나님의 뜻을 알아보았다(레 16:8; 민 26:55; 잠 16:33; 욘 1:7). 그러나 오순절 성령 강림 이후에는 제비뽑아 하나님의 뜻을 알아보는 방법은 교회에서 중단되었다. 안디옥 교회에서 선교사를 택하는 경우에도 금식기도해서 주님의 뜻을 알아보았다(행 13:1-3).

맛디아가 결국 열 한 사도의 수에 들어가게 되었다. 그러니까 11명의 사도들은 주님께서 세상에 계실 때 뽑으셨고 맛디아는 주님께서 하늘에서 뽑아주신 것이다. 우리는 모든 것을 주님께 맡겨서 결정하시도록 해야 한다. 오늘날 제비를 뽑자는 것이 아니라 기도하는 중에 주님의 뜻에 맡겨서 일을 처리해야 한다는 말이다.

제 2 장

성령께서 강림하셔서 교회가 탄생하다

C. 성령님께서 강림하시다   2:1-36

누가는 앞 장(1장)에서 성령 강림 전에 모든 준비가 끝난 것을 말하고 이제 본 장에서는 성령님께서 강림하여 교회가 탄생한 것을 기록한다. 누가는 먼저 성령님께서 강림하신 사실 자체를 기록하고(1-13절), 다음으로 베드로가 1차로 설교한 것을 기록하며(14-36절), 교회가 탄생한 것을 말한다(37-47절).

1. 성령님께서 강림하시다   2:1-13

누가는 드디어 성령께서 강림하신 사건을 기록한다. 누가는 성령에 대하여 지대한 관심을 보인 '성령의 사람'이었다. 그의 저서 사도행전에도 성령이란 낱말을 55회나 사용했다. 성령께서 강림하신 것은 예수님께서 분부하신대로 120명의 성도들이 모여서 기도하는 중에서였다. 누가는 이 부분(1-13절)에서 먼저 성령 강림의 현장을 생생하게 기록하고(1-4절), 다음으로 성령 강림이 당시 천하에 끼친 영향에 대해서 말한다(5-13절). 어떤 이들은 놀랐고(5-12절), 또 어떤 이들은 조롱했다(13절).

행 2:1. 오순절 날이 이미 이르매 그들이 다 같이 한 곳에 모였더니.

누가는 성령님이 강림하신 날이 "오순절 날"이라고 말한다(20:16; 레 23:15-16; 신 16:9). "오순절"이란 절기는 구약 3대 절기의 하나로 유월절 후 첫 번째 안식일 지난 다음 날, 오늘날의 주일로부터 기산(起算)하여 50일째(πεντηκοστος) 되는 날을 말한다. 이때가 보리를 처음 추수하는 날인고로

"칠칠절"(출 34:22; 신 16:10), "맥추절"(출 23:16), "처음 열매 드리는 날"(민 28:26)이라고 불리기도 했다.

오순절은 유월절, 장막절과 더불어 유대나라의 3대 절기중의 하나로 오순절은 유월절 다음으로 중요한 절기였다. 유대인들은 3대 절기에는 성전에 올라가서 제사를 드려야 했으므로(신 16:16) 많은 유대인들이 오순절에 예루살렘에 모였다. 이 날은 주일에 해당하므로 예수님의 제자들은 부활을 기념할 목적으로 모였다. 후에 이 날은 시내 산에서 율법을 받은 것을 기념하는 날로 여겨지게 되었는데 출 19:1의 날짜 기록에서 추론해 볼 때 율법을 받은 날이 오순절임이 분명하다(F. F. Bruce).

오순절이 이미 이르렀기에 "그들이 다 같이 한 곳에 모였다"(1:14). 3대 절기이니 다른 순례 객들도 모이고 예수님의 제자들도 모였다. 제자들은 주님의 명령을 따라 모여서 열심히 기도했다. 성경은 성도들을 향하여 모이기를 힘쓰라고 말한다(2:42; 히 10:25). 그런고로 오늘도 모여서 예배하고 기도해야 한다. 혹시 모일 수 없는 사람들은 라디오(radio)의 복음 방송을 듣고 혹은 TV복음 방송을 듣고 예배하며 신앙생활을 해야 하지만 그렇지 않은 사람들은 모여서 예배하고 기도하고 성도의 교제를 나누어야 한다.

행 2:2. 홀연히 하늘로부터 급하고 강한 바람 같은 소리가 있어 그들이 앉은 온 집에 가득하며.

본 절과 다음 절(3절)은 성령님이 강림하실 때의 생생한 현장을 묘사한다. 첫째, "홀연히 하늘로부터 급하고 강한 바람 같은 소리가 있어 그들이 앉은 온 집에 가득했다." 성령님은 "홀연히"(ἄφνω) 강림하셨다. 예기하지 못한 때에 임하셨다는 뜻이다. 다시 말해 그 날과 그 때를 예측하지 못한 때에 갑자기 임하셨다. 성령 강림은 객관적 사건이었다.

오순절 날 아침(15절) "하늘로부터 급하고 강한 바람 같은 소리가 있었다." 성령님께서 "하늘로부터" 임하신 것은 하나님으로부터 그리고 그리스도로부터 임하셨다는 뜻이다(2:33). 성령님은 사람들이 말하는 소위 기(氣)도 아니고 강한 진동도 아니다. 예수님께서 승천하신 후 아버지께로부터 받아서 오순절 날에 내려주신 거룩한 영(靈)이시다.

성령님께서 강림하실 때 "급하고 강한 바람 같은 소리가" 있었다. 이 말씀은 성령님이 급하고 강한 바람이라는 뜻은 아니다. 다시 말해 성령님이 바람은 아니다. 다만 성령님이 급하고 강력한 바람 같은 소리를 내면서 강림하셨다는 뜻이다. 성령님은 거역할 수 없는 하나님의 능력으로 임하셨다. 이렇게 성령님을 바람으로 비유한 것은 바람이 보이지는 않으나 일을 하듯이 성령님도 사람을 거듭나게 하는 역사를 하신다는 것을 말하기 위한 비유이다(겔 37:9-14; 요 3:3, 8). 성경은 성령님을 여러 가지로 비유했다. 때로는 본문에 있는 대로 바람으로 비유하기도 했고, 또 때로는 비둘기(눅 3:22), 기름(눅 4:18), 불(마 3:11-12), 생수(요 7:38-39)로 비유했다. 성령님은 오늘도 우리 눈에 보이지는 않으나 큰 역사를 이루신다. 사람을 거듭나게 하시고 성화시키시고 사람의 영안을 열어 진리의 세계를 보게 하신다.

그런데 누가는 성령님이 바람 소리를 내며 임하실 때 그 소리가 "온 집에 가득했다"고 말한다(4:31). 여기 "온 집"이란 말은 다락방을 지칭할 수도 있으나 다락방에 그 수많은 사람들이 들어갔다는 것은 거의 불가능한 것으로 보여 예루살렘 성전으로 보는 것이 옳을 것이다(눅 24:53). 소리가 온 집에 가득했다는 것은 누구나 알 수 있게 성령님께서 임했다는 것을 뜻한다.

행 2:3. 마치 불의 혀처럼 갈라지는 것들이 그들에게 보여 각 사람 위에 하나씩 임하여 있더니.

누가는 성령님께서 강림하실 때 "마치 불의 혀처럼 갈라지는 것들이 그들에게 보여 각 사람 위에 하나씩 임하여 있었다"고 말한다. 여기 "불의 혀처럼 갈라지는 것들"이란 말은 '불처럼 갈라진 혀들'이란 뜻으로, 무엇이 불에 탈 때 그 불 끝이 갈라지는 것처럼 그런 현상이 각 사람위에 하나씩 임했다는 뜻이다. 다시 말해 각 사람 위에 불의 혀 같은 것이 하나씩 임했다는 뜻이다. 그러니까 120명쯤의 성도들에게 120개쯤의 불의 혀 같은 것이 임한 것이다.

각 사람위에 임한 불의 혀 같은 것은 하나님의 놀라운 임재를 상징한다(출 3:2이하; 19:16-20). 120명의 성도들은 불의 혀 같은 것이 하나씩 임했을 때 하나님의 놀라운 임재를 느꼈을 것이다. 불의 혀 같은 것은 성화를 상징한다. 불은 태우는 것으로 각 사람을 성화시킨다(겔 1:4, 13; 말 3:2). 예수님의 제자들은 세례 요한의 예언을 기억했을 것이다. 요한은 "그(예수님)는 너희에게 성령과 불로 세례를 주실 것이요"라고 말했다(마 3:11; 눅 3:16). 세례 요한이 말한 "불"은 성화를 위한 불을 지칭한다. 120명의 성도들은 불의 혀 같은 것이 임했을 때 성화되었을 것이다. 오늘 우리도 최초로 성령을 받거나 혹은 충만에 이르면 성화를 경험하게 된다. 그리고 불의 혀(tongue) 같은 것은 전도할 수 있는 능력을 상징한다. 혀는 말하는 기관이다. 그들은 성령을 받고 즉시 전도하였다(5-12절). 한 사람이 한 언어씩 하여 거기에 모였던 15개국 사람들이 다 하나님의 놀라운 일을 말하는 것을 들었다.

행 2:4. 그들이 다 성령의 충만함을 받고 성령이 말하게 하심을 따라 다른 언어들로 말하기를 시작하니라.

성령이 임하는 현장에서 급하고 강력한 바람 같은 소리(눈에 보이지 않은 것)가 나고 또 불의 혀 같은 것(눈에 보이는 것)이 보였을 때 그들은 "다 성령의 충만함을 받았다"(1:5). 여기 성령의 충만함을 받았다는 말은 첫째, 성령의 지배를 받게 되었다는 뜻이다. 그리고 둘째, 성령의 인도함을 받았다는 뜻이다(행 16:6-10). 여기 성령의 충만함을 받았다는 말은 결코 분량개념이 아니다. 오직 성령이 지배하시고 인도하심을 지칭하는 말이다.

성령 충만함을 "받았다"(ἐπλήσθησαν)는 말은 부정(단순)과거 수동태 시제로 역사상에 단 한번만 존재했던 사건으로 묘사되어 있다. 다시 말해 성령이 내려오시고 또 내려오시는 것이 아니라 한번 내려오셔서 그 다음 사마리아에도 임하고(8:14-17), 고넬료의 가정에도 임했으며(10:44-48), 에베소에도 임했다(19:1-7). 예수님께서도 초림 하셔서 사역하셨듯이 성령님도 한번 오신 다음 영원히 계시면서 사람들에게 진리를 깨닫게 해주시는 일을 하신다(요

14:16-17, 26). 성령은 한번 오신 다음 또 위로부터 오시는 분이 아니라 한번 우리에게 오신 성령은 떠나시지 않고 우리 속에서 역사하신다. 우리는 성령 받은 다음 이미 오신 성령께서 우리를 지배하시고 또 인도하시도록(이것이 성령 충만이다) 기도해야 한다. 우리는 성령 충만을 받기 위하여 기도해야 하고 또 하나님 말씀을 읽어야 하며(골 3:16) 죄를 자복해야 한다.

누가는 120명의 성도들이 다 성령 충만함을 받은 결과 "성령이 말하게 하심을 따라 다른 언어들로 말하기를 시작했다"고 말한다(10:46; 19:6; 막 16:17; 고전 12:10, 28, 30; 13:1; 14:2). "성령이 말하게 하셨다"는 것이다(17절; 욜 2:28). 성령님이 주체가 되시고 사람들은 성령의 주장에 따라 말을 하게 되었다. 그들은 각자 다른 방언으로 말하게 되었다. 성령 받은 사람들은 성령의 입이 된 것이다(Kistemaker). 고린도 교회의 성도들의 방언은 다른 사람이 알아들을 수 없는 말을 했다(고전 14장). 그러나 오순절에 120명의 성도들의 방언은 사람들이 알아들을 수 있는 방언이었다.

행 2:5. 그 때에 경건한 유대인들이 천하 각국으로부터 와서 예루살렘에 머물러 있더니.
누가는 본 절부터 13절까지 성령님께서 강림하신 결과 120명의 성도들이 방언을 하게 되었을 때 그 방언을 듣고 있던 15개국 사람들이 보인 두 가지 반응을 기록하고 있다. 한편으로는 소동했고(5-12절), 또 다른 한편으로는 조롱한 것을 기록한다(13절).

누가는 "그 때에 경건한 유대인들이 천하 각국으로부터 와서 예루살렘에 머물러 있었다"고 말한다. 즉 '오순절에 신앙심 깊은 유대인들이 15개국으로 부터 와서 예루살렘에 머물러 있었다'는 뜻이다. 이렇게 15개국에서 살던 많은 유대인들이 유대인의 명절을 당하여 예루살렘에 온 것은 하나님의 큰일의 소문이 퍼져야 하기 때문에 하나님께서 섭리하신 것이다. 이들 15개국에서 온 유대인들은 잠시 머물러 있는 정도만 아니라 오래오래 거주하는 사람들도 있었다. 이유는 "머물러 있더니"(κατοικοῦντες)란 말이 현재분사 시제로

되어 있기 때문이다. 그들은 신앙심 깊은 사람들로서 오래 머물러 있다가
큰 은혜를 받게 되었다.

**행 2:6-7. 이 소리가 나매 큰 무리가 모여 각각 자기의 방언으로 제자들이
말하는 것을 듣고 소동하여 다 놀라 신기하게 여겨 이르되 보라 이 말하는
사람들이 다 갈릴리 사람이 아니냐.**
누가는 "이 소리가 나매 큰 무리가 모여 각각 자기의 방언으로 제자들이
말하는 것을 듣고 소동했다"고 말한다. '급하고 강한 바람 같은 소리가 나니
큰 무리, 곧 15개국에서 온 유대인의 큰 무리가 모여 각각 자기들의 방언으로
제자들이 말하는 것을 듣고 소동했다'는 것이다. 그 사람들은 급하고 강한
바람 같은 소리가 세차게 나는 것을 듣자 제자들이 방언하고 있는 곳으로
모여들었다. 그리고는 제자들이 방언을 말하는 것을 듣고 놀란 것이다.

그리고 누가는 15개국에서 온 유대인들이 "다 놀라 신기하게 여겼다"고
말한다. 갈릴리 사람들이 다른 지역 방언으로 말하는 것을 듣고는 다 심히
놀랐고 신기하게 여겼다. 그리고는 그 군중들은 말하기를 "보라 이 말하는
사람들이 다 갈릴리 사람이 아니냐'고 서로 반문했다. 사도들도 갈릴리 사람
들이었고 또 사도가 아닌 사람들도 많이 갈릴리로부터 예수님을 따라 온
사람들이었으니 "다 갈릴리 사람이 아니냐"는 질문은 틀린 말이 아니다(1:11).
무식했던 갈릴리 사람들은 성령을 받고 갑자기 유식계급에 속한 사람들처럼
보였다. 오늘도 역시 예수님을 영접하고 성령을 따라 사는 사람들은 참으로
유식한 사람들 측에 속하게 된다.

행 2:8. 우리가 우리 각 사람이 난 곳 방언으로 듣게 되는 것이 어찌 됨이냐.
'우리들이 우리 각 사람이 난 곳, 즉 9-11절에 열거된 지역의 방언으로 듣게
되는 것이 어찌 된 일이냐'고 서로 묻는다. 15개국은 주로 소아시아 지역이다.
거기에 로마와 북 아프리카가 첨가되어 있다. 15개국에서 모여든 유대인들은
120명의 성도들(주로 갈릴리 인들)이 여러 나라 언어로 전도하는 것을 듣고

놀라지 않을 수 없었다. 성령은 사람들로 하여금 전도하게 만든다.

당시는 15개국에 흩어져 살았지만 그 후 유대인들은 전 세계에 흩어져 살게 되었다. 우리나라 사람들도 지금 세계 여러 나라로 흩어져 살게 되었는데 그것은 그리스도를 전하고 보여주라는 하나님의 섭리임에 틀림없다.

행 2:9-11a. 우리는 바대인과 메대인과 엘람인과 또 메소보다미아, 유대와 갑바도기아, 본도와 아시아 브루기아와 밤빌리아, 애굽과 및 구레네에 가까운 리비야 여러 지방에 사는 사람들과 로마로부터 온 나그네 곧 유대인과 유대교에 들어온 사람들과 그레데인과 아라비아인들이라.

누가는 당시 15개국으로부터 예루살렘에 와서 머물던 유대인 후손들이 어디서 왔는지를 하나하나 거론한다. 이렇게 거론하는 이유는 성령님의 역사가 놀라움을 드러내려는 것이다. 키스테메이커(Kistemaker)는 말하기를 "누가는 동쪽에 있는 나라들('바대,' '메대,' '엘람,' '메소보다미아')로부터 시작하여, 유대를 경유하여 소아시아('갑바도기아,' '본도,' '아시아,' '브루기아,' '밤빌리아') 지방을 언급하고, 거기서부터 아프리카('애굽,' '구레네')를 언급하며, 다음으로 '로마,' '그레데,' '아라비아'를 언급한다. 왜 누가가 이 나라들은 언급하고 다른 나라들(예를 들면 '그리스,' '마게도냐,' '구부로')에 대해서는 침묵했는가. 그 이유는 온전히 의문으로 남는다. 누가는 아마도 나라들을 언어별로 구분하기 위함이었을 것이다. 왜냐하면 오순절 이야기에서 누가가 목적하는 바는 복음이 언어의 장벽을 뛰어 넘는다는 것을 강조하기 위함이었을 것이다"고 말한다.[10)

"바대인과 메대인과 엘람인"은 바벨론 계 유대인의 후손들인데 이들은 제 1차 포로 때(BC. 597)에 포로로 잡혀간 유대인의 후손들이다(왕하 17:6). "바대인"은 카스피 바다 남쪽에 살았는데 지금으로 말하면 이란이다. "메대인"은 바대인들 보다 서남쪽 지방에서 살았으며, "엘람인"은 페르샤만 북쪽으

10) Simon J. Kistemaker, *Exposition of the Acts of the Apostles,* New Testament Commentary (Grand Rapids: Baker Book House, 1990), p. 82.

로부터 티그리스 강 동쪽에 걸쳐 살았다.

그리고 "메소보다미아인"은 티그리스와 유브라데 강의 중간지대에서 살고 있었는데 메소보다미아로부터 예루살렘에 온 유대인들은 실제적으로 바벨론 주민들이었다. 그들은 바벨론 포로의 후손들이었다. 그들은 오늘날로 말하면 이락에서 살았던 유대인들이었다.

"유대"라고 하는 곳은 어느 지역을 지칭하는지 모호하나, 1) 어떤 학자들은 이스라엘의 남방 유대 지방일 것이라고 추측하기도 하고(Alford, Vincent), 2) 또 어떤 학자들은 다윗과 솔로몬이 점령했던 지역을 지칭하는 것으로 보기도 하고, 북으로는 유브라데 강으로부터 남으로는 애굽 변경에 이르는 지역을 지칭하는 것으로 본다(F. F. Bruce, Kistemaker). 둘째 설이 더 바람직할 것으로 보인다. 이유는 남방 유대지방(첫째 번 학설) 사람들이 참석했다면 말이 통하지 않는 외국인이라고 보기 어렵다. 15개국에서 온 사람들은 모두 외국어를 사용하고 있는 사람들이 아닌가.

"갑바도기아, 본도와 아시아"는 소아시아(터어키)에 위치한 지역들로서 "갑바도기아"는 소아시아의 동쪽, "본도"는 갑바도기아의 북쪽, "아시아"는 서부의 해안지대에 위치하고 있다. "아시아"는 서편 소아시아에 있는 로마 영이었다(벧전 1:1).

그리고 "브루기아와 밤빌리아"는 가바도기아와 아시아의 중간지대로 당시 로마의 행정구역이었다. "브루기아"[11]는 소아시아의 중간지대, "밤빌리아"는 그 남쪽 해안 지대에 위치해 있다. 그리고 "애굽"은 '에집트'를 지칭하

---

11) "브루기야"(Phrygia)는 소아시아 중부 할리스 강(R. Halys) 서쪽의 광대한 고원 지대(해발 900-1,000m)이고 서남쪽은 비옥하고, 북쪽과 동쪽은 고지 초원이 발달하여 목축에 적당하다. 골 사람의 침입 후(BC 278 이래) 이 지역은 '갈릴라아'라 불리고, 그 남쪽이 브루기아에 속하는 지역으로 되었다. 그리고 동시에 이것은 로마 속주 갈라디아를 구성하였다. 그 때문에 '브루기아 갈라디아'라는 표현이 사용되었다(행 16:6; 18:23 '브루기아와 갈라디아'). BC 133년 로마가 버가모 왕국을 계승했을 때 브루기아는 속주 아시아로 편입되었지만 밤빌리아에 접하는 남부는 여기에 편입되지 않았다. BC 25년 브루기아는 속주 갈라디아에 편입되었다. 서쪽 브루기아에는 히에라볼리, 골로새, 라오디게아 등의 제 성읍이 있고, 일찍부터 기독교가 보급되어 있었다(골 4:13,16,계 3:14-). 브루기아의 유대인은 오순절에 예루살렘으로 올라왔다(행 2:10). 바울은 제 2차, 제 3차 전도여행 때 이 땅을 지나갔다(행 16:6,18:23).

며, 1세기에 에집트에 살고 있던 유대인은 대략 100만에 이르렀다고 한다. 그들 대부분은 알렉산드리아 해안에서 살았다(Kistemker). 바로 이 알렉산드리아에서 히브리어로 된 구약 성경을 헬라어로 번역한 성경 70인역(LXX)이 생겼다. 그리고 애굽의 서편에 "리비아"는 유대인들에게 국경을 열어 주었고 유대인들은 "구레네"에서 살았다(6:9; 11:20; 13:1; 마 27:32). "로마로부터 온 나그네 곧 유대인과 유대교에 들어온 사람들"은 로마로부터 예루살렘에 온 사람들이었는데 이들은 로마시민들이 아니라 한편은 유대들이었고 또 한편은 로마에 살고 있으면서 유대교에 들어온 이방인들이었다. 그들이 오순절을 맞이하여 예루살렘을 방문한 것으로 보인다.

그리고 "그레데인과 아라비아인들"은 피차 가까운 지역들이 아니다. 앞에 말한 다른 짝들은 서로 가까운 지역들로 되어 있으나 이 두 지역은 서로 멀리 떨어져 있는 지역들이다. "그레데"는 발칸반도의 남쪽에 위치한 섬을 지칭하는데 지중해에 있는 섬이다. 이 섬은 그리스(Greece)의 남쪽에 위치해 있다. "아라비아"는 홍해와 페르샤만의 중간에 위치한 큰 반도를 지칭한다.

15개국에서 살고 있는 유대인들은 절기가 되면 예루살렘으로 와서 오래 머물면서 절기를 지켰는데 이번에는 오순절을 맞이하여 예루살렘으로 와서 머물고 있었다. 그들은 예수님의 제자들과 성도들이 성령이 말하게 하심을 따라 자신들(15개국 사람들)이 태어난 지역의 방언으로 말하는 것을 듣고 놀랐다. 그들은 성령님이 강림하시므로 복음이 세계적으로 전파되는 것을 알 수 있는 기회를 만났다. 인류는 바벨탑 사건으로(창 11:1-9) 서로 불통하게 되었고 성령 강림으로 언어적으로 서로 통하게 되었다.

행 2:11b-12. 우리가 다 우리의 각 언어로 하나님의 큰일을 말함을 듣는도다 하고 다 놀라며 당황하여 서로 이르되 이 어찌 된 일이냐 하며.
15개국에서 온 유대인들은 자기들의 "각 언어로 하나님의 큰일을 말함을 듣는도다 하고 다 놀라며 당황하여 서로 이르되 이 어찌 된 일이냐'고 말했다. 120명의 성도들 중 어떤 성도는 이 언어로, 또 어떤 성도는 저 언어로 말했는

데 그들은 "하나님의 큰일을 말했다." 곧 '하나님께서 하신 큰일을 말했다'는
뜻이다. 하나님께서 우주를 창조하시고 구주를 보내셔서 대속의 죽음을 죽게
하사 인류를 구원하신 일을 말했고 또 예수님께서 부활하신 일과 승천하신
일을 말했다는 뜻이다. 각국으로부터 예루살렘에 와서 거주하는 유대인들과
또 방문자들은 각국 방언으로 하나님께서 하신 큰일을 듣고 모두 다 놀랐고
어쩔 줄을 몰라 당황했다. 심리적으로 크게 놀랐고 또 어쩔 줄을 몰라 당황하
면서 서로 말하기를 "이 어찌 된 일이냐"고 했다. 자기들이 보기에 무식한
갈릴리 사람들이 외국어를 말하니 놀랐고 또 그들이 하나님께서 하신 큰일을
거침없이 말하는 것을 보고 놀라지 않을 수 없었다. 사람이 성령을 받으면
유식하게 되는 것을 보여주었다. 오늘날 성도들 중에 어떤 이들은 비록
외국어는 못해도 예수님이 우리의 구주라는 것을 말하여 유식함을 보여준다.
세상 사람들 보기에는 무식하게 보여도 하나님 보시기에는 놀라운 것이고
또 잘 믿는 사람들 보기에도 참으로 놀랍게 보인다.

행 2:13. 또 어떤 이들은 조롱하여 이르되 그들이 새 술에 취하였다 하더라.
한편으로는 사람들이 놀랐고 당황했지만 또 한편으로는 놀라기는커녕 오히
려 "조롱하여 이르되 그들이 새 술에 취하였다"고 말했다. 그런 사람들은
그리스도의 교회를 비웃고 또 성도들이 하는 일을 반대하는 사람들이었다.
그런 사람들은 그 후에도 계속해서 있었다(4:7; 5:18; 5:40; 7:58). 부정적인
사람들, 거꾸로 말하는 사람들은 고금동서 세상 어디에나 있다.

　　여기 "새 술"(γλεύκους)이란 '단술,' '달콤한 술'을 뜻하는 말인데 영국
왕역(KJV)과 우리 한국어 번역은 "새 술"(New wine)이라고 번역했지만,
다른 번역들은 "단 술"로 번역하거나(NASB-sweet wine) 아니면 '너무나
많은 술'(too much wine)이라고 번역했다. 이 달콤한 술은 포도에서 흘러나
온 즙이 발효된 술이라고 한다. 그런데 문제는 포도가 오순절에는 아직
생산되지 않고 여름이 끝나 그해 늦게 장막절 때에나 생산되는 고로(Everett
Harrison) 본문에 나오는 "단 술"은 지난해에 만들어 두었던 술을 지칭하는

것으로 보인다(Kistemaker). 조롱하는 사람들은 자세히 알아보지도 않고 그저 단번에 부정적으로 말해버리고 말았다. 우리는 놀랄만할 때 놀라야 한다. 그래야 알아보기도 하고 발전도 한다. 깊이 알아보지도 않고 건성건성 보고 판단하고 부정적으로 말하고 행동하면 큰 손해를 경험하게 된다.

2. 베드로의 1차 설교 2:14-36

누가는 120명의 성도들이 방언으로 전도한 것에 대해 말한(5-13절) 다음 이제 조롱하는 사람들의 악의적인 반응을 듣고 베드로가 11 사도와 함께 서서 소리를 높여 설교한 내용을 말한다. 설교 내용은 성령 강림 현상은 구약성경 요엘의 예언 성취라고 말하고(14-21절), 시편 16편을 인용하여 예수님이 부활하심으로 메시아이심이 입증되었다고 주장하며(22-32절), 또 시편 110편을 인용하여 하나님께서 예수님을 부활시키심으로 주와 그리스도가 되게 하셨다고 증언한다(33-36절). 베드로의 9번의 설교(1:16-22; 2:14-36; 3:11-26; 4:8-12; 5:29-32; 8:20-23; 10:34-43; 11:5-7; 15:7-11) 중에 이 부분의 설교는 그의 대표적인 설교로 꼽히고 있다.

a. 성령강림은 요엘의 예언 성취이다 2:14-21

행 2:14a. 베드로가 열한 사도와 함께 서서 소리를 높여 이르되.
120명의 성도들이 방언하는 것을 듣고 조롱하는 사람들이 생겨서 베드로는 열 한 사도와 함께 서서 소리를 높여 설교한다. 베드로가 열 한 사도와 함께 서서 소리를 높여 설교했다는 말은 베드로를 포함하여 열 두 사도가 한 음성으로 동시에 똑같은 내용의 설교를 했다는 뜻이 아니라 설교는 베드로 혼자 하고 다른 열 한 사도들은 베드로 옆에 서서 베드로가 자기들을 대신해서 설교하고 있다는 것을 보여준 것을 말한다. 다시 말해 다른 사도들은 베드로를 지지한다는 뜻으로 함께 서 있었다. 그러니까 베드로는 다른 사도들을 대변하는 입장에 서서(혹은 지도적 입장에 서서) 설교를 한 것이다. 그리고 여기 베드로가 "소리를 높였다"는 말은 설교를 듣는 사람이 대략 3,000명

이상 되니(41절) 소리를 높일 수밖에 없었다. 그리고 또 소리를 높인 것은 성령께서 힘을 주신 때문이었다. 베드로는 설교할 때 다른 방언으로 설교하지 않고 자기 나라 언어(아람어)로 설교했는데 다른 사람들도 다 알아들었기에 (그들이 알아들은 이유는 그들은 외국에서 살고 있었지만 유대인들이었기 때문이다. 유대인들은 독특해서 지금도 어디에 살든지 자기의 언어를 잊지 않는다) 놀라운 반응을 보였다(37절). 오늘 우리는 다른 전도자들과 "함께" 일해야 하고 또 복음을 전할 때 어느 정도 "소리를 높여"야 한다.

행 2:14b. 유대인들과 예루살렘에 사는 모든 사람들아 이 일을 너희로 알게 할 것이니 내 말에 귀를 기울이라.

베드로는 말씀을 듣는 청중을 향하여 "유대인들과 예루살렘에 사는 모든 사람들아"라고 부른다. 베드로는 청중들의 성분을 두 가지로 말한다. 하나는 "유대인들"이라는 것이다. 베드로 앞에 있던 사람들이 어디에서 출생했든 유대인이라는 것을 알았다. 그리고 또 나머지는 예루살렘에 사는 사람들인 줄 알았다. 우리가 말씀을 전할 때 청중들을 얼른 파악하고 한 마디로 부르는 것이 좋고 또 청중들의 시선을 집중하기 위하여 그 청중을 한마디로 부르는 것이 좋다. 청중을 한 마디로 부를 수 없는 설교자는 아직도 확신이 없는 전도자이다.

베드로는 청중들을 향하여 "이 일을 너희로 알게 할 것이라"고 말한다. "이 일" 곧 '성령께서 역사하셔서 성도들이 방언을 하게 된 일'을 너희로 알게 하겠다고 말한다. 베드로는 성령의 역사에 의하여 성도들이 방언을 하게 된 원인을 벌써 알았다. 자신도 성령을 받았고 또 방언을 했으니 구약 성경의 예언이 성취된 것을 알았다. 성령 받아 마음에 변화가 일어난 사람들은 진리를 안다. 성령을 받아 영안이 밝아진 사람들은 진리를 알아 다른 사람들에게 알려줄 수 있게 된다. 그래서 베드로는 "내 말에 귀를 기울이라" 고 외친다. 우리는 세상을 향하여 "내 말에 귀를 기울이라"고 크게 외칠 수 있어야 한다.

행 2:15. 때가 제 삼 시니 너희 생각과 같이 이 사람들이 취한 것이 아니라.
베드로는 자신이 말씀을 증거 하는 시간이 제 3시, 곧 오늘 우리 시간으로 오전 9시니 "너희 생각과 같이 이 사람들이 취한 것이 아니라"고 말한다(살전 5:7). 유대인들도 아침부터 술을 마시지는 않는다고 말한다(전 10:16). 베드로는 먼저 상식에 호소하여 사람들이 보통 아침부터 술을 마시지는 않는다고 말한다.

행 2:16. 이는 곧 선지자 요엘을 통하여 말씀하신 것이니 일렀으되.
베드로는 아침부터 사람이 술을 마시는 것은 아니라고 상식을 말해 놓은(앞 절) 다음 "이는 곧 선지자 요엘을 통하여 말씀하신 것"(욜 2:28-32)이 이루어 진 것이라고 말한다. 베드로는 방언하는 현상을 두고 이성적으로 설명하거나 혹은 심리학적으로 설명하거나 하지 않고 구약 성경에 호소한다. 구약의 요엘 선지자가 예언해 놓은 것이 이루어진 것이라고 말한다. 우리는 모든 것을 성경에 호소해야 한다. 세상만사 돌아가는 모든 현상을 성경으로 답할 수 있어야 한다. 아무리 복잡한 사회적인 현상이나 정치적인 현상이나 경제적인 현상도 모두 성경에 예언 되는대로 돌아가는 것이니 성도들은 모두를 성경으로 답해야 한다.

행 2:17. 하나님이 말씀하시기를 말세에 내가 내 영을 모든 육체에 부어 주리니 너희의 자녀들은 예언할 것이요 너희의 젊은이들은 환상을 보고 너희의 늙은이들은 꿈을 꾸리라.
본 절부터 21절까지는 요엘이 예언해 놓은 말씀이다. "하나님이 말씀하시기를"이란 말은 '하나님께서 요엘 선지자를 통하여 말씀하셨다'는 뜻이다. 하나님은 말씀하실 때 선지자들을 통하여 말씀하신다. 하나님은 요엘 선지자를 통하여 말씀하시기를 "말세에 내가 내 영을 모든 육체에 부어 주리니 너희의 자녀들은 예언할 것이요 너희의 젊은이들은 환상을 보고 너희의 늙은이들은 꿈을 꾸리라"고 하셨다(사 44:3; 겔 11:19; 36:27; 욜 2:28-29;

슥 12:10; 요 7:38). 여기 "말세"란 말은 '예수님께서 초림하신 때부터'를 지칭한다(히 1:2; 갈 4:4). 그러니까 "말세"란 말은 예수님의 초림부터 재림 전 까지를 지칭하는 말이다. 그리고 "내가 내 영을 모든 육체에 부어 주리니" 란 말씀은 '하나님께서 하나님의 영, 곧 성령을 '모든 육체' 즉 '자녀들'(17 절), '젊은이들'(17절), '늙은이들'(17절), '남종과 여종'(18절)들에게 부어주 실 것이라'는 뜻이다(10:45). "모든 육체"란 말은 민족 차별 없이 성차별 없이 연령차별 없이 누구든지를 뜻하는 말이다.

베드로는 하나님께서 성령을 부어주시면 결국 "너희의 자녀들은 예언할 것이요 너희의 젊은이들은 환상을 보고 너희의 늙은이들은 꿈을 꾸리라"고 말한다(21:9). 자녀들이 "예언할 것"이란 말은 성령 받은 사람들(자녀들만 아니라 누구든지 성령 받은 사람들을 지칭하는 말이다)이 하나님의 말씀을 전할 것이란 뜻이다. 초대교회 때 사도들 말고 실제로 하나님의 말씀을 받아 예언한 예언자들이 있었다(21:9). 그리고 성경이 완성된 후에는 직접 적으로 하나님의 말씀을 받아 예언한 선지자들은 더 이상 존재하지 않게 되었다.

그리고 "너희의 젊은이들은 환상을 본다"는 말은 '성령 받은 사람들(젊은 이들만 아니라 성령 받은 사람들을 지칭하는 말이다)이 계시의 방편으로서의 환상을 본다'는 말이다(9:10, 12; 10:3; 12:9; 18:9). 계시가 완성된 후에는 계시의 방편으로서의 환상은 더 이상 존재하지 않게 되었다. 그리고 "너희의 늙은이들은 꿈을 꾸리라"는 말은 '계시의 방편으로서 하나님께서 꿈을 주신 다'는 뜻이다(마 1:20; 2:12; 27:19). 계시가 완성된 후로는 계시의 방편으 로서의 꿈은 더 이상 존재하지 않게 되었다.

계시의 방편으로서의 예언은 오늘 존재하지 않으나 하나님의 말씀을 전하는 일은 오늘도 계속되고 있다. 그리고 하나님의 계시의 방편으로서의 환상이나 꿈은 오늘 더 이상 필요하지 않다. 이유는 하나님께서 계시를 다 주셨기 때문이다. 오늘날 사람들이 말하는 환상이나 꿈은 개인적인 것이지 하나님의 계시로 주시는 것이 아니다. 개인적이란 말은 바로 그 개인을 위해서 주신다는 뜻이다.

행 2:18. 그 때에 내가 내 영을 내 남종과 여종들에게 부어 주리니 그들이 예언할 것이요.

하나님은 요엘을 통하여 "그 때에 내가 내 영을 내 남종과 여종들에게 부어 주리니 그들이 예언할 것이라"고 말씀하신다(21:4, 9-10; 고전 12:10, 28; 14:1). "그 때" 곧 '예수님이 초림하신 말세에 하나님 내가 내 영, 즉 성령을 내 남종과 여종들에게 부어 주리니 그들이 하나님의 말씀을 할 것이라'고 하신다. 여기 "종들"이란 말은 신약 시대의 모든 신자들을 가리키는 말이다. 예수님께서 초림하신 신약 시대가 되면 남자나 여자나 젊은이나 늙은이나 누구를 막론하고 차별 없이 성령을 받아 하나님의 말씀을 전할 것이라는 말이다. 본 절의 말씀은 앞 절(17절)에 말씀한 내용을 반복하는 것이다. 그러니까 신약 시대가 되면 실제로 노예들도 사회적으로 귀하게 되어 인정을 받고 말씀을 전할 수 있는 계층이 되고(엡 6:5-9; 골 3:22-4:1; 딤전 6:1-2; 딛 2:9-10; 벧전 2:18-21참조) 또 누구든지 성령을 받은 성도들은 하나님의 말씀을 전하게 된다는 뜻이다. 누구든지 차별 없는 시대에 우리가 살고 있음을 우리는 감사해야 한다.

행 2:19-20. 또 내가 위로 하늘에서는 기사를 아래로 땅에서는 징조를 베풀리니 곧 피와 불과 연기로다 주의 크고 영화로운 날이 이르기 전에 해가 변하여 어두워지고 달이 변하여 피가 되리라.

그리고 하나님은 요엘 선지자를 통하여 말씀하시기를 "또 내가 위로 하늘에서는 기사를" 베푸실 것이라고 한다(욜 2:30-31). 인류의 종말에 '하나님께서는 위로 하늘에서는 기사를' 베푸신다는 것이다. 여기 "기사"($\tau\epsilon\rho\alpha\tau\alpha$, wonders)란 말은 다음 절(20절)에 말한바 "해가 변하여 어두워지고 달이 변하여 피가 되는" 기적을 지칭한다. 기사(奇事)는 주로 자연계에 나타나는 기적을 말하는데 예수님께서 십자가에 죽으실 때 나타나기도 했다. 예수님께서 십자가에서 죽으실 때 세 시간동안 땅이 어두워졌었다(마 27:45). 그 때에 해가 보이지 않았고 자연계의 징조들도 그리스도의 죽음을 증언했다. 그러나 기사는 앞으로 "주의 크고 영화로운 날이 이르기 전에" 곧 '예수님의 재림 전'(욜 2:1-2, 11, 31)에 자연계에 여러 가지로 나타날 것이다.

그리고 "아래로 땅에서는 징조를 베풀리니 곧 피와 불과 연기"를 베푸실 것이라고 한다(마 24:29; 막 13:24; 눅 21:25). 여기 "징조"(σημεῖα, signs)란 말은 보통 '표적'으로 번역되는 말인데 구체적으로 "피와 불과 연기"를 총칭하는 말이다. "피와 불과 연기"는 예수님 재림 전에 있을 전쟁으로 말미암아 생겨지는 징조들과 다른 징조들을 지칭하는 말이다. 본 절의 "기사"와 "징조(표적)"란 말은 구약 성경이나 신약 성경에 함께 나타나고 있는 고로(출 7:3, 9; 신 4:34; 사 8:18; 단 6:27; 요 4:48; 행 4:30; 5:12; 롬 15:18; 고후 12:12; 살후 2:9; 히 2:4) 이 두 가지는 서로 다른 것을 지칭하기 보다는 말세에 나타날 여러 가지 환란을 총칭하는 말로 받아야 할 것이다.

그런데 베드로는 요엘의 예언이 성취되었다고 하면서 성령 강림을 말하다가(17-18절) 갑자기 인류의 종말에 일어날 일들(19-21절)을 말하는 이유가 무엇인가. 그것은 말세, 즉 예수님의 초림으로부터 시작하여 예수님의 재림 전에 일어날 일을 다 이야기하기 위한 것으로 보인다. 성령 강림은 말세 중에서는 처음에 일어날 일이고 기사와 징조는 종말에 일어날 일들이다. 즉 예수님께서 재림하시기 전에 자연계에서는 기이한 일들이 일어나고 인간계에서는 각종 징조들이 일어날 것이다. 베드로가 이런 말을 하는 이유는 인류의 종말을 당하여 세상이 어지럽게 될 때에 사람들로 하여금 예수 그리스도 앞으로 돌아오도록 하기 위한 것이다.

행 2:21. 누구든지 주의 이름을 부르는 자는 구원을 받으리라 하였느니라.
인류의 종말을 당하여 "누구든지 주의 이름을 부르는 자는 구원을 받으리라"고 하신다. 남녀노소 빈부귀천 그 누구든지 예수님의 이름을 부르는 자 곧 예수님께 기도하는 자(시 3:4; 6:2), 그리스도를 의지하는 자(롬 10:13)는 모두 구원을 받으리라는 말씀이다. 오늘 우리는 종말을 맞이했다. 아무리 보아도 우리는 혼란한 시대를 만났다. 그러나 앞으로 더 혼란할 것이고 더 험할 것이며 더 위험한 때를 만날 것이다. 우리는 주님의 이름을 부르며 기도하고 주님을 의뢰해야 한다.

b. 성령강림과 그리스도의 죽음 및 부활은 시 16편의 성취이다 2:22-32
요엘 2:28-32을 인용하여 성령 강림과 말세에 될 일을 말한(14-21절) 베드로는 이제 이 부분에서는 앞에서 말한 성령 강림과 이 부분에서 말할 그리스도의 부활을 결부시켜 말하기 위하여 시편 16:8-11을 인용하여 그리스도의 부활을 증언한다.

행 2:22. 이스라엘 사람들아 이 말을 들으라 너희도 아는 바와 같이 하나님께서 나사렛 예수로 큰 권능과 기사와 표적을 너희 가운데서 베푸사 너희 앞에서 그를 증언하셨느니라.
베드로 사도는 다른 성경을 인용하여 그리스도의 십자가 죽음과 부활을 증거 하기 위하여 "이스라엘 사람들아"라고 부른다. "이스라엘 사람들아"라는 말은 14절에서 언급한바 "유대인들과 예루살렘에 사는 모든 사람들아"라는 호칭과 동일한 호칭이다. 15개국에서 온 모든 사람들은 모두 이스라엘 사람들이었다.

베드로는 사람들을 향하여 "이 말을 들으라"고 말한다. '하나님의 말씀(25-28절)을 들으라는 말이며 하나님께서 행하신 일을 들으라'는 말이다. 우리는 사람들을 향하여 우리 자신들의 말을 들으라고 강하게 외칠 용기는 안 나지만 하나님의 말씀을 들으라고 할 때는 용기가 난다. 이유는 내 말이 아니라 하나님의 말씀이기 때문이다.

베드로는 이스라엘 사람들에게 하나님의 말씀을 전하면서 "너희도 아는 바와 같이"라고 상대방도 하나님의 말씀에 대한 지식이 있음을 인정하며 말한다. 그러면 이스라엘 사람들이 알고 있는 것이 무엇인가. 그것은 "하나님께서 나사렛 예수로 큰 권능과 기사와 표적을 너희 가운데서 베푸사 너희 앞에서 그를 증언하셨다"는 이야기이다. 예루살렘에 모였던 이스라엘 사람들도 하나님께서 나사렛 예수로 하여금 "권능과 기사와 표적"을 베푸시고 이스라엘 사람들 앞에서 예수님을 구주로 증거 하셨다는 것이다.

베드로는 말씀을 하는 중에 "나사렛 예수"라는 칭호를 사용한다(3:6; 4:10; 22:8; 26:9; 마 26:71; 눅 18:37; 요 18:5, 7). 이유는 사람들은 예수님을 한낱 비천한 '나사렛 사람 예수'라고 생각했지만 하나님은 사람들로부터 멸시와 천대를 받는 나사렛 예수를 통하여 큰일을 하셨다는 것을 부각시킨다.

베드로는 본문에 "권능과 기사와 표적"이라는 세 가지 낱말을 사용했는데 이 세 가지 표현은 어떤 한 가지 이적을 세 가지로 표현한 것이다(10:38; 요 3:2; 14:10-11; 히 2:4). 어떤 이적을 말할 때 하나님의 권능 면을 강조할 때는 "권능"이라 하고, 또 그 이적의 신기함을 강조할 때는 "기사"라고 말하고, 또 그 이적이 예수님을 보여주고 있다는 뜻에서 "표적"이라고 한다 (요 20:30-31). 예수님께서 행하신 표적은 성경에 37가지가 기록되었는데 만약 낱낱이 기록한다면 이 세상이라도 두기에 부족하다고 성경은 말씀한다 (요 21:25).

하나님께서 예수님으로 하여금 여러 가지 이적을 베푸셨는데 그 목적은 예수님이 바로 하나님의 아들이시라는 것을 말씀하기 위한 것이다. 다시 말해 예수님이 바로 인류의 메시아라는 것을 말씀하시기 위해서다. 사람들을 놀라게 하고 호기심을 자극하기 위해서 하나님께서 예수님을 통하여 이적을 베푸신 것은 아니다. 하나님은 우리가 예수님이 하나님의 아들이시라는 것을 알면(마 16:16) 그것으로 하나님의 목적은 이루어진 것이다.

행 2:23. 그가 하나님께서 정하신 뜻과 미리 아신 대로 내준 바 되었거늘 너희가 법 없는 자들의 손을 빌려 못 박아 죽였으나.

베드로는 앞에서 하나님께서 나사렛 예수를 구주로 보내셨음을 말하고(앞 절) 이제 본 절과 다음 절(24절)에서는 이스라엘 사람들이 죽인 나사렛 예수를 하나님께서 살리셨다고 말한다.

베드로 사도는 "그가 하나님께서 정하신 뜻과 미리 아신 대로 내준 바 되었다"고 말한다(3:18; 4:28; 마 26:24; 눅 22:22; 24:44). "그가 하나님께서 정하신 뜻과 미리 아신 대로 내준 바 되었다"는 말은 '하나님의 예정에 따라 예수님을 세상에 내주시고 십자가에 내주셨다'는 뜻이다. 하나님은 모든 일을 미리 정하신 대로 하시는데 예수님을 이 땅에 보내시는 것도, 그리고 십자가에 내주시는 것도 역시 예정하신 대로 하셨다는 것이다.

그런데 베드로는 하나님께서 내주시기로 예정하신 나사렛 예수를 이스라엘 사람들이 십자가에서 죽이는 일에 있어서 "너희가 법 없는 자들의 손을 빌려 못 박아 죽였다"고 말한다(5:30). 여기 "법 없는 자들"이란 말은 '율법을 가지지 않은 이방인(로마 사람들)'을 지칭하는 말이다. 유대인들이 이방인인 총독 빌라도와 로마 병정들의 손을 빌려 예수님을 십자가에서 못 박아 죽였다는 뜻이다(롬 2:14; 고전 9:21). 유대의 대제사장들과 유대백성들은 하나님의 뜻을 이루는 도구가 되었는데 그렇다고 그들에게 죄가 없는 것은 아니었다. 이는 마치 바벨론이 유대나라를 치는 도구가 되었지만 너무 무자비하였기에 훗날 하나님의 벌을 받아 망한 것과 같다. 하나님은 사람을 통하여 일하시는데 우리는 쓰일 곳에 쓰여야 하고 가담하지 않아야 할 곳에는 가담하지 않아야 한다.

행 2:24. 하나님께서 그를 사망의 고통에서 풀어 살리셨으니 이는 그가 사망에 매여 있을 수 없었음이라.

베드로는 이스라엘 사람들이 로마 사람들의 손을 빌려 예수님을 십자가에 못 박아 죽였는데 그러나 "하나님께서 그를 사망의 고통에서 풀어 살리셨다"고 말한다(32절; 3:15; 4:10; 10:40; 13:30, 34; 17:31; 롬 4:24; 8:11; 고전 6:14; 15:15; 고후 4:14; 갈 1:1; 엡 1:20; 골 2:12; 살전 1:10; 히 13:20; 벧전 1:21). '하나님께서 예수님을 사망의 고통에서 풀어 살리셨다'는 뜻이다. 본문에 "사망의 고통"($\tau\grave{\alpha}\varsigma$ $\dot{\omega}\delta\hat{\iota}\nu\alpha\varsigma$ $\tau o\hat{\upsilon}$ $\theta\alpha\nu\acute{\alpha}\tau o\upsilon$)이란 말은 '사망의 해산

고통들'이라고 번역되는데, 이 말의 뜻에 대해서는 학자들 간에 견해 차이를
보이고 있다. 혹자는 본 절의 문맥을 살펴서 '사망이라는 올무,' '사망이라는
결박,' '사망이라는 속박'이라고 해석하기도 하나(Olshausen, Alexander,
F.F. Bruce, 이상근), '사망이라는 심각한 고통들'이라고 해석하는 것이 성경
전체를 살필 때 바를 것으로 보인다(Alford, Vincent, Everett Harrison,
Simon Kistemaker, 박윤선, 이순한). 예수님은 인류의 죄를 대속하시기 위하
여 십자가를 향해 가실 때 말할 수 없는 고통을 느끼셨다(마 26:37-38).
그리고 그가 십자가에 달리셨을 때 심한 고통을 호소하기도 하셨다(하나님으
로부터 버림을 당하는 고통, 목마름의 고통). 그러나 하나님은 이런 고통으로
부터 예수님을 풀어 살리셨다. 이유는 "그가 사망에 매여 있을 수 없었기"
때문이었다. 다시 말해 예수님은 하나님이시니 사망의 심각한 고통에 매여
있을 수 없으셨고, 창조주이시니 사망의 고통에 매여 있어서는 안 되었으며,
우리의 죄를 대속하신 그리스도께서 더 이상 사망의 고통에 매여 있을 수
없으셨다. 예수님은 모든 고통에서 해방되셨다. 예수님 안에 있는 우리도
모든 고통으로부터 해방되었고 앞으로 완전히 해방될 것이다.

**행 2:25. 다윗이 그를 가리켜 이르되 내가 항상 내 앞에 계신 주를 뵈었음이여
나로 요동하지 않게 하시기 위하여 그가 내 우편에 계시도다.**
베드로 사도는 본 절부터 28절까지에 걸쳐 다윗의 예언(시편 16:8-11)이
그리스도에게 이루어졌다고 말한다. 다윗의 예언이 다윗에게 이루어진 것이
아니라 예수 그리스도에게 이루어졌다고 말할 수 있는 이유는 다윗이 예언해
놓은 말씀들이 다윗에게 이루어지지 않고 예수 그리스도에게서 이루어졌기
때문이다. 다윗은 예언하기를 "주의 거룩한 자로 썩음을 당하지 않게 하실
것이라"(27b)고 했는데 다윗의 육체는 부패했다(29절). 베드로 사도는 다윗
이 예언한대로 그리스도께서 죽은 자 가운데서 부활했다고 말한다. 바울
사도도 역시 다윗의 이 시편이 예수 그리스도에게 이루어졌다고 역시 증언한
다. 그가 비시디안 안디옥에서 설교할 때 다윗의 시편 16:10을 인용하여

그리스도의 부활을 증언했다(행 13:35).

　베드로는 "다윗이 그를 가리켜 이르되 내가 항상 내 앞에 계신 주를 뵈었다"고 고백한다. 즉 '다윗이 하나님을 가리켜 말하기를 내가 항상 내 앞에 계신 하나님을 뵈었다'고 말한다. 다윗은 하나님께서 항상 동행하고 계신다고 노래한 것이다. 그리고 다윗은 "나로 요동하지 않게 하시기 위하여 그가 내 우편에 계시다"고 노래한다. '항상 동행하시는 하나님께서 다윗이 당하는 환란 중에 다윗으로 하여금 요동하지 않게 하시기 위하여 다윗을 힘 있게 붙들어 주신다'고 찬양한다. "그가 내 우편에 계시다"는 말은 '하나님께서 다윗을 힘 있게 붙들어 주신다'는 뜻이다. 다윗의 이 신앙고백은 다윗의 신앙고백이면서도 예수님에게서 이루어졌다(요 8:29; 16:32).

행 2:26-27. 그러므로 내 마음이 기뻐하였고 내 혀도 즐거워하였으며 육체도 희망에 거하리니 이는 내 영혼을 음부에 버리지 아니하시며 주의 거룩한 자로 썩음을 당하지 않게 하실 것임이로다.

"그러므로," 곧 '하나님께서 다윗을 힘 있게 붙들어주심으로' 다윗은 "내 마음이 기뻐하였고 내 혀도 즐거워하였으며 육체도 희망에 거할 것이라"고 고백한다. 다윗은 하나님께서 힘 있게 붙들어주심으로(25절) 그의 마음이 기뻐하였고 또 그의 혀도 주님을 찬양하였으며 또 그의 육체도 평안하게 쉴 것이라고 말한다(시 16:9b). "육체도 희망에 거하리니"라는 말은 비록 육신의 죽음이 찾아와도 그의 육체가 안전하고 평안할 것이라는 뜻이다.

　다윗이 26절에서 고백한 바와 같이 마음이 기쁘고 혀도 즐거우며 육체도 안전하게 거하리라고 확신하는 이유는 "이는 내 영혼을 음부에 버리지 아니하시며 주의 거룩한 자로 썩음을 당하지 않게 하실 것"이기 때문이다. 그가 비록 죽어서 육신이 무덤에 들어가도 하나님께서 다윗과 교제해주시는 일을 중단하지 않으실 것이며 또 육체도 썩지 않게 해주실 것을 확신하기 때문이다. 쉽게 말해 하나님께서 다윗의 영과 육(양 방면)을 돌아보실 것이기 때문이다.

본문에 "주의 거룩한 자로 썩음을 당하지 않게 하실 것"이라는 말은 다윗이 비록 무덤에 들어가도 하나님께서 그를 썩게 하지 않고 부활시키실 것이라는 고백이다. 다윗은 놀라운 고백을 했지만 다윗의 이 고백은 예언이 되어 예수 그리스도에게서 이루어졌다고 베드로는 말한다. 그러나 다윗의 이 고백은 결코 헛되지 않은 고백이다. 그는 훗날 부활할 것이다. 그러나 베드로 사도가 그의 설교를 하던 당시 다윗의 시체는 예루살렘에 있었고 다윗의 시체는 썩었다. 그래서 다윗의 이 예언은 예수 그리스도에게서 이루어졌다.

바울 사도는 다윗의 이 구절을 인용하여 다윗은 조상들과 함께 잠들었으나 하나님께서 일으키신 예수님은 썩지 않았다고 증언한다(13:36-37). 베드로는 바울 사도보다 더 분명하게 다윗의 예언을 인용한다(29-32절). 베드로는 다윗의 묘가 예루살렘에 있다고 말한다. 그러나 그리스도의 무덤은 비어 있다고 말한다. 왜냐하면 하나님께서 그를 살리셨기 때문이다.

행 2:28. 주께서 생명의 길을 내게 보이셨으니 주 앞에서 내게 기쁨이 충만하게 하시리로다 하였으므로.

다윗은 "주께서 생명의 길을 내게 보이셨다"고 말한다. 즉 '하나님께서 생명의 길들을 다윗에게 보여주셨다'는 것이다. 본문의 "생명의 길"(ὁδοὺς ζωῆς)이란 말은 '생명의 길들'(복수)을 지칭하는 말이다. 다시 말해 영적 생명과 육적 생명을 지칭하는 말이다. 하나님은 다윗에게 영적인 생명과 육적인 생명이 구원 얻을 것을 죽기 전에 알게 해주셨다는 뜻이다. 성도에게는 육신의 죽음이 끝이 아니다(욥 19:26; 시 17:15; 잠 14:32; 고전 13:12; 요일 3:2). 죽음 너머에 영혼이 구원을 얻고 또 육신도 구원을 얻을 것, 곧 부활이 있을 것을 안다.

다윗은 하나님께서 자신의 영육이 구원받을 것을 보여주신 고로 "주 앞에서 내게 기쁨이 충만하게 하시리로다"라고 말한다. 다윗은 영육의 구원을 확신하면서 하나님께서 자신의 기쁨이 충만하게 하실 것이라고 말한다.

영육의 구원을 확신하는 사람은 기쁨이 충만하게 된다. 또한 하나님은 기쁨의 원천이심으로 우리의 기쁨을 충만하게 해주신다(요일 1:3-4).

행 2:29. 형제들아 내가 조상 다윗에 대하여 담대히 말할 수 있노니 다윗이 죽어 장사되어 그 묘가 오늘까지 우리 중에 있도다.

베드로는 바로 앞 절까지 다윗의 예언을 언급한 다음 이제 본 절부터 32절까지 다윗의 예언을 근거하고 그리스도의 부활을 증거 한다. 베드로는 자신의 말씀을 듣는 청중을 향하여 "형제들아"(ἄνδρες ἀδελφοι, 1:16; 3:17)라고 부르며 말씀을 계속한다. 곧 "내가 조상 다윗에 대하여 담대히 말할 수 있노니 다윗이 죽어 장사되어 그 묘가 오늘까지 우리 중에 있다"고 말한다(13:36; 왕상 2:10). 베드로가 청중들 앞에서 확실히 말할 수 있는 것은 다윗이 죽어서 매장되어 그 묘가 베드로 당시까지 우리 중, 곧 예루살렘에 있다는 것을 말할 수 있다는 것이다(왕상 2:10; 느 3:16). 확실한 사실에 대해서는 확실하게 말할 수 있다는 뜻이다. 다윗이 "주의 거룩한 자로 썩음을 당하지 않게 하실 것이라"고 고백했어도 다윗은 죽어서 장사되어 그 묘가 당시 베드로의 동시대 사람들과 함께 예루살렘에 있다고 말한다.

행 2:30. 그는 선지자라 하나님이 이미 맹세하사 그 자손 중에서 한 사람을 그 위에 앉게 하리라 하심을 알고.

베드로는 다윗을 가리켜 "선지자"라고 말한다. 다윗이 예수 그리스도에 대하여 예언하였기에 선지자라고 말한다. 베드로는 다윗이 선지자로서 "하나님이 이미 맹세하사 그 자손 중에서 한 사람을 그 위에 앉게 하리라 하심을 알았다"고 말한다(삼하 7:12-13; 시 132:11; 눅 1:32, 69; 롬 1:3; 딤후 2:8). 여기 "맹세하사"(ὅρκῳ ὤμοσεν)란 말은 '맹세로 맹세하사'라고 강하게 번역되어야 하는 말이다. 이 표현은 '확실하게 맹세하셨다'는 뜻이다. 다윗은 '하나님이 이미 확실하게 맹세하사 다윗의 자손 중에서 한 사람을 다윗의

위에 앉게 하리라 하신 것을 미리 알았다'는 뜻이다. 하나님께서 맹세로
맹세하신 것을 다윗이 알았다는 말은 하나님께서 아주 확실하게 맹세하셨다
는 것을 알았다는 뜻이다. 하나님께서 다윗에게 확실하게 맹세하신 것이
무엇인가. 그것은 다윗의 후손 중에서 한 사람을 다윗의 왕위에 앉게 하시리
라는 것이었다(시 132:11-12).

**행 2:31. 미리 본 고로 그리스도의 부활을 말하되 그가 음부에 버림이 되지
않고 그의 육신이 썩음을 당하지 아니하시리라 하더니.**

다윗은 "알았고"(앞 절) 또 "미리 본 고로," 곧 '하나님께서 보여주신 것을
미리 본 고로' "그리스도의 부활을 말하되 그가 음부에 버림이 되지 않고
그의 육신이 썩음을 당하지 아니하시리라"고 예언했다고(13:35; 시 16:10)
베드로는 말한다. 다윗은 '그리스도의 부활을 말하되 구체적으로 말해서
예수님께서 무덤에 그냥 버려진 대로 계시지 않고 그의 육신이 썩음을 당하지
아니하시리라'고 예언했다는 것이다. 그리스도께서 부활하실 것을 예언도
하는 사람이 있는데 그 예언을 받고 믿지 못하는 사람들이 많이 있다는
것은 참으로 이상한 일이다. 우리는 예언자들의 예언을 받아서 믿어야 하고
또 그리스도의 부활을 증거한 사도들의 증거를 받아 그리스도의 부활을
확실하게 믿어야 한다.

행 2:32. 이 예수를 하나님이 살리신지라 우리가 다 이 일에 증인이로다.

다윗이 예언한 "이 예수를 하나님이 살리셨다"고 베드로는 말한다(24절;
13:30, 33-34, 37; 17:31). 하나님이 살리셨다고 하면 누구나 다 믿어야
한다는 것이다. 베드로는 다윗이 예언했고 하나님께서 부활시키신 사실에
대하여 "우리가 다 이 일에 증인이라"고 말한다(1:8). 여기 "우리가"라는
말은 자기와 11사도를 지칭하며 또 "이 일"이란 '하나님께서 예수님을 살리
신 사실'을 가리킨다. 사실 예수님의 제자들만 아니라 120명 전체도 부활의
증인이고 또 오늘 우리도 부활의 증인이다.

c. 예수가 주(主)가 되신 것은 시 110편의 성취이다 2:33-36

시편 16:8-11을 근거하여 그리스도의 부활을 증언한 베드로는 이 부분 (33-36절)에서는 그리스도께서 아버지로부터 성령을 받아 주셨다고 말한다. 베드로는 예수님이 주와 그리스도시라고 강조한다.

행 2:33. 하나님이 오른손으로 예수를 높이시매 그가 약속하신 성령을 아버지께 받아서 너희가 보고 듣는 이것을 부어 주셨느니라.

베드로는 "하나님이 오른손으로 예수를 높이셨다"고 말한다. '하나님께서 오른손으로, 곧 하나님의 능력으로 예수님을 승천하게 하셨다'는 뜻이다 (5:31; 엡 1:20; 빌 2:9; 히 10:12; 벧전 3:22). 그리고 베드로는 "그가 약속하신 성령을 아버지께 받아서 너희가 보고 듣는 이것을 부어 주셨다"고 말한다. 즉 '예수님이 약속하신 성령(행 1:4; 요 14:16, 26; 15:26; 16:7, 13)을 아버지 하나님으로부터 받아서(요 14:26; 15:26) 이스라엘 청중들이 보고 듣는 이것, 즉 성령을 부어주셨다'고 말한다(10:45; 엡 4:8). 베드로는 예루살렘에 모였던 15개국 사람들이 예수님의 승천은 못 보았으나 성령의 강림으로 말미암아 120 명의 성도들이 방언도 하고 하나님을 찬양하는 것을 보았으므로 "너희가 보고 듣는 이것을 부어 주셨다"고 말한다. '너희가 현재 보고 있고 또 듣고 있는 이것, 곧 성령을 부어주셨다'고 말한다. 예수님은 약속하신 것을 틀림없이 지키셨다. 그는 하나님으로부터 성령을 받아서 보내주셨다. 우리는 성령을 보내주신 예수님께 감사하며 성령 충만의 삶을 더욱 갈망해야 한다.

행 2:34. 다윗은 하늘에 올라가지 못하였으나 친히 말하여 이르되 주께서 내 주에게 말씀하시기를.

베드로는 본 절과 다음 절(35절)에 걸쳐 다윗의 시편 110:1을 인용하여 그리스도의 승천을 증언한다. 베드로는 그리스도의 일을 증언할 때 구약을 들어 증언한다. 우리는 사람들에게 신구약 성경을 들어 그리스도를 증언할 수 있어야 한다.

베드로는 말하기를 "다윗은 하늘에 올라가지 못하였으나 친히 말하여
이르되 주께서 내 주에게 말씀하셨다"고 말한다(시 110:1; 마 22:44; 고전
15:25; 엡 1:20; 히 1:13). 베드로는 다윗의 시체가 예루살렘에 있으니 분명히
하늘에 올라가지 못하였다고 말한다. 그러면서 다윗이 말한 시편 110:1을
인용하여 다윗이 "친히 말하여 이르되 주께서 내 주에게 말씀하셨다"고
말한다(벧전 3:22). '다윗이 친히 말하기를 하나님께서 내 주, 곧 예수 그리스
도에게 말씀하셨다'고 말한다. 다윗은 성령의 감동으로 예수님이 자신의
주님이심을 알았다.

행 2:35. 내가 네 원수로 네 발등상이 되게 하기까지 너는 내 우편에 앉아 있으라 하셨도다.

하나님께서 예수님에게 말씀하신 것을 다윗이 시편에 기록해 놓았는데(시
110:1) 베드로가 그것을 본 절에서 말씀한다. 하나님께서 예수님에게 말씀하
신 것은 바로 "내가 네 원수로 네 발등상이 되게 하기까지 너는 내 우편에
앉아 있으라"는 말씀이다. '하나님께서 예수님의 원수로 하여금 예수님의
발등상이 되게 하기까지 예수님은 하나님 우편에 앉아 있으라'(막 16:19;
행 7:56; 롬 8:34; 엡 1:20; 히 10:12)고 하신다. 예수님은 그 원수가 자신의
발밑에 정복될 때까지 하나님 우편에 앉아계시다가 재림하실 것이다. 재림하
실 때까지 예수님은 성도들의 구원을 위해 기도하신다. 바로 우리 한 사람
한 사람의 구원을 위해서도 예수님께서 기도하신다.

행 2:36. 그런즉 이스라엘 온 집은 확실히 알지니 너희가 십자가에 못 박은 이 예수를 하나님이 주와 그리스도가 되게 하셨느니라 하니라.

베드로는 본 절에서 14절부터 시작한 그의 설교의 결론을 내린다. 베드로는
먼저 "이스라엘 온 집은 확실히 알라"고 강하게 주장한다. 여기 "이스라엘
온 집"이란 말은 '이스라엘 사람들 모두'를 지칭한다. 다시 말해 자신들이
소위 하나님 백성이라고 주장하는 이스라엘 사람들 전체를 뜻하는 말이다.

우리가 결론을 말할 때는 강하게 "알라"고 말해야 한다. 혹은 '믿으라'고 말해야 하고 혹은 '실천하라'고 외쳐야 한다.

베드로는 결론적으로 "너희가 십자가에 못 박은 이 예수를 하나님이 주와 그리스도가 되게 하셨다"고 말한다(5:31). 베드로는 이스라엘 사람들이 행한 일과 하나님께서 행하신 일을 극명하게 대조하여 말한다. 이스라엘 사람들은 예수님을 십자가에 못 박았다는 것이고 하나님은 이 예수를 주님이 되게 하시고 그리스도가 되게 하셨다는 것이다(17절; 22-24절, 32절). 예수님은 십자가에 못 박혀 죽으시기 전에 자신이 찬송 받으실 자의 아들임을 주장했으나(막 14:61-62), 유대의 최고 종교회의는 예수님의 주장을 참람한 것이라고 주장하여 사형에 처하였다. 그러나 하나님께서는 예수님을 죽은 자 가운데서 부활, 승천시켜 온 인류의 주님이시며 메시아이신 것을 선언하셨다(롬 1:4). "예수님은 주시다"라는 말은 사도들의 설교의 요지였는데(롬 10:9; 고전 12:3; 빌 2:11) 오늘 우리의 전파의 주제가 되어야 한다. 그리고 또 예수님이 그리스도라는 사실은 예수님께서 세례를 받으실 때에 인정되었고 그의 부활과 함께 확증되었는데 지금도 여전히 예수님은 우리의 메시아라고 외쳐야 한다. 철학적 설교, 심리학적 설교, 도덕적 설교, 사회학적 설교에 치중하지 말고 초대교회 때와 같이 예수님은 우리의 주님이시며 우리의 메시아라고 외쳐야 한다. 다시 말해 성경적 설교(Biblical preaching)를 해야 한다.

D. 교회가 탄생하다   2:37-47

오순절에 성령께서 강림하셔서(1-4절) 120명의 성도들이 성령을 받고 15개국 방언으로 전도하는 것을 보고(5-12절) 일부 사람들이 조롱했을 때(13절) 베드로가 긴 변증 설교를 했는데(14-36절) 베드로의 설교를 듣고 수많은 군중이 은혜를 받고 회개하여 세례를 받았다고 누가는 말한다. 누가는 그 때 세례를 받은 사람들이 3,000명이나 되어 교회가 갑자기 확장되었다고 말한다(37-42절). 그리고 그들은 서로 유무 상통하는 삶의 아름다운 모습을 보였다고 말한다(43-47절).

1. 베드로의 설교로 3,000명이 회개하다 2:37-41

행 2:37. 그들이 이 말을 듣고 마음에 찔려 베드로와 다른 사도들에게 물어 이르되 형제들아 우리가 어찌 할꼬 하거늘.

오순절을 맞이하여 15국에서 온 사람들과 예루살렘 사람들은 베드로의 설교를 듣고 "마음에 찔려 베드로와 다른 사도들에게 물어 이르되 형제들아 우리가 어찌 할꼬"라고 말을 했다(9:6; 16:30; 슥 12:10; 눅 3:10). 그들은 "마음이 찔렸다"(κατενύγησαν τὴν καρδίαν). 여기 "찔렸다"(κατε-νύγησαν)는 말은 부정(단순)과거 수동태 시제로 '참으로 관통했다,' '진정으로 찔려 마음이 아팠다'는 뜻이다. 그들은 베드로가 설교하는 말씀 중에 이스라엘 사람들이 예수님을 십자가에 못 박았다는 말을 듣고 참 의미에서 마음에 찔림을 받았다. 죄의식이 생긴 것이고 죄의식 때문에 견딜 수 없게 된 것이다. 베드로가 설교하는 중에 성령님께서 역사하신 것이다.

그래서 그들은 "베드로와 다른 사도들에게 물어 이르되 형제들아 우리가 어찌 할꼬"라고 말을 했다. 그들은 그 죄의식을 자신들의 힘으로 친히 해결하지 못하고 사도들에게 "우리가 어찌 할꼬"라고 물었다. 그들은 자신들의 마음의 찔림이 너무 커서 스스로 삭히기에는 힘이 들어 사도들에게 해결책을 물은 것이다. 그들의 이런 찔림은 그들이 벌써 성령으로 거듭났다는 것을 증거하는 것이다. 성령으로 아니하고는 이런 반응이 나타나지 않는다(고전 12:3). 오늘 전도자의 설교를 듣고 이런 반응이 있는가. 없다면 오늘 전도자들이 현대인들의 죄를 지적하지 않은 탓이고 성령님께서 역사하시지 않은 탓이다. 오늘 전도자들은 성령님께서 역사하시도록 말씀을 증거해야 한다. 그러기 위해서는 많은 기도가 필요하다.

행 2:38. 베드로가 이르되 너희가 회개하여 각각 예수 그리스도의 이름으로 세례를 받고 죄 사함을 받으라 그리하면 성령의 선물을 받으리니.

베드로는 청중들의 "우리가 어찌할꼬"라고 하는 부르짖음에 대한 대책을
내놓는다. 베드로는 두 가지 대책을 말한다. 첫째 "너희가 회개하라"고 말한
다(3:19; 8:22; 17:30; 20:21; 26:20; 마 3:2; 4:17; 눅 24:47). 여기 "회개하
라"(μετανοήσατε)는 말은 부정(단순)과거 명령형으로 '진정으로 회전하
라,' '참 의미에서 돌아서라'는 뜻이다. 그리스도에 대한 악한 감정을 버리고
그리스도에게로 돌아서라는 뜻이다. "회개하라"라는 말이 헬라어에서 부정
(단순)과거 시제로 쓰이게 된 것은 동사 자체를 강조하기 위함이다. 그러니까
"회개하라"는 말은 '참으로 돌아서라,' '진심으로 회전하라'는 뜻이다. 모든
사람들은 그리스도에 대한 좋지 않은 감정을 버리고 그리스도에게로 회전해
야 한다.

둘째, "각각 예수 그리스도의 이름으로 세례를 받고 죄 사함을 받으라"고
말한다. 곧 "각각 예수 그리스도의 이름으로 세례를 받으라"는 것이다. '한
사람 한 사람 예수 그리스도의 이름으로 세례를 받으라'는 뜻이다. "예수
그리스도의 이름으로 세례를 받으라"(βαπτισθήτω...ἐπὶ τῷ ὀνόματι Ἰησοῦ
Χριστοῦ)는 말은 '예수님에 대한 악한 감정을 버리고 예수님을 메시아로
고백하고(혹은 메시아로 부르고) 세례를 받으라'는 것이다. 그러니까 세례를
받는 사람들은 자신이 예수님을 믿는 고백을 하고 세례를 받는 것이다(예수
님을 믿어야 성부, 성자, 성령으로 세례를 받을 수 있다). 세례를 받는 사람이
예수님을 믿는다는 고백을 하면 죄를 사함 받는다. "죄 사함을 받는다"는
말은 '죄를 깨끗이 씻음 받는다'는 뜻이다. 우리는 죄 사함을 받기 위하여
예수님을 믿어야 한다. 그리고 믿는다는 뜻으로 세례를 받아야 한다.

베드로는 "그리하면 성령의 선물을 받으리라"고 한다. 다시 말해 죄
사함을 받기 위하여 그리스도를 믿는다는 고백을 하고 세례를 받으면 "성령
의 선물을 받는다"는 것이다. 여기 "성령의 선물을 받는다"는 말은 '성령의
능력을 받는다,' '성령의 충만을 받는다'는 뜻이다. 본문의 말씀이 성령 충만
을 받는다는 뜻으로 보아야 하는 것은 이들의 삶(42-47절) 자체가 그것을
증명한다. 그들은 성령 충만에 이르렀다. 다시 말해 성령의 지배와 인도를

받는 삶에 이르렀다.

이들이 성령으로 중생한 것은 물세례와 무관했다. 바로 앞 절(37절)에 이들이 성령을 받아 중생한 것은 베드로의 설교를 들을 때 이루어진 사건이었다. 말씀을 들을 때 성령을 받은 것이다. 그런 후에 이들이 베드로의 지시를 따라 회개하고(예수님에게 돌아서고) 세례를 받고 성령 충만에 이르렀다. 그러나 이들이 성령 충만 받은 자체도 물세례와 관련이 있는 것은 아니다. 120명의 성도들도 물세례를 받고 성령을 받은 것은 아니었다. 본 절의 많은 청중들이 물세례를 받은 것은 예수님을 믿는다는 고백을 외적으로 표현한 것뿐이었다. 잠시 37절과 38절을 정리하면 성령으로 중생하고(37절)->회개하고(38절)->믿는 고백을 하고(38절)->세례 받고(38절, 물세례)->성령의 선물(38절)을 받았다.

행 2:39. 이 약속은 너희와 너희 자녀와 모든 먼 데 사람 곧 주 우리 하나님이 얼마든지 부르시는 자들에게 하신 것이라 하고.

베드로는 "이 약속," 곧 '성령 받는 약속,' '구원에 참여하는 약속'은 "너희와 너희 자녀와 모든 먼 데 사람 곧 주 우리 하나님이 얼마든지 부르시는 자들에게 하신 것이라"고 말한다. 여기 "너희와 너희 자녀"(3:25; 욜 2:28)란 말은 유대인을 가리키고 "모든 먼 데 사람"이란 말은 '이방인들'을 지칭하는 말이다. 그리고 "주 우리 하나님이 얼마든지 부르시는 자들"이란 말은 '유대인이나 이방인을 구별하지 않고 하나님께서 부르시는 사람들, 곧 구원받도록 선택하시고 또 부르시는 사람들'을 지칭한다. 구원은 하나님께서 유대인(사 43:3; 렘 31:31-34; 겔 36:25-27)과 이방인(10:45; 11:15, 18; 14:27; 15:3, 8, 14; 슥 6:15; 엡 2:13, 17)을 차별하시지 않고 부르시는 사람들이 받는다. 우리는 우리가 똑똑하고 잘 나서 구원에 이른 것이 아니라 하나님께서 불러주셔서 구원에 동참하게 되었다.

행 2:40. 또 여러 말로 확증하며 권하여 이르되 너희가 이 패역한 세대에서

구원을 받으라 하니.

베드로는 설교의 결론(앞 절까지)을 말했으나 아직도 "여러 말로 확증하며 권한다." 예수님이 구주인 것을 더욱 증거 했고 또 회개하라고 많이 권했다. 설교자의 사역은 끝이 없다. 그리고 베드로는 "너희가 이 패역한 세대에서 구원을 받으라"고 권한다. "이 패역한 세대"란 '예수님에 대해서 악감정을 가지고 있고 거역하는 마음을 가지고 있는 세대'를 지칭한다. "구원을 받으라"는 말은 '그런 세대로부터 빠져나와 예수님을 믿고 영 육간 예수 안에 있으라'는 말이다. 오늘도 역시 베드로 사도 당시와 마찬가지로 패역한 세대이다. 부정과 비리의 세대요, 노출의 세대이며 음란의 세대이고 하나님을 멀리하는 세대이다. 하나님의 심판을 받아 마땅한 세대이다. 이런 세대에서 우리는 예수 그리스도를 믿고 의지하여 구원을 받아야 한다.

행 2:41. 그 말을 받은 사람들은 세례를 받으매 이 날에 신도의 수가 삼천이나 더하더라.

본서의 저자 누가는 "그 말을 받은 사람들은 세례를 받으매 이 날에 신도의 수가 삼천이나 더하더라"고 말한다. 누가의 이 말은 베드로의 설교 말씀을 받지 않는 사람들도 있었음을 암시하고 있다. 그런 사람들은 어디든지 있다. '베드로 사도의 말을 받은 사람들은 세례를 받으매 이 날에 신도의 수가 3,000명이나 더하더라'고 말한다. 3,000명의 사람들은 그 날에 세례만 받은 것이 아니라 먼저 베드로의 설교를 듣다가 성령님의 역사가 있어 "어찌할꼬" 하는 단계에서 중생의 체험을 했으며(37절), 또 그리스도에 대한 악감정을 다 청산하고 그리스도에게로 돌아와서(38절) 세례를 받았다. 그리고 그들은 성령의 충만을 받는데 까지 이르렀다. 결국 그날 하루 대략(ὡσεὶ) 3,000의 사람들이 더하게 되었다. 그러니까 120명의 성도들 숫자에 약 3,000명의 성도들의 숫자가 추가된 것이다. 오늘날 이런 역사는 거의 생기지 않는다. 문제는 성령님의 역사에 차이가 있다는 것이다. 성령님의 강한 역사가 있기 전에는 이런 역사는 나타나지 않는다. 전도자는 말씀을 증거할 때에 성령님께서 나타나서서 역사하시게 해야 한다는 숙제를 가지고 있다.

2. 믿는 사람들의 삶의 방식 2:43-47

행 2:42. 그들이 사도의 가르침을 받아 서로 교제하고 떡을 떼며 오로지 기도하기를 힘쓰니라.

누가는 초대 교회의 성도들의 예배 행위를 소개하고 있다. 첫째, 그들은 "사도의 가르침을 받았다." 갑자기 성장한 초대 교회는 여러 사도들(복수)의 가르침(단수-통일성 있는 가르침을 뜻함)을 받았다(살전 2:13). 예수님은 사도들로 하여금 예수님께서 가르쳐주신 것을 사람들에게 가르쳐 지키게 하라고 분부하셨다(마 28:20). 초대교회의 성도들은 예배 중에 사도들로부터 계속해서 가르침을 받았다. 오늘도 성도들의 신앙생활에서 제일 중요한 것은 복음을 계속해서 배우는 것이고 또 윤리를 배우는 것이다.

그리고 그들은 "서로 교제했다." "서로 교제했다"(τῇ κοινωνίᾳ)는 말은 믿는 자들이 사도들과 교제하고 또 서로간의 결속을 보여주었다는 뜻이다. 초대교회 성도들은 그리스도 안에서의 상호 연합을 분명히 보여주었다. 그들은 서로를 형제요 자매라고 불렀다.

그리고 그들은 "떡을 떼었다"(τῇ κλάσει τοῦ ἄρτου). 그들은 어디에서 떡을 뗀 것인가? 개인 집에서 떡을 먹은 것을 지칭하는 말인가(눅 24:30, 35) 혹은 성찬예식을 거행했다는 말인가. 십중팔구 예배 중에 주님의 성찬을 기념한 것을 가리키는 것으로 보인다. 이유는 1) 헬라어에서 "떡"(ἄρτου)이라는 낱말 앞에 정관사(τοῦ)가 있는 것을 보면 거의 확실하게 성찬예식을 지칭하는 말로 보인다(Kistemaker). 또한 2) 떡을 떼는 행위가 예배행위 중에 일어나는 연속 행사 중 하나로 묘사되었으니(가르침, 교제, 떡을 떼기, 기도하기 등) 떡을 떼는 일이 어떤 개인 집에서 식사한 것을 지칭하기 보다는 예배 중에 성찬예식을 지칭하는 말로 보인다(Kistemaker).

그리고 그들은 "기도하기를 힘쓰고 있었다"(1:14; 롬 12:12; 엡 6:18; 골 4:2). 여기 "기도하기"(ταῖς προσευχαῖς)가 개인적인 기도를 지칭하는가 아니면 예배 중에 진행된 기도회를 지칭하는 것인가. "기도하기"(προσευ-χαῖς)란 낱말 앞에 정관사(ταῖς)가 있는 것을 보면 예배 중에 진행된 기도회를 지칭하는 것으로 보인다. 그리고 기도라는 말이 복수로 되어 있는 것을 보면 여러 종류의 기도회가 있었던 것으로 보이며 또 많은 기도를 드린 것을 뜻할 것이다. 유대인들은 하루 몇 차례 기도를 드렸다 (3:1). 초대 교회 성도들은 열심히 기도를 드렸다. 오늘 우리 교회들도 열심 있는 기도를 드려야 한다. 오늘날 개인 기도도 많이 약화되었고 교회에서 통성기도를 드리는 것도 약해졌으며 기도원을 찾는 사람들도 과거에 비하여 많이 적어졌다.

행 2:43. 사람마다 두려워하는데 사도들로 말미암아 기사와 표적이 많이 나타나니.

누가는 본 절에서 초대교회 성도들이 예수님과 사도들을 존경한 것을 기술하고 있다. 초대교회 성도들의 신앙생활의 특징을 말하는 중에 "사람마다 두려움"이 있었다고 말한다. 그들은 예수님에 대한 경외심과 사도들에 대한 경외심이 대단했다. 사도들이 기사와 표적을 많이 행하는 것을 보고 성도들은 큰 경외심을 가지고 있었다. 그들의 두려움은 줄어들지를 않았다(5:5, 11; 19:17). 사도들에 대한 경외심은 "사도들로 말미암아 기사와 표적이 많이 나타난"데서부터 온 것이었다(4:33; 5:12; 막 16:17). 예수님은 사도들로 하여금 이적을 행할 수 있는 권능을 주셨다(마 10:8). 그래서 성도들은 그리스도를 믿는 믿음이 더욱 성장했고 또 성도들이 점점 증가해갔다(47절). 오늘날 성도들의 경우 전도자들에 대한 경외심이 있는가. 전도자들에 대한 존경심이 땅에 떨어지지 않았는가. 비록 오늘 전도자들의 실수가 많아서 존경심이 떨어졌다 해도 전도자들이 하나님의 말씀을 맡아 전하는 것을 생각하고 최소한의 존경심은 가져야 할 것이다.

행 2:44-45. 믿는 사람이 다 함께 있어 모든 물건을 서로 통용하고 또 재산과

소유를 팔아 각 사람의 필요를 따라 나눠 주며.

누가는 이 부분(44-45절)에서 초대교회 성도들이 공동생활을 어떻게 했는가
를 전하고 있다. 첫째, "믿는 사람이 다 함께 있었다." 믿지 않는 사람들은
함께 하지 않았다. 믿는 사람들만 한 교회에서 함께 예배했고 공동생활을
했다. 그러나 그들의 집이 없는 것은 아니었다. 47절에 보면 "집에서 떡을
떼며"란 말이 있다. 그들은 각자 자기 집이 있었으나 함께 모여 예배하고
함께 생활했다. 그들은 그동안에 경험해보지 못했던 성령의 은혜를 맛보아
함께 예배하고 함께 교제하기를 좋아했다. 오늘도 믿는 형제자매들은 서로
끌리기 마련이다.

둘째, "모든 물건을 서로 통용했다"(4:32, 34). 그들은 네 것 내 것을
따지지 않았다. 모든 물건을 공용(共用)했다. 그들은 이웃을 한 가족으로
생각하여 물건을 네 것 내 것 없이 함께 사용했다. 그들은 성령의 깊은
감동 속에서 깊은 은혜를 받았다. 그들은 모두가 그리스도의 피로 구원
받은 사실을 철저하게 믿었고 또 앞으로 공동으로 살아야 한다는 사실을
알았다. 그들은 너와 내가 따로 있지 않았고 모두 하나로 여겨졌다.

셋째, "재산과 소유를 팔아 각 사람의 필요를 따라 나눠 주었다"(사
58:7). '자기의 재산과 소유를 팔아 가난한 사람들의 필요를 따라 나누어
주었다.' 자기의 재산과 소유를 판 것은 강제에 의한 것이 아니었고 또
박탈에 의한 것도 아니었다. 전적으로 자의(自意)에 의한 것이었다. 그들은
가난한 자들을 생각하라는 그리스도의 말씀에 철저히 순종했다. 초대교회의
이 목적은 가난한 자를 없애자는 것이었다(4:34a). 부자들이라고 해서 재산
을 다 매각했다는 말은 없다(5:42). 다만 가난한 사람들을 위하여 기금을
만들 목적으로 재산과 소유를 판 것으로 보인다(4:34b-35; 6:1). 재산이
있는 사람들은 자발적으로 팔아서 가난한 자들을 위해 기금을 만들었다(5:4).

초대교회의 이 삶을 두고 혹자들은 20세기의 공산주의 삶과 비슷하다고
말한다. 그러나 완전히 다르다. 초대교회의 물질 공용(44절)은 자발적으로
한 일이고, 공산주의의 물질 공용은 강제에 의한 것이었다. 또 초대교회의

부자들이 재산을 팔아서 가난한 자를 위한 기금으로 드려놓은 것(45절)은 공산주의 정부의 박탈에 의해 주민들의 재산이 국가 에 귀속되는 것과는 천양의 차이가 있다. 초대교회는 사랑으로 한 것이고 공산주의는 국가 기관의 강제에 의한 것이었다.12)

행 2:46. 날마다 마음을 같이하여 성전에 모이기를 힘쓰고 집에서 떡을 떼며 기쁨과 순전한 마음으로 음식을 먹고.

누가는 초대교회의 성도들이 성전과 집에서 어떻게 생활했는가를 전한다. 첫째, 성도들은 "날마다 마음을 같이하여 성전에 모이기를 힘썼다." 그들은 '날마다 마음을 같이해서, 곧 예수님을 사랑하는 일치된 마음으로, 성전(아마도 솔로몬의 행각에서 모였을 것이다, 3:11; 5:12)에 모여서 사도의 가르침을 받고 서로 교제하며 성찬예식에 참석하고 기도하기를 힘썼다'(42절). 그들은 예수님께서 승천하신 뒤에도 성전에 모여서 늘 하나님을 찬양했다(5:42; 눅 24:53). 교회에 모여서 예배하고 하나님을 찬양한다는 것은 얼마나 좋은 생활인지를 알 수 있다. 둘째, 그들은 날마다 "집에서 떡을 떼며 기쁨과 순전한 마음으로 음식을 먹었다"(20:7). 여기 "집"이란 말은 헬라어 원문에 "집에서 집으로"(from house to house)라는 뜻이다(행 20:20). 그들은 개인들의 집에서 떡을 떼며 또 성도의 연합을 다짐했다. 누가가 이렇게 개인들의 집에서 떡을 떼고 기쁨과 순전한 마음으로 음식을 먹은 것을 말하는 이유는 아마도 그들이 주일이나 혹은 다른 정해진 시간에 성전에서 모여서 예배하고 끝난 것이 아니라 집에서도 역시 신앙생활을 부지런히 했다는 것을 전하기 위한 것으로 보인다(고전 11:20-22; 벧후 2:13; 유 1:12 참조). 개인 집에서

---

12) 이상근 목사는 초대교회의 공산생활과 20세기의 공산주의 생활을 비교하여 말하기를 "첫째, 이는 신앙적 열정에서 출발했으나, 공산주의는 정치적 이념에서 제정되었다. 둘째, 이는 내적이며 자발적인 것이나, 저는 외적이며 강제적이다. 셋째, 이는 사람을 구원하는 복음이며 이를 위해 많은 순교를 하였으나, 저는 수많은 사람을 죽이고 피를 흘렸다. 양자는 다 같이 붉은 피로 상징되고(대속의 보혈과 혁명의 피), 다 같이 종국적 복락을 주장하나(천년왕국과 공산왕국), 그 방법과 양태는 정 대조적이다. 하나님이 있고 없는 데서 생긴 다리 놓을 수 없는 대조인 것이다"라고 말한다. *사도행전* 신약주해(한국 대구:성등사, 1991), p. 61.

먹은 식사는 성전에서 진행하는 성찬과는 구별되는 식사였다. 초대교회 성도들은 성전에서도 신앙생활에 힘썼고 각 집에서도 힘썼음을 알 수 있다. 성도들이 이렇게 열심히 매일 모여서 신앙생활을 한 것은 성령님의 역사에 의한 것이었다. 그리고 그들이 기쁨이 충만하고 신실했던 것은 성령님의 역사 때문에 생겨난 결과였다(8:8, 39; 13:48, 52; 15:3; 16:34).

행 2:47. 하나님을 찬미하며 또 온 백성에게 칭송을 받으니 주께서 구원 받는 사람을 날마다 더하게 하시니라.

누가는 초대교회의 성도들의 삶을 총 정리한다. 그들은 "하나님을 찬미했다"(3:8-9). 그들은 예배 중에 하나님께서 그리스도를 통해서 행하신 일을 알고 하나님의 사랑과 하나님의 능력과 섭리를 인하여 하나님을 찬양했다. 또 그들은 "온 백성에게 칭송을 받았다"(4:33; 눅 2:52; 롬 14:18). 그들은 예배 생활을 잘 했을 뿐 아니라 서로가 서로에게 사랑을 베풀고 모든 물건을 통용하고 재산이 있는 자는 팔아서 가난한 자들을 위한 기금을 마련했음으로 온 백성에게 칭송을 받았다. 오늘의 성도는 백성들에게 칭송을 받고 있는가. 초대교회와는 많이 다르다. 다른 이유는 오늘의 성도가 초대교회의 성도들의 삶과는 너무 다른 점이 있어서 그렇기도 하다(물론 아무리 성도들이 잘 한다고 해도 칭찬을 받지 못하고 마귀의 핍박을 받는 수가 많이 있다). 오늘 우리는 너무 이기적이고 사랑이 없으며 너무 죄에 물들어 있다.

그리고 "주께서 구원 받는 사람을 날마다 더하게 하셨다"(5:14; 11:24). 예수님께서 계속해서 역사해 주셨다. 곧 구원받는 사람들을 날마다 더하게 해주셨다. 3,000명도 많았는데 게다가 날마다 많은 사람들이 구원을 체험하고 교회로 들어왔다. 날마다 모이니 날마다 구원받는 사람들이 교회로 들어올 수 있었다. 오늘의 교회도 할 수만 있으면 더 자주 모여야 할 것이다.

제 3 장
베드로가 전도하다

II. 예루살렘에 있는 초대 교회   3:1-8:3

　누가는 성령 강림 이후 예루살렘 교회가 급격히 부흥된 것을 기술하고는 (2장) 이제 예루살렘에 있는 초대 교회의 형편을 진술한다. 누가는 베드로가 예루살렘 교회를 중심으로 전도활동을 한 것을 말하고(3장) 하나님은 급격히 부흥한 예루살렘 교회로 하여금 전도하도록 하기 위해 예루살렘에 박해를 가하신 점을 기술한다(4장-5장). 그리고 누가는 하나님께서 스데반을 박해 하에 있게 하신 것과 순교의 영광을 맞이하게 하신 것을 기술한다(6장-7장). 그리고 누가는 예루살렘 교회가 드디어 사도 외에는 다 모든 땅으로 흩어진 사실을 말한다(8:1-3).

　A. 베드로가 전도하다   3:1-26

　베드로는 앉은뱅이를 고친(3:1-10) 후, 앉은뱅이를 고친 이적을 중심하고 앉은뱅이를 고친 이는 자기가 아니고 예수 그리스도라고 외치고 사람들을 향하여 회개하라고 외친다(11-26절).

　　1. 베드로가 그리스도의 이름으로 앉은뱅이를 고치다   3:1-10
행 3:1. 제 구 시 기도 시간에 베드로와 요한이 성전에 올라갈 새.
누가는 사도들이 정해진 시간에 기도한 사실을 말하고 기도하러 예루살렘 성전에 올라가다가 앉은뱅이를 고친 사실을 진술한다. "제 구 시 기도 시간 에"라는 말은 오늘 우리 시간으로 오후 3시를 가리킨다(2:15 참조; 시 55:17).

우리 시간 오전 6시부터 유대인들의 낮 시간이 시작되는 고로 "제 9시"는
우리 시간 오후 3시에 해당한다(유대인들은 오전 9시, 정오, 오후 3시에
기도를 드렸다). 그 시간에 "베드로와 요한이 성전에 올라가고 있었
다"(2:46). 여기 "올라갈 새"(ἀνέβαινον)란 말은 미완료과거 시제로 '계속해
서 올라가고 있었다'는 뜻이다. 그들 두 사람(8:14; 막 5:37; 9:2; 14:33)은
그 시간에 혼자 성전에 올라가지 아니하고 둘이 함께 올라가고 있었다.
기도 생활에 합심은 필요하다. 교회에서 기도할 때도 그렇거니와 기도원에
올라가서 기도하는 경우에도 함께 하는 것이 필요하다. 인간은 약해서 서로
협력하는 것이 필요하다.

**행 3:2. 나면서 못 걷게 된 이를 사람들이 메고 오니 이는 성전에 들어가는
사람들에게 구걸하기 위하여 날마다 미문이라는 성전 문에 두는 자라.**
누가는 2:43에서 "사도들로 말미암아 기사와 표적이 많이 나타났다"는
말을 했는데 그 중에도 아주 유명한 표적 하나를 여기 기록한다. 사도들로
말미암아 생겨진 표적 중에서 어머니의 태로부터 아예 앉은뱅이로 태어난
사람을 고친 이적을 진술한다. 누가는 "나면서 못 걷게 된 이를 사람들이
메고 오니"라고 말한다(14:8). 나면서부터 자기 스스로 한 걸음도 걸어보지
못한 사람을 가족들이나 혹은 친척들이 메고 왔다는 것이다. 여기 "메고
오니"(ἐβαστάζετο)라는 말은 미완료과거 시제로 '매일 습관적으로 메고
왔다'는 뜻이다. 그 앉은뱅이는 스스로는 아무 것도 할 수 없어 사람들에게
폐만 끼치고 살았다. 소망 없는 삶, 사람들에게 얹혀사는 삶, 사람들을 돕지
못하고 오히려 도움을 받으며 살아가는 삶을 살아가던 이 사람이 예수님을
만나 정 반대의 삶을 사는 사람이 되었다.

그 사람은 "성전에 들어가는 사람들에게 구걸하기 위하여 날마다 미문이
라는 성전 문에 두는 자였다"(요 9:8). 그 사람은 예루살렘 성전으로 기도하러
들어가는 사람들에게 구걸하기 위해서 미문이라고 불리는 성전 문에 두는
자였다. 그는 다른 곳에 가서 구걸하기 보다는 사람들이 많이 통행하는

곳, 특별히 사람들이 기도하러 들어가는 길목에서 구걸하며 살았다. 구걸할 바에는 사람이 많이 지나다니는 곳을 택한 것이다. 기도하기 위해서 왕래하는 사람들은 아무래도 더 많이 구제하지 않겠는가라는 생각이 들어서였다.

그리고 여기 그 사람이 구걸하던 장소는 "미문이라는 성전 문"이었다. 이 "미문"이 어디에 놓여있던 문이냐 하는 것에 대해서는 학자들의 의견이 일치하지 않는다. 1) 성전 동편 바깥벽에 있는, 소위 슈산 문(Shusan gate)이라는 주장. 이 문은 솔로몬 행각에 가까이 있었다. 2) 여인들의 뜰과 남자들의 뜰 사이에 위치한 니카노르 문(the Nicanor gate)이라는 주장. 이 정보는 랍비의 문헌으로부터 왔는데 미문이라고 볼 수 없다. 이유는 누가는 앉은뱅이가 나은 후 성전 안으로 사도들을 따라갔다고 말하는 고로(8절) 이것이 미문이라고 말하기 어렵다는 것이다. 3) 여인들의 뜰의 동편에 위치한 니카노르 문(the Nicanor gate)이라는 주장. 이 문은 이방인들의 뜰로부터 여인들의 뜰로 통하는 문이었다. 그 문짝들이 고린도의 구리로 만들어졌고 또 은으로 입히고 금으로 장식된 문짝들보다 값이 훨씬 더 나갔음으로, 베드로는 "내게 은과 금은 내게 없거니와"(6절)라는 말을 했을 것이라고 한다. 대부분의 학자들은 위의 견해 중에 3번째의 견해에 동의한다(Kistemaker).

본문의 "두는"(ἐτίθουν)이라는 말도 역시 미완료과거 시제로 '매일 사람들이 메어다가 거기에 두곤 했다'는 뜻이다. 앉은뱅이는 사람들이 매일 메어다가 두는 곳에 그냥 그 자리에서 구걸하며 살았다. 그는 자의적으로 다른 곳으로 옮길 수도 없었다.

행 3:3. 그가 베드로와 요한이 성전에 들어가려 함을 보고 구걸하거늘. 나면서부터 40여 년 동안이나(4:22) 앉은뱅이였던 걸인은 "베드로와 요한이 성전에 들어가려 함을 보고 구걸했다." 그 걸인은 구걸을 사명으로 알고 늘 하던 대로 두 사람이 성전에 들어가려는 것을 보고 구걸을 한 것이다. "성전을 바로 곁에 두고 예배와 영생을 구하지 아니하고 물질만을 구하는 그에게서 하나님을 떠난 인류의 가련한 모습을 볼 수 있다"(이상근). 아무리 장애인이라도 하나님을 믿으면 살 길이 있는 법인데 그저 구걸만을 능사로 알고 있었다. 우리는 주 안에서 문제를 해결하려고 해야 한다.

행 3:4. 베드로가 요한과 더불어 주목하여 이르되 우리를 보라 하니.
베드로와 요한 두 사도는 함께 이 걸인을 "주목하였다"(1:10; 23:1). 두 사도는 그 환자의 증상을 살피고자 주목한 것은 아니었다. 환자의 증상이 경하든 혹은 중하든 그것은 중요한 것은 아니었다. 예수님께서 치료하시면 중한 것도 얼마든지 고치실 수 있으신 고로 증상을 살피기 위해 주목한 것은 아니었다. 두 사도는 그 사람을 고치려는 생각으로 함께 자세히 바라본 것이다.

그리고 두 사람은 그 걸인에게 "우리를 보라"고 말한다. '기대심리를 가지게 하기 위해서 우리를 보라'고 말한다. 낫고자 하는 기대심리를 일으키기 위해서 우리를 보라고 한 것이다. 예수님께서도 38년 된 병자에게 "네가 낫고자 하느냐"고 하셨다(요 5:6). 환자 측의 낫고자 하는 마음은 중요하다. 오늘 우리도 역시 낫고자 하는 마음이 있어야 하고 은혜 받고자 하는 마음이 있어야 한다. 그것이 없이는 낫지 못하고 은혜도 받지 못한다.

행 3:5. 그가 그들에게서 무엇을 얻을까 하여 바라보거늘.
그 환자는 "그들에게서 무엇을 얻을까 하여 바라보았다." 두 사도는 그에게서 믿음을 일으키기 위해서 "우리를 보라"(4절)고 했는데 그 걸인은 무엇을 얻을까하여 바라보았다. 여전히 가련한 마음뿐이었다. 인생은 그리스도를 믿는 믿음을 가지기 전에는 가련한 마음 그대로 가지고 살 수밖에 없다. 지금도 불신의 세계는 남에게서 무엇을 얻을까하여 남의 손을 바라본다. 우리는 만복의 근원이신 하나님의 손만을 바라보고 살아야 한다(시 123:2).

행 3:6. 베드로가 이르되 은과 금은 내게 없거니와 내게 있는 이것을 네게

주노니 나사렛 예수 그리스도의 이름으로 일어나 걸으라 하고.

베드로는 자신들에게서 무엇을 얻을까하여 바라보는(앞 절) 걸인을 향하여 "은과 금은 내게 없다"고 말한다. 그 걸인이 소원하고 기대하는 은과 금은 없다고 일단 부정적인 말을 던진다. 우리는 그리스도를 더욱 잘 믿기 위하여 부정할 것은 철저히 부정해야 한다. 베드로가 가지고 있는 돈은 사람들로부터 받은 것인데 그것은 베드로의 것이 아닌 고로(2:44-45; 4:34-35; 5:1-2) 베드로 개인 것은 아무 것도 없다는 것이다.

그리고 베드로는 "내게 있는 이것을 네게 준다"고 말한다. '베드로에게 있는 것, 바로 이것을 네게 준다'고 말한다. 우리는 나에게 있는 그리스도를 남에게 줄 수 있는 사람이 되어야 한다. 우리는 세상에 살면서 다른 것은 아무 것도 가지지 못하였고 혹은 줄 수 있는 것은 아무 것도 없어도 분명하게 줄 수 있는 그리스도를 가지고 있어야 한다. 우리는 그리스도 때문에 마음 뿌듯해야 한다.

그리고 또 베드로는 "나사렛 예수 그리스도의 이름으로 일어나 걸으라"고 말한다(4:10). '나사렛 예수 그리스도의 이름을 믿고 일어나 걸으라,' '나사렛 예수 그리스도를 믿고 일어나 걸으라,' '나사렛 예수 그리스도를 의지하고 일어나 걸으라'는 말이다(16절). 여기 "이름"이란 말은 본체 자체를 지칭하는 말이다. 그러니까 "나사렛 예수 그리스도의 이름"이란 말은 "나사렛 예수 그리스도"란 말과 똑 같은 말이다. 다시 말해 "이름"이란 말이 붙어 있거나 붙어 있지 않거나 의미상 차이가 없다. 베드로는 걸인을 향하여 '나사렛 예수 그리스도를 믿어서 일어나 걸으라'고 말한 것이다. 베드로는 그 걸인을 향하여 나사렛 예수 그리스도를 의지하여 일어나 걸으라고 명령한 것이다. 그리스도를 믿을 때 그 그리스도께서 앉은뱅이를 낫게 하여 일어나 걸을 수 있게 만들어 준다. 예수님은 수많은 병자를 고쳐주셨고 죽은 사람도 살려 주셨다. 오늘도 성경은 우리를 향하여 "나사렛 예수 그리스도의 이름으로 일어나 걸으라"고 말한다. 영적으로 마비된 사람도 나사렛 예수 그리스도의 이름으로 일어나 걸어야 한다.

행 3:7. 오른손을 잡아 일으키니 발과 발목이 곧 힘을 얻고.

베드로는 "일어나 걸으라"고 말한 후 그 앉은뱅이의 "오른손을 잡아 일으켰다." 베드로는 예수님께서 자기의 열병 걸렸던 장모에게 안수하신 후 "그 손을 잡아 일으키신 것"처럼 앉은뱅이의 오른 손을 잡아 일으켰다. 베드로는 확신을 가지고 일으킨 것이다. 그랬을 때 앉은뱅이의 "발과 발목이 곧 힘을 얻었다." 누가는 여기서 더 세밀하게 말하지 않았지만 무릎도 힘을 얻었고 허벅지도 힘을 얻었다. 전신이 힘을 얻었다. 그 환자는 그리스도를 믿고 일어선 것이다(16절). 본문에 "곧"이란 말은 의사인 누가의 표현인데 이적이 일어났다는 것을 뜻하는 말이다. 그리스도는 오늘도 우리의 영육에 힘을 주시는 분이시다. 우리는 그리스도를 철저히 의지하고 기도해야 한다.

행 3:8. 뛰어 서서 걸으며 그들과 함께 성전으로 들어가면서 걷기도 하고 뛰기도 하며 하나님을 찬송하니.

앉은뱅이는 뛰어(jumps up) 일어서서 생애 처음으로 똑바로 서 있을 수 있었다(사 35:6). 그리고 그는 걸어서 "그들과 함께 성전으로 들어가면서 걷기도 하고 뛰기도 하며 하나님을 찬송했다." 그 앉은뱅이는 걸어서 집으로 돌아가지 아니하고 사도들과 함께 성전으로 들어가면서 때로는 걷기도 하고 때로는 뛰기도 하면서 하나님을 찬송했다. 육체도 정상인들처럼 강건하여졌고 동시에 심령에 엄청난 기쁨이 찾아왔다. 육체가 나았다는 것뿐만 아니라 하나님께서 성령으로 말미암아 심령에 큰 은혜를 주셨다. 그는 이제 그리스도를 만난 사람으로 딴 세상을 만난 것이다. 그는 찬송하고 또 찬송했다. 그는 끊임없이 찬송했다. 그는 사도들을 따라 기도하러 성전 안의 기도장소로 들어갔다. 그는 기도를 마치고 다른 사람들에게 그리스도의 은혜를 전했고 또한 자기를 메고 미문이라는 곳에 가져다가 두었던 사람의 도움을 받지 않고 자기 집으로 돌아갔다. 주위 사람들은 얼마나 놀랐겠는가. 우리는 그리스도의 힘을 구하여 영 육간 새사람이 되어야 한다.

행 3:9. 모든 백성이 그 걷는 것과 하나님을 찬송함을 보고.

모든 백성은 그 건강을 회복한 걸인이 "걷는 것과 하나님을 찬송함을 보았다"(4:16, 21). 두 가지를 눈여겨 본 것이다. "걷는 것"을 눈여겨보았다. 아마도 그 사람은 뛰기보다는 주로 걸었을 것이다. 사도들을 따라 기도처로 가고 있었는데 기도처가 어디인지 몰랐을 것이므로 사도들을 앞지르지 않고 사도들과 보조를 맞추어 걸었을 것이다. 모든 백성들은 사도들을 주의하기 보다는 그 남루하게 입은 걸인이 걷는 것을 유심히 바라보았다. 뿐만 아니라 그 걸인이 "하나님을 찬송함을 보았다." 유심이 관찰한 것이다. 그 걸인은 아마도 거의 제 정신이 나간 사람처럼 하나님을 찬송했을 것이다. 하나님께서 그 심령 속에 주신 기쁨을 어떻게 주체할 수 없었다. 우리의 심령 속에 이런 주체할 수 없는 찬송이 있는가.

행 3:10. 그가 본래 성전 미문에 앉아 구걸하던 사람인 줄 알고 그에게 일어난 일로 인하여 심히 놀랍게 여기며 놀라니라.

모든 백성은 그 걸인이 사도들을 따라 걸어가는 것과 또 주체할 수 없는 기쁨을 가지고 하나님을 찬송하는 것을 주목하고는(9절) "그가 본래 성전 미문에 앉아 구걸하던 사람인 줄 알고 그에게 일어난 일로 인하여 심히 놀랍게 여기며 놀랐다"(요 9:8). 모든 백성은 조금 전의 그 걸인이 구걸만 하던 사람인 줄을 잘 알고 그가 갑자기 걷기도 하고 뛰기도 하며 하나님을 찬송하는 것을 보고 "심히 놀랍게 여기며 놀랐다." 그들이 받은 충격은 사람의 말로 표현할 수가 없었다. 여기 그들이 받은 충격이 두 가지로 표현되어 있다. "심히 놀랍게 여겼다"(θάμβους). '감정적으로 심한 충격을 받았다'는 뜻이다. 또 하나는 "놀랐다"(ἐκστάσεως)는 표현이다. '이성을 잃을 정도의 황홀경지에 이르렀다'는 뜻이다. 모든 사람은 그 앉은뱅이 걸인에게 생겨진 두 가지 놀라운 변화, 즉 평생 병자였던 사람이 완치된 것, 그리고 걸인이 갑자기 자기 손발로 일을 하여 벌어먹고 살 수 있는 정상인이 된 것을 보고 이성을 잃을 정도가 되었다. 예수님은 오늘도 우리에게 이런 변화를 주신다. 할렐루야!

　　2. 베드로의 2차 설교　3:11-26

　　베드로는 모든 백성들이 병 나은 사람에게서 생긴 이적을 보고 사도들을
위대하게 여기는 것을 감지(感知)하고 그냥 있을 수가 없었다. 결코 자기들이
영광을 받을 수는 없었다. 영광을 그리스도에게 돌리려고 그는 입을 열어
자기들이 그 이적을 행한 것이 아니라 이스라엘 사람들이 십자가에 못 박고
하나님께서 부활시키신 그리스도께서 그 사람을 건강하게 만들었다고 주장
하고 이스라엘 사람들을 향하여 회개하고 주 앞으로 돌아오라고 권면한다.

**행 3:11. 나은 사람이 베드로와 요한을 붙잡으니 모든 백성이 크게 놀라며
달려 나아가 솔로몬의 행각이라 불리는 행각에 모이거늘.**
제 9시, 즉 우리 시간으로 오후 3시부터 시작한 기도를 마친 뒤 그 "나은
사람이 베드로와 요한을 붙잡았다." 그 병 나은 사람은 너무 기뻐서, 그리고
너무 감사해서 두 사도를 놓치지 않기 위하여 힘 있게 붙잡았다. 본문의
"붙잡았다"(κρατοῦντος)는 말은 '놓치지 않기 위하여 힘 있게 붙잡았다'는
뜻이다. 그리고 사도들이 가는 쪽으로 가고 있었다.

　　이 때 모든 백성은 두 가지 반응을 보였다. 하나는 "크게 놀랐다." 그들의
놀람은 쉽사리 가라앉지 않았다(10절). 그리고 또 하나는 그들은 "달려 나아
가 솔로몬의 행각이라 불리는 행각에 모였다"(5:12; 요 10:23). 그들은 사도
들이 가는 쪽으로 달려 나아가 솔로몬의 이름을 따라서 솔로몬의 행각[3])이라
불리는 행각, 즉 성전 뜰 동편에 있던 행각으로 모여들었다. 사람들이 이곳으
로 모여든 이유는 그 걸인에게 어떤 일이 발생했는지 알아보기 위함이었다.

---

13) 솔로몬 행각(Solomon's Colonnade)은 성전건물 동편에 있었는데 솔로몬 성전의 일부로
여겨졌다. 솔로몬 행각은 대략 8m 높이의 원주들로서 바쳐져 있었는데 원주숫자가 162개였다.
그 162개의 원주들은 세 줄로 서 있었다. 행각의 지붕은 히말라야 삼목(Cedar)으로 만든 지붕으로
덮여있었고 많은 사람이 들어갈 수 있도록 넓은 공간을 가지고 있었다. 수전 절에 예수님께서도
유대인 종교지도자들과 이곳에서 만나신 적이 있었다(요 10:22).

행 3:12. 베드로가 이것을 보고 백성에게 말하되 이스라엘 사람들아 이 일을 왜 놀랍게 여기느냐 우리 개인의 권능과 경건으로 이 사람을 걷게 한 것처럼 왜 우리를 주목하느냐.

베드로는 먼저 자기들이 이적을 만들어낸 것이 아니라고 적극 부인한다. 베드로는 사람들이 모여서 자신과 요한 두 사람이 이적을 행해서 앉은뱅이가 갑자기 나은 줄 아는 사람들을 향하여 "이스라엘 사람들아 이 일을 왜 놀랍게 여기느냐 우리 개인의 권능과 경건으로 이 사람을 걷게 한 것처럼 왜 우리를 주목하느냐"고 말한다. 그는 먼저 "이 일을 왜 놀랍게 여기느냐"고 말한다. '이 일을 우리가 만들어낸 것처럼 놀랍게 여기느냐'는 말이다. 그리고 베드로는 다른 말로 또 자신들이 그 일을 한 것이 아니라고 말한다. 즉 "우리 개인의 권능과 경건으로 이 사람을 걷게 한 것처럼 왜 우리를 주목하느냐"고 말한다. 베드로는 사도들의 개인의 권능과 신앙으로 이 사람을 걷게 한 것처럼 왜 우리들을 주목하고 높이려고 하느냐고 말한다. 베드로는 자신들이 한 일이 절대 아니라고 극구 부인하며 하나님께서 그리스도를 통하여 하신 일이라고 말한다(13-16절). 세례 요한은 말하기를 "그(예수님)는 흥하여야 하겠고 나는 쇠하여야 하리라"고 말했다(요 3:30). 다시 말해 '예수님은 영광을 받으셔야 하고 나는 역사의 무대에서 사라져야 한다'고 말했다. 우리는 그리스도에게 돌려야 할 영광을 조금이라도 우리 자신이 취한다면 우리는 망하는 줄 알아야 한다.

행 3:13a. 아브라함과 이삭과 야곱의 하나님 곧 우리 조상의 하나님이 그의 종 예수를 영화롭게 하셨느니라.

베드로는 사도들 자신들이 이적을 만들어낸 것이 아니라고 강하게 부인한(앞 절) 다음 이제 본 절 상반 절에서는 이스라엘 민족의 언약 신(言約 神)이신 하나님께서 이적을 베푸셨다고 하나님께만 영광을 돌린다. "아브라함과 이삭과 야곱의 하나님 곧 우리 조상의 하나님"이란 말은 바로 하나님은 언약하시고 그대로 이루시는 언약 신이라는 뜻으로 불리는 이름이다(5:30; 7:32;

출 3:6, 15-16; 4:5; 마 22:32; 막 12:26). 하나님은 아브라함(창 12:1-9)과
또 이삭(창 26:12-22)과 또 야곱(창 32:22-32)과 언약하셨는데 그 언약대로
그 후손 중에서 예수 그리스도를 보내주셨다.

그런데 베드로는 "조상의 하나님이 그 종 예수를 영화롭게 하셨다"고
말씀한다(요 7:39; 12:16; 17:1). 언약의 하나님께서 그 종 예수님을 부활시키
시고 승천하게 하셔서 놀라운 이적을 베풀게 하셨다는 것이다(사 52:13).
베드로가 예수님을 하나님의 "종"(παῖδα)이라고 부르는 이유는 예수님께서
인류의 구속을 위하여 수없는 고난을 받으셨기 때문이다(13b-15절; 26절;
4:27, 30; 사 42:1-9; 49:1-13; 52:13; 53:12).

**행 3:13b. 너희가 그를 넘겨주고 빌라도가 놓아 주기로 결의한 것을 너희가
그 앞에서 거부하였으니.**

베드로는 본 절 하반 절부터 15절 상반 절까지에 걸쳐 하나님께서 예수님을
영화롭게 하신 이유를 설명한다. 첫째, "너희가 그를 넘겨주었기" 때문이라
고 한다(마 27:2). 이스라엘 사람들이 예수님을 십자가에서 죽도록 이방인의
손에 넘겨주었기 때문이라는 것이다. 둘째. "빌라도가 놓아 주기로 결의한
것을 너희가 그 앞에서 거부하였기" 때문이라고 한다(13:28; 마 27:20; 막
15:11; 눅 23:18, 20-21; 요 18:40; 19:15). 빌라도는 예수님을 놓으려고
세 차례 석방운동을 했는데(눅 23:4, 14, 22) 이스라엘 사람들이 그 때마다
빌라도의 요청을 듣지 아니하고 거부하였기 때문이라는 것이다. 이스라엘
사람들은 예수님을 거부하는 사람들이었다. 사람들이 이렇게 예수님을 거부
하였으니 하나님께서 그냥 계실 수 없으셨다. 하나님께서 영화롭게 하시는
수밖에 없으셨다.

**행 3:14. 너희가 거룩하고 의로운 이를 거부하고 도리어 살인한 사람을
놓아 주기를 구하여.**

셋째(첫째와 둘째는 13절에 있음), "너희가 거룩하고 의로운 이를 거부하

고 도리어 살인한 사람을 놓아 주기를 구하였기" 때문이었다(요 19:12-16). 이스라엘 사람들은 거룩하시고(2:27; 4:27; 시 16:10; 41:14; 막 1:24; 눅 1:35; 요 6:69) 의로우신(7:52; 22:14; 사 53:11; 렘 23:5; 33:15; 슥 9:9; 요일 2:1) 예수님을 거부하고 도리어 살인한 바라바(눅 23:13-19)를 대신 놓아주기를 구하였기 때문에 하나님께서 예수님을 영화롭게 하셨다는 것이다.

행 3:15. 생명의 주를 죽였도다 그러나 하나님이 죽은 자 가운데서 그를 살리셨으니 우리가 이 일에 증인이라.
넷째, "생명의 주를 죽였기" 때문에 하나님께서 예수님을 영화롭게 하셨다고 말한다. 이스라엘 민족은 살인한 민족이라는 말이다. 이스라엘 민족이 죽인 예수님은 "생명의 주"라고 베드로는 말한다. "생명의 주"(τὸν ἀρχηγὸν τῆς ζωῆς)란 말은 '생명의 근원이시며 또 생명을 주시는 분'이란 뜻이다(요 6:58; 7:38; 10:10; 10:28). "주"(ἀρχηγὸν)란 말은 '저자(author)'라는 말로 (5:31; 히 2:10; 12:2) 번역될 수 있는 말이다. 예수님은 생명의 저자, 생명을 만들어 내는 분이시다. 이스라엘 민족은 생명의 창조자시며 생명을 나누어주시는 분을 죽인 살인 민족이었다.

그래서 베드로는 "그러나 하나님이 죽은 자 가운데서 그를 살리셨으니 우리가 이 일에 증인이라"고 말한다(2:24). 사람들이 생명의 주를 죽였으나 하나님이 죽은 자 가운데서 그를 살리셨다는 것이다. 그리고 베드로는 사도들이 "이 일에 증인"이라고 말한다(2:32). 사람이 예수님을 죽이고 하나님께서 살리신 일에 사도들이 증인이라고 말한다. 양편을 똑똑히 보았다는 뜻이다. 베드로는 하나님께서 부활시키신 예수님께서 나면서부터 앉은뱅이이었던 사람을 살리셨다고 말한다.

행 3:16. 그 이름을 믿으므로 그 이름이 너희가 보고 아는 이 사람을 성하게 하였나니 예수로 말미암아 난 믿음이 너희 모든 사람 앞에서 이같이 완전히

낮게 하였느니라.

베드로는 본 절에서도 역시 "하나님이 그의 종 예수를 영화롭게 하셨느니라"(13절)는 말씀을 계속한다. 하나님께서 그의 종 예수를 영화롭게 하신 것은 예수님을 부활시키시고 또 승천시키신 일만을 지칭하는 것이 아니라 예수님으로 하여금 40여년이나 앉은뱅이 신세로 고생한 사람을 온전하게 고치게 하신 사실까지를 지칭한다. 다시 말해 40여년의 환자를 하나님께서 예수님으로 하여금 순식간에 고치게 하신 사실도 하나님께서 예수님을 영화롭게 하신 것이라는 말이다.

　베드로는 본 절에서 두 가지를 언급한다. 하나는 "그 이름을 믿으므로 그 이름이 너희가 보고 아는 이 사람을 성하게 하였다"는 것이다(4:10; 14:9; 마 9:22). 곧 예수님 자신이 이 환자를 성하게 하셨다는 말씀이다. 이 환자가 "그 이름을 믿으므로"(ἐπὶ τῇ πίστει τοῦ ὀνόματος), 곧 '예수님의 이름을 믿음으로' "그 이름," 즉 '예수님 자신'이 "너희가 보고 아는 이 사람을 성하게 하였다"는 것이다. 여기 "그 이름을 믿으므로"란 말은 '그 환자가 예수님 자신을 믿었음으로'라는 뜻이다. 베드로 사도가 대표하여 "나사렛 예수 그리스도의 이름으로 일어나 걸으라"고 명령했을 때 성령님이 역사하여 (성령님이 역사하시지 않으면 아무런 이적이 일어나지 않는다) 환자에게 예수님을 믿는 믿음이 생겼다. 그 때 바로 예수님은 이 환자를 온전하게 하셨다. 마 9:1-8에 한 사람의 중풍병자를 네 사람이 들것에 싣고 예수님께 왔을 때 예수님은 그 다섯 사람의 "믿음을 보시고" 중풍병자의 병을 고쳐주셨다. 데리고 온 사람들의 믿음만을 보신 것도 아니고 또 환자의 믿음만을 보신 것도 아니고 그 모든 사람들의 믿음을 보시고 고쳐주셨다. 본 절에서도 역시 베드로와 요한의 믿음은 말할 것도 없고 그 환자가 예수님을 믿는 믿음을 보시고 예수님께서 고쳐주신 것이다. 하나님은 예수님을 높이 사용하셨다. 사람에게 믿음이 없으면 예수님은 역사하지 않으신다. 스게와(Sceva)의 일곱 아들은 믿음 없이 행동했다가 아무 것도 이루지 못하고 악귀들로부터 심한 모욕만 당했다(행 19:13-16).

그리고 또 베드로는 "예수로 말미암아 난 믿음이 너희 모든 사람 앞에서 이같이 완전히 낫게 하였느니라"고 말한다. 본 절 상반 절에서는 예수님 자신이 이 환자를 낫게 하셨다고 말했는데 하반 절에서는 "예수로 말미암아 난 믿음," 즉 '예수님을 믿는 믿음'이 모든 사람 앞에서 이 환자를 완전히 낫게 하였다고 말한다. 예수님께서 우리들에게 이적을 베푸실 때 반드시 믿음을 요구하신다(눅 10:17 참조). 베드로가 일으킨 환자는 베드로가 일으킨 것이 아니라 베드로가 말씀을 전할 때 그 환자가 예수님을 믿었으므로 예수님께서 이 사람을 낫게 한 것이다(상반 절). 믿을 때 영육이 나음을 얻는다.

행 3:17. 형제들아 너희가 알지 못하여서 그리하였으며 너희 관리들도 그리한 줄 아노라.

베드로는 하나님께서 예수님을 영화롭게 하신 사실을 말한(14-16절) 다음 이제 모든 백성들을 향하여 "형제들아"라고 말하면서 권면하기 시작한다. 베드로는 "너희가 알지 못하여서 그리하였으며 너희 관리들도 그리한 줄 안다"고 말한다(13:27; 눅 23:34; 요 16:3; 고전 2:8; 딤전 1:13). 베드로는 그리스도를 거부하고 십자가에 넘겨주어 죽게 한 일이 백성들과 종교지도자들의 무식 때문이라고 말한다. 그렇다고 그들에게 죄책이 없다는 말은 아니다. 어디까지나 죄책은 있는 법이다(요일 3:4).

베드로는 갈릴리 어부로서 성령을 받았으니 이제 유식한 사람들의 반열에 들어갔다. 누구든지 하나님의 영, 곧 그리스도의 영을 받으면 진리를 알게 되고 영안이 밝아지니 유식한 사람이 된다. 성령을 받지 않은 사람들은 아무리 세상 공부를 많이 하고 높은 관직을 가진다고 해도 무식하다. 불신자들은 "알지 못하는" 사람들이다. 그들은 하나님을 모르고 예수님을 모르며 성경을 모르고 하나님의 섭리를 모른다. 깜깜한 사람들이다. 베드로는 그들의 무식을 이해한다고 말한다. 우리도 역시 세인들의 무식을 이해해야 한다. 우리도 역시 예수님을 믿기 전에는 깜깜 무식했었다. 사실은 지금도 많이 무지하다. 하나하나를 알아가고 있을 뿐이다.

행 3:18. 그러나 하나님이 모든 선지자의 입을 통하여 자기의 그리스도께서 고난 받으실 일을 미리 알게 하신 것을 이와 같이 이루셨느니라.

베드로는 "그러나"(δέ), 즉 '이스라엘 사람들은 아무 것도 알지 못하고 예수님을 죽였으나' "하나님이 모든 선지자의 입을 통하여 자기의 그리스도께서 고난 받으실 일을 미리 알게 하신 것을 이와 같이 이루셨다"고 말한다(26:22; 눅 24:44). 결국 하나님께서 모든 선지자들의 입을 통하여(시 22:1-31; 사 50:6; 53:5; 단 9:26; 벧전 1:10-11) 그리스도께서 고난 받으실 일을 미리 알게 하신 것을 "이와 같이," 즉 '이스라엘 사람들이 예수님을 이방인에게 넘겨주고 십자가에 못 박게 하여 죽게 하여' 이루셨다는 것이다. 십자가는 한편 유대인들의 무지에 의해서 이루어졌으나 다른 한편 하나님의 계획과 섭리에 의한 것이었다(사 53장). 하나님께서는 하나님의 뜻을 사람들의 손을 통하여 이루셨다. 하나님은 자신의 심판도 사람을 통하여 이루시고 기도 응답도 사람을 통하여 이루신다. 하나님의 많은 계획들을 사람을 통하여 이루신다.

행 3:19. 그러므로 너희가 회개하고 돌이켜 너희 죄 없이 함을 받으라 이같이 하면 새롭게 되는 날이 주 앞으로부터 이를 것이요.

"그러므로"(οὖν), 곧 '너희 이스라엘 사람들이 예수님을 이방인에게 넘겨주고 십자가에 못 박게 하여 죽게 하였음으로' 베드로는 "너희가 회개하고 돌이켜 너희 죄 없이 함을 받으라"고 권한다(2:38). 여기 "회개하라"는 말과 "돌이키라"는 말은 둘 다 '회전하라'는 뜻으로서 거의 동의어로 사용되었지만 낱말 자체를 보아 약간의 차이가 있다. "회개하라"(μετανοήσατε)는 말은 '마음을 뜯어고치고 돌아서라'는 뜻인 반면, "돌이키라"(ἐπιστρέψατε)는 말은 '결정적으로 그리스도에게로 돌이키라'는 말이다. 그러니까 둘 다 회전하라는 뜻이지만 "회개하라"는 말은 마음 자체를 뜯어고치는 방면을 강조하는 반면, "돌이키라"는 말은 결정적으로 그리스도에게 돌이켜서 순종하는 방면을 강조한 것이다. 베드로는 이스라엘 사람들을 향하여 예수님을 거부하고 십자가에 죽게 한 죄를 생각하고 그리스도에 대한 악한 감정을 버리고 돌아서되 아주 철저하게 그리스도에게로 돌이켜서 그리스도의 말씀에 귀를 기울이고 순종하라고 권면한다.

베드로는 만일 이스라엘 사람들이 그리스도에 대한 악한 감정을 버리고 돌아서되 아주 철저하게 그리스도에게로 돌이켜서 그리스도의 말씀에 귀를 기울이고 순종하면 엄청난 세 가지의 복을 받는다고 말한다. 첫째(첫째와 둘째는 본 절에 있고 셋째는 다음 절에 있다), 죄가 말끔히 씻어진다고 말한다. 베드로는 그들을 향하여 "너희 죄 없이 함을 받으라"고 말한다(시 51:1; 사 43:25; 골 2:14). '너희가 그리스도를 마음으로 거부하고 실제로 십자가에서 죽게 한 죄를 없이함을 받으라'는 것이다. 회개하고 돌이키기만 하면 그런 엄청난 죄도 없이함을 받을 수 있다는 것이다. 우리의 죄가 아무리 크다 해도 회개하고 돌이키기만 하면 해결함을 받는다. 여기 "죄 없이함을 받으라"는 말은 '죄를 깨끗이 씻음을 받으라'는 뜻이다. 죄를 가림 받는 것보다도 씻음 받는 것은 더 기쁜 일이다. 우리가 지은 죄들을 마음 아프게 생각하고 그리스도에게로 돌이키기만 하면 완전히 죄가 도말된다는 것, 즉 완전히 씻어진다는 사실은 놀라운 복음이 아닐 수 없다.

둘째, "새롭게 되는 날이 주 앞으로부터 이를 것이라"고 말한다. 여기 "새롭게 되는 날"(καιροὶ ἀναψύξεως)이란 말은 '영혼이 새롭게 되는 때들,' '영혼이 새롭게 되는 시기들'이란 말이다(본문에 "날"(καιροι)이란 낱말은 '때들,' '시기들'이란 뜻이다). 사람이 그리스도에 대한 자기의 과거의 감정을 버리고 그리스도에게 돌이키면 죽었던 영이 당장에 부활하여 영혼이 새롭게 되는 시기들을 맞이한다(롬 6:4, 12; 갈 2:19; 엡 2:1; 골 3:3). 다시 말해 살맛나는 때들을 만나게 된다. 존 스토트(John Stott)는 "새롭게 되는(ἀναψύξεως)이란 말은 휴식, 위안, 중간휴식, 원기회복 등을 뜻할 수 있다"고 하였다. 하나님은 우리가 회개하고 그리스도에게로 돌이킬 때 죄를 말끔히 씻어주실(첫째 복) 뿐 아니라 하나님께서 새로운 힘을 주서서 우리로 하여금 원기를 회복하게 하신다. 본문의 "주 앞으로부터"란 말은 '하나님 앞으로부터'라는 뜻이다. 하나님께서 회개하는 자들에게 그런 기쁨의 기회들을 주신다는 뜻이다.

행 3:20. 또 주께서 너희를 위하여 예정하신 그리스도 곧 예수를 보내시리니.
셋째, 회개하는 사람들에게 베드로는 "주께서 너희를 위하여 예정하신 그리스도 곧 예수를 보내실 것"이라고 말한다. 즉 '하나님께서 너희를 위하여 예정하신 그리스도를 보내실 것이라'는 뜻이다(본 절의 "주"란 말도 역시 '하나님'을 지칭하는 말이다). 하나님께서 회개하는 사람들을 위하여 미리 예정하신 그리스도를 보내실 것(재림)이라는 말이다. 물론 재림하시기 전에도 예수님은 베드로가 설교할 때 성령으로 말미암아 회개한 성도들의 심령에 오셔서 그 심령을 새롭게 하시고 또 기쁨을 주시지만 본 절의 "그리스도 곧 예수를 보내시리니"란 말은 문맥으로 보아(다음 절) 그리스도의 재림을 지칭하는 것이 분명하다. 베드로의 이 말은 그들이 진정으로 회개하고 그리스도에게로 돌이키기만 하면 하나님은 그리스도를 빨리 보내신다고 말한다. 베드로는 말하기를 "거룩한 행실과 경건함으로 하나님의 날이 임하기를 바라보고 간절히 사모하라"고 권면한다(벧후 3:11b-12a). 성도들은 경건한 삶으로 그리스도의 재림을 재촉해야 한다.

행 3:21. 하나님이 영원 전부터 거룩한 선지자들의 입을 통하여 말씀하신바 만물을 회복하실 때까지는 하늘이 마땅히 그를 받아 두리라.
본 절은 하나님께서 예수님을 언제 보내실 것인지를 설명한다. 바꾸어 말해 하나님께서 언제까지 예수님을 보내지 않으실 것인지를 말씀한다. 즉 "만물을 회복하실 때까지는 하늘이 마땅히 그를 받아 두리라"고 말한다. 곧 "만물을 회복하실 때까지는"는 예수님께서 재림하시지 않을 것이란 말이다. 여기 "만물을 회복하실 때까지는"이란 말은 '하나님께서 사람들을 구원하시고

또 만물을 고통과 죽음의 종살이로부터 회복하실 때까지는' 예수님께서
하나님 우편에 앉아계신다는 뜻이다. 바로 이 내용을 하나님께서 "영원 전부
터 거룩한 선지자들의 입을 통하여 말씀하셨다"고 베드로는 말한다(눅 1:70).
하나님께서 '옛 부터 거룩한 선지자들의 입을 통하여 말씀하셨다'는 것이다.
하나님은 수많은 선지자들을 통하여 사람들을 온전히 구원하시고 또 만물을
고통의 종살이로부터 회복하실 때까지는 예수님으로 하여금 하나님 우편에
앉아 있게 하실 것이라고 말씀하신다(사 11:6-9; 35:1-10). 신약의 바울(롬
8:19-25)도 베드로(벧후 3:12-13)도 요한(계 21:1-27; 22:1-20)도 역시 이
사실을 말하고 있다. 하나님의 택함 받은 사람들이 온전히 그리스도의 사람으
로 회복되기까지는 그리스도께서 하나님 우편에 계시다가 회복이 완성되는
때에 그리스도께서 오실 것이다.

**행 3:22. 모세가 말하되 주 하나님이 너희를 위하여 너희 형제 가운데서
나 같은 선지자 하나를 세울 것이니 너희가 무엇이든지 그의 모든 말을
들을 것이라.**
베드로는 본 절부터 마지막 26절까지 그리스도의 모든 말씀을 들으라고
권하고(본 절), 또 그리스도의 말씀을 순종하지 않는 자들은 멸망 받으리라고
말하며(23절), 모세만 아니라 다른 모든 선지자들도 역시 그리스도께서 오실
것을 말하고 누구든지 예수 그리스도의 말씀을 순종하지 않는 자는 멸망
받으리라는 예언을 했다고 말한다(24절). 그리고 베드로는 언약의 자손인
이스라엘 민족은 그리스도로 말미암아 복을 받아야하는 고로 지금까지 행했
던 모든 악함을 버리라고 권한다(25-26절).
　　베드로는 설교할 때 자기의 말로 설득하는 것이 아니라 구약 선지자들
의 말을 인용하면서 설득한다. 베드로는 "모세가 말하되"라고 모세를 인용
한다. 모세는 "주 하나님이 너희를 위하여 너희 형제 가운데서 나 같은
선지자 하나를 세울 것이니 너희가 무엇이든지 그의 모든 말을 들을 것이
라"고 말했다는 것이다(70인 역의 자유로운 인용임). 베드로는 신명기

18:15에 있는 모세의 말을 인용한다. 먼저 "주 하나님이 너희를 위하여 너희 형제 가운데서 나 같은 선지자 하나를 세울 것이라"고 모세가 말한 것을 인용한다(7:37; 시 18:15, 18-19). '하나님께서 이스라엘 민족을 위하여 모세와 같은 선지자 하나를 세울 것이라'는 것이다. 모세가 하나님과 이스라엘 백성 사이에 중보자 역할을 했던 선지자(신 18:15)였던 것처럼 하나님과 이스라엘 민족 사이에 중보자 역할을 할, 참 선지자 하나, 곧 예수 그리스도(눅 24:19; 요 7:40)를 보내실 것이라고 모세가 말한 것을 베드로가 인용한다.

그리고 베드로는 "너희가 무엇이든지 그의 모든 말을 들을 것이라"고 모세가 한 말을 인용한다. 이스라엘 백성들은 예수님의 말씀을 귀 기울여 듣고 순종해야 한다는 말이다. 이스라엘 백성들이 예수님의 입에서 나온 모든 말을 순종해야 했던 것처럼 오늘 우리도 역시 예수님께서 하신 모든 말씀을 순종해야 한다.

행 3:23. 누구든지 그 선지자의 말을 듣지 아니하는 자는 백성 중에서 멸망 받으리라 하였고.

베드로는 모세의 말 중에서 신 18:19절을 자유롭게 인용하여 권한다. 즉 "누구든지 그 선지자의 말을 듣지 아니하는 자는 백성 중에서 멸망 받으리라"고 하였다고 말한다(레 23:29). '누구든지 그 선지자(이 낱말에 관사가 붙어 있음), 즉 그리스도의 말을 순종하지 아니하는 자는 백성 중에서 멸망 받으리라'는 것이다. 그리스도를 순종하지 않는 자는 벌써 영적으로 세상에서 심판을 받은 것이다. 그러나 온전한 심판은 예수 그리스도께서 재림하셔서 심판하실 때 이루어질 것이다.

행 3:24. 또한 사무엘 때부터 이어 말한 모든 선지자도 이때를 가리켜 말하였느니라.

베드로는 사무엘과 그 이후에 예언한 모든 선지자들도 "이때를 가리켜 말하

였다"고 말한다. '이 때를 두고 예언했다'는 뜻이다. 다시 말해 예수님을
예언했다는 말이다. 구약의 모든 예언과 제도들은 메시아가 오실 것이라는
예언과 제도들이다. 베드로는 구약의 모든 선지자들이 메시아께서 오실 것을
예언했는데 그 예언대로 메시아께서 오셨으니 메시아의 말을 들으라고 말한
다. 그렇지 않으면 멸망 받는다고 말한다.

**행 3:25. 너희는 선지자들의 자손이요 또 하나님이 너희 조상과 더불어
세우신 언약의 자손이라 아브라함에게 이르시기를 땅 위의 모든 족속이
너의 씨로 말미암아 복을 받으리라 하셨으니.**

베드로는 이스라엘 백성들이 반드시 회개하고 그리스도에게로 돌이켜야
할 필요를 말한다. 베드로는 이스라엘 백성들이 "선지자들의 자손이요 또
하나님이 너희 조상과 더불어 세우신 언약의 자손이라"고 말한다(2:39; 롬
9:4, 8; 15:8; 갈 3:26). 첫째, "선지자들의 자손이라"고 말한다. 이스라엘
백성들은 메시아가 이 땅에 오시리라고 그렇게 많이 예언했던 선지자들의
자손인고로 반드시 그리스도를 영접하여 믿고 순종해야 하는데 지금까지
순종하지 않았다고 말한다. 참으로 자손 책임 못한 민족이었다. 이제라도
자손 역할을 잘 하라는 것이다.

둘째, 이스라엘 백성은 "언약의 자손이라"고 말한다. 하나님이 이스라엘
민족의 조상 아브라함과 더불어 세우신 언약의 자손이라는 것이다. 하나님께
서 아브라함과 복의 언약을 세우셨는데 하나님께서 아브라함에게 말씀하시
기를 "땅 위의 모든 족속이 너의 씨로 말미암아 복을 받으리라"고 하셨다(창
12:3; 18:18; 22:18; 26:4; 28:14; 갈 3:8). '땅 위의 모든 족속이 너의 씨,
곧 예수 그리스도로 말미암아 복, 즉 죄 사함의 복과 칭의(稱義)의 복 등을
받으리라'고 하셨다. 복을 받게 되어 있는 언약의 자손이니 악을 버려야
한다는 것이다(다음 절).

행 3:26. 하나님이 그 종을 세워 복 주시려고 너희에게 먼저 보내사 너희로

하여금 돌이켜 각각 그 악함을 버리게 하셨느니라.

베드로는 본 절에서 하나님께서 그 종 예수님을 역사의 무대에 세우셔서 이스라엘 민족에게 먼저 보내시고 이스라엘 민족으로 하여금 악으로부터 떠나게 하여 그들에게 복을 주시려고 하신다고 말한다.

베드로는 "하나님이 그 종을 세우셨다"고 말한다. 여기 "세우셨다"(ἀναστήσας)는 말은 '역사의 무대에 세우셨다,' '역사상에 나타나게 하셨다'는 뜻이다(22절, George E. Ladd, I. Howard Marshall). 혹자는 "세우셨다"는 말을 '부활시켰다'는 말로 해석하나 전체적인 문맥에 맞지 않는 흠이 있다. 이 말은 22절에서 말한바와 같이 '역사상에 세우셨다'는 뜻으로 해석하는 것이 바람직하다.

하나님은 예수님을 역사상에 보내시되 이스라엘 민족에게 "복을 주시려고 먼저 보내셨다"고 말한다(13:32-33, 46; 마 10:5; 15:24; 눅 24:47). '사죄의 복을 주시고 칭의의 복을 주시려고 이스라엘 민족에게 먼저 보내셨다'는 뜻이다. 혹자는 여기 "먼저"란 말을 '예수님의 초림'으로 해석하나 역시 문맥에 잘 어울리지 않는다. "먼저"란 말이 '예수님의 초림'을 지칭한다면 문맥 어디엔가 재림을 말하는 단어나 문장이 있어야 하는데 그 낱말이 없다. 베드로 사도가 지금 이스라엘 민족의 회개를 독촉하고 있음으로 하나님께서 예수님을 "먼저" 이스라엘 민족에게 보내셨다고 해석해야 옳을 것이다. 복음은 먼저 유대인에게 주어졌고 다음으로 이방인에게 주어졌다(롬 1:16; 2:10; 11:1, 25).

그리고 베드로는 "너희로 하여금 돌이켜 각각 그 악함을 버리게 하셨다"고 말한다(마 1:21). 하나님께서 예수님을 역사상에 보내시되 먼저 이스라엘 민족에게 보내신 이유는 이스라엘 사람 하나하나가 각자의 악함, 곧 예수님을 거부하고 십자가에 못 박도록 넘겨준 악함으로부터 돌아서게 하기 위해서였다.

예수님은 이스라엘 사람들이 그들의 악함으로부터 돌아서지 않으므로 이방(異邦)으로 오셨다. 우리는 우리의 악함으로부터 돌아서서 그리스도를 믿어 죄 사함을 받으며 의롭다 함(구원)을 얻어야 한다. 이미 의롭다 함을 얻은 성도들은 더욱 죄를 자복하고 그리스도를 순종함으로 기쁨의 삶, 감사의 삶, 소망의 삶을 살아야 할 것이다.

제 4 장

두 사도는 유대주의와 충돌하고 교회는 성장하다

B. 유대 지도자들과의 1차 충돌   4:1-31

베드로의 능력 있는 설교로 회개하는 사람이 많아 예루살렘 교회가 급격히 부흥하자 유대주의자들은 사도들을 핍박하기 시작한다. 이 부분(1-31절)에는 베드로와 요한이 잡힌 기사(1-22절)와 놓인 내용이 기록되어 있다(23-31절).

1. 베드로와 요한이 잡혀서 심문 당하다   4:1-22

누가는 베드로와 요한이 유대주의자들에 의해 잡힌 사실(1-4절)과 잡힌 후 그들에게 1차적으로 심문 받은 일(5-12절)과 또 2차적으로 심문 받은 사실을 기록한다(13-22절). 이렇게 사도들이 유대주의자들에게 핍박당하게 되어 복음이 유대지경을 넘어 이방으로 가게 된다. 이 모든 일들은 모두 하나님의 손안에서 된 일이었다.

a. 베드로와 요한이 잡히다   4:1-4

행 4:1. 사도들이 백성에게 말할 때에 제사장들과 성전 맡은 자와 사두개인들이 이르러.

사도들이 나면서부터 앉은뱅이이었던 걸인을 고치고 난 후 솔로몬 행각에서 백성들에게 예수님의 부활을 증거하고 있을 때(다음 절) 사람들이 너무 많이 모여서 웅성거리니 혹시 무슨 일이라도 나지 않을까 하여 "제사장들과 성전 맡은 자와 사두개인들이 이르렀다." 이들이 온 것은 설교를 듣기 위해서가 아니라 사도들을 잡기 위해서였다(3절).

본문의 "제사장들"(ἱερεῖς)은 레위인들 중에서 택함 받아 성전의 제사와 의식을 주관하는 직분자들이었다. 이들 제사장들은 24반열로 나뉘어 있었는데 한 반열이 한 주간씩 돌아가며 성전에서 봉사했다(대상 24:1-19; 대하 23:8). 어떤 주석학자들은 여기에 나타나는 "제사장들"은 특수한 제사장들로서 '성전을 지키는 특수한 제사장들이었을 것'이라고 말한다(Zahn, Grosheide, Lenski, 박윤선, 이순한). 이유는 제사에 관련이 없는 특수한 일에 간섭하기 때문이라고 한다. 참고할만한 해석이라고 보인다. 제사장들은 예수님을 십자가에 못 박을 때에도 주동 역할을 했는데 사도들을 핍박하는데도 역시 주동역할을 한다.

그리고 "성전 맡은 자"(ὁ στρατηγὸς)는 역시 레위인들 중에서 임명된 자인데 '성전을 지키는 수위들 중 최고 책임자'를 말한다. 다시 말해 성전 경호 대장이었다. 성전 경호의 최고 책임자는 대제사장 다음 가는 높은 직위였다.

그리고 "사두개인들"(Σαδδουκαῖοι)[14]은 '사두개파 사람들'로서 대제사장들도 이 파에 속해 있었다. 사두개파의 특징은 바리새파 사람들과는 달리 그리스도의 부활을 믿지 않았다. 이들은 영혼의 존재와 부활도 믿지 않았으며 내세와 천사의 존재를 부정했다. 그리고 이들은 구약 중에서 모세 5경만

---

14) 브루스(F. F. Bruce)는 '사두개인들은 예루살렘 지역의 구 귀족층과 밀접한 관계를 맺고 있었으며 신약 시대에는 공식적으로 이 계층에서 임명된 대제사장들을 포함하고 있었다. 이들은 가능한 한 점령국인 로마권력과 손을 잡고 일하려 하였다. 영토의 유지와 민족의 정치적 생존이라는 명목으로 (자기들의 세력 유지를 위한 것임은 말할 것도 없다.) 이들은 어떤 종교적인 운동이나 민족운동이거나 간에 로마인들의 의혹을 사고 보복을 초래할만한 소지가 있는 운동은 모두 배격하였다(요한복음 11:49 이하에 표현되어 있는 가야바의 정책은 사두개파의 관점을 명확히 드러내고 있다). 이 당시 사두개파는 산헤드린 공의회의 주도권을 쥐고 있었다...이들은 육체부활이나 선한 영과 악한 영들의 위계질서에 대한 신앙과 같은 그들의 입장에서 교리적인 혁신으로 간주되는 내용은 반대하였다. 이들은 선지서나 성문서가 히브리 성경에 있어서 오경보다는 그 권위가 떨어진다고 생각했던 듯하다. 이런 이유로 해서 예수께서는 부활의 도리에 관하여 이들과 논쟁하실 때 (막 12:18이하; 막 22:23이하; 눅 20:27이하) 선지서나 (이를테면 사 26:19; 겔 37:1이하) 성문서(이를테면 단 12:2)에 나타나는 증거가 훨씬 명백하였을 것인데도 출 3:6에 호소하였던 것으로 보인다'고 말한다. 사도행전 (상), F. F. 브루스 성경주석, 이용복, 장동민옮김 (서울: 아가페출판사, 1986), p. 121 각주.

읽었다. 이들은 말이 종교가들이지 실제로는 세속인들이었으며 현세주의자
들이었다. 이들은 수(數)에 있어서 적은 수였지만 산헤드린에서 막강한 권한
을 가지고 있었다. 두 사도를 잡기 위하여 세 그룹의 사람들이 온 것은
백성들의 위협을 느꼈기 때문이었다.

행 4:2. 예수 안에 죽은 자의 부활이 있다고 백성을 가르치고 전함을 싫어하여.

"제사장들과 성전 맡은 자와 사두개인들"(앞 절)은 베드로와 요한이 "예수
안에 죽은 자의 부활이 있다고 백성을 가르치고 전하는 것"을 싫어하였다
(23:8; 마 22:23). 그들은 사도들이 죄 사함과 구원을 전하는 중(3:19)에
예수님을 믿다가 죽은 자들이 부활한다(2:24, 32; 요 5:28-29; 고전 15:12-18)
고 가르치고 전하는 것을 아주 싫어하였다. 특히 이들 중에 사도개인들이
어떤 부활이든지 부인하였기에 사도들이 "예수 안에 죽은 자의 부활," 곧
'예수님을 믿다가 죽은 사람들이 부활한다는 교리'를 싫어하였다. 부활 교리
는 사도행전의 중심 교리이다(1:22; 2:24, 32; 3:15; 4:10; 10:40; 13:30,
33-34, 37; 17:31). 오늘 우리 교회들이 그리스도의 부활과 믿는 자들의
부활을 초대교회만큼 전하고 있는지 점검해 보아야 할 것이다. 혹시 기독교의
핵심을 뺀 채 변두리만 전하고 있는 것은 아닌지 의심스럽다.

행 4:3. 그들을 잡으매 날이 이미 저물었으므로 이튿날까지 가두었으나.

제사장들과 성전 맡은 자와 사두개인들이 사도들을 잡기는 했으나 이미
날이 저물었으므로 그날 심문하지 않고 이튿날까지 가두어 두었다. 베드로와
요한은 제 9시, 곧 오늘 우리 시간으로 오후 3시(3:1) 기도 시간을 맞추어
성전에 들어가다가 앉은뱅이를 고친 다음 성전에 들어가서 기도하고 나와서
솔로몬 행각에서 백성들에게 그리스도를 전하다가 날이 저물었다. 아마도
이때는 오후 6시경이 되었을 것이다(이때는 하루가 끝나는 시간이었다).
저녁에는 재판을 할 수 없다는 유대 법(렘 21:12) 때문에 당국자들은 사도들

을 가둔 것이다. 사도들은 갇혔으나 믿는 자들 속에 떨어진 복음의 씨는 갇히지 않고 자라고 있었다(딤후 2:9).

행 4:4. 말씀을 들은 사람 중에 믿는 자가 많으니 남자의 수가 약 오천이나 되었더라.

솔로몬 행각에서 사도들이 전한 "말씀을 들은 사람 중에 믿는 자가 많으니 남자의 수가 약 오천이나 되었다." 그들이 말씀을 들을 때 성령님이 역사하여 (엡 5:18; 골 3:16 비교; 히 4:12) 믿는 사람이 많아져서 "남자의 수가 약 오천이나 되었다." 여기 "남자"($\tau\hat{\omega}\nu$ $\dot{\alpha}\nu\delta\rho\hat{\omega}\nu$)가 순수하게 '남자들'만을 가리키는 숫자인가 아니면 '여자들'을 포함하는가 하는 의문이 있으나 5:14에 "믿고 주께로 나아오는 자가 더 많으니 남녀의 큰 무리더라"고 누가가 남녀를 구별하여 표현한 것을 보면, 본문의 "남자"라는 말은 순수하게 "남자"만을 지칭할 것이다.

그리고 "5,000이나 되었더라"는 말이 이 날에만 불어난 숫자인가 아니면 지금까지의 누계인가 하는 문제에 대하여 많은 학자들이 3,000명의 성도가 5,000명으로 불어난 것으로 해석하기도 하지만 당일 불어난 숫자가 5,000명 으로 보는 것이 옳을 것이다. 이유는 1) 본문의 문맥을 보아 확실하다. 즉 본문은 "말씀을 들은 사람 중에 믿는 자가 많으니 남자의 수가 약 오천이나 되었더라"고 했는데 여기 "믿는 자가 많으니"라고 표현한 것을 보면 그날 말씀을 들은 사람 중에 믿는 자가 많아서 5,000명이 더해졌다는 뜻으로 보아야 한다(Jerome, Augustine, Chrysostom, F. F. Bruce). 만약 이 5,000명 중에 전에 회개한 3,000명을 포함하여 말한다면 "말씀을 들은 사람 중에 믿는 자가 많다"는 표현을 할 수 없었을 것이다. 그런고로 본 절의 표현은 바로 당일 말씀을 들은 사람 중에 믿는 자를 지칭하는 것으로 보아야 한다. 2) 예루살렘 교회가 3,000명이었던 것이 불어나서 5,000명이 되었다면 예루살렘 교회의 급속 성장을 설명하는데 어려움이 생긴다. 예루살렘 교회는 꾸준히 증가해서(5:14; 6:1, 7) 나중에는 수만의 신도로 증가했다(21:20).

그렇다면 당시 극심한 박해가 있어서 빠져나가는 사람들도 있었을 것인데 서서히 증가했다면 수만 명의 신도가 되기에는 어려웠을 것이다. 아무튼 박해 중에도 이렇게 교회가 성장하는 것이 정상임을 알 수가 있다. 어떤 사람들은 교회를 없애보려고 하는데 그럴수록 교회는 더 성장하는 것을 알 수가 있다.

b. 베드로와 요한이 1차 심문을 받다 4:5-7

행 4:5. 이튿날 관리들과 장로들과 서기관들이 예루살렘에 모였는데.
이제는 이튿날이 되어 사도들을 심문하는 시간이 되었다. 누가는 본 절부터 7절까지 "관리들과 장로들과 서기관들"이 1차적으로 사도들을 심문한 내용을 말한다. 심문하는데 참가한 사람들은 사도들을 잡는데 왔던 사람들과는 달리 "관리들," "장로들," "서기관들"이었다. 이들이 사도들을 심문하기 위해 모인 것이다. 다시 말해 산헤드린 공의회 회원들이 모였다(막 14:53; 눅 22:2; 행 23:14; 25:15). "관리들"(ἄρχοντας)은 '다스리는 자들'을 지칭하는데 대제사장들을 지칭한다. 그리고 "장로들"은 '나이 많은 원로들'을 지칭하고(출 3:16; 4:29; 민 11:16-17), "서기관들"은 '율법을 해석하고 보관하는 직분을 가진 선생들'을 가리킨다. 모두 다 믿는다고 하는 사람들이었는데 이들이 주의 종들을 박해했다. 오늘도 역시 믿는다는 교권주의자들이 주님의 종들을 박해한다.

행 4:6. 대제사장 안나스와 가야바와 요한과 알렉산더와 및 대제사장의 문중이 다 참여하여.
산헤드린 공의회에 "대제사장 안나스와 가야바와 요한과 알렉산더와 및 대제사장의 문중이 다 참여하였다"(눅 3:2; 요 11:49; 18:13). "안나스"는 전직 대제사장으로(주후 7-14년 재직) 가야바의 장인이었고, "가야바"는 현직 대제사장이다(요 18:12-24, 주후 18-36년 재직). "요한과 알렉산더"는 누구인지 알 수가 없으나 누가는 당시에 유명한 사람들이라고 해서 여기 기록했다. 이들이 아마도 안나스의 가문에 속했기에 여기에 기록했을 것이다. 부패한 세력의 결집으로 보인다.

행 4:7. 사도들을 가운데 세우고 묻되 너희가 무슨 권세와 누구의 이름으로 이 일을 행하였느냐.

산헤드린 공의회[15]는 사도들, 즉 베드로와 요한을 가운데 세우고 "너희가 무슨 권세와 누구의 이름으로 이 일을 행하였느냐"고 심문한다(이 때 병 나은 사람도 공의회 앞에서 사도들과 함께 있었다. 7:27; 출 2:14; 마 21:23). 그러니까 두 가지를 물은 것이다. 하나는 "무슨 권세로"(권세의 출처를 물은 것임) 앉은뱅이를 고쳤느냐는 것이고 또 다른 하나는 "누구의 이름으로" 병자를 고쳤느냐는 질문이다. 산헤드린 공의회는 여호와 하나님 이외에 다른 사신(邪神)의 이름으로 이런 병자를 고친 것 아니냐고 질문한 것이다(신 13:1-3). 절대로 사신의 권세와 사신의 이름으로 그런 일을 해서는 안 되는데 혹시 사신의 권세와 사신의 이름으로 그런 일을 한 것은 아니냐고 물은 것이다. 그들은 자신들이 하나님을 잘 믿는 척했다. 원래 가증한 일을 하는 사람들이 잘 믿는 척한다.

c. 베드로와 요한이 자신들을 방어하다   4:8-12

행 4:8. 이에 베드로가 성령이 충만하여 이르되 백성의 관리들과 장로들아.

두 가지 질문을 받은 사도 중 베드로는 성령이 충만(눅 12:11-12)한 상태[16]에서 "백성의 관리들과 장로들아"라고 부르며 말한다. 베드로는 백성의 관리들과 장로들은 잘 판단해야 한다는 뜻으로 이렇게 직분을 부르며 말했을 것이다. 예수님께서 잡혀서 재판을 받으실 때 비겁하게 세 번이나 부인했던

---

15) 산헤드린 공의회는 모세의 법을 따라 71인으로 구성되어 있었다. 모세의 법(민 11:16-17)은 70인이었으나 의장 한 사람을 추가하여 71인으로 하였다. 이 공의회는 유대나라 최고 의결기관이었다.

16) 사도들이나 성도들이 위기를 맞이할 때 성령님은 더욱 함께 하신다는 것이 성경의 증언이다(마 10:19-20; 벧전 4:14).

사람이 이렇게까지 담대해진 것은 성령님께서 주시는 능력 때문이었다. 오늘을 살아가는 우리도 성령의 능력을 힘입어 담대하게 말하고 담대하게 행해야 할 것이다.

행 4:9. 만일 병자에게 행한 착한 일에 대하여 이 사람이 어떻게 구원을 받았느냐고 오늘 우리에게 질문한다면.
베드로는 본 절부터 시작하여 12절까지 앉은뱅이를 고치신 분은 예수 그리스도라 하고 또 예수님만이 인생을 구원하시는 분이라고 말한다. 베드로는 공의회 회원들 앞에서 두 가지를 말한다. 하나는 병자에게 행한 일은 "착한 일"이라고 말한다. 또 하나는 "이 사람이 어떻게 구원을 받았느냐고 오늘 우리에게 질문한다면" 대답해 주겠다고 말한다. 그 대답은 다음 절에 있다. 대답 못할 것이 없다는 식이다. 그만큼 담대해졌다. 성령을 힘입으니 담대해진 것이다.

행 4:10. 너희와 모든 이스라엘 백성들은 알라 너희가 십자가에 못 박고 하나님이 죽은 자 가운데서 살리신 나사렛 예수 그리스도의 이름으로 이 사람이 건강하게 되어 너희 앞에 섰느니라.
베드로는 대답할 때 그냥 대답만 하는 것이 아니라 "너희와 모든 이스라엘 백성들은 알라"고 분명하게 말한다. 공회원들뿐 아니라 모든 이스라엘 사람들은 알아야 한다고 말한다. 그는 몇 주 전 예수님을 재판했던 바로 그 공의회 앞에서 이제는 아주 담대해졌다. '너희도 알아야 하고 또 이스라엘 모든 사람들도 분명히 알아야 할 것이 있다'고 말한다. 알아야 할 내용은 "너희가 십자가에 못 박고 하나님이 죽은 자 가운데서 살리신 나사렛 예수 그리스도의 이름으로 이 사람이 건강하게 되어 너희 앞에 섰다"고 말한다 (3:6, 16). 첫째, 예수를 "너희가 십자가에 못 박고 하나님이 죽은 자 가운데서 살리셨다"고 말한다(2:24). '너희는 예수님을 죽였으나 하나님께서 죽은 예수님을 살리셨다'고 말한다. 베드로는 공의회 회원들 앞에서 담대하게 그들의 양심을 찔렀다. 둘째, "나사렛 예수 그리스도의 이름으로 이 사람이 건강하게 되어 너희 앞에 섰다"고 말한다. '당신네들이 비웃는 나사렛 예수 그리스도의 이름을 믿음으로 이 사람이 건강하게 되었다'는 것이다. 그들은 사도들을 향하여 "무슨 권세와 누구의 이름으로 이 일을 행하였느냐"고 질문했는데(7절) 베드로는 나사렛 예수 그리스도께서 이 사람을 건강하게 만들었다고 말한다. 우리는 세상 불신자들이나 그 어떤 강퍅한 세력 앞에서도 그리스도가 하신 일을 담대하게 말할 수 있어야 한다.

행 4:11. 이 예수는 너희 건축자들의 버린 돌로서 집 모퉁이의 머릿돌이 되었느니라.

베드로는 공의회 앞에서 "이 예수는 너희 건축자들의 버린 돌로서 집 모퉁이의 머릿돌이 되었다"고 말한다(시 118:22; 사 28:16; 마 21:42; 엡 2:20; 벧전 2:7). '너희 이스라엘의 지도자들이 예수님을 버렸는데 집 모퉁이의 머릿돌, 곧 없어서는 안 되는, 요긴한 모퉁이 돌이 되었다'고 말한다. 구주가 되셨다는 말이다. "너희 건축자들"이란 말은 '너희 이스라엘 지도자들'을 지칭하는 말이다. 이스라엘의 지도자들이 예수님을 쓸데없는 돌로 착각하고 버렸는데 중요한 모퉁이 돌이 되셨다는 뜻이다. "집 모퉁이의 머릿돌"이란 말은 '성전을 지을 때 두 벽을 연결하는 요긴한 돌'을 지칭하는데, 예수님은 이스라엘의 지도자들에 의해서 죽임을 당했으나 다시 살아나셔서 성전의 요긴한 모퉁이 돌이 되셨다는 뜻이다.

예수님은 몇 주 전에 바로 이 시편 118:22-23을 인용하여 그리스도를 거부하는 청중들에게 외치셨다. "내가 너희에게 이르노니 하나님의 나라를 너희는 빼앗기고 그 나라의 열매 맺는 백성이 받으리라 이 돌 위에 떨어지는 자는 깨지겠고 이 돌이 사람 위에 떨어지면 그를 가루로 만들어 흩으리라"고 하셨다(마 21:43-44). 바로 그 때에 대제사장들과 바리새인들은 예수님의 외치심을 들었다. 그런데 이제 베드로가 이 시편을 그들에게 들이댄다. 산헤드린 공의회는 이스라엘의 영적인 건축가들로서 이 돌이 자기들에게 합당하지 않다고 여겨 버리고 말았다는 것이다. 그러나 참된 건축가이신 하나님께서 예수님을 취하셔서 모퉁이 돌로 삼으셨다고 말한다. 베드로는 그의 서신에서 "사람에게는 버린 바가 되었으나 하나님께는 택하심을 입은 보배로운 산 돌"이 되셨다고 말한다(벧전 2:4).

예수님은 우리 영적 이스라엘의 요긴한 돌이 되셨다. 다음 절에 기록된바와 같이 예수님은 사람의 영혼을 구원하시고 육신의 병을 고치시는 분이 되시고 모든 문제를 해결하시는 분이 되셨다. 예수님께서 해결 못하시는 것이 있는가.

행 4:12. 다른 이로써는 구원을 받을 수 없나니 천하사람 중에 구원을 받을 만한 다른 이름을 우리에게 주신 일이 없음이라 하였더라.

베드로는 예수님이 "집 모퉁이의 머릿돌이 되셨다"고 말하고는(앞 절) 이제 본 절에서는 예수님께서 하늘 아래에서 유일한 구주라고 외친다. 베드로는 "다른 이로써는 구원을 받을 수 없다"고 단정한다(10:43; 마 1:21; 딤전 2:5-6). 베드로는 '다른 이에 의해서는 구원을 받을 수 없다'고 말한다. 다른 사람에 의해서는 앉은뱅이가 일어나고 앉은뱅이의 영혼이 구원을 받을 수 없다고 말한다. 이유는 하나님께서 "천하사람 중에 구원을 받을 만한 다른 이름을 우리에게 주신 일이 없기" 때문이라고 한다. 예수 이름이외에는 사람을 구원하실 수 있는 다른 이름을 하나님께서 주신 일이 없으시다. 종교 다원주의자들은 예수님 말고도 다른 이로도 극락에 가고 천국에 갈 수 있다고 말하는데 예수님이 어떤 분임을 체험하지 못했기에 하는 말이고 성경을 바로 알지 못해서 하는 말이다. 베드로는 성령의 주장과 인도를 따라 바로 깨달았다. 오늘 우리도 이 진리, 곧 "천하사람 중에 구원을 받을만한 다른 이름을 우리에게 주신 일이 없음이라"고 외쳐야 할 것이다.

d. 공의회가 사도들에게 더 이상 말하지 말라고 위협함 4:13-18

행 4:13-14. 그들이 베드로와 요한이 담대하게 말함을 보고 그들을 본래

학문 없는 범인으로 알았다가 이상히 여기며 또 전에 예수와 함께 있던 줄도 알고 또 병 나은 사람이 그들과 함께 서 있는 것을 보고 비난할 말이 없는지라.

산헤드린 공의회가 베드로와 요한이 담대하게 설교하는 것(8-12절)을 보고 마음에 헷갈리기 시작했다. 사도들이 예수님에 대하여 공의회 회원들 앞에서 담대하게 말하게 된 이유는 성령을 힘입었기 때문이고 또 예수님이 진리이시기 때문이었다. 공의회 회원들은 사도들의 설교에 눌려서 이제부터는 말문이 막히게 되었다. 공의회 회원들은 1) 사도들이 "본래 학문 없는 범인으로 알았다가" 설교에 능한 것을 보고 말문이 막혔다. "본래 학문 없는 범인으로 알았다"는 말은 유대 랍비들이 가르치는 정규학교에서 교육받은 일이 없었다는 뜻이다(마 11:25; 고전 1:27). 공회원들은 사도들이 정규학교에서 교육을 받지 못했음으로 무식할 줄(고전 14:16; 고후 11:6)로 알았다가 말씀을 잘 증거 하는 것을 보고 이상하게 여기게 되었다. 공의회 회원들은 사도들이 성령 받아서 그렇게 유식하게 된 줄은 미처 알지 못했다. 오늘도 교육 받지 못한 사람들이 오히려 더 성령의 능력으로 말씀을 잘 증거 하는 것을 종종 보게 된다. 2) 공회원들은 사도들이 "전에 예수와 함께 있던 줄도 알고" 말문이 막혔다. 다시 말해 '전에 사도들이 예수님의 지도를 받아서(요 18:10-11) 그처럼 말을 담대하게 하는 줄로 알고' 말문이 막힌 것이다. 3) "병 나은 사람이 그들과 함께 서 있는 것을 보고 비난할 말이 없게" 되었다(3:11). 공회원들은 병 나은 사람이 두 사도와 함께 서 있는 것을 보고 예수님께서 이적으로 고치신 사실을 부인할 수 없게 되었다. 아무튼 이런 일 저런 일로 입이 막히게 되었다. 사실 그들이 양심대로 한다면 예수님을 자신들의 구주로 영접하고 믿었어야 했다. 그러나 그들은 양심의 문빗장을 꽉 닫고 못할 짓을 행했다(15-17절).

행 4:15. 명하여 공회에서 나가라 하고 서로 의논하여 이르되.

공회원들은 이제 할 말을 잊고 대책을 세우기에 이른다. "명하여 공회에서

나가라 하고 서로 의논하였다.” 자기들끼리만 남아서 의논하기 위해서 사도
들을 공회 현장에서 나가라고 명령하고 서로 대책을 의논했다. 사도들은
진리를 말하기 때문에 담대하게 사람들이 많은 곳에서 외쳤으나, 공회는
비 진리를 의논해야 함으로 비밀히 하기 위하여 사도들을 회의장 밖으로
내보냈다.

**행 4:16. 이 사람들을 어떻게 할까 그들로 말미암아 유명한 표적 나타난
것이 예루살렘에 사는 모든 사람에게 알려졌으니 우리도 부인할 수 없는지라.**
공회원들은 “이 사람들을 어떻게 할까”를 논의했다(요 11:47). 그들은 먼저
“그들(사도들)로 말미암아 유명한 표적 나타난 것이 예루살렘에 사는 모든
사람에게 알려졌으니 우리도 부인할 수 없다”고 인정한다(3:9-10). 그들은
사도들로 말미암아 나타난 표적 자체를 부인할 수 없다고 말한다. 그 앉은뱅
이가 40여 년 동안 예루살렘 사람들에게 회자되었고 더욱이 예루살렘 성전
문에서 오랫동안 걸인 생활을 했으니 예루살렘에 사는 모든 사람에게 알려
진 것은 당연했다. 더욱이 그 사람이 나가서 앞으로 예루살렘 사람들에게
널리 광포할 것을 생각하면 표적 자체를 부인하는 것은 온전히 불가능한
일이었다. 그들도 당시의 분위기를 온전히 파악하는데 이르렀다. 그들이
여기까지 인정했다면 예수님을 구주로 영접하고 믿었어야 했는데 영 엉뚱한
방향으로 일을 처리하고 말았다. 오늘도 일을 반대 방향으로 처리하는 사람
들이 많이 있다.

**행 4:17-18. 이것이 민간에 더 퍼지지 못하게 그들을 위협하여 이후에는
이 이름으로 아무에게도 말하지 말게 하자하고 그들을 불러 경고하여 도무지
예수의 이름으로 말하지도 말고 가르치지도 말라 하니.**
공회원들은 대책을 숙의한(앞 절) 뒤 이제는 결론을 내린다. 그 결론은 “이것
이 민간에 더 퍼지지 못하게 그들을 위협하여 이후에는 이 이름으로 아무에게
도 말하지 말게 하자”는 것이었다. ‘사도들로 말미암아 표적이 이루어진

것이 예루살렘과 주위에 더 퍼지지 못하게 그들을 위협해서 앞으로는 예수님의 이름으로 아무에게도 말하지 말라고 명령하자'는 것이었다. 공회원들은 기독교의 진리를 막는데 위협이 통할 줄 알았다. 오늘도 기독교가 퍼지지 못하게 하기 위해서 위협의 수단을 쓰는 사람들과 단체가 있다. 위협해서 되었다면 벌써 기독교는 지구상에서 자취를 감추었을 것이다. 기독교는 위협할수록 더욱 퍼지는 신앙이다.

결론을 얻은 그들은 "그들(사도들)을 불러 경고하여 도무지 예수의 이름으로 말하지도 말고 가르치지도 말라"고 명령했다(5:40). 공회원들은 '사도들을 공회 현장으로 불러들여 경고하기를 도무지 예수의 이름을 사람들에게 말하지도 말고 또 예수님의 이름을 사람들에게 가르치지도 말라'고 함구령을 내렸다. 공회원들이 다급해서 그렇게 함구령을 내린 데는 그들의 놀란 심정 때문이었다. 그들은 예수를 죽여 버렸는데 또 살아나서 승천했다고 하고 또 예수의 이름으로 사람의 병이 나았다고 하니 무서워 견딜 수가 없었다. 그래서 예수에 대해서 말하거나 가르치지도 말라고 아주 함구령을 내린 것이다. 그러나 위협도 함구령도 아무 소용이 없었다.

e. 베드로와 요한의 담대한 항변 4:19-20

행 4:19. 베드로와 요한이 대답하여 이르되 하나님 앞에서 너희의 말을 듣는 것이 하나님의 말씀을 듣는 것보다 옳은가 판단하라.

베드로와 요한은 그냥 그 공회 장소를 퇴장하지 않고 담대한 한 마디 말을 한다. 곧 "하나님 앞에서 너희의 말을 듣는 것이 하나님의 말씀을 듣는 것보다 옳은가 판단하라"고 말한다(5:29). '하나님 앞에서 너희의 말, 즉 도무지 예수님에 관해서는 말도 하지 말고 가르치지도 말라는 말을 듣는 것(17-18절)이 하나님의 말씀, 즉 그리스도를 전파하라는 말씀을 듣는 것보다 옳은가를 판단해 보라'고 도전한다. 베드로와 요한은 지금 하나님 앞에서 말하고 있다. 공회원들은 공회 앞에서 사도들에게 명령했으나 사도들은 비록 공회 앞이지만 하나님 앞이라는 의식을 가지고 있었다. 오늘 우리는 무슨 일을 하든지 하나님 앞에서 하고 있다. 말을 해도 하나님 앞에서 하는 것이고 공부를 해도 하나님 앞에서 하며 사업을 해도 하나님 앞에서 하는 것이다. 우리는 모든 일을 하나님 앞에서 하는 것이다. 우리는 하나님 앞을 떠날 수가 없다. 하나님을 의식하지 않는 것이 죄이다. 캘빈의 모토는 "하나님 앞에서"였다. 이 의식이 없거나 약한 때에 문제를 일으킨다.

행 4:20. 우리는 보고 들은 것을 말하지 아니할 수 없다 하니.
두 사도는 공회원들 앞에서 "우리는 보고 들은 것을 말하지 아니할 수 없다"고 말한다(1:8; 2:32; 22:15; 요일 1:1, 3). '지금 공회 장소에서도 그렇고 앞으로도 그럴 것인데 우리는 보고 들은 것을 말하지 아니할 수 없다'고 단언한다. 그들은 하나님 앞에서 사실에 입각해서 말하겠다는 것이다. 그들은 본 것이 있었다. 그들은 그리스도를 보았고 그리스도께서 공생애 중에 사역하시는 것을 보았으며 십자가에서 대속의 죽음을 죽는 것을 보았고 부활하신 그리스도를 보았다. 그리고 승천하시는 현장을 목격했고 또 지금 성령으로 역사하시는 것을 보았다. 그리고 그들은 들은 것이 있었다. 공생애 중에 그리스도께서 말씀하시는 것을 들었고 수난 주간 유언하시는 것을 들었으며 부활하셔서 말씀하시는 것을 들었고 또 승천하시기 전 최후로 부탁하시는 말씀도 들었다. 그것을 말하지 않을 수 없다는 것이다. 본 것과 들은 것을 말하지 않는다는 것은 죽음보다 더 힘든 일이었다. 그들은 끝까지 말하겠다는 것이었다. 우리도 끝까지 말을 해야 한다. 선교사로, 목사로, 신학교 교수로, 문서선교로, 찬양으로, 가정방문해서, 회사에서, 일터에서 끝까지 그리스도를 말해야 한다.

　　f. 핍박 자들이 사도들을 다시 위협한 후 석방하다　4:21-22
행 4:21. 관리들이 백성들 때문에 그들을 어떻게 처벌할지 방법을 찾지 못하고 다시 위협하여 놓아 주었으니 이는 모든 사람이 그 된 일을 보고 하나님께 영광을 돌림이라.

"관리들," 곧 '공회원들'은 "백성들 때문에 그들을 어떻게 처벌할지 방법을 찾지 못하고 다시 위협 하여 놓아주었다"(5:26; 마 21:26; 눅 20:6, 19; 22:2). 그들은 1차적으로 사도들을 위협했는데(17절) 다른 방법을 찾지 못하고 다시 위협하고 놓아주었다. 이렇게 위협만 할 수밖에 없었던 것은 "모든 사람이 그 된 일을 보고 하나님께 영광을 돌렸기" 때문이었다(3:7-8). 다시 말해 모든 사람들은 예수님의 이름으로 앉은뱅이가 완치된 것을 보고 하나님께 영광을 돌리고 있었고 또 사도들을 지지하고 있었기 때문에 관리들은 사도들을 어떻게 처벌할 방법을 찾지 못하고 놓아주는 수밖에 없었다. 관리들은 사도들을 처벌하고 싶었지만 모든 사람이 하나님께 영광을 돌리고 사도들 편에 서 있었으니 어쩔 수 없이 위협만하고 놓아주었다.

행 4:22. 이 표적으로 병 나은 사람은 사십여 세나 되었더라.
누가는 "이 표적으로 병 나은 사람은 사십여 세나 되었다"고 말한다. 누가는 이번 앉은뱅이의 경우만 아니라 다른 표적이 일어났을 때에도 연령을 기록했다(눅 8:42; 13:11). 앉은뱅이의 나이가 40여세가 되도록 고생하다가 순식간에 예수님께서 고치셨으니 그 표적이 대단한 표적임을 보여주고 있다. 그 사람은 별별 수단을 써서 고쳐보려 했을 것이나 고치지 못하고 있었는데 이렇게 갑자기 예수님을 믿음으로 말미암아 고쳐졌으니 놀라운 표적이 아닐 수 없었다.

2. 베드로와 요한이 석방된 후 기도회가 열리다 4:23-31
베드로와 요한이 놓인 후 동료들에게 가서 산헤드린 공의회 앞에서 당한 모든 일을 보고하므로 기도회가 열렸는데, 기도 후 무리들은 담대하게 말씀을 증거 할 수 있는 성령의 충만에 이르렀다. 어려움을 당할 때마다 기도하여 풀어나가는 모습을 보여주었다.

행 4:23. 사도들이 놓이매 그 동료에게 가서 제사장들과 장로들의 말을

다 알리니.

누가는 두 사도가 "놓이매 그 동료에게 가서 제사장들과 장로들의 말을 다 알렸다"고 말한다(12:12). 여기 그 "동료"(τοὺς ἰδίους)란 말은 뜻으로 보아서는 '자신의 것들,' '자기 자신의 사람들'이란 뜻인데 구체적으로 누구를 지칭하는지 확실하지 않다. 1) 다른 '사도들'을 가리킬 것이라고 하는 견해도 있고, 2) 다른 '사도들을 포함하여 다락방의 동료들'을 지칭할 것이라는 견해도 있다. 함께 기도한 "동료"(τοὺς ἰδίους)란 말이 31절에서는 "무리"라는 말로 바꾸어 나오는 것을 보면 후자의 견해가 더 옳은 것으로 보인다. 만약에 다른 사도들을 지칭한다고 하면 31절에서도 그냥 "동료"라든지 혹은 "사도들"이라는 말로 표현했을 것이다. "무리"라고 표현한 것을 보면 아무래도 많은 성도들을 염두에 둔 표현이다. 두 사도가 박해를 받고 찾아갈 무리가 있었다는 것은 큰 위로임에 틀림없다. 우리는 찾아갈 동료가 있어야 하는데 불신 동료들은 별로 도움이나 위로가 되지 못하고 믿는 동료가 있어야 한다. 우리는 항상 교회를 찾아야 한다.

베드로와 요한은 동료들을 찾아가서 "제사장들과 장로들의 말을 다 알렸다." 제사장들과 장로들이 말한 것, 즉 "도무지 예수의 이름으로 말하지도 말고 가르치지도 말라"는 말(18절)을 포함하여 산헤드린 공의회 앞에서 생겼던 일들까지 다 알렸을 것이다. 우리는 기도하기 위하여 우리들을 공격하는 무리들의 행태를 다 알리는 것이 필요하다. 알아야 기도할 수 있으니 말이다.

행 4:24. 그들이 듣고 한마음으로 하나님께 소리를 높여 이르되 대 주재여 천지와 바다와 그 가운데 만물을 지은 이시오.

누가는 본 절부터 26절까지 무리가 기도할 때 그들이 불러 기도한 기도의 대상이신 하나님이 어떤 분임을 드러낸다. 누가는 먼저 사도들과 다락방 성도들이 두 사도가 보고하는 내용을 듣고 "한마음으로 하나님께 소리를 높여" 간구한 사실을 기록한다. 그들은 그리스도를 사랑하는 한마음이 되어

(1:14) 하나님께 소리를 높여 기도했다는 것을 기록한다. 성도들은 박해를 받을 때 더욱 주님을 중심하여 단결하게 되고 박해가 없으면 주님을 의지하는 마음도 약해지고 단결하는 힘도 약해진다. 박해는 기독교를 무너뜨리는 것이 아니라 더욱 뭉치게 만든다.

사도들과 성도들은 먼저 기도의 대상을 부른다. 곧 "대 주재여 천지와 바다와 그 가운데 만물을 지은 이"를 부른다(왕하 19:15). 여기 "대 주재여"(δεσποτα-호격)란 칭호는 '모든 것을 주관하시는 주님이시여!'라는 칭호로서 무리들은 하늘에 계신 하나님이야 말로 박해자들을 한 손에 넣으시고 주관하시는 주님이라는 의식을 가지고 부르고 있었다. 그리고 무리들은 동시 하나님을 창조주로 부른다. 다시 말해 하나님은 창조하신 능력으로 그 박해자를 주관하실 수 있으시다는 의식을 가지고 하나님을 부른 것이다. 곧 "천지와 바다와 그 가운데 만물을 지은 이"시라고 부른다. 천지와 바다와 그 가운데 만물을 지으신 전능자께서 박해자인들 주관하지 못하시랴 하고 믿고 기도한 것이다(욥 37:1-24; 시 19:1-4).

행 4:25-26. 또 주의 종 우리 조상 다윗의 입을 통하여 성령으로 말씀하시기를 어찌하여 열방이 분노하며 족속들이 허사를 경영하였는고 세상의 군왕들이 나서며 관리들이 함께 모여 주와 그의 그리스도를 대적하도다 하신 이로소이다.

무리들은 하나님께 간구할 때 앞(24절)에서는 우주 만물을 만드신 창조주 하나님을 불렀는데, 이 부분(25-26절)에서는 다윗의 입을 통하여 성령으로 말씀하신 계시의 하나님을 부른다. 무리들은 "주의 종 우리 조상 다윗의 입을 통하여 성령으로 말씀하신" 하나님을 부른다. 특별계시를 주신 하나님을 부르면서 기도한 것이다.

그러면 무엇을 말씀하시는 하나님을 불렀는가? 다윗을 통하여 "어찌하여 열방이 분노하며 족속들이 허사를 경영하였는고 세상의 군왕들이 나서며 관리들이 함께 모여 주와 그의 그리스도를 대적하도다 하신 이"를 불러

기도한다(시 2:1). 무리들은 구약 성경 시 2:1-2에 있는 말씀을 말씀하신
하나님을 부르며 기도한다. 다윗이 예언한 시편 내용은 앞으로 박해자들이
하나님과 그 기름 부은 자(다윗 시대에는 다윗을 지칭하는 말이었다)를 대적
하리라는 내용이었다. 본문의 "열방"이란 말은 '이방나라들'을 지칭하고,
"족속들"이란 말은 '하나님께서 택하신 유대민족'을 지칭하며(눅 2:32; 롬
15:10), "군왕들"이란 말은 '헤롯 왕 같은 사람들'을 가리키고, "관원들"이란
말은 '총독 빌라도 같은 사람들'을 지칭한다. 하나님은 다윗을 통하여 '이방
나라 사람들이 분노하고 유대인들이 헛된 일들을 계획하며 또 세상의 왕들이
나서서 기독교를 대적하고 관원들까지 합세하여 하나님을 대적하고 그리스
도를 대적할 것이라'고 예언하셨는데 지금 그대로 진행되고 있는 것을 보고
무리들이 그렇게 미리 말씀하신 하나님을 부르며 기도한다.

물론 무리들이 한 목소리로 이렇게 긴 말을 똑같이 내면서 기도하지는
않았을 것이다. 아마도 한 사람이 대표로 기도하고 다른 사람들이 아멘으로
화답했을 것이다. 우리는 하나님을 부르며 기도할 때 합심기도를 할 수도
있고 아니면 한 사람이 대표적으로 기도하고 다른 사람들은 아멘으로 화답할
수도 있다. 그리고 우리가 하나님을 불러 간구할 때 현재 우리가 당하고
있는 어려움을 넉넉히 해결하실 수 있으시고 돌보실 수 있으신 하나님을
생각하며 기도해야 한다(예: 병자들은 만병의 의원이신 하나님을 부르며
기도하는 것이 좋고, 학생들 같으면 지혜가 무궁하신 하나님을 부르며 기도하
는 것이 좋을 것이다).

**행 4:27. 과연 헤롯과 본디오 빌라도는 이방인과 이스라엘 백성과 합세하여
하나님께서 기름 부으신 거룩한 종 예수를 거슬러.**
누가는 본 절과 다음 절(28절)에서 사도들과 다락방 성도들이 기도할 때
그들이 당하고 있는 현실을 하나님께 보고한 내용을 진술한다. 우리는
우리가 당하고 있는 현실을 하나님께 그대로 보고하는 것이 좋다. 무리는
"과연 헤롯과 본디오 빌라도는 이방인과 이스라엘 백성과 합세하여 하나님

께서 기름 부으신 거룩한 종 예수를 거스르고" 있다고 아뢴다(마 26:3; 눅 1:35; 4:18; 22:2; 23:1, 8; 요 10:36). 하나님께서 다윗을 통하여 예언하신대로(시 2:1-2) 진행되고 있다고 아뢴 것이다. 여기 "헤롯"이란 사람은 헤롯 안티파스로 대 헤롯의 아들 안티파스를 지칭한다(BC 4-AD 39). 그는 황제 아구스도로부터 갈릴리와 베레아 왕으로 책봉된 사람이다(마 14:9; 막 6:14, 22, 25-27).

본디오 빌라도는 디베리우스(Tiberius) 황제로부터 총독으로 임명되었는데 주후 26-36년 어간에 총독 직을 수행했다. 그는 유대인의 인기를 얻어 자기의 지위를 지키려고 양심에 거리끼는 일을 하였다. 그는 자기의 양심대로 행동하지 못하고 유대백성들의 비위를 맞추려고 노력하다가 결국은 예수님을 십자가에 못 박는 대역죄를 범하고 말았다. 빌라도와 헤롯이 서로 원수 사이였으나 예수님을 십자가에 못 박는 일에 있어서는 서로 친구가 되었다(눅 23:12).

25절에 예언된 "열방"은 본 절의 "빌라도"와 맞먹고, 25절의 "족속들"은 본 절의 "이스라엘 백성"과 맞먹으며, 25절의 "세상의 군왕들"은 본 절의 "헤롯"과 맞먹는다고 할 수 있다. 아무튼 다윗의 입을 통하여 성령께서 말씀하신 내용 그대로 당시 사람들이 예수님을 거스르고 있다고 할 수 있다. 사도들을 거스르는 것은 바로 예수님을 거스르는 일이라는 것이다. 사도들은 예수님과 연합되어 있는 고로 사도들을 거스르는 것은 바로 예수님을 거스르는 일이다.

행 4:28. 하나님의 권능과 뜻대로 이루려고 예정하신 그것을 행하려고 이 성에 모였나이다.
"헤롯과 본디오 빌라도는 이방인과 이스라엘 백성과 합세하여 하나님께서 기름 부으신 거룩한 종 예수를 거슬러"(앞 절) "하나님의 권능과 뜻대로 이루려고 예정하신 그것을 행하려고 이 성에 모였나이다"라고 하나님께 아뢴다(2:23; 3:18). 다시 말해 지금 유대민족과 이방민족이 사도들을 거슬러

(사도들을 거스르는 것은 하나님께서 기름 부으신 거룩한 종 예수를 거스르는 것이다) 하나님의 권능으로 그리고 하나님의 뜻대로 이루려고 예정해 놓으신 그것(25-26절)을 이루려고 이 예루살렘 성에 모여 있다고 하나님께 아뢴다. 사도들과 성도들은 세상의 악인들이 하는 일에도 하나님의 뜻이 있는 것으로 보았다. 악인들이 하는 일이 하나님의 뜻을 이루는 것으로 본 것이다. 사도들과 성도들은 이미 그런 진리를 알았다. 유대의 종교지도자들이 이방인들을 동원하여 예수님을 십자가에 못 박았으나 결국 예수님의 십자가가 구원을 이루는 것을 보았다. 지금도 산헤드린 공의회가 사도들을 박해하는 것을 보고 사도들과 성도들은 하나님의 뜻을 이루는 것으로 보았다. 하나님의 뜻은 사람을 통하여 이루어진다. 하나님은 세상 모든 세력들과 집단들의 기독교 박해를 통해서도 뜻을 이루고 계신다.

행 4:29. 주여 이제도 그들의 위협함을 굽어보시옵고 또 종들로 하여금 담대히 하나님의 말씀을 전하게 하여 주시오며.

누가는 본 절과 다음 절(30절)에서 사도들의 간구 자체를 기록한다. 첫째 번 간구는 "주여 이제도 그들의 위협함을 굽어보시옵고"라는 기도이다. '주여, 즉 하나님이여, 이제도 산헤드린의 박해행위를 굽어보시옵소서'라는 간구를 드리고 있다(소극적 기도). "굽어보시옵고"(ἔπιδε)라는 말은 명령형으로 '눈을 떼지 말고 계속해서 보시옵소서'라는 기도이다. 사도들은 산헤드린 공의회의 박해행위가 없어지게 해달라는 기도도 하지 않았고 또 약해지게 해주십사는 기도도 하지 않았고 다만 굽어보셔서 그들을 통제하시고 자신들을 보호하셔서 복음 전도에 방해가 되지 않기를 기도했다. 우리는 우리의 복음 전도에 어려움을 주는 세력이나 사람들을 만났을 때 하나님께 대책을 구해야 할 것이다. 그런 세력이나 사람들이 오히려 복음 전도에 유익하도록 하나님께 대책을 구해야 한다는 뜻이다. 복음 전하는 우리에게 이런 위협이 필요하기에 주신 것이니 아주 없어지게 기도할 것이 아니라 오히려 전화위복이 되도록 기도하는 것이 바람직하다. 이유는 그런 자극이 있을 때 기도를 더 많이 하게 되고 또 실제로 성령님께서 더욱 역사하시기 때문이다(벧전 4:14). 손톱은 발톱보다 자극이 더 심하여 더욱 빨리 자란다. 우리의 경험으로 보아 두 배나 빨리 자라는 것 같다.

둘째, "종들로 하여금 담대히 하나님의 말씀을 전하게 하여 주시오며"라고 기도한다(적극적 기도. 13절, 31절; 9:27; 13:46; 14:3; 19:8; 26:26; 28:31; 엡 6:19). 사도들과 성도들이 자신들을 "종들"이라고 지칭한 것은 기도하기에 절대적으로 필요한 마음의 자세이다. 우리는 하나님의 종의 심정을 가지고 기도해야 할 것이다. 만약 종의 심정이 없다면 먼저 종의 심정을 구한다음 여러 기도제목들을 가지고 기도하는 것이 좋을 것이다. 그리고 "담대히 하나님의 말씀을 전하게 하여 주십사"는 기도는 너무 중요한 기도이다. 담대함 (boldness)라는 것이 중요하여 본 장에서 세 번이나 기록되었다(13절, 29절, 31절). 우리는 전도할 때나 설교할 때나 담대함을 하나님께 구하고 나서야 한다. 담대함과 능력을 구하지 않고 설교에 나설 때 설교에 힘이 없어 지루한 설교를 하게 된다.

행 4:30. 손을 내밀어 병을 낫게 하시옵고 표적과 기사가 거룩한 종 예수의 이름으로 이루어지게 하옵소서 하더라.

셋째, 사도들은 "손을 내밀어 병을 낫게 하시옵고 표적과 기사가 거룩한 종 예수의 이름으로 이루어지게 하옵소서"라고 기도한다(2:43; 5:12). "손을 내밀어"(ἐν τῷ τὴν χεῖρά (σου) ἐκτείνειν σε)란 말은 '주님의 손을 내밀어'라는 뜻으로 예수님의 능하신 손을 내밀어 병이 낫게 하시기를 기도한 것이다. 우리는 비록 우리가 안수한다고 할지라도 주님의 능하신 손이 펴져야 병자가 치유되는 줄 알아야 한다.

사도들이 예수님의 손이 펴져서 사람들의 병이 낫기를 위해 기도했고 또 표적과 기사가 예수님의 이름으로 이루어지도록 기도한 것은 첫째, 하나님의 긍휼이 불쌍한 사람자신에게 나타나기를 위해 기도한 것이다. 베드로와 요한이 나면서부터 앉은뱅이가 된 사람을 위해 기도한 것(3:1-10)은 바로 하나님의 긍휼이 나타나서 그 사람이 더 이상 앉은뱅이로 있지 않고 활동하며 살게 하기 위해서였고 또 그 사람도 예수님을 믿게 하기 위해서였다. 둘째, 사도들의 그 기도는 앞으로 복음이 잘 증거 되도록 하기 위해서였다. 실제로 그 치유사건 때문에 무수한 사람들이 솔로몬 행각에 모이게 되었고 복음을 증거 할 수 있었다. 표적과 기사는 사람들을 복음 앞으로 불러 모은다. 그 사건 때문에 하루에 남자만 5,000명이나 예수님을 믿고 교회에 참여하게 되었다(4:4).

본문의 "거룩한 종 예수의 이름으로"(διὰ τοῦ ὀνόματος τοῦ ἁγίου παι-δός σου Ἰησοῦ)란 말은 '하나님께서 구별해서 보내신 종 예수님으로 말미암아'라는 뜻이다(27절). 여기 "거룩한"이란 말은 '피조물과 완전히 구별 되어 계시다'는 것을 보여주는 말이다. 그리고 "이름"(ὀνόματος)이란 말은 '본체 자신'을 뜻하는 말로 "예수의 이름으로"란 말은 '예수 자신으로'란 뜻이다 (3:6, 16). 사도들은 사람의 이름으로가 아니라 예수님으로 말미암아 병이 났기를 위해 기도한 것이다. 다시 말해 사도들은 예수님의 능력으로 표적과 기사가 이루어지기를 기도했다. 복음 전도에 유익하게 하기 위해서 이 기도를 드린 것이다. 복음 전도와 관련이 없는 병 치유, 복음 전도와 관련이 없는 표적과 기사를 구한 것이 아니라 복음 전도의 효과를 극대화하기 위해 이 기도를 드린 것이다. 표적이 나타난 것은 사도들을 위한 신임장과 같았다. 오늘도 전도자들이 병자들의 치유를 위해 기도하고 또 큰일들이 이루어지기를 위해 기도할 때 하나님은 특수하게 섭리하셔서 병을 고쳐주시고 또 이적과 같은 것들을 이루어 주신다. 이유는 복음이 잘 증거 되게 하기 위해서이다. 복음 증거를 위해서 이런 일들을 간구할 때 하나님께서 허락하신다(막 16:17, 20; 요 4:48; 20:30-31; 히 2:4).

행 4:31. 빌기를 다하매 모인 곳이 진동하더니 무리가 다 성령이 충만하여 담대히 하나님의 말씀을 전하니라.
사도들과 성도들이 기도를 마치자 첫째, "모인 곳이 진동했다"(2:2, 4;

16:26). 하나님께서 그 현장에 나타나셨다는 증거였다(16:26; 시 114:7; 사 6:4; 암 9:5; 욜 3:16; 암 9:5; 학 2:6). 우리가 기도할 때 하나님은 어떤 형태로든지 우리와 함께 하신다는 것을 보여주신다. 하나님께서 함께 하신다는 것을 보여주시는 방법은 그 때마다 다르다. 둘째, "무리가 다 성령이 충만하여 담대히 하나님의 말씀을 전하게" 되었다(29절). 사도들은 "담대히 하나님의 말씀을 전하게 하여 주시기"(29절)를 간구했는데 먼저 그들은 "다 성령이 충만"해졌다. 성령으로 충만해지지 않고는 담대하게 복음을 전할 수 없다. 여기 "성령이 충만"해졌다는 말은 '성령의 강력한 지배하에 들어가게 되었다'는 뜻이다. 그들은 강력한 성령의 지배 아래에서 "담대히 하나님의 말씀을 전하게" 되었다. 그들은 "날마다 성전에 있든지 집에 있든지 예수는 그리스도라고 가르치기와 전도하기를 그치지 아니했다"(42절).

본 절에서 말하는바 "무리가 다 성령이 충만하여"란 말을 두고 혹자들은 초대 교회 성도들이 제 2의 세례를 받았다고 주장하나 세례는 일생 한번만 받는 것이고 여기서 말하는바 성령이 충만했다는 말은 성령 세례(중생을 위한 세례)를 받은 성도들이 계속해서 받아야 할 성령의 지배를 뜻한다. 우리는 매일 매시 성령의 지배와 인도를 받아야 한다. 그것을 위해서 계속해서 기도를 해야 한다.

C. 교회 공동체의 공동생활 4:32-37

누가는 2:43-47에 이어 초대 교회의 공동생활을 묘사한다. 초대교회 성도들은 완전한 공동생활을 영위했다. 그들은 네 것 내 것이 없는 삶을 살았다. 바나바가 모범을 보이고 있다.

행 4:32. 믿는 무리가 한마음과 한 뜻이 되어 모든 물건을 서로 통용하고 자기 재물을 조금이라도 자기 것이라 하는 이가 하나도 없더라.

초대교회는 무엇보다도 "믿는 무리가 한마음과 한 뜻이 되었다"(5:12; 신

6:5; 10:12; 11:13; 13:3; 26:16; 30:2, 6, 10; 롬 15:5-6; 고후 13:11; 빌 1:27; 2:2; 벧전 3:8). 당시 성도들이 성령 충만을 받았기에(31절) "한 마음과 한 뜻"이 될 수가 있었다(엡 4:3). 그들은 예수님을 사랑하는 한 마음으로 무장되었고 또 한 뜻, 곧 한 목적을 가질 수 있었다. "한 뜻"(ψυχὴ μία)이란 말은 '한 혼'이란 뜻이지만 문맥으로 보아 '한 목적'을 지칭하는 말이다. 그들은 공동체 생활을 할 때 한 목적으로만 움직였다(33-37절).

그리고 초대교회 성도들은 "모든 물건을 서로 통용하고 자기 재물을 조금이라도 자기 것이라 하는 이가 하나도 없었다." 모든 물건을 네 것 내 것 없이 공동으로 사용했고 그리고 자기의 재물을 자기의 것이라고 주장하거나 또 고집하는 사람이 한 사람도 없었다(2:44-45). 그들은 주님을 사랑하는 뜨거운 마음이 되었기에 다른 성도들을 한 식구로 알아서 모든 것을 공동으로 사용했고 또 모든 재물을 자기 것이라 하지 않았다. 우리의 재물은 모두 그리스도의 것으로 내가 조금 쓰다가 남에게 넘겨주는 것이니 우리는 청지기 심정으로 살아가야 할 것이다.

우리가 주의해야 할 것은 초대교회 성도들에게 자기의 재산이 없었던 것은 아니었다(37절). 자기 개인의 재산이 있었으면서 그들은 자기의 재산을 자기 것이라 하지 않은 것뿐이었다. 그런 점에서 초대교회 성도들의 재물관은 소위 쿰란 공동체의 재물 관과 달랐다. 쿰란 공동체(사해의 동북쪽 근처에 있었음)는 사유재산권을 포기하고 공동기금을 수립하고 각 사람에게 필요한 대로 분배했다. 쿰란 공동체는 사람이 만든 법에 따라 사유재산을 포기한 것이고 초대교회 공동체는 하나님의 사랑의 법에 순종하였다(Kistemaker). 다시 말해 사유 재산을 공동으로 소유한 것이 아니라 사유재산을 공동으로 사용한 것뿐이다.

행 4:33. 사도들이 큰 권능으로 주 예수의 부활을 증언하니 무리가 큰 은혜를 받아.
초대교회 공동체에서는 사도들이 큰 권능으로 주 예수의 부활을 증거했다

(1:8). 그들이 큰 권능으로 주 예수의 부활을 증거 할 수 있었던 것은 그들이 성령으로 충만했기 때문이었다(31절). 우리 역시 성령으로 충만해야 한다는 것을 보여준다. 사도들이 주 예수의 부활을 증거 한 것은 사도들의 본래의 임무에 충실한 것이었다(1:22). 우리 역시 주 예수의 부활을 증거해야 한다. 부활절을 맞이하여 일 년에 한두 번 부활을 증거할 것이 아니라 성령의 권능으로 자주 주 예수의 부활을 증거해야 할 것이다.

사도들이 주 예수의 부활을 증거했을 때 "무리가 큰 은혜를 받았다"(2:47). 사도들이 성령의 큰 권능으로 증거할 때 성도들이 큰 은혜를 받은 것이다. 여기 "큰 권능"으로 증거하니 "큰 은혜"를 받았다는 말씀을 보면 전도자들의 책임이 얼마나 중요한지 알 수가 있다. 따라서 전도자들은 "큰 권능"을 받기 위하여 힘써 기도해야 한다(27-31절). 초대교회 성도들은 마음에 은혜가 넘쳤고 또 물질적으로도 부족함이 없이 살았다. 다시 말해 영육에 만족함이 있었다.

행 4:34-35. 그 중에 가난한 사람이 없으니 이는 밭과 집 있는 자는 팔아 그 판 것의 값을 가져다가 사도들의 발 앞에 두매 그들이 각 사람의 필요를 따라 나누어 줌이라.

누가는 2:44-45보다 이 부분(34-35절)에서 좀 더 상세하게 기록한다. 누가는 초대교회 성도들 중에 "가난한 사람이 없었다"고 말한다(신 15:6). 이유는 "밭과 집 있는 자는 팔아 그 판 것의 값을 가져다가 사도들의 발 앞에 두매 그들이 각 사람의 필요를 따라 나누어 주었기" 때문이었다(37절; 2:45; 5:2;). '밭과 집 있는 성도는 팔아서 자기가 가난한 자들에게 직접 나누어 주는 것이 아니라 사도들의 발 앞에 두어 사도들이 그 돈을 처리하게 했다.' 그래서 사도들이 바빠졌다(6:1-2). 여기 본문의 "팔아"(πωλοῦντες)란 말은 현재분사로 '계속해서 팔았다'는 뜻이고, "가져다가"(ἔφερον)라는 말은 미완료 과거시제로 '계속해서 사도들 앞으로 가져온 것'을 지칭하는 말이다. 그리고 "두매"(ἐτίθουν)란 말도 미완료 과거 시제로 '계속해서 두었다'는 뜻이고 "나누어줌이라"(διεδίδετο)는 말도 역시 미완료과거 시제로 '계속해서 나누어주었다'는 뜻이다(2:45; 6:1). 초대교회 시절 소유를 팔아 사도들 앞에 가져오고 또 사도들은 그 값을 가난한 사람에게 분배한 일이 오랫동안 계속되었다는 것을 보여준다. 아마도 초대교회 성도들이 사방에 흩어져서 전도할 때까지 계속된 것으로 보인다.

여기서 조심할 것은 성도들이 무조건 사유재산을 판 것이 아니라 가난한 사람이 있는 것을 확인하고 밭과 집이 있는 자가 재산을 팔았다는 점이고, 또 그 값을 사도들에게 가져와서 사도들로 하여금 처리하게 했다는 점이다. 사도들이 중심이 되어 분배했다(행 6:2).

행 4:36-37. 구브로에서 난 레위족 사람이 있으니 이름은 요셉이라 사도들이 일컬어 바나바라(번역하면 위로의 아들이라)하니 그가 밭이 있으매 팔아 그 값을 가지고 사도들의 발 앞에 두니라.

누가는 소유를 팔아 사도들의 발 앞에 가져온 사람들 중의 모범으로 바나바를 예로 들고 있다. 누가는 바나바를 소개하면서 구브로 섬에서 난 레위 족 유대인이라고 한다.17) 그런데 바나바는 그 "이름은 요셉이라 사도들이 일컬어 바나바라(번역하면 위로의 아들이라)"고 불리어졌다. 본래 바나바가 가지고 있던 이름은 요셉이었는데 가족들이나 친족들 사이에서 사용되다가 사도들은 요셉에게 "바나바"라고 하는 이름을 덧붙여주었다. 그래서 그는 기독교 공동체 안에서는 바나바로 통했다. 누가는 바나바라는 이름의 뜻이 "위로의 아들"(υἱὸς παρακλήσεως, The son of encouragement)이라고 밝혀준다. 바나바는 다른 사람을 위로하는 사람이기에 이 이름을 덧붙여준 것으로

---

17) 바나바는 12사도 이외에는 가장 훌륭한 신앙인이었고 또 넓은 의미의 사도로 불리는 중에 가장 훌륭한 사도로 꼽히고 있다. 레위인은 원래 재산을 갖지 못하게 되어 있었으나(민 18:20; 신 10:9) 훗날 포로기 이후에는 레위인도 사유재산을 가질 수 있었다(렘 32:7). 바나바는 너그러운 성격의 소유자로 바울을 다른 사도들에게 아주 좋게 소개하기도 했다(9:26-27). 그는 바울과 함께 제 1차 전도여행을 했다(13:2). 제 1차 전도여행 후 바울과 함께 예루살렘 총회에 참석하기도 했다(15:1). 그 후 그의 생질 마가 때문에 바울과 결별하였었으나(15:37-41) 훗날 바울과 화해하였다(골 4:10; 딤후 4:11).

보인다. 누가는 바나바가 "밭이 있으매 팔아 그 값을 가지고 사도들의 발 앞에 두었다"고 말한다(34-35절; 5:1-2). 바나바는 그의 선행 때문에 바나바, 곧 위로의 아들이라는 이름을 얻었다. 우리는 하나님에게나 다른 사람들에게 어떤 인격으로 비추고 있는지 곰곰이 살펴볼 필요가 있을 것이다.

제 5 장
아나니아 부부의 죽음과 사도들의 표적 행함 및
유대주의와의 2차 충돌

D. 아나니아와 삽비라의 죽음 5:1-11

누가는 바나바의 아름다운 헌금 담을 소개한(4:36-37) 다음 연이어 가장 불행스러운 아나니아 부부의 처참한 죽음을 소개한다(1-11절). 아나니아 부부는 바나바가 얻은 아름다운 영예를 얻어 보려고 소유를 팔았으나 사탄의 지배하에 들어가 성령을 속이고 죽었다. 이 일로 말미암아 초대교회는 깨우침을 받고 성령의 지배하에 공고히 서게 되었다.

행 5:1-2. 아나니아라 하는 사람이 그의 아내 삽비라와 더불어 소유를 팔아 그 값에서 얼마를 감추매 그 아내도 알더라 얼마만 가져다가 사도들의 발 앞에 두니.

영예를 얻어 보려는 마음에 사로잡힌 아나니아와 삽비라 부부는 함께 음모하여 자신들의 "소유를 팔았다." 성도들도 가정에서 부부가 공모(共謀)할 가능성이 있다는 것을 보여주는 실례이다. 그리고 부부의 공모는 무서운 결과를 초래한다는 것을 보여주는 사건이다. 부부 중에 한 쪽이라도 바로 서서 가정을 바로 세워 나아가야 한다. 바로 잡으려고 할 때 약간의 부작용이 있을지라도 파멸만은 막을 수 있다.

아나니아 부부는 "그 값에서 얼마를 감추었다." 땅값 얼마를 감춘 다음 나머지 돈을 바치면서 마치 다 바치는 듯이 말해서 영예를 얻으려고 했다. 자기들이 큰 선행이나 하는 것처럼 꾸미려한 것이다. 부부는 사도들을 속이기만 하면 되는 줄 알았다. 그들은 자기들이 계획한 것이 성령님을 속이는 줄은 몰랐다. 그런데 누가는 아나니아가 땅 값 얼마를 감춘 사실을 "그 아내도 알더라"고 말한다. 부부가 공모한 것임이 확연하다.

누가는 아나니아가 "얼마만 가져다가 사도들의 발 앞에 두었다"고 말한다(4:37). 땅을 판 돈 얼마를 가져다가 사도들의 발 앞에 둘 때는 부인은 없었다(7절). 아나니아만 와서 그 돈을 사도들의 발 앞에 두었다. 부인 삽비라가 이 때 함께 나타나지 않은 이유는 알 수 없다. 부인은 남편이 죽어서 장사지낸 후에 사도들 앞에 나타났다. 우리는 남을 속이면서 선을 행하는 체 해서는 안 된다. 다시 말해 외식해서는 안 된다.

행 5:3. 베드로가 이르되 아나니아야 어찌하여 사탄이 네 마음에 가득하여 네가 성령을 속이고 땅 값 얼마를 감추었느냐.

땅값 얼마를 가져다가 사도들의 발 앞에 두는 아나니아에게 베드로는 청천벽력같은 말을 한다. "아나니아야 어찌하여 사탄이 네 마음에 가득하여 네가 성령을 속이고 땅 값 얼마를 감추었느냐." 본문의 "사탄이 네 마음에 가득하여"란 말은 '사탄이 네(아나니아) 마음을 주장하여'라는 말이다(창 3:1; 수 5:1-12; 눅 22:3). 베드로는 성령으로 충만하였기에 사탄이 아나니아의 마음을 주장하고 있었던 사실을 알았다. 성령의 사람들은 사탄의 활동을 알아본다. 아나니아가 땅값 얼마를 감춘 것은 인간적인 욕심에 끌려 한 일이지만 궁극적으로는 사탄이 아나니아를 주장해서 된 일이다. 사탄이 사람을 주장하면 사람은 별 수 없이 영예에 사로잡히게 되거나 아니면 거짓에 사로잡히게 된다. 사탄이 아나니아의 마음을 주장하는 동안 아나니아는 사탄이 시키는 대로 행하여 성령님을 속이고 땅값 얼마를 감추게 되었다. 그리고 나머지 땅값 얼마를 사도들의 발 앞에 가지고 나아가 마치 자기의 땅값을 다 바치는 것처럼 사도들을 속였고 동시에 교회에서 역사하시는 성령을 속였다. 아나니아는 베드로의 청천벽력 같은 말을 듣기 전까지는 이제는 명예를 확실하게 얻게 되었다고 생각했을 것이다. 그러나 성령님 앞에서 무사할 수가 없었다.

행 5:4. 땅이 그대로 있을 때에는 네 땅이 아니며 판 후에도 네 마음대로 할 수가 없더냐 어찌하여 이 일을 네 마음에 두었느냐 사람에게 거짓말한 것이 아니요 하나님께로다.

베드로는 말을 이어 "땅이 그대로 있을 때에는 네 땅이 아니며 판 후에도 네 마음대로 할 수가 없더냐"고 말한다. 자기 땅을 자기 마음대로 할 수 있다는 말이다. 팔기 전이나 판 후에나 자기 마음대로 얼마든지 할 수 있다는 뜻이다. 땅을 안 팔아도 되는 것이며 또 판다해도 자기가 다 가질 수도 있다는 것이다. 하나님은 우리의 사유재산을 우리 마음대로 하는 것에 대해서 무어라 말씀하지 않으신다.

　베드로는 말을 이어 "어찌하여 이 일을 네 마음에 두었느냐 사람에게 거짓말한 것이 아니요 하나님께로다"라고 말한다. '어찌하여 이 일, 곧 땅값 얼마를 감추고 또 나머지를 바치면서 전부를 바치는 것처럼 사기극을 꾸밀 생각을 네 마음에 두었느냐. 사람에게 거짓말 한 것이 아니라 하나님께 거짓말 한 것'이라고 말한다. 문장의 마지막 말씀 "하나님께로다"라는 말은 '성령님께 거짓말을 했다'는 뜻과 같은 말이다(앞 절).

행 5:5. 아나니아가 이 말을 듣고 엎드러져 혼이 떠나니 이 일을 듣는 사람이 다 크게 두려워하더라.

누가는 "아나니아가 이 말을 듣고 엎드러져 혼이 떠났다"고 말한다(10-11 절). 다시 말해 '아나니아가 베드로의 말을 듣고 엎드러져 혼이 떠났다'는 뜻이다. 베드로가 한 말은 사람의 말이 아니라 베드로를 통하여 하나님께서 하신 말씀이었다. 이유는 그가 성령으로 충만했기 때문에 하나님은 베드로를 통하여 말씀하셨다. 아나니아는 베드로의 말을 듣자 하나님의 징계로 죽었다.[18] 즉 하나님의 초자연적 권능으로 죽었다. 하나님은 아나니아를 죽이기

---

18) 존 스토트는 "이 이야기를 읽는 많은 사람들은 하나님의 심판이 너무 가혹하다고 여김으로써 그들의 마음이 상한다. 심지어 어떤 사람들은 '아나니아와 삽비라의 이야기가 전설적인 것이기를 바란다'고 말하기까지 한다. 아니면 그들은 아나니아와 삽비라의 죽음을 베드로의 탓으로 돌림으로써 하나님께서 비난을 받지 않도록 애쓴다. 그들은 베드로가 그들에게 저주를

로 작정하셨다. 이유는 초대 교회가 정화되기를 소원하셨고 또 단합되기를 소원하셨으니 이런 죄를 그냥 방치하면 교회에 균열이 생기기 때문이었다. 이런 죄들이 생기면 교회가 균열되어 단합되지 못한다.

누가는 "이 일을 듣는 사람이 다 크게 두려워하더라"고 말한다. 여기 "이 일"이란 '아나니아가 거짓말을 하여 죽은 사실'을 지칭한다. 이 사건을 듣는 사람마다 다 크게 두려워한 것은 교회 연합에 크게 도움이 되었다. 함부로 거짓말을 하지 않게 되고 함부로 죄를 짓지 않게 되니 크게 도움이 되었다. 오늘 현대교회도 죄가 없어지고 정화되어야 한다. 교역자들이 기도를 많이 하는 경우 현저하게 죄가 줄어든다.

행 5:6. 젊은 사람들이 일어나 시신을 싸서 메고 나가 장사하니라.

교회 공동체의 젊은 사람들이 일어나서 아나니아의 시신을 싸서(요 11:44; 19:40 참조) 메고 나가 장사했다. 왕이나 선지자 외에는 성(城)안에 매장하지 못하고 성 밖으로 메고 나가 장사해야 했다. 유대인들은 사람이 죽으면 그날 당일 매장해야 했다. 이유는 더운 지방인고로 시체가 부패하기 때문에 당일에 장사했다. 명예를 얻으려던 사람은 시체가 되어 당일 땅 속에 묻히고 말았다.

행 5:7. 세 시간쯤 지나 그의 아내가 그 일어난 일을 알지 못하고 들어오니.

"세 시간쯤 지나" 아나니아의 아내 삽비라가 사도들 앞에 온 것을 두고, 1) 혹자는 아나니아가 죽은 소식이 그의 아내에게 미치기에는 짧은 시간이라고 말하나 받아들이기 어려운 견해로 보인다. 이유는 그렇게 말하는 것은 아나니아의 아내 삽비라가 소식을 듣고 왔다는 뜻이기 때문이다. 삽비라는

했거나 아니면 그들에게 과도한 심리적 압박을 가함으로 현대에 거짓말 탐지기를 사용해서 하는 일을 앞질러 시행했다고 말한다. 하지만 비록 인간적 수준에서 보면 양심의 가책으로 인한 괴로움이 그들의 죽음에 기여했을지는 모르지만, 분명 누가의 의도는 그것이 신적인 심판의 행위였음을 우리가 이해하게끔 하는 것이다"라고 말한다. *땅끝까지 이르러*, 사도행전강해, 정옥배옮김 (서울: 한국기독학생회 출판부, 1992), pp. 123-124.

"그 일어난 일을 알지 못하고 들어왔다." 다시 말해 삽비라가 남편이 죽었다는 소식을 듣고 사도들 앞에 온 것은 아니었다. 2) 또 혹자는 이들 부부의 집이 예루살렘으로부터 상당한 거리에 있었기에 늦게 도착한 것으로 말하나 늦게 온 것과 거리와는 무관한 것으로 보아야 한다. 이유는 거리가 멀어서 사람이 남편의 죽음을 늦게 알리고 또 삽비라가 예루살렘에 오는 시간이 많이 걸렸다고 할 수 없다. 즉 "그의 아내가 그 일어난 일을 알지 못하고 들어왔다." 그 아내는 아무 소식도 듣지 못하고 남편이 빨리 집으로 돌아오지 않으니 궁금해서 왔던 것으로 보인다. 그 아내는 남편이 헌금을 하고 돌아올 시간이 지났는데 돌아오지 않자 남편을 찾으러 예루살렘으로 찾아온 것으로 보인다.

행 5:8. 베드로가 이르되 그 땅 판 값이 이것뿐이냐 내게 말하라 하니 이르되 예 이것뿐이라 하더라.

예루살렘에 돌아온 삽비라는 자기의 남편 아나니아를 찾다가 찾지 못하고 사도들 중에 제일 주동(主動)되는 베드로 사도 앞으로 온 것으로 보인다. 그런데 베드로는 삽비라에게 말하기를 "그 땅 판 값이 이것뿐이냐 내게 말하라"고 한다. 베드로는 아나니아가 죽었다고 말하지도 않고 또 남편이 죽어서 참 안 됐다든지 무슨 조의(弔意) 한마디 표하지 않고 "그 땅 판 값이 이것뿐이냐"고 묻는다. 성령님을 속이려고 했던 죄가 엄청나게 크기 때문에 무슨 조의(弔意) 같은 것을 표할 여유를 갖지 않았을 것이다. 베드로는 삽비라에게 용서하기 위하여 물었다(2:38, Knowling, Hervey, 박윤선, 이상근). 그런데도 삽비라는 남편과 공모하였기에 말하기를 "예 이것뿐이라"고 대답한다.19) 부부는 일심동체가 되어 선행도 할 수 있을 뿐 아니라 또한

---

19) 캘빈은 아나니아와 삽비라의 속임수 뒤에 숨겨진 여러 악들을 지적했다. 첫째, 하나님을 경멸한 악이 숨겨져 있고, 둘째, 하나님께 속한 것으로 구별한 것을 자신의 것으로 숨겼기 때문에 신성을 더럽힌 기만이 숨겨져 있고, 셋째, 하나님의 심판을 생각하지 않은 사악한 허영심과 야망이 숨겨져 있고, 넷째, 하나님을 신뢰하지 못하는 불성실의 악이 숨겨져 있고, 다섯째, 경건하고 거룩한 계획을 망치는 악이 숨겨져 있고, 여섯째, 위선자체의 악이 숨겨져 있다고

반면에 교회 공동체에서 죄를 저지를 수도 있다.

행 5:9. 베드로가 이르되 너희가 어찌 함께 꾀하여 주의 영을 시험하려 하느냐 보라 네 남편을 장사하고 오는 사람들의 발이 문 앞에 이르렀으니 또 너를 메어 내가리라 하니.

베드로는 삽비라의 답변을 듣자 곧 두 마디 말을 한다. 하나는 "너희가 어찌 함께 꾀하여 주의 영을 시험하려 하느냐"고 책망을 한다(3절; 마 4:7). '부부가 공모하여 주의 영, 곧 성령을 시험하려 하느냐'는 책망이다. "주의 영을 시험하려 한다"는 말은 '삽비라 부부가 땅값 얼마를 감추고 나머지를 헌금하는 것을 하나님께서 알아차리실까? 아마도 모르실 수도 있지 않을까' 하는 시험이다. 본문의 "함께 꾀하여"(συνεφωνήθη)란 말은 부정(단순)과거 수동태 시제로 '함께 소리 내다,' '일치하다,' '온전히 조화를 이루다'라는 뜻이다. 부부가 완전 일치를 이루어 성령님을 속여 보려고 한 것이다. 성령을 속여 보려는 시험은 모두 헛된 시험이다.

또 다른 한 마디는 "보라 네 남편을 장사하고 오는 사람들의 발이 문 앞에 이르렀으니 또 너를 메어 내가리라"는 말이다. '보라 네 남편을 장사지 내고 돌아오는 사람들의 발이 문 앞에 이르렀으니 또 너를 메어 내가리라'는 말이다. 베드로는 이 때 하나님의 계시를 받고 "너를 메어 내가리라"고 대언(代言)한 것이다(Grosheide). 베드로의 협박 때문에 삽비라가 죽은 것이 아니라 하나님의 사망선고를 베드로가 대언한 것뿐이다.

행 5:10. 곧 그가 베드로의 발 앞에 엎드러져 혼이 떠나는지라 젊은 사람들이 들어와 죽은 것을 보고 메어다가 그의 남편 곁에 장사하니.

누가는 베드로가 하나님의 사망선고를 대언하자 "곧 그(삽비라)가 베드로의 발 앞에 엎드러져 혼이 떠났다"고 말한다(5절). 여기 "곧"(παραχρῆμα, straightway)이란 표현은 삽비라의 죽음이 하나님의 징벌에 의한 죽음임을 보여준다. 이사야는 "그(하나님)의 입의 막대기로 세상을 치며 그의 입술의 기운으로 악인을 죽일 것이며"라고 말한다(11:4b). 하나님 앞에서 죄를 자복하지 않은 사람들은 살아남지 못한다.

삽비라가 베드로의 발 앞에 엎드러져 혼이 떠난 다음 "젊은 사람들이 들어와 죽은 것을 보고 메어다가 그의 남편 곁에 장사했다." 아나니아도 삽비라도 똑 같은 죄를 짓고 똑 같은 징벌을 받아 죽어 또 똑 같은 사람들에 의해서 똑 같은 장소에 매장을 당했다. 부부가 한 날 어느 한 장소에 나란히 매장된 것이다. 부부의 죽음 후에 가족에게나 혹은 친척에게나 알린 바도 없고 또 아무런 조문도 없이 금방 장사지낸 것은 하나님의 징벌에 의한 죽음이었기 때문이었다.

행 5:11. 온 교회와 이 일을 듣는 사람들이 다 크게 두려워하니라.

누가는 아나니아와 삽비라가 헌금하다가 죽은 사건을 듣고 "온 교회와 이 일을 듣는 사람들이 다 크게 두려워했다"고 말한다(5절; 2:43; 19:17). 듣는 사람마다 다 크게 두려워한 것은 좋은 일이었다. 그들이 하나님의 위엄을 더욱 깨달은 점에서 좋은 일이었고 다시 그런 죄악을 짓지 않게 된 점에서 좋은 일이었으며 이 일 때문에 교회가 단결할 수 있다는 점에서 좋은 일이었다.[20]

E. 사도들이 표적을 행하다 5:12-16

---

20) 박윤선 목사는 아나니아와 삽비라의 사건에서 깨달을 것이 몇 가지가 있다고 말한다. (1) 남들을 속여서 인기와 명예를 얻음보다는 인기 없이 정직한 자가 하나님 앞에 합당하다는 것, (2) 급한 벌을 받는 자의 죄악은 아주 극도에 달한 죄악이었다는 것, (3) 교회가 성령으로 충만하였을 때 누구든지 그 교회를 무시하는 죄를 범하면 용서받지 못한다는 것, (4) 하나님의 세우심을 받고 교회의 옳은 일을 실행하여 나아가는 지도자를 무시함은 위험하다는 것, (5) 성령은 신자들의 자유를 무시하지 않으신다는 것. 사람을 강압적으로 인도함은 성령의 역사라고 할 수 없다. 재산을 교회에 바치는 열심이 일어난 초대 교회에서도 신자들이 그들의 소유를 바치는 여부는 자유로이 실행되었다(4절)고 말한다. *사도행전* 성경주석 (서울: 영음사, 1999), pp. 116-17.

누가는 은혜가 충만했던 초대 교회의 은혜로운 신앙생활(4:32-37)을 전하고 그 은혜 중에 생각밖에 아나니아와 삽비라의 죽음이라는 불행한 일이 발생한 것(5:1-11)을 전한 다음 이제 사도들이 표적을 행하는 것을 전한다(12-16절). 이 부분(12-16절)의 사도들의 표적행사는 유대지도자들과의 2차 충돌의 불씨가 되었다(17-42절).

행 5:12. 사도들의 손을 통하여 민간에 표적과 기사가 많이 일어나매 믿는 사람이 다 마음을 같이하여 솔로몬 행각에 모이고.

사도들의 손을 통하여 예수님은 "민간에," 즉 '사람들 중에' "표적과 기사가 많이 일어나게 하셨다"(2:43; 14:3; 19:11; 롬 15:19; 고후 12:12; 히 2:4). 여기 "표적과 기사"란 말은 서로 다른 이적을 뜻하는 낱말들이 아니라 똑같은 이적을 두고 두 가지 명칭으로 부른 것뿐이다. 그 이적이 그리스도를 보여준다는 차원에서 "표적"이라 불렀고 또 바로 그 이적의 기이함을 드러낸다는 뜻에서 "기사"(奇事)라고 말한다(2:19 참조). 사도들은 앉은뱅이를 고친 사건 이외에 수많은 표적 곧 기사를 행했다(마 9:35-38; 막 1:32-34). 사도들의 표적행사로 말미암아 교세가 증가했다.

또 사도들의 표적행사로 말미암아 "믿는 사람이 다 마음을 같이하여 솔로몬 행각에 모였다"(3:11; 4:32). 여기 "마음을 같이하여"(ὁμοθυμαδον) 란 말은 '한 마음으로,' '일치하게,' '동시에'란 뜻으로 믿는 사람들이 앉은뱅이가 고침 받은 사건과 또 아나니아부부가 갑자기 죽은 사건 및 사도들의 손을 통하여 이적이 많이 일어나는 일 때문에 마음이 하나가 되어 솔로몬 행각에 모였다. 교회는 항상 한 마음이 되어야 한다. 비록 이적 같은 일이 발생하지 않아도 한 마음이 되어야 한다. "솔로몬 행각"에 대해서는 3:11주해 참조

행 5:13. 그 나머지는 감히 그들과 상종하는 사람이 없으나 백성이 칭송하더라.

믿는 사람들은 한 마음이 되어 솔로몬 행각에 모였지만(앞 절) "그 나머지는

감히 그들과 상종하는 사람이 없으나 백성이 칭송했다." 두 가지 그룹의
사람들이 나타났다는 뜻이다. 한편으로 "그 나머지는 그들과 상종하는 사람
이 없었다"(요 9:22; 12:42; 19:38). "그 나머지," 즉 '불신자들'(엡 2:3;
살전 4:13)은 아나니아와 삽비라가 갑자기 죽는 것을 보고 사도들을 두려워
해서 교회로 들어오는 사람들이 없었다. 혹시 자기들에게도 무슨 일이 발생하
지 않을까하고 두려워했던 것으로 보인다. 또 한편으로는 "백성이 칭송했
다"(2:47; 4:21). 아나니아와 삽비라의 죽음에 대한 두려움에 휩싸이지 않은
일반 평민들은 사도들이 하는 일을 칭송했다. 그래서 그들은 기독교회 안으로
들어왔다(다음 절). 그러니까 예루살렘 안에는 세 그룹의 사람들이 있었던
셈이다. 한 그룹은 신자들로서 솔로몬 행각에 모이는 사람들이고, 또 한
그룹은 아나니아와 삽비라가 죽는 것을 보고 교회에 들어오기를 두려워한
사람들이고, 세 번째의 그룹은 그런 선입견이 없이 사도들이 행한 일에
대해서 호의적인 반응을 보인 그룹이다.21)

행 5:14. 믿고 주께로 나아오는 자가 더 많으니 남녀의 큰 무리더라.
누가는 기독교회를 향하여 "칭송"하던 백성들(앞 절 하반 절) 중에서 "믿
고 주께로 나아오는 자가 더 많았다"고 말한다. 사도들로 말미암아 나타난
놀라운 기적의 역사를 보고 칭송하던 사람들은 주님께로 나아왔다. 택함
받은 사람들은 하나님의 놀라운 위엄이 나타날 때 반항하지 않고 예수님을
구주로 믿고 주님께로 나아온다. 그래서 "남녀의 큰 무리"가 되었다. 많은
사람들이 나아오니 셀 수 없이 많아졌다. 누가는 더 이상 계산하기를
중단했다.

---

21) 혹자는 여기 "그 나머지"와 "백성"을 동일 그룹으로 보아 "그 나머지," 즉 '불신자들'이
감히 성도들과 상종하지 못하면서도 마음 한편으로는 예루살렘 교회에 대하여 칭찬했다는
것이다. 이런 해석도 가능하기는 하나 다음 절에 보면 "믿고 주께로 나아오는 자가 더 많았다"는
말을 해석하는데 어려움이 따라온다. 다시 말해 아무래도 믿고 주께로 나아오는 많은 사람들은
"백성"중에서 나아오는 것으로 보는 것이 옳을 것이다. "그 나머지" 사람들은 오랜 동안 기독교
회에 대해서 혐오감을 가지고 있었지 않았을까 생각된다.

행 5:15. 심지어 병든 사람을 메고 거리에 나가 침대와 요 위에 누이고 베드로가 지날 때에 혹 그의 그림자라도 누구에게 덮일까 바라고.

누가는 사도들이 하는 일에 대해 호의적인 반응을 보이던 사람들이 믿고 주님께로 나아온 것(앞 절)을 말하고는 이제 그들 중에 "심지어 병든 사람을 메고 거리에 나가 침대와 요 위에 누이고 베드로가 지날 때에 혹 그의 그림자라도 누구에게 덮일까 바랐다"고 말한다(19:12; 마 9:21; 14:36). '몸이 성한 사람들이 병든 사람을 일단 이 거리로 저 거리로 데리고 나왔고 그 병자들을 침대와 요(couches) 위에 누이고 혹시 베드로가 지나가는 경우 베드로의 그림자라도 그 병자들의 위에 덮일까하고 기대했다'는 것이다. 베드로가 직접 안수기도 하지 않아도 베드로의 그림자만 덮여도 병자가 낫는다고 믿은 것이다. 이런 행위에 대해서 혹자는 미신적인 행위라고 말하기도 하나 신앙적인 행위로 보아야 한다. 이유는 그림자 자체에 무슨 치유의 능력이 있다고 믿은 것이 아니라 하나님께서 베드로와 함께 하시는 중에 하나님께서 베드로의 그림자라도 사용하신다는 것을 믿은 것이다. 하나님은 바울 사도가 에베소에서 전도할 때 때로는 바울의 손수건이나 앞치마를 사용하셔서 병자를 낫게 하셨다(19:11-12). 사람들은 바울의 손수건이나 앞치마를 가져다가 병자들에게 얹어서 낫게 했다. 사람들은 바울의 손수건이나 앞치마 자체에 무슨 괴력이 있는 것으로 믿은 것이 아니라 바울과 함께 하시는 하나님을 믿어서 병이 나은 것이다. 12년 동안 혈루 증으로 앓던 여인은 예수님의 옷자락만 만져도 예수님으로부터 치유를 얻으리라는 믿음으로 만져서 나음을 얻었다(마 9:20-22; 막 6:56). 사도들은 예수님의 사역을 온전히 계승하고 있었다.

행 5:16. 예루살렘 부근의 수많은 사람들도 모여 병든 사람과 더러운 귀신에게 괴로움 받는 사람을 데리고 와서 다 나음을 얻으니라.

누가는 이제 예루살렘 부근의 여러 마을에 살고 있던 수많은 사람들도 "병든 사람과 더러운 귀신에게 괴로움 받는 사람을 데리고 와서 다 나음을 얻었다"

고 말한다(막 16:17-18; 요 14:12). 누가는 병자들을 두 그룹으로 나눈다. 하나는 "병든 사람"이고, 또 하나는 "더러운 귀신에게 괴로움 받는 사람"으로 나눈다. 예루살렘 부근의 마을 사람들은 병자들과 귀신들린 사람을 다 데리고 와서 사도들의 치유로 인하여 다 나음을 얻게 했다. 여기 "다 나음을 얻으니라"는 말은 '한 사람도 빠짐없이 다 나음을 얻었다'는 뜻으로 사도들은 예수님의 치유 사역을 그대로 계승하고 있다는 것을 보여주고 있다. 사도 이후의 전도자들은 이렇게 병자를 다 치유하지는 못했다. 예수님은 사도들을 세워주셨고 또 표준으로 삼으셨다.

F. 유대지도자들과의 2차 충돌 5:17-42

사도들의 가르침과 전도로 기독교회가 왕성해지자(12-16절) 사탄은 산헤드린 공의회를 부추겨 사도들을 제 2차로 박해에 나선다. 공회가 사도들을 투옥하였으나 주님의 사자의 도움으로 탈출하여 전도하다가 다시 붙잡혀 공회 앞으로 끌려왔으나 사도들은 여전히 담대히 증언하였다(17-32절). 사도들의 담대한 증언에 격노한 유대 교권자들은 드디어 사도들을 죽이려고 했으나 교법사 가말리엘의 중재로 놓이게 된다(33-42절).

1. 사도들이 투옥되었다가 탈출하다 5:17-32

행 5:17. 대제사장들과 그와 함께 있는 사람 즉 사두개인의 당파가 다 마음에 시기가 가득하여 일어나서.

예루살렘 사람들과 예루살렘 부근에 살고 있는 사람들이 수없이 사도들 앞에 나아와서 병 고침을 받자(14-16절) "대제사장들과 그와 함께 있는 사람 즉 사두개인의 당파가 다 마음에 시기가 가득하여 일어났다"(4:1-2, 6). 두 부류의 사람들(=모두 공회원들)은 사도들의 전도와 사역으로 성도들이 늘어나자 다들 마음에 시기가 가득한 점에서는 같았다. 사도들은 성령으로 충만했던 반면 공회원들은 시기하는 마음으로 충만했다. 남이 잘 될 때 박수치고 하나님께도 감사해야 하는데 사람들은 보통 시기한다. 그들은 결국

시기심을 억누르지 못하고 사도들을 박해하기 시작한다. 그들은 드디어 "일어났다." 그들이 사도들을 박해하기 위해서 일어난다고 해도 기독교회는 무너지지 않고 오히려 더 강성해갔다. 성령님께서 함께 하시기 때문이었다.

행 5:18. 사도들을 잡아다가 옥에 가두었더니.

유대 교권자들은 영적인 실력으로는 사도들을 감당할 수가 없고 또 믿는 백성들의 숫자가 점점 많아지자 더 감당할 수가 없어 "사도들을 잡아다가 옥에 가두었다"(눅 21:12). 아마도 잡은 시간이 저녁때였던 것 같다. 당일 일을 처리하기에는 늦은 시간이었던 듯하다. 그들은 사도들이 갇혀서 고생하는 것은 생각도 하지 않고 자기들 편리한대로 일을 처리했다.

행 5:19-20. 주의 사자가 밤에 옥문을 열고 끌어내어 이르되 가서 성전에 서서 이 생명의 말씀을 다 백성에게 말하라 하매.

사도들이 옥에 갇혔을 때 주님은 가만히 두고 보시지 않았다. "주의 사자"를 보내신다. 여기 "주의 사자"는 '주님께서 심부름꾼으로 쓰시는 천사'를 지칭한다. 성경은 우리를 돌보시는 천사가 있다고 말씀한다(마 18:10). 천사가 밤에 "옥문을 열고 끌어내어 이르되 가서 성전에 서서 이 생명의 말씀을 다 백성에게 말하라"고 말한다(12:7; 16:26). 천사는 먼저 옥문을 열고 다음으로 사도들을 끌어낸다. 혹자는 여기 천사가 옥문을 연 것을 두고 밤에 지진이 나서 옥문이 열렸다고도 하고 또 혹자는 사도들의 친구가 간수의 도움을 구하여 옥문을 열었다고 주장하나 만약 그렇다면 본서의 저자 누가가 그렇다고 말했을 것이고 주님의 사자의 이적적인 간섭을 언급하지 않았을 것이다. 주님이 쓰시는 천사는 사도들을 향하여 성전으로 가서 "성전에 서서 이 생명의 말씀"을 다 백성에게 전하라고 말한다(요 6:68; 17:3; 요일 5:11). 여기 "성전에 서서"란 말은 '예루살렘 성전에 서서'란 말인데 예루살렘 성전이 복음 전도의 시발이 되게 하려는 까닭이었다(롬 15:19).

그리고 "이 생명의 말씀"이란 말은 '사람을 중생시키는 말씀이며 동시에 사람에게 풍성한 생명을 주는 말씀'이란 뜻이다. 예수님께서 전도하시는 중에 많은 사람들이 예수님을 떠나가고 있을 때 예수님은 베드로를 향하여 "너희도 가려느냐"고 질문하셨다. 그 질문을 받고 베드로가 "주여 영생의 말씀이 주께 있사오니 우리가 누구에게로 가오리이까"라고 대답했다(요 6:67). 예수님의 입에서 나온 모든 말씀은 영생을 주는 말씀이다(요 15:3; 엡 5:26; 약 1:18; 벧전 1:22). 우리는 지금 사람에게 중생을 주고 또 생명을 풍성히 주는 말씀을 가지고 있다. 그 말씀을 수건으로 싸서 파묻어 놓아서는 안 된다. 지금도 천사는 우리를 향하여 "이 생명의 말씀"을 거리에서나 교회에서 전하라고 말하고 있다.

행 5:21a. 그들이 듣고 새벽에 성전에 들어가서 가르치더니.

사도들은 천사를 통하여 전달된 예수님의 명령을 듣고 "새벽에 성전에 들어가서 가르치고 있었다." 사도들은 자기 집으로 도망하지 않았고 혹은 다른 피난처로 피하지도 않고 새벽에 성전에 들어가서 가르치기 시작했다. 여기 "가르치더니"(ἐδίδασκον)란 말은 미완료 과거 시제로 '가르치고 있었다'는 뜻이다. 새벽에 사람들은 습관적으로 아침 기도를 위하여 성전에 들어갔는데 (눅 21:38; 요 8:1-11, Kistemaker) 사도들은 그들에게 생명의 말씀을 가르치고 있었다. 그들은 온전히 위험에 노출되어 있었다. 오늘 우리도 위험에 노출되어 있다. 그러나 모든 위엄을 물리쳐주는 천사가 우리를 지키고 있음을 알고 주님의 일을 담대하게 해야 한다.

행 5:21b. 대제사장과 그와 함께 있는 사람들이 와서 공회와 이스라엘 족속의 원로들을 다 모으고 사람을 옥에 보내어 사도들을 잡아오라 하니.

사도들은 하나님의 명령을 받들어 하나님의 말씀을 가르치고 있었는데 (본 절 상반 절) 그와는 정반대로 "대제사장과 그와 함께 있는 사람들이 와서 공회와 이스라엘 족속의 원로들을 다 모으고 사람을 옥에 보내어 사도들을 잡아오라"고 하였다(4:5-6). 대제사장과 그와 함께 있는 사람들이 산헤드린 공의회가 열리는 곳에 도착하여 공회원들뿐 아니라 "이스라엘 족속의 원로들," 곧 '공의회원들이 아닌 이스라엘의 장로들'을 다 모으고 부하들을 옥에 보내어 사도들을 잡아오라고 했다.[22] 공회원들은 자기들만 모인 것이 아니라 장로들까지 소집한 것은 사도들의 영향이 대단했던 것을 암시한다. 사도들의 영향력은 이처럼 세상에서 대단했다. 지금 우리의 영향력은 어떤가를 살펴보아야 할 것이다. 당시 공의회는 하나님의 뜻에 정면 대치하고 있었다. 하나님은 천사를 보내어 사도들을 석방하여 생명의 말씀을 전하라고 하셨는데 예루살렘 공회는 사도들을 잡아오라고 했으니 하나님과 정면으로 대결하고 있었던 것이다. 무서운 반항이다. 오늘도 이런 반항을 하는 사람들이 무수히 많다.

행 5:22-23. 부하들이 가서 옥에서 사도들을 보지 못하고 돌아와 이르되 우리가 보니 옥은 든든하게 잠기고 지키는 사람들이 문에 서 있으되 문을 열고 본즉 그 안에는 한 사람도 없더이다 하니.

공회로부터 파송을 받은 "부하들이 가서 옥에서 사도들을 보지 못하고 돌아와 이르되 우리가 보니 옥은 든든하게 잠기고 지키는 사람들이 문에 서 있으되 문을 열고 본즉 그 안에는 한 사람도 없더이다"라고 보고한다. 심부름 갔던 부하들 곧 성전 경비원들이 옥에 갔다가 돌아와서 두 가지를 보고 한다. 하나는 "옥은 든든하게 잠기고 지키는 사람들이 문에 서 있었다"는 것이다. 부하들이 보기에는 아무 변도 일어나지 않았다고 보고한다. 옥도 든든하게 잠겨있었고 지키는 사람들도 충실하게 옥을 지키고 있었다고 보고한다. 또 하나는 "문을 열고 본즉 그 안에는 한 사람도 없었다"고 보고한다. 잠겨 있는 문을 열고 본 결과 그 안에는 한 사람의 사도도 없었다는 것이다. 천사가 모든 이적을 이룬 것이다. 이런 이적은 하나님에게 쉬운 일이다. 그러나 현대주의자들은 이 이적을 부인하려고 한다. 우리는 초자연

---

22) 혹자들은 여기 "공회와 이스라엘의 원로들"을 동일한 단체로 보기도 한다. 중간에 있는 접속사를 '곧'이란 말로 본 것이다.

을 믿어야 한다.

행 5:24. 성전 맡은 자와 제사장들이 이 말을 듣고 의혹하여 이 일이 어찌될까 하더니.

심부름 갔던 부하들이 옥에는 아무도 없다고 보고하는 말을 들은 "성전 맡은 자와 제사장들이 이 말을 듣고 의혹하여 이 일이 어찌될까" 했다(4:1; 눅 22:4). 여기 "성전 맡은 자"(ὁ στρατηγòς)는 레위인들 중에서 임명된 자인데 '성전을 지키는 수위들 중 최고 책임자'를 지칭한다. 다시 말해 성전 경호 대장이었다. 그는 대제사장 다음 가는 높은 직위였는데 죄수들을 지키는 책임도 있었다. 그런데 성전 경호 대장과 대제사장들(οἱ ἀρχιερεῖς, 헬라어에는 우리 한역과 달리 "대제사장들"이라고 기록되어 있다)은 심부름을 갔던 부하들의 말을 듣고 "의혹하여 이 일이 어찌될까" 했다. "의혹하여"(διηπόρουν)란 말은 '망연자실(茫然自失)했다,' '당황하여 어찌할 줄 몰랐다'는 뜻이다. 그들은 사도들이 없어졌다는 보고를 듣고 너무 당황하여 "이와 같은 일이 세상에 생길 수 있는 것일까 하여 놀라게 되었다"(Lenski). 하나님께서 천사를 통하여 사도들을 석방하여 놓으셨으니 그들은 지금까지 살아오던 중 처음 경험하는 일이라 당황하게 된 것이다. 세상 사람들은 그리스도에 의하여 이루어지는 이적을 보고 놀라면서 세상에 이런 일이 어떻게 해서 생기는 것인가 하고 의아해한다.

행 5:25. 사람이 와서 알리되 보소서 옥에 가두었던 사람들이 성전에 서서 백성을 가르치더이다 하니.

성전 경호 대장과 대제사장들이 망연자실하여 세상에 이런 일이 발생할 수 있는 것인가 하고 이야기를 하고 있는 중에 성전으로부터 한 사람이 "와서 알린다." 알린 내용은 "보소서 옥에 가두었던 사람들이 성전에 서서 백성을 가르치더이다"라고 말한다. '옥에 가두었던 사람들은 성전에 당당히 서서 백성을 가르치고 있더이다'라고 보고한다. 전해주는 사람 자신도 사도들이 옥에 갇혔던 사람들인 줄 알았다. 옥에 갇혔다가 석방된 사도들은 피신하지도 않고 혹은 두려워하지도 않고 당당하게 성전에 서서 하나님의 말씀을 전하고 있었다. 그들은 천사를 통하여 하나님의 명령을 받고 그대로 행했다. 이들의 순종은 참으로 멋있는 순종이었다.

행 5:26. 성전 맡은 자가 부하들과 같이 가서 그들을 잡아왔으나 강제로 못함은 백성들이 돌로 칠까 두려워함이더라.
성전으로부터 와서 사도들의 거동을 전해준 한 사람의 보고를 받고 "성전 맡은 자가 부하들과 같이 가서 그들을 잡아왔다." '성전 경호 대장과 부하들, 곧 성전 경비병들이 함께 성전으로 가서 사도들을 잡아왔다.' 그러나 경비책임을 맡은 대장과 부하들은 사도들을 "강제로 못함은 백성들이 돌로 칠까 두려워했다"(마 21:26). 성전 경비책임자들은 사도들을 '폭력으로,' '힘으로' 취급하지 못했다. 이유는 백성들이 돌로 칠까 두려워했기 때문이었다. 그들은 하나님보다 백성들을 더 두려워했다. "실로 그들이 두려워한 것은 하나님이 아니요 사람이었다"(Chrysostom). "그들은 백성의 지지를 얻지 못하면 서지 못하는 자들이니 백성을 두려워할 수밖에 없었고, 그들이 영생의 도를 배척하고 있으니 죽음을 두려워할 수밖에 없었다"(박윤선).

행 5:27. 그들을 끌어다가 공회 앞에 세우니 대제사장이 물어.
본 절과 다음 절(28절)은 대제사장이 심문한 일을 기록하고 있다. 성전 경비책임자들(26절)이 사도들을 끌어다가 공회 앞에 세우니 대제사장이 심문한다(심문 내용은 다음 절에 있다). 아무튼 사도들은 백성 앞에 서서 복음을 전하거나 아니면 공회 앞에 서서 그리스도를 변호했다.

행 5:28. 이르되 우리가 이 이름으로 사람을 가르치지 말라고 엄금하였으되 너희가 너희 가르침을 예루살렘에 가득하게 하니 이 사람의 피를 우리에게로 돌리고자 함이로다.

산헤드린 공회의 의장인 대제사장이 사도들을 향하여 세 마디 말을 한다. 첫째, 이미 "우리가 이 이름으로 사람을 가르치지 말라고 엄금하였지" 않느냐고 다그친다. '우리들이 이 예수의 이름을 사람들에게 전파하지 말라고 경고하지 않았느냐?'고 말한다(4:18). 한번 하지 말라고 말했으면 순종할 일이지 또 예수의 이름을 전파하느냐고 압박한다. 이 말에 대해서는 사도들이 29절에서 답변한다. 둘째, "너희가 너희 가르침을 예루살렘에 가득하게 하는구나"라고 말한다. '예수에 대한 가르침을 예루살렘에 가득하게 하는구나' 하고 안타깝다고 말한다. 생명의 도를 아직은 이스라엘 전체로 퍼지게 하지는 않았지만 예루살렘에는 가득하게 했다는 뜻이다. 예루살렘 사람들이 다 알게 예수를 전파했다는 뜻이다. 몇 사람의 사도들의 영향력은 대단했다. 오늘 우리는 우리가 살고 있는 도시, 우리가 살고 있는 나라에 예수님 소식을 충만하게 전해야 할 것이다. 셋째, "이 사람의 피를 우리에게로 돌리고자" 하는 것이 아니냐고 말한다(마 23:35; 27:25 참조). '예수를 피 흘리게 한 책임을 우리에게 돌리고자 하여 예루살렘에 예수 십자가 죽음을 전파하는 것이냐?'라고 다그친다. 대제사장은 사도들이 예수님의 십자가 대속의 죽음을 전파하는 것이 예수님을 죽인 책임을 자기들에게 묻기 위함인 줄 알았다. 사실은 예수님의 십자가 죽음을 전하는 것은 그를 믿어 생명을 얻게 하려 함이었는데 유대 교권주의자들은 엉뚱하게도 자기들을 잡으려고 예수님을 전파하는 줄 알았다. 이 말에 대해서는 사도들이 30-31절에서 대답한다.

행 5:29. 베드로와 사도들이 대답하여 이르되 사람보다 하나님께 순종하는 것이 마땅하니라.

누가는 본 절부터 32절까지 공회 앞에 선 베드로와 사도들이 대답한 말을 기록한다. 첫째, 사도들을 대표하여 베드로는 "사람보다 하나님께 순종하는 것이 마땅하니라"고 말한다(4:19). "도무지 예수의 이름으로 말하지도 말고 가르치지도 말라"(4:18)고 명령한 산헤드린 공회의 명령을 순종하는 것보다 예수님을 전하라고 성령을 주신 하나님께 순종하는 것이 마땅하다고 말한다

(4:19). 히브리 산파들은 하나님을 두려워하여 애굽 왕의 명을 어기고 히브리 남자 아이들을 살렸고(출 1:17) 히스기야왕은 앗수르 왕의 명령을 듣지 않고 하나님의 명령을 순종했다(왕하 19:14-37). 하나님은 순종하는 자에게 복을 내리시고 불순종하는 자를 싫어하신다. 우리는 생명을 걸고 하나님을 순종해야 한다(행 20:24).

행 5:30. 너희가 나무에 달아 죽인 예수를 우리 조상의 하나님이 살리시고(ὁ θεὸς τῶν πατέρων ἡμῶν ἤγειρεν Ἰησοῦν ὃν ὑμεῖς διεχειρίσασθε κρεμάσαντες ἐπὶ ξύλου·, KJV-The God of our fathers raised up Jesus, whom ye slew and hanged on a tree. NASB-The God of our fathers raised up Jesus, whom you had put to death by hanging Him on a cross. NIV-The God of our fathers raised Jesus from the dead--whom you had killed by hanging him on a tree).

둘째, 베드로는 "너희가 나무에 달아 죽인 예수를 우리 조상의 하나님이 살리셨다"고 말한다. 베드로가 산헤드린 공회원들을 향하여 "너희가 나무에 달아 죽인 예수"라고 말하는 이유는 나무에 달린 자마다 저주를 받은 자(창 40:19; 신 21:23; 수 10:26-27; 갈 3:13)로서 예수님은 우리를 대신하여 저주를 받으셨다는 것을 보여주기 위해서 한 말이다. 유대교권자들이 죽이기는 했지만 예수님은 우리를 위해서 나무로 짜인 십자가에서 대속의 죽음을 죽으셨다.

그런데 베드로는 그 예수님을 "우리 조상의 하나님이 살리셨다"고 말한다(3:13, 15). '우리의 조상들의 하나님이 예수님을 살리셨다'는 것이다. 그런데 여기 "살리셨다"(ἤγειρεν)는 말이 무엇을 지칭하는가에 대한 견해는 둘로 갈린다. 첫째, 어떤 학자들은 '하나님께서 예수님을 부활시키셨다'는 뜻으로 보기도 하고(Alford, Meyer, Holtzmann, Stott, Marshall, Ladd, Dunn, Kistemaker, 박윤선, 이순한), 둘째, 어떤 학자들은 '하나님께서 예수님을 이 땅에 보내셨다(성육신)'는 뜻으로 해석하기도 한다(Bengel,

Knowling, Bruce, Lenski, Harrison, William Neil, 이상근). "살리셨
다"(ἤγειρεν)는 말의 뜻만을 고려할 때는 두 가지가 다 바른 해석이다. 그러
나 문맥을 고려할 때 둘째 해석이 바른 것으로 보인다. 이유는 1) 헬라어
원어나 혹은 영어 번역판들을 살펴보면 하나님께서 예수님을 "살리셨다"는
말이 먼저 나오고 "너희가 나무에 달아 죽였다"는 말이 뒤에 나오는 고로
앞에 나온 "살리셨다"는 말은 '부활시키셨다'는 뜻으로 보기 보다는 '예수님
을 세상에 보내셨다(성육신)'는 뜻으로 보는 것이 더 타당한 것 같다. 다시
말해 본 절의 "살리셨다"는 말을 '부활시키셨다'는 뜻으로 보면 하나님께서
부활시킨 예수님을 사람이 죽인 것으로 되니 앞뒤가 맞지 않는다. 2) 31절의
"그를 오른 손으로 높이사"라는 말이 예수님의 부활과 승천을 지칭하는
고로 본 절의 "하나님이 살리시고"라는 말은 부활을 지칭하기 보다는 하나
님께서 예수님을 역사상에 보내셨다는 뜻으로 보는 것이 더 타당하다. 그러
니까 본 절의 뜻은 '우리 조상의 하나님이 예수님을 세상에 보내셨는데,
그 예수님을 너희가 나무에 달아 죽였다'는 뜻으로 보아야 할 것이다(10:39;
13:29; 갈 3:13; 벧전 2:24). 하나님이 예수님을 세상에 보내셨는데 산헤드린
공의회가 합작하여 예수님을 십자가에 못을 박은 것이다. 천인공노할 일을
저질렀다.

그런데 베드로는 예수님을 살리신 하나님을 "우리 조상의 하나님"이라고
언급한다. 베드로는 베드로 자신뿐 아니라 사도들, 그리고 베드로 앞에 앉아
있는 산헤드린 공회원들의 조상의 하나님이 예수님을 세상에 보내셨다고
말한다. 하나님은 애굽에 있는 이스라엘 사람들에게 모세를 통하여 자신의
이름을 알리실 때 "너는 이스라엘 자손에게 이같이 이르기를 너희 조상의
하나님 여호와 곧 아브라함의 하나님, 이삭의 하나님, 야곱의 하나님께서
나를 너희에게 보내셨다 하라 이는 나의 영원한 이름이요 대대로 기억할
나의 칭호니라"고 하셨다(출 3:15). 베드로는 예수님을 살리신 하나님이
바로 "우리 조상의 하나님"이라고 언급함으로써 베드로와 산헤드린 공회원
들이 밀접한 관련이 있음을 알리고 있다.

그리고 베드로는 하나님이라고 말할 때 당대(當代) 사람들의 하나님만 아니라 조상들에게 말씀하신 하나님이라고 말하여 하나님을 언약의 하나님 이라고 드러낸다. 하나님은 조상들에게 말씀하신대로 메시아를 보내주시겠 다고 하셨는데(신 18:15) 그대로 보내셨다(롬 16:25-27; 고전 2:9; 15:3-4; 고후 3:6-18; 갈 4:21-31; 엡 3:2-11; 히 6:13-20; 7:11-25; 8:6-13; 9:1-28 참조). 하나님은 언약 신(神)이시다. 성경에 언약하신대로 지금도 우리를 구원하신다. 하나님의 언약은 소금 언약으로 전혀 변함이 없다.

행 5:31. 이스라엘에게 회개함과 죄 사함을 주시려고 그를 오른손으로 높이사 임금과 구주로 삼으셨느니라.

셋째, 사도들은 하나님께서 "이스라엘에게 회개함과 죄 사함을 주시려고 그를 오른손으로 높이사 임금과 구주로 삼으셨다"고 말한다(3:26; 13:38; 눅 24:47; 엡 1:7; 골 1:14). 여기 "회개함"이란 '예수님에 대한 나쁜 감정을 버리고 예수님에게로 돌아서는 것'(U-turn)을 지칭하고, "죄 사함"이란 '죄 를 말끔히 씻어주시는 것'을 뜻하는데 사람이 예수님에게 돌아서면 예수님은 바로 그 사람의 죄를 말끔히 씻어주신다(마 9:2).

베드로는 하나님께서 이스라엘 사람들에게 회개함과 죄 사함을 주시려고 예수님을 "오른손으로 높이사 임금과 구주로 삼으셨다"고 증언한다(2:33, 36; 빌 2:9; 히 2:10; 12:2). 예수님을 "오른 손으로 높이셨다"는 말은 힘 있는 손으로 예수님을 부활 승천시키신 것을 지칭한다. 다시 말해 하나님의 권능으로 예수님을 부활 승천시키신 것을 뜻한다.

"임금과 구주로 삼으셨다"(3:15; 마 1:21)는 말은 하나님께서 예수님을 승천시키신 후 임금과 구주로 선포하셨다는 뜻이다. 예수님은 세상에 계실 때에도 역시 임금이셨고 또 구주이셨다. 그러나 예수님께서 승천하신 후에는 하나님께서 임금과 구주로 널리 선포하셨다. "임금"(ἀρχηγὸν)이란 문자적 으로 '지도자'('인도자')란 뜻인데 '구원의 원천'이란 뜻이다(히 2:10). 예수 님은 구원의 원천으로서 구원의 문을 여신 분이시다. 베드로가 예수님을

"임금"(인도자-구원의 원천)으로 부르는 이유는 그가 승천하셔서 "생명의
주"로 선포되셨기 때문이다(3:15-"τòν ἀρχηγòν τῆς ζωῆς"). 그리고 "구
주"(σωτῆρα)란 말은 사도행전에 두 번 나오는데(본 절과 13:23) '구원의
창시자'란 뜻이다. "구주"란 낱말 자체는 복음서에 별로 나오지 않지만(눅
2:11; 요 4:42) 예수님은 구원의 사명을 철저히 수행하셨다(눅 19:10). 베드로
는 예수님께서 "임금"('지도자')이신고로 우리가 순종해야 하고 또 "구주"이
신고로 예수님을 믿음으로만 구원을 얻을 줄 알아야 한다고 말한 것이다.
4:12에 보면 "다른 이로써는 구원을 받을 수 없나니 천하사람 중에 구원을
받을 만한 다른 이름을 우리에게 주신 일이 없음이라"고 하였다. 예수님
이외에 우리가 구원 받을 만한 다른 이름은 없다.

**행 5:32. 우리는 이 일에 증인이요 하나님이 자기에게 순종하는 사람들에게
주신 성령도 그러하니라 하더라.**

넷째, 사도들은 "우리는 이 일에 증인이요 하나님이 자기에게 순종하는 사람
들에게 주신 성령도 그러하니라"고 말한다. 여기 "이 일에"란 말은 '30-31절
에 기록된바 산헤드린 공회가 예수님을 십자가에 못 박은 일(30절)과 하나님
께서 예수님을 높이신 일(31절)에'란 뜻이다. 이 두 가지 일에 사도들이
증인이고 또 "하나님이 자기에게 순종하는 사람들에게 주신 성령도" 증인이
다(2:4; 10:44; 요 15:26-27). 그러니까 사도들과 성령이 예수님의 십자가
죽음과 부활 승천을 증거 할 수 있는 증인이라는 뜻이다. 그런데 베드로는
말하기를 성령이 증인이라고 하는 말을 할 때 "하나님이 자기에게 순종하는
사람들에게 주신 성령"이라고 말한다. 곧 하나님께서 사도들에게 주신 성령
이 증인이시라는 뜻이다. 성령은 사도들에게만 주어진 것은 아니지만 베드로
가 말하고 있는 그 현장에서는 사도들 안에서 증거하고 계신 성령을 지칭한
것으로 보아야 한다.

2. 가말리엘이 사도들을 변호하다   5:33-42

유대교권주의자들이 사도들을 없이하고자 했을 때 교법사 가말리엘이 나서서 중재하여 사도들은 매를 맞고 석방되었다. 가말리엘은 두 가지 역사적인 사건을 들어 논리정연하게 말하여 좌중을 압도함으로 사도들은 석방하게 되었는데 이는 하나님의 놀라운 간섭이었다.

행 5:33. 그들이 듣고 크게 노하여 사도들을 없이하고자 할 새.
"그들이 듣고" 즉 '산헤드린 공의회원들이 사도들의 증언 내용을 듣고' "크게 노하여 사도들을 없이하고자 했다"(2:37; 7:54). 여기 "크게 노하여"(διε-πρίοντο)는 말은 '마음이 찢겨,' '톱으로 켜져서'라는 뜻으로 '대단히 노한 것'을 뜻한다. 베드로가 산헤드린 공회원들이 예수님을 나무에 달아 죽였다는 말을 했을 때(29-32절) 그들은 회개하는 대신 아예 사도들을 없애버리려고 했다. 베드로가 똑같은 말을 했을 때 일반 백성들은 "마음에 찔려" 회개했는데(2:37-38절) 높은 지위에 있는 사람들은 갈릴리의 무식자들이 증언하는 소리에 최대한 노하고 말았다. 그래서 그들은 사도들을 없애버리려고 했다. 기독교인들의 증언을 듣고 어떤 사람들은 회개하고 또 어떤 사람들은 더욱 악해진다.

행 5:34. 바리새인 가말리엘은 율법교사로 모든 백성에게 존경을 받는 자라 공회 중에 일어나 명하여 사도들을 잠깐 밖에 나가게 하고.
본 절부터 39절까지 바리새인 가말리엘의 중재가 나온다. "바리새인 가말리엘"은 랍비들 중에서도 선택된 7인의 라반(요 20:16)중의 하나이다. 그의 아버지는 라반 시므온이었고 그의 조부는 라반 힐렐(Hillel-바리새인 학교 창건자)이었다. 힐렐은 샴마이와 더불어 이스라엘의 2대 학파의 원조였다. 가말리엘은 힐렐이 세운 학교에서 지도자였었다. 가말리엘은 바울의 스승이었고(22:3) 율법의 전통을 엄수하는 학자였다. 그는 산헤드린 공의회의 회원으로 인내심 강하고 조심성 있는 사람이었다. 그의 발언은 유력하여 공회를 주장하였다.

가말리엘은 "율법교사로 모든 백성에게 존경을 받는 자였다." 그는 율법
해석자였고 또 모든 백성으로부터 존경을 받는 자였다. 학자라고 해서 다
존경을 받는 것은 아니었는데 그는 인품이 바른 사람으로 백성들로부터
존경을 받는 사람이었다. 그가 죽었을 때 '율법의 영광은 갔고, 그 깨끗함과
거룩함도 떠났다'고 애석해했다고 한다(Mishnah, Sotah 9:15).

가말리엘은 공회원들이 사도들을 없이하고자 할 때 "공회 중에 일어나
명하여 사도들을 잠깐 밖에 나가게 했다." 그는 사도들을 잠깐 밖에 나가게
해놓고 하나님 앞에서 흠 없이 일을 처리하려고 했다. 야단할 때 함께 야단하
고 웅성거릴 때 함께 웅성거리지 않았다. 오늘 우리는 무슨 일이든지 잘
처리할 수 있도록 성령님께 의존하고 기도하여 일을 잘 처리해야 한다.

**행 5:35. 말하되 이스라엘 사람들아 너희가 이 사람들에 대하여 어떻게
하려는지 조심하라.**

가말리엘은 말을 시작하려고 먼저 "이스라엘 사람들아"라고 부른다. 그는
"공회원 여러분"이라고 부르지 않고 "이스라엘 사람들"이란 영예로운 이름
을 부른다. 영예로운 이름을 가진 이스라엘이 실수하고 범죄하면 안 된다는
뜻으로 이렇게 부른 것이다. 오늘 우리는 기독교인이라는 이름을 가지고
사는데 실수하고 범죄해서는 안 되는 고로 먼저 우리들 자신을 살펴야 할
것이다.

가말리엘은 "너희가 이 사람들에 대하여 어떻게 하려는지 조심하라"고
경고한다. '이 사도들을 처리하는데 있어서 먼저 자신을 살펴야 한다'는
뜻이다. 가말리엘은 그 많은 사람들이 사도들을 없이하려는 마당에 이렇게
혼자 일어나서 분위기를 주장하며 말한다. 그는 용기의 사람이었다. 하나님
께서 사도들을 위하여 가말리엘을 사용하셨다.

**행 5:36. 이전에 드다가 일어나 스스로 선전하매 사람이 약 사백 명이나
따르더니 그가 죽임을 당하매 따르던 모든 사람들이 흩어져 없어졌고.**

가말리엘은 본 절에서 "드다"의 사건을 가지고 말하고 다음 절(37절)에서는 "갈릴리의 유다"의 사건을 가지고 공회원들을 설득한다. 가말리엘은 "이전에 드다가 일어나 스스로 선전하매 사람이 약 사백 명이나 따르더니 그가 죽임을 당하매 따르던 사람들이 흩어져 없어졌다"고 예를 든다. 드가가 일어나서 스스로 자랑하고 스스로를 선전했지만 하나님께서 기뻐하신 사람이 아니었으므로 그가 죽임을 당했고 또 따르던 사람들이 흩어졌다는 것이다. 하나님께서 함께 하시지 않으면 성공하지 못한다는 논리이다. 드다는 자칭 선지자(지도자)로 자처했던 사람으로 자기 주위에 약 400명이나 모았던 사람이다. 그는 죽임을 당하고 또 그를 따랐던 사람들도 흩어지고 말았다는 것이다. 누가는 드다의 사건이 언제 일어났는지 연대를 말하지 않는다. 아마도 갈릴리의 유다의 사건(AD 6년, 37절)보다는 앞서는 사건이기에 유다 사건보다 먼저 여기에 기록한 것으로 보인다. 그런데 여기 등장하는 "드다"가 누구인가에 대하여는 정확히 알 수가 없다. 주석가들은 이런 추측 저런 추측 많은 추측을 하고 있다. 그러나 정확한 결론을 내지는 못하고 있다.

아무튼 가말리엘이 말하는 드다는 "스스로 선전하는" 사람, 즉 '스스로 자랑하는' 사람으로 많은 사람들로 하여금 자기 주위를 따르게 했지만 결국은 로마군에 의하여 죽임을 당하고 말았다. 가말리엘의 말은 하나님께서 인정하지 않는 운동은 결국 망하고 만다는 것이다. 그러니까 사도들의 복음 운동도 하나님께서 인정하시지 않으면 망하고 또 하나님께서 인정하시는 운동이면 산헤드린 공의회가 조심해야 한다는 취지이다.

행 5:37. 그 후 호적할 때에 갈릴리의 유다가 일어나 백성을 꾀어 따르게 하다가 그도 망한즉 따르던 모든 사람들이 흩어졌느니라.

가말리엘은 또 하나의 사건을 소개한다. 곧 갈릴리의 유다가 일어나 백성을 유혹하여 자기를 따르게 하다가 역시 망해서 따르던 사람들이 다 흩어졌다는 내용이다. 본문의 "그 후 호적할 때에"란 말은 '눅 2:2의 호적(BC 6년에 시행한 호적)과는 다른 호적으로 AD 6년에 시행한 호적을 지칭한다. 이 호적은 과세를 목적한 호적이었다. AD 6년에 시행된 호적 때에 유대인들은 인구 조사를 시행한 사람들을 원망했다. 이 때 로마의 납세정책에 반항하여 소동을 일으켰다. 가말라(Gamala) 태생 유다가 일어나 백성들을 소요케 하였고 유대인들의 지지를 모았다. 그러나 갈릴리의 유다는 로마 군에 의하여 소요가 진압될 때 살해되었고 따르던 자들도 흩어지고 말았다.23) 갈릴리의 유다가 로마를 배반한 결과로 열심당이 일어나게 되었다. 유다의 사건은 드다의 사건보다는 덜 비참하게 되어 열심당이 일어나서 1세기의 정당의 일부가 되기는 했으나 그러나 여기 "모든 사람들이 흩어졌다"는 점에서 하나님께서 함께 하시지 않은 운동이라는 것이다.

행 5:38-39. 이제 내가 너희에게 말하노니 이 사람들을 상관하지 말고 버려두라 이 사상과 이 소행이 사람으로부터 났으면 무너질 것이요 만일 하나님께로부터 났으면 너희가 그들을 무너뜨릴 수 없겠고 도리어 하나님을 대적하는 자가 될까 하노라 하니.

가말리엘은 두 가지 역사적인 사건(36-37절)을 들고 난 후 공회원들에게 "이 사람들을 상관하지 말고 버려두라"고 권면한다. 즉 '사도들을 상관하지 말고 버려두라'는 것이다. 버려두어야 할 이유는 사도들의 사상과 운동이 사람으로부터 났으면 무너질 것이고 만일 하나님께로부터 났으면 무너지지도 않고 또 무너뜨릴 수도 없으며 오히려 하나님을 대적하는 결과를 초래할 것이라는 논리이다(7:51; 9:5; 23:9; 잠 21:30; 사 8:10; 마 15:13). 무슨 운동이든지 사람에게서 났으면 무너진다. 그러나 하나님으로부터 났으면 무너지지 않고 계속된다(눅 21:15; 고전 1:25). 교회의 복음 운동은 하나님으로부터 난고로 무너지지 않는다. 오늘 공산주의는 하나님께서 세우신 교회를 없애려고 하다가 망한다.

---

23) 요세푸스, *Antiquities* 17. 13. 5[354]; 18. 1. 1 [1].

행 5:40. 그들이 옳게 여겨 사도들을 불러들여 채찍질하며 예수의 이름으로 말하는 것을 금하고 놓으니.

산헤드린 공의회는 가말리엘의 변론을 옳게 여겨 두 가지 일을 했다. 하나는 "사도들을 불러들여 채찍질했다"(4:18; 마 10:17; 23:34; 막 13:9). 그냥 석방하지 않고 밖에 있던 사도들을 불러들여 채찍질을 했다. 채찍질이라도 해야 마음이 시원하니 한 것이다. 채찍질을 할 때 사람을 엎드리게 하고 40대 이상을 쳐서는 안 되었다(신 25:2-3). 인간의 악심(惡心)을 보인 후 사도들을 석방했다. 바울은 40에 하나 감한 매를 5차례나 맞았다고 기록했다 (고후 11:24). 또 하나는 "예수의 이름으로 말하는 것을 금하고 놓았다." 그들은 계속해서 예수님의 이름을 말하는 것을 금했다. 사도들을 죽이려는 데서 한 걸음 물러서기는 했으나 기독교를 대적하는 것을 포기하지는 않았다.

행 5:41. 사도들은 그 이름을 위하여 능욕 받는 일에 합당한 자로 여기심을 기뻐하면서 공회 앞을 떠나니라.

산헤드린 공의회가 율법학자 가말리엘의 말을 듣고 사도들을 채찍질하여 석방했는데(40절) 사도들은 "그 이름을 위하여 능욕 받는 일에 합당한 자로 여기심을 기뻐하면서 공회 앞을 떠났다"(마 5:12; 롬 5:3; 고후 12:10; 빌 1:29; 히 10:34; 약 1:2; 벧전 4:13, 16). 즉 '예수님을 위하여 능욕 받는 일, 곧 부끄러움(채찍에 맞는 일)을 당하는 일에 합당한 자로 여겨진 것(합당한 자 속에 들어가게 된 것)을 기뻐하면서 공회 앞을 떠났다.' 사도들은 예수님을 위하여 매 맞는 그룹, 동아리, 또래에 끼어든 것을 기뻐하면서 공회 앞을 떠났다. 그들은 매를 맞는 동안 말할 수 없이 기뻤을 것이다. 성도가 그리스도를 위하여 고난을 당할 때 성령께서 함께 하시니(벧전 4:14) 매를 맞는 동안 성령님께서 주시는 놀라운 기쁨을 맛본다. 그들은 매를 맞는 동안 육신적으로는 심한 아픔을 느꼈지만 영적으로는 다른 때 느끼지 못했던 기쁨, 즐거움, 환희를 느꼈을 것이다. 그들은 이제 앞으로 어떤 박해를 받아도 염려할 것이 없다고 생각하고 그 공회 앞을 떠나게 되었다. 우리도 앞으로 박해를 당할 때 두려워할 것이 아니라 기뻐해야 할 것이다(마 5:10-12 참조).

행 5:42. 그들이 날마다 성전에 있든지 집에 있든지 예수는 그리스도라고 가르치기와 전도하기를 그치지 아니하니라.

사도들은 석방된(앞 절) 후 "날마다 성전에 있든지 집에 있든지 예수는 그리스도라고 가르치기와 전도하기를 그치지 아니했다"(4:20, 29). 그들은 날마다 성전(아마도 솔로몬 행각이었을 것이다)에 있든지 집에 있든지 장소 불문하고 예수님은 그리스도, 즉 메시아라고 가르치기와 전하기를 쉬지 아니했다(2:46). 산헤드린 공의회가 아무리 전도하지 말라고 함구령을 내렸어도 그들은 아예 입을 열어 계속해서 예수님을 전하고 있었다. 사도들은 성전에서 집회를 마친 후에도 집에서 또 모여서 예수님을 메시아라고 가르쳤고 전했다. 전도자는 쉴 사이 없이 계속해서 그리스도를 전해야 한다.

제 6 장
일곱 집사가 임명되고 스데반이 체포되다

G. 일곱 집사를 선출하다　6:1-7

사도들이 석방된(5:41) 후 말씀이 흥왕하여(5:42) 제자가 더 많아졌을 때 (6:1a) 사도들이 말씀 전파와 구제를 동시에 수행하기가 힘들어 구제하는 일을 맡길 일곱 집사를 택한다. 초대 교회는 이제 일곱 집사를 택하여 임명하고 사도들은 기도와 말씀 전파에만 전념하기로 한다. 초대교회의 조직이 완료된 것이다.

행 6:1. 그 때에 제자가 더 많아졌는데 헬라파 유대인들이 자기의 과부들이 매일의 구제에 빠지므로 히브리파 사람을 원망하니.

누가는 "그 때에 제자가 더 많아졌다"고 말한다(7절; 2:41; 4:4; 5:14). "그 때에"란 말은 언제인지 정확히 알 수가 없다. 그러나 사도들이 '산헤드린 공회로부터 석방되고(5:40-41) 나서 말씀 증거에 박차를 가했을 때'(5:42)를 지칭한다. 말씀 증거에 힘을 쓰면 성도가 불어나기 마련이다. 여기 "제자"란 말은 12제자를 지칭하는 말이 아니라 사도들이 전도해서 늘어난 '일반 성도들까지 포함한 모든 성도들'을 지칭하는 말이다. 그러나 그 숫자는 얼마나 되는지 알 수가 없다.

　　그런데 문제는 "헬라파 유대인들이 자기의 과부들이 매일의 구제에 빠졌다"는 것이다. 곧 '외국에서 출생한 유대인들이 자기들의 과부들이 매일 매일 받아야 하는 구제를 받지 못하고 빠지게 되었다.' 여기 "헬라파 유대인들"(9:29; 11:20)이란 말은 민족적으로는 유대민족이지만 외국에서 태어나서 헬라어를 사용했기에 생겨난 이름으로 간단히 말해서 '이방에서 태어나 헬라어를 말하는 유대인들'을 지칭한다. 그들이 외국에서 태어났지만 이때에 예루살렘에 와서 거주하며 노후를 예루살렘에서 지내고 있었다(2:5-11). 외국에서 태어나 예루살렘에 와서 거주하고 있는 유대인들이 자기네들의 과부들이 매일 받아야 할 구제에 번번이 빠지자 "히브리파 사람" 곧 '유대나라 안에서 태어나 히브리어를 말하는 유대인들'을 원망했다. 갑자기 불어난 초대교회에서 히브리파 사람들이 다수였고 헬라파 유대인은 소수였을 뿐 아니라 또 언어도 다르고 그들이 성장한 문화도 달라서 불가피하게 원망이 생겼다. 또 원망이 생긴 가장 큰 원인은 재정이 없어 생긴 것이 아니라 사람은 많고 구제하는 일을 감당하는 사도들의 손길이 모자라 생긴 것이다 (출 18:17-26 참조). 이런 경우 사도들은 그 원망을 받아서 일을 처리해야 했다(다음 절).

행 6:2. 열두 사도가 모든 제자를 불러 이르되 우리가 하나님의 말씀을 제쳐 놓고 접대를 일삼는 것이 마땅하지 아니하니.

본 절부터 4절까지 열두 사도가 대책을 내놓는다. 첫째(둘째는 다음 절에 있음), "우리가 하나님의 말씀을 제쳐 놓고 접대를 일삼는 것이 마땅하지 아니하다"는 것이다(출 18:17). '사도가 사도의 전무인 하나님의 말씀 전파를 중단하고 접대를 일삼는 것이 마땅하지 아니하다'는 말이다. 여기 "접대를 일삼다"는 말은 '식탁 봉사를 일삼다'는 뜻으로 식탁 봉사가 중요하지 않다는 뜻이 아니라 사도들에게는 합당하지 않다는 뜻이다. 사도들의 제일 중요한 봉사는 말씀 봉사였다. 오늘도 교회에서 직분에 맞는 봉사를 해야 한다. 목사는 목사가 해야 할 일을, 장로는 장로가 해야 할 일을, 집사는 집사가 해야 할 일을, 권사와 다른 직분 자들은 자기들이 맡은 직분에 충성해야 한다.

행 6:3a. 형제들아 너희 가운데서 성령과 지혜가 충만하여 칭찬 받는 사람

일곱을 택하라.

사도들은 중요한 일을 말하기 위해 "형제들아"라는 애칭을 사용하며 말을 이어간다. 둘째, "너희 가운데서 성령과 지혜가 충만하여 칭찬 받는 사람 일곱을 택하라"고 권한다(16:2; 신 1:13; 딤전 3:7). 사람을 택하는데 있어서 "성령과 지혜가 충만하여 칭찬 받는 사람"이어야 한다고 말한다(민 27:16-18 참조). "성령"이 충만한 사람이어야 한다고 한다. 120명의 성도들이나 또 오순절에 회개한 성도들이나 또 그 후에 믿기 시작한 성도들 모두는 성령 충만한 사람들이었는데 계속해서 성령으로 지배를 받고 있는 사람이어야 한다는 뜻이다. 성령 충만, 곧 성령의 지배와 인도는 계속해서 필요한 고로 사도들이 말하고 있는 그 현재도 역시 성령 충만한 사람을 뽑아야 한다는 뜻이다. 한 때 성령으로 지배를 받고 살다가도 혹시 성령 충만하지 않을 수도 있는 것이다.

그리고 "지혜"가 충만한 사람을 택하라는 말은 "성령이 충만한 사람"이 란 말과 똑같은 말이다. 성령이 충만한 사람은 지혜가 충만한 사람이다. 이유는 성령은 지혜의 신이기 때문이다(사 11:2). 다시 말해 성령께서 지혜를 주신다는 뜻이다. 그러니까 여기 "지혜"란 말은 세속적인 지혜(약 3:14-16)를 지칭하는 것이 아니라 성령님께서 주시는 신령한 지혜를 지칭한다.

그리고 "칭찬 받는 사람"을 택하라고 한다(10:22; 16:2; 22:12 참조). 교회에서 봉사하는 봉사자는 사람으로부터 비방을 들어서는 안 되고 인정을 받아야 하고 믿을만해야 한다는 말이다. 특별히 집사는 물질을 취급하는 사람인고로 물질을 맡길만한 믿음직한 사람이어야 한다.

그리고 "일곱"을 택하라는 말에 대해서는 여러 견해가 있다. 1) 당시의 교인이 대략 7,000명이었으니까(사실은 7,000명이 넘는다). 2) 당시에 예루살렘 도시가 일곱 구역이었으니 일곱 집사가 필요했다는 것. 3) 이사야 11:2에 성령의 은사가 일곱 가지임으로 일곱 집사를 택했다는 것(계 1:4 참조). 4) 한 주(週)가 칠일인고로 한 사람이 하루씩 봉사하도록 일곱을 택했다는 설. 5) 실제적인 필요에 의해 일곱을 택했다는 것(Alford, Lumby).

그러나 실제적인 필요를 채우기 위해서는 7명도 적을 것으로 보인다. 이유는 당시 교인이 7,000명이 넘었을 것이니까 말이다. 6) 일곱은 성경이 말하는 완전수(충만의 수)이니까(Meyer, Kistemaker, 박윤선, 이상근). 이들 견해들 중에서 마지막 6번째가 가장 바른 견해일 것으로 보인다.

행 6:3b-4. 우리가 이 일을 그들에게 맡기고 우리는 오로지 기도하는 일과 말씀 사역에 힘쓰리라 하니.
사도들은 성도들을 모아놓고 일곱 사람을 택하면 "우리가 이 일을 그들에게 맡기겠다"고 말한다. 여기 "이 일"이란 말은 과부들을 접대하는 일을 지칭한다. 이 일이 중요하지 않아서 집사들에게 떠넘기는 것이 아니었다. 예수님께서 사도들에게 말씀을 전하도록 명령하셨기 때문이었다(5:20, 42). 그래서 사도들은 말하기를 "우리는 오로지 기도하는 일과 말씀 사역에 힘쓰리라"고 말한다(2:42). 사도들이 "기도하는 일"에 힘써야 하는 이유는 말씀 사역을 위해 필요하기 때문이다. 말씀을 전파하기 위해서는 기도가 반드시 필요하다. 이유는 말씀 전파를 위해서는 하나님의 도움이 절대적으로 필요하기 때문이다. 전도자는 하나님의 도움을 받으려면 반드시 기도해야 한다. 기도하지 않고 성경공부를 시키는 교역자, 기도하지 않고 설교하러 나서는 교역자는 실패한다. 공기만 진동하고 만다. 전도자는 마음에 평안이 찾아오기까지 기도해야 한다. 마음에 평안이 찾아왔다는 말은 곧 성령께서 마음을 주장하신다는 증표(sign)이다. 매일 정규적으로 최소 두 시간, 때로는 세 시간 정도의 기도가 필요하다. 그리고 한 번 설교를 위하여 보통 두 시간 정도가 필요하다.

행 6:5. 온 무리가 이 말을 기뻐하여 믿음과 성령이 충만한 사람 스데반과 또 빌립과 브로고로와 니가노르와 디몬과 바메나와 유대교에 입교했던 안디옥 사람 니골라를 택하여.
온 무리(제자들)가 사도들의 말(2-4절에 기록된 사도들의 말)을 기뻐하여 일곱 사람을 택했다. 온 무리가 "이 말을 기뻐했다"는 말은 '사도들의 말에 동의했다'는 뜻이다. 온 무리는 사도들의 말에 동의하여 집사를 택했는데 그들이 택한 집사들의 이름은 모두 헬라식 이름이다. 그렇다고 해서 모두 이방인이라는 뜻은 아니다. 팔레스타인에서 살면서도 헬라식 이름을 가진 사람이 많았기 때문이다(그러나 혹자는 이들 모두가 헬라파 그룹에 속해 있었다는 것을 암시한다고 주장한다).

제일 먼저 "스데반"(Στέφανον)의 이름이 나온다. 스데반이란 이름은 "왕관"(a crown)이란 뜻을 가지고 있다. 그는 "믿음과 성령이 충만한 사람" 이었다(11:24). 사도들이 요구한대로(3절) 요건을 갖춘 사람이었다. 혹자는 사도들이 "성령과 지혜가 충만한" 사람을 뽑으라고 했는데(3절) "믿음과 성령이 충만한 사람"을 뽑았다고 하여 회중이 사도들의 명령을 그대로 순종 하지 않았다고 주장하나, 3절의 "지혜"도, 본 절의 "믿음"도, 8절의 "은혜와 권능"도 모두 성령 충만의 결과로 주어진 것임으로 똑 같은 내용을 지칭한다. 그가 설교한 것을 보면 그는 믿음의 사람이었고 또 순교한 것을 보아도 놀라울 정도로 믿음이 충만한 사람이었다(6:8-7:60).

그리고 혹자들은 "믿음과 성령이 충만한 사람"이란 말이 스데반에게나 관계가 있고 다른 일곱 집사들에게는 관련이 없다고 주장하나 비록 표현은 그렇게 되어 있을지라도 내용상 모두에게 적용되는 말로 보아야 한다. 만약 스데반만 "믿음과 성령이 충만한 사람"이고 다른 집사들은 아니라고 하면 교회공동체가 사도들의 말을 순종하지 않고 엉터리를 뽑았다는 말이 된다. 있을 수 없는 일이다. 모두 성령과 믿음이 충만한 사람이었다.

스데반 다음으로 기록된 "빌립"(Φίλιππον)은 표적도 행한 유명한 전도자 였고 에디오피아 내시를 개종시켰으며 그의 네 딸도 교회에 봉사하는 예언자 였다(8:4-13; 26-40; 21:8).

"브로고로"(Πρόχορον)를 위시하여 "니가노르"(Νικάνορα), "디몬" (Τίμωνα), "바메나"(Παρμενᾶν), 유대교에 입교했던 안디옥 사람 "니골 라"(Νικόλαον) 등에 대해서는 성경에 더 알려진 것이 없고 다만 전설만 있을 뿐이다. 마지막으로 기록된 "니골라"에 대해서는 누가가 "유대교에

입교했던 사람"이라는 것과 "안디옥 사람"이라는 것을 밝히고 있다. 유대교
에 입교했던 사람을 유대교에서는 중책을 맡기지 않았는데 그리스도교에서
는 중책을 맡겼다는 점에서 유대교와 다름을 알 수가 있다. 계시록 2:6,
15에 니골라라는 이름이 이단파와 관련되어 나왔는데 본 절에 나온 집사였는
지는 확인되지 않고 있다.

행 6:6. 사도들 앞에 세우니 사도들이 기도하고 그들에게 안수하니라.
회중이 일곱 사람을 뽑은 다음 사도들이 기도하고(1:24) 안수하였다. 직분을
맡을 사람을 회중이 뽑는 것은 회중의 의견을 존중한다는 뜻이고, 사도들이
기도하고 안수한 것은 직분이 하나님으로부터 왔다는 것을 보여준 것이다.
"안수"하는 법은 구약 시대부터 있어온 의식이었다(창 48:13-18; 레 1:4;
민 8:10-11; 27:18, 23; 신 34:9). 역시 신약 시대에도 안수한 기록이 있다
(8:17; 9:17; 13:3; 딤전 4:14; 5:22; 딤후 1:6). 직분을 맡을 자에게 안수하는
것은 그 직분을 잘 감당하도록 은혜를 입힌다는 뜻이다. 사도들은 이제
식탁 봉사를 집사들에게 맡기고 온전히 말씀 전하는 일에 매진하게 되었다.
그래서 말씀이 흥왕하게 되었다(다음 절).

**행 6:7. 하나님의 말씀이 점점 왕성하여 예루살렘에 있는 제자의 수가 심히
많아지고 허다한 제사장의 무리도 이 도에 복종하니라.**
사도들이 오로지 기도하는 일과 말씀 전하는 일에 전념하게 되니(4절) 세
가지 결과가 나타났다. 첫째, "하나님의 말씀이 점점 왕성하였다"(12:24;
19:20; 골 1:6). "왕성하였다"(ηὔξανεν)는 말은 미완료시제로 '계속해서 자
라고 있었다,' '계속해서 증가하고 있었다'는 뜻으로 '하나님의 말씀이 성도
들의 심령을 점점 더 주장하고 있었다'는 뜻이다. 사도들이 기도를 더 많이
하고 말씀을 전하니 말씀 전파에 성령님이 함께 하셔서 성도들의 마음을
사로잡은 것이다. 성도들의 심령은 말씀으로 점점 충만하게 되었다. 다시
말해 점점 더 성령으로 충만하게 되었다(엡 5:18; 골 3:16). 그런데 사도들이

전하는 하나님의 말씀은 성도들의 심령만 점점 주장하고 있었던 것이 아니라 불신자들을 사로 잡아가고 있었다. 사도들의 전도가 더욱 힘이 있어 불신자들도 하나님의 말씀의 그물에 걸려들고 있었다.

둘째, 따라서 "예루살렘에 있는 제자의 수가 심히 많아지게" 되었다. 교회의 영적 분위기가 뜨거워지니 교회 안으로 수많은 사람들이 들어오게 되었다. 교회가 말씀으로 점점 뜨거워질 때, 다시 말해 영적으로 부흥이 될 때 밖에서 많은 불신자들이 들어오게 된다. 교회가 냉랭하면 교인도 늘지 않는다. 교회가 말씀으로 점점 왕성하게 되어 교인들이 점점 늘어나는 것은 말할 것도 없고 또 사도들의 전도와 성도들의 전도로 예루살렘에 있는 제자(성도)의 수가 셀 수 없이 더 많아졌다. 누가는 이제 성도들의 숫자를 세지 못하고 있다. 5,000명까지는 계산했는데(4:4) 더 많아지니 계산하기를 그친 것이다.

셋째, "허다한 제사장의 무리도 이 도에 복종하게" 되었다. 즉 '수많은 제사장들도 사도들이 전하는 하나님의 말씀에 복종하게 되었다'는 말이다. 유대교의 제사장의 무리가 초대 교회 공동체 안으로 들어온 것은 이적이 아닐 수 없다. 그만큼 사도들의 말씀 전파에 힘이 있었다. 제사장들이 얼마나 교회 안으로 들어왔는지 정확히 알 수 없으나 많이 들어온 것은 사실이다. 이유는 "허다한"(ὁ ἀριθμὸς-a number)이란 표현은 '많은' 숫자를 지칭하는 말이기 때문이다. 바벨론 포로들 중에서 유대나라로 귀환한 제사장의 숫자는 4,289명이었다(스 2:36-39). 예수님 당시의 제사장의 숫자는 제리마이어스(Jeremias)에 따르면 8,000명 정도였다고 한다. 이들 중에 많은 제사장들이 유대교를 떠나 기독교 공동체 안으로 들어왔다. 하나님의 말씀의 위력이 대단했음을 보여주고 있다. 오늘 우리의 말씀 증거는 어느 정도의 위력을 가지고 있는 것일까. 우리는 기도에 전념해야 할 것이다.

H. 스데반의 활동과 잡힘 그리고 그의 설교와 순교 6:8-7:60

누가는 사도들이 과부들을 위한 식탁 봉사를 일곱 사람의 봉사자들에게 맡기고(1-6절) 말씀 봉사에 전념한 결과 예루살렘 교회에 부흥이 일어난 것을 말한(7절) 다음 이제는 집사들 중 스데반이 은혜와 권능이 충만하여 활동하다가 잡힌 것을 말한다(8-15절). 그리고 누가는 스데반이 설교하고 (7:1-53) 순교한 것을 기록한다(7:54-60).

1. 스데반이 활동하다가 잡히다 6:8-15

스데반은 구제하는 일을 할 뿐 아니라 성령이 충만하여 사도들처럼 말씀을 전파하고 기사와 표적을 행하며 또 힘 있게 활동하다가 결국 잡혀서 공회 앞에 서게 된다. 그는 공회 앞에서 크게 공격을 당하면서도 그 심령만은 평안하여 천사의 얼굴과 같은 모습을 보여주었다. 혹자는 스데반이 집사 일을 하지 않고 설교 사역을 했기에 일찍 순교에 이르렀다고 주장하나 신임할 수 없는 해석이다.

행 6:8. 스데반이 은혜와 권능이 충만하여 큰 기사와 표적을 민간에 행하니.
누가는 사도들의 활동을 말해오다가 이제 집사 중 스데반의 활동을 말한다. 초대교회에 워낙 큰 영향을 끼쳤기 때문이었다. 누가는 "스데반이 은혜와 권능이 충만하여 큰 기사와 표적을 민간에 행했다"고 말한다. 스데반이 "은혜와 권능이 충만하였다"는 말은 성령이 충만하였다는 말과 같은 말이다. 성령이 충만하면 "지혜"도 충만하게 되고(3절), "믿음"도 충만하게 되며(5절), "은혜와 권능"도 충만하게 된다(본 절). 성령이 모든 것을 주시기 때문이다.

스데반은 성령이 충만하여 "큰 기사와 표적을 민간에 행했다." "기사와 표적"이란 말에 대해서는 2:22을 참조할 것. 그런데 누가는 스데반이 행한 기사와 표적이란 말 앞에 "큰"이란 말을 붙여 스데반이 행한 기사와 표적이 사도들의 것과 같은 수준이라고 말한다. 즉 4:33에 보면 "사도들이 큰 권능으로 주 예수의 부활을 증언하니 무리가 큰 은혜를 받았다"고 말했는데 스데반의 기사와 표적도 "큰" 기사와 표적이라는 것이다. 더욱이 여기 "행하니"

(ἐποίει)라는 말은 미완료 과거 시제로 '계속해서 행했다'는 말로 한두 번 행한 것이 아니라 그의 활동이 오래 동안 계속되었음을 암시한다. 복음의 효과적인 전파는 성령의 역사로만 되는 것이지만 이적들은 많은 사람들을 불러 모으는 점에서 효과를 더한다고 할 수 있다.

행 6:9. 이른 바 자유민들 즉 구레네인, 알렉산드리아인, 길리기아와 아시아에서 온 사람들의 회당에서 어떤 자들이 일어나 스데반과 더불어 논쟁할 새. 누가는 "스데반이 은혜와 권능이 충만하여 큰 기사와 표적을 민간에 행한 것"을 말하고는(앞 절) 또 본 절에서는 스데반이 예루살렘에 있는 회당에 출입하며 예수님을 증거 하다가(10-11절, 14절; 7:1-56) 회당에서 사람들이 일어나 스데반과 논쟁을 했다는 것을 말하고 있다.

그런데 스데반이 출입하면서 예수님을 증언한 회당이 몇이냐 하는 것은 학자에 따라 다르다. 우리말 성경("자유민들 즉 구레네인, 알렉산드리아인, 길리기아와 아시아에서 온 사람들의 회당에서")을 보면 스데반이 다섯 곳의 회당에 출입한 것으로 볼 수도 있으며 혹은 "자유민들 즉 구레네인들"을 하나로 묶는 경우 네 곳의 회당에 출입한 것으로 볼 수도 있다. 그러나 헬라어 원문 성경(ἐκ τῆς συναγωγῆς τῆς λεγομένης Λιβερτίνων καὶ Κυρηναίων καὶ Ἀλεξανδρέων καὶ τῶν ἀπὸ Κιλικίας καὶ Ἀσίας-헬라어 원문을 다시 번역하면 "리버디노와 구레네인과 알렉산드리아인, 그리고 길리기아와 아시아로부터 온 사람들이라는 회당에서")을 보면 리버디노24)와 구레네인25)과 알렉산드리아인들26)의 회당 한 개와, 또 길리기아27)와 아시

24) "리버디노"란 '자유인'이란 뜻인데 이들은 원래 자유인들이 아니었고 폼페이(Pompeii)의 지휘 아래 BC 63년 로마에 포로로 잡혀갔다가 자유인으로 풀려난 사람들을 지칭하는 말이다 (Longeneker, Meyer, Lumby, Knowling).
25) "구레네"는 아프리카 북부 리비아의 수도로 문화가 번창한 곳이었다. 예수님의 십자가를 대신 졌던 구레네인 시몬도 이 지방 출신이었다(눅 23:26). 2:10 참조.
26) "알렉산드리아"는 북 아프리카 이집트에 있는 도시로 교육도시였다. 희랍의 알렉산더 (Alexander) 대왕이 건설하였고 많은 유대인들이 이곳에 거주하였는데 전체 인구의 5분의 2가 유대인이었다고 한다. 상업과 무역의 중심지로 70인 역(LXX)이 편찬된 곳이기도 하다. 그리고 훗날 알렉산드리아 학파의 본고장이 되었다.

아[28])에서 온 사람들의 회당 한 개, 도합 두 개로 보는 것이 가장 타당한 것으로 보인다(Wendt, Sandy, Knowling, I Howard Marshall, Kistemaker). 그러나 회당이라는 말이 하나 밖에 없어서(회당이라는 말이 단수-τῆς συ-ναγωγῆς-로 기록되어 있다) 스데반이 한 개의 회당에만(Hort, Bengel, Bruce) 출입하며 예수님이 메시아라고 증언했다고 볼 수도 있다. 다시 말해 여러 지역의 출신들이 한 회당에 출석했다고 볼 수도 있다.

누가는 여러 곳에서 온 헬라파 유대인들(외국에서 출생한 유대인들이 예루살렘에 와서 거주하는 유대인들을 지칭함)의 회당에서 "어떤 자들이 일어나 스데반과 더불어 논쟁"했다고 말한다. 그들이 스데반과 논쟁한 이유는 스데반의 예수 증언에 대해 거부감이 있었기 때문이었다(10-11절, 14절; 7:1-56).

행 6:10. 스데반이 지혜와 성령으로 말함을 그들이 능히 당하지 못하여.
스데반이 헬라파 유대인들이 출석하는 회당에서 지혜롭게 말하며 또 성령의 인도로 말함을 그들이 능히 당하지 못했다는 뜻이다. 성령이 공급하시는 지혜로 말하는 것을 누가 감당하랴(5:39; 마 10:19-20; 눅 21:15). 어림도 없는 일이다. 오늘도 성령 충만한 사람이 그리스도를 증언하는 것을 누가 감당할 수가 있으랴. 감당하지 못한다.

행 6:11. 사람들을 매수하여 말하게 하되 이 사람이 모세와 하나님을 모독하는 말을 하는 것을 우리가 들었노라 하게하고.
헬라파 유대인들은 친히 스데반의 말을 감당하지 못하고(앞 절) 하는 수없이 "사람들을 매수하여 말하게" 했다(왕상 21:10, 13; 마 26:59-60 참조). 그들이 매수한 사람들로 하여금 말하게 한 내용은 "이 사람이 모세와

---

27) "길리기아"는 소아시아의 동쪽 연안에 위치한 로마의 속주였는데 그 수도는 다소였다. 바울이 다소 출신이다(22:3).
28) "아시아"는 에베소를 수도로 하는 지역으로 아시아의 한 지역을 지칭한다(2:9).

하나님을 모독하는 말을 하는 것을 우리가 들었노라"는 말이었다. 즉 두 가지를 말하게 했다. 하나는 '스데반이 모세를 모독하는 말을 하는 것을 우리가 분명히 들었다'고 말을 하게 했다. 스데반이 이제는 모세가 전해준 율법을 우리가 지킬 필요가 없다고 사람들에게 말했다는 것이었다. 스데반은 그런 말을 하지도 않았고 다만 모세가 전해준 율법을 예수님이 다 이루셨으니 이제는 예수님을 지키면 구원을 얻는다고 말했을 것인데 스데반을 잡으려고 그렇게 말하도록 시켰다. 또 하나는 '스데반이 하나님을 모독하는 말을 하는 것을 우리가 들었다'고 말하도록 시켰다. 즉 스데반이 예루살렘 성전은 예수님 오실 때까지 유효한 것이며 예수님께서 오신 후로는 예수님을 믿어야 한다고 가르쳤을 것인데 그들은 스데반이 예루살렘 성전을 모독했다고 생각하고 매수한 사람들로 하여금 스데반을 하나님 모독한 사람이라고 비난했다. 성령 충만한 사람, 그리고 성령님이 공급하시는 지혜의 사람들은 복음을 바로 깨닫고 말한다. 그러나 성령의 지배와 인도를 받지 못하는 사람들은 복음을 바로 깨닫지 못하고 성령의 사람들을 박해한다.

행 6:12. 백성과 장로와 서기관들을 충동시켜 와서 잡아가지고 공회에 이르러.

헬라파 유대인들은 사람들을 매수해서 스데반을 잡아보려고 했지만 그것으로 충분하지 못하여 "백성과 장로와 서기관들을 충동시켜 와서 잡아가지고 공회에 이르렀다." 그들은 일반 백성들을 충동시켰고 또 장로와 율법 선생들(이들 중 많은 사람들은 공회원들이었을 것이다)을 충동시켜 성전 경비병들로 하여금 스데반 있는 곳으로 오게 해서 잡아가지고 공회에 이르렀다. 헬라파 유대인들이 스데반을 잡기 전에 "백성"을 충동시킨 것은 세속(世俗) 지혜였다. 백성들을 충동시키지 않고 장로나 율법 선생들인 서기관들이나 충동시킨다면 스데반을 잡을 수 없으니 대중을 충동시킨 것이다. 한 사람 스데반을 잡는데 여러 계층을 동원했다.

행 6:13. 거짓 증인들을 세우니 이르되 이 사람이 이 거룩한 곳과 율법을 거슬러 말하기를 마지 아니하는도다.

스데반의 대적 자들은 공회에서 "거짓 증인들을 세웠다." 다시 말해 거짓말하는 증인들을 채택하여 세웠다. 대적 자들이 말한 거짓 내용은 "이 사람이 이 거룩한 곳과 율법을 거슬러 말하기를 마지 아니하는도다"라는 말이었다. 즉 '스데반이 이 거룩한 성전과 모세 율법을 거슬러 말하기를 계속하고 있다'는 것이었다. 누가가 11절에서 말한바 매수자들의 말과 똑같은 내용의 거짓말을 하게 했다. 두 가지를 트집 잡았다. 하나는 '스데반이 이 거룩한 곳 성전을 거슬러 말했다'는 것이다. 사실은 스데반이 이제 예수님이 오신 후로는 성전에서만 예배하는 것이 아니라 어디서든지 "영과 진리"(요 4:24)로 예배할 수 있다고 말했을 것이다. 7:48에도 "지극히 높으신 이는 손으로 지은 곳에 계시지 아니하시다"는 것을 스데반이 말했는데 대적들은 스데반의 옳은 말을 곡해했다. 지극히 높으신 하나님은 손으로 지은 성전에만 계신 것이 아니니 어디서든지 영과 진리로 예배하면 된다고 말했을 것인데도 대적 자들은 거짓 증인들을 세워서 스데반이 예루살렘 성전을 모독했다고 말하게 했다. 그리고 또 하나는 스데반이 "율법을 거슬러 말하기를" 계속했다고 말을 하게 했다. '율법을 지킬 필요가 없다'고 계속해서 말을 했다는 뜻이다. 사실은 스데반은 구약의 모든 율법은 이제 예수 그리스도께서 다 이루셨으니 예수님을 믿으면 구원에 이른다고 가르쳤을 것인데 대적 자들이 스데반을 곡해하여 잡아서 공격했다. 사람을 잡으려면 여러 가지 방법으로 공격할 수 있는 것이다.

행 6:14. 그의 말에 이 나사렛 예수가 이곳을 헐고 또 모세가 우리에게 전하여 준 규례를 고치겠다 함을 우리가 들었노라 하거늘.

대적자들은 거짓 증인들의 입에 말을 넣어주었다. 거짓 증인들은 "그(스데반)의 말에 이 나사렛 예수가 이곳을 헐고 또 모세가 우리에게 전하여 준 규례를 고치겠다 함을 우리가 들었노라"고 말했다. 본 절의 거짓 증인들은 13절에서 말한 것보다 더 구체적으로 증언하고 있다. 역시 두 가지 거짓 증언인데 본 절에서는 아예 "나사렛 예수가 이곳을 헐 것이라"고 스데반이 말을 했다고 꾸몄다. 사실 예수님은 자신의 육체를 헐라고 하시고는 3일 안에 부활하실 것이라고 하셨는데(요 2:19-22) 대적 자들은 예수님의 말씀을 곡해하여 스데반이 예수님께서 이곳 즉 예루살렘 성전을 허무실 것이라고 말하는 것을 들었다고 주장한다. 예수님도 그런 말씀을 하신 적이 없으셨고 스데반도 그런 말을 하지 않았는데 그들은 스데반을 잡으려고 그런 말을 했다고 뒤집어 씌웠다. 다만 예수님은 예루살렘 성전이 파괴될 것이라고 예언하셨다(마 24:2, 15; 눅 19:43-44).

그리고 그들은 스데반이 말하는 것을 들으니 나사렛 예수가 "모세가 우리에게 전하여 준 규례[29]를 고치겠다 함을 우리가 들었노라"고 거짓말을 했다(단 9:26). 예수님께서 모세의 규례를 고치시겠다는 말씀을 하신 적이 없고 다 이루셨다는 말씀을 하셨고(요 19:30) 율법의 일점일획이라도 결코 없어지지 아니하고 다 이루리라고 하셨으며(마 5:18) 장로들의 유전이 잘못되었다는 말씀을 하셨다(마 15:6). 대적 자들은 예수님의 말씀을 곡해한 것을 계속해서 기억하고 있다가 스데반을 잡는데 이용했다. 스데반은 성령이 충만한 사람으로 진리를 잘 못 말할 사람이 아니었다. 대적 자들은 거짓말쟁이들이었다.

행 6:15. 공회 중에 앉은 사람들이 다 스데반을 주목하여 보니 그 얼굴이 천사의 얼굴과 같더라.

누가는 산헤드린 공회 중에 앉아있는 회원들이 다 스데반을 주목하여 보았을 때 "그 얼굴이 천사의 얼굴과 같더라"고 보고한다(출 34:29-30; 마 17:9 참조). '스데반의 얼굴이 천사의 얼굴과 같았다'는 말이다. 그의 얼굴이 천사의 얼굴과 같았다는 말은 천사처럼 환하고 밝으며 평안하고 사랑스러우며

---

29) "규례"란 말은 모세가 시내 산에서 십계명을 받을 때 받았다고 하는 일상생활 규범을 지칭한다.

기쁜 얼굴이었다는 뜻이다. 스데반의 얼굴이 천사의 얼굴처럼 보인 이유는 그의 마음이 기쁘고 평안하며 사랑으로 충만했기 때문이었다. 그는 성령이 충만하였고(3절, 8절, 10절), 적대자들로부터 박해를 받고 있는 중에도 (11-14절) 영광의 영이 더욱 역사하셨으며(벧전 4:14), 마음에 그들을 사랑하는 마음, 용서하는 마음으로 충만했기에 그의 얼굴이 천사의 얼굴과 같았다 (7:60). 스데반은 또 그의 내세문제를 전적으로 하나님께 맡기고 있었으니 평안하였다(7:59). 산헤드린 공의회원들은 스데반의 얼굴을 보고도 아무런 회개도 하지 않은 채 기독교 죽이기에만 전념하였다. 오늘도 그런 사람들이 많이 있다. 오늘 우리는 스데반의 마음을 가져야 하지 않을까. 성령 충만, 평안 충만, 사랑 충만, 기쁨 충만의 마음을 가져야 할 것이다. 이것을 위해서 많은 기도가 필요하다.

제 7 장
스데반이 설교한 후 순교하다

2. 스데반이 설교하다   7:1-53

거짓 증인들의 두 가지 거짓말(6:14)에 대하여 대제사장은 스데반에게 그 증인들의 말이 옳은가를 물었을 때(1절) 스데반은 긴 변증을 한다. 이 변증(설교)은 사도들을 포함한 모든 설교자들의 설교 중에 가장 긴 설교이다. 설교의 내용은 구약을 해설하면서 그리스도를 변증하고, 따라서 그리스도를 죽인 유대인의 죄를 드러낸다. 스데반은 구약을 해설할 때 세 구분하고 있다. 첫째는 믿음의 족장들의 역사를 말하고(2-16절), 둘째는 모세의 율법을 해설하고(17-43절), 셋째는 다윗과 솔로몬의 성전에 집중하면서 하나님은 사람이 지은 성전에 계시지 않는다고 말하여 당시 유대인들의 형식주의를 공격하고(44-50절), 또 그리스도를 죽인 죄를 드러낸다(51-53절). 스데반은 산헤드린 공회 앞에서 담대한 변증을 한 최초의 변증가가 되었다. 그는 훗날의 변증 가들에게 큰 영향을 끼쳤다.

행 7:1. 대제사장이 이르되 이것이 사실이냐.
산헤드린 공의회의 의장이었던 대제사장은 말하기를 "이것이 사실이냐"고 묻는다. "이것" 즉 '거짓 증인들이 주장한 말'(6:11-14)이 사실이냐고 물은 것이다. 사실 대제사장은 스데반의 얼굴에 나타난 영적인 광채를 보고(6:15) 회개했어야 했는데 그는 자기의 양심을 누르고 또 함께 앉아있는 다른 회원들의 눈치를 살피며 "이것이 사실이냐"고 묻고 있다. 오늘 우리는 앉아서는 안 될 자리에 앉아서 양심을 거스르는 말을 하지는 않는지 살펴야 할 것이다.

행 7:2. 스데반이 이르되 여러분 부형들이여 들으소서 우리 조상 아브라함이 하란에 있기 전 메소보다미아에 있을 때에 영광의 하나님이 그에게 보여.
스데반은 대제사장의 질문을 받고(1절) 자신을 위해서는 일체 변명하지 않고 구약 역사를 해설하여 그리스도를 변증하는 데만 집중한다. 스데반은 본 절부터 시작하여 16절까지 믿음의 족장들에 대하여 말하면서 공회에 앉아있는 회원들과 자신이 똑 같은 조상의 후손임을 암시한다.

스데반은 공회에 앉아있는 회원들을 향하여 "여러분 부형들이여"(Ἄνδρες ἀδελφοὶ καὶ πατέρες)라고 부른다. 스데반은 공의회원들의 연령(age)을 생각해서 존경하는 마음으로 "부형들이여"라고 부른다(22:1). 스데반의 마음속에는 지극한 부드러움이 있었다. 성령의 사람들은 마음이 온유하다. 스데반은 예수님을 변증하기 위하여 "들으소서"라고 주의를 집중시킨다. 자신의 그리스도에 대한 변증이야 말로 참으로 중요하다는 뜻이다.

이제 스데반의 그 유명한 변증이 시작된다. 스데반은 믿음의 조상 아브라함부터 시작한다. 대적자들은 거짓 증인들을 시켜서 모세에 집중했는데 (6:11-14) 스데반은 모세를 넘어 아브라함까지 올라간다. 곧 "우리 조상 아브라함이 하란에 있기 전 메소보다미아에 있을 때에 영광의 하나님이 그에게 보였"고 말한다. 아브라함이 "하란"(메소보다미아의 서북쪽에 위치한 곳)에 있기 전, 아브라함의 고향 메소보다미아[30]에 있을 때 영광의 하나님이 그에게 나타나 보이셨다는 것이다. 여기 "영광의 하나님"(ὁ θεὸς τῆς δόξης, 출 24:16; 시 29:3)이란 말은 '하나님은 영광스러우신 분이며 또한 아브라함에게 영광을 주신 분'이라는 뜻이다. 누구든지 영광의 하나님

---

[30] "메소보다미아는 오론테스(Orontes)강과 유브라데스(Euphrates)강 사이에 위치한 북부 수리아를 가리키는 이름이다. 고대 메소보다미아는 현재 이라크(Iraq)의 남반부를 포함하지 않으므로, 유브라데스강 어구에 있는 바벨론의 우르(Ur)도 역시 포함하지 않는다. 성경에서 아브라함이 하란으로 가기 전에 살았다고 하는 갈대아 우르는 이 바벨론의 우르보다 훨씬 더 북쪽에 있었을 것이다"(F. F. Bruce).

을 만나면 영광스러워진다. 아브라함은 영광의 하나님을 만났기에 그는 믿음
의 조상이 되는 영광도 얻게 되었다.

스데반은 아브라함이 하란에 있기 전 메소보다미아에 있을 때에 영광의
하나님이 아브라함에게 "보였다"고 말한다. 스데반이 영광의 하나님이 "보
이셨다"(나타나셨다는 뜻)고 말함으로써 예루살렘 성전의 영광스러움만
자랑했던 유대인들의 잘못(6:11-14)을 지적한다. 하나님의 임재의 상징으로
서의 예루살렘 성전의 영광을 자랑하던 유대인들에게 스데반은 영광의 하나
님이 아브라함에게 나타나신 것을 말한다. 하나님은 어디서나 나타나시는
분이시다. 하나님은 예루살렘 성전에 갇혀계시는 분이 아니시다. 그는 갈대
아 우르에서도 나타나시고 동서양 어디서든지 나타나시는 분이시다. 하나님
은 천지에 무소부재하신 분이신고로 성도들은 영과 진리로 예배해야 한다
(요 4:24).

메소보다미아(창 11:31)는 아브라함이 살던 곳이었는데 아브라함은 그
곳에서 부인 사라, 그리고 부모 형제와 함께 살고 있었다. 그 때 갈대아
우르는 유브라데스 강둑을 따라 건설된 번영의 도시였다. 그곳에서 살던
아브라함은 그의 부인 사라와 그의 부친 데라 그리고 조카 롯을 데리고
가나안을 향해 출발했으나 하란에 머물게 되었다. 하란은 메소보다미아의
서북부에 위치했던, 아주 번창했던 도시였는데 거기서 부친 데라가 죽은
후 하나님은 다시 아브라함을 불러 가나안으로 가게 하셨다. 하나님은 아브라
함을 두 번 부르신 것이다. 한번은 메소보다미아에서 부르셨고(본 절과 3절),
또 한 번은 하란에 살고 있던 아브라함을 부르셔서 가나안으로 가게 하셨다(4
절). 창세기에 보면 아브라함이 "갈대아인의 우르를 떠나 가나안 땅으로
가고자 하더니 하란에 이르러 거류하였다"고 말하고(창 11:31), 또 그 후
"여호와께서 아브람에게 이르시되 너는 너의 고향과 친척과 아버지의 집을
떠나 내가 네게 보여 줄 땅으로 가라"고 명령하셨기에 아브라함이 떠났다
(12:1; 15:7; 느 9:7). 그러니까 "여호와께서 아브람에게 이르시되 너는 너의
고향과 친척과 아버지의 집을 떠나라"(12:1)고 명령하신 곳은 하란임을 알

수 있다. 그러나 스데반은 당대의 해석을 따라 하나님께서 갈대아 땅을
떠나 가나안으로 가라고 명령하실 때 사용했던 언사("너의 고향과 친척과
아버지의 집을 떠나라")를 사용하고 있다(Kistemaker).[31]

행 7:3. 이르시되 네 고향과 친척을 떠나 내가 네게 보일 땅으로 가라 하시니.
스데반은 하나님께서 아브라함에게 나타나셔서 "네 고향과 친척을 떠나
내가 네게 보일 땅으로 가라 하셨다"고 말한다(창 12:1). 여기 "고향"이란
말은 "친척"이란 말보다도 범위가 더 넓은 의미로 쓰였지만 거의 동의어로
사용되었다고 보아야 한다. 하나님께서 아브라함에게 고향과 친척을 "떠나
라"고 하신 것은 하나님을 섬기기에 부적합한, 우상 섬기는 곳(수 24:2)을
떠나라고 하신 것이다. 그리고 하나님은 아브라함에게 "내가 네게 보일 땅으
로 가라 하셨다." '하나님만 섬겨야 살 수 있는 곳(약속의 땅 가나안)으로
가라'하신 것이다. 아브라함은 갈대아 우르를 떠날 때에 갈 바를 알지 못하고
떠났다(히 11:8). 본 절에서 말하는 "네 고향과 친척"이란 곳도 역시 창세기의
기사(12:1)에 따르면 하란인데 스데반은 당대의 해석에 따라 아브라함이
갈대아인의 우르를 떠날 때인 것처럼 기록하고 있다. 이 기법은 오류가
아니라 스데반 당대의 기법이었다.

**행 7:4. 아브라함이 갈대아 사람의 땅을 떠나 하란에 거하다가 그의 아버지가
죽으매 하나님이 그를 거기서 너희 지금 사는 이 땅으로 옮기셨느니라.**
스데반은 본 절에서 아브라함이 갈대아를 떠나 가나안까지 이주한 것에
대해 말한다. 먼저 "아브라함이 갈대아 사람의 땅(메소보다미아와 동의어임)
을 떠나 하란에 거했다"고 말한다(창 11:31; 12:4-5). 아브라함이 갈대아
사람들이 사는 곳을 떠나 하란(메소보다미아의 서북쪽에 위치했던 도시)에
거주했다는 뜻이다. 아브라함이 자기의 고향과 친척을 떠난 것은 큰 용단이었

---

31) See Philo *On Abraham* 71: Josephus *Antiquities* 1.7.1[154] by Kistemaker.

다. 그는 하나님을 믿고 떠났으며 또한 하나님의 말씀만 따라간 것이다. 믿는 자는 떠날 것을 떠나야 한다. 믿는 자는 자아(自我)를 떠나 그리스도만 따라야 한다(마 16:24).

그리고 다음으로 아브라함이 하란에서 살다가 그의 아버지 데라가 죽은 후 "하나님이 그를 거기서 너희 지금 사는 이 땅으로 옮기셨다"고 말한다. 데라가 죽은 후에 '하나님께서 아브라함을 다시 불러 그를 하란으로부터 산헤드린 공의회원들이 거주하고 있는 가나안 땅(팔레스타인)으로 옮기셨다'는 뜻이다. 그러니까 아브라함이 갈대아인들이 살고 있던 우르로부터 가나안에까지 직행한 것이 아니라 도중에 하란에서 거주하다가 가나안에까지 왔다는 것이다. 직행하지 않고 도중 하란에서 얼마간 거주한 이유는 아마도 부친 데라가 병들어서 더 진행할 수 없었기 때문인 것으로 보인다(Calvin). 이 이유가 설득력이 있는 것은 바로 하란에서 그의 아버지가 죽으매 떠났다는 말씀이 증명한다.

그런데 여기서 스데반이 전혀 언급도 하지 않았는데도 성경 해석 가들이 창세기의 기사를 문제 삼은 것이 있다. 그것은 아버지 데라의 연령과 아브라함의 연령 문제이다. 창 11:26("데라는 칠십 세에 아브람과 나홀과 하란을 낳았더라"), 32절("데라는 나이가 이백오 세가 되어 하란에서 죽었더라")에 의하면 데라는 아브라함이 탄생했을 때 70세였고, 그가 하란에서 205세에 죽었다는 것이고, 그런가하면 창 12:4("이에 아브람이 여호와의 말씀을 따라갔고 롯도 그와 함께 갔으며 아브람이 하란을 떠날 때에 칠십오 세였더라")에 보면 아브라함이 하란을 떠날 때의 나이가 75세라고 기록되었다. 이 구절들에 의하면 그의 아버지 데라가 죽기 60년 전, 데라의 연령 145세 때 아브라함이 하란 땅을 떠난 셈이 된다. 이 기록은 바로 스데반이 주장하는 대로 데라가 죽은 후에 아브라함이 하란을 떠난 것이 아니라는 말이 된다. 학자들은 이 문제를 해결하기 위하여 여러 해석을 시도했다. 1) 데라가 70세 때 "아브람과 나홀과 하란"을 낳을 때에 한 해에 다 낳은 것이 아니라 일찍 죽은 하란(창 11:28)이 장자였고 아브라함은 60년 뒤에 출생한 것으로 보는 것이다. 그러면 데라의 연령 130세 때 아브라함을 낳은 것이고 데라가 205세의 연령이 되어 죽었을 때 아브라함의 나이는 75세가 된다. 2) 사마리아 사본(창 11:32)에 의하면 데라가 하란 지방에서 145세 때 죽었다고 말한다는 것이다. 그래서 스데반은 사마리아 사본을 따라서 데라가 하란에서 죽은 후에 아브라함이 하란 지방을 떠났다고 말했다는 것이다. 그러나 이 학설도 믿기가 어려운 학설이다. 이유는 사마리아 모세오경(Samaritan Pentateuch)이 존재하지 않기 때문이다. 3) 스데반이 당시의 통속적인 해석을 따라서 "너의 아버지의 집을 떠나"라는 말을 뺀, 단지 그저 하나님께서 아브라함으로 하여금 그의 친척들을 떠나 하나님께서 지시하시는 땅(남부 가나안)으로 가라고 불렀다는 견해를 따랐다고 하는 것이다. 다시 말해 스데반은 당시에 유행하던 70인 역 중 데라가 145세에 죽었다고 말하는 그 어떤 헬라역(Greek version)을 따라서 말을 했다는 것이다(Marshall). 이 문제를 정확하게 푸는 해석은 없는 것으로 보인다. 아마도 첫 번째 해석을 따르는 것이 가장 합당해 보인다.

행 7:5. 그러나 여기서 발붙일 만한 땅도 유업으로 주지 아니하시고 다만 이 땅을 아직 자식도 없는 그와 그의 후손에게 소유로 주신다고 약속하셨으며.
"그러나" 즉 '아브라함이 가나안까지 왔으나' 하나님은 아브라함에게 "여기서 발붙일 만한 땅도 유업으로 주지 아니하셨다." 즉 '가나안 지역에서 하나님은 아브라함에게 발붙일 만한 땅의 재산도 주지 아니하셨다'는 것이다. 아브라함은 처음에 세겜 땅 모레를 밟았다(창 12:6). 그러나 거기에서 영주하지 못하고 그 후 벧엘로 옮기고, 기근 때문에 애굽으로 피란 갔다가 벧엘과 아이 사이, 전에 장막 쳤던 곳으로 돌아왔다(창 13:3). 사라가 죽은 후에 아브라함은 막벨라 굴을 돈 주고 샀다(창 23:17-18). 하나님께서 아브라함에게 막벨라 굴을 주셨다고 말할 수는 없다. 이유는 아브라함이 그 굴을 돈 주고 샀기 때문이었다. 그리고 그의 아들 이삭과 손자 야곱이 장막에 거하였으나 그들이 그 땅을 아직 소유하지 못한 채 거주하고 있었을 뿐이었다. 하나님은 아브라함의 믿음을 철저하게 시험하고 계셨다.

하나님은 아브라함에게 "다만 이 땅을 아직 자식도 없는 그와 그의 후손에게 소유로 주신다고 약속하셨다"(창 12:7; 13:15; 15:3, 18; 17:8; 26:3). 창 12:7에 의하면 "여호와께서 아브람에게 나타나 이르시되 내가 이 땅을 네 자손에게 주리라"고 하셨다(창 48:4). 하나님은 아브라함과 또 아브라함의 후손에게 가나안 땅을 주신다고 약속만 하셨지 실제로는 얼른 주시지 않았다. 성격 급한 사람들에게는 마음에 차지 않는 것이다. 하나님께서 이렇게 하신 이유는 하나님은 약속의 하나님이라는 것을 보여주시기 위함이었다. 하나님은 약속하시고 반드시 주신다는 것을 인류에게 알리시기 위하여 이렇게 약속하시고 여러 백년 후에 주셨다. 하나님은 언약의 하나님이시다.

행 7:6. 하나님이 또 이같이 말씀하시되 그 후손이 다른 땅에서 나그네가 되리니 그 땅 사람들이 종으로 삼아 사백 년 동안을 괴롭게 하리라 하시고. 하나님께서 아브라함에게 그 땅을 주시기로 약속하신 다음 하나님은 아브라함에게 그 후손이 다른 땅으로 가서 나그네가 되고 또 종노릇할 것을 덧붙여 말씀하신다. 본문의 "또 이같이 말씀하시되"라는 말씀은 덧붙여 말씀하셨다는 뜻이다. 덧붙여 말씀하신 내용은 "그 후손이 다른 땅에서 나그네가 되리니 그 땅 사람들이 종으로 삼아 사백 년 동안을 괴롭게 하리라"는 것이다(창 15:13, 16). 두 가지 내용이다. 하나는 아브라함의 후손이 다른 땅에 들어가서 나그네의 삶을 살 것이라는 것이고, 또 하나는 그 땅 사람들이 아브라함의 후손들을 종으로 삼아 400년 동안 괴롭게 하리라는 것이었다(창 15:13).

본문의 "400년 동안"이란 말은 하나님께서 아브라함에게 말씀하신 기간이다(창 15:13). 모세는 그 기간을 430년이라고 말한다(출 12:40-41; 갈 3:17). 400년이란 말은 유대인들의 대체적인 관습에 따라(우리나라 사람들도 대체적으로 말하는 습관이 있다) 대략을 말하는 것이고 정확하게 말하자면 430년이라는 뜻이다. 애굽 사람들은 430년 동안 이스라엘 사람들을 종살이

시키면서 많이 괴롭혔다. 이스라엘 민족은 애굽에서 고난을 받은 후 출애굽의 은혜를 입은 후에야 하나님의 약속의 실현이 이스라엘 민족에게 주어졌다. 우리에게 그리스도의 십자가 구원이 있은 후에 모든 복이 임하는 것과 같다.

행 7:7. 또 이르시되 종 삼는 나라를 내가 심판하리니 그 후에 그들이 나와서 이곳에서 나를 섬기리라 하시고.

스데반은 하나님께서 하신 말씀을 70인 역에서 끌어내서 증언한다. 하나님께서 아브라함에게 "종 삼는 나라를 내가 심판하리니 그 후에 그들이 나와서 이곳에서 나를 섬기리라 하셨다"는 것이다. 종 삼는 나라 애굽을 하나님께서 열 가지 재앙으로 심판할 것이니(창 15:14 출 3:12) 그 후에야 이스라엘 민족이 애굽에서 나와서 이곳에서 하나님을 섬기리라고 말씀하셨다고 말한다. 본문의 "이곳에서"란 말은 출 3:12에 의하면 "이 산에서" 즉 '시내 산에서'라는 뜻이었는데, 스데반은 "이 산에서"란 말을 사용하지 않고 대신 '예루살렘 성전에서'라고 바꾸어 말한다. 스데반의 말은 하나님께서 약속하신 장소가 바로 "이곳" 즉 '예루살렘 성전'이라고 말함으로써 스데반이 결코 예루살렘 성전을 멸시한 적이 없다고 말한다. 거짓 증인들이 스데반을 잡으려고 스데반이 "이 거룩한 곳"(6:13)을 거슬러 말했다고 하며 또 예수님께서 "이곳" 즉 '예루살렘 성전'을 허물 것이라고 말했다고 했는데(6:14) 사실은 스데반은 거짓 증인들의 말이 허무맹랑한 헛소리라고 반박한 것이다. 스데반의 이런 변증은 놀라운 성령의 지혜로 한 것이다.

행 7:8. 할례의 언약을 아브라함에게 주셨더니 그가 이삭을 낳아 여드레만에 할례를 행하고 이삭이 야곱을, 야곱이 우리 열두 조상을 낳으니라.

스데반은 하나님께서 아브라함에게 복을 약속하신(5-7절) 다음 "할례의 언약을 아브라함에게 주셨다"고 말한다(창 17:9-11). 하나님은 자신이 아브라함에게 언약하신 것이 변하지 않고 반드시 이루실 것을 확약하는 뜻으로 할례를 하도록 아브라함에게 명령하셨다. 하나님께서 아브라함에게 할례를 행하도록 명령하셨음으로 스데반은 "그(아브라함)가 이삭을 낳아 여드레 만에 할례를 행하고 이삭이 야곱을, 야곱이 우리 열 두 조상을 낳았다"고 말한다(창 21:2-4; 25:26; 29:31; 30:5; 35:18, 23). 이스라엘의 족장들은 하나님께서 주신 언약의 증표로서의 할례를 계속해서 행했다.

스데반이 본 절에서 하나님께서 아브라함과 언약을 맺으셨다고 말한 목적은 언약이 모세의 율법이나 예루살렘 성전보다 먼저 임한 것이라는 것을 보여주기 위한 것이며, 따라서 언약이 이스라엘 종교의 기본이라는 것을 보여주기 위한 것이었다. 스데반은 언약이 예루살렘 성전과 모세의 율법보다 먼저 임한 것이라는 것을 보여줌으로써 자기가 모세의 율법과 하나님을 훼방했다는 거짓 증인들의 비난을 온전히 불식시키고 있다. 하나님은 아브라함과 언약을 맺으심으로써 그의 백성들을 향한 끊임없는 사랑을 선포하신 것이다(Kistemaker). 하나님은 언약을 기억시키는 할례를 대대로 행하라고 하심으로써 그의 백성을 향한 사랑을 계속해서 기억하도록 하셨다. 아브라함과 그의 후손들은 장막이나 성전이 없어도 하나님께 예배하고 섬겨야 했다.

행 7:9. 여러 조상이 요셉을 시기하여 애굽에 팔았더니 하나님이 그와 함께 계셔.

스데반은 아브라함 이야기(2-8절)를 마친 다음 이제는 요셉 이야기로 넘어간다(9-16절). 스데반은 "여러 조상이 요셉을 시기하여 애굽에 팔았다"고 말한다(창 37:4, 11, 28; 시 105:17). '조상들(요셉의 형들)이 요셉을 시기하여 애굽으로 내려가는 장사꾼들에게 돈을 받고 팔았다'는 뜻이다(창 37장-41장). 요셉의 형들이 요셉을 시기한 이유는 그 아버지가 다른 아들들보다 요셉을 더 사랑했기 때문이었고 또 요셉자신이 형들의 주(主)가 되리라는 꿈을 꾸어서 형들에게 발표했기 때문이었다.

형들이 요셉을 시기하여 애굽에 팔았어도 "하나님이 그와 함께 계셨다"(창 39:2, 21, 23). 요셉이 애굽에 팔려간 후에 하나님께서 요셉과 함께 하신 내용은 성경 여러 곳에 기록되었다(다음 절; 창 39:2, 5, 21, 23). 요셉은 애굽에 팔려가서도 여전히 하나님을 경외하였다(창 39:9; 40:8; 41:16; 45:4-5; 48:9; 50:19, 24). 오늘 성도들이 세상에서 사람들로부터 시기 질투를 받아서 완전히 따돌림을 당하고 심지어 죽을 지경의 박해를 받아도 하나님께서 함께해 주시기만 하면 복됨을 알 수가 있다(롬 8:28). 성도에게 가해진 심한 악도 하나님에 의하여 선(善)으로 바뀌어 진다.

스데반이 자기를 모함한 거짓 증인들의 말(6:11-14)을 직접적으로 반박하지 않고 앞(2-8절)에서는 아브라함에 대해서 말하고 이제 요셉에 대해서 말하는 이유는 하나님의 언약이 이루어지는 것이 모세의 율법이나 성전보다도 더 중요하다는 것을 알리기 위함이었다. 스데반은 하나님의 구원이 성전에 있는 것이 아니라 언약에 있다는 것을 보여주고 있다.

스데반이 또 요셉의 환난에 대해서 특별히 길게 말하는(9-16절) 이유는 요셉의 환난이 예수님께서 당하신 고난과 비교되기 때문이었을 것이다. 요셉은 예수님의 예표였다. 요셉은 죄 없이 은 20에 이스마엘 장사꾼들에게 팔렸고 예수님은 무죄하신 분으로 은 30에 로마인에게 넘겨졌다.

행 7:10. 그 모든 환난에서 건져내사 애굽 왕 바로 앞에서 은총과 지혜를 주시매 바로가 그를 애굽과 자기 온 집의 통치자로 세웠느니라.

스데반은 하나님께서 요셉과 함께 하셨던 일을 말한다. 스데반은 첫째, 하나님께서 요셉을 "모든 환난에서 건져내셨다"고 말한다. 요셉이 당한 환난은 1) 애굽에 팔려간 것과 보디발 집에서 종살이 한 것(창 37:25-28; 39:1), 2) 보디발의 아내의 모함을 당한 것(창 39:10-20), 3) 죄를 짓지도 않았는데 감옥 생활한 것(창 39:20-40:23) 등이다. 하나님은 요셉이 애굽의 국무총리 일을 보기 위해서는 연단과 훈련이 필요했던 고로 감옥에 넣어서 2년 이상 훈련을 받게 하셨다. 보디발 집의 가정 총무 정도의 경력을 가지고는 국무총리직을 수행하기에 부족한 고로 감옥총무로 승격시켜 훈련시키셨다. 우리도 우리의 직무를 수행하기 위해서는 연단이 필요하다. 그래서 하나님은 성도를 일꾼으로 쓰시기 전에 훈련시키신다.

둘째, 스데반은 하나님께서 요셉에게 "애굽 왕 바로 앞에서 은총과 지혜를 주셨다"고 말한다. 하나님은 요셉에게 "은총"을 주셨다는 것이다. 하나님께서 애굽 왕을 통하여 은혜를 주셨다는 뜻이다. 그리고 스데반은 하나님께서 요셉에게 "지혜"를 주셨다고 말한다(창 41:38). 하나님께서 요셉에게 애굽의 바로 왕이 꾼 꿈을 해석하는 지혜와 앞으로의 애굽의 7년 흉년을 대비하는 지혜를 주셨다고 말한다(창 41:25-36).

셋째, 스데반은 하나님께서 "그를 애굽과 자기 온 집의 통치자로 세웠다"고 말한다(창 41:37-43; 시 105:20-22). '요셉을 애굽 전국의 통치자로 그리고 왕궁의 통치자로 세우셨다'는 것이다(창 45:8). 하나님은 아브라함에게 약속하신 언약을 이루시기 위해서 계속해서 역사하고 계셨다. 하나님은 지금도 계속해서 우리의 구원을 이루어가고 계신다. 그리스도의 재림을 잘 맞이하게 하기 위해서 우리를 성화시키신다.

행 7:11-12. 그 때에 애굽과 가나안 온 땅에 흉년이 들어 큰 환난이 있을새 우리 조상들이 양식이 없는지라 야곱이 애굽에 곡식이 있다는 말을 듣고 먼저 우리 조상들을 보내고.

"그 때에" 즉 '애굽의 7년 풍년이 지난 후에'(창 41:53) "애굽과 가나안 온 땅에 흉년이 들어 큰 환난이 있을새 우리 조상들이 양식이 없게 되었다"는 것이다(창 41:54-57). 하나님께서 약속하신대로 이루어지기 위하여 이렇게 큰 흉년을 만나게 하셨다(6절). 그래서 "야곱이 애굽에 곡식이 있다는 말을 듣고 먼저 우리 조상들을 보냈다." 야곱은 애굽에 곡식이 있다는 말을 듣고 먼저 아들들로 하여금 양식을 사러 보내게 되었다. 하나님을 믿는 사람들도 때로는 양식이 없어 고생하는 수가 있는데 그것은 하나님의 섭리가 이루어지기 위해서이다. 결코 하나님의 창고에 양식이 없어서 굶주리는 것은 아니다. 하나님의 창고에는 항상 양식이 풍부하다(신 28:12; 마 6:33). 야곱이 애굽에 곡식이 있다는 말을 듣고 먼저 야곱의 아들들을 보낸 것은 이스라엘이 애굽에

서 나그네의 삶을 살아야 한다는 하나님의 말씀이 이루어지기 위한 첫 걸음이
었다(6절).

행 7:13. 또 재차 보내매 요셉이 자기 형제들에게 알려지게 되고 또 요셉의 친족이 바로에게 드러나게 되니라.

야곱이 두 번째로 아들들을 애굽에 보냈을 때 두 가지 사건이 생겼다. 하나는
"요셉이 자기 형제들에게 알려지게 되었다"(창 45:4, 16). 다시 말해 요셉의
형들이 국무총리로 일하는 요셉을 알아보게 된 것이다(스데반은 요셉의
동생 벤자민에 대한 역사적인 세밀한 점은 모두 생략하고 말한다). 처음에는
형들이 요셉을 얼른 알아보지 못했다. 요셉이 17세의 소년 때에 애굽에
팔려갔고 또 30세에 국무총리가 되어 위엄이 있게 보였으며 또 7년 풍년을
지나고 또 흉년 2년(창 45:6)이 지났으니 요셉의 나이 39세가 되었기에
처음에는 얼른 알아보지 못했다. 그런데 요셉이 자기를 서서히 들어내어
결국은 형들은 요셉을 알아보게 되었다. 분명 그들은 혼비백산했을 것이다.
그들이 그 때 가졌던 첫 번째 감정은 엄청난 죄책감이었을 것이다. 그리고
그들은 동생 요셉 앞에 요셉의 꿈과 같이 무릎을 꿇게 된 것이다(창 37:5-11).
또 하나는 "또 요셉의 친족이 바로에게 드러나게 되었다." 곧 요셉과 형들이
서로 알아보게 되어 결국 요셉의 친족이 바로에게 드러나게 된 것이다(창
45:1-20). 요셉은 드디어 자기 형들의 주(主)가 되었고 또 애굽인들의 주(主)
가 되었다.

**행 7:14. 요셉이 사람을 보내어 그의 아버지 야곱과 온 친족 일흔다섯 사람을
청하였더니.**

스데반은 요셉이 형들에게 알려지게 되었다고 말한(앞 절) 다음 "요셉이
사람을 보내어 그의 아버지 야곱과 온 친족 일흔다섯 사람을 청하였다"고
말한다(창 45:9, 27). 요셉이 아버지 야곱과 온 친족 75인을 청하였다고
했는데 문제는 구약(창 46:27; 출 1:5; 신 10:22)에서는 70인으로 말하고

있다는 점이다. 이런 차이에 대해 학자들은 몇 가지 해법을 제시한다. 그 중에는 스데반이 구약을 인용할 때 70인 역을 기억하고 있다가 산헤드린 공의회에서 말했다는 것이다. 구약 성경을 헬라어로 번역한 70인 역(LXX)의 창 46:26-27보면 "야곱에게서 난 자들로서 야곱과 함께 애굽으로 간 자들의 총수는 야곱의 자부들 외에 66명이었다. 그런데 애굽에서 요셉의 몸에서 태어난 요셉의 아들들이 9명이었으니 요셉과 함께 애굽으로 온 야곱 집의 가족은 75명이었다." (70인 역을 영어로 옮긴 글을 보면 And all the souls that came with Jacob into Egypt, who came out of his loins, besides the wives of the sons of Jacob, even all the souls were sixty-six. And the sons of Joseph, who were born to him in the land of Egypt, were nine souls; all the souls of the house of Jacob who came with Joseph into Egypt, were seventy-five souls.)

행 7:15. 야곱이 애굽으로 내려가 자기와 우리 조상들이 거기서 죽고.
스데반은 "야곱이 애굽으로 내려가 자기와 우리 조상들이 거기서 죽었다"고 말한다(창 46:5-7). 야곱도 그리고 열 두 조상도 다 애굽에서 죽었다는 말이다(창 49:33; 출 1:6). 그들은 하나님께서 약속하신 것을 받지 못하고 그저 기다리고 살다가 타향에서 죽었다. 하나님의 약속은 얼른 이루어지지 않는다. 오늘 우리도 예수님의 재림을 맞이하지 못할 수도 있다.

행 7:16. 세겜으로 옮겨져 아브라함이 세겜 하몰의 자손에게서 은으로 값 주고 산 무덤에 장사되니라.
스데반은 야곱과 조상들(아들들)이 애굽에서 죽은 후(앞 절) 그들(야곱과 그의 아들들)의 시체가 "세겜"(가나안에 있는 땅)에 장사되었다고 말한다. 즉 "세겜으로 옮겨져 아브라함이 세겜 하몰의 자손에게서 은으로 값 주고 산 무덤에 장사되었다"는 것이다(출 13:19; 수 24:32). 그들(야곱과 그 아들들)은 하나님께서 아브라함에게 약속하신 땅에 묻히기를 소원했기에 스데반도 그 사실을 말하고 있다. 그들의 믿음은 그들이 묻힌 매장지에서도 나타난 셈이다. 믿음이 없었다면 그냥 애굽에 묻혔을 것이다. 평생 살았던 땅에 묻히는 것이 당연한 것이지만 야곱과 그 아들들은 아브라함으로부터 전해들은 말대로 앞으로 언젠가 이스라엘 민족이 가나안을 소유할 것이라는 믿음 때문에 이렇게 매장지를 멀리 가나안으로 잡은 것이다.

그런데 본 절에서 문제가 되는 것은 두 가지이다. 하나는 "세겜"의 "무덤"을 아브라함이 샀느냐 아니면 야곱이 샀느냐 하는 것이다. 다시 말해 스데반은 "세겜"의 "무덤"을 아브라함이 샀다고 말했는데, 구약 성경은 야곱이 샀다고 언급하고 있다는 점이다(창 33:18-19). 창 33:18-19에 보면 "야곱이 밧단아람에서부터 평안히 가나안 땅 세겜 성읍에 이르러 그 성읍 앞에 장막을 치고 그가 장막을 친 밭을 세겜의 아버지 하몰의 아들들의 손에서 백 크시타에 샀다"고 말한다.

또 하나의 문제는 야곱의 시체가 스데반의 말대로 "세겜"에 장사되었느냐 아니면 구약 성경의 말씀대로 막벨라 굴에 장사되었느냐 하는 것이다. 스데반은 본 절에서 야곱과 그 아들들이 세겜으로 옮겨져 아브라함이 세겜 하몰의 자손에게서 산 무덤에 장사되었다고 말했는데, 구약 성경은 야곱의 시체가 아브라함이 에브론에게서 산 막벨라 굴에 장사되었다고 언급한다(창 50:12-13). 창 50:12-13에 보면 "야곱의 아들들이 아버지가 그들에게 명령한 대로 그를 위해 따라 행하여 그를 가나안 땅으로 메어다가 마므레 앞 막벨라 밭 굴에 장사하였으니 이는 아브라함이 헷 족속 에브론에게 밭과 함께 사서 매장지를 삼은 곳이더라"고 말한다.

이 불일치를 해결하기 위하여 1) 혹자들은 스데반이 구약을 잘 못 기억하고 말했다고 말하기도 하고, 2) 혹자들은 스데반이 모든 조상들이 사마리아의 세겜에 묻혔다고 하는 전설을 따른 것이라고 주장하기도 하나, 3) 16절의 짧은 말씀 속에 땅을 산 두 가지 사건들이 겹쳐져서 한 가지 이야기가 되었다고 보는 것이 가장 합리적인 것으로 보인다(F. F. Bruce, Kistemaker). 브루스는 "야곱은 아브라함이 헷 족속 에브론에게서 은 400세겔을 주고 산, 헤브론

의 막벨라 동굴에 장사되었다(창 23:16; 49:29ff.; 창 50:13). 요셉은 야곱이
하몰 자손에게서 은(銀) 100세겔을 주고 산 세겜의 한 곳에 묻혔다(수 24:32).
요세푸스에 의하면(Antiquities ii, 8, 2) 야곱의 다른 아들들은 헤브론에
묻혔다. 땅을 산 두 가지 사건들이 스데반의 변론에서 겹쳐져서 한 한 가지
이야기가 되었다"고 주장한다. 다시 말해 15절에 보면 "야곱이 애굽으로
내려가 자기와 우리 조상들이 거기서 죽었다"고 했는데, 스데반이 "자기(야
곱)와 우리 조상들"이라고 말할 때 산헤드린 공의회원들은 야곱과 요셉을
염두에 두고 있었을 것이다. 그리고 산헤드린 공회원들은 이 두 사람이
서로 다른 두 곳에 장사된 것을 알고 있었을 것이다. 즉 야곱은 아브라함이
산 굴속에, 그리고 요셉은 야곱이 세겜에서 산 무덤에 장사된 것을 알고
있었을 것이다. 16절의 "아브라함"이라는 이름은 헤브론의 막벨라 굴, 곧
야곱이 묻힌 굴을 연상시켰을 것이다. 그리고 세겜은 이스라엘 사람들이
요셉의 뼈를 묻은 장소이다. 두 이야기가 한 짧은 문장에 중첩되었다
(Kistemaker)고 보는 것이 가장 나을 것이다.[32]

행 7:17. 하나님이 아브라함에게 약속하신 때가 가까우매 이스라엘 백성이 애굽에서 번성하여 많아졌더니.

스데반은 요셉 이야기(9-16절)를 마치고 이제 모세 이야기로 넘어간다
(17-38절). 모세 이야기(출애굽과 율법에 관한 이야기)로 넘어가는 이유는

---

32) 존 스토트(John Stott)는 "가나안에는 두 개의 족장의 매장지가 있다. 첫 번째 것은 아브라
함이 헷 족속 에브론에게서 산 헤브론 근처의 막벨라 밭과 굴이었다. 두 번째 것은 세겜 근처에
있는 소 구획으로, 야곱이 하몰의 아들로부터 산 것이었다. 일부 주석가들은 스데반(또는 누가)
이 이것들을 혼돈한 것에 대해 조롱했다. 왜냐하면 그는 야곱이 아니라 아브라함이 세겜 땅을
샀다고 말하기 때문이다. 하지만 구약을 그처럼 정통하게 알고 있는 스데반이 실수를 했을
가능성은 없을 듯하다. 그보다는 야곱이 아브라함의 이름으로 매장지를 샀거나ㅡ그 당시에 아브
라함은 아직도 살아있었으므로ㅡ아니면 모든 족장들의 매장에 대한 총괄적인 이야기를 하면서
스데반이 의도적으로 이 두 장소를 융합시켰다고ㅡ야곱은 자신의 요청에 의해 막벨라 밭에
묻혔고 한편 요셉의 뼈는 오랜 세월 후에 세겜에 묻혔으므로ㅡ결론을 내리는 것이 낫다"고
말한다. 땅끝까지 이르러, 정옥배옮김, p. 153. 이 두 무덤이 어느 지방이든지 다 가나안 땅에
있고 누가 샀든 그의 조상들이 산 것이기 때문에 조상의 대표자인 아브라함이 샀다고 한 것으로
보는 것이 옳을 것이다.

하나님의 약속이 모세를 통해서 이루어지기 때문이다. 스데반은 "하나님이 아브라함에게 약속하신 때가 가까워진" 것을 언급한다(6절; 창 15:13). 이때 는 모세가 출생했을 때(20절)를 지칭하는 고로 출애굽을 80년 앞두고 있는 때였다. 스데반은 하나님께서 아브라함에게 약속(5절의 약속)하신 때가 가까 워져서 첫째(둘째는 18절에 언급됨), "이스라엘 백성이 애굽에서 번성하여 많아졌다"고 말한다(출 1:7-9; 시 105:24-25). 이스라엘 민족이 출애굽할 때(장정만 60만 명)만큼이나 거의 맞먹을 정도로 많아졌다. 75인이 장정만 60만 가까운 정도의 인구가 되었으니 "번성하여 많아졌다"는 표현을 쓸 수가 있다(출 12:37; 민 1:46).

행 7:18. 요셉을 알지 못하는 새 임금이 애굽 왕위에 오르매.
하나님께서 약속(5절의 약속)하신 때가 가까워져서 백성이 많아졌고 또 둘 째, "요셉을 알지 못하는 새 임금이 애굽 왕위에 오르게" 되었다. 요셉을 잘 아는 왕이 취임했더라면 사정은 달라졌을 것이다. 하나님의 섭리는 이런 일들을 통하여 이루어진다.

행 7:19. 그가 우리 족속에게 교활한 방법을 써서 조상들을 괴롭게 하여 그 어린 아이들을 내버려 살지 못하게 하려 할 새.
하나님의 약속하신 때가 가까워지니 새 왕이 취임하여(앞 절) 두 가지 일을 시도한다. 하나는 "그(새 임금)가 우리 족속(이스라엘 족속)에게 교활한 방법 을 써서 조상들을 괴롭게 했다"는 것이다. 교활한 방법을 사용하여 조상들을 괴롭게 했다는 말은 중노동을 시켰다는 뜻이다(출 1:8-14). 그리고 또 하나는 "그 어린 아이들을 내버려 살지 못하게 하려 한 것"이었다(출 1:15-22). 민족 말살 정책을 편 것이다. 그러니까 살아있는 사람들에게는 중노동, 그리 고 이제 태어나는 아이들에게는 죽이는 정책을 편 것이다. 하나님의 뜻이 이루어지려고 할 때는 이런 어려움으로부터 시작한다. 우리에게 어려움이 닥쳐올 때는 특히 하나님의 뜻이 이루어지는 때인 줄 알고 주님의 뜻을 잘 분변해야 한다.

행 7:20. 그 때에 모세가 났는데 하나님 보시기에 아름다운지라 그의 아버지의 집에서 석 달 동안 길리더니.

스데반은 "그 때에 모세가 났다"고 말한다(출 2:1-2). '그 어려운 때에 모세가 탄생했다'는 뜻이다. 그 장성한 사람들에게는 중노동을 시키고, 그리고 이제 갓 태어나는 아이들에게는 죽이는 정책을 펴는 시기에 하나님은 모세를 구원자로 보내신 것이다. 그런데 스데반은 모세가 "하나님 보시기에 아름다운지라"고 말한다(출 2:2; 히 11:23). 여기 "하나님 보시기에 아름다운지라"(ἦν ἀστεῖος τῷ θεῷ)는 말은 얼굴이 잘 생긴 것을 뜻할 뿐 아니라 하나님으로부터 은혜를 입었다는 뜻이다. 즉 그는 이스라엘의 구원자로 보냄을 받은 사람이었기에 하나님 보시기에 아름다운 사람이었다.

모세는 "그의 아버지의 집에서 석 달 동안 길림"을 받았다. 모세의 부모는 모세가 났을 때 얼른 버리지 않고 석 달 동안 길렀다. 모세가 아름답게 생겼고(출 2:1-2) 또 하나님 보시기에 아름다운 아이임을 알고 임금을 두려워하지 않고 숨겨 길렀다(출 11:23). 모세의 부모는 하나님을 두려워하는 사람들이었다. 하나님을 두려워하는 사람들은 사람을 두려워하지 않는다.

행 7:21. 버려진 후에 바로의 딸이 그를 데려다가 자기 아들로 기르매.
모세의 부모는 더 이상 모세를 숨길 수 없이 되었을 때 구조되기 쉬운 곳에 모세를 버렸다(F.F. Bruce). 바로의 딸이 목욕하러 다니는 나일 강가 갈대 사이에 버렸다(출 2:3-5). 스데반은 "바로의 딸이 그를 데려다가 자기 아들로 길렀다"고 말한다. 곧 '바로의 딸이 모세를 데려다가 양자로 길렀다'는 뜻이다. 모세는 더 좋은 환경에서 교육을 받게 되었다(출 2:10). 애굽 사람들이 아무리 히브리 민족을 말살하려해도 히브리 민족은 말살되지 않고 더욱 번성해갔고 또 민족의 구원자요 해방자인 모세를 양육하는 결과만 낳았다. 하나님께서 함께 하시는 사람, 또 하나님께서 함께 하시는 민족을 세상은 감당하지 못한다. 아이를 죽이라는 애굽 왕의 명령은 이후에 더 시행되지 않은 것 같다. 이스라엘 민족이 출애굽 할 때 20세 이상으로 60세까지의 장정이 60만 명을 넘은 것을 보면 알 수 있다.

행 7:22. 모세가 애굽 사람의 모든 지혜를 배워 그의 말과 하는 일들이 능하더라.

모세는 "애굽 사람의 모든 지혜를 배웠다." 여기 "모든 지혜"란 '당시의 철학, 수학, 문학, 수사학 등'을 지칭한다. 필로(Philo)는 '모세가 산술, 기하, 시, 음악, 철학, 점성학 등 모든 분야의 전문가'라고 말한다(F. F. Bruce). 아무튼 모세는 당시 최고의 교육을 받았다. 그는 이스라엘의 지도자 역할을 하기에 부족함 없이 교육받은 것이다. 결국 애굽 궁중은 호랑이를 키운 셈이 되었다. 하나님의 섭리임에 틀림없다. 우리도 세상에서 배울 것은 다 배워야 한다.

그리고 스데반은 모세의 "말과 하는 일들이 능했다"고 말한다(눅 24:19). 모세는 자신이 말에 능하지 못한 사람이라고 말하기도 했는데(출 4:10), 이것은 그의 겸손의 말로 보인다. 그가 이스라엘 민족을 이끌고 출애굽한 것을 보면 그는 말과 행하는 일들이 능한 사람임을 알 수 있고, 특히 그가 신명기 설교를 한 것을 보면 말에 능한 사람이라는 것은 분명한 사실이다. 그의 말과 행하는 일들이 능했던 이유는 바로 그가 "애굽 사람의 모든 지혜를 배웠기" 때문일 것이다. 그러나 크로솨이데(F.W. Grosheide)의 말대로 모세가 말과 하는 일들이 능했던 이유는 세상의 교육의 힘이 아니라 하나님의 은혜로 된 점도 인정해야 할 것이다. 신앙인들이 다 인정하는 것처럼 하나님의 은혜가 아니고 세상 교육만 가지고는 말과 행하는 일들이 능할 수가 없다.

행 7:23. 나이가 사십이 되매 그 형제 이스라엘 자손을 돌볼 생각이 나더니.

스데반은 앞(17-22절)에서 모세의 나이 40세까지 된 일에 대해 말했고, 이제 본 절부터 28절까지는 모세의 나이 40세가 된 때에 된 일에 대해 언급한다. 모세는 그 "나이가 사십이 되매 그 형제 이스라엘 자손을 돌볼 생각이 났다" (출 2:11-12). 구약 성경에는 모세가 40세가 되어서야 이스라엘 자손을 돌아볼 생각이 났다는 말은 없다. 스데반은 랍비들이 전하는 전설을 따라서 이 말을 한 것이다. 히브리서 기자는 "믿음으로 모세는 장성하여 바로의 공주의 아들이라 칭함 받기를 거절하고 도리어 하나님의 백성과 함께 고난 받기를 잠시 죄악의 낙을 누리는 것보다 더 좋아했다"고 말씀한다(히 11:24-25). 이렇게 40세가 되어서야 그 형제 이스라엘 자손을 돌아볼 생각이 나게 된 것은 그가 애굽 궁중에서 학술을 다 배우기 위해서였을 것이다. 그는 애굽 궁중에서 충분한 교육을 받았다. 본문의 "돌볼"(ἐπισκέψασθαι)이란 말은 병자를 돌아본다는 뜻에 사용되는 말이다(눅 1:68; 히 2:6). 모세는 고통당하는 이스라엘을 돌볼 마음이 생긴 것이다.

행 7:24. 한 사람이 원통한 일을 당함을 보고 보호하여 압제 받는 자를 위하여 원수를 갚아 애굽 사람을 쳐 죽이니라.

스데반은 본 절과 다음 절에서 어느 한 날 모세가 애굽 사람과 이스라엘 사람 사이에 싸움이 났을 때 구원자 역할을 한 것을 말하고 있다. "한 사람" 즉 '이스라엘 사람'(출 2:11-12)이 "원통한 일을 당함을 보고 보호하여 압제 받는 자를 위하여 원수를 갚아 애굽 사람을 쳐 죽였다"는 것이다. 이스라엘 사람이 애굽 사람으로부터 원통한 일을 당하는 것을 보고 애굽 사람을 쳐 죽였다고 말한다. 애굽 사람을 죽여서 이스라엘 사람을 구원해 준 것이다. 모세의 이 구원행위에 대해 캘빈은 모세의 행위야 말로 바른 행위라고 말한다. 캘빈은 "모세는 아무 분별없이 일에 대처한 것이 아니요 자기의 사명을 의식하고 그 백성의 옹호자로서의 합당한 일을 한 것에 불과 하다고 스데반은 분명히 말해주고 있다"고 말한다. 그러나 모세가 애굽 사람을 죽인 것이 바른 행위라고 하면 아마도 하나님께서 모세를 숨겨주셨을 것이며 모세는 이런 일을 계속했을 것이다. 모세가 이런 일을 한 것은 하나님께서 모세로 하여금 광야로 도망가서 훈련을 받도록 하기 위함이었을 것이다. 그가 이스라엘 사람을 구하려는 생각은 옳았다고 해도 애굽 사람을 죽여서 이스라엘을 구하려는 것은 잘 못된 행위였다. 모세가 훌륭한 지도자가 되기 위해서는 온유하게 처신했어야 했다(민 12:3). 우리의 싸움은 혈과 육에 속한 것이 아니다(엡 6:12).

행 7:25. 그는 그의 형제들이 하나님께서 자기의 손을 통하여 구원해 주시는 것을 깨달으리라고 생각하였으나 그들이 깨닫지 못하였더라.
모세는 이스라엘 사람들이 "하나님께서 자기의 손을 통하여 구원해 주시는 것을 깨달으리라고 생각하였으나 그들이 깨닫지 못하였다"고 말한다. 이스라엘 사람들이 모세의 구원행위를 깨달으리라고 생각했으나 이스라엘 사람들이 깨닫지 못했다는 말이다. 스데반은 이스라엘 사람들이 모세의 구원행위를 깨닫지 못한 것은 이스라엘 사람들이 예수님의 십자가 구원을 깨닫지 못한 것의 그림자로 암시하고 있다.

또 한편 이스라엘 사람들이 모세의 구원 행위를 깨닫지도 못하고 감사하지도 않음으로 모세는 광야로 도망하여 40년의 긴 세월동안 훈련을 받게 되었다. 이스라엘 사람들이 모세의 행동을 이해하지 못한 것은 하나님의 섭리였다. 만약 이스라엘 사람들이 모세를 이해했더라면 모세는 그런 식으로만 이스라엘을 구원하는 사람이 되었을 것이다. 다시 말해 애굽 사람을 죽이는 방식으로만 이스라엘을 구원하는 사람이 되었을 것이다. 모세는 결국 이스라엘을 출애굽 시키지는 못했을 것이다. 하나님은 모세로 하여금 큰 지도자가 되게 하기 위해서 이스라엘 사람들의 마음을 열지 않으셨다. 하나님은 모세의 구원의 열정은 인정하셨으나 사람을 죽이는 방법을 옳게 여기지는 않으셨다.

행 7:26. 이튿날 이스라엘 사람끼리 싸울 때에 모세가 와서 화해시키려 하여 이르되 너희는 형제인데 어찌 서로 해치느냐 하니.

하루가 지난 "이튿날"이었다. "이스라엘 사람끼리 싸울 때에 모세가 와서 화해시키려 하여 이르되 너희는 형제인데 어찌 서로 해치느냐"고 중재자로 나선다(출 2:13). 모세는 다른 환경을 만난 것이다. 이스라엘 사람끼리 싸움하는 것을 목격했다. 이스라엘 사람들은 서로 잘 싸우는 민족이었다. 모세가 보기에는 동족끼리 싸우는 것은 있을 수 없는 행동이었다. 모세는 화해시키려 하여 말하기를 너희는 형제인데 어찌 서로 해치느냐고 꾸짖었다. 이제는 화해자(peacemaker)로 나선 것이다. 모세는 이스라엘 사람들이 애굽 땅에 와서 애굽 사람들한테 박해를 받고 살고 있는데 형제들끼리는 잘 지내야 하지 않느냐고 꾸짖은 것이다. 모세의 이 말은 애굽 사람을 치는 것은 당연하다는 뜻이기도 하다.

행 7:27. 그 동무를 해치는 사람이 모세를 밀어뜨려 이르되 누가 너를 관리와 재판장으로 우리 위에 세웠느냐.
서로 싸우는 이스라엘 사람들 중에 "그 동무를 해치는 사람이 모세를 밀어뜨려 이르되 누가 너를 관리와 재판장으로 우리 위에 세웠느냐"고 대든다(4:7; 눅 12:14 참조). 두 사람 중에 한 사람이 모세를 밀어뜨렸다. 다시 말해 모세를 밀쳐냈다(pushed Moses aside)는 뜻이다. 밀쳐냈다는 말은 실제로 물리적으로 밀쳐냈다는 말이 아니라 말로 밀쳐낸 것을 뜻한다(Kistemaker). 그는 모세가 이스라엘 민족의 관리이며 재판장인 줄 모르고 밀쳐내고 말았다. 모세를 무시하고 만 것이다. 그 사람은 "누가 너를 관리와 재판장으로 우리 위에 세웠느냐"고 말한다. 즉 하나님께서 모세를 관리(a ruler)와 재판장으로 세운 줄을 몰랐던 것이다. 모세를 몰라보았던 이스라엘의 조상들처럼 스데반은 현재 이스라엘의 종교지도자들도 예수님을 그리스도인 줄 몰라보고 십자가에 못 박고 말았다는 것을 암시하고 있다.

행 7:28. 네가 어제는 애굽 사람을 죽임과 같이 또 나를 죽이려느냐 하니.
동무를 해치는 이스라엘 사람, 곧 버릇없이 모세에게 마구 대하는 그 이스라

엘 사람은 모세를 향하여 "네가 어제는 애굽 사람을 죽임과 같이 또 나를
죽이려느냐"고 따진다. 그 사람은 어제 문제까지 들고 나온다. 어제 모세가
애굽 사람을 죽인 것처럼 오늘은 또 나를 죽이려는 것이냐고 대든다. 모세는
기가 막혔다. 오해를 해도 너무 심하게 했다. 어제는 모세가 이스라엘 사람을
구원하려고 애굽 사람을 죽인 것이고 오늘은 이스라엘 사람 간에 화해시키려
고 한 것이었는데 그 사람은 모세가 어제 행했던 것처럼 오늘도 사람을
죽이려는 것으로 오해했다. 스데반은 이 사람이 모세를 오해했던 것처럼
스데반 당시의 이스라엘의 종교지도자들이 예수님을 알지 못하고 배척한
사실을 암시한다. 모세는 생각밖에 난처한 현장을 만났다. 모세는 자기가
살인한 사건이 들통 난 것을 알게 되었다. 모세는 애굽의 궁중으로 돌아갈
수 없음을 알게 되었다. 모세는 애굽 왕 바로가 자기를 죽일 것이라는 것을
알게 되었다(출 2:15). 모세는 애굽 전국에서 더 이상 숨을 곳을 찾지 못하고
외국으로 도피하는 수밖에 없었다.

**행 7:29. 모세가 이 말 때문에 도주하여 미디안 땅에서 나그네 되어 거기서
아들 둘을 낳으니라.**

스데반은 앞(23-28절)에서 모세의 나이 40세 때에 애굽 사람을 죽인 사건을
말한 다음 이제 본 절부터 34절까지 모세가 미디안 광야로 도주한 일부터
시작하여 80세 때에 하나님으로부터 부름 받은 사건까지를 말한다. 모세는
"이 말 때문에" 즉 '형제를 해치는 이스라엘 사람의 말 때문에' 도주하여
미디안 땅에서 나그네 되어 미디안 땅에서 아들 둘을 낳았다(출 2:15, 22;
4:20; 18:3-4). 여기 "미디안 땅"이란 말은 시내반도를 지칭하는데, 대부분의
학자들은 현재의 사우디아라비아의 아카바만(the Gulf of Aqabah) 동쪽에
위치해 있다고 말한다(Kistemaker). 미디안 땅은 시내반도까지 뻗쳐 있었다.
모세는 그의 양떼를 이끌고 호렙산(시내산) 근처까지 간 것을 보면 미디안은
시내반도까지 뻗어 있는 것을 알 수 있다. 그는 미디안 땅에서 나그네의
삶을 살면서 아들 둘을 낳게 되었다. 그는 미디안 제사장 이드로의 일곱

딸 중의 하나 즉 십보라와 결혼하여 아들을 낳았다(출 2:21-22). 그리고 둘째 아들을 낳은 것은 출 18:3-4에 기록되어 있다. 모세는 미디안 땅에서 오래오래 양을 치며 살면서도 결코 미디안 사람이 되지 않았고 여전히 나그네 신분으로 살았고 하나님의 구원 역사가 나타나기만을 기다렸다.

행 7:30. 사십 년이 차매 천사가 시내 산 광야 가시나무 떨기 불꽃 가운데서 그에게 보이거늘.

스데반은 "사십 년이 찼다"고 말한다. 즉 40세 때 미디안 광야로 들어간(23절) 모세의 나이 80이 되었다는 뜻이다. 모세는 40년간 광야에서 양을 치면서 하나님께서 주신 훈련의 시간을 보냈다. 그는 광야에서 양을 치면서(출 3:1) 앞으로 이스라엘 백성을 인도할 훈련을 받았다. 그는 그곳에서 광야의 기후와 지리를 익혔고 무엇보다 하나님과 오랫동안 교제의 시간을 가졌다(25절). 하나님께서 오래 쓰시는 사람은 오래 훈련을 받는다. 다윗도 사울의 난을 피해 다니면서 하나님을 굳세게 의지하는 훈련을 받았고 바울도 다메섹 체험을 한 후 오랫동안 훈련을 받았다. 훈련을 받지 않고 빨리 무엇이 되려고 하는 사람은 유효하게 쓰임을 받지 못한다.

스데반은 모세가 80세가 되었을 때 "천사가 시내 산 광야 가시나무 떨기 불꽃 가운데서 그에게 보였다"고 말한다. "천사" 즉 '구약에 나타나신 그리스도'께서 시내산 광야 가시나무 떨기 불꽃 가운데서 모세에게 보이셨다(출 3:1-6). 드디어 모세는 그리스도로부터 부름을 받는다. 40년만의 부르심이다. 스데반은 구약에 나타나신 그리스도께서 "시내 산 광야 가시나무 떨기 불꽃 가운데서 그에게 보였다"고 말한다. "시내산 광야"란 '시내산 가까이 있는 시내반도의 남쪽 부분'을 지칭한다(출 3:12; 19:11-13; 신 1:6). 그가 그곳에 있는 동안 계속해서 불에 타기는 하나 도무지 사라지지 않는 숲을 보게 되어(출 3:2) 그 광경을 보려고 가까이 접근했을 때 하나님의 음성을 듣게 되었다. 스데반은 그 음성이 하나님의 음성이라고 말한다(31절). 곧

200 사도행전 주해

하나님 자신이 나타났다고 말한다(32절, 35절).[33]

스데반은 여기서 하나님(그리스도)은 예루살렘 성전에만 나타나시는 분이 아니라 어디서든지 나타나신다는 것을 산헤드린 공의회원들에게 교육한다. 스데반은 이제 하나님께서 예루살렘 성전에는 나타나지 않으실 수 있다는 것을 암시한다. 이유는 유대종교지도자들이 예수님을 십자가에 못 박았기 때문에 예루살렘 성전에는 나타나지 않으실 것이라고 암시한다.

행 7:31-32. 모세가 그 광경을 보고 놀랍게 여겨 알아보려고 가까이 가니 주의 소리가 있어 나는 네 조상의 하나님 즉 아브라함과 이삭과 야곱의 하나님이라 하신대 모세가 무서워 감히 바라보지 못하더라.

이상한 광경이 보였을 때(앞 절) 모세는 그 광경을 그냥 지나치지 않았다. 하나님께서 모세의 호기심을 자극시키신 것이다. 모세는 "그 광경을 보고 놀랍게 여겨 알아보려고 가까이 갔다." 여기 "광경"(o{rama)이란 낱말은 뜻으로 보아 '환상,' '보인 것,' '외모'란 뜻이지만 신약 성경에서 '환상'(vi-sion)이란 뜻으로 사용되고 있다. 모세가 그 광경을 보고 "놀랍게 여겼다." 놀랍게 여긴 것은 관찰자의 자세이다. 놀랍게 여기지 않고는 관찰하지 못한다. 다음 단계로 모세는 그 광경에 더 "가까이 갔다." 탐구해보려는 것이었다. 탐구가 없이는 깨달음이 없다. 모세가 가까이 갔을 때 하나님께서 말씀하시기를 "나는 네 조상의 하나님 즉 아브라함과 이삭과 야곱의 하나님이라"고 자신을 계시하신다(마 22:32; 히 11:16). 즉 '나는 네 조상들, 아브라함, 이삭, 야곱에게 나타나서 언약을 맺은 하나님이라'는 뜻이다. 언약하신 하나님께서 그 언약을 이루시려고 내려오셨다는 뜻으로 하나님은 "아브라함과 이삭과 야곱의 하나님이라"는 이름을 계시하신다. 모세는 하나님께서 이런 광야에서 나타나신 것을 보고 "무서워 감히 바라보지 못했다." 아마도 이런

---

33) 30절에 나타난 "천사"가 누구냐를 두고 혹자는 그냥 천사라 하고 혹자는 하나님이라고 하나 구약 시대에 나타나셨던 그리스도로 보는 것이 좋을 것이다. 이 학설이 바로 교부들의 주장이었고 많은 학자들의 주장이다(Calvin, Alford, Knowling, Bruce).

광경을 광야에서 목격하고 무서워하지 않을 사람은 없을 것이다.

행 7:33. 주께서 이르시되 네 발의 신을 벗으라 네가 서 있는 곳은 거룩한 땅이니라.

천사를 통하여 나타나신 그리스도께서 말씀하시기를 "네 발의 신을 벗으라 네가 서 있는 곳은 거룩한 땅이니라"고 하신다. "네 발의 신을 벗으라"는 명령은 '네 자아를 벗으라'는 뜻이다(수 5:15). 신은 불결을 상징한다(출 3:5). 신에는 불결한 것들이 붙어있다. 구약에는 여러 가지 불결한 것들이 기록되어 있는데 그런 것들이 신에 붙는다. 그런고로 신을 벗으라고 하신다. 우리는 외부적인 불결을 떨어버려야 하지만 더욱 자아를 부인해야 한다(마 16:24). 자아는 더러운 것이다. 우리의 자아(自我)는 이기심, 교만, 음란, 추악, 시기, 질투 등 수없는 더러움으로 가득 차 있다. 우리는 그리스도로부터 힘을 얻어 자아를 온전히 벗어야 한다. 그래야 쓰임을 받을 수 있다.

하나님께서 모세로 하여금 발의 신을 벗으라고 하신 이유는 "네가 서 있는 곳은 거룩한 땅"기 때문이라고 하신다. 다시 말해 하나님께서 나타나신 곳은 거룩한 땅이라고 하신다. 스데반이 이런 말씀을 하는 이유는 산헤드린 공의회원들이 예루살렘 성전이 최고인줄 아는데 대한 반격으로 말한 것이다. 그 어디든지 하나님께서 나타나시는 곳은 거룩한 곳이라는 것이다. 하나님께서 거룩하시니 하나님께서 나타나신 곳은 어디든지 거룩하다. 우리가 하나님을 믿는다면 우리는 거룩한 사람들(고전 1:2)이기에 매일 우리들 자신을 부인하는 기도를 하며 또 실제로 구별되게 살아야 한다.

행 7:34. 내 백성이 애굽에서 괴로움 받음을 내가 확실히 보고 그 탄식하는 소리를 듣고 그들을 구원하려고 내려왔노니 이제 내가 너를 애굽으로 보내리라 하시니라.

여호와의 천사로 나타나신 그리스도(30절)는 이제 모세에게 사명을 주신다. 그리스도는 먼저 자신이 시내산 광야에 내려오신 이유를 설명하신다. 그리스도는 "내 백성이 애굽에서 괴로움 받음을 내가 확실히 보고 그 탄식하는 소리를 듣고 그들을 구원하려고 내려왔다"고 하신다(출 3:7). 하나님은 그의 백성이 애굽에서 괴로움 받음을 확실하게 보셨다. 하나님은 소아시아의 일곱 교회의 형편을 소상히 아셨다(계 2:2, 9, 13, 19; 3:1, 8, 15). 하나님은 지금도 우리의 괴로움을 아신다. 하나님은 또 이스라엘 백성이 애굽에서 "탄식하는 소리를 들으셨다." 하나님은 훗날 이스라엘 민족의 기도 소리를 들으시고 출애굽 시키셨다(출 2:23). 하나님은 어느 시대에나 택한 백성들의 신음 소리를 들으신다. 택한 백성들의 괴로움 당하는 것을 보시고 또 그들의 탄식하는 소리를 들으시고 하나님은 "그들을 구원하려고 내려왔다"고 하신다. 하나님은 하늘에만 계신 분이 아니라 천사(구약의 그리스도)를 파송하신다. 하나님은 항상 구원하려고 내려오시는 분이시다. 지금도 구원하시기 위하여 성령을 통하여 그리스도를 보내신다.

하나님께서 그리스도를 보내신 이유를 말씀하신 다음 모세를 향하여 "이제 내가 너를 애굽으로 보내리라"고 하신다(출 3:7-10). 천사가 직접 가지 않고 또 그리스도께서 직접 가시지 않고 모세를 보내시겠다고 하신다. 하나님은 준비된 사람으로 하여금 일하도록 시키신다. 우리는 준비된 사람이 되어야 한다. 모세는 40년간 훈련을 받았다. 훈련을 받기 전에는 자기 스스로 이스라엘 사람들의 구원자가 되어보려고 나섰다. 그러나 하나님은 거부하셨다. 그런데 이제 나이 80이 되어서는 모세 자신이 못하겠다고 거부했으나 하나님은 그를 보내신다. 하나님은 자신들을 의지하지 않는 사람을 쓰신다. 우리는 우리의 뚝심, 우리의 의지, 우리의 주장, 우리의 고집이 사라질 때까지 긴긴 세월 훈련을 받아야 한다.

행 7:35. 그들의 말이 누가 너를 관리와 재판장으로 세웠느냐 하며 거절하던 그 모세를 하나님은 가시나무 떨기 가운데서 보이던 천사의 손으로 관리와 속량하는 자로 보내셨으니.
스데반은 본 절에서 이스라엘 사람들이 모세가 관리와 재판장되는 것을 거절했으나 하나님은 모세를 관리와 속량하는 자로 애굽에 보내셨다고 말한다. 스데반은 이 말씀을 가지고 산헤드린 공의회원들이 예수님을 거부했으나 하나님께서 예수님을 부활 승천시키셔서 주님이 되게 하신 사실을 각인시키고 있다.

스데반은 "그들의 말이 누가 너를 관리와 재판장으로 세웠느냐 하며 거절하던 그 모세"라고 말한다. 여기 "그들"이란 말은 '이스라엘 사람들'을 지칭하는 말인데 26-27절에 보면 이스라엘 사람들이 서로 싸울 때 모세가 화해시키려고 시도하였는데 그 중에 한 사람이 모세에게 달려들어 "누가 너를 관리와 재판장으로 우리 위에 세웠느냐"고 대들었다. 이스라엘 사람들은 모세가 그들의 관리(a ruler)와 재판장(a judge) 되는 것을 거절했다. 이렇게 이스라엘 사람들은 모세를 거절했지만 "하나님은 가시나무 떨기 가운데서 보이던 천사의 손으로 관리와 속량하는 자로 보내셨다"는 것이다(출 14:19; 민 20:16). '하나님은 가시나무 떨기 가운데서 보이던 천사(구약에 나타나신 그리스도)를 시켜서 모세를 관리와 속량하는 자로 보내셨다'는 뜻이다. "관리"(a ruler)란 말은 '통치자'를 뜻하고 "속량하는 자"(λυτρωτὴν-a deliverer)[34]란 말은 '자신을 희생하여 다른 사람들을 구원하는 자'란 뜻으로 하나님은 모세로 하여금 그런 역할을 하도록 보내셨다. 이 말씀대로 모세는 많은 희생을 치르면서 이스라엘을 출애굽 시키는 일에 헌신했다. 모세는 이런 점에서 예수님의 예표였다.

행 7:36. 이 사람이 백성을 인도하여 나오게 하고 애굽과 홍해와 광야에서 사십 년간 기사와 표적을 행하였느니라.

스데반은 본 절부터 38절까지 이스라엘 민족을 애굽으로부터 속량한 모세의 행적을 말한다. 첫째, "이 사람" 즉 '모세가' "백성을 인도하여 나오게 했다"

---

34) "속량하는 자"(λυτρωτὴν)란 말의 동사형은 눅 24:21("구속할" 자); 딛 2:14("구속하시고"); 벧전 1:18("구속된" 것)에 쓰였다. 모세는 이스라엘 민족을 애굽으로부터 속량한 점에서 그리스도의 예표가 되었다.

고 말한다(출 12:41; 33:1). 즉 '이스라엘 백성을 애굽으로부터 인도하여 나오게 했다'는 뜻이다. 둘째, 모세는 "애굽과 홍해와 광야에서 사십 년간 기사와 표적을 행하였다"(출 7:8-11, 14-19; 시 105:27). 세 곳, 즉 애굽, 홍해(출 14:21, 27-29절), 광야에서(출 16:1, 35), 기간은 40년간, 기사와 표적을 행했다는 것이다. "기사"란 모세가 행한 이적의 기이함을 부각시키기 위해 사용된 단어이고, "표적"이란 모세가 행한 이적은 모세가 행한 것이 아니라 바로 하나님께서 행하신 이적이란 뜻에서 사용된 말이다.

행 7:37. 이스라엘 자손에 대하여 하나님이 너희 형제 가운데서 나와 같은 선지자를 세우리라 하던 자가 곧 이 모세라.

셋째, 모세의 행적 중 또 하나는 "이스라엘 자손에 대하여 하나님이 너희 형제 가운데서 나와 같은 선지자를 세우리라"고 예언했다(3:22; 신 18:15, 18). 모세는 이스라엘 자손들에게 하나님께서 장차 이스라엘 사람들 중에서 모세와 같은 선지자 곧 하나님과 사람 사이에 중보자격으로 사역하면서 하나님의 말씀을 받아서 백성들에게 전해주는 그 선지자를 보내실 것이라고 예언했다.[35] 스데반은 모세가 이렇게 예언하신 그 선지자(예수 그리스도)가 오셨는데 이스라엘 사람들은 예수님을 청종하지 않고 십자가에 못을 박고 말았다고 암시한다. 스데반은 자신의 말로써가 아니라 구약 성경을 들어 산헤드린 공의회원들을 질타하고 있다.

행 7:38. 시내 산에서 말하던 그 천사와 우리 조상들과 함께 광야 교회에 있었고 또 살아 있는 말씀을 받아 우리에게 주던 자가 이 사람이라.

---

35) 모세가 "나와 같은 선지자"라고 말한 분이 '예수님'이라고 못 박아 말할 수 있는 이유는 신약성경이 그렇게 말하기 때문이다. 행 3:22에서 베드로는 "모세가 말하되 주 하나님이 너희를 위하여 너희 형제 가운데서 나 같은 선지자 하나를 세울 것이니 너희가 무엇이든지 그의 모든 말을 들을 것이라"고 말했기에 모세와 같은 그 선지자는 바로 예수님이시다(행 3:17-26). 모세가 말한 "나와 같은 선지자"라는 분이 모세 이후 구약의 다른 선지자들을 포함하지 않는 이유는 다른 선지자들은 모세와 같은 중보 사역을 하지 않고 모세의 중보 사역에 근거하고 말씀사역을 했기 때문이다.

넷째, 모세의 사역 중 또 하나는 모세가 "시내 산에서 말하던 그 천사와 우리(이스라엘의) 조상들과 함께 광야 교회에 있었고 또 살아 있는 말씀을 받아" 백성들에게 주었다(출 19:3, 17; 사 63:9; 갈 3:19; 히 2:2). '모세가 시내산 가시떨기 불꽃 가운데서 말하던 그 천사 곧 그리스도와 또 모세가 활약하던 당대의 이스라엘 사람들과 함께 광야 교회에서 사역하면서 살아있는 하나님의 말씀을 받아 조상들에게 주는 사역을 했다'는 것이다(출 21:1; 신 5:27, 31; 33:4; 요 1:17).

본문의 "광야 교회"(τῇ ἐκκλησίᾳ ἐν τῇ ἐρήμῳ)란 '광야에 있었던 이스라엘의 총회'를 지칭한다(출 19:1-25; 신 18:16). 광야에는 건물도 없었고 단지 이스라엘 사람들만 있었다. 광야에 있던 이스라엘 사람들의 총회가 곧 광야 교회였다. 이 교회는 신약 교회의 예표였다.

스데반이 "말씀"을 "살아있는 말씀"(λόγια ζῶντα)이라고 말한 이유는 그 율법이 살아계신 하나님으로부터 왔기 때문이었다(롬 3:2; 히 4:12; 벧전 1:23). 모세가 받은 율법은 살아계신 하나님의 말씀으로 사람이 그것을 지키면 땅위에서 오래 살게 했다(신 30:19-20; 32:46-47). 또 그 율법은 우리를 그리스도에게로 인도하는 몽학선생인 점에서 생명의 말씀이라고 할 수 있다. 스데반은 결코 모세를 거슬러 말하지 않았고 모세를 결코 반박하지 않았다. 모세를 위대한 중보자로 드러냈다. 거짓 증인들의 말을 듣고(6:13-14) 산헤드린 공의회 앞에 세운 종교지도자들은 온전히 거짓된 지도자들이었다.

행 7:39. 우리 조상들이 모세에게 복종하지 아니하고자 하여 거절하며 그 마음이 도리어 애굽으로 향하여.

하나님께서 세우신 모세가 훌륭한 사역을 감당한 것(35-38절)을 드러낸 스데반은 이제 본 절부터 43절까지 모세를 거역한 이스라엘의 패역(39-41절)과 그에 대한 하나님의 벌(42-43절)에 대해 언급한다. 스데반은 "우리(스데반 자신과 또 공의회원들의) 조상들이 모세에게 복종하지 아니하고자 하여 모세를 거절하며 그 마음이 도리어 애굽으로 향하였다"고 말한다(민 14:3

참조). 이스라엘의 조상들은 모세가 산에 올라가서 여러 날 내려오지 않는 동안 모세에게 복종하지 아니하고자 했다. 그리고 그들은 도리어 그 마음이 애굽의 옛 우상을 더 좋아하여 우상을 만들어 섬겼다(출 32:1, 23). 모세가 보이지 않으니 보이는 우상을 만들어 섬긴 것이다. 그들은 감각주의로 떨어져서 눈에 보이는 것, 손에 잡히는 것을 선택했다. 인간은 부패하여 쉽사리 보이지 않는 하나님의 계시를 버리고 눈에 보이는 우상을 택한다. 스데반은 이스라엘의 조상들이 그랬던 것처럼 후손인 산헤드린 공의회원들도 의인(義人)이신 그리스도를 거절한 것을 기억시킨다.

행 7:40. 아론더러 이르되 우리를 인도할 신들을 우리를 위하여 만들라 애굽 땅에서 우리를 인도하던 이 모세는 어떻게 되었는지 알지 못하노라 하고.

이스라엘의 조상들은 아론에게 말하기를 "우리를 인도할 신들을 우리를 위하여 만들라"고 주문한다(출 32:1). 그들은 모세가 보이지 않으니 '우리를 광야에서 인도할 신들을 만들어 달라'고 부탁한다. 모세가 산에 올라가 십계명을 받는 동안에 그들은 모세의 수고도 모르고 이제는 모세와의 관계는 끝난 것으로 알고 모세를 배척했다. 우상숭배로 떨어지는 것은 모세를 철저히 배척하는 것이었다.

이스라엘의 조상들이 광야에서 모세를 배척하고 아론에게 우상을 만들어 달라고 부탁한 이유는 "애굽 땅에서 우리를 인도하던 이 모세는 어떻게 되었는지 알지 못하기" 때문이라고 한다. 모세가 오래도록 산에서 내려오지 않으니 산에서 어떻게 되었는지 알지 못하여 이제는 포기하자는 것이었다. 인간은 부패하여 쉽게 배신한다. 사람마다 다르기는 하지만 어떤 사람들은 너무 쉽게 배신한다. 우리는 진리를 끝까지 붙잡아야 하고 선한 지도자를 끝까지 신임하고 추종해야 한다.

행 7:41. 그 때에 그들이 송아지를 만들어 그 우상 앞에 제사하며 자기

손으로 만든 것을 기뻐하더니.

이스라엘의 조상들이 아론에게 자신들을 인도할 신들을 만들어 달라고 부탁한(앞 절) "그 때에 그들이 송아지를 만들었다"(신 9:16; 시 106:19). 그들이 출애굽 하기 전에 애굽에서 많이 보았던 송아지를 만들었다. 아론이 만든 것이 아니라 "그들" 곧 '조상들'이 송아지 우상을 만들었다. 학자들은 대체적으로 동의하여 말하기를 송아지 우상을 만들 때 나무로 만들어 금을 입혔다고 말한다. 왜냐하면 모세가 그 우상을 불로 태워서 가루로 만든 것을 보면 알 수 있다고 한다(출 32:20).

이스라엘의 조상들은 "그 우상 앞에 제사하며 자기 손으로 만든 것을 기뻐했다." 출 32:6에 보면 "그들이 일찍이 일어나 번제를 드리며 화목제를 드리고 백성이 앉아서 먹고 마시며 일어나서 뛰놀았다"고 말한다. 그들이 기뻐한 것을 보면 그들은 오랫동안 제사를 드리며 기뻐한 것을 알 수 있다. 사람들은 부패하여 자기들의 손으로 만든 것을 기뻐한다.

행 7:42. 하나님이 외면하사 그들을 그 하늘의 군대 섬기는 일에 버려두셨으니 이는 선지자의 책에 기록된바 이스라엘의 집이여 너희가 광야에서 사십 년간 희생과 제물을 내게 드린 일이 있었느냐.

스데반은 본 절과 다음 절에서 하나님의 심판을 언급한다. 먼저 "하나님이 외면하셨다"고 말한다(시 81:12; 겔 20:25, 39; 롬 1:24; 살후 2:11). 죄에 대한 하나님의 벌 중에서 제일 먼저 다가오는 벌은 하나님께서 얼굴을 돌이키시는 것이다. 우리가 죄를 지었을 때 하나님께서 징계의 채찍을 들어 때리시는 것은 큰 사랑에 속한다. 그러나 만일 죄를 계속해서 지으면 하나님께서는 외면하신다. 우리가 혹시 하나님의 외면을 경험한다면 우리가 즉시 하나님께로 향하고 죄를 자복해야 한다.

다음 하나님은 "그들을 그 하늘의 군대 섬기는 일에 버려두셨다"(신 4:19; 17:3; 왕하 17:16; 21:3; 렘 19:13; 롬 1:24-28 참조). '그들로 하여금 하늘의 군대 섬기는 일에 몰두하게 버려두셨다'는 뜻이다. "하늘의 군대"(τῇ στρατιᾷ τοῦ οὐρανοῦ)란 말은 '하늘의 해와 달과 별들'을 지칭한다. 하나님은 돌아서지 않는 이스라엘 민족으로 하여금 훗날에도 계속해서 하늘의 일월성신을 섬기게 그냥 두셨다(암 5:25-27). 비참한 벌이다.

스데반은 이스라엘 민족이 하늘의 일월성신을 섬긴 죄를 구약 성경에서 끌어낸다. "이는 선지자의 책에 기록된바 이스라엘의 집이여 너희가 광야에서 사십 년간 희생과 제물을 내게 드린 일이 있었느냐"고 말한다(암 5:25-26). "선지자의 책"이란 아모스서 5:25을 말하는데 아모스는 말하기를 이스라엘 민족이 광야에서 40년 동안 하나님께 진정으로 희생과 제물을 드린 일이 없었다는 것이다. 드리기는 드렸으나(출 24:4) 진정으로 드리지 않고 우상을 겸하여 섬겼기 때문에 희생과 제물을 드린 적이 없는 것이나 다름없다고 말한다. 인간은 두 주인을 섬기지 못한다. 하나님도 섬기고 피조물도 섬길 수는 없는 일이다. 사람들은 무엇인가에 열중하지만 하나님께 전심하지 않는 것은 다 무효이다.

행 7:43. 몰록의 장막과 신 레판의 별을 받들었음이여 이것은 너희가 절하고자 하여 만든 형상이로다 내가 너희를 바벨론 밖으로 옮기리라 함과 같으니라.
스데반은 이스라엘 민족이 우상 숭배하는 일을 계속했기에 바벨론 밖으로 포로 되어 갈 것이라는 아모스서 5:26을 인용하여 하나님의 심판을 말한다. 그들은 실제로 이 예언대로 기원 전 586년에 바벨론으로 잡혀 갔다(왕하 23:26-27; 대하 36:11-21).

이스라엘 민족은 우상을 섬기는 죄를 중단하지 않다가 가나안에 들어간 후에도 계속해서 앗수르의 별들 숭배를 수입하여 별들을 숭배했다(렘 8:2; 19:13; 왕하 21:3; 23:5). "몰록의 장막"(ηΝ σκηνην τ המנהכס נהת)(שׁלשׁ)이란 말은 아모스서 5:26의 "너희의 왕 식굿"(סכות מלכֶכם)이란 히브리어를 헬라어로 옮긴 것인데 본서의 저자 누가는 "너희의 왕 식굿"이란 말의 뜻만 옮겼다. 그 뜻은 '몰록을 섬기는 장막'(the Tabernacle of Moloch)이란 뜻이다.[36] 다시 말해 몰록을 제사하는 장막이란 뜻이다. 여기 "몰록"이란 신은 어린 아이를 제물로 받는 '잡신'(god)을 지칭한다. 그리고 "레판"('Ραιφάν)이란 말은 히브리어(כִּיּוּן)를 그대로 옮긴 것인데 '토성'(土星)을 지칭한다(F. F. Bruce). 그러니까 "신 레판의 별"이란 말은 '토성 신'을 뜻하는 말이다. 이스라엘 민족은 자기들이 섬기는 하나님이 계신데도 외국에서 별 우상을 수입하여 별들을 섬겼다. 스데반은 "이것은 너희가 절하고자 하여 만든 형상이로다"라고 말한다. 즉 '이것들은 너희가 예배하고자 하여 만든 형상이라'고 말한다. 그들은 자기들 손으로 별 모양을 만들어 섬겼다. 오늘도 사람들은 하나님보다 다른 것들을 더욱 마음에 두고 섬긴다. 돈도 섬기고 명예도 섬기며 사람도 숭배한다. 심지어 근래에는 성(sex)을 숭배하는 사람들도 있다. 그래서 결국은 하나님의 심판을 받는다. 심판 중에서 가장 혹독한 심판은 외국에 포로 되어 가는 심판이다. 그것보다 더 큰 심판은 영원한 심판이다 (계 21:8; 22:15).

행 7:44. 광야에서 우리 조상들에게 증거의 장막이 있었으니 이것은 모세에게 말씀하신 이가 명하사 그가 본 그 양식대로 만들게 하신 것이라.
스데반은 이스라엘이 광야와 가나안에서 하나님께 대하여 패역했던 일과 그에 따른 하나님의 심판에 대해 언급한(39-43절) 후 이제 본 절부터 50절까지 하나님은 사람이 지은 성전을 초월해 계시는 사실을 밝힌다(44-50절). 스데반은 이 부분(44-50절)에서 자신에 대한 거짓 증인들의 거짓말, 곧 "나사렛 예수가 이 성전을 헐 것이라고 네(스데반)가 가르쳤다"(6:14)는 거짓말을 반박하고 있다.

　　스데반은 "광야에서 우리 조상들에게 증거의 장막이 있었으니 이것은 모세에게 말씀하신 이가 명하사 그가 본 그 양식대로 만들게 하신 것이라"고 말한다(출 25:40; 26:30; 히 8:5). 즉 '광야에 우리 조상들을 위하여 하나님의

---

36) Simon Kistemaker는 여기 "몰록"(Moloch)이란 말에 대하여 'Canaanite-Phoenician god of the sky and sun'이든가 아니면 '금성'(金星)일 것이라고 말한다.

십계명을 보관한 장막이 있었는데 이 장막은 사람 마음대로 지은 것이 아니라 하나님께서 모세에게 말씀해 주신대로 모세가 본 그 양식대로 만들게 하신 것이라'고 말한다. 스데반은 그의 설교에서 "우리 조상들"이란 말을 여덟 번이나 사용하고 있다. 비록 조상들이 광야와 가나안에서 우상을 섬겼다고 해도 존경하는 뜻으로 "우리 조상들"이라고 부른다. 그러나 51-53절에서는 "너희 조상들"이라고 부른다. 스데반은 광야에 있었던 장막을 "증거의 장막" 이고 부르는 이유는 그 장막에 하나님을 증거 하는 십계명이 보관되어 있었기 때문이었다. 그리고 똑 같은 장막을 때로는 "회막"이라고 불렀는데 그 이유는 이스라엘 백성이 거기서 하나님과 만났기 때문이었다(출 27:21; 신 31:14).

스데반은 모세가 하나님께서 그에게 보여주신 대로 그 장막을 만들었다고 말한다. 하나님은 모세를 산 위로 불러서 장막을 어떻게 지어야 하는지를 지시하셨다(출 25:9, 40; 26:30; 27:8; 히 8:5). 하나님께서 모세에게 장막을 어떻게 지어야 하는지를 말씀하시는 동안 이스라엘 민족은 광야에서 우상을 만들어 섬기고 있었다. 솔로몬이 성전을 짓기까지 이스라엘 민족은 성전이 없이 장막에서 하나님을 섬겼다. 그런고로 성전은 절대적으로 필요한 것은 아니라는 것이다. 그러나 이스라엘 민족은 하나님이 성전에만 계신 분으로 알았다.

행 7:45. 우리 조상들이 그것을 받아 하나님이 그들 앞에서 쫓아내신 이방인의 땅을 점령할 때에 여호수아와 함께 가지고 들어가서 다윗 때까지 이르니라.

스데반은 이스라엘의 조상들이 장막을 운반하면서 다윗 때까지 이르렀다고 말한다. 그런고로 성전이 절대적으로 필요한 것은 아님을 암시한다. 스데반은 첫째, "우리 조상들이 그것을 받았다"고 말한다(수 3:14). 38년 동안 광야에서 이스라엘이 이곳저곳으로 옮기는 도중 애굽에서 나온 1세대(20세 이상)가 죽은 후 다음 세대가 장막을 받아가지고 광야에서 옮겨 다녔다는 뜻이다. 둘째, "하나님이 그들 앞에서 쫓아내신 이방인의 땅을 점령할 때에 여호수아와 함께 가지고 들어갔다"고 말한다(13:19; 느 9:24; 시 44:2; 78:55). '하나님께서 여호수아 군대로 하여금 가나안을 점령하게 하실 때에 (수 3:14-17; 23:9; 24:18) 레위인들이 장막을 가지고 가나안에 들어갔다'는 뜻이다(수 18:1). 셋째, 그리고 그 후 "다윗 때까지 이르렀다"고 말한다. 다시 말해 사사시대를 지나고 사울 왕 때를 지나 많은 시간 장막은 그 형태로 있으면서 다윗 때까지 이르렀다는 말이다. 그 동안에도 성전은 존재하지 않았다. 그런고로 성전이 반드시 필요했던 것은 아니었다는 것을 암시한다.

행 7:46. 다윗이 하나님 앞에서 은혜를 받아 야곱의 집을 위하여 하나님의 처소를 준비하게 하여 달라고 하더니.
스데반은 본 절과 다음 절에서 다윗과 솔로몬이 성전을 짓게 된 경위를 설명한다. 먼저 다윗이 "하나님 앞에서 은혜를 받았다"고 말한다(13:22; 삼상 16:1; 삼하 7:1; 시 89:19). 곧 다윗왕은 국내외의 모든 적들을 다 물리치고 나라를 평안하게 만들어 놓았다. 그리고 다윗은 그가 이미 시온산에 마련해놓은 휘장 성소 외에 언약궤가 머무를 수 있는 더 좋은 장소를 마련할 마음이 생겼다. 다윗에게는 좋은 장소를 마련하려는 강렬한 소원이 있었다. 다음으로 다윗은 "야곱의 집을 위하여 하나님의 처소를 준비하게 하여 달라" 고 말했다(왕상 8:17; 대상 22:7; 시 132:4-5). 다윗은 언약궤를 예루살렘으로 옮겨놓은 후 나단 선지자에게 하나님을 위하여 성전을 지을 소원을 피력했다 (삼하 7:1-2; 대상 17:1). 그러나 하나님은 나단 선지자에게 하나님 자신은 다윗의 아들로 하여금 하나님의 집을 세우시기를 소원하신다는 것을 다윗에게 알리라고 지시하신다(삼하 7:13; 왕상 8:17-19). 다윗은 하나님께 자신의 소원을 아뢴다. "그(다윗)가 여호와께 맹세하며 야곱의 전능자에게 서원하기를 내가 내 장막 집에 들어가지 아니하며 내 침상에 오르지 아니하고 내 눈으로 잠들게 하지 아니하며 내 눈꺼풀로 졸게 하지 아니하기를 여호와의 처소 곧 야곱의 전능자의 성막을 발견하기까지 하리라"고 아뢴다(시 132:2-5). 그러나 하나님은 다윗에게 성전을 짓는 것을 허락하지 않으신다.

이유는 다윗이 전쟁에서 너무 많은 피를 흘렸기 때문이라고 하신다(대상 22:8; 28:3). 그러나 다윗은 성전 지을 재료를 많이 준비해 놓았다(왕상 7:51). 하나님께서 이렇게 성전 건축을 늦추신 이유는 다윗에게도 문제가 있었지만 성전이 없어도 하나님께 얼마든지 예배할 수 있다는 뜻이었다(F. W. Grosheide).

그런데 본 절의 "야곱의 집"(τῷ οἴκῳ Ἰακώβ)이란 말은 aBD라는 사본에 있는 말이고 "야곱의 하나님"이란 말은 ACEP라는 사본에 있는 말인데 Lake와 Cadbury는 전자의 사본들이 더 원본적이라고 하고, 혹자는 양쪽 주장이 비등하게 무게가 있다고 하며 또 혹자는 다음 절과의 문맥을 고려하여 "야곱의 하나님"이란 말을 더 좋게 여기기도 한다. 영국 왕역(KJV)과 신 미국표준성경(NASB), 그리고 신 국제번역판(NIV)은 모두 "야곱의 하나 님"(the God of Jacob)이란 말을 선호했다.

행 7:47. 솔로몬이 그를 위하여 집을 지었느니라.
스데반은, 평화의 사람, 즉 다윗의 아들 솔로몬이 야곱의 하나님을 위해서 성전을 건축했다고 말한다(왕상 6:1; 8:20; 대상 7:12; 대하 3:1). 솔로몬은 성전을 건축한 다음에 하나님께서 사람이 지은 건물 안에 갇혀계시지는 않는다고 말했다(왕상 8:27; 대하 2:6). 사람은 성전 안에서만 예배할 수 있는 것은 아니다.

행 7:48. 그러나 지극히 높으신 이는 손으로 지은 곳에 계시지 아니하시나니 선지자가 말한 바.
스데반은 앞에서 다윗이 준비하고 솔로몬이 성전을 지었으나(46-47절) "지 극히 높으신 이는 손으로 지은 곳에 계시지 아니하신다"고 말한다(17:24; 왕상 8:27; 대하 2:6; 6:18). '지극히 높으신 하나님, 창조주 하나님은 사람들 이 손으로 지은 솔로몬 성전에 갇혀계시는 분이 아니라'고 말한다(대하 2:6; 시 139:7-16; 사 66:1-2; 렘 23:24; 행 17:24). 하나님은 무소부재(無所不在)하신 분이시다. 솔로몬 성전은 사람들이 하나님을 예배하고 섬기는 곳이지 하나님께서 그 안에 갇혀계시지는 않는다는 것이다. 스데반은 자기의 주장을 변호하기 위하여 다음의 구약 성경을 인용한다(사 66:1-2).

행 7:49-50. 주께서 이르시되 하늘은 나의 보좌요 땅은 나의 발등상이니 너희가 나를 위하여 무슨 집을 짓겠으며 나의 안식할 처소가 어디냐 이 모든 것이 다 내 손으로 지은 것이 아니냐 함과 같으니라.

스데반은 "주께서 이르신다"고 말한다. 즉 구약성경을 헬라어로 번역한 70인역(LXX) 이사야 66:1-2에서 '하나님께서 말씀하신다'는 것이다. "하늘은 나의 보좌요 땅은 나의 발등상이니 너희가 나를 위하여 무슨 집을 짓겠으며 나의 안식할 처소가 어디냐 이 모든 것이 다 내 손으로 지은 것이 아니냐"는 말씀을 인용한다(사 66:1-2; 마 5:34-35; 23:22). "하늘은 나의(하나님)의 보좌이고 땅은 나의(하나님)의 발등상"이란 말은 '하나님은 천지에 무소부재하신 분, 곧 천지에 어디든지 계신 분이라'는 뜻이다. 천지의 어디에나 계신 하나님께서 인생들을 향하여 "너희가 나를 위하여 무슨 집을 짓겠으며 나의 안식할 처소가 어디냐"고 물으신다. 곧 '인생들이 하나님을 위하여 무슨 성전을 짓겠으며 하나님께서 편안히 쉬실 성전을 짓겠느냐'고 물으신다. 하나님은 피조물 속에 갇혀계신 분이 아니라고 하신다. 성전은 사람들이 하나님을 예배하는 장소이지 하나님께서 갇혀 계시는 곳은 아니다. 하나님은 말씀하시기를 "이 모든 것이 다 내 손으로 지은 것이 아니냐"고 깨우치신다. 성전도 하나님께서 지으신 피조물이 아니냐고 물으신다. 솔로몬은 열왕기상 8:27에서 "하나님이 참으로 땅에 거하시리이까 하늘과 하늘들의 하늘이라도 주를 용납하지 못하겠거든 하물며 내가 건축한 이 성전이오리이까"라고 고백했다. 그러면 하나님은 누구와 함께 하시는가? 이사야 66:2b에 보면 "무릇 마음이 가난하고 심령에 통회하며 내 말을 듣고 떠는 자 그 사람은 내가 돌본다"고 하신다. 그런데 산헤드린 공의회원들은 이런 사실도 모르고 예루살렘이 세상의 중심이고 또 예루살렘 성전이 예루살렘의 중심으로 알아서 자랑했으나 스데반은 하나님은 예루살렘 성전에 갇혀계시는 분이 아니고 세상 어디에나 계시는 분이라고 변증한다.

스데반은 여기까지만 말해도 충분히 자신의 뜻이 충분히 반영되었지만 그러나 스데반은 산헤드린 사람들이 스데반의 말을 잘 이해하지 못하는 것을 알고 다음의 말씀(51-53절)을 말하여 그들의 각성을 촉구한다.

행 7:51. 목이 곧고 마음과 귀에 할례를 받지 못한 사람들아 너희도 너희 조상과 같이 항상 성령을 거스르는도다.

스데반은 산헤드린 공의회원들을 향하여 "목이 곧고 마음과 귀에 할례를 받지 못한 사람들아"라고 부른다(출 32:9; 33:3; 사 48:4). 그들이 스데반의 설교(2-50절)를 듣고도 회개하지 않으니 죽음을 각오하고 이렇게 부른 것이다. "목이 곧다"는 말은 '교만하다'는 뜻이다. 유대인들은 조상 때부터 목이 곧은 백성이었다(출 33:3, 5; 34:9). 그들은 오래 동안 불순종하는 백성이었다. 그리고 그들은 "마음과 귀에 할례를 받지 못한 사람들"이었다. '마음의 굳은 부분을 베지 않았다'는 뜻이다(레 26:41; 신 10:16; 30:6; 렘 4:4; 6:10; 9:26; 겔 44:7, 9; 빌 3:3; 골 2:11). '마음속의 악한 생각을 제거하지 않았다'는 뜻이다. 그들은 도무지 순종하지 않은 점에서 마음과 귀에 할례를 받지 못한 사람들이었다(히 3:17-18). 마치 이방 사람들이나 다름없었다.

스데반은 산헤드린 공의회원들을 향하여 "너희도 너희 조상과 같이 항상 성령을 거스르는도다"라고 말한다. '현재 후손들도 역시 조상들과 같이 항상 성령의 음성을 거스르고 있다'고 질타한다(사 63:10). 성령의 음성 곧 선지자의 말씀을 순종하지 않는다고 한 것은 다음 절들(52-53절)이 밝히고 있다. 사람이 교만하고 마음의 악한 부분을 제하지 않고 귀를 옳은 말에 기울일 줄을 모르면 결국은 성령을 거역하고 선지자들의 말씀을 거역하게 된다. 문제는 마음이 중요하다. 우리의 마음은 참으로 악을 제거한 마음이어야 한다.

행 7:52. 너희 조상들이 선지자들 중의 누구를 박해하지 아니하였느냐 의인이 오시리라 예고한 자들을 그들이 죽였고 이제 너희는 그 의인을 잡아 준 자요 살인한 자가 되나니.

스데반은 이스라엘의 조상들이 성령을 거슬렀고 또 현재 산헤드린 공의회원들이 성령을 거스르고 있다고 질타한다. 먼저 "너희 조상들이 선지자들 중의 누구를 박해하지 아니하였느냐 의인이 오시리라 예고한 자들을 그들이 죽였다"고 말한다(3:14; 대하 36:16; 마 21:35; 23:34, 37; 살전 2:15). '조상들은 모든 선지자들을 박해했다는 것이고 또 의인, 곧 예수님(3:14; 22:14)이 오시리라고 예언한 선지자들을 죽였다'고 말한다. 그리고 다음으로 스데반은 "이제 너희는 그 의인을 잡아 준 자요 살인한 자가 되었다"고 말한다. '이제 산헤드린 공의회원들은 그 의인, 즉 예수님을 잡아서 죽인 자가 되었다'고 말한다. 한 마디로 살인자들이 되었다고 맹렬히 질타한다. 교만하다는 것, 마음의 악을 제거하지 못한다는 것은 엄청난 불행을 자초한다.

행 7:53. 너희는 천사가 전한 율법을 받고도 지키지 아니하였도다 하니라.

스데반은 산헤드린 공의회원들이 하나님께서 천사를 통하여 모세에게 주었고 또 모세가 조상들에게 전해준 율법을 받고도 그 율법을 지키지 않았다고 질타한다(7:38; 출 20:1; 갈 3:19; 히 2:2). 유대인들이 율법을 받고도 율법이 예언한 그리스도를 영접하지도 않았고 믿지도 않았으며 게다가 그리스도를 죽였으니 율법을 지키지 않은 것이다. 그들은 스스로 율법을 잘 지키는 줄 알았지만 실제로는 율법을 지키지 않았다.

3. 스데반이 순교하다 7:54-60

스데반이 이스라엘 민족이 광야와 가나안 땅에서 하나님께 대하여 패역했던 일과 그에 따른 하나님의 심판에 대해 언급하고(39-43절) 또 하나님은 사람이 지은 성전을 초월해 계시는 사실을 밝힌(44-50절) 다음 이제 이 부분(54-60절)에서는 산헤드린 공의회원들과 유대인들에 의해 성 밖으로 내침을 당해 순교한다. 스데반의 순교 장면은 기독교 역사에서 영원히 빛나는 본보기가 되었다.

행 7:54. 그들이 이 말을 듣고 마음에 찔려 그를 향하여 이를 갈거늘.
스데반의 반대자들이 "이 말을 듣고 마음에 찔렸다"(5:33). 그들은 스데반의 설교를 다 듣고 행동한 것이 아니라 스데반의 설교를 듣는 중에 행동했다. 여기 "듣고"(ακούοντες)란 말은 현재분사로서 '듣는 중에,' '들으면서'라는 뜻이다. 반대자들은 설교를 다 듣지도 않고 "마음에 찔렸다." "마음에 찔렸다"(διεπρίοντο)는 말은 미완료 시제로 '마음에 찔리고 있었다,' '마음에 격노하고 있었다'는 뜻으로 그들은 스데반의 설교를 들으면서 계속해서 마음속으로 격노하고 있었다는 뜻이다. 그들은 스데반의 설교를 들으면서 마음이 부글부글 끓어서 견딜 수 없어 "그를 향하여 이를 갈았다." '이를 간 것은 극심하게 악한 감정을 드러낸 행위였다.' 다시 말해 악의와 살의(殺意)로 충만한 것을 드러낸 행위였다. 설교를 듣고 어떤 사람들은 큰 은혜를 받는가 하면 또 어떤 사람들은 마음이 더욱 강퍅해져서 견딜 수 없게 된다. 멸망할 사람들은 설교를 들으면서 그 심령이 복음화가 되지 않고 오히려 악화된다.

행 7:55. 스데반이 성령 충만하여 하늘을 우러러 주목하여 하나님의 영광과 및 예수께서 하나님 우편에 서신 것을 보고.
반대자들은 마음이 격노하여 스데반을 향하여 이를 가는 동안 스데반은 성령이 충만하였다. 곧 성령으로 지배받고 있었다는 말이다(6:5, 8). 그는 이제 온전히 성령의 사람이었다. 그래서 그는 이제 "하늘을 우러러 주목하여 하나님의 영광과 및 예수께서 하나님 우편에 서신 것을 보았다." 그는 하늘을 우러러 두 가지를 본 것이다. 하나는 "하나님의 영광"을 보았다. 사람이 하나님을 눈으로 보고 살자가 없음으로 하나님께서 그 영광을 가끔 보이셨다(출 33:18-22; 사 6:1-4; 겔 1:28; 요 12:41 참조). 그러니까 여기 "영광"은 하나님을 가려주는(hides) 영광이었다(Marshall). 그리고 스데반은 또 "예수께서 하나님 우편에 서신 것을 보았다." 예수님은 하나님의 우편에 앉아 계신 분이라고 성경이 증언하고 있는데(마 26:64; 눅 22:69; 행 2:33-34; 엡 1:20; 골 3:1; 히 1:3, 13) 이때 예수님께서는 첫 순교자를 격려하기 위하여 하나님 우편에 서서 계셨다고 학자들은 말한다(Bengel, Vincent, Bruce, Kistemaker; Everett Harrison, Carter and Earle). 예수님께서 하나님의 우편에 서 계셨다는 말은 예수님께서 하나님과 동등한 권위와 영광을 가지고 계심을 나타내는 말이기도 하다. 스데반이 땅위에서 하나님의 영광과 또 예수님께서 하나님 우편에 서 계신 것을 보았으니 가장 복된 사람이었음에 틀림없다.

행 7:56. 말하되 보라 하늘이 열리고 인자가 하나님 우편에 서신 것을 보노라 한 대.
스데반은 하나님의 영광과 예수님께서 하나님 우편에 서신 것을 보고 반대자들과 공회원들에게 "보라"고 권한다. "하늘이 열리고 인자가 하나님 우편에 서신 것을 보고" 산헤드린 공의회원들도 보라고 초대한다(10:11; 겔 1:1; 마 3:16). 스데반은 "하늘이 열린 것"을 보았다. 그는 이제 땅에서는 더 있을 수 없었다. 그는 순교를 맞이하고 있었으니 하나님은 하늘을 열어 보게 하셨다. 그는 이제 하나님 나라로 갈 것을 예상하게 되었다. 우리에게도 언제인가 하늘이 열릴 날이 올 것이다.

그리고 스데반은 하늘이 열린 중에 "인자가 하나님 우편에 서신 것을 보았다"(단 7:13). '인자, 곧 예수님께서 하나님 우편에 서신 것을 보았다.' 여기 "인자"란 칭호는 예수님께서 언제나 자칭(自稱)하는 칭호로 사용하셨다(이 칭호는 복음서에만 나오는 칭호로서 82회 사용되었다). 복음서 이외에는 여기 스데반이 한번 사용했다. 스데반이 인자이신 예수님을 본 것은 고난 받으신 그리스도를 본 것을 말한다. 인자라는 칭호는 통상 고난 받으신 그리스도를 지칭하는 말이니 스데반이 고난 받으신 그리스도께서 하나님

우편에 서서 계신 것을 본 것은 고난을 받아야 할 스데반에게 큰 격려가
되었다. 고난 받으신 그리스도는 스데반을 격려하셨고 또 오늘 이 땅에서
복음 전파위해서 고난을 받는 종들과 성도들을 격려하고 계신다. 우리가
아무리 고난을 받아도 인자께서 크게 격려하고 계심을 알아야 한다.

그리고 인자되신 예수님께서 "하나님 우편에 서 계신 것"은 예수님께서
하나님과 동등 되신 권위와 영예를 가진 분임을 뜻한다. 예수님은 하나님과
동등하신 분으로 바로 하나님이시라는 뜻이다. 우리의 고난이 심하면 예수님
께서 더욱 강하게 도우신다.

행 7:57. 그들이 큰 소리를 지르며 귀를 막고 일제히 그에게 달려들어.
스데반은 반대자들에게 하늘이 열린 것과 예수님께서 하나님 우편에 서신
것을 보라고 권했는데(앞 절) 그들은 스데반의 요청을 거절하고 오히려 "큰
소리를 지르며 귀를 막고 일제히 그에게 달려들었다." "큰 소리를 지른
것"은 스데반의 소리를 막고 스데반의 목소리를 압도하기 위함이었다. 그리
고 "귀를 막은 것"은 스데반의 소리를 듣지 않기 위해서였다. 그리고 "일제히
그에게 달려든 것"은 폭력으로 죽이기 위해서였다. 그들은 법으로 재판하지
도 않고 로마 총독에게 재판도 부탁하지 않고 스데반을 죽이려고 달려든
것이었다. 세상 사람들이 쓰는 폭력을 그대로 사용했다.

**행 7:58. 성 밖으로 내치고 돌로 칠 새 증인들이 옷을 벗어 사울이라 하는
청년의 발 앞에 두니라.**
본서의 저자 누가는 반대자들이 스데반을 죽인 순서와 현황을 기록한다.
먼저 스데반을 "성 밖으로 내쳤다"(왕상 21:13; 눅 4:29; 히 13:12). '폭력을
사용하여 스데반을 성 밖으로 내친'(cast him out) 것이다. 성안에서 쳐
죽이면 자기들이 더러워진다고 하여 성 밖에서 죽였다(레 24:14). 그리고
다음 성 밖에서 스데반을 "돌로 쳤다"(레 24:16). 여기 "칠 새"($\dot{\epsilon}\lambda\iota\theta\circ\beta\acute{o}\lambda\circ\upsilon\nu$)
란 말은 미완료과거 시제로 '계속해서 돌로 치고 있었다'는 뜻이다. 한번만

친 것이 아니라 죽을 때까지 계속해서 돌로 친 것을 뜻하는 말이다. 돌로 칠 때는 제일 처음 증인이 돌로 치고 다음 둘째 증인이 돌로 치고 다음에는 모든 군중이 돌을 들어 쳐 죽였다. 그리고 스데반을 돌로 치는 동안 "증인들이 옷을 벗어 사울이라 하는 청년의 발 앞에 두었다"(8:1; 22:20; 신 13:9-10; 17:7). 곧 '증인들이 자기들의 옷을 벗어 사울이라고 하는 청년의 발 앞에 두었다'는 뜻이다. 증인들이 옷을 입고 돌로 치려면 활동이 불편하니 옷을 벗어서 사울이라고 하는 청년의 발 앞에 두었다. 사울이라고 하는 바울은 이 때 증인이 되어 스데반이 순교하는 모습을 보게 되었다. 사울은 길리기아 다소 성에서 났고 예루살렘에서 석학 가말리엘의 문하에서 율법을 공부하였는데(22:3) 이때에 여기에 등장하는 것을 보면 유대사회에서 중견층 인물이 된 것을 뜻한다. 사울은 스데반이 죽을 때 가편 투표를 한 사람이었다(8:1a). 누가가 사울을 청년이라고 표현한 것을 보면 24세 내지 40세 정도로(Bauer) 아마도 사울의 나이 30세 전후였을 것으로 보인다.

행 7:59. 그들이 돌로 스데반을 치니 스데반이 부르짖어 이르되 주 예수여 내 영혼을 받으시옵소서 하고.

누가는 "그들" 즉 '증인들'(앞 절)이 "스데반을 쳤다"고 말한다.[37] 아마도 한 사람의 증인이 돌로 쳤고 연이어 다른 증인들이 돌로 쳤을 것이다. 이때 "스데반이 부르짖어 이르되 주 예수여 내 영혼을 받으시옵소서"라고 기도했다(9:14; 31:5; 눅 23:45). 스데반은 하나님 우편에 서 계신 그리스도에게 자신의 영혼을 부탁했다(56절). 예수님은 십자가상에서 "아버지여 내

---

37) AD 2세기의 미쉬나(Mishinah)에는 돌로 치는 법에 대하여 다음과 같이 해석되어 있다. "재판이 끝나면 정죄 받은 자를 돌로 치기 위하여 끌고 나가라. 돌에 맞는 장소는 법정 밖이어야 한다. ...10 규빗 뒤에서 사형수에게 이렇게 말하라. '자백하라. 자백은 사형을 앞둔 모든 자들이 해야 하는 규례이다. 자백하는 자는 누구나 모든 세상에서 기업을 얻을 것이다....돌을 맞는 장소에서 4 규빗 벗어난 곳에서 죄수의 옷을 벗기라....돌을 던지는 곳은 사람 키의 두 배 정도 떨어진 곳이다. 증인의 한 사람이 죄수의 뒤에 가서 고개를 수그리도록 밀치라. 그리고 그의 뒤에서 돌을 던져 넘어지게 하라. 한번 던져서 죽으면 그것으로 족하다. 죽지 않으면 두 번째 증인이 돌을 들어 그의 가슴을 치라. 이번에 죽으면 그것으로 족하다. 죽지 않으면 전 이스라엘 회중이 돌로 칠 것이다"(Sanhedrin vi. 1-4)(F. F. Bruce).

영혼을 아버지 손에 부탁하나이다"라고 기도하셨다(눅 23:46). 영혼을 맡긴 점에서는 똑 같으나 예수님은 아버지 손에 부탁하셨고 스데반은 예수님 손에 부탁했다. 예수님은 하나님의 아들이시면서 하나님이시라는 것을 보여주는 기도이다. 우리는 임종 전에 그리고 임종을 당하여 이 기도를 드려야 한다.

행 7:60. 무릎을 꿇고 크게 불러 이르되 주여 이 죄를 그들에게 돌리지 마옵소서 이 말을 하고 자니라.
스데반은 임종의 순간에 "무릎을 꿇고 크게 불러" 기도했다(9:49; 20:36; 21:5). 유대인들은 보통 서서 기도했으나(마 6:5; 눅 18:11) 예수님은 겟세마네 동산에서 꿇어 기도하셨다(눅 22:41). 그리고 초대 교회의 성도들도 역시 꿇어 기도했다(9:40; 20:36; 21:5). 우리는 무릎 꿇고 기도할 수 있어야 한다(엡 3:15).

스데반은 "주여 이 죄를 그들에게 돌리지 마옵소서"라고 기도했다(마 5:44; 눅 6:28). 예수님께서 "아버지여 저희를 사하여 주옵소서 자기의 하는 것을 알지 못함이니이다"(눅 23:34)라고 기도하셨던 것처럼 스데반도 역시 같은 내용의 기도를 드렸다. 그러나 스데반의 기도와 예수님의 기도의 순서는 달랐다. 예수님은 먼저 다른 이들의 죄를 사하여 주십사고 기도한(눅 23:34) 다음 자신의 영혼이 하나님의 손에 받아지기를 위해 기도하셨다(눅 23:46). 그러나 스데반은 자신의 영혼이 그리스도의 손에 받아지기를 위해 기도한 다음 다른 이들의 죄를 위해 기도했다. 스데반은 거짓 증인들이 하는 일이 "죄"라는 것은 인정했다. 그러나 그 죄책이 그들에게 임하지 않기를 기도했다. 만약 죄책이 그대로 그들에게 임했더라면 바울의 다메섹 회심은 불가능했을 것이다.

누가는 스데반이 원수들을 위한 기도를 한 다음 "이 말을 하고 자니라"고 묘사한다. 곧 갑자기 잠들었다는 뜻이다. 수많은 돌들이 날라 왔고 스데반이 큰 소리로 거짓 증인들을 위해서 기도한 다음 갑자기 고요함이 찾아온 것이다. 스데반이 잠들었다는 표현은 훗날 부활을 전제하는 말이다(고전 15:18). 나사로도 잠들었는데 곧 다시 살아났었다(요 11:11). 우리 모두 훗날 잠들 것이다. 그리고 먼 훗날 부활할 것이다.

제 8 장

초대교회가 박해당한 일과 빌립의 사마리아 전도

I. 예루살렘 교회가 박해를 당하다   8:1-3

스데반이 돌에 맞아죽은(7:54-60) 후 박해는 초대교회 전체로 확산되어 사도 외에는 모두 유대와 사마리아로 흩어지게 되었다. 이 박해 중에도 사울이 제일 전면에 나타나 예루살렘 교회를 잔멸했다.

행 8:1. 사울은 그가 죽임 당함을 마땅히 여기더라 그 날에 예루살렘에 있는 교회에 큰 박해가 있어 사도 외에는 다 유대와 사마리아 모든 땅으로 흩어지니라.

예루살렘 교회를 잔멸하는 일에 사울이 전면에 나선다. "사울은 그가 죽임 당함을 마땅히 여겼다"(7:58; 22:20). 곧 '사울은 스데반이 죽임 당한 일을 마땅히 여겼다.' 그가 아직 유대교 신자로서 그리스도를 만나기 전이었던 고로 그리스인들에게 대하여 잔인했었다. 누구든지 그리스도를 만나지 않으면 그리스도인들에 대해서도 역시 악할 뿐 아니라 세계관이나 인생관, 가치관 등 모든 면에서 정상적이 아니다. 우리는 모든 사람들이 그리스도를 만나도록 그리스도를 전해주어야 한다. 사울은 훗날 그리스도를 만난 후 스데반이 죽임 당할 때에 찬성한 일에 대해 크게 자복했다(22:20).

본서의 저자 누가는 "그 날에 예루살렘에 있는 교회에 큰 박해가 있어 사도 외에는 다 유대와 사마리아 모든 땅으로 흩어졌다"고 말한다(11:19). 즉 '스데반이 순교한 그 날에 예루살렘에 있는 교회에 큰 박해가 시작되어 사도 외에는 다 유대와 사마리아 모든 땅으로 흩어졌다.' 박해가 오면 다른 곳으로 피하라고 주님께서 말씀하셨다(마 10:23). 사도들은 예루살렘 교회를 사수하기 위해 머물렀고 일반 성도들은 다 유대 지방과 사마리아 지방으로 흩어져서 복음을 전했다(4절). 사방에 복음을 전하도록 하나님께서 흩으셨으니 그들은 하나님의 섭리를 따라 여기저기 흩어져 복음을 전했다. 예루살렘에 머물러 있으면서 복음을 전하던 사도들은 훗날 헤롯의 박해를 맞이하여 야고보 사도가 순교함으로(12:2) 베드로도 다른 곳으로 가서 복음을 전하기에 이르렀다(12:17). 하나님은 성도들이 흩어져서 복음 전하는 것을 원하신다.

행 8:2. 경건한 사람들이 스데반을 장사하고 위하여 크게 울더라.
누가는 이제 예루살렘에는 스데반을 장사할 성도가 없어서 "경건한 사람들이 스데반을 장사하고 위하여 크게 울더라"고 말한다(창 23:2; 50:10; 삼하 3:31). 곧 '경건한 유대인들이 스데반을 장사하고 위하여 크게 울었다'고 말한다. 니고데모(요 3:1)나, 아리마대 요셉(눅 23:50) 같은 사람들이 경건한 사람들로서 예수님의 시신을 장례했는데 스데반을 장사한 사람들도 경건한 유대인들이었다. 세상에는 이렇게 숨은 의인들이 있다. 그들은 평소에는 가만히 있다가 일단 그들의 눈으로 보기에 사람들이 의롭지 못한 일들을 행한다고 생각될 때는 담대히 일어나서 일을 의롭게 처리한다. 그들은 스데반을 장사한 일만 아니라 또 위하여 크게 애도했다. 오늘도 이렇게 애도해주는 사람들이 세상 도처에 있다.

행 8:3. 사울이 교회를 잔멸할 새 각 집에 들어가 남녀를 끌어다가 옥에 넘기니라.
예루살렘 교회를 박해한 일에 제일 전면에 나선 사람이 바로 사울이었다. 그가 훗날 그의 죄를 자복한 것을 보면 본 절의 역사성은 증명되고도 남는다 (7:58; 9:1, 13, 21; 22:4; 26:10-11; 고전 15:9; 갈 1:13-14; 빌 3:6; 딤전 1:13). 사울은 잔인하게 교회를 박해했다. 누가는 사울이 교회를 "잔멸했다"고 말한다. 여기 "잔멸했다"(ἐλυμαίνετο)는 말은 미완료과거 시제로 '산돼지가 포도원을 파헤치듯 했다,' '황폐하게 했다'는 뜻이다. 사울은 교회를 박해한 사건을 두고 누가는 사울이 "각 집에 들어가 남녀를 끌어다가 옥에 넘겼다"고 말한다. 예수님을 믿는 집이라면 빼놓지 않고 들어가서 남자나 여자 가릴 것 없이 끌어다가 감옥에 가두었다. 이렇게 잔인무도하게 그리스도인들을 박해하던 사울이 훗날 다메섹 도상에서 회심한 것은 바로 그리스도의 능력을 여실히 보여주는 사건이었다. 예수님은 그 누구보다도 강하신 분이시다.

III. 사마리아 전도   8:4-40

예루살렘 교회에 박해가 다가오자 사도들을 제외한 성도들은 사마리아 성에 내려가 복음을 전했다. 그 중에 특별히 빌립이 사마리아 성에 내려가서 그리스도를 백성들에게 전하여 큰 은혜를 끼쳤고(4-8절), 마술을 행하는 시몬을 압도하기까지 했다(9-13절). 예루살렘 교회는 하나님의 말씀을 받은 사마리아 성 사람들에게 성령을 받게 하려고 베드로와 요한 사도로 하여금 사마리아를 방문하게 하여 성령이 임하시게 했다(14-17절). 두 사도의 사역을 관찰하던 마술사 시몬은 사도들에게 사도들 특유의 권능을 요청했다가 베드로에게 심한 질책을 받았다(18-24절). 두 사도는 사마리아에서 사역을 마치고 예루살렘으로 돌아가고(25절), 빌립은 에디오피아 내시에게 전도한 다음 가이사랴에 이른다(26-40절).

A. 빌립 집사가 사마리아에서 전도하다   8:4-13

누가는 예루살렘으로부터 쫓겨나서 사마리아에서 전도하는 성도들 중에 특히 빌립 집사에 대하여 특기한다. 빌립은 사마리아 성에 내려가 큰 은혜를 끼치고 또 그 성의 마술사 시몬까지 압도하고 은혜를 끼친다.

행 8:4. 그 흩어진 사람들이 두루 다니며 복음의 말씀을 전할 새.

누가는 예루살렘 교회에서 흩어진 사람들이 두루 다니며 복음의 말씀을 전했다고 기술한다(8:40; 9:32; 11:9; 마 10:23; 눅 9:6). 사울은 기독교를 박멸하려고 예루살렘 교회를 박해했으나 흩어진 사람들이 두루 다니며 복음을 전했다. 오히려 복음에 불을 붙인 셈이 되었다. 기독교 박해는 결코 무익하게 끝나지 않고 기독교의 부흥을 가져왔다. 우리는 어디서든지 복음을 전하고 소금과 빛이 되어야 한다.

행 8:5. 빌립이 사마리아 성에 내려가 그리스도를 백성에게 전파하니.
누가는 특별히 빌립 집사를 거론한다. 혹자는 본 절의 "빌립"을 '빌립 사도'라고 주장하나 사도들은 아직도 예루살렘에 있었다(1절). 스데반과 함께 집사로 뽑힌 빌립 집사임이 틀림없다(6:5). 빌립 집사에 관한 기사는 본 장 다음으로 21장에 기록되었고 거기서는 "전도자"라는 칭호가 붙여졌다.

누가는 빌립 집사가 "사마리아 성에 내려가 그리스도를 백성에게 전파했다"고 말한다(6:5). 여기 "사마리아 성"(τὴν πόλιν τῆς Σαμαρείας)이란 '사마리아 지방의 수도 사마리아 도시'를 지칭하는 말로 보인다. 이유는 "성"이란 말 앞에 관사가 있기 때문이다(사본 상 증거는 바로 관사가 있는 것을 강하게 지지한다. 그러나 대부분의 번역자들은 다른 해석을 선호한다. 즉 '사마리아의 한 도시로 내려갔다'라는 번역을 선호한다). 이 성은 구약시대에도 "사마리아"라고 불렸는데(왕상 13:32; 16:24) 헤롯 대왕에 의해 세바스테(Sebaste)라고 다시 이름이 붙여졌다. 빌립 집사가 사마리아 성에 내려가서 복음을 전파한 것은 대담한 행위였다. 이유는 사마리아는 이방의 도시였기 때문이었다. 유대인들은 사마리아 사람들을 개로 여길 정도로 멸시했다. 이유는 앗수르에 의해 사마리아가 점령된 후 사마리아로부터 옮겨간 상류 계급 사람들 대신에 외국의 이민들이 와서 살게 되었기 때문이었다. 유대인들은 사마리아 사람들이 혼혈족이라는 이유로 아주 멸시했는데 그곳에 내려가서 복음을 전했다는 것은 아예 생각할 수 없는 행위였다. 우리는 어디서든지 그리스도를 전해야 한다.

행 8:6. 무리가 빌립의 말도 듣고 행하는 표적도 보고 한마음으로 그가 하는 말을 따르더라.

빌립의 전도는 힘이 있었다. "무리가 빌립의 말도 듣고 행하는 표적도 보고 한마음으로 그가 하는 말을 따랐다." '무리는 빌립이 전하는 복음도 듣고 행하는 표적도 보고 일치된 마음으로 그가 하는 말을 순종했다.' 사마리아 인들이 빌립의 말을 순종하게 된 것은 빌립이 행하는 표적이 빌립의 복음 전도를 확증해 주었기 때문이었다. 누가는 빌립이 행한 표적에 대해서 다음 절에서 더욱 자세히 부연한다. 표적은 바로 빌립이 전하는 복음이 예수님의 말씀인 것을 확증하는 역할을 했다. 오늘 우리들에게 표적이 따르지 않아도 크게 문제시 할 것은 없다. 이유는 성령께서 우리의 복음 증거를 확증해주기 때문이다. 성령님이 역사하시면 우리의 복음 전도가 효과를 발휘하여 듣는 자들이 한 마음으로 순종하게 된다.

행 8:7. 많은 사람에게 붙었던 더러운 귀신들이 크게 소리를 지르며 나가고 또 많은 중풍병자와 못 걷는 사람이 나으니.

누가는 빌립 집사가 복음 증거 할 때 함께 나타났던 표적들을 열거한다. 표적은 세 종류의 사람들에게 힘 있게 나타났다. 첫째, "귀신들이 큰 소리를 지르며 나갔다"(막 16:17). 귀신들은 성령님에 의하여 밀려나고 말았다. 둘째, "많은 중풍병자"가 나음을 얻었다. 사람의 의술로는 도무지 고쳐지지 않는 중풍병자가 나음을 얻은 것은 성령님의 역사가 그만큼 강한 것을 보여준다. 셋째, "못 걷는 사람" 즉 '앉은뱅이'가 나음을 얻었다. 앉은뱅이 역시 불치병인데 성령님의 역사가 강하여 앉은뱅이가 일어나 걷게 되었다. 오늘날 이런 표적이 없어도 복음을 증언하는 일에는 큰 문제가 없다. 이유는 성령님 께서 초대교회 때 있었던 표적을 넉넉히 대신하시기 때문이다. 표적에 의해서 는 사람이 뒤집어지지 않아도 성령님은 학한 사람을 뒤집어놓으신다.

행 8:8. 그 성에 큰 기쁨이 있더라.

누가는 사마리아 도시에 "큰 기쁨이 있더라"고 말한다. 그 도시 사람들이 빌립 집사가 전해주는 말씀을 듣고 순종하는 중에 기쁨을 얻게 되었고(6절) 또 성령님의 역사로 말미암아 행해진 표적 때문에 기쁨을 얻게 되었다(6-7절). 성령님의 열매는 기쁨이라고 성경은 말씀한다(갈 5:22). 우리의 기쁨은 성령으로 말미암는다. 오늘 우리 사회에서 거짓 행복을 말하는 사람들이 많이 있다. 참 행복이란 복음을 듣고 그리스도를 믿어 사죄를 받기 때문에 생기는 기쁨이다. 그 이외에 다른 기쁨은 잠시간의 기쁨일 뿐이다.

행 8:9. 그 성에 시몬이라 하는 사람이 전부터 있어 마술을 행하여 사마리아 백성을 놀라게 하며 자칭 큰 자라 하니.

누가는 본 절부터 13절까지 빌립의 전도가 힘이 있어 마술사 시몬을 압도했다는 것을 말한다. 누가는 사마리아 성에 "시몬이라 하는 사람이 전부터 있어 마술을 행하여 사마리아 백성을 놀라게 했다"고 말한다(13:16). 시몬이란 사람이 빌립이 사마리아에 오기 전부터 있어 마술을 행하여 사마리아 사람들을 놀라게 했다. 시몬이 행하던 마술은 오늘날 마술사들이 사람들의 눈을 속여 재미를 더하려고 한 것과는 전혀 다르다. 시몬의 것은 사탄에 의해서 자행되었던 마술이었다. 시몬은 사마리아 성에서 오래 살면서 마술을 행하여 사마리아 사람들을 놀라게 했다. 얼핏 보기에 빌립의 복음 전도가 잘 먹혀들지 않을 토양이었다. 그러나 빌립 집사의 전도가 힘이 있어 시몬을 꺾어 놓았다. 우리의 전도가 힘이 있으려면 성령님이 함께 하셔야 한다.

마술사 시몬이 큰 세력을 가지고 있었던 사실은 그의 자칭 호를 보아도 알 수 있다. 그는 자칭 "큰 자"라는 칭호를 자기 자신에게 붙였다. 자기가 최고의 사람이라는 뜻이다. 거짓 스승들의 특징은 자기가 자기를 높이는 것이다.

행 8:10. 낮은 사람부터 높은 사람까지 다 따르며 이르되 이 사람은 크다

일컫는 하나님의 능력이라 하더라.

누가는 본 절에서 마술사 시몬의 영향력이 대단했다는 것을 말한다. 사마리아 도시의 "낮은 사람부터 높은 사람까지 다 따랐다"고 말한다. 여기 "따랐다"는 말은 '주의를 기울였다,' '청종했다'는 뜻인데, 사마리아 사람 고하(高下)를 막론하고 시몬의 마술에 민감하게 반응했고 매료되었다는 뜻이다. 사마리아 사람들은 마술사 시몬이 행하는 마술을 보고 그를 대단히 존경했다. 사탄의 역사는 힘이 있어 사람의 힘으로써는 막을 수 없다.

사마리아 사람들 고하를 막론하고 "이 사람은 크다 일컫는 하나님의 능력이라"고 말했다. 본문의 "하나님의 능력"이란 말은 '하나님의 능력을 부여받은 하나님의 대리자(대표자)'라는 뜻이다. 사람들이 시몬을 하나님의 능력을 받은 하나님의 대리자로 불렀으니 자기 자신도 자신을 "큰 자"(앞 절)라고 했음에 틀림없다. 그는 그 당시에 신격화 된 사람 중 하나였다.

행 8:11. 오랫동안 그 마술에 놀랐으므로 그들이 따르더니.

누가는 사마리아 사람들이 오랫동안 시몬의 마술에 놀랐으므로 그들이 시몬을 존경하고 따랐다고 말한다. 이렇게 오랜 전통을 가지고 있던 전통을 부수기는 힘이 들었는데 빌립 집사가 그곳에 가서 그를 꺾은 것은 분명 성령님의 힘에 의해 된 것이다. 오늘도 이 땅에 있는 다른 사상에 찌든 사람들을 예수님을 믿는 신자로 만들려면 성령님의 강력한 힘이 필요하다.

행 8:12. 빌립이 하나님 나라와 및 예수 그리스도의 이름에 관하여 전도함을 그들이 믿고 남녀가 다 세례를 받으니.

마술사 시몬이 꽉 잡고 있던 사마리아 성에서 빌립 집사는 "하나님 나라와 및 예수 그리스도의 이름에 관하여 전도했다"(1:3). 빌립은 현세의 하나님 나라와 내세의 하나님 나라에 관해서 전했다. 하나님은 현세에서나 내세에서나 왕이시고 주권자이시라는 것을 전했다는 뜻이다. 혹자는 사탄이 이 세상의 왕으로서 주권자가 된다고 말하나 성경은 하나님께서 이 세상을 통치하시고 또 주관하신다는 것을 말씀한다. 이 사상은 성경에 충만하다. 마태복음에는 하나님이 왕이시라는 개념이 풍부하게 나타나 있다. 사도행전에는 단지 네 번만 나타나 있지만(19:8; 20:25; 28:23, 31) 성경 전체에 하나님께서 왕으로서 온전히 이 세상을 주관하신다는 사상이 풍부하게 드러나 있다. 사탄은 하나님의 통제 하에서 활동하는 것뿐이다. 하나님은 지금도 이 세상의 모든 분야를 통치하시며 주관하고 계신다. 그리고 빌립은 이 세상의 하나님 나라만 전한 것이 아니고 예수님께서 재림하신 후에는 하나님 나라가 임하여 하나님께서 왕으로서 통치하시고 그리고 주권자로서 온전히 주관하신다는 것을 전했다. 하나님 나라는 두 방면에서 관찰되어야 한다. 하나는 그리스도께서 재림하시기 전 현세의 하나님 나라와 그리고 그리스도 재림 후의 하나님 나라를 관찰해야 한다. 혹자는 그리스도의 재림 이후의 하나님 나라만을 말하나 재림 전과 후의 하나님 나라를 말해야 한다. 재림 후의 하나님 나라에는 사탄의 활동은 더 이상 존재하지 않는다.

그리고 스데반은 "예수 그리스도의 이름에 관하여 전했다." "이름"이란 말은 본체를 그대로 드러내는 말인 고로 "예수 그리스도의 이름"이란 말은 '예수 그리스도 자신'을 지칭하는 말이다. 빌립은 사마리아 사람들에게 예수님 자신을 전했다. 곧 예수님이 그리스도이심을 증언했고 또 예수님이 그리스도이심을 믿을 때 이 세상에서 하나님의 통치와 주장을 받을 수 있다고 전했다. 다시 말해 예수님은 지금 이 세상에서 왕으로서 우리를 통치하시며 모든 필요한 것을 공급하신다는 것을 전했다.

빌립이 하나님 나라와 및 예수 그리스도의 이름에 관하여 전했을 때, 곧 예수님께서 하나님 나라의 왕이심을 전했을 때, 사마리아 사람들이 "믿고 남녀가 다 세례를 받았다." 사마리아 사람들은 예수님이 그리스도이심을 참으로 믿었다. 그들의 믿음은 가짜가 아니었다. 그들이 훗날 예루살렘으로부터 두 사도가 와서 성령받기를 기도하고 또 안수할 때 성령을 받은 것을 보면 그들은 참으로 믿은 사람들이었다. 그들은 예수님이 그리스도이심을 믿은 다음 세례를 받았다. 사마리아 성에 이적이 벌어진 것이다. 마술사를 따르던 한 도시가 그리스도를 믿고 세례를 받았으니 바로 그것이 이적이다. 이제 사마리아 사람들은 하나님 나라의 사람들이 되었고 또 실제로 하나님 나라의 삶을 살게 되었다. 그들은 이제 예수님을 왕으로 모시고 복되게 살아가게 된 것이다. 그리스도를 왕으로 모시고 사는 삶이 천국의 삶이다.

행 8:13. 시몬도 믿고 세례를 받은 후에 전심으로 빌립을 따라다니며 그 나타나는 표적과 큰 능력을 보고 놀라니라.

마술사 시몬이 사마리아 성을 주장하고 있었지만 성령님의 능력으로 빌립이 그리스도를 전했을 때 "시몬도 믿고 세례를 받은 후에 전심으로 빌립을 따라다니며 그 나타나는 표적과 큰 능력을 보고 놀랐다." 시몬이 믿은 것은 사탄보다 예수님의 능력이 더 위대한 것을 인정하고 믿은 것이다. 그는 참 의미에서 믿은 것이 아니고 빌립이 행하는 이적을 보고 믿었다. 그는 성령을 받고 믿은 것이 아니라 이적을 보고 믿은 것이다(16-24절). 그리고 그는 다른 사람들이 세례를 받는 것을 보고 "세례를 받은 후에 전심으로 빌립을 따라다녔다." 그는 이적에 대한 욕심이 많은 사람인고로 다른 사람보다 더 전심으로 빌립을 따라다녔다. 그리고 빌립이 행하는 "표적과 큰 능력을 보고 놀랐다." 남을 놀라게 했던 사람이 이제는 빌립의 이적에 놀라고 말았다. 그는 빌립의 설교를 들으며 그리스도를 진심으로 믿으려는 생각은 없었고 다만 빌립을 통하여 나타나는 이적에만 관심이 있었다. 우리는 예수님을 믿는 일과 아는 일에 관심을 보여야 하고 전심을 쏟아야 한다.

B. 베드로와 요한이 사마리아를 방문하다 8:14-25

빌립이 사마리아 성에서 전도하여 사마리아 사람들이 하나님의 말씀을 받았다는 소식을 접한 예루살렘 교회에서는 두 사람의 사도를 파송하여 전도 상황을 알아보게 했다. 집사가 전도한 곳이기는 하지만 사도의 재가(裁可)가 필요했다. 두 사도는 사마리아 성에 내려가 사람들을 위하여 성령 받기를 기도하므로 드디어 사마리아에도 성령님이 임하시게 되었다.

행 8:14. 예루살렘에 있는 사도들이 사마리아도 하나님의 말씀을 받았다 함을 듣고 베드로와 요한을 보내매.

본서의 저자 누가는 "예루살렘에 있는 사도들이 사마리아도 하나님의 말씀을 받았다 함을 듣고 베드로와 요한을 보냈다"고 말한다. '예루살렘의 사도들은 사마리아 도시 사람들이 하나님의 말씀을 들었다는 소문을 듣고 두 사도 베드로와 요한을 보낸다.' 두 사도를 파송한 이유가 무엇인가. 첫째, 사마리아 성도들로 하여금 성령을 받게 하기 위해서였다. 사마리아 성도들이 믿기는 하였지만 아직 한 사람에게도 하나님께서 성령 내리신 일이 없고 다만 예수 그리스도의 이름으로 세례만 받은 고로 두 사도를 보내어 성령을 받게 하기 위해 파송했다. 사도들의 배후에 계신 하나님은 사도의 권위를 인정하시기 위해서 사도들을 파송하신 것으로 보인다. 둘째, 사마리아 성도들을 기독교회 안으로 환영하기 위한 것으로 보인다. 셋째, 하나님께서 유대인 교인들과 사마리아 교인들을 하나로 묶기 위하여 두 사도를 보내신 것이다. 하나님은 유대와 사마리아 사이에 있었던 장벽을 허물기 위해서 두 사도를 파송하신 것으로 보인다. 넷째, 유대인 크리스천들과 사마리아 크리스천들은 하나라는 것을 알게 하기 위해서 두 사도를 파송한 것이다. 다섯째, 사도직이 복음 사역의 기본인 고로 그들을 보내어 사마리아 교회를 든든하게 하기 위해서 파송하셨다(박윤선).

여기서 한 가지 특기할 일은 요한의 이름이 사도행전에서는 마지막으로 나온다는 점이다. 그러나 그는 그 후도 예루살렘에 오래 머물면서 바나바와 바울이 예루살렘을 방문했을 때 교제의 악수를 했으며(갈 2:9) 또 장수하면서 요한복음과 요한서신들(1, 2, 3서)과 요한계시록을 집필하는 저력을 보였다.

그리고 또 한 가지 특기할 일은 요한이 그의 형제 야고보와 함께 사마리아 사람들이 자기들을 학대한다는 이유로 예수님께 하늘에서 불을 내려서 이

성을 불사르기를 원하시는지를 여쭌 일이 있었는데(눅 9:54) 이제는 그들을 위해서 사역을 하러갔다는 사실이다. 요한 사도가 너무 많이 변한 모습을 보여주는 대목이다.

행 8:15. 그들이 내려가서 그들을 위하여 성령 받기를 기도하니.

누가는 사도들이 사마리아로 내려가서(사마리아가 위도 상으로는 위에 있었지만 예루살렘을 기준하여 말해야 함으로 내려간다는 표현을 쓴다) 한 일은 다름 아니라 "그들을 위하여 성령 받기를 기도한" 것이라고 말한다(2:38). 사마리아 성도들이 성령 받게 하기 위해서 빌립은 기도할 수 없었던 것은 아니었다. 분명히 빌립은 사마리아 성도들을 위해서 기도해 줄 수 있는 능력이 있었다(6:3, 5). 그러나 하나님은 첫째, 사도들을 통하여 사마리아 성도들을 교회의 회원으로 추가하는 일을 하시기를 원하셨다. 둘째, 하나님은 사도들을 보내어 사마리아 성도들이 성령을 받게 하심으로 예루살렘 성도들과 사마리아 성도들이 가까워졌음을 확인하시기를 원하셨다. 다시 말해 하나님은 사도들을 보내셔서 사마리아 성도들로 하여금 성령을 받게 하심으로 예루살렘 교회와 사마리아 성도들이 한층 가까워진 것을 서로 알게 하시기를 원하셨다. 셋째, 하나님은 집사보다는 예수님께서 세우신 사도들의 권위를 더욱 많이 고려하신 것으로 보인다. 하나님은 훗날 고넬료의 가정에서도 베드로의 역할을 요구하셨고(행 10장) 또 훗날 에베소에서도 바울의 역할을 요구하셨다(행 19장).

행 8:16. 이는 아직 한 사람에게도 성령 내리신 일이 없고 오직 주 예수의 이름으로 세례만 받을 뿐이더라.

사도들이 사마리아에 내려가서 그곳 성도들을 위해서 성령받기를 기도한 이유는(γὰρ) "아직 한 사람에게도 성령 내리신 일이 없기" 때문이었다(19:2). 여기 "아직 한 사람에게도 성령 내리신 일이 없었다"는 말에 대해서는 많은 해석이 가해졌다. 1) 혹자는 사마리아 성도들이 아직 성령의 은사를 체험하지 못했다는 뜻으로 해석하기도 한다. 즉 그들은 형식적인 신자에 지나지 않았던 것이라고 해석한다. 그러기에 아직 한 사람에게도 성령 내리신 일이 없었다고 주장한다. 2) 또 혹자는 사마리아 사람들이 물로는 거듭났으나 아직 성령으로 거듭나지 아니한 불완전한 상태에 있었던 것을 진술하는 문장으로 해석하기도 한다(요 3:5). 이렇게 해석하는 이유는 사마리아 성도들이 이미 믿고 세례를 받았기에(12절) 물로는 거듭났으나 성령으로는 아직 거듭나지 않은 것이라고 말한다. 그러나 물로 거듭난다는 해석은 받아드릴 수가 없다. 셋째, "아직 한 사람에게도 성령 내리신 일이 없었다"는 말은 사마리아 성도들이 이미 믿고 세례를 받았으니(12절) 성령을 받아 거듭나기는 했으나 사마리아 성도들에게 성령이 임하실 때 눈에 보이는 표식들(visible signs)이 보이지 않았다는 것을 지칭한다(Grosheide, Kistemaker, 박윤선). 사마리아 성도들은 예수님을 믿고 세례를 받았으니 성령으로 중생의 체험을 한 것으로 보아야 한다(롬 8:9; 고전 12:3; 살후 2:13; 딛 3:5; 벧전 1:2). 그러나 이들에게는 성령이 임하실 때 발생하는 외부적인, 가시적인 표식들이 없었다(10:45-46; 19:6). 그런고로 두 사도가 이들을 위해서 기도한 것으로 보인다. 사도들이 사마리아 성도들을 위해서 기도했을 때 가시적인 표식이 나타났기에 "시몬이 사도들의 안수로 성령 받는 것을 보고 돈을 드리기"까지 했다.

누가가 "아직 한 사람에게도 성령 내리신 일이 없고"란 말과 "오직 주 예수의 이름으로 세례만 받을 뿐이라"는 말을 연계시킨 것은 '주 예수의 이름을 믿고 세례는 받았어도, 다시 말해 성령으로 거듭나기는 했어도 아직 성령께서 임하실 때 나타나는 가시적인 표식들이 없었다는 것'을 말하기 위해 두 문장을 연계시킨 것으로 보인다.

여기 또 한 가지 주의할 것은 "오직 주 예수의 이름으로 세례만 받을 뿐이라"(2:38; 마 28:19)는 말은 기독교의 세례 예식 즉 "너희는 가서 모든 민족을 제자로 삼아 아버지와 아들과 성령의 이름으로 세례를 베풀라"는 예수님의 말씀과 다르다는 것이다(마 28:19). 그러나 "주 예수의 이름으로 세례를 준 것"은 사도 시대에 흔히 있었던 세례 방식이었음을 알 때 큰

문제는 없다(2:38; 10:48; 19:5). 도날드 거트리(Donald Guthrie)는 "삼위일
체의 이름을 사용하는 것이 단순히 예수님의 이름을 사용하는 것보다 더
효과가 있다든지 아니면 더 효과가 없다든지 하는 견해를 지지할 수는 없다"
고 말한다.[38]

행 8:17. 이에 두 사도가 그들에게 안수하매 성령을 받는지라.

누가는 열두 사도를 대표하는 두 사도가 사마리아 성도들에게 안수하여
성령을 받았다고 말한다(6:6; 19:6; 히 6:2). 다시 말해 성령을 충만히 받았다
(성령께서 그들을 지배하시는 일을 지칭함)는 말이다. 그들은 예수님을 믿을
때 이미 성령을 받은 것이다(12절). 성령을 받은 사람들이 사도들의 기도(15
절)와 안수로 성령 충만에 이른 것이다. 여기 "안수"란 말은 두 사도의
'손을 사마리아 성도들에게 얹은 것'을 뜻한다(6:6 참조). 두 사도가 그들에게
안수한 것은 사마리아 성도들을 공교회의 일부로 인정한다는 외부적인 표지
이다(Grosheide).

　안수는 교직을 임명할 때(6:6; 13:3), 병을 고칠 때(9:12, 17) 사용되었는
데 성령을 받게 하는데 안수가 꼭 필요한 것은 아니다. 고넬료의 가정 식구들
에게 성령이 임한 것은 베드로가 하나님의 말씀을 전할 때 된 일이고 안수하
는 일은 없었다(10:44). 캐톨릭(Catholic)에서는 초대교회 때 사도들이 안수
하였기에 천주교 사제들도 역시 일반 신도들의 이마에 안수함으로 성령님이
임하여 은혜가 증진된다고 믿는다. 그러나 빌립이 에디오피아 내시에게 진리
를 가르쳐주고 세례를 베풀 때 안수하지 않았고(8:36-39) 바울도 빌립보
감옥의 간수와 식구들에게 세례를 베풀었지만 안수했다는 기록은 없다
(16:30-34). 신약 성경은 결코 안수가 성령을 받게 하는 일에 꼭 있어야
하는 것으로 말하지 않는다는 점이다. 우리는 안수를 교리화해서는 안될
것이다.

---

38) Donald Guthrie, *New Testament Theology* (Downers Grove: Inter-Varsity, 1981), p. 710.

행 8:18. 시몬이 사도들의 안수로 성령 받는 것을 보고 돈을 드려.

누가는 본 절부터 23절까지 사마리아 성의 시몬이 예수님을 믿는 것같이 보였으나(13절), 그러나 여전히 사탄에게 매어 교회를 어지럽히고 있음을 말한다. 누가는 먼저 본 절과 다음 절(19절) 두 절에서 시몬의 악행 두 가지를 말한다. 첫째, "시몬이 사도들의 안수로 성령 받는 것을 보고 돈을 드린 것이다." 시몬이 사도들의 안수로 성령 받는 것을 보았다는 말은 사마리아 성도들이 성령 충만을 받을 때 가시적인 표식들이 나타난 것을 보았다는 말이다. 다시 말해 성령님이 임하실 때 외부적인, 가시적인 표식들이 나타난 것을 시몬이 보았다는 뜻이다. 만일 조용히 성령님께서 임하셨다면 시몬이 어떻게 감지했겠는가. 시몬은 놀라운 현상을 보고 자기도 그런 능력을 받고자하여 사도들에게 돈을 주었다. 모든 것을 돈으로 해결하려고 하는 것이 사탄의 특성이고 또 사탄에게 매어있는 사람들의 특성이다. 하나님의 은혜는 너무 커서 인간이 가지고 있는 돈으로나 그 무엇으로도 도무지 살 수 없다. 하나님의 엄청난 긍휼을 어떻게 우리의 돈으로 살 수 있겠는가. 하나님은 그런 것들을 거저 주신다. 우리는 하나님의 은혜를 받고 감사할 뿐이다.

행 8:19. 이르되 이 권능을 내게도 주어 누구든지 내가 안수하는 사람은 성령을 받게 하여 주소서 하니.

둘째(첫째는 앞 절에 있음), 시몬은 "이 권능을 내게도 주어 누구든지 내가 안수하는 사람은 성령을 받게 하여 주소서"라고 요청한다. 시몬은 사도들이 행한 권능, 다시 말해 안수함으로 성도들에게 성령이 충만히 임하게 하는 권능을 자기도 가지고 사마리아에서 높임을 받고 싶었다. 시몬은 심령변화에는 관심이 없고 안수하여 사람들이 성령을 받음으로 자기도 사도들처럼 높아지려고 했다. 그는 자기만 높아지기를 소원했다. 우리는 죄를 자복하는 일에 전 신경을 쓸 것이고 결코 자기가 높아지는 일을 시도하지 않아야 할 것이다.

행 8:20. 베드로가 이르되 네가 하나님의 선물을 돈 주고 살줄로 생각하였으니 네 은과 네가 함께 망할지어다.

누가는 이제 본 절부터 23절까지 베드로가 시몬을 책망한 것과 권고한 것을 기록하고 있다. 누가는 먼저 본 절과 다음 절(21절)에서 시몬을 책망한다. 책망한 내용은 첫째, "네가 하나님의 선물을 돈 주고 살줄로 생각하였으니 네 은과 네가 함께 망할지어다"라고 말한다(2:38; 10:45; 11:17; 마 10:8). "하나님의 선물을 돈 주고 산" 사람은 지금까지 없었다. 만세 전에 택함 받는 일, 그리스도 앞으로 부름 받는 일, 그리스도와 연합하는 일, 중생하는 일, 의롭다 함을 받는 일, 회심하는 일, 하나님의 양자가 되는 일, 성화되는 일 등 그 무엇도 돈 주고 산 사람은 없다. 모두 하나님의 엄청난 긍휼과 은혜로 주신 것들이다. 앞으로도 하나님의 모든 은혜는 거저 주어질 것이다. 그런데 이런 것들을 돈 주고 살려고 한 사람이 있다면 그런 사람들은 그 돈과 함께 망해야 할 사람들이다. 은(돈)이 망해야 한다는 말은 돈이 시몬에게서부터 없어져야 한다는 뜻이고 시몬이 망해야 한다는 말은 육체적인 죽음과 영원한 죽음(지옥행)을 당해야 한다는 뜻이다. 시몬은 그가 행하던 마술을 돈 주고 산 것을 기억하고 모든 것을 돈으로 살줄로 여겼다. 그런고로 그의 돈도 또 그 자신도 함께 망해야 하는 것이다. 시몬은 이런 책망을 들을 줄 꿈에도 생각하지 못했을 것이다. 자기가 말한 것이 그렇게 나쁜 줄을 몰랐다. 영안이 열리지 않아서 그랬다. 오늘 우리는 돈으로는 도무지 살 수 없는 엄청난 은혜를 가지고 있음을 알아야 하고 앞으로도 계속해서 은혜를 받을 것을 기대해야 한다.

행 8:21. 하나님 앞에서 네 마음이 바르지 못하니 이 도에는 네가 관계도 없고 분깃 될 것도 없느니라.

둘째(첫째는 앞 절에 있음), 시몬의 "마음이 바르지 못하니 이 도에는 네가 관계도 없고 분깃 될 것도 없다"는 것이다. "마음이 바르지 못하다"는 말은 '마음이 곧지 않다'는 말이다(시 78:37). 그는 중생의 체험을 하지 않아서,

다른 말로 말해 성령을 받지 않아서 마음이 비뚤어졌으니 하나님의 도(말씀)
에는 관계도 없고 분깃될 것도 없다는 것이다. "이 도에는 네가 관계도
없고 분깃 될 것도 없다"는 말은 하나님의 말씀에 아무런 관련도 없다는
말인데, 다른 말로 해서 성령을 받지 못한다는 뜻이고 또 동시에 기독교회
공동체에도 들어올 수 없다는 뜻이다. 본문의 "관계"(part)란 말은 "참여"란
뜻이고 "분깃"이란 말은 '소유권'을 뜻하는 말이다. 아무튼 시몬은 아무런
은혜에 참여할 수 없다는 뜻이다. 시몬은 하나님을 섬기고 있는 자가 아니었
고 자신만을 섬기고 있는 자였다. 그는 불행한 사람이 되었다.

**행 8:22. 그러므로 너의 이 악함을 회개하고 주께 기도하라 혹 마음에 품은
것을 사하여 주시리라.**

누가는 이제 본 절과 다음 절(23절)에서 베드로가 시몬에게 권고한 것을
기록한다. 첫째, "너의 이 악함을 회개하라"(μετανόησον οὖν ἀπὸ τῆς κακι-
ᾱς σου ταύτης)고 말한다. 즉 '너의 이 악함으로부터 돌아서라'는 것이다.
시몬의 악함은 다름 아니라 그가 돈 주고 성령을 살줄로 알았던 악함이었다.
이 생각은 사탄이 준 생각이었다. 베드로는 시몬의 악함을 다음 절에서
달리 설명한다. 곧 "악독"이라고 표현하고 또 "불의"라고 표현한다. 모두
같은 뜻이다. 여기 "회개하라"(μετανόησον)는 말은 부정(단순)과거 명령형
으로 '진심으로 돌아서라,' '참으로 회전하라'는 뜻이다. 시몬이나 우리나
모두 구원을 받기 위해서는 자신들이 가지고 있는 악함을 떠나 그리스도에게
로 돌아서야 하는 것이다. 우리는 우리의 심령에 있는 악으로부터 그리고
세상으로부터 그리스도에게로 돌아서야 한다.

둘째, "주께 기도하라"고 한다. 아나니아와 삽비라는 성령께 죄를 지어
사함 받지 못하고 죽었으나 시몬은 아직 성령을 알지 못한 사람인고로 주님께
용서를 구하면 가능하다는 것이다. 베드로는 말하기를 "혹 마음에 품은 것을
사하여 주시리라"고 말한다(단 4:27; 딤후 2:25). 여기 "혹"(if possible)이란
말은 '시몬이 진심으로 돌아서서 주님께 기도를 성실히 하면'이란 뜻을 내포

하고 있다. 이 말은 결코 '혹시 하나님께서 시몬의 마음에 품은 것을 사하여 주시리라'는 뜻이 아니다. 문제는 시몬에 달려있는 것이지 하나님께 달려 있는 것은 아니라는 뜻이다. 인생의 문제는 인생이 어떻게 처신하느냐에 달려 있다. 하나님은 영원히 사랑이시고 긍휼이 무한하신 분이시다. 누구든 지 진심으로 돌아서서 주님께 기도를 성실하게 드리면 악함을 사함을 받는다.

행 8:23. 내가 보니 너는 악독이 가득하며 불의에 매인 바 되었도다.
베드로는 "내가 보니 너는 악독이 가득하며 불의에 매인 바 되었다"고 말한다 (히 12:15). 베드로는 성령이 충만한 사도로서 사람들의 심령 상태를 잘 관찰할 수 있었다. 시몬은 "악독이 가득하며 불의에 매인바 되었다"고 말한다 (신 29:18; 히 12:15). 악독이 시몬을 지배하고 있고 또 불의에 종노릇하고 있다는 뜻이다. 다시 말해 시몬은 사탄에게 매어있다는 뜻이다. 그래서 그는 성령을 돈 주고 살줄로 생각하고 살았다. 악독이나 불의는 모두 사탄에게 속한 것으로서 시몬을 주관하고 있었고 또 시몬을 매고 있었다. 오늘 이 땅에서 마약을 하고 알코올 중독이 되고 사기치고 음란한 모든 죄들은 사탄에 매인 행동들이다. 하루 빨리 그 죄들로부터 돌아서서 주님께 기도해야 할 것이다.

행 8:24. 시몬이 대답하여 이르되 나를 위하여 주께 기도하여 말한 것이 하나도 내게 임하지 않게 하소서 하니라.
시몬은 베드로의 말에 약간의 위협을 느껴 베드로에게 부탁한다. 사실은 자기가 그런 죄로부터 빨리 돌아서서 그리스도에게 기도해야 하는데 아직도 정신을 차리지 못하고 베드로에게 자신의 문제를 부탁한다. 시몬은 "나를 위하여 주께 기도하여 말한 것이 하나도 내게 임하지 않게 하소서"라고 부탁한다(창 20:7, 17; 출 8:8; 민 21:7; 왕상 13:6; 욥 42:8; 약 5:16). 자신을 위하여 기도해 달라고 말한다. 그리고 베드로가 말한 것이 하나도 자기에게 임하지 않게 해달라고 부탁한다. 바로도 옛날 모세에게 부탁하기를 자기를

위하여 하나님께 기도해 달라고 했다. 그러나 그 자신은 결코 회개하지
않았다(출 8:8, 28: 9:28; 10:17). 캘빈은 여러 정황으로 미루어 시몬이 회개하
고 구원을 얻었으리라고 말하지만 누가가 그 어떤 암시를 성경에 보이지
않는다. 우리는 대 심판이 지난 후에 보아야 할 것이다. 지금은 알 수 없는
것 같다.

**행 8:25. 두 사도가 주의 말씀을 증언하여 말한 후 예루살렘으로 돌아갈
새 사마리아인의 여러 마을에서 복음을 전파하니라.**
누가는 "두 사도" 즉 '베드로와 요한'이 "주의 말씀을 증언하여 말한 후
예루살렘으로 돌아갔다"고 말한다. 그들은 사람들에게 안수하는 일도 했지
만(17절), 그들의 주(主) 사명인 말씀 전파(6:3)에 전념한 후 예루살렘으로
돌아갔다. 다른 일반 성도들은 다 사방으로 흩어졌지만 사도들은 아직도
예루살렘 교회를 지키기 위하여 예루살렘으로 돌아갔다(롬 15:19b 참조).
    두 사도는 예루살렘으로 돌아가면서 "사마리아인의 여러 마을에서 복음
을 전파했다." 그들은 사도의 주 임무인 말씀 전파에 소홀함이 없게 하려고
예루살렘에 돌아가면서도 여러 마을을 지나가며 하나님의 복음을 전했다.
그들은 사마리아에 대한 감정이 좋지 않았으나(눅 9:54) 성령 강림을 체험한
후로는 사마리아를 불쌍히 여기게 되어 한 사람에게라도 더 복음을 전하려고
노력했다.

    C. 빌립이 에디오피아 내시에게 전도하다   8:26-40
    빌립 집사가 사마리아 전도를 마친 다음 주님의 사자의 인도를 받아
가사로 가는 광야에서 에디오피아 내시를 만나 전도한다. 하나님은 단숨에
빌립을 통하여 멀리 에디오피아에까지 전도하셨고 또 아도소와 가이사랴에
까지 복음을 전하신다.

행 8:26. 주의 사자가 빌립에게 말하여 이르되 일어나서 남쪽으로 향하여

예루살렘에서 가사로 내려가는 길까지 가라 하니 그 길은 광야라.

본 절과 다음 절 상반 절(27a)은 주의 사자가 빌립에게 전도하도록 명령한 내용이다. 누가는 "주의 사자가 빌립에게 말하였다"고 말한다. 여기 "주의 사자"란 말은 '주님이 보내신 천사'를 지칭하는 말인데, 29절, 39절에는 "주의 영"이란 말로 바뀌어 나온다. 그러니까 "주의 영" 즉 "성령"께서 '천사'를 통하여 빌립에게 말씀하셨다는 뜻이다.

주의 천사는 빌립에게 "일어나서 남쪽으로 향하여 예루살렘에서 가사로 내려가는 길까지 가라"고 말한다. '일어나서...가라'고 말했는데 가야할 곳은 "남쪽으로 향하여 예루살렘에서 가사로 내려가는 길"이라고 한다. 다시 말해 '남으로 가서 예루살렘에서 가사로 내려가는 길'이라고 한다. 그런데 주의 천사는 좀 더 세밀하게 "그 길은 광야라"고 말해준다.39) 그 장소를 찾을 수 있을 만큼 세밀하게 말한다. 주님께서 우리의 길을 지시할 때는 항상 세밀하시다. "가사"라는 곳은 예루살렘의 서남쪽 70km 지점에 있는 곳인데 본래 블레셋의 영토였다. 예루살렘에서 애굽으로 가는 사람은 이 가사를 통하여 가야할 만큼 중요한 곳이었다.

주님은 에디오피아의 내시 한 사람을 위하여 빌립을 친히 보내셨다. 주님은 세상 모든 사람들에게 반드시 전도자를 보내서 믿음을 얻게 하신다 (롬 10:14-15). 그 내시는 에디오피아에 가서 다른 사람들에게 그리스도를 전했을 것이니 빌립은 에디오피아에 복음을 전한 셈이다.

행 8:27-28. 일어나 가서 보니 에디오피아 사람 곧 에디오피아 여왕 간다게의 모든 국고를 맡은 관리인 내시가 예배하러 예루살렘에 왔다가 돌아가는데 수레를 타고 선지자 이사야의 글을 읽더라.

빌립은 주의 천사의 말에 순종하여 "일어나 가서 보았다." '일어나 가서

---

39) "그 곳은 광야라"고 번역할 수도 있다. 그러니까 "그 길은 광야라"고 번역할 수도 있고 혹은 "그 곳(가사)은 광야라"고 번역할 수도 있다. 두 가지가 다 가능하다. 우리 번역은 "그 길은 광야라"고 번역했다.

확인한 것이다.' 빌립은 "에디오피아 사람 곧 에디오피아 여왕 간다게의 모든 국고를 맡은 관리인 내시가 예배하러 예루살렘에 왔다가 돌아가는데 수레를 타고 선지자 이사야의 글을 읽는 것"을 확인했다(습 3:10; 요 12:20). 본문의 "에디오피아"는 애굽의 남쪽, 나일 강 상류의 넓은 지역을 차지하고 있었고 구스 족속(사 11:11)의 후손들이 살던 나라이다. "에디오피아"는 구약에서는 "스바"라는 말로 불렸고 스바의 여왕이 솔로몬을 방문한 일은 유명하게 알려졌다(왕상 1-10). 그 이래로 에디오피아는 유대교와 밀접한 관계를 가지고 있었다. 그리고 신약 시대에는 내시의 예수 영접 이후 아프리카 나라들 중 제일 먼저 그리스도를 영접한 나라로 알려졌다. "에디오피아 사람"(ἀνὴρ Αἰθίοψ)이란 말은 '에디오피아 남자'라는 뜻으로 내시가 비록 고자였으나 남자였다는 것을 표시하는 말이다. 에디오피아 사람들은 흑인종으로 함 족속에 속했었다. 그리고 "간다게"(Κανδάκης)란 말은 어떤 개인 이름이 아니고 왕의 칭호였다. 마치 애굽의 바로나 로마의 가이사와 같이 왕을 지칭하는 말이었다. 그리고 "모든 국고를 맡은 관리인 내시"란 말은 '나라의 전체 재무를 위한 관리 책임을 맡은 궁내대신 내시'란 말이다. "내시"는 거세한 남자로 '환관'이라고도 불리는데 옛날 궁중에서 내시부의 관리로서 왕이나 왕족을 시중드는 사람을 가리킨다. 내시가 "예배하러 예루살렘에 왔었다"고 했는데 구약 율법에 내시는 여호와의 총회에 들어가지 못하게 되어 있었으므로(신 23:1) 실제로 이 내시가 예루살렘에 와서 예배에 참여했을까하는 의구심이 들어가기는 하나 이사야선지가 그러한 자들에게도 얼마든지 영광스러운 특권이 주어질 것이라고 예언하고 있어(사 56:3-7) 예루살렘 교회에서 예배에 참여하였을 것으로 보인다.

이 내시가 "예루살렘에 왔다가 돌아가는데 수레를 타고 선지자 이사야의 글을 읽고 있었다"는 것은 놀라운 일이었다. "수레를 타고" 가는 그 길은 잘 포장된 길도 아니고 광야 길이라 참으로 험한 길이었을 것이다. 내시는 병거를 타고 가면서 선지자 이사야 53장의 글을 읽고 있었다(당시 그 관리는 이사야서의 헬라어 번역본을 예루살렘에서 살 수 있었다). 성경 해석 가들이

대체적으로 동의하는 바와 같이 내시는 70인 경 성경(LXX)을 읽고 있었을
것이다. 그가 예배하러 그 먼 곳 예루살렘(320km)까지 예배하러 온데다가
돌아가는 길에도 그냥 가지 않고 구약 성경 이사야서를 읽을 정도의 경건을
가지고 있었다. 하나님은 그를 사랑하셔서 빌립을 파송하신 것이다. 사모하
는 사람은 더 은혜를 받는다.

행 8:29. 성령이 빌립더러 이르시되 이 수레로 가까이 나아가라 하시거늘.
성령님께서 빌립에게 "이 수레로 가까이 나아가라"고 지시하신다. 빌립은
남쪽으로 내려가는 광야 길을 가면서 이상하게 꾸며진 병거를 발견했고
또 어떤 사람이 큰 소리로 이사야서를 읽는 것을 발견했을 때 하나님은
바로 이 병거로 가까이 나아가라고 지시하셨다. 하나님은 이후에도 고비마다
빌립에게 지시하셨다. 오늘날 전도자에게는 하나님께서 영음으로 지시하기
도 하신다.

**행 8:30. 빌립이 달려가서 선지자 이사야의 글 읽는 것을 듣고 말하되 읽는
것을 깨닫느냐.**
성령님의 지시를 받은 빌립(앞 절)은 수레로 "달려가서 선지자 이사야의
글 읽는 것을 듣고 말하되 읽는 것을 깨닫느냐"고 질문한다. 빌립은 열심
있는 전도자로 수레로 "달려갔다." 전도자는 느릿느릿 하지 않는다. 그가
빨리 달려가서 내시에게 글 읽는 것을 듣고 말하기를 "읽는 것을 깨닫느
냐"(Do you understand what you are reading?)고 질문한다. 사 53:7-8의
말씀을 깨닫느냐는 질문이었다. 빌립은 그 내시가 읽는 성경의 내용을 성령님
의 인도로 알 수가 있었다. 빌립은 그 글이 그리스도에 관한 내용임을 알
수 있었다. 그래서 이제 그 글 내용을 가르쳐 줄 수 있을 것 같아서 "읽는
것을 깨닫느냐"고 질문한 것이다.

행 8:31. 대답하되 지도해 주는 사람이 없으니 어찌 깨달을 수 있느냐 하고

빌립을 청하여 수레에 올라 같이 앉으라 하니라.

그 내시는 한 나라의 궁중대신이었지만 겸손했다. "지도해 주는 사람이 없으니 어찌 깨달을 수 있느냐'고 반문한다. 그 내시는 겸손하고도 참으로 진리를 사모하는 마음으로 가득 찼다. 그는 겸손한 마음이 있었기에 배우려고 애썼다. 그리고 사모하는 마음이 있었기에 배우려고 애썼다. 그 내시는 또 "빌립을 청하여 수레에 올라 같이 앉으라"해서 수레에 앉혔다. 허름하게 차렸을 빌립을 청하여 수레에 올라 앉힌 것이다. 우리는 겸손하게 그리고 사모하는 마음이 되어 성령님의 가르침을 받아야 한다. 우리는 매일 깨달으려고 헐떡여야 한다. 헐떡인 만큼 배우게 된다.

행 8:32-33. 읽는 성경 구절은 이것이니 일렀으되 그가 도살자에게로 가는 양과 같이 끌려갔고 털 깎는 자 앞에 있는 어린 양이 조용함과 같이 그의 입을 열지 아니하였도다 그가 굴욕을 당했을 때 공정한 재판도 받지 못하였으니 누가 그의 세대를 말하리요 그의 생명이 땅에서 빼앗김이로다 하였거늘. 내시가 읽던 성경 구절은 이사야 53:7-8(70인 역) 곧 "그가 도살자에게로 가는 양과 같이 끌려갔고 털 깎는 자 앞에 있는 어린 양이 조용함과 같이 그의 입을 열지 아니하였도다 그가 굴욕을 당했을 때 공정한 재판도 받지 못하였으니 누가 그의 세대를 말하리요 그의 생명이 땅에서 빼앗김이로다"라는 구절이었다. 이사야는 앞으로 700년 후에 메시아가 고난 받으실 것을 예언했는데 내시는 그 구절을 두루마리 책에서 읽고 있었다. 그런데 예수님께서 고난 받으시기 전에 혹자들은 이 성경 구절에 기록된 고난의 종이 바로 선지자 자신이라고 하기도 하고, 또 혹자들은 이스라엘이라고도 주장했으나 메시아께서 고난 받으신 후에는 이 예언이 그리스도께서 고난 받으실 것을 예언한 것이라고 보게 되었다. 그것이 바로 초대교회의 성령에 감동된 저자들의 해석이었다(마 8:17; 26:63; 막 9:12; 14:61; 요 12:24, 38; 19:9; 히 4:15; 9:28; 벧전 2:22-24; 요일 3:5; 계 13:8; 14:5).

이사야는 그리스도에 대하여 4가지로 예언했다. 첫째, "그가 도살자에게

로 가는 양과 같이 끌려갔다"고 예언했다. 이 예언의 말씀대로 예수님은
겟세마네 동산에서 잡히신 후 재판을 받으러 대제사장의 집으로 끌려가셨다.
둘째, 예수님은 "털 깎는 자 앞에 있는 어린 양이 조용함과 같이 그의 입을
열지 아니하실 것"을 예언했다. 이 예언의 말씀대로 예수님은 재판을 받으실
때 대제사장 앞에서 입을 열지 아니하셨고(마 26:60-63) 빌라도 앞에서도
입을 열지 아니하셨다(마 27:14). 셋째, 예수님은 "그가 굴욕을 당했을 때
공정한 재판도 받지 못하실 것이"라고 예언했다(마 26:59-68; 요 18:38-40).
'예수님께서 굴욕을 당했을 때 곧 억울한 재판을 받으실 때 공정한 재판도
받지 못하실 것이'라고 예언했다. 그는 유대법으로도, 그리고 로마법으로도
정당하게 재판을 받지 못하셨다. 예수님은 불공정한 재판을 받으시고 결국은
십자가에서 죽으셨다. 넷째, "누가 그의 세대를 말하리요 그의 생명이 땅에서
빼앗길 것"이라고 예언했다. '누가 그리스도의 당대 사람들의 악함을 다
말 하리요. 그리스도의 생명이 땅에서 빼앗길 것'이라고 예언했다.[40] 이사야
의 예언은 모두 예언 그대로 응했다.

**행 8:34. 그 내시가 빌립에게 말하되 청컨대 내가 묻노니 선지자가 이 말한
것이 누구를 가리킴이냐 자기를 가리킴이냐 타인을 가리킴이냐.**
내시는 자기 나라의 고관이었지만 허름하게 보이는 빌립에게(빌립은 예루살
렘을 떠나서 사마리아에서 나그네로 살 던 사람이었으니 허름하게 보였을
것이다) 묻는다. 진리를 알아보려는 마음이 대단했었다. 내시는 빌립에게

---

40) 칼빈(Calvin)은 "누가 그의 세대를 말하리요"라는 말에 대해 이렇게 주석하고 있다.
"그리스도의 승리가 짧막한 기간에 국한되지 않고 만대에 걸쳐서 확장되지 않을 수 없는 그러한
것이라는 점을 계속해서 지적하고 있다. 다시 말해서 이 선지자의 탄식에는 그리스도의 나라의
영속성을 인간의 혀로 표현하는 것이 불가능하다는 의미가 담겨 있다"고 주장하고 있다. 그리고
칼빈은 주석가들이 부정적으로 주석하는 것은 오류라고 말하고 있다. 존 칼빈 *사도행전* 칼빈성
경주석, 5. 서울: 존 칼빈 성경주석 출판위원회 편역, 1993. 그러나 이사야 선지자의 예언 자체가
그리스도에 대한 부정적인 측면을 말한다는 것을 감안할 때 칼빈의 주석은 초점을 맞추지
못하고 있는 것 같다. 이사야선지의 예언(사 53:7-8) 자체가 부정적인 것이며 또 문맥을 살필
때 이 구절은 '누가 그리스도 당대의 사람들의 악함을 다 말할 수 있으리요'라고 해석하는
것이 더 바람직할 것이다.

"내가 묻노니 선지자가 이 말한 것이 누구를 가리킴이냐 자기를 가리킴이냐 타인을 가리킴이냐"고 물어본다. 이사야 53:7-8의 예언이 선지자 자신을 지칭하는 것이냐 아니면 타인을 가리키는 것이냐고 질문한다. 우리는 진리를 알기 위해 물어보아야 한다. 특히 오늘날 우리는 그리스도에게 물어야 한다. 그러면 해답을 얻게 된다.

행 8:35. 빌립이 입을 열어 이 글에서 시작하여 예수를 가르쳐 복음을 전하니.
빌립은 성령의 사람이었으니(6:5) 성령의 깨우침을 받아 이사야 53:7-8의 뜻을 알았을 것이다. 그래서 그는 "이 글에서 시작하여 예수를 가르쳐 복음을 전했다"(18:28; 눅 24:27). 즉 '이 글(사 53:7-8)에서 시작하여 다른 성구를 해설하면서 예수가 그리스도임을 증명할 수 있었다.' 이사야 53장만이 아니라 "모세와 모든 선지자의 글에서 시작하여 모든 성경이 그리스도에 관한" 말씀이다(눅 24:27). 우리는 구약을 가지고 그리스도를 증명하고 신약을 가지고 오신 그리스도를 전해야 한다.

행 8:36. 길 가다가 물 있는 곳에 이르러 그 내시가 말하되 보라 물이 있으니 내가 세례를 받음에 무슨 거리낌이 있느냐.
빌립이 내시와 함께 수레를 타고 가면서 구약 성경을 가지고 그리스도를 전했는데 물 있는 곳에 도달하여 내시는 "보라 물이 있으니 내가 세례를 받음에 무슨 거리낌이 있느냐'고 세례 받기를 요청했다(10:47). 이제 내시가 예수님을 구주로 믿게 되었고 또 물도 있으니 '무엇이 자기가 세례 받는 것을 막을 것이 있느냐'고 말한다. 빌립이 허락만 하면 된다는 뜻이었다. 부드럽게 빌립의 허락을 요청한 셈이다. 우리도 대화법에 있어서 부드럽게 요청할 줄 알아야 할 것이다.

행 8:37. (없음). 어떤 사본들(some manuscripts of the Western text of Greek manuscripts)에는 본 절이 있다. **(빌립이 말하되 당신이 전심을 다하여**

믿으면 가하니라 그리고 내시는 대답하여 나는 예수 그리스도가 하나님의
아들임을 믿는다고 말했다)

주요 사본들에는 본 절이 빠져 있다. 아마도 초대교회에서 에디오피아 내시의
믿음의 고백이 필요하여 본문을 삽입한 것으로 보인다. 초대교회 때는 각주에
있던 것이 후에 본문 안으로 들어온 것으로 보인다. 내용은 그저 아주 간단한
문답 형식이다.

**행 8:38. 이에 명하여 수레를 멈추고 빌립과 내시가 둘 다 물에 내려가
빌립이 세례를 베풀고.**

내시가 수레를 끄는 종에게 명하여 수레를 멈춘 후 "빌립과 내시가 둘 다
물에 내려가 빌립이 세례를 베풀었다." 여기 "물에 내려가"(eij" to; u{dwr)라
는 말이 '물 안으로'라고 해석해야 하느냐 아니면 '물 있는데 까지'라고
해석해야 하느냐로 나누어진다. 전자는 침례를 주장하는 근거가 되고 후자는
세례를 주장하는 근거가 된다. 초대교회의 12사도의 교훈 집 (Didache 7:1-3)
에는 세례는 가급적 흐르는 물에서 하고, 흐르는 물이 없으면 고인 물에서
하고 그것도 없으면 물을 길어 와서 머리에 세 번 부으라고 가르치고 있다.
세례를 베푸는 것은 중요하나 세례의 형식에 대해서는 논쟁할 필요가 없다.
침례를 할 수도 있고 세례를 할 수도 있다.

**행 8:39. 둘이 물에서 올라올 새 주의 영이 빌립을 이끌어간지라 내시는
기쁘게 길을 가므로 그를 다시 보지 못하니라.**

누가는 빌립이 내시에게 세례를 베풀고(앞 절) 빌립과 내시 두 사람이 물에서
올라왔을 때 "주의 영이 빌립을 이끌어 갔다"고 말한다. 여기 "주의 영이
빌립을 이끌어 갔다"는 말은 갑작스럽게 성령께서 초자연적으로 빌립을
이끌어간 것을 의미한다(왕상 18:12; 왕하 2:11, 16; 겔 3:12, 14; 8:3; 고후
12:2, 4; 살전 4:7 참조). 내시는 물세례를 받음과 동시에 성령 세례를 받았다
(Jerome, Augustine). 내시는 빌립이 성령의 초자연적 역사로 이끌려 간

것을 보고 놀라지 않았고 더욱 신앙에 힘을 얻었다. 누가는 "내시는 기쁘게 길을 가므로 그를 다시 보지 못했다"고 말한다. '내시는 예수님을 구주로 믿게 되었고 또 세례를 받게 되었으며 성령께서 빌립을 이끌어 간 것을 보고 기쁨이 충만한 중에 길을 가게 되었고 빌립을 다시 보지 못했다'고 말한다. 본문에 "내시는 기쁘게 길을 가므로 그를 다시 보지 못했다"는 말은 '빌립을 다시 보지 못했어도 기쁘게 길을 갔다'는 의미도 포함하고 있다. 신앙의 사람은 홀로 서 있어도 기쁨으로 살 수 있다. 성령님을 모셨기 때문이다.

행 8:40. 빌립은 아소도에 나타나 여러 성을 지나다니며 복음을 전하고 가이사랴에 이르니라.

누가는 성령께서 빌립을 초자연적으로 옮기심으로(앞 절) "아소도에 나타나 여러 성을 지나다니며 복음을 전하고 가이사랴에 이르렀다"고 말한다. "아소도"는 가사로부터 북쪽으로 32km 지점에 있다. 성령께서는 빌립을 단숨에 아소도로 전도지를 옮기셨고 또 여러 성(城)들 예를 들어 룻다(9:32), 욥바 (9:36)등을 지나다니며 복음을 전하게 했고 가이사랴41)로 옮겨놓으셨다.

---

41) "가이사랴"(Caesarea)는 로마 황제를 기념하여 명명한 명칭이다. 팔레스틴의 지중해안의 항도(港都)인데, 그 유적은 갈멜 산의 남쪽 약 37㎞지점에있다. 고대에는 이 지방제일의 중요 도시였다. 본래는 베니게에 속한 요새 도시(要塞都市)로서 '스트라톤'(Straton)이라고 불리고 마카베아 시대에 알렉산더 얀나예우스에게 점령된 것이 기록되어 있다. 후에 로마 영(領)이 되었는데, 황제 아구스도는 이것을 헤롯 대왕에게 주었다. 헤롯은 가이사 아구스도를 기념하여 '가이사 랴'라고 성읍의 이름을 고치고, 12년간에 거쳐 대대적인 개수공사를 실시하여 훌륭한 항구 도시로 일변시켰다. BC 10년에 완공한 다음에는 극장, 원형연기장(圓形演技場), 경기장, 수로, 황제 예배의 대신전 등을 갖춘 전형적인 헬레니즘 도시로 되었다. 이 항도는 팔레스틴 전체에 대한 교통의 요충지가 되어 정치적, 군사적으로는 예루살렘을 제압하고, 헤롯의 아들 아켈라오 가 AD 6년 왕위를 빼앗긴 후는 로마 총독과 그의 군대가 여기 주둔했다. 신약성경에 이 시대의 가이사랴가 나온다. 먼저, 스데반의 순교 후 빌립은 사마리아 전도, 이디오피아의 내시에 대한 전도와 세례 등을 거쳐 가이사랴에 이르러 복음을 전파하였다. 그리고 그는 여기서 살았다(행 8:40,20:8). 다음에 베드로가 여기에 주둔하고 있던 군대의 백부장 고넬료를 회심시켰다(행 10장-11장). 바울은 예루살렘에서 고향 다소로 돌아갈 때(행 9:30), 제 2차, 제 3차 전도여행을 마치고 예루살렘으로 올라갈 때, 늘 이 성읍을 지나갔다(행 18:22,21:8). 바울은 예루살렘에서 체포된 후 유대인의 암살을 피해 가이사랴로 호송되었다(행 23장). 총독의소재지로서 치안이 잘 되어 있고, 또 본래 이방인의 도시여서 유대인의 제멋대로 난동 부리는 것을 방지할 수

빌립은 가이사랴로 간 후로는 거기서 정착했다(21:8-9). 빌립에게는 네 딸이 있어 역시 그들도 예언의 은사를 받아 사역했다. 오늘 우리의 전도자 이동도 역시 성령께서 옮기시는 것으로 알아야 한다. 우리들의 뜻대로 절대로 옮겨서는 안 되고 성령께 온전히 맡겨야 한다. 또 한 가지 말할 수 있는 것은 사도행전을 성령행전이라고 해야 하는 이유는 사도들의 활동만 기록한 책이 아니라 스데반 집사나 빌립 집사의 행적도 있어 성령행전이라고 해야 마땅할 것이다.

있었을 것이다. 바울은 여기서 2년 동안 옥에 갇혀 있으면서 총독 벨릭스, 베스도, 헤롯 아그립바 등 앞에서 변론했고(행 24장-26장), 여기서 다시 로마로 압송되었다(행 27:2).

제 9 장

바울 사도가 그리스도를 만남과 베드로가 이방을 방문함

IV. 이방전도를 위한 몇 가지 준비   9:1-12:25

누가는 사마리아 전도, 즉 빌립 집사가 사마리아에서 전도한 일(8:4-13), 베드로와 요한이 사마리아를 방문한 일(8:14-25), 빌립이 에디오피아 내시에게 전도한 일(8:26-40)을 말한 다음, 땅 끝까지의 전도를 위한 몇 가지 준비가 진행된 일을 기록한다(9:1-12:25). 먼저 사울이 그리스도를 만난 일(9:1-31), 또 베드로가 이방 이곳저곳을 방문한 일(9:32-11:18), 안디옥 교회가 설립되고(11:19-30), 야고보 사도가 순교하고 베드로가 탈옥한 일(12:1-19), 헤롯 아그립바가 죽고(12:20-24), 바나바와 바울이 안디옥으로 온 일을 기록한다(12:25).

A. 사울이 회심하다   9:1-31

누가는 사울이 다메섹 도상에서 그리스도를 만난 일과(1-9절) 세례를 받고 회복한 일을 말한다(10-19a). 그리고 누가는 사울이 그리스도를 만난 후 다메섹에서 전도한 일을 말하고(19b-25), 1차로 예루살렘을 방문한 역사적인 사실을 전한다(26-31절).

1. 사울이 다메섹 도상에서 그리스도를 만나다   9:1-9
행 9:1. (그) 사울이 주의 제자들에 대하여 여전히 위협과 살기가 등등하여 대제사장에게 가서.
누가는 사울이 "그 사울"(Ὁ Σαῦλος)이었다고 말한다. 즉 '8:3의 그 사울이었다'는 뜻이다. "교회를 잔멸할 새 각 집에 들어가 남녀를 끌어다가 옥에 넘기는" 그 사울이었다고 말한다(8:3; 갈 1:13; 딤전 1:13). 사울은 "주의 제자들에 대하여 여전히 위협과 살기가 등등하여 대제사장에게 가서" 주님의 제자들을 박해할 수 있는 권세를 받았다는 것이다. 그는 "여전히"(yet) 그 사울이었다. 하나님께서 중단시키지 않으면 중단할 줄 모르는 그 사울이었 다. 그는 주님을 믿는 성도들에 대하여 "위협과 살기가 등등했다." "위협과 살기가 등등했다"는 말은 '위협과 살기로 가득 찼다'는 뜻이다. 다시 말해 '협박과 죽이려는 마음으로 충만했다'는 뜻이다. 사울은 그 마음으로 충만하 여 그 욕구를 충족시키려고 박해할 수 있는 권세를 받기 위하여 대 제사장 즉 가야바를 찾아갔다.

행 9:2. 다메섹 여러 회당에 가져갈 공문을 청하니 이는 만일 그 도를 따르는 사람을 만나면 남녀를 막론하고 결박하여 예루살렘으로 잡아오려 함이라.
사울은 대제사장을 찾아가서 "다메섹 여러 회당에 가져갈 공문을 청했다."[42] 그는 주님의 이름을 부르는 모든 사람을 결박해서(14절) 예루살렘으로 잡아 오기 위하여 다메섹 여러 회당에 가져갈 공문을 청했다. 즉 "이는 만일 그 도를 따르는 사람을 만나면 남녀를 막론하고 결박하여 예루살렘으로 잡아오기" 위해서였다. 사울은 "그 도(道)," 즉 '기독교'(18:25-26; 19:23; 22:4; 24:14, 22)를 따르는 사람을 만나면 남녀 불문하고 결박하여 예루살렘 으로 잡아오려고 했다.

행 9:3. 사울이 길을 가다가 다메섹에 가까이 이르더니 홀연히 하늘로부터

---

42) 다메섹은 예루살렘 동북쪽 240km 지점에 있으며 구약 창 14:15에 처음 나타나고 수리아의 고도(古都)로 지금까지 남아있다. 일찍 다윗이 이곳을 점령하여 수비대를 둔 일이 있었으며(삼하 8:6) 이스라엘과 유다의 분열 왕국 시대에는 강대한 아람 왕국의 수도였다가 BC 732년 앗수르에 게 멸망당했다. BC 64년 이후로는 로마의 시리아 주에 속해 있었다(Bruce). 이곳은 유대인이 많이 살았고 따라서 회당들도 많았다. 전설에 의하면 사울(바울) 당시 이곳에는 유대인들이 5만이나 살았다고 한다. 사울이 이 때 다메섹으로 간 이유는 예루살렘으로부터 피신한 유대인 기독교인들을 잡으려 했던 것으로 보인다.

빛이 그를 둘러 비추는지라.

사울이 길을 가다가 다메섹에 가까이 이르렀을 때 "홀연히 하늘로부터 빛이 그를 둘러 비추었다"(22:6; 26:12; 고전 15:8). 낮 12시에(22:6) 갑작스럽게 하늘로부터 "빛" 즉 '태양 빛보다 더 밝은 빛'(26:13)이었는데 '참 빛이신 그리스도'(요일 1:5)께서 그를 둘러 비추었다. 이때의 현상을 두고 혹자는 태양빛으로 인한 일사병에 의한 현상이었다든지 혹은 사울의 불안한 심리 때문에 생긴 일이라든지 하는 말은 그리스도의 역사를 모르는 무지에서 온 것이다. 사울은 훗날 자기의 사건을 몇 차례 간증했다(22:4-16; 26:12-18). 그의 간증이야 말로 분명히 역사적인 사건이었고 객관성을 지닌 계시였다고 강조한다.

그런데 본문의 기록과 22:4-16; 26:12-18 사이에는 약간의 차이가 있다. 키스테메이커(Simon Kistemaker)는 말하기를 누가가 기록한 세 가지 기록은 목적과 배경(환경)과 청중이 다르다고 말한다. 즉 "첫째 기록은 역사적인 사건을 기록한 것이고, 둘째 것은 예루살렘의 흥분한 군중들에게 바울이 말한 것이고, 셋째 것은 아그립바 왕으로 하여금 크리스천이 되도록 설득하는 연설이었다. 만약 우리가 이 세 기록이 모두 바울에게서 나왔다는 것을 믿는다면 약간의 차이에 대해서는 크게 어려움을 느끼지 않는다. 어떤 사람이 한 가지 이야기를 여러 청중들에게 여러 서로 다른 환경 아래에서 말할 때마다 약간의 차이가 생기는 것은 당연한 것으로 보인다." 누가는 3절에서는 하늘로부터 "빛"이 임한 것을 말하고 22:6에서는 "큰 빛"이 바울을 둘러 비추었다고 말하며, 26:13에서는 "해보다 더 밝은 빛"이 바울과 그 동행들을 둘러 비추었다고 말한다. 그런 일이 발생한 것은 정오라고 말하며 그 때 바울과 그의 동료들은 다메섹에 가까이 접근하고 있었다고 말한다. 그들 모두는 그들 주위에 밝은 빛의 섬광을 보았다고 말하며 그 섬광은 바울의 눈을 멀게 했고 다른 동료들은 아무 일도 없었다고 보고하고 있다.

행 9:4. 땅에 엎드려져 들으매 소리가 있어 이르시되 사울아 사울아 네가

어찌하여 나를 박해하느냐 하시거늘.

사울만 땅에 엎드러진 것이 아니라 일행도 땅에 엎드러졌다. 사울과 일행
모두가 강한 빛을 보았고 소리도 들었으나 그 소리의 뜻은 사울에게만 알려졌
다(7절; 22:14). 사울이 빛에 의해 땅에 엎드려져 들으매 "소리가 있어 이르시
되 사울아 사울아 네가 어찌하여 나를 박해하느냐"는 소리가 들려왔다(마
25:40). 주님은 빛으로만 임하신 것이 아니라 소리(말씀)로 임하셨다. 예수님
은 사울의 이름을 두 번 부르신다. 당시의 급박한 사정을 말한다(창 22:11
삼상 3:10; 눅 10:41; 22:31). 예수님은 "네가 어찌하여 나를 박해하느냐"고
물으신다. 예수님은 사울에게 '네가 어찌하여 하늘에 있는 나를 박해하느냐'
고 하신다. 예수님은 자기와 자신을 믿는 신자들을 완전히 동일시하신다.
예수님과 성도들은 온전히 하나이다(마 10:40; 18:5; 25:45; 눅 9:48; 10:16;
요 12:44; 13:20). 예수님과 우리는 신비적으로 연합되어 있다. 예수님과
우리와의 연합의 특성은 여러 가지로 설명 된다: 1) 그 연합은 유기적 연합이
다(organic union)-그 연합으로 인하여 신자는 그리스도의 지체가 되고 또
그의 신성에 동참하게 된다. 2)생명적 연합이다(vital union). 그 연합으로
인하여 그리스도의 생명은 성도의 생명이 되신다. 3)영적인 연합이다
(spiritual union). 그 연합에 의하여 우리의 영혼과 그리스도께서 하나가
된다. 4)개인적인 연합이다(personal union). 그 연합에 의하여 성도는 그리
스도와 개인적으로 연합된다. 로마 교회는 개인적인 연합을 말하지 않는다.
로마 교회는 교회를 통하여 예수님과 연합된다고 주장한다. 5)불가불리의
연합이다. 한번 연합된 후에는 절대로 예수님에게서 떨어지지 않는다. 박해
자들이 예수님을 믿는 신자들을 학대하고 박해한다는 것은 바로 예수님을
학대하고 박해하는 것이다.

행 9:5. 대답하되 주여 누구시니이까 이르시되 나는 네가 박해하는 예수라.
사울은 예수님의 말씀에 대답한다. "주여(κύριε) 누구시니이까." "주여
(κύριε)"란 말은 본 절에서 '하나님'을 부르는 말로 볼 것이다(창 2:4; 골

3:24). 사울은 자기를 부르는 이가 천사인지 아니면 하나님이신지를 알기를 원했다. 사울의 물음에 대하여 예수님은 "나는 네가 박해하는 예수라"고 말씀하신다. 사울은 그 동안 무서운 일을 저지르면서 살아왔다. 예수님을 믿는 신자들을 박해함으로써 예수님 자신을 박해하며 살아왔던 것이다. 오늘 우리가 이런 죄를 범하지는 않는지 살펴야 할 것이다. 많은 기독교인들은 이 진리를 희미하게 알기에 형제자매들을 함부로 대한다. 엄청나게 큰 죄이다.

행 9:6. 너는 일어나 시내로 들어가라 네가 행할 것을 네게 이를 자가 있느니라 하시니.

"소리"로 임하신 예수님(4절)은 계속해서 말씀으로 사울에게 지시하신다. 즉 "너는 일어나 시내로 들어가라 네가 행할 것을 네게 이를 자가 있느니라"고 하신다. 예수님은 근처에 다메섹이 있는 것을 아시고 사울에게 일어나서 시내(the city)로 들어가라고 하신다. 그리고 그 도시 안에는 "네게 이를 자가 있느니라"고 하신다. 다시 말해 '네가 무엇을 해야 할지 말해줄 자가 있다'고 하신다. 예수님은 아나니아라고 하는 제자를 통하여 말씀하시기를 원하신다(10절, 12-13절, 17절). 우리는 지금 예수 그리스도께서 말씀을 통하여 우리의 할 일을 지시하시고 혹은 주의 종들을 통하여 말씀하시며 혹은 일반 성도들을 통하여 우리에게 말씀하신다. 우리는 귀를 기울여 들어야 한다. 예수님은 갑자기 사울에게 사도직을 맡기신다. 청천 벽력같은 사건이었다. 그리스도를 박해하러 가던 사람이 갑자기 그리스도를 선전하는 사명을 맡게 되었으니 말이다. 그러나 사울이 회심하고 사도직을 맡은 것은 다메섹이었지만 사도직을 실행한 것은 오랜 후(갈 2:1)의 일이었다. 큰 전도자는 단숨에 되지 않고 오랜 훈련을 받은 후에 일어난다.

행 9:7. 같이 가던 사람들은 소리만 듣고 아무도 보지 못하여 말을 못하고 서 있더라.

누가는 "같이 가던 사람들은 소리만 들었다"고 말한다. 여기 "같이 가던 사람들"은 사울이 다메섹으로 성도들을 박해하러 가는 도중에 동행했던 경호원들이나 혹은 보조원들일 것이다. 그런데 "같이 가던 사람들은 소리만 들었다"고 말했는데 병행구절인 22:9에는 그들이 "소리를 듣지 못하더라"고 되어 있다. 그러니까 본 절의 동행자들이 "소리만 들었다"는 말은 '음성만 들었다'는 뜻이고 22:9의 "소리를 듣지 못하더라"는 말은 '소리의 의미를 알지 못하였다'는 뜻으로 보아야 할 것이다. 주님은 자신이 쓰시려는 사울에 대하여는 특수취급하신 것을 알 수 있다. 곧 주님은 사울로 하여금 주님이 베푸신 이적의 내막을 깊이 알게 하신데 비하여 동행자들에게는 이적의 현상만(껍데기)을 알게 하신 것으로 보인다.

그리고 누가는 동행자들이 "아무도 보지 못하여 말을 못하고 서 있더라"는 말은 일단 넘어졌던 동행자들이 심하게 넘어진 것이 아니기에 먼저 일어난 것으로 보인다. 그들은 먼저 일어났으나 아무도 보지 못하여 말을 못하고 서 있었다. 곧 사울에게 말씀하신 주님을 보지 못하였기 때문에 말을 못하고 서 있었다. 주님은 자신이 쓰시려는 종에 대해서는 특수 취급하신다.

행 9:8. 사울이 땅에서 일어나 눈은 떴으나 아무 것도 보지 못하고 사람의 손에 끌려 다메섹으로 들어가서.

사울은 시간이 흘러 땅에서 일어났다. 그리고 눈을 뜨기는 했으나 "그 빛의 광채를 인하여"(22:11) 아무 것도 볼 수 없는 맹인이 되었다. 이 때 사울 혼자만 눈이 멀었다. 하나님은 사울의 눈에 비늘 같은 것을 뒤집어 씌우셨다. 이 비늘 같은 것은 아나니아가 안수할 때까지 그냥 사울의 눈에 그냥 붙어 있었다(17-18절). 사울은 이제 완전히 그리스도의 포로가 되고 말았다. 그는 그리스도 앞에 꼼짝 못하는 종이 되고 말았다. 사울은 하는 수 없이 경호원들의 손에 이끌려 다메섹으로 들어갔다. 경호원들은 며칠 후 허탈한 심정으로 예루살렘의 대제사장에게 돌아와 사울을 그리스도에게 빼앗기게 되었다고 보고하는 수밖에 없었다.

행 9:9. 사흘 동안 보지 못하고 먹지도 마시지도 아니하니라.

사울은 삼일 동안 1) 아무 것도 보지 못하고, 2) 먹지도 못하고, 3) 마시지도 아니하면서 기도에 전념했다(11절). 삼일 동안의 회심기간에 그는 많은 것을 경험하게 되었다. 그는 격동의 3일을 다메섹에서 지났다.

　　2. 사울이 세례 받고 회복하다 9:10-19a

　다메섹 도상에서 그리스도를 만나 회개한 사울은 자기의 경비병들에게 이끌려 다메섹으로 들어온 다음 그리스도의 제자 아나니아에 의하여 안수를 받는 중 눈이 회복되고 성령 충만에 이르게 되며 동시에 세례를 받고 건강을 회복한다. 이 부분에서는 그리스도께서 아나니아를 사용하신 점이 특이하다.

행 9:10. 그 때에 다메섹에 아나니아라 하는 제자가 있더니 주께서 환상 중에 불러 이르시되 아나니아야 하시거늘 대답하되 주여 내가 여기 있나이다 하니.

누가는 "다메섹에 아나니아라 하는 제자가 있었다"고 말한다(22:12). "아나니아"라는 이름의 뜻은 '여호와는 은혜로우시다'는 뜻이다. 누가는 아나니아가 예수님의 "제자"라고 말한다. "제자"(μαθητής)란 말은 '그리스도를 따르는 사람'을 지칭하는 말이다(마 16:24). 훗날 바울은 아나니아에 대하여 "경건한 사람...모든 유대인들에게 칭찬 듣는 아나니아"라고 극찬했다(22:12). 이 아나니아는 예루살렘 교회가 유대인들로부터 박해를 받을 때 다메섹으로 피난한 것이 아니라(13절) 아마도 오순절의 성령 강림 때 은혜를 받고 이곳으로 왔을 것으로 보인다.

　누가는 "주께서 환상 중에" 아나니아를 불러서 지시하셨다고 말한다. 여기 "환상"(ὅραμα)이란 말은 문자적인 의미로는 '보인 것,' '비존'(vision)이란 뜻인데 밤에 꿈 가운데서 나타날 수도 있고 혹은 낮에 비몽사몽 중에 나타날 수도 있다(10:10 참조). 신비가들이 주장하는 바로는 환상이 나타날 때에는 사람의 마음의 작용은 정지되어야 한다고 주장하나 성경에서 말하는 환상은 그 환상을 보는 자가 사람이 정신을 차린 상태에서 진행된다고 말씀한다.

아나니아는 주님께서 환상 중에 부르셨을 때 "주여 내가 여기 있나이다"라고 대답한다. 이는 마치 아이 사무엘이 하나님의 음성을 들었을 때(삼상 3:4; 창 22:1 참조) 대답한 것과 같다. 우리는 주님의 부르심에 '주여, 내가 여기 있나이다'라고 대답해야 한다. 주님께서 말씀으로 부르시던지 아니면 영음으로 부르시던지 반드시 우리는 응답해야 한다.

행 9:11. 주께서 이르시되 일어나 직가라 하는 거리로 가서 유다의 집에서 다소 사람 사울이라 하는 사람을 찾으라 그가 기도하는 중이니라.

본 절은 주님께서 아나니아에게 지시하신 내용이다. 첫째, "일어나 직가라 하는 거리로 가라"고 하신다. 다메섹의 "직가"(Straight Street)라는 거리로 가라는 말씀이다. "직가"(Εὐθεῖαν)라는 이름이 붙은 이유는 길이 곧기 때문이었다. 이 거리는 지금도 남아 있어 다메섹 동문으로부터 서문으로 통하는 거리인데 대략 1,6km의 길이라고 한다(Kistemaker). 둘째, "유다의 집에서 다소 사람 사울이라 하는 사람을 찾으라"고 하신다(21:39; 22:3). '유다라고 하는 유대인 집에서 다소 출신 사울이라 하는 사람을 찾으라'는 말씀이다. '직가의 길가에 자리 잡고 있는 여러 집중에서 유다라고 하는 유대인의 집에서 사울이라고 하는 사람을 찾으라'는 명령이었다. 다소 시(市)는 길리기아주의 수도로서 헬리니즘의 중심지였었고 소아시아의 아덴으로 불리었다. 그리고 이 도시는 다른 도시와는 달리(21:39) 이 도시에서 태어난 사람들에게는 로마 시민권을 주었다(22:28). 사울은 이 도시에서 탄생하여 이 도시에서 어느 정도 교육을 받았다(22:3). 셋째, 주님은 "저가 기도하는 중이라"고 알려주신다. "저가 기도하는 중이다"(ἰδοὺ γὰρ προσεύχεται)라는 말은 '보라, 그가 기도하고 있기 때문이다'라는 뜻으로 주님은 두려워하는 아나니아에게 사울이 기도하고 있는 사람이니 그를 두려워할 이유가 없다고 하신다. 여기 "기도하는 중이다"라는 말이 현재동사로 묘사된 것은 계속해서 기도하고 있음을 나타내신 것이다. 기도한다는 것은 주님을 지극히 기쁘시게 만든다. 우리는 기도의 사람이 되어 주님을 기쁘시게 해야 한다.

행 9:12. 그가 아나니아라 하는 사람이 들어와서 자기에게 안수하여 다시 보게 하는 것을 보았느니라 하시거늘.

주님은 사울을 두려워하는 아나니아를 안심시키시는 말씀을 하셔서 안심하고 사울을 찾아가도록 권면하신다. 주님은 이미 사울에게 "아나니아라 하는 사람이 들어와서 자기(사울)에게 안수하여 다시 보게 하는" 환상(6절)을 보여주셨다고 말씀하신다. 주님은 똑같은 사실을 두 사람에게 보여주심으로 서로 혼선이 없도록 하신다. 사울에게는 아나니아라 하는 사람이 들어와서 자신에게 안수하여 눈을 떠서 다시 보게 할 일을 보여주셨고, 아나니아에게는 사울이라는 사람이 유다라는 사람의 집에서 기도하고 있다는 사실을 알려주셔서 안심하고 찾아가서 사역할 수 있게 해주셨다. 주님께서 모든 일을 주선해주신다. 본문의 "안수"란 말은 아나니아의 '손을 사울에게 얹어서 눈을 다시 보게 하고 성령을 받게 하는 것'을 지칭한다.

행 9:13. 아나니아가 대답하되 주여 이 사람에 대하여 내가 여러 사람에게 듣사온즉 그가 예루살렘에서 주의 성도들에게 적지 않은 해를 끼쳤다 하더니.

주님께서 아나니아로 하여금 사울에 대하여 안심할 수 있도록 말씀해주셨지만(11-12절) 아나니아는 사울이 워낙 악질적인 박해자인 것을 아는 고로 본 절과 다음 절에서 사울에 대해서 염려하는 말씀을 드린다. 본 절은 사울이 예루살렘에서 행한 악한 박해행위를 말씀하고 다음 절(14절)은 여기 다메섹에서 성도들에게 타격을 가할지 모른다는 염려를 피력한다.

　아나니아는 "주여 이 사람에 대하여 내가 여러 사람에게 듣사온즉 그가 예루살렘에서 주의 성도들에게 적지 않은 해를 끼쳤다"는 소문을 들었다고 여쭙는다(1절).[43] 아나니아는 자기가 직접 사울로부터 박해를 받지는 않았지만 여러 사람에게 들은 즉 사울이 주님을 믿는 성도들에게 적지 않은 해를 끼쳤다는 소문을 들었다고 보고를 드린다. 아나니아는 사울에 의해 해(害)를 본 사람들이 여기저기 곧 유대와 사마리아(8:1b)와 페니키아(Phoenicia)와 구브로(Cyprus) 그리고 안디옥(11:19)에게까지 피란해서 소문을 퍼뜨렸고 다메섹에게까지 이르러 소문을 퍼뜨린 것을 듣고 주님께 그 실상을 여쭙는다. 그는 아직도 두려움에 사로잡혀 얼른 주님의 명령에 순종하지 못하고 실상을 보고한다. 애굽 왕 바로에게 가라는 명령을 받은 모세도 얼른 순종하지 못했고(출 3장), 니느웨 백성들에게 회개를 외치라는 하나님의 명령을 받은 요나도 얼른 순종하지 못했으며(욘 1장), 사가랴도 그의 아내가 아이를 가지리라는 말씀을 들은 후 즉시 믿지 못했고(눅 1:11-20), 예수님의 어머니 마리아도 천사의 음성을 듣고 얼른 받지 못했다(눅 1:29-34). 그러나 하나님은 그의 종들이 얼른 순종하지 못할 때에도 인내해주신다. 아나니아도 주님으로부터 말씀을 들었지만 얼른 모든 박해의 위험이 깨끗이 사라진 사실을 얼른 받아드리지 못했다.

혹자는 아나니아가 사울의 눈을 뜨게 해주고 성령의 은혜를 베푼다는 것이 그리스도의 마음에 드는 일인지 확인하기 위해 그리스도에게 질문한 것이라고 말한다. 아나니아는 친히 사울에게 박해를 받거나 해를 받지는 않았지만 사울에 대하여 여러 사람에게 들은 대로 그가 예루살렘에서 주님을 믿는 성도들에게 큰 해를 끼쳤다고 하는데 그런 악질적인 박해자에게 은혜를 베푸는 것이 가한 일인지를 여쭌 것이라고 말한다. 아나니아 생각에는 아무래도 부당한 듯이 보여 질문한 것이라고 한다. 그러나 아나니아가 주님의 공의를 문제 삼아 질문한 것이라고 보기는 어렵다. 이유는 본 절이나 다음 절의 내용이 공의를 여쭌 것이 아니라 두려움이 아직도 완전히 사라지지 않아서 말씀드린 것으로 보아야 할 것이다.

---

43) "성도들"이란 말이 여기서 처음 등장하는데 주님을 믿는 사람을 성도들(32절, 41절; 26:10)이라고 부르는 이유는 그들이 성령을 받았기 때문이다. 결코 그들이 완전하다는 뜻이 아니라 성령의 세례를 받았기에 성도라고 부른 것이다(고전 1:2).

행 9:14. 여기서도 주의 이름을 부르는 모든 사람을 결박할 권한을 대제사장들에게서 받았나이다 하거늘.

아나니아는 사울이 여기 다메섹에서도 "주의 이름을 부르는 모든 사람을 결박할 권한을 대제사장들에게서 받았나이다"라고 여쭙는다(21절; 7:59; 22:16; 고전 1:2; 딤후 2:22). 아나니아는 사울이 예수님의 이름을 부르는 모든 사람을 잡아 결박해서 예루살렘으로 끌어갈 권한을 대제사장들에게서 받았다고 말씀을 드린다. 예수님은 아나니아로부터 이 보고를 받으신 후 꾸짖으시거나 아니면 어떤 다른 말씀을 더 하시기 전에 먼저 사울에게 "가라"고 명령하신다(다음 절). 우리는 주님의 명령에 대해서 많은 토를 달지 말고 순종해야 한다.

행 9:15. 주께서 이르시되 가라 이 사람은 내 이름을 이방인과 임금들과 이스라엘 자손들에게 전하기 위하여 택한 나의 그릇이라.

사울에게 가기를 두려워하는 아나니아에게 주님은 "가라"(첫 번 명령은 11절에 있음)고 말씀하신 다음 본 절과 다음 절(16절)에서 아나니아로 하여금 안심할 수 있도록 더 친근한 정보를 주신다. 주님은 말씀하시기를 "이 사람은 내 이름을 이방인과 임금들과 이스라엘 자손들에게 전하기 위하여 택한 나의 그릇이라"고 하신다(13:2; 22:21; 26:17; 롬 1:1; 고전 15:10; 갈 1:15; 엡 3:7-8; 딤전 2:7; 딤후 1:11). 주님은 사울의 전도의 대상이 세 그룹이라고 하신다. 첫째, "이 사람은 내(예수) 이름을 이방인들에게...전하기 위하여 택한 그릇이라"고 하신다(롬 1:5; 11:13; 갈 2:7-8). 사울이 그리스도를 만나 회심한 후 최초로 다메섹에서 그리스도를 전했지만 그 후로는 줄곧 이방인들에게 복음을 전했다. 그는 자신을 시종일관 이방인의 사도라고 불렀다. 둘째, "임금들에게...전하기 위하여 택한 나의 그릇이라"고 하신다(25:22-23; 26:1). 사울은 아그립바왕 앞에서 그리스도를 전했고 (26:28), 가이사 앞에서 그리고 드디어 로마에서 네로의 재판정에서 증언했다(25:11-12, 21, 25; 26:32; 28:19). 셋째, "이스라엘 자손들에게 전하기

위하여 택한 나의 그릇이라"고 하신다. 그가 예루살렘에서 잡혔을 때 유대인
들에게 예수님을 증언했고(22:1-21), 산헤드린 공의회 앞에서도 예수님을
증언했다(23:1-10). 주님은 아나니아에게 사울은 "택한 나의 그릇이라"고
말씀하신다. 다시 말해 이방인과 임금들과 유대인들에게 그리스도를 전할
"택한 나의 그릇이라"고 하신다. 여기 "그릇"이란 말은 ''다 준비된 사람,
혹은 종'이란 뜻이다. 사울은 가말리엘 문하에서 구약 성경을 공부한 사람이
고, 헬라어를 말하는 환경에서 성장한 사람이며, 헬리니즘 문화에 친숙한
사람이고, 또 이방 사람들이 이해할 수 있는 언어로 복음을 해석하는 방법을
아는 사람이며, 로마 시민권을 가진 사람으로 복음을 로마 천하에 퍼뜨릴
수 있는 사람으로 훈련된 사람이라는 것이다. 주님께서 "택한" 사람이라고
말씀하신 것은 구원하시기 위해 택하셨다는 것이 아니라 사역을 위해 쓰시기
위해서 택하셨다는 뜻이다(Kistemaker).

**행 9:16. 그가 내 이름을 위하여 얼마나 고난을 받아야 할 것을 내가 그에게
보이리라 하시니.**

주님은 아나니아에게 본 절에서 또 하나의 정보를 주셔서 아나니아를 안심시
키신다. 즉 "그가 내 이름을 위하여 얼마나 고난을 받아야 할 것을 내가
그에게 보이리라"고 하신다(20:23; 21:11; 고후 11:23). 사울은 앞으로 주님
의 이름을 위하여 많은 고난을 받아야 할 것을 주님께서 사울에게 보이시리라
고 하신다. 사울은 반드시 고난을 받아야 할(δεῖ) 사람이라는 것이다. 다시
말해 고난의 사람이 될 것이라는 뜻이다. 주님은 앞으로 사울에게 그가
고난을 받아야 할 것을 보여주시겠다고 하신다. 이 말씀대로 사울은 훗날
많은 고난을 받았기에 그는 자신이 무수한 고난을 받았음을 알리는 목록을
써 놓기까지 했다(고후 11:23-28). 아나니아는 사울이 앞으로 많은 고난을
받을 것이라고 알게 되어 사울을 찾아가게 되는데 더욱 친근감을 느꼈다.
고난을 공유한다는 것은 좋은 일이 아닐 수 없다.

행 9:17. 아나니아가 떠나 그 집에 들어가서 그에게 안수하여 이르되 형제 사울아 주 곧 네가 오는 길에서 나타나셨던 예수께서 나를 보내어 너로 다시 보게 하시고 성령으로 충만하게 하신다 하니.

드디어 아나니아는 주님의 말씀에 설득을 받고 명령에 순종하여 자기 집을 떠나 유다라는 사람의 집으로 들어가(22:12-13) 사울에게 안수하면서 말하기를 "형제 사울아 주 곧 네가 오는 길에서 나타나셨던 예수께서 나를 보내어 너로 다시 보게 하시고 성령으로 충만하게 하신다"고 말한다(8:17). 아나니아는 사울을 향하여 "형제"라고 부른다. 사울에 대한 모든 적의(敵意)를 버리고 형제로 대한다. 우리는 모든 믿는 사람들에 대하여 모든 적의를 버리고 형제로 대해야 한다. 아나니아는 자신의 권위로 사역하는 것이 아니라 "네가 오는 길에서 나타나셨던 예수께서 나를 보내어" 일을 하신다고 말씀한다. 그는 분명히 예수님의 보냄을 받은 사실을 말한다. 예수님은 "너로 다시 보게 하시고 성령으로 충만하게 하신다"고 말한다(2:4; 4:31; 8:17; 13:52). 주님께서 사울로 하여금 다시 보게 하시는 것이고 성령으로 충만하게 하시는 것이라고 말한다. 주님은 이적을 베푸실 때 사람을 사용하신다. 아나니아는 주님으로부터 쓰임 받은 사람이었다. 그는 큰 인물은 아니었지만 큰 인물이 나타나도록 역할을 했다. 아나니아는 숨은 제자이고 겸손한 제자이며 순종하는 사람이었다. 우리는 우리의 이름이 나지 않아도 주님께 순종하는 것으로 만족해야 한다.

행 9:18-19a. 즉시 사울의 눈에서 비늘 같은 것이 벗어져 다시 보게 된지라 일어나 세례를 받고 음식을 먹으매 강건하여지니라.

누가는 이 부분에서 사울에게 일어났던 세 가지 변화를 진술한다. 첫째, "즉시 사울의 눈에서 비늘 같은 것이 벗어져 다시 보게 되었다"고 말한다. 사울의 눈에 "비늘"(λεπίδες)[44]같은 것이 생긴 이유는 다메섹 도상에서

---

44) 여기 "비늘"(λεπίδες)이란 단어는 의학에서 쓰는 단어라고 한다(Lumby, Hobart). 누가가 이 단어를 쓴 것을 보아도 의사인 누가가 사도행전을 썼다는 것을 알 수 있다.

해보다 더 밝은 빛을 보았을 때 생긴 하나님의 초자연적 역사, 즉 하나님의
기적적 역사에 의한 것이었다(Alford, Bengel, Grosheide, Knowling). 그런
데 이제 아나니아가 안수할 때 "비늘같이 것이 벗어져" 시력을 회복하게
되었다. 누가는 사울의 시력 회복에 대하여 아주 간단하게 묘사하고 있는데
비해 사울 자신은 훗날 자신의 문제에 대하여 비교적 자세하게 서술한다.
22:12-13에서 "율법에 따라 경건한 사람으로 거기 사는 모든 유대인들에게
칭찬을 듣는 아나니아라 하는 이가 내게 와 곁에 서서 말하되 형제 사울아
다시 보라 하거늘 즉시 그를 쳐다보았노라"고 말하며, 또한 아나니아가 사울
에게 길게 지시하고 있는 것을 볼 수 있다(22:14-16). 그러니까 본 절에서
누가 자신은 사울과 아나니아의 만남에 대해서는 간단하게 서술했고 사울
자신이 자기에게 대하여 말한 것은 비교적 길게 서술한 것을 볼 수 있다.

둘째, 사울이 "일어나 세례를 받았다"고 말한다. 이야말로 사울에게는
엄청난 변화였다. 할례만 주장했던 사울이 기독교의 세례를 받았다는 것은
청천(靑天)에 벽력(霹靂)같은 놀라운 변화였다. 사울은 아나니아의 집례로
세례를 받았을 것이다. 누가는 사울이 세례 받은 장소, 세례 양식, 세례를
집례한 사람에 대해서 침묵하고 있다(Kistemaker). 아무튼 누가는 사울이
아나니아를 통하여 봉사를 받은 사건에 대해서는 아주 간단하게 말하거나
아니면 아예 침묵하고 있음을 볼 수 있다. 셋째, "음식을 먹으매 강건하여지
니라"고 말한다. 사울은 세례를 받은 후 음식을 먹고 건강을 회복했다. 사울
은 삼일동안 식음을 전폐하고 기도한 후 심히 배가 고팠을 것이지만 세례를
받고 주님의 제자가 되는 것이 더 시급한 사항으로 알고 세례를 먼저 받았고
세례를 받은 후에 음식을 먹고 건강을 회복했다.

3. 사울이 다메섹에서 전도하다   9:19b-25

사울이 세례를 받고 건강을 회복한 후 며칠이 지나자 다메섹 각 회당에서
예수님을 증언한다. 사울의 전도는 다메섹의 유대인들에게 날벼락 같은 일이
었다. 그들은 가만히 있을 수 없었다. 밤낮 사울을 잡으려고 하였다.

행 9:19b. 사울이 다메섹에 있는 제자들과 함께 며칠 있을 새.

누가는 "사울이 다메섹에 있는 제자들과 함께 며칠 있을 새" 전도를 시작했다고 말한다(26:20). 여기 "며칠"이란 말은 말 그대로 불과 수일을 지칭하는 말이다. 21절에서도 불과 수일 만에 전도를 시작한 것을 보여준다. 다메섹 사람들은 말하기를 사울이 "여기 온 것도 그들을 결박하여 대제사장들에게 끌어가고자 함이 아니냐"고 말한 것을 보면 불과 며칠이 지나자 전도를 시작했다는 것을 짐작하게 해준다. 참으로 성령 받고 믿는 사람은 즉시 예수님을 선전해야 한다는 것을 보여준다.

행 9:20. 즉시로 각 회당에서 예수가 하나님의 아들이심을 전파하니.

사울은 "즉시로 각 회당에서 예수가 하나님의 아들이심을 전파했다"(8:37). "하나님의 아들"이란 말은, 1) 구약에서 이스라엘 나라를 지칭하는 말이었다(출 4:22; 렘 31:9; 호 11:1). 2) 이스라엘의 기름 부음 받은 왕에게 붙여진 말이었다(삼하 7:14; 시 89:26f). 3) 앞으로 오실 메시아에게 이 이름이 붙여 졌다(시 2:7-행 13:23). 이 "하나님의 아들"이라는 명칭이 예수님에게 쓰일 때는 1) 예수님이 이스라엘의 진정한 대표자라는 뜻으로 쓰였고, 2) 하나님의 기름부음 받은 왕이라는 뜻으로 쓰였으며, 3) 약속된 메시아라는 뜻으로 쓰여 졌다(F. F. Bruce). 예수님 당시 대제사장은 예수님을 향하여 "네가 찬송 받을 자의 아들 그리스도냐?"(마 26:63; 막 14:61; 눅 22:67, 70)고 질문했는데 이는 메시아를 하나님의 아들로 생각했었다는 것을 보여준다. 그리고 예수님 자신이 하나님의 아들이라고 말씀하실 때는 1) 예수님께서 아버지와 독특한 관계에 계시다는 것,[45] 2) 하나님과 교제하신다는 것, 3) 아들의 기능은 아버지를 드러내시는 분이라는 것을 드러내는 표현이다. 사울

---

45) 예수님께서 하나님의 아들로 불리게 된 원인은 성령님께서 마리아에게 능력을 발휘하셔서 아들이 잉태되었기 때문이었다. 천사는 말하기를 "나실 바 거룩한 이는 하나님의 아들이라 일컬어지리라"고 말한다(눅 1:35).

이 다메섹에서 "예수가 하나님의 아들이심을 전파한" 것은 바로 이러한 뜻을 내포한 것으로 볼 수 있다. 오늘 우리는 예수님이 하나님의 아들이라고 전해야 할 것이다.

행 9:21. 듣는 사람이 다 놀라 말하되 이 사람이 예루살렘에서 이 이름을 부르는 사람을 멸하려던 자가 아니냐 여기 온 것도 그들을 결박하여 대제사장들에게 끌어가고자 함이 아니냐 하더라.

누가는 다메섹 회당에서 사울의 말을 듣던 사람들의 놀란 반응을 두 가지로 기록한다. 하나는 "이 사람이 예루살렘에서 이 이름을 부르는 사람을 멸하려던 자가 아니냐"는 반응이었다(1절; 8:3; 갈 1:13, 23). 여기 "이 이름"이란 말은 '예수라는 이름'을 지칭한다. 또 하나는 "여기 온 것도 그들을 결박하여 대제사장들에게 끌어가고자" 온 것이 아니냐는 반응이었다. 예루살렘에서의 박해자가 여기 다메섹에 와서 또 예수 믿는 사람들을 결박하여 끌어가고자 온 것이 아니냐는 반응이었다. 누가가 이런 반응을 기록한 목적은 사울에게 있었던 개종 사건이 기적적으로 된 것을 나타내기 위함이었다. 사울의 급격한 변화에 대해서 제자들은 감사했고(갈 1:22-24), 율법주의자들은 당황했다(본 절).

행 9:22. 사울은 힘을 더 얻어 예수를 그리스도라 증언하여 다메섹에 사는 유대인들을 당혹하게 하니라.

누가는 20절에서 사울의 다메섹 전도를 언급했는데 본 절에서는 "힘을 더 얻어 예수를 그리스도라 증언하여 다메섹에 사는 유대인들을 당혹하게 했다"고 말한다(18:28). 사울이 "힘을 더 얻었다"는 말은 '영적인 힘을 더 얻었다'는 뜻이다. 다시 말해 '성령으로 말미암아 영력을 더 얻었다'는 뜻이다. 여기 "힘을 얻어"(ἐνεδυναμοῦτο)라는 말이 미완료 과거 시제인고로 '계속해서 영력을 얻고 또 얻고 있었다'는 뜻으로 다메섹에서 전도하는 동안 힘을 계속해서 더 얻어서 예수님을 그리스도로 전했다는 뜻이다. "하나님은 위험을 무릅 쓰고 전도하는 신자에게 특수한 영력을 주신다"(박윤선). 본 절의 "예수를 그리스도라 증언했다"는 말을 두고 혹자는 "예수가 하나님 의 아들이심을 전파한 것"(20절)과 다른 의미라고 말하나 "그리스도"란 말과 "하나님의 아들"이란 말을 동의어로 보아야 한다. 본문의 "증언하 여"(συμβιβάζων)란 말은 원래 '함께 모으다,' '논증하다'는 뜻으로 사울은 구약 성경의 메시아 예언 구절을 모아 예수님이 그리스도이심을 논증했다는 뜻이다. 그는 구약 성경에 밝은 고로 구약 성경을 가지고 예수가 그리스도이 심을 논증했고 또 유대인들은 구약 성경을 아는 사람들인 고로 바울의 논증 앞에 굴복되었다. 사울은 그의 그리스도 논증으로 다메섹의 유대인들 을 "당혹하게 했다." 유대인들은 구약의 말씀을 귀중하게 여겼으나 사울이 구약의 메시아 예언 구절을 가지고 예수님이 메시아임을 논증했을 때 혼돈 될 수밖에 없었다. 전도자는 성경을 가지고 예수님이 그리스도이심을 증언 하여야 한다.

행 9:23-24a. 여러 날이 지나매 유대인들이 사울 죽이기를 공모하더니 그 계교가 사울에게 알려지니라.
누가는 "여러 날이 지나매 유대인들이 사울 죽이기를 공모했다"고 말한다 (23:12; 25:3; 고후 11:26). 누가가 말한 "여러 날이 지나매"(after that many days were fulfilled-KJV)라는 말은 19절 하반 절의 "다메섹에 있는 제자들과 함께 며칠 있을 새"(Then was Saul certain days with the disciples which were at Damascus-KJV)라는 말과는 달리 '꽤 오랜 기간'을 지칭하는 말인데 '사울의 아라비아 3년 체류기간'을 가리킬 것이다. 갈 1:17-18에 보면 "또 나보다 먼저 사도 된 자들을 만나려고 예루살렘으로 가지 아니하고 오직 아라비아로 갔다가 다시 다메섹으로 돌아갔노라. 그 후 삼 년 만에 내가 게바를 방문하려고 예루살렘에 올라갔다"고 말한다. 그는 그가 다메섹 도상 에서 회심한 후 며칠 간 다메섹에서 예수는 그리스도라고 전하다가 아라비아 에 가서 개인적인 묵상시간과 전도 시간을 가지다가 다시 다메섹으로 돌아간 후 예루살렘으로 올라간 것이다. 그러니까 아라비아에서 개인적인 수양과 전도의 기간을 가지다가 다메섹으로 가서 전도하는 중 "유대인들이 사울 죽이기를 공모했다." 그리스도인들을 박해하던 박해자는 이제 박해를 받기 시작한다. 그는 이제부터는 그리스도를 위하여 죽기를 각오하고 박해를 받기 시작한다(고후 11:23-29). 그런데 "유대인들이 사울 죽이기를 공모한다"는 소문이 사울에게 들려졌다(23:16, 30 참조). 하나님께서 쓰시는 전도자는 사명이 끝나기 전에 죽지 않게 하기 위해서 그 어떤 방법으로든지 하나님께서 전도자 자신에게 전하여 대책을 세우게 하신다. 병행구절인 고후 11:32-33("다메섹에서 아레다 왕의 고관이 나를 잡으려고 다메섹 성을 지켰으나 나는 광주리를 타고 들창문으로 성벽을 내려가 그 손에서 벗어났노라")을 보면 다메섹 지방을 다스리던 나바디안 아랍 왕(Nabatean Arabs), 아레다 4세(BC 9년-AD 40년)에 의해 파견된 고관이 사람들을 시켜서 바울을 잡아 없애버리려고 다메섹 성문을 주야로 지키게 했다. 이 사실이 사울에게 전달되었다.

행 9:24b. 그들이 그를 죽이려고 밤낮으로 성문까지 지키거늘.
나바디안 아랍 왕 아레다 4세가 다메섹 성에 파견한 고관이 사람들을 동원하여 사울을 죽이려고 밤낮으로 성문까지 지켰다. 그가 이렇게까지 고관을 파견하여 사람들을 동원하여 지키게 된 동기는 분명히 사울이 아라비아에 체재하는 중에 거기서도 예수는 그리스도라고 전하여 사람들을 괴롭혔기 때문일 것이다. 오랫동안 사울은 아라비아에 머물면서 기도도 하고 개인적인 명상도 하면서 아라비아 사람들과 아레다 4세에게 예수님을 전했을 것이다. 아레다 왕은 사울을 잡으려고 고관 한 사람을 파견하여 잡아 죽이려고 했다. 동원된 사람들은 아예 성문을 지켜서 사울을 꼼짝 못하게 했다. 계속해서 밤낮 사울을 잡으려고 지켰다.

행 9:25. 그의 제자들이 밤에 사울을 광주리에 담아 성벽에서 달아내리니라.

그런데 사울이 다메섹에서 전도하는 동안 제자들이 생겼는데 바로 "그의 제자들이 밤에 사울을 광주리에 담아 성벽에서 달아 내렸다"(수 2:15; 삼상 19:12). '사울의 제자들이 밤을 틈타서 성벽 밖으로 불쑥 나오게 지은 집의 창문을 통하여 성벽에서 밑으로 달아 내렸다'(수 2:15; 고후 11:33). 사울은 다메섹으로부터 빠져나와 예루살렘으로 갔다. 참으로 위험한 시도였지만 하나님께서 성공하게 하셨다.

4. 사울이 1차로 예루살렘을 방문하다 9:26-31

사울은 다메섹을 빠져나와 1차로 예루살렘 교회를 찾아간다. 그가 3년 전 잔멸(殘滅)했던 예루살렘 교회와 사도들을 찾아간다. 핍박자로 떠났으나 이제는 이방의 사도가 되어 예루살렘 교회를 찾은 것이다. 그러나 사울은 예루살렘 교회에서 환영을 받지 못하고 냉랭(冷冷)함만 느끼고 멀리 다소로 보내지게 되었다. 크게 쓰일 좋은 오랜 세월 주님과의 교제가 필요하고 또 훈련이 필요했다. 만약 사울이 이 때 예루살렘 교회로부터 환영을 받았더라면 작은 종에 불과할 뻔했다.

행 9:26. 사울이 예루살렘에 가서 제자들을 사귀고자 하나 다 두려워하여 그가 제자 됨을 믿지 아니하니.

누가는 "사울이 예루살렘에 가서 제자들을 사귀고자 하나 다 두려워하여 그가 제자 됨을 믿지 아니했다"고 말한다(22:17; 갈 1:17-18). '사울은 예루살렘 교회에 찾아가서 사도들과 예수님을 믿는 일반 성도들을 사귀고자 했지만 성도들이 다 두려워하여 사울이 예수님의 제자가 된 것을 믿어주지 아니했다. 사실 사울은 사도들과 일반 성도들을 만나 교제하는 중에 자기가 깨달은 진리와 예루살렘 교회의 사도들이 깨달은 것과 일치하는지 확인하고 또한 그들과 교제하는 가운데 기쁨을 얻고 위로와 격려를 얻기를 원했는데 아직은 때가 아닌 것이 확인되었다. 그는 유대교로부터는 배신자로 취급받았고 기독교로부터는 아직 믿지 못할 자로 취급을 받게 되었다.

행 9:27. 바나바가 데리고 사도들에게 가서 그가 길에서 어떻게 주를 보았는지와 주께서 그에게 말씀하신 일과 다메섹에서 그가 어떻게 예수의 이름으로 담대히 말하였는지를 전하니라.

예루살렘 교회의 예배 시에 참여하여 함께 예배하고 함께 기도하려고 해도 예루살렘 교회의 사도들과 성도들이 사울을 믿어주지 않았는데 "바나바가 데리고 사도들에게 가서" 두 가지를 말했다(4:36; 13:2). 하나는 "그가 길에서 어떻게 주를 보았는지와 주께서 그에게 말씀하신 일"을 말해주었다. 바나바는 사울이 다메섹 도상에서 주님을 뵌 일과 또 주님께서 사울에게 말씀하신 내용을 알려주었다. 그리고 또 하나는 "다메섹에서 그가 어떻게 예수의 이름으로 담대히 말하였는지를 전"해 주었다(20절, 22절). 곧 다메섹에서 사울이 어떻게 예수님의 이름으로 담대하게 전도했는지를 전해주었다. 이 때 만났던 사람은 베드로와 야고보였다(갈 1:18-19). 바나바는 위로의 사람으로(4:36) 입장이 난처해진 사울을 사도들에게 잘 천거해주었다. 우리는 곤궁에 처한 사람을 위로하는 위로의 사람이 되어야 한다. 사람을 깎아내리는 사람이 되어서는 안 될 것이다.

행 9:28. 사울이 제자들과 함께 있어 예루살렘에 출입하며.

바나바의 중간 역할은 일단 유효해서 사울은 예루살렘 교회의 회원으로 환영되어 "사울이 제자들과 함께 있어 예루살렘에 출입했다." 사울은 이 때 15일간(갈 1:18) 제자들과 함께 생활하면서 예루살렘에 출입했다. "예루살렘에 출입했다"는 말은 '예루살렘 주위를 마음대로 다녔다'는 뜻으로 그는 예루살렘 주위를 자유롭게 왕래하면서 복음을 전했다.

행 9:29. 또 주 예수의 이름으로 담대히 말하고 헬라파 유대인들과 함께 말하며 변론하니 그 사람들이 죽이려고 힘쓰거늘.

사울은 예루살렘과 또 예루살렘 주위를 왕래하면서(앞 절) "주 예수의 이름으로 담대하게 말했다." 곧 '주 예수를 담대하게 전했다'(9:27, 29; 13:46;

14:3; 18:26; 19:8; 26:26). 그의 담대함은 성령의 역사 때문이었다. 우리는 성령의 충만함으로 담대하게 그리스도를 전해야 한다.

사울은 자기가 회개한 사람이라는 것을 증명하기 위하여 "헬라파 유대인들과 함께 말하며 변론했다"(6:1; 11:20). '헬라 말을 하는 유대인들에게 그리스도를 전했고 변론도 했다.' 그는 스데반이 하던 대로 헬라 말을 하는 사람들에게 주님을 전파했고 또 그들과 함께 기독교 진리를 알리려고 변론했다. 헬라 말을 하는 유대인들이 이제 사울을 변절자로 알고 죽이려고 힘쓰게 되었다(23절; 고후 11:26). 사울이 헬라파 유대인들로부터 이렇게 취급을 받은 것은 바로 예수님께서 사울을 향하여 예루살렘을 떠나 고향 다소로 가서 더 많은 교양과 훈련을 받으라는 명령을 순종하도록 하기 위함이었다. 예수님은 사울에게 즉시 예루살렘을 떠나라고 명령하셨다(22:17-18). 예수님의 뜻이 헬라파 유대인들을 통하여 나타났다. 구약의 야곱은 밧단아람에서 떠나야 했을 때 그 외삼촌의 안색이 달라지는 일이 발생했는데(창 31:1-16) 하나님의 뜻은 사람을 통하여 나타난다.

행 9:30. 형제들이 알고 가이사랴로 데리고 내려가서 다소로 보내니라.

헬라 말을 하는 유대인들이 사울을 죽이려고 한다는 말을 듣고 "형제들이 알고 가이사랴로 데리고 내려가서 다소로 보냈다." 곧 '동료 신자들이 알고 가이사랴(해변의 가이사랴-8:40)에까지 데리고 내려갔고 거기서는 배를 타게 해서 사울의 고향 다소로 보낸 것으로 보인다.' 사울은 자신의 고향 다소(9:11 참조)로 가서 그곳에서 오랜 동안 자신의 신앙을 정비하며 훈련을 쌓았고 또 그리스도를 전파했다. 그리하여 그는 훗날 대 사도가 되었다. 그가 다소로 간 것은 예루살렘에서의 살해계획 때문만은 아니고 그가 성전에서 기도하는 중에 환상을 보았기 때문이었다(22:17-18). 전도자들은 갑자기 중앙 무대에 나타나려고 할 것이 아니라 오랜 기간 동안 묻혀서 영적 실력을 갈고 닦아야 한다.

행 9:31. 그리하여 온 유대와 갈릴리와 사마리아 교회가 평안하여 든든히 서가고 주를 경외함과 성령의 위로로 진행하여 수가 더 많아지니라.

누가는 "온 유대와 갈릴리와 사마리아 교회"의 전도 결과가 어떠했는가를 진술한다. 누가는 "그리하여"라는 접속사를 사용하여 바로 앞에서 진행되었던 사울의 퇴진(29-30절)과 현재의 교회형편과를 연관 짓고 있다. 곧 사울이 고향 다소로 퇴진한 것이 유대와 갈릴리와 사마리아 교회의 부흥에 유익했다는 것이다. 사울이 길리기아의 다소 시(市)로 퇴진한 것이 "온 유대와 갈릴리와 사마리아 교회가 평안하여 든든히 서가는" 계기가 되었다.46) 이제는 사울이 헬라 말을 하는 유대인들과 더 이상 분쟁(29-30절)하지 않게 되니 예루살렘 교회와 유대 교회와 갈릴리 교회와 사마리아 교회가 평안하여 든든히 서가게 되었다. 분쟁이 사라지니 교인들의 마음에 평안이 있고 교회가 안정을 찾게 되었다. 그런데 사울의 퇴진만 아니라 역사가 요세푸스(Josephus)에 의하면 갈리굴라(Galigula, AD 37년-41년) 황제가 예루살렘 성전 지성소에 자신의 초상화를 두려고 하자 유대인들은 자기들의 고유한 신앙을 지키려고 애쓰는 중에 상대적으로 그리스도인들에 대한 박해행위를 멈추게 되었고 또 요세푸스(Josephus)가 전해주는 또 하나의 정치적인 변화가 영향을 주었을 것으로 보인다. 당시(37년) 티베리우스 황제가 죽고 갈리굴라(Galigula)가 황제가 되었는데 그 해 그의 친구 헤롯 아그립바 1세에게 팔레스틴 왕위를 주었다. 아그립바 1세(헤롯 대왕의 손자)는 37-44년 어간 통치했는데 주의 사자가 치니 충이 먹어 죽었다(12:23). 이런 정치적인 변화가 있어 기독교 박해에 전념했던 유대인들은 박해를 멈추고 자기들의 새로운 지도자들의 말에 귀를 기울이게 되었다. 따라서 교회는 평화와 안정의 기간을 가지게 되었다. 아무튼 이런 일 저런 일로 기독교에 대한 박해가 멈추었기에 교회는 안정을 찾았다.

---

46) 본 절의 "교회"(ἐκκλησία)란 말이 원문에서 복수가 아니라 단수로 된 것은 "온 유대와 갈릴리와 사마리아 교회"가 온전히 하나였기 때문이다.

누가는 본 절에서 처음으로 "갈릴리" 교회를 언급한다. 열 한명의 사도들의 고향 갈릴리에도 교회가 세워져서 평안하여 든든히 서가고 있었다. 예수님께서 부활하신 후 500여 형제에게 나타나셨던 일이 있었는데 그들이 갈릴리에서 교회를 성장시켰을 것으로 보인다(고전 15:6). 그리고 누가는 교회가 평안한 것만 아니라 "든든하게 서갔다"고 말한다. 다시 말해 '믿음이 성장해 갔으며 영적으로 든든해져갔다'는 뜻이다.

그리고 누가는 "주를 경외함과 성령의 위로로 진행하여(walking) 수가 더 많아졌다"고 말한다. 교인들이 주님을 경외하는 일에 전진했고 또 성령님의 격려가 더 하여 교인들의 수가 더 많아지게 되었다. 다시 말해 교인들이 주님을 경외하는 일에 더 열심 하면 성령님께서 더욱 힘을 주셔서 교인들이 더 늘어간다는 것이다. 교인들이 늘어나는 것은 사람의 노력으로 되는 것이 아니라 성령님께서 힘주셔서 되는 일이고 격려하셔서 되는 일이다.

B. 베드로가 이방을 방문하다 9:32-11:18

사울이 고향 다소로 간 뒤에 베드로가 이방전도의 틀을 놓는다. 교회에 대한 박해가 중지되어 교회는 평안에 들어갔고 또 믿음이 성장하며 숫자가 늘어갈 때 베드로는 이방을 순방한다. 먼저 베드로는 룻다를 방문하고(9:32-35), 다음 욥바를 방문하며(9:36-43), 다음 가이사랴의 고넬료의 가정을 방문한다(10:1-11:18). 베드로는 이방의 사도는 아니었지만 사울보다 먼저 이방 전도의 틀을 마련한다.

1. 룻다의 애니아를 방문하다 9:32-35

행 9:32. 그 때에 베드로가 사방으로 두루 다니다가 룻다에 사는 성도들에게도 내려갔더니.

"그 때에" 곧 '사울이 예루살렘 방문을 마친 다음에' 누가는 "베드로가 사방으로 두루 다니다가 룻다에 사는 성도들에게도 내려갔다"고 말한다(8:14). 베드로가 사방으로 두루 다닌 것도 복음 전도를 위한 것이었고 룻다에 사는 성도들에게 내려간 것도 역시 복음을 전하려는 생각에서였다. 룻다는 예루살렘으로부터 가까운 곳으로 하룻길 되는 곳에 있었는데(욥바로부터 동남쪽으로 대략 18km지점에 있음) 요세푸스에 의하면 "그 크기에서 도시 못지않은 촌"이라고 불렸는데 일찍이 이곳에 교회가 설립되었을 것으로 보인다(빌립에 의하여). 현재는 룻(Ludd)이라 불리는 촌락으로 남아있다.

행 9:33. 거기서 애니아라 하는 사람을 만나매 그는 중풍병으로 침상 위에 누운 지 여덟 해라.

베드로는 룻다에서 "애니아라 하는 사람을 만났다." "애니아라 하는 사람"은 불신자였던 것으로 보인다. 누가가 36절의 "다비다"에 대해서 말할 때는 "제자"라는 표현을 쓴 것을 보면 룻다는 믿지 않던 사람으로 보인다. 누가는 애니아(Aἰνέαν)라 하는 사람이 "중풍병으로 침상 위에 누운 지 여덟 해라"고 말한다. "중풍병"(παραλελυμένος)이란 병은 '신경이 마비되는 병'으로, 누워서 일어나지 못하는 병이라고 한다. 애니아는 침상에 누운 지 8년이 되었으니 세상적으로 보아 폐인이 된 사람이었다. 병력을 밝히는 것은 의사인 누가의 특징이었다(3:2; 4:22; 14:8). 하나님은 전도자에게 어려운 환자를 붙여주신다. 그 어려운 환자를 하나님의 능력으로 고치라는 뜻이다. 하나님은 우리로 하여금 교회에서도 어려운 사건을 만나게 하시는데 그것은 그 문제를 주님의 지혜와 능력을 받아 해결하고 주님께 영광을 돌리라는 뜻으로 보아야 한다. 또 그 문제를 해결한 후 하나님의 영광이 드러나서 많은 사람이 하나님께 영광을 돌리게 하기 위한 것이다.

행 9:34. 베드로가 이르되 애니아야 예수 그리스도께서 너를 낫게 하시니 일어나 네 자리를 정돈하라 한 대 곧 일어나니.

베드로는 애니아를 만나 다른 것을 일체 물어보지 않는다. 단순히 "애니아야 예수 그리스도께서 너를 낫게 하시니 일어나 네 자리를 정돈하라" 명령한다 (3:6, 16; 4:10). 그저 애니아라는 사람의 이름을 부른 다음 "예수 그리스도께서 너를 낮게 하시니 일어나 네 자리를 정돈하라"고 알리는 것으로 끝낸다. 베드로는 "예수 그리스도께서 너를 낮게 하신다"고 말한다. 베드로는 자기 마음속에 그리스도께서 낫게 하실 것이라는 확신이 있었다. 그래서 "일어나 네 자리를 정돈하라"고 명령한다. 베드로는 그냥 "일어나라"고만 말하지 않고 확실히 나았다는 것을 보여주기 위해 "자리를 정돈하라"고 말한다. 여기 "자리"라는 말은 원어에 없고 단지 "너 자신을 위하여 준비하라"는 말만 있다. 무엇을 준비하라는 것인지 목적어가 없다. 우리가 목적어를 '식탁'으로 볼 수도 있으나 '자기가 누워있던 침상'으로 해석하는 것이 문맥으로 보아 더 바람직하다. 애니아는 순간도 지체 없이 "곧" 일어났다. "곧"이란 말은 그리스도의 능력의 위대함을 보여준다.

행 9:35. 룻다와 사론에 사는 사람들이 다 그를 보고 주께로 돌아오니라. 베드로를 통한 그리스도의 치유가 나타나서 누가는 "룻다와 사론에 사는 사람들이 다 그를 보고 주께로 돌아왔다"고 말한다(11:21). "룻다"에 대한 설명은 32절 주해를 참조할 것. "사론" 평야는 욥바로부터 가이사랴를 지나 해안을 따라 갈멜산까지 뻗어있는 평야이다(대상 5:16). 룻다와 사론에 사는 사람들이 다 애니아가 나은 것을 보고 예수님께로 돌아왔다. 주님으로 말미암은 이적은 사람들로 하여금 주님께로 돌아오게 하는 영향력을 가지고 있다.

2. 욥바의 다비다를 방문하다 9:36-43

베드로는 한 곳에서 병자를 고치지 않고 이제는 욥바로 초청을 받아 가서 다비다를 살린다. 다비다를 살림으로써 온 욥바 사람이 알고 주님을 믿게 되었다. 베드로는 앞 선 이적을 통하여 예수님은 병으로부터의 해방과 죄로부터의 해방을 이루는 분임을 보여주었고 욥바에서의 이적을 통하여 예수 그리스도께서 사망 권세를 극복하시는 분임을 드러내었다.
행 9:36. 욥바에 다비다라 하는 여 제자가 있으니 그 이름을 번역하면 도르가

라 선행과 구제하는 일이 심히 많더니.

"욥바"(현재의 이름은 얍바-Jappa)는 룻다로부터 북서쪽으로 대략 16km 지점에 있고 예루살렘으로부터 60km 지점에 있는데 지중해 연안에 자리하고 있다. 구약에도 그 이름이 몇 차례 나오는데(수 19:46; 욘 1:3) 지금은 이 도시로부터 발전한 새 도시가 소위 이스라엘의 최대의 도시 텔아비브(Tel Aviv)이다.

누가는 "욥바에 다비라 하는 여 제자가 있으니 그 이름을 번역하면 도르가라"고 말한다. "다비다"(Ταβιθά)란 이름은 히브리어 이름이고 "도르가"(Δορκάς)는 헬라어 이름으로 그 뜻은 '영양'(gazelle)이라는 뜻이다. 누가는 다비다가 "여 제자"라고 했는데 '여자 신자'라는 뜻이다. 아마도 욥바에 예수님을 믿는 신자들의 그룹이 있었던 것으로 보인다. 예루살렘의 박해를 피하여 간 신자들이던가 아니면 빌립이 그곳을 지나면서 전도하여 생긴 신자들일 것이다(8:40). 다비다는 참 신자였다. 이유는 그녀는 "선행과 구제하는 일이 심히 많은" 여자였기 때문이다(딤전 2:10; 딛 3:8). 구제하는 일도 선행이지만 구제하는 일이 워낙 많아서 선행과 따로 "구제하는 일이 심히 많은" 여자라고 표현한다. 다비다는 물질도 꽤 많아서 선행과 구제를 많이 했고 가난한 자들을 위해서 심히 많은 것을 만들어 놓았다(39절). 성도는 누구나 다 인정할 수 있을 정도로 많은 선을 행해야 하며 많은 구제를 해야 한다.

행 9:37. 그 때에 병들어 죽으매 시체를 씻어 다락에 누이니라.

누가는 "그 때에 병들어 죽으매 시체를 씻어 다락에 누이니라"고 전한다. 다시 말해 베드로가 룻다에 있을 때 다비다가 병들어 죽으매 시체를 씻어 그 여자가 살고 있던 지붕위의 다락에 뉘었다고 말한다(1:13; 왕상 17:19; 왕하 4:10, 21). 다락은 손님을 대접하기 위하여 지붕에 지어놓은 방으로 사용되기도 했는데 유대인들은 지금도 사람이 죽으면 씻어서 보관했다가 바로 사망한 날이나 다음 날 장례한다. 욥바의 신자들은 다비다가 죽었을 때 마땅히 기름을 발랐어야 했는데 기름을 바르지 않고, 다만 씻어서 다락에 누이기만 한 것으로 보인다. 그들은 베드로가 룻다에 있다는 말을 듣고 베드로를 불러서 혹시 살릴 생각도 했던 것으로 보인다. 그들은 다비다의 죽음을 몹시 애석하게 생각하고 최선을 다해보려고 했다.

행 9:38. 룻다가 욥바에서 가까운지라 제자들이 베드로가 거기 있음을 듣고 두 사람을 보내어 지체 말고 와 달라고 간청하여.
누가는 "룻다가 욥바에서 가깝다"고 묘사한다. 대략 16km쯤 되니 말이다. 누가는 "제자들이 베드로가 거기 있음을 듣고 두 사람을 보내어 지체 말고 와 달라고 간청했다"고 말한다. '욥바의 기독교 신자들이 베드로가 룻다에 있음을 알고 두 사람을 보내어 지체 말고 와 달라고 간청했다.' 혹자는 욥바의 신자들이 두 사람을 보내어 베드로로 하여금 지체 말고 오라고 간청한 이유를 알 수 없다고 하면서 다비다의 부활까지는 기대하지 않고 그저 베드로 의 위로를 바랄 계산이었다고 하나 문맥으로 보아 부활까지 기대한 것으로 보는 것이 옳을 것이다. 이유는 1) "지체 말고" 오라고 간청한 것을 보면 그냥 위로를 바란 것이라기보다는 한 시간이라도 늦기 전에 베드로가 와야 사람을 살릴 수 있지 않나 하는 생각이었던 것으로 보인다. 그들은 결코 장례가 임박하였으니 베드로가 와서 장례식이라도 집례하기를 바라는 마음 으로 지체 말고 오라고 한 것은 아니었다. 2) 40절에 보면 베드로가 사람을 다 내보내고 무릎을 꿇고 기도하려고 할 때 부활을 기대하지 않았다고 하면 그들이 베드로의 행동을 만류했을 것이다. 우리는 우리의 믿음을 실제로 드러내야 한다. 이유는 "믿음대로 되리라"고 하신 그리스도의 말씀이 있기 때문이다.

행 9:39. 베드로가 일어나 그들과 함께 가서 이르매 그들이 데리고 다락방에 올라가니 모든 과부가 베드로 곁에 서서 울며 도르가가 그들과 함께 있을 때에 지은 속옷과 겉옷을 다 내보이거늘.

베드로는 욥바에서 온 두 사람의 보고를 듣자 곧 룻다에서 "일어나 그들과
함께 가서 이르렀다." 욥바로 달려온 베드로를 과부들이 "데리고 다락방에
올라갔다." 그리고 "모든 과부가 베드로 곁에 서서 울며 도르가가 그들과
함께 있을 때에 지은 속옷과 겉옷을 다 보여주었다." 욥바의 과부들이 베드로
곁에 서서 울면서 도르가가 그들과 함께 살아있을 때에 지은 속옷과 겉옷(그
들 가난한 과부들에게 준 옷들)을 다 보여주었다. 그들은 도르가의 죽음을
당하여 울지 않을 수 없었다. 너무 안타까운 일이었고 슬픈 일이었다. 베드로
역시 과부들이 우는 것을 보고 깊은 슬픔에 잠겼다. 우리 주위에는 일찍
죽어 참으로 아까운 사람들이 있다. 다비다는 참으로 가슴을 찢을 정도로
아까운 여성이었다. 우리는 우리가 죽었을 때 안타까워할 사람들이 주위에
얼마나 있을 것인가. 평소에 선행과 구제를 많이 하든지 아니면 전도와
선교를 많이 하든지 혹은 아니면 기도를 많이 해주어야 할 것이다.

**행 9:40. 베드로가 사람을 다 내보내고 무릎을 꿇고 기도하고 돌이켜 시체를
향하여 이르되 다비다야 일어나라 하니 그가 눈을 떠 베드로를 보고 일어나
앉는지라.**

"베드로가 사람을 다 내보내고 무릎을 꿇고 기도했다." 사람을 다 내보낸
이유는 조용하게 기도하기 위해서였다(왕상 17:19; 왕하 4:33; 마 9:25;
막 5:41 참조). 그리고 그는 무릎을 꿇고 기도했다(7:60). 기도의 자세는
여러 가지인데 무릎을 꿇고 기도하기도 했다. 무릎 꿇고 기도한 것은 겸손한
마음으로, 간절한 마음으로, 경성하는 태도로 기도하기 위함이었다(왕상
18:42; 단 6:10). 베드로는 기도한 후 "돌이켜 시체를 향하여 이르되 다비다야
일어나라"고 명령한다(막 5:41-42; 요 11:43). 기도할 때는 시체를 등지고
기도했는데 이제 기도를 마친 후에는 시체를 향하였다. 명령하기 위해서였
다. 그는 단순하게 한 마디로 "다비다야 일어나라"고 말한다. 베드로는 예수
님처럼 죽은 사람을 살릴 때 단순히 말씀으로 명령했다. 다비다는 베드로의
명령에 "눈을 떠 베드로를 보고 일어나 앉았다." 먼저 눈을 떴고 다음으로

베드로를 보았으며 그리고 일어나 앉았다.

행 9:41. 베드로가 손을 내밀어 일으키고 성도들과 과부들을 불러 들여 그가 살아난 것을 보이니.

베드로는 자기의 손을 내밀어 다비다를 일으키고 "성도들과 과부들을 불러 들여 그가 살아난 것을 보여주었다." '일반 성도들과 가난한 과부들을 다락방으로 불러 들여 다비다가 살아난 것을 보여주었다.' 다비다는 앞으로 계속해서 그들을 위하여 선을 행하고 또 구제하게 되었다. 그리고 다비다는 한 가지 일이 더 생겼다. 수많은 사람들에게 그리스도의 위대하심을 전해야 했다. 다비다가 죽어야 했던 이유는 무엇이었던가. 그는 선행을 할뿐 아니라 그리스도를 더욱 전할 수 있는 기회를 갖게 되기 위해서 한번 죽었다가 부활한 것이다. 다비다는 그의 선행으로만 아니라 전도자로서도 훌륭한 삶을 살게 되었다. 성도들과 과부들은 다비다가 살아난 것을 보는 순간 기절하였을 것이고 한없이 울었을 것이며 한없이 그리스도께 감사했을 것이다.

행 9:42. 온 욥바 사람이 알고 많은 사람이 주를 믿더라.

다비다가 살아난 이적이 온 욥바에 퍼져 알려지게 되었다. 그리고 무수한 사람이 다비다를 살리신 주님을 믿게 되었다. 베드로가 룻다의 애니아를 고쳤을 때에도 많은 사람이 주님을 믿었다(35절 참조). "많은 사람이 주를 믿더라"(ἐπίστευσαν πολλοὶ ἐπὶ τὸν κύριον)는 말은 '많은 사람이 확실하게 주님을 믿었다'는 뜻이다(요 11:45; 12:11). 우리는 오늘 이적이 없어도 성경을 근거하여 주님을 믿어야 한다(롬 10:17). 사람이 이적을 행하는 통로가 되었어도 그 이적을 행하신 분은 그리스도이시니 온 욥바 사람들은 그리스도를 믿었다.

행 9:43. 베드로가 욥바에 여러 날 있어 시몬이라 하는 무두장이의 집에서 머무니라.

베드로는 "욥바에 여러 날 있어 시몬이라 하는 무두장이의 집에서 머물렀다." 누가는 베드로가 욥바에 여러 날 있으면서 시몬이라 하는 무두장이 집에서 머물렀다고 말한다. "무두장이"란 말은 '무두질을 업으로 삼는 사람,' '제혁업자'를 지칭하는 말인데(10:6), 이 직업을 가진 사람들은 동물을 상대하며 또 부정한 동물도 상대하기 때문에 유대인이 기피하는 직업이었다 (Edersheim). 그러나 이런 제혁업자(무두질을 업으로 삼는 사람-모피를 칼로 훑어서 털과 기름을 뽑고 가죽을 부드럽게 다루는 일을 하는 사람)가 예수님을 믿는 사람으로 욥바의 교회 공동체에 영접되어 있었다. 이런 무두장이의 집에 베드로가 오래 머문 것은 있을 수 없는 일이었다. 베드로는 이제는 율법주의와 거리를 둔다는 뜻으로 이렇게 대담한 행위를 한 것으로 보인다. 이제 베드로는 신앙이 원숙하여 인간적인 벽을 허물고 있었다. 우리는 사람과 직업을 구별하지 말아야 한다. 순전히 신앙적으로 행동해야 한다.

제 10 장

베드로가 가이사랴의 고넬료 가정을 방문하다

3. 가이사랴의 고넬료를 방문하다   10:1-11:18

베드로는 이방을 순방하는 중에 룻다를 방문하여 중풍병자 애니아를 일으켰고(9:32-35), 욥바로부터 초대를 받아 죽은 다비다를 살렸는데(9:36-42), 이제는 세 번째로 가이사랴의 군대 백부장 고넬료의 가정으로부터 초대를 받아 그리스도를 전하던 중에 성령님께서 임하시는 놀라운 역사가 일어났다. 베드로의 가이사랴 방문으로 이방전도의 터전이 마련된 셈이다.

누가는 베드로가 고넬료의 가정을 방문하기 이전에 된 일들(두 환상)을 말하고(1-16절) 또 고넬료가 보낸 심부름꾼이 도착한 사실(17-23a)과 베드로가 고넬료의 집을 방문한 사실(23b-33), 베드로가 고넬료의 가정에서 설교한 일(이는 베드로의 3차 설교였음, 34-43절), 베드로가 말씀을 전하던 중에 고넬료의 일가와 친구들에게 성령이 임하신 일(44-48절)과 베드로의 이방방문 여파로 예루살렘에서 논쟁이 일어난 일(11:1-18)을 말한다.

a. 방문 이전(以前)에 된 일들(두 환상)   10:1-16

누가는 베드로가 가이사랴를 방문하도록 만든 두 가지 환상, 곧 고넬료가 본 환상(1-8절)과 베드로의 환상(9-16절)을 말한다. 이런 동기에서 베드로가 가이사랴를 방문하게 된 것을 말함으로써 가이사랴 방문이 순전히 예수님의 역사에 의해서 된 방문임을 기술한다.

행 10:1. 가이사랴에 고넬료라 하는 사람이 있으니 이달리야 부대라 하는

군대의 백부장이라.

누가는 "가이사랴에 고넬료라 하는 사람이 있었다"고 말하며 고넬료가 어떤 사람임을 드러내고 있다. 본문의 가이사랴[47]는 헤롯 대왕이 건설한 도시로 헤롯은 거기에 극장, 원형경기장, 공공건물들, 경주장, 궁전, 수로(水路), 거대한 항만을 건설했다. 가이사랴는 점점 더 번성했는데, 헬라문화와 로마의 영향이 커져서 이 아름다운 항만도시에 많은 사람을 끌어드렸다. 유입된 사람들 중에는 로마 총독과 또 총독 본부도 있었다. 이 도시에는 헬라 사람들과 로마 사람들 그리고 다른 나라 사람들이 주류를 이루고 있었고 유대인들은 막강한 소수민족을 이루고 있었다.

고넬료[48]라는 이름은 당시 흔한 이름으로 이달리야 부대에서 봉사하고 있던 백부장이었는데 백 명의 군인을 지휘하고 있던 육군 하사관이었다. 백부장은 로마 시민권을 소유하고 있었고 큰 집에서 살았으며 많은 종들을 부리고 있었다(눅 7:1-6 참조).

가이사랴는 이미 전도자 빌립이 와서 전도한 곳이었고(8:40) 또 베드로가 와서 로마의 백부장에게 전도하여 믿게 함으로 전도가 본궤도에 오르게 되었다.

---

47) BC 1세기 때 예수님탄생 당시 헤롯왕이 만든 항구도시. 당시 로마황제 아우구스도는 헤롯에게 이 지역을 하사하고 이에 감격한 헤롯은 로마황제 가이샤를 기념하기 위해 이 도시를 가이사랴라고 이름 붙였다. 이곳은 당시 로마행정 본부와 로마 총독 (빌라도)의 관저로 사용한 곳이다. 이곳 가이사랴는 사도 바울과 베드로가 방문한 최초의 이방도시였으며 사도바울이 로마로 보내지기 전에 이곳에 투옥 되어 있었다. 베드로가 백부장 고넬료에게 세례준 곳이며(행 10:24~ 28) 바울의 재판을 받았던 곳이기도 하다(행 25).
48) 이스라엘의 가이사랴에 주둔하고 있던 로마의 백부장이다. AD 40년경의 사람으로, 이름은 '뿔'이라는 뜻을 가지고 있다. 로마 혈통의 인으로 알려져 있다. 주둔군의 장교였지만 식민 통치하의 유대 백성들에게 자비와 선행을 베풀어 칭찬을 받았다. 그는 이방인으로서 하나님을 경외하던 중 계시를 받아 베드로를 초청하게 되었고, 그의 설교를 듣고 온 식구와 함께 예수 그리스도를 영접하였다. 이방인으로서는 최초로 세례를 받았는데, 이로 말미암아 초대교회는 이방인 전도에 초석을 놓게 되었다. 폴리비우스는 "백부장에게 요구되는 자질은 훌륭한 지휘관과 같은 용감성이나 대담성이 아니라, 꾸준하고 신중한 자세이다. 즉 무모하게 싸움을 시작하는 공격적인 사람이 아니라 적에게 공격을 받아 곤경에 처해 있을 때 자기 자리에 굳게 서서 죽을 수 있는 사람이다"고 말한다(*History* vi. 24 by F. F. Bruce).

행 10:2. 그가 경건하여 온 집안과 더불어 하나님을 경외하며 백성을 많이 구제하고 하나님께 항상 기도하더니.

누가는 고넬료가 "경건하였다"고 말한다(22절; 8:2; 22:12). 여기 "경건하여"(εὐσεβὴς)란 말은 '신앙이 독실하여,' '신앙심이 깊어서,' '신앙생활이 탁월하여'라는 뜻으로 다음에 말하는 세 가지를 포함하고 있는 말이다. 고넬료는 신앙이 독실하여 첫째, "온 집안과 더불어 하나님을 경외하였다"(35절). "하나님을 경외하였다"는 말은 '하나님을 두려워하였다'는 뜻이다. 고넬료는 온 식구들과 더불어 하나님을 두려워하며 살았다. "이것은 아무나 소유하기 어려운 축복이다. 역사적으로 살펴볼 때 개인적으로 위대했던 신앙가는 많아도 그 개인들의 가정이 전적으로 하나님을 경외하였다는 실례는 비교적 적은 편이다. 이처럼 가정적으로 경건하게 됨은 하나님의 은혜이다"(박윤선). 둘째, 고넬료는 "백성을 많이 구제했다." 그는 그가 관여한 가난한 유대 백성들을 많이 구제했다(약 1:27). 그는 또 한 사람의 백부장처럼(눅 7:5) 유대백성들을 사랑하는 사람이었다. 그가 할례를 받지 않은 것을 보면 (11:3) 유대교로 개종하지 않은 사람이었지만 유대인들을 사랑했다. 그가 경건한 사람으로 유대 백성들을 많이 구제했다는 말은 오늘 우리에게 시사하는 바가 크다고 할 수 있다. 우리가 신자들을 참으로 사랑하고 있는가. 셋째, 고넬료는 "하나님께 항상 기도했다." 그는 유대교로 개종하지는 않았지만 회당에 출석하면서 하나님을 알았다. 그러기에 그는 시간을 정해놓고 하나님께 기도했다. 그는 구원을 기다리는 기도를 했고 또 다른 사람들의 구원을 위해 기도하며 살았다. 항상 기도하는 삶은 중요하다.

행 10:3. 하루는 제 구 시쯤 되어 환상 중에 밝히 보매 하나님의 사자가 들어와 이르되 고넬료야 하니.

"제 9시"는 '오늘 우리의 시간으로 오후 3인데'(유대인들은 오전 9시, 오후 3시에 규칙적으로 기도하였다) 저녁 제사 드리는 시간으로 성전에서 멀리 사는 사람들이 기도하는 시간이었다. 누가는 고넬료가 오후 3시 기도하는 시간에 "환상 중에 밝히 보매 하나님의 사자가 들어왔다"고 말한다(30절; 11:13). 여기 "환상"(ὁράματι)이란 말은 7:31의 "광경"(ὅραμα)이란 말과 같은 낱말이다. 이 낱말은 '환상,' '보인 것,' '외모'란 뜻이다. 고넬료는 아나니아가 환상을 보았던 것처럼(9:11-16), 그리고 사울이 환상을 보았던 것처럼(9:12), 또한 베드로가 환상을 보았던 것처럼(10-16절) 기도하는 중에 환상을 보았다. 고넬료가 본 환상은 다름 아니라 "하나님의 사자가 들어와 말을 하는 것"이었다. 천사는 고넬료를 향하여 "고넬료야"라고 부른다.

행 10:4. 고넬료가 주목하여 보고 두려워 이르되 주여 무슨 일이니이까 천사가 이르되 네 기도와 구제가 하나님 앞에 상달되어 기억하신바 되었으니. 천사가 고넬료의 이름을 부를 때 "고넬료가 주목하여 보고 두려워했다." 고넬료가 천사를 주목하여 볼 때 하나님의 엄위를 느끼고 두려워한 것이다. 사람은 천사의 실존 앞에서 두려워하기 마련이다. 우리는 죄인들인 고로 천사의 실존 앞에서 하나님의 엄위함을 느껴 두려워할 수밖에 없다. 천사가 사가랴에게 나타났을 때 사가랴는 심히 두려워했고(눅 1:13) 예수님의 모친 마리아에게 나타났을 때 역시 심히 두려워했다(눅 1:30).

그리고 고넬료는 말하기를 "주여 무슨 일이니이까"(What is it, Lord?)라고 질문한다. 사울도 역시 다메섹 도상에서 주님의 음성을 들었을 때 "주여!"(Lord!)라고 불렀다(9:5). 그런데 사울의 "주여!"라는 표현은 나타나신 분이 하나님이신가 아니면 천사이신가를 묻는 말이었다. 고넬료는 천사를 만났을 때 "주여!"(Lord!)라고 응답했다. 여기 고넬료의 "주여!"라는 말은 보통의 말보다 훨씬 점잖은 표현이다.

천사는 고넬료의 "기도와 구제가 하나님 앞에 상달되어 기억하신바 되었다"고 알려준다(4절; 단 10:12; 히 6:10). 천사는 고넬료가 '항상 하나님께 기도한 것과 가난한 유대 백성들을 구제한 선한 일을 하나님께서 아시고 응답해 주신다'고 알려준다. 고넬료는 특히 자기 자신과 가정의 구원을 위해 기도했던 것으로 보인다. 이유는 베드로가 말씀을 전할 때 성령이 임하신 것을 보면 알 수 있다. 물론 고넬료는 구원만을 위해서 기도한 것은 아니고 다른 것도 위하여 기도했을 것이나 특히 자신의 구원과 가정의 구원을 위해 기도했을 것으로 보인다. 우리가 하나님께 기도하는 것과 가난한 자들을 구제하는 일은 항상 하나님께서 알아주시고 기억해 주신다. 기도하는 것과 이웃에게 사랑을 베푸는 것은 좋은 짝이라고 할 수 있다. 많은 사람들이 기도는 하지만 이웃을 사랑하지 않는다. 그래서 그들의 기도는 잘 응답되지 않는다. 이웃을 사랑하면서 기도하는 것이 귀하다(약 1:27).

행 10:5. 네가 지금 사람들을 욥바에 보내어 베드로라 하는 시몬을 청하라.
누가는 본 절과 다음 절에서 천사의 지시를 기록한다. 하나님께서 고넬료의 기도와 구제를 기억하셨다 해도 그 응답이 갑자기 하늘에서 떨어지는 것이 아니라 사람을 통하여 이루신다는 것이다. 천사는 고넬료에게 "지금 사람들을 욥바에 보내어 베드로라 하는 시몬을 청하라"고 지시한다. '욥바의 무두장이 집에 유숙하고 있는 베드로를 청해서' 복음을 들으라는 것이다.

행 10:6. 그는 무두장이 시몬의 집에 유숙하니 그 집은 해변에 있다 하더라.
천사는 고넬료에게 베드로를 청하는 법을 자세히 말한다. 베드로가 유숙하는 집주인의 직업도 알려주고 또 집주의 이름도 알려주며 그 집의 위치도 알려준다. 그 집은 해변에 있다고 말한다. 무두장이는 사람들로부터 조금 떨어져 살아야 함으로 해변에서 살고 있다고 말해준다(9:43). 하나님은 항상 우리에게 세밀하게 알려주신다.

행 10:7-8. 마침 말하던 천사가 떠나매 고넬료가 집안 하인 둘과 부하 가운데 경건한 사람 하나를 불러 이 일을 다 이르고 욥바로 보내니라.
고넬료는 순종의 사람이었다. "마침 말하던 천사가 떠나매" 즉시 사람들을 택해서 자신이 받은 계시를 다 말하고 욥바로 보냈다. 본문의 "하인"(οἰκετῶν-household servant)이란 말은 '집 사람'이란 뜻으로 특히 신임

하는 몸종을 지칭한다. 그리고 "부하"란 '군인 부하'를 지칭하는데 그는
본문에 신앙이 독실한 사람이라고 묘사되어 있다. 군인 중에서 한 사람을
택해서 보낸 이유는 하인 두 사람들을 보호하기 위함이었다. 고넬료는 몸
종 둘과 한 사람의 부하를 합하여 세 사람을 불러 자신이 받은 계시를 자세히
말하고 욥바로 보낸다. 욥바는 가이사랴로부터 남쪽으로 대략 50km(30 마일
정도) 정도 되는 거리에 있다.

**행 10:9. 이튿날 그들이 길을 가다가 그 성에 가까이 갔을 그 때에 베드로가
기도하려고 지붕에 올라가니 그 시각은 제 육 시더라.**
누가는 본 절부터 20절까지 베드로가 우리 시각으로 정오에 기도하러 지붕에
올라갔다가 환상 중에 하나님으로부터 고넬료의 초청을 거부하지 말고 받으
라는 계시를 받은 사실을 기록한다.

베드로가 환상 중에 계시를 받은 시간은 고넬료가 세 사람을 보낸 "이튿
날 그들이 길을 가다가 그 성에 가까이 갔을 그 때"라고 말한다. 다시 말해
고넬료가 세 사람을 보낸 '그 다음 날 정오쯤 그들이 욥바 성에 가까이
갔을 그 때'라고 말한다. 바로 그 때 하나님은 "베드로가 기도하려고 지붕에
올라가게" 하셨다. 그러니까 하나님은 양쪽, 즉 욥바 성을 찾아오는 세 사람
의 시간도 조정하셔서 베드로가 기도하려고 올라가는 시간에 맞추어 주셨다.
베드로는 그 사실을 알지 못했지만 하나님은 벌써 양측이 잘 만날 수 있도록
계획하셨다. 하나님은 이들이 서로 만날 수 있도록 베드로로 하여금 욥바
성에 며칠 유하게 하셨고 또 베드로의 정오 기도시간에 맞추어 만나도록
고넬료의 사람들이 가이사랴를 떠나는 시간을 조정하셨다. 베드로는 기도하
려고 "지붕에 올라가니 그 시각은 제 6시였다"(11:5). 베드로는 평평하게
만들어진 지붕에서 기도하려고(신 22:8; 삼상 9:25; 삼하 11:2; 렘 19:13;
눅 5:19) 올라갔는데 때는 제 6시, 우리 시각으로 정오였다.[49] 베드로는

---

49) 정오가 기도 시간으로 공식 지정된 것은 아니었지만 경건한 유대인들의 하루 세 번
기도 시간(참고, 시 55:17; 단 6:10) 중 한 시간에 해당하는 시간이었다(F. F. Bruce).

그 기도 시간에 기도하려고 자리를 잡았으나 아마도 기도는 많이 하지 못했을 것이다. 환상을 보고 또 찾아온 손님을 맞이해야 했으니 말이다.

행 10:10. 그가 시장하여 먹고자 하매 사람들이 준비할 때에 황홀한 중에.
베드로가 정오 기도시간에(유대인들은 하루 오전 9시, 정오, 오후 3시 3차 기도시간을 가졌다) 기도하려고 무두장이 시몬의 집 지붕에 올라가 있을 때 배고픔을 느껴 점심 식사를 먹고자 음식을 청한 시간에 사람들이 점심식사를 준비하고 있을 때 갑자기 베드로에게 "황홀함"(ἔκστασις, 3:10; 10:10; 11:5; 22:17; 눅 5:26)이 찾아왔다. "황홀함"(trance)이란 '황홀한 심리상태'를 지칭하는데 베드로는 황홀한 중(개역 판은 "비몽사몽간"이라고 번역했다)에도 정신은 똑똑하였다(14절). 바울은 황홀한 중에 주님께서 그에게 즉시 예루살렘을 떠나라고 하시는 말씀을 들었다(22:17-18). 베드로나 바울은 둘 다 황홀한 중에도 눈으로 보고 혹은 귀로 들은 것을 똑똑히 알아차렸다. 베드로의 경우 그의 오관은 하나님께 집중하여 하나님의 명령을 기대했다. 하나님은 베드로에게 황홀한 상태를 주셔서 베드로와 시각(視覺)으로 그리고 청각으로 교통하셨다. 베드로가 시장하여 먹고자 하는 마음이 생겼을 때 하나님께서 이 황홀함을 주신 것은 베드로가 참으로 먹어야 하는 것은 바로 이방인이라는 것을 알려 주시기 위함이었다. 다시 말해 이방인에게 전도하는 것이 베드로의 양식이라는 것을 알게 주신 것이었다. 베드로는 이 황홀함 중에 계시를 받고 가이사랴로부터 온 심부름꾼들을 영접한 다음에 점심 식사를 했을 것이다.

행 10:11. 하늘이 열리며 한 그릇이 내려오는 것을 보니 큰 보자기 같고 네 귀를 매어 땅에 드리웠더라.
누가는 베드로가 황홀한 중에 하나님께서 베드로에게 주신 계시가 무엇인지를 말한다. 베드로에게 주신 하나님의 계시는 "하늘이 열리므로"부터 시작한다. "하늘이 열리며"란 말은 하나님의 계시가 위에서부터 온다는 것을 가리킨다(7:56; 계 1:1; 19:11).

그리고 누가는 하나님께서 베드로에게 하나님의 계시를 눈으로 보게 하시고 또 소리로 듣게 하셨다고 말한다. 첫째, 베드로는 하늘로부터 "한 그릇이 내려오는 것을 보았다." "한 그릇이 내려오는 것을 본 것"은 '그 그릇 안에 있는 모든 것들이 하나님의 택함을 받은 이방인들'이라는 것을 뜻한다. 그 그릇 안에 있는 것들이 내려온 후 베드로가 잡아먹은 후 다시 하늘로 올려져갔으니(16절) 그 그릇 안에 있던 것들이 택함을 받은 이방인을 상징하는 것들이었다.

그리고 누가는 하늘에서 내려 온 그릇이 "큰 보자기 같고 네 귀를 매어 땅에 드리웠더라"고 말한다. 한 그릇이 "큰 보자기 같았다"는 말은 '큰 보자기 같이' 보였다는 뜻인데 보자기가 큰 것으로 보인 것은 택한 백성들의 숫자가 꽤 많다는 것을 암시하는 말이다. 그리고 그 큰 보자기가 "네 귀를 매어 땅에 드리운 것"은 그 큰 보자기를 다시 하늘로 올리기 위함이었다(16절). 다시 하늘로 올리기 위해서는 하늘의 네 귀에 매어놓아야 했다. 혹자들은 이 큰 보자기가 하늘의 네 귀에 매어있는 것은 동서남북으로부터 오는 전 세계 백성을 포괄적으로 가리킨다고 주장하나 차라리 문맥에 따라(16절) 다시 하늘로 올리기 위해 하늘의 네 귀에 매어놓았다고 보아야 할 것이다. 동서남북으로부터 오는 전 세계 백성을 포괄적으로 가리키는 것은 보자기 안의 짐승들이라고 보는 것이 좋을 것이다. 보자기 안의 짐승들은 유대인들이 보기에 속되고 더럽다고 느껴지는 이방인들을 상징하는 것들이었다. 그들이야말로 동서남북에서 오는 전 세계의 이방인들이다.

행 10:12. 그 안에는 땅에 있는 각종 네 발 가진 짐승과 기는 것과 공중에 나는 것들이 있더라.

베드로는 보자기 안에서 "땅에 있는 각종 네 발 가진 짐승과 기는 것과 공중에 나는 것들"을 보았다. 영국 왕역(AV)은 한 가지 종류를 더 추가하고 있다. 곧 "맹수"("wild beasts")를 추가한다. 그러나 맹수라는 짐승이 더 있든지 없든지 뜻에는 큰 차이가 없다. 이유는 "맹수"는 "네 발 가진 짐승" 속에 들어가기 때문이다. 네 발 가진 짐승이라는 말속에 맹수가 들어가니 뜻에는 차이가 없다. 이 모든 짐승들은 구약 시대의 표준으로 모두 불결한 짐승들이었는데(레 11장; 신 14:3-21) 모두 이방들을 상징하는 짐승들이다. 특별히 "기는 짐승"은 우리의 눈으로 보아도 속되게 보인다. 베드로는 이 짐승들을 보자 끔찍한 생각을 했을 것이다. 고넬료는 이방인으로 이 짐승들 중에 포함되어 있었다.

행 10:13. 또 소리가 있으되 베드로야 일어나 잡아먹어라 하거늘.
누가는 앞(11-12절)에서 하나님께서 베드로에게 주신 계시 중에 눈으로 볼 수 있는 것을 말했는데 이제는 소리로 임하신 예수님의 계시를 말한다. 하늘로부터 "소리가 있으되 베드로야 일어나 잡아먹어라"는 예수님의 음성이 들린다. 예수님은 베드로를 보시고 과거에는 더럽고 속되다고 하여 먹을 수 없는 짐승들을 잡아먹으라고 하신다. 베드로는 이미 요한과 함께 사마리아에 가서 이방 사람들에게 복음을 전한 일이 있었다. 그런고로 하나님의 명령을 이상하게 생각할 것이 없었다. 오늘 신약 시대를 살고 있는 전도자들은 모든 백성들에게 복음을 전해야 한다.

행 10:14. 베드로가 이르되 주여 그럴 수 없나이다 속되고 깨끗하지 아니한 것을 내가 결코 먹지 아니하였나이다 한 대.
베드로는 예수님께서 주신 음성, 곧 보자기 안의 짐승들을 잡아먹으라는 명령(앞 절)을 거부한다. "베드로가 이르되 주여 그럴 수 없나이다"라고 말한다. '예수님, 나는 잡아먹을 수 없습니다'라는 뜻이다. 베드로는 아직도 레위기 11장의 규례(신 14:3-21절의 규례도 똑같은 규례이다)가 폐지된 줄 몰랐다. 그리스도께서 오셔서 인류의 속죄를 이루셨으므로 이방 민족을 차별하던 규례가 철폐되었는데 그 사실을 모르고 있었다(롬 14:2).
　　베드로는 "속되고 깨끗하지 아니한 것을 내가 결코 먹지 아니하였나이다"라고 세 번 거부한다(11:4; 20:25; 신 14:3, 7; 겔 4:14). 여기 "속되다"라는 말과 "깨끗하지 아니한 것"이란 말은 동의어로 쓰였다(28절). 베드로는 유대인으로서 지금까지 절대로 부정한 짐승을 먹지 아니했다고 말씀드린다. 베드로는 아직도 레 11장의 음식 규례가 폐지된 줄 모르고 그렇게 대답했다.

행 10:15. 또 두 번째 소리가 있으되 하나님께서 깨끗하게 하신 것을 네가 속되다 하지 말라 하더라.

주님은 두 번째로 말씀하시기를 "하나님께서 깨끗하게 하신 것을 네가 속되다 하지 말라"고 하신다. 하나님께서 음식을 깨끗하게 하셨다고 하신다. 하나님께서 예수님을 보내셔서 십자가에서 죽게 하사 모든 의식적 율법을 이루신고로 모든 음식을 깨끗하게 하셨다. 그래서 못 먹을 음식이 없게 하셨다(28절; 마 15:11; 막 7:18-19; 롬 14:14, 17, 20; 고전 10:25; 딤전 4:4; 딛 1:15). 여기 "깨끗하게 하신"(ἐκαθάρισεν)이란 말은 부정(단순)과거 시제로 하나님께서 '단번에 깨끗하게 하신 것'을 뜻한다. 하나님은 그리스도의 십자가에서 이방민족 중에서 택함을 받은 모든 사람들을 단번에 깨끗하게 만드셨다는 뜻이다. 예수님은 십자가에서 이방인들 중에서 택함을 받은 사람들을 단번에 깨끗하게 하셨다. 그러니 "네(베드로)가 속되다 하지 말라"고 하신다. '네가 무언데 감히 속되다고 하느냐'는 것이다(28절). 오늘 이방인들 중 하나님의 택함을 입은 사람들은 모두 그리스도의 십자가의 피로 깨끗해진 줄 믿어야 한다. 고넬료는 베드로의 설교를 듣고 성령을 받기 전에 벌써 깨끗해졌음을 하나님께서 인정하신 것처럼 이방인들도 역시 벌써 깨끗해진 것이다. 물론 그들에게 실제로 깨끗함이 적용되는 시간은 성령을 받고 그리스도를 믿는 순간이다.

행 10:16. 이런 일이 세 번 있은 후 그 그릇이 곧 하늘로 올려져 가니라.

베드로가 보자기 안의 짐승을 잡아먹으려는 예수님의 음성을 세 번 거부하고 예수님께서 베드로를 향하여 잡아먹으라고 말씀하신 일이 "세 번 있은 후 그 그릇이 곧 하늘로 올려져갔다." 베드로에게 "세 번" 연거푸 예수님의 음성이 들려온 것은 예수님의 뜻이 확실하다는 것을 보여주기 위함이었다. 이방인들을 차별하지 말고 복음을 전하라는 것은 주님의 확실한 뜻이요 분명한 의지라는 것이다. 그런고로 베드로는 순종해야 했다. 오늘도 하나님은 우리들에게 계시를 주실 때 분명히 깨닫도록 주신다. 그리고 그 그릇이 "하늘로 올려져 간 것"은 이방인들 중에 택함을 받은 사람들이 복음을 들은 다음 하나님 나라로 올라갈 것을 보여주는 상징이라고 할 수 있다.

b. 고넬료의 심부름꾼이 도착하다 10:17-23a

베드로가 환상을 본 후 그 환상에 해당하는 일이 발생한다. 마침 고넬료가 보낸 심부름꾼들이 베드로가 유숙하는 집에 도착한다. 심부름꾼들이 도착했을 때 성령께서 또 깨달음을 주신다. 성령님은 베드로를 향하여 염려하지 말고 함께 가라고 말씀하신다. 드디어 성령님의 중재로 양측은 서로 만나서 함께 가게 된다.

행 10:17-18. 베드로가 본 바 환상이 무슨 뜻인지 속으로 의아해 하더니 마침 고넬료가 보낸 사람들이 시몬의 집을 찾아 문 밖에 서서 불러 묻되 베드로라 하는 시몬이 여기 유숙하느냐 하거늘.

베드로는 자신이 환상 중에 본 계시와 또 세 번이나 들은 주님의 말씀이 도대체 무슨 뜻인지 확실히 깨달아지지 않아서 속으로 의아해 하고 있을 때 "마침 고넬료가 보낸 사람들이 시몬의 집을 찾아 문 밖에 서서 불러 묻되 베드로라 하는 시몬이 여기 유숙하느냐"고 물었다. '마침 고넬료가 보낸 심부름꾼들이 무두장이 시몬의 집을 찾아 문밖에 서서 집안사람들을 불러 물어보기를 베드로라 하는 시몬이 여기 머물고 있느냐'고 했다. 심부름꾼들은 집안으로 얼른 감히 들어가지 못하고(베드로가 유대인이니까 조심한 것이다) 밖에서 무두장이 집 사람들이나 주인을 불러내어 물어본 것이다. 진짜 예수님께서 고넬료에게 보여주신 계시대로 베드로라 하는 사람이 여기에 머물고 있느냐고 확인을 한다. 하나님은 고넬료가 보낸 심부름꾼들의 도착으로 베드로의 의심을 풀어주신다. 하나님은 성도의 마음속에 의심을 풀어주시기 위해서 시간을 정확하게 맞추어 시원하게 해결해 주신다.

행 10:19-20. 베드로가 그 환상에 대하여 생각할 때에 성령께서 그에게 말씀하시되 두 사람이 너를 찾으니 일어나 내려가 의심하지 말고 함께 가라 내가 그들을 보내었느니라 하시니.

베드로가 환상에 대하여 의심하고 있는 중에 밖에서 고넬료가 보낸 심부름꾼들이 무두장이 시몬이나 혹은 집 사람들과 서로 이야기 하고 있을 때 성령님은 지붕위에 있는 "그(베드로)에게 말씀하시되 두 사람이 너를 찾는다"고 말씀하신다(11:12). 본문의 "두 사람"이란 말은 B사본과 W, H사본에 기록된 말이고 시내산 사본(a)과 A,C,E사본에는 "세 사람"으로 되어 있다. 7절에 비추어 "세 사람"이 옳을 것이다. 성령님은 고넬료가 보낸 심부름꾼들(집안 하인 둘과 경건한 로마 군인 하나)이 베드로를 찾으니 의심하지 말고 일어나서 지붕에서 내려와 의심하지 말고 함께 가라고 하신다(15:7). 성령님은 "내가 그들을 보내었느니라"고 하신다. 성령님께서 세 사람을 보내시고 또 해변의 무두장이 집을 찾게 하셨고 베드로를 만나도록 하셨다는 것이다. 사도행전은 사도들의 행적을 기록한 책이라기보다는 성령님께서 행하신 것을 기록한 책이라고 말하는 것이 옳을 것이다. 모든 것을 성령님께서 하시니 말이다. 오늘 우리의 전도사역도 그리고 선교사역도 모두 성령님께서 하시는 사역이시다. 우리의 신앙생활 자체도 역시 성령님께서 인도하시는 삶이다. 우리는 매일 성령님께서 하시는 일에 도무지 의심하지 말고 순종해야 한다.

행 10:21. 베드로가 내려가 그 사람들을 보고 이르되 내가 곧 너희가 찾는 사람인데 너희가 무슨 일로 왔느냐.

베드로는 지붕에서 내려가 그 세 사람들을 본 다음 묻기를 "내가 곧 너희가 찾는 사람인데 너희가 무슨 일로 왔느냐"고 한다. 베드로는 아직도 고넬료가 보낸 심부름꾼들이 무슨 일로 찾아왔는지 모른다. 자기를 부흥강사로 부르러 왔는데도 아직 모르고 있었다.

행 10:22. 그들이 대답하되 백부장 고넬료는 의인이요 하나님을 경외하는 사람이라 유대 온 족속이 칭찬하더니 그가 거룩한 천사의 지시를 받아 당신을 그 집으로 청하여 말을 들으려 하느니라 한 대.

베드로로부터 "너희가 무슨 일로 왔느냐"는 질문을 받은 세 사람은 길게 대답한다. 첫째, "백부장 고넬료는 의인이요 하나님을 경외하는 사람이라 유대 온 족속이 칭찬하는" 사람이라고 고넬료의 정체성을 밝힌다(1-2절). 고넬료는 사람관계에 있어서 옳게 행하는 의인이고 또 하나님 관계에 있어서는 하나님을 두려워하는 사람이라고 말해준다. 종들이 상전을 칭찬하는 일이나, 부하가 상관을 칭찬하는 일이 쉽지 않은데 그들은 첫마디에 이렇게 칭찬하니 고넬료의 인격을 알 수 있다. 고넬료가 사람 앞에서 바로 사는 사람이고 또 하나님 앞에서 바로 행하는 사람이니 "유대 온 족속이 칭찬하는" 사람이라는 것이다(22:12). 고넬료는 사람들의 칭찬 이전에 하나님께서 알아주셨기에 심부름꾼들을 베드로에게 보내서 베드로를 강사로 청하게 하신 것이다. 우리는 사람 앞에서 바로 살아야 하고 또 하나님 앞에서 바로 행해야 할 것이다.

둘째, 심부름꾼들은 "그(고넬료)가 거룩한 천사의 지시를 받아 당신을 그 집으로 청하여 말을 들으려 한다"고 말한다. 20절에서는 성령님께서 그 심부름꾼들을 보내셨다고 했는데 본 절에서는 '고넬료가 천사의 지시를 받아 베드로를 고넬료의 집으로 청하여 말을 들으려 하느니라'고 말한다. 그러니까 성령님께서 천사를 시켜서 심부름꾼을 보내어 베드로를 청하게 하신 것이다. 천사는 지금도 성령님의 지시를 따라 성도를 위하여 심부름을 한다.

행 10:23a. 베드로가 불러 들여 유숙하게 하니라.

베드로는 그 세 사람을 불러들여 유숙하게 했다. 이유는 그 날 당장 떠날 수가 없었다. 이유는 벌써 그날 오후가 되었기에 다음 날 떠나야 했다. 만일 당장 떠난다면 다음 날 저녁때까지 고넬료의 가정에 도착할 수가 없었다. 그 다음 날 아침에(23b) 떠났어도 그 다음 날 오후 3시쯤 도착했으니(30절) 말이다. 베드로가 이방인 세 사람을 불러들여 유숙하게 한 것은 혁명적인 사건이었다. 유대인으로서 이방인의 종들과 로마 군인을 불러들여 유숙하게 한 것은 이제 베드로는 완전히 복음적으로 움직이고 있음을 보여준다.

c. 베드로가 고넬료의 집에 가다   10:23b-33

고넬료로부터 심부름꾼들이 도착한 다음 베드로는 하룻밤을 지내고 욥바의 몇 사람과 함께 심부름꾼들을 따라 가이사랴의 고넬료의 가정에 도착한다. 고넬료는 베드로를 맞이하여 자신이 베드로를 초청한 이유를 설명한다.

행 10:23b. 이튿날 일어나 그들과 함께 갈 새 욥바에서 온 어떤 형제들도 함께 가니라.

베드로는 고넬료가 보낸 심부름꾼들을 맞이한 "이튿날 일어나 그들과 함께 갈 새 욥바에서 온 어떤 형제들도 함께 갔다"(45절; 11:12). 베드로가 고넬료의 심부름꾼들과 함께 갈 때 욥바의 "어떤 형제들," 곧 '여섯 형제들'(11:12)을 데리고 간 이유는 자신의 행위가 성령님의 지시에 따라 이루어졌음을 드러내기 위함이었을 것이다. 훗날 베드로가 예루살렘에 올라갔을 때 할례 받은 신자들이 비난한 일이 있었는데 베드로는 욥바의 여섯 형제들이 함께 갔었던 일이 도움이 되었을 것이다(11:1-18). 신앙인은 성령님이 함께 하시니 무슨 일을 만나도 큰 문제가 없지만 그러나 세상에서 지혜롭게 행할 필요는 있다.

행 10:24. 이튿날 가이사랴에 들어가니 고넬료가 그의 친척과 가까운 친구들

을 모아 기다리더니.

베드로가 욥바를 떠난 "이튿날 가이사랴에 들어가니 고넬료가 그의 친척과 가까운 친구들을 모아 기다렸다." 여기 "이튿날"의 시간은 오후 3시경이었다 (30절). 고넬료는 자기 가족식구만 구원 받을 말씀(11:14)을 듣기를 원하지 않고 "그의 친척과 가까운 친구들을 모아 기다렸다." 그는 "친척과 가까운 친구들"을 생각하는 폭넓은 넉넉한 사람이었다. 우리는 폭넓게 그리스도를 전해주고 생각해주는 사람들이 되어야 한다. 그리고 고넬료는 다른 일을 제쳐놓고 베드로를 "기다리는" 점에서 진리를 사모하는 경건한 성도였다. 우리는 주의 종들을 기다리는 사람들이 되어야 하고, 진리를 깨닫기를 기다리는 성도들이 되어야 한다.

행 10:25. 마침 베드로가 들어올 때에 고넬료가 맞아 발 앞에 엎드리어 절하니.

마침 베드로가 오후 3시경 들어올 때에 고넬료가 베드로를 맞이하여 그 "발 앞에 엎드리어 절했다." 베드로를 지극히 존경하는 마음으로 발 앞에 엎드리어 절한 것이다. 주님의 종들에게 존경을 표하는 것은 잘 하는 일이다 (딤전 5:17). 그러나 인간 숭배는 금물이다(14:13-14). 이유는 우상숭배이기 때문이다.

행 10:26. 베드로가 일으켜 이르되 일어서라 나도 사람이라 하고.

베드로는 그 발 앞에 엎드리어 절하는 고넬료를 보고 단순한 존경의 도를 넘은 것을 확인하고 일으키면서 말하기를 "일어서라 나도 사람이라"고 말한다(14:14-15; 계 19:10; 22:9). 베드로는 그런 경배를 받기를 원하지 않아서 고넬료를 일으켰고 "나도 사람이라"고 말해준다. 사람은 다른 사람의 경배를 받아서는 안 된다. "나도 사람이라"고 말해야 한다. 만약 사람들의 경배를 받는다면 큰 일이 발생한다. 1) 하나님으로부터 미움을 받게 되며(눅 16:15), 2) 그 행위를 회개하지 않는 경우 하나님으로부터 미움 이상의 징계를 받는

다. 경배는 예수님만 받으셔야 마땅하다(막 5:22). 우리는 다 형제자매들일
뿐이다. 우리는 아무리 많은 일을 했다고 할지라도 그저 아무 것도 아닌
무익한 종일뿐이라고 말해야 한다(눅 17:10).

행 10:27. 더불어 말하며 들어가 여러 사람이 모인 것을 보고.
베드로는 환영해주는 고넬료와 더불어 "말하며 들어간다." 함께 대화하며
고넬료의 집으로 들어간 것이다. 마치 구면인 사람처럼 어색함도 없이 대화하
며 이방인의 집으로 들어선 것이다. 신앙 안에서 유대인과 이방인의 장벽이
깨진 것을 보여주었다(엡 2:14-15). 오늘도 신앙 안에서 모든 장벽은 순간에
깨진다. 동서의 차이도 피부의 차이도 고하의 차이도 빈부의 차이도 순간적으
로 사라지고 만다. 아직도 차별을 느낀다면 그것은 아직도 그리스도 밖에
있는 것이다.

베드로는 고넬료의 가정에 들어가서 "여러 사람이 모인 것을 보았다."
베드로는 고넬료가 친척과 가까운 친구들을 모아놓은 것을 보았다. 고넬료는
열심 있는 사람이었고 경건한 사람이었다. 우리는 열심 있는 사람, 경건한
사람이 되어야 한다.

**행 10:28. 이르되 유대인으로서 이방인과 교제하며 가까이 하는 것이 위법인
줄은 너희도 알거니와 하나님께서 내게 지시하사 아무도 속되다 하거나
깨끗하지 않다 하지 말라 하시기로.**
베드로는 고넬료의 가정에 모인 여러 사람들을 보고 자기의 심경을 밝힌다.
베드로는 "유대인으로서 이방인과 교제하며 가까이 하는 것이 위법인 줄은
너희도 알고 있다"고 말한다(11:3; 요 4:9; 18:28; 갈 2:12, 14). 신 7:3-4에
"그들(가나안 사람들)과 혼인하지도 말지니 네 딸을 그들의 아들에게 주지
말 것이요 그들의 딸도 네 며느리로 삼지 말 것은 그가 네 아들을 유혹하여
그가 여호와를 떠나고 다른 신들을 섬기게 하므로 여호와께서 너희에게
진노하사 갑자기 너희를 멸하실 것임이니라"고 했는데 이 말씀이 훗날 부풀

려져서 이방인들과 교제하는 것과 가까이 하는 것까지도 위법으로 취급하였다. 베드로는 이 전통을 그냥 유지하고 있었고 또 고넬료의 가정 사람들이나 친구들에게도 자신이 지금 이방인과 교제하며 가까이 하는 것이 위법인 줄을 이방인도 다 아는 일이라고 말한다.

베드로는 지금 자신이 유대인의 전통을 어기면서까지 이렇게 이방인의 집에 와서 교제하게 된 것은 "하나님께서 내게 지시하사 아무도 속되다 하거나 깨끗하지 않다 하지 말라 하셨기 때문이라"고 말한다(15:8-9; 엡 3:6). 하나님은 "아무도 속되다 하거나 깨끗하지 않다 하지 말라"고 하셨다 (15절). 예수님께서 십자가에게 이방인의 죄를 다 깨끗하게 하셨다는 뜻이다.

행 10:29. 부름을 사양하지 아니하고 왔노라 묻노니 무슨 일로 나를 불렀느냐.

베드로는 하나님께서 이방인들을 깨끗하게 하셨고(15절) 또 하나님께서 자신을 고넬료에게 가라고 하셨기에(10-20절) "부름을 사양하지 아니하고 왔노라"고 말한다. 여기 "사양하지 아니하고"(ἀναντιρρήτως)란 말은 '거절하지 아니하고,' '부정하지 아니하고'(Indisputably)라는 뜻이다. 베드로는 한 마디 아니라는 말을 못하고 유대적인 전통을 버리고 여기까지 달려왔다는 것이다. 우리 역시 하나님의 명령에 입 한번 열지 말고 순종해야 한다.

그런데 베드로는 무슨 영문인지도 모르고 달려왔다고 말한다. 베드로는 "묻노니 무슨 일로 나를 불렀느냐"고 묻는다. 베드로는 욥바에서 가이사랴를 향하여 떠날 때 무슨 일로 자신을 부르는지도 모르고 떠나서 이제 고넬료의 집에 가서야 자신을 부른 이유를 물어본다. 아브라함도 하나님께서 떠나라고 하셨을 때 갈 바를 알지 못하고 떠나갔다(히 11:8). 오늘 우리가 하나님의 말씀에 그런 순종이 있는가. 우리는 하나님의 명령에 절대적인 순종을 해야 한다.

행 10:30. 고넬료가 이르되 내가 나흘 전 이맘때까지 내 집에서 제 구 시

기도를 하는데 갑자기 한 사람이 빛난 옷을 입고 내 앞에 서서.

베드로가 "묻노니 무슨 일로 나를 불렀느냐'고 물은데(앞 절) 대해 고넬료가
본 절부터 33절 상반 절까지 베드로를 부른 이유를 설명한다. 고넬료는
먼저 천사가 나타난 사실에 대해 말한다. 고넬료는 "내가 나흘 전 이맘때까지
내 집에서 제 구 시 기도를 하는데 갑자기 한 사람이 빛난 옷을 입고 내
앞에 서서" 말했다고 말한다. 고넬료는 4일 전 이맘때까지 오후 3시 기도를
하는 중에 천사가 갑자기 나타나서 말한 일을 베드로에게 알려준다. 천사가
나타나서 베드로를 청하라는 말을 한(3절) 다음날 곧 이튿날 심부름꾼들을
보냈고(9절) 그들이 베드로가 유하는 집에 도착하고 다음날(23절) 욥바를
떠났으며 또 하루를 걸려 심부름꾼들과 베드로가 고넬료의 가정에 도착했으
니(24절) 결국 날수로는 4일이 걸린 셈이다.

고넬료는 4일 전 제 9시 기도를 하는 중에 "한 사람이 빛난 옷을 입고
내 앞에 서서" 말했다고 한다(1:10; 마 28:3; 막 16:5; 눅 24:4). 하나님은
우리가 기도하는 시간에 교제하여주시고 또 기도 응답을 주신다. 고넬료는
기도하는 동안에 천사가 나타나서 말했다고 보고한다. 3절에서는 누가가
"하나님의 사자'라고 말했는데 본 절에서는 "한 사람"이라고 말한다. 천사가
사람의 모양으로 나타났다는 뜻이다. 그리고 그 사자는 빛나는 옷을 입은
사람으로 나타났다(마 28:3; 막 16:5; 눅 24:4; 요 20:12; 행 1:10). 천사가
흰옷을 입거나 아니면 빛난 옷을 입은 것은 그들이 하늘의 영광을 입고
있음을 말해준다.

행 10:31-32. 말하되 고넬료야 하나님이 네 기도를 들으시고 네 구제를
기억하셨으니 사람을 욥바에 보내어 베드로라 하는 시몬을 청하라 그가
바닷가 무두장이 시몬의 집에 유숙하느니라 하시기로.

이 부분(31-32절)의 내용은 천사가 3-6절에서 고넬료에게 말한 내용을 고넬
료가 그대로 옮긴 것이다. 그곳 주해를 참조할 것. 우리의 신앙생활은 하나님
을 대하는 기도와 사람을 대하는 사랑임을 알 수 있다.

행 10:33. 내가 곧 당신에게 사람을 보내었는데 오셨으니 잘하였나이다 이제 우리는 주께서 당신에게 명하신 모든 것을 듣고자 하여 다 하나님 앞에 있나이다.

고넬료는 베드로를 향하여 "내가 곧 당신에게 사람을 보내었는데 오셨으니 잘하였나이다"라고 환영 인사를 한다. 고넬료가 천사의 지시를 받자 곧 베드로에게 심부름꾼들을 보내었는데 오셨으니 참 잘 하셨다는 뜻이다. 우리 역시 사람을 환영하는 사람들이 되어야 한다.

환영사를 말한 고넬료는 "이제 우리는 주께서 당신에게 명하신 모든 것을 듣고자 하여 다 하나님 앞에 있다"고 말한다. 고넬료가 베드로를 부른 목적은 하나님께서 베드로를 통하여 주실 구원의 말씀을 듣고자 하는 것이었다(11:14). 고넬료는 베드로가 주님으로부터 이미 받았고 앞으로 전하고자 하는 복음, 곧 모든 말씀을 듣자는 것이었다. "모든 것"을 쏟아놓으라는 것이었다. 우리도 주님께서 사도들에게 주신 모든 것을 남김없이 들어야 한다.

그런데 고넬료는 자기와 가족과 친지들이 "다 하나님 앞에 있다"고 말한다. 고넬료는 그 어디나 "하나님 앞"으로 알고 있었다. 고넬료는 자기 집에 있거나 혹은 다른 장소에 있거나 "하나님 앞에" 있다고 말한다. 여기 "하나님 앞에"(a.A.B.C.E 사본들)란 말이 어떤 사본에서는 "주님 앞에"로 되어 있고 (몇 몇 개의 소문자 사본들) 혹은 또 어떤 사본들에는 "당신(베드로) 앞에"로 되어 있다(베자 사본이나 몇몇 역본들). 문맥상 "하나님 앞에"라고 되어 있는 사본이 옳은 것으로 보인다. 고넬료는 신전(神前)의식이 있었다. 우리는 어디서든지 "하나님 앞에"서 살고 있다. 우리는 사람 앞에서 사는 사람들이 아니다. 한 치의 거짓도 없이 살아야 한다.

　　d. 베드로의 3차 설교　10:34-43

베드로는 고넬료의 가족과 친지들 앞에서 고넬료의 요청에 따라 설교를 한다(이는 베드로의 3차 설교이다). 그는 먼저 하나님은 각 나라 중 하나님을

경외하고 의를 행하는 사람들을 구원하신다고 말하고(34-35절), 또 하나님은
예수 그리스도로 말미암아 화평을 전하시고 이적을 행하신 일을 말하며
(36-38절), 다음 그는 예수님의 죽음과 부활 그리고 부활후의 나타나심에
대해 언급한다(39-41절). 그리고 마지막으로 베드로는 청중들에게 예수님을
재판장으로 믿어야 할 것과 예수 그리스도로 말미암아 사죄를 받는다고
전한다(42-43절).

**행 10:34. 베드로가 입을 열어 말하되 내가 참으로 하나님은 사람의 외모를
보지 아니하시고.**
베드로는 청중들 앞에서 입을 열어 설교하기를 "내가 참으로 하나님은 사람
의 외모를 보지 아니하신다"고 감탄한다(레 19:15; 신 10:17; 대하 19:7;
욥 34:19; 말 2:9; 롬 2:11; 갈 2:6; 엡 6:9; 골 3:25; 벧전 1:17). 베드로가
"입을 열어 말했다"는 말은 '중대한 말을 하기 위해 입을 열었다'는 뜻이다
(8:35; 마 5:2). 그리스도를 통한 하나님의 구원계획을 말하는 것이야 말로
중대한 말에 속한다. 더욱이 이방들 앞에서 베드로가 처음으로 설교하는
입장이니 오죽 중차대함을 느꼈을 것인가.

　　베드로는 먼저 "내가 참으로 하나님은 사람의 외모를 보지 아니하신다"
고 말문을 뗀다. '하나님은 인종차별, 민족차별을 하시지 않으신다'는 뜻이
다. 하나님께서 사람을 차별하시지 않는 이유는, 첫째, 하나님께서 사람을
만드셨기 때문이고(사람들 중에 하나님이 만드시지 않으신 사람은 없다),
둘째, 모든 사람들이 다 똑같이 범죄 하였기 때문이다(박윤선). 우리는 피부
의 차이, 민족의 차이, 빈부의 차이, 학력의 고하, 명예의 유무, 남녀 차이에
따라 사람을 달리 취급해서는 안 될 것이다.

**행 10:35. 각 나라 중 하나님을 경외하며 의를 행하는 사람은 다 받으시는
줄 깨달았도다.**
베드로는 하나님은 어떤 나라에서든지 "하나님을 경외하며 의를 행하는

사람은 다 받으시는 줄 깨달았다"고 말한다(15:9; 롬 2:13, 27; 3:22, 29; 10:12-13; 고전 12:13; 갈 3:28; 엡 2:13, 18; 3:6). 다시 말해 하나님을 두려워하며 또 고넬료처럼 이웃을 구제하는 사람은 하나님께서 다 받으신다는 뜻이다. 여기 "받으신다"는 말은 당장 '구원을 받는다'는 뜻이 아니라 하나님께서 '구원에로 초청하신다'는 뜻이다. 하나님께서 고넬료의 친척과 가까운 친구들을 베드로가 전하는 그리스도의 복음 앞으로 인도해주셨다는 뜻이다. 하나님께서 천사를 보내서서 고넬료에게 나타나게 하시고 또 고넬료로 하여금 심부름꾼들을 베드로에게 보내서 베드로를 초청하게 하신 것이 바로 하나님께서 고넬료와 친척들과 또 친구들을 받으신 것이다. 하나님께서 받으시지 않으셨다면 그들이 베드로가 전하는 복음 앞으로 나아올 수 없었을 것이다. 하나님은 인종과 민족을 차별하시지 않고 사람을 받아주신다.

행 10:36. 만유의 주되신 예수 그리스도로 말미암아 화평의 복음을 전하사 이스라엘 자손들에게 보내신 말씀.
베드로는 본 절부터 43절까지 고넬료의 친척들과 친구들 앞에서 복음을 전한다. 베드로가 전한 복음의 말씀을 주해할 때 본 절 주해를 위해서는 헬라어의 어순을 따라 주해하는 것이 더 역사적인 순서를 잘 드러낼 것으로 보인다. "τὸν λόγον ((ὃν)) ἀπέστειλεν τοῖς υἱοῖς Ἰσραὴλ εὐαγγελιζόμενος εἰρήνην διὰ Ἰησοῦ Χριστοῦ, οὗτός ἐστιν πάντων κύριος"(The word which [God] sent unto the children of Israel, preaching peace by Jesus Christ: (he is Lord of all)-KJV).

베드로는 하나님께서 "이스라엘 자손들에게 그 말씀을 보내셨다"("τὸν λόγον ((ὃν)) ἀπέστειλεν τοῖς υἱοῖς Ἰσραὴλ)고 말한다. 여기 "그 말씀"이란 '하나님을 계시하시는 계시자 자신'[50]이란 뜻한다. 그러니까 "이스라엘 자손

---

50) 많은 주해자들은 "그 말씀"을 '예수님 자신' 혹은 '예수님의 성육신'으로 해석하나 또 다른 많은 주해자들은 본 절의 "이스라엘 자손들에게 보내신 말씀"을 '이스라엘 자손들에게 보내신 복음' 혹은 이스라엘 자손들에게 주신 message로 해석하기도 한다. 문맥으로 보아 "이스라엘 자손들에게 보내신 말씀"을 '이스라엘 자손들에게 보내신 예수님 자신'으로 해석하는

300 사도행전 주해

들에게 그 말씀을 보내셨다"는 말씀은 하나님께서 이스라엘 자손들에게 계시자이신 예수님을 성육신시키셨다는 뜻이다. 요 1:1에 보면 요한은 "태초에 말씀이 (계속해서) 계셨다"고 말하고(잠 8:22-23; 골 1:17; 요일 1:1; 계 1:2; 19:13) "이 말씀이 하나님과 함께 (교제하며) 계셨다"고 말하며(17:5; 잠 8:30; 요일 1:2) "이 말씀은 곧 하나님이시라"고 선언한다(빌 2:6; 요일 5:7). 베드로는 복음을 전할 때 예수님의 성육신으로부터 전하고 있다.

그리고 베드로는 "예수 그리스도로 말미암아 화평의 복음을 전하셨다"(εὐαγγελιζόμενος εἰρήνην διὰ Ἰησοῦ Χριστου)고 말한다(사 57:19; 엡 2:14, 16-17; 골 1:20). 성육신 하신 예수 그리스도로 말미암아 화평의 복음을 전하셨다는 뜻이다. "화평의 복음을 전하셨다"(εὐαγγελιζόμενος εἰρήνην)는 말은 '화평을 전하셨다'는 뜻으로 예수님의 십자가로 말미암아 하나님과 사람 사이에 화평이 이루어지게 하셨다는 뜻이고(롬 5:10-11), 또 사람과 사람 즉 유대인과 이방인 사이에 화평이 이루어지게 하셨다는 뜻이다(엡 2:14-15, 22). 우리는 지금 예수님의 십자가의 희생으로 말미암아 하나님과 화목 되었기에 하나님에게 기도도 하며 또 하나님으로부터 한량없는 은혜를 받으며 살아가고 있다. 형언할 길 없는 복이 아닐 수 없다.

그런데 베드로는 바로 "그 예수님이 만유의 주시라"(οὗτός ἐστιν πάντων κύριος)라고 선언한다(마 28:18; 롬 10:12; 고전 15:27; 엡 1:20, 22; 벧전 3:22; 계 17:14; 19:16). 다시 말해 이스라엘 자손들에게 보내진 말씀 되시는 예수님은 이스라엘 사람들만의 주님이 아니라 "만유의 주," 곧 '만물과 만민의 주님'이 되신다고 말한다(마 28:18; 롬 10:12). 예수님은 부활 승천하시므로 만유의 주로 선언되셨고 만유(모든 사람들)는 그 앞에서 무릎을 꿇게 되었으며 예수님을 주님이라 시인하게 되었다(빌 2:10-11). 오늘 우리 역시 예수님 앞에 무릎을 꿇게 되었고 또 예수님을 주님으로 고백하고 있다. 예수님을 주님으로 고백하고 있으니 부족한 것이 없다.

것이 더 바람직할 것으로 보인다.

행 10:37. 곧 요한이 그 세례를 반포한 후에 갈릴리에서 시작하여 온 유대에 두루 전파된 그것을 너희도 알거니와.

베드로는 앞 절(36절)에서 하나님께서 예수님을 통하여 화평의 복음을 전하신 사실 자체만을 언급했는데, 본 절에서는 그 화평의 복음이 언제부터 시작하였고 또 어떤 경로를 통하여 전파되었는지를 말한다. 베드로는 예수님의 화평의 복음은 "요한이 그 세례를 반포한 후에 갈릴리에서 시작하였다"고 말한다(눅 4:14). 베드로가 예수님께서 화평의 복음을 전파하기 시작하신 것을 "요한이 세례를 반포한 것"과 관련시키는 이유는 세례 요한이 세례를 베푼 것이 메시아이신 예수님을 예비하는 의미가 있기 때문이다. 다시 말해 세례 요한의 세례는 예수님의 복음과 전혀 별개의 사건이 아니라 본질적으로 예수님께서 십자가에서 죽으신 사건과 부활을 전하는 것과 일맥상통한다는 것이다. 그리고 베드로는 예수님의 복음 전한 사역이 갈릴리에서 시작하였다고 말한다(마 4:14-15). 예수님의 복음은 역사에 뿌리를 박고 있다는 뜻이다.

그리고 베드로는 예수님의 화평의 복음이 갈릴리로부터 시작하여 "온 유대에 두루 전파되었다"고 말한다. 그러니까 예수님은 초기에는 갈릴리에서 사역하셨고 후기에는 유대에서 사역하셨다는 뜻이다. 그리스도의 복음 증거는 분명히 역사에 뿌리를 두고 있다. 그런데 베드로는 "전파된 그것을 너희도 알고 있다"고 말한다. '전파된 화평의 말씀을 고넬료의 친척들과 친지들도 알고 있다'는 뜻이다. 가이사랴의 고넬료나 친지들이 말씀이 전파된 사실을 알고 있는 것은 아마도 빌립 집사가 와서 그리스도를 전했기에 알려진 것으로 보인다(8:40).

행 10:38. 하나님이 나사렛 예수에게 성령과 능력을 기름 붓듯 하셨으매 그가 두루 다니시며 선한 일을 행하시고 마귀에게 눌린 모든 사람을 고치셨으니 이는 하나님이 함께 하셨음이라.

베드로는 본 절에서 예수님께서 이적을 행하셨다고 말한다. 베드로는 예수님께서 이적을 행하시도록 하나님께서 "나사렛 예수에게 성령과 능력을 기름 붓듯 하셨다"고 말한다(2:22; 4:27; 사 61:1; 눅 4:18; 요 3:34; 히 1:9). 즉 예수님께서 세례를 받으실 때 하나님은 성령을 보내서 능력을 덧입혀주셨으며(눅 2:21-22), 또 예수님께서 사역을 시작하실 때에 성령의 능력을 물 붓듯이 부어주셨다(마 4:1; 요 3:34). 한 마디로 하나님께서 예수님에게 기름을 부어 메시아가 되게 하셨다는 뜻이다.

성령과 능력을 기름 붓듯 하셨기에, 다시 말해 예수님을 메시아가 되게 하셨기에 "두루 다니시며 선한 일을 행하시고 마귀에게 눌린 모든 사람을 고치셨다"(히 2:14-15). "선한 일을 행하셨다"는 말은 '병자들을 고쳐주시고 또 죽은 자들을 살려주셨다'는 뜻이고 "마귀에게 눌린 모든 사람을 고치셨다"는 말은 말 그대로 예수님께서 사람들로부터 귀신들을 쫓아내신 것을 지칭한다(요일 3:8).

베드로는 예수님께서 이런 위대한 일들을 하실 수 있었던 것은 "하나님이 함께 하셨기" 때문이라고 말한다(요 3:2). "하나님이 함께 하셨다"는 말은 예수님께서 하나님의 아들 그리스도라는 것을 뜻하는 말이다. 베드로가 이렇게 예수님을 메시아로 드러내는 이유는 메시아이신 예수님께서 고넬료의 가정식구들과 친지들을 위하여 대속의 죽음을 죽으시고 부활하신 효과가 엄청나다는 것을 드러내기 위함이었다. 오늘 우리의 죄를 대속하신 분은 하나님의 아들(메시아)이신 예수님이시다.

행 10:39-40. 우리는 유대인의 땅과 예루살렘에서 그가 행하신 모든 일에 증인이라 그를 그들이 나무에 달아 죽였으나 하나님이 사흘 만에 다시 살리사 나타내시되.

베드로 사도는 자신이 증인의 자격으로 말하고 있다는 것을 드러낸다. "우리는 유대인의 땅과 예루살렘에서 그가 행하신 모든 일에 증인이라"고 말한다(2:32). 베드로는 예수님께서 유대인의 땅과 예루살렘에서 전도하신 일이나 행하신 기적들, 그리고 십자가에서 죽으신 일이나 부활 승천하신 일을 다 목격한 증인이라고 말한다. 우리는 증인들의 증거를 그대로 믿어야 한다.

그런데 간혹 어떤 사람들은 사도들의 증언을 그대로 믿지 않고 사도들이 증언한 내용을 2,000년 이상의 세월이 지난 지금 도마 위에 놓고 도마질을 하고 있다. 어리석은 일이다.

베드로는 많은 것을 목격한 중에서 예수님의 십자가와 부활을 말한다. "그를 그들이 나무에 달아 죽였으나 하나님이 사흘 만에 다시 살리사 나타내셨다"고 말한다(2:14-36; 3:12-26; 4:10; 5:30). 즉 '예수님을 유대종교지도자들과 로마 군인들이 나무에 달아 죽였지만 하나님께서 3일 만에 다시 살리셔서 세상에 드러내셨다'는 것이다. 예수님께서 우리를 대신하여 죽지 않으셨더라면 우리의 죄는 그대로 있었을 것이며 또 예수님이 부활하지 않으셨더라면 우리의 생명은 없었을 뻔했다. 예수님의 십자가 죽음과 부활에 대하여 한없이 감사하고 찬양해야 한다.

행 10:41. 모든 백성에게 하신 것이 아니요 오직 미리 택하신 증인 곧 죽은 자 가운데서 부활하신 후 그를 모시고 음식을 먹은 우리에게 하신 것이라. 베드로는 예수님께서 부활하신 후에 자신을 보여주신 사람들이 누구임을 말한다. 예수님은 "모든 백성에게 하신 것이 아니라"고 말한다. 다시 말해 모든 백성에게 자신을 보여주신 것이 아니라는 것이다. 베드로는 "오직 미리 택하신 증인 곧 죽은 자 가운데서 부활하신 후 그를 모시고 음식을 먹은 우리에게 하신 것이라"고 말한다(13:31; 요 14:17, 22). 예수님께서 부활하신 후 함께 식사를 한 사도들에게 나타나신 것이라고 말한다(눅 24:30, 41-43; 요 21:12-13). 사도들은 예수님과 함께 식사까지 한 사람들이니 그들은 분명히 증인 자격을 갖추게 되었다. 우리들은 예수님의 십자가와 부활을 친히 목격하지 않았어도 예수님께서 택하신 증인들의 증거를 받는 것으로 충분한 줄 알아야 한다. 예수님 부활하신 후 함께 식사한 사도들의 증거를 받으면 족한 것 아닌가.

행 10:42. 우리에게 명하사 백성에게 전도하되 하나님이 살아 있는 자와

죽은 자의 재판장으로 정하신 자가 곧 이 사람인 것을 증언하게 하셨고.
베드로는 예수님께서 "우리에게 명하사 백성에게 전도하라"고 말씀하셨다
고 한다(1:8; 마 28:18-20; 막 16:15-16). 그리고 전도할 내용, 곧 선교의
내용은 "하나님이 살아 있는 자와 죽은 자의 재판장으로 정하신 자가 곧
이 사람인 것을 증언하게 하셨다"고 말한다(17:31; 요 5:22, 27; 롬 14:9,
19; 고후 5:10; 딤후 4:1; 벧전 4:5). '하나님께서 살아 있는 사람들과 죽은
사람들의 재판장으로 정하신 분이 곧 예수님인 것을 증언하게 하셨다'고
말한다. 이 말씀대로 예수님은 앞으로 재림하셔서 모든 사람을 그 앞에
불러놓으시고 심판하실 것이다(단 7:13f; 마 25:31-46; 요 5:22, 27; 롬 14:10;
고후 5:10; 살전 4:16-17). 우리는 우리의 목숨이 다하는 날까지 예수님께서
재림하셔서 심판하실 것이라고 분명하게 증언해야 한다.

행 10:43. 그에 대하여 모든 선지자도 증언하되 그를 믿는 사람들이 다
그의 이름을 힘입어 죄 사함을 받는다 하였느니라.
베드로는 예수님을 증거 하되 예수님을 힘입어 죄 사함 받는다는 진리도
전했다. 예수님은 재림하셔서 심판만 하시는 것(앞 절)이 아니라 현재 죄를
사 하시는 일도 하신다고 말한다. 예수님께서 죄를 사하신다는 예언은 모든
선지자도 증언했다고 베드로는 말한다. 베드로는 "그에 대하여 모든 선지자
도 증언하되 그를 믿는 사람들이 다 그의 이름을 힘입어 죄 사함을 받는다
하였다"고 말한다(26:22; 사 53:11; 렘 31:34; 단 9:24; 미 7:18; 슥 13:1;
말 4:2). 즉 '예수님에 대하여 모든 구약의 선지자도 증언하기를 예수님을
믿는 사람들이 다 예수님을 통하여 죄를 용서함 받을 것이라'고 예언했다는
것이다(15:9; 26:18; 사 33:24; 욜 2:32; 롬 10:11; 갈 3:22). 마 9:2; 막
2:10; 눅 24:46-47; 행 3:18-19 참조. 우리도 예수님 앞으로 나아오는 사람마
다 모두 죄를 씻음 받고 구원받는다는 것을 부지런히 전해야 할 것이다.

e. 고넬료의 일가와 친지들에게 성령이 임하시다 10:44-48

베드로가 고넬료의 친척들과 친구들에게 복음을 전하는 동안 성령께서 강림하셨는데 이를 두고 '가이사랴의 오순절'이라고 부른다. 이방인에게 성령님이 임하심으로 유대인과 이방인의 장벽이 철폐되었다. 그리고 성령님이 말씀 듣는 중에 임하셨다는 점에서 다른 곳에 성령님이 임하신 것과 다르다. 오순절 때는 기도하는 중에(2:1-4), 사마리아(8:15-17)와 에베소의 경우는 안수할 때 강림하셨는데 가이사랴의 경우 말씀 듣는 중에 임하셨다. 그러니까 어떤 일정한 방법을 취해야 하는 것은 아님을 알 수 있다.

행 10:44. 베드로가 이 말을 할 때에 성령이 말씀 듣는 모든 사람에게 내려오시니.

누가는 베드로가 "이 말을 할 때에" 즉 '복음(35-43절)을 전할 때에' "성령이 말씀 듣는 모든 사람에게 내려오셨다"고 전한다(4:31; 8:15-17; 11:15). 그리스도의 말씀 충만은 곧 성령 충만임을 알 수 있다(엡 5:18; 골 3:16). 우리가 말씀을 읽고 묵상하고 연구할 때 성령께서 임하시고 역사하시는 고로 우리는 말씀을 묵상하고 연구해야 한다.

행 10:45. 베드로와 함께 온 할례 받은 신자들이 이방인들에게도 성령 부어 주심으로 말미암아 놀라니.

욥바에서 베드로와 함께 가이사랴에 온 할례 받은 유대인 신자들(23절)이 "이방인들에게도 성령 부어 주심으로 말미암아 놀랐다"(11:18; 갈 3:14). 아직까지 체험하지 못한 일을 처음으로 경험한고로 그들은 놀라게 되었다. 그들은 아직도 유대인만 성령 받는 것으로 알고 있다가 이방인들에게도 성령이 내려오시는 것을 보고 아주 놀라게 되었다.

행 10:46. 이는 방언을 말하며 하나님 높임을 들음이러라.

유대인들은 베드로와 함께 욥바로부터 가이사랴에 와서 이방인들이 성령 받은 것을 보고 놀란 이유는 이방인들이 성령을 받아서 "방언을 말하며

하나님 높임을 들었기" 때문이었다. 두 가지 때문에 놀란 것이다. 하나는
이방인들이 성령을 받고 방언을 말했기 때문이었다. 이방인들이 어느 방언을
말한 것인지 알 수는 없으나 유대인들이 알 수 없는 외국어를 말했을 것으로
보인다. 만약 그들이 히브리어를 말했다면 유대인들이 놀라지 않았을 것이고
혹시 아람어(히브리어와 비슷함)를 말했어도 놀라지 않았을 것이다.

또 하나는 이방인들이 "하나님 높임을 들었기" 때문이었다. 가이사랴의
고넬료의 식구들과 친구들이 그 동안 하나님을 경외했지만 그러나 이번에는
더 구체적으로 이방인들이 하나님을 높였기에 유대인들이 놀란 것이다. 이방
인들은 방언으로 하나님을 높였을 것으로 보인다. 고린도 교회 사람들은
방언을 하면서 자신들을 높였으나(고전 14:2-33) 고넬료의 친척들과 친구들
은 하나님을 높였다. 우리는 하나님의 영광을 위하여 살아야 한다(고전
10:31).

**행 10:47. 이에 베드로가 이르되 이 사람들이 우리와 같이 성령을 받았으니
누가 능히 물로 세례 베풂을 금하리요 하고.**
이방인들이 성령 받는 것을 보고 베드로가 말하기를 "이 사람들이 우리와
같이 성령을 받았으니 누가 능히 물로 세례 베풂을 금하리요"라고 말한다
(11:17; 15:8-9; 롬 10:12). 즉 '이방인들이 사도들과 같이 성령을 받았으니
누가 능히 물로 세례를 베푸는 것을 금할 수 있을 것인가'라고 말한다.
가장 중요한 사건이 벌어졌는데 세례 베푸는 일을 금할 것이 있겠느냐는
것이다. 본 절에서는 성령 받는 것이 가장 중요함을 보여주고 있다. 그리고
세례도 역시 필요하다는 것을 보여준다. 성령을 받았다하여 세례 같은 의식을
값없이 생각해서는 안 된다. 더 중요한 것과 덜 중요한 것의 차이는 있지만
다 같이 중요하게 여겨야 한다.

**행 10:48. 명하여 예수 그리스도의 이름으로 세례를 베풀라 하니라 그들이
베드로에게 며칠 더 머물기를 청하니라.**

베드로는 과감하게 명령하기를 "예수 그리스도의 이름으로 세례를 베풀라"고 말한다(2:38; 8:16; 고전 1:17). "예수 그리스도의 이름으로" 세례를 베푸는 문제에 대해서는 8:16주해를 참조할 것.

"그들이 베드로에게 며칠 더 머물기를 청한" 이유는 아마도 말씀을 더 듣기 위함일 것이다. 그들은 이제 말씀을 첫 번 듣는 중에 성령을 받았으니 신앙의 열기가 대단했던 고넬료의 식구들과 친지들이 베드로에게 며칠 더 유하면서 기독교의 진리를 더 밝혀주고 떠나기를 청했을 것이다. 베드로와 함께 왔던 유대인 신자들도 함께 며칠 더 유하였다가 나중에 예루살렘으로 함께 돌아갔다(11:12).

제 11 장

고넬료의 개종 사건에 대한 베드로의 변증 및 안디옥 교회 설립

f. 베드로의 이방방문 여파로 논쟁이 일어나다   11:1-18

베드로가 가이사랴의 고넬료 가정을 방문하여 하나님의 말씀을 전한 사실 때문에 예루살렘의 유대인 신자들이 문제를 제기했을 때 베드로는 일이 그렇게 진행된 것을 차례대로 설명하므로 문제가 해결되었다. 베드로의 이방방문으로 인하여 이방 전도의 문이 열리게 되었다. 누가는 먼저 유대인 신자들이 베드로를 비난한 사실(1-3절), 베드로가 일이 그렇게 진행된 사실을 차례로 설명한 사실(4-17절), 예루살렘의 신자들이 베드로의 변증으로 설복된 사실(18절)을 전한다.

행 11:1. 유대에 있는 사도들과 형제들이 이방인들도 하나님의 말씀을 받았다 함을 들었더니.

누가는 "유대에 있는 사도들과 형제들이 이방인들도 하나님의 말씀을 받았다 함을 들었다"고 말한다. '예루살렘교회에 있는 사도들과 믿는 유대인 형제들이 이방인들, 곧 고넬료의 친척들과 친구들이 하나님의 말씀을 받았다 하는 소식을, 베드로가 예루살렘에 도착하기 전에 이미 듣고 있었다'고 말한다. 유대인 신자들은 이방인들이 하나님의 말씀을 받으려면 먼저 유대인으로 귀화한 다음에야 가능한 법인데 베드로는 아직 귀화하지 않은 고넬료의 친척들과 친구들에게 말씀을 전했다는 것은 불법이라고 생각하고 있었다.

행 11:2-3. 베드로가 예루살렘에 올라갔을 때에 할례자들이 비난하여 이르되

네가 무할례자의 집에 들어가 함께 먹었다 하니.

베드로가 고넬료의 가정에서 복음을 전한 후 예루살렘에 올라갔을 때에 "할례자들이 비난하여 이르되 네가 무할례자의 집에 들어가 함께 먹었다"고 비난했다(10:45; 10:28; 갈 2:12). 즉 '할례를 받은 신자들이 베드로의 행위를 비난하여 베드로가 할례를 받지 않은 이방인의 집에 들어가서 함께 먹은 것은 잘 못된 일이라'고 비난했다. 할례를 받지 않은 이방인들의 집에 들어가 함께 먹을 때 "속되고 깨끗지 아니한"(10:14) 음식을 먹을 수도 있어서 크게 문제를 삼았을 것이다. 그러나 이방인의 집에 들어가 함께 먹지도 말라는 말은 구약 율법에는 없는 말이었고 랍비들이 전해준 유전이었다. 랍비들은 지나친 열심을 가지고 이런 법을 새로 제정해서 가르쳤다(10:28).

행 11:4. 베드로가 그들에게 이 일을 차례로 설명하여.

베드로는 할례 받은 신자들이 비난한 것에 대하여(앞 절) "그들에게 이 일을 차례로 설명하였다"(눅 1:3). 베드로는 먼저 환상을 통하여 고넬료의 가정을 방문하도록 지시를 받은 사실을 설명하고(5-10절), 마침 고넬료가 보낸 심부름꾼들이 찾아왔다고 하며(11절), 또 성령님께서 "의심하지 말고 그들과 함께 가라"는 명령을 받았다 하고(12절), 그가 가이사랴에 도착한 후 고넬료로부터 욥바에 유하고 있는 베드로를 청하라는 천사의 지시가 있었다는 보고를 받았다고 하며(13-14절), 또 자신이 설교할 때에 성령께서 임하셨다는 사실을 설명하고(15-16절), 그런고로 하나님께서 하시는 일을 누구든지 막을 수 없다는 것을 말했다(17절). 베드로는 할례 받은 신자들에게 차례로 설명하되 하나님께서 역사하신 것만 말할 뿐 자신을 조금도 드러내지 않았다.

행 11:5. 이르되 내가 욥바 시에서 기도할 때에 황홀한 중에 환상을 보니 큰 보자기 같은 그릇이 네 귀에 매어 하늘로부터 내리어 내 앞에까지 드리워

지거늘.
이 구절의 뜻을 위하여 10:9-11주해를 참조할 것. 베드로는 자기가 받은 환상을 그대로 전하고 있다.

행 11:6. 이것을 주목하여 보니 땅에 네 발 가진 것과 들짐승과 기는 것과 공중에 나는 것들이 보이더라.
이 구절의 뜻을 위하여 10:12주해를 참조할 것. 한 가지 다른 점은 이 본문에 "들 짐승"이 더 나온다는 점이다. "들짐승들"도 구약 시대의 표준으로 모두 불결한 들짐승들이었는데(레 11장; 신 14:3-21) 이방인들을 상징한다.

행 11:7. 또 들으니 소리 있어 내게 이르되 베드로야 일어나 잡아먹으라 하거늘.
이 구절의 뜻을 위하여 10:13주해를 참조할 것. 여기 "잡아먹으라"는 말은 '그들에게 전도하여 교회 안으로 들여 놓으라'는 명령이다. 우리는 사람을 취하는 어부가 되어야 한다(마 4:19; 눅 5:10).

행 11:8. 내가 이르되 주님 그럴 수 없나이다 속되거나 깨끗하지 아니한 것은 결코 내 입에 들어간 일이 없나이다 하니.
이 구절의 뜻을 위하여 10:14주해를 참조할 것.

행 11:9. 또 하늘로부터 두 번째 소리 있어 내게 이르되 하나님이 깨끗하게 하신 것을 네가 속되다고 하지 말라 하더라.
이 구절의 뜻을 위하여 10:15주해를 참조할 것.

행 11:10. 이런 일이 세 번 있은 후에 모든 것이 다시 하늘로 끌려 올라가더라.
이 구절의 뜻을 위하여 10:16주해를 참조할 것.

행 11:11. 마침 세 사람이 내가 유숙한 집 앞에 서 있으니 가이사랴에서 내게로 보낸 사람이라.

이 구절의 뜻을 위하여 10:17주해를 참조할 것. 본 절은 고넬료가 보낸 사람이 "세 사람"이라고 밝힌다(10:17에는 "세 사람"이란 말이 없고, 10:19 에 있다).

행 11:12. 성령이 내게 명하사 아무 의심 말고 함께 가라 하시매 이 여섯 형제도 나와 함께 가서 그 사람의 집에 들어가니.

이 구절의 뜻을 위하여 10:19-20, 23b주해를 참조할 것. 본 절에 있는 "이 여섯 형제"란 말은 10:23b에는 나타나지 않는다. 욥바로부터 베드로와 동행 했던 '이 여섯 형제'는 예루살렘에 와서 베드로가 곤란을 당하지 않도록 증인이 되어 주었다.

행 11:13-14. 그가 우리에게 말하기를 천사가 내 집에 서서 말하되 네가 사람을 욥바에 보내어 베드로라 하는 시몬을 청하라 그가 너와 네 온 집이 구원 받을 말씀을 네게 이르리라 함을 보았다 하거늘.

이 부분(13-14절)의 말씀은 베드로가 고넬료의 말을 예루살렘의 할례 받은 신자들에게 전달하는 내용이다. 이 부분의 뜻을 위하여 10:30-32주해를 참조 할 것. "그(베드로)가 너(고넬료)와 네 온 집이 구원 받을 말씀을 네(고넬료)게 이르리라"는 말이 덧붙여졌다. 이 말씀대로 베드로는 고넬료의 친척들과 친구들이 구원 받을 말씀을 전해주었다(36-43절).

행 11:15. 내가 말을 시작할 때에 성령이 그들에게 임하시기를 처음 우리에게 하신 것과 같이 하는지라.

베드로는 "내가 말을 시작할 때에 성령이 그들에게 임하셨다"고 말한다 (10:44). '베드로가 복음을 전하기 시작할 때(10:36-43절)에 성령이 그들에 게 임하셨다(10:44)'는 말이다. 베드로는 10:36-43의 말씀이 이제 복음을 제시하는데 있어서 시작이었다고 말한다. 다시 말해 10:36-43은 복음의 요약일 뿐이라는 것이다. 그가 할 말씀이 더 많아서 그는 가이사랴에서 더 유하기를 요청받았다(10:48b).

베드로는 말을 시작할 때에 성령이 그들에게 임한 것이 "처음 우리에게 하신 것과 같이 했다"고 말한다(2:4). 성령이 고넬료의 사람들에게 임할 때 방언을 말하며 하나님을 높인 것이나 또 오순절 때 성령이 유대인들에게 임하여 방언을 말하며 하나님을 높인 것이나 똑 같았다는 것이다(2:1-4). 성령님은 고넬료의 사람들과 오순절의 유대인들을 구별하시지 않았다. 베드로는 이제 예루살렘 교회와 고넬료의 친척들과 친구들은 한 교회의 회원들임을 강조한다.

행 11:16. 내가 주의 말씀에 요한은 물로 세례를 베풀었으나 너희는 성령으로 세례를 받으리라 하신 것이 생각났노라.

고넬료의 친척들과 친구들에게 성령이 임하실 때 베드로는 예수님께서 말씀해주신 것이 생각났다고 말한다. 곧 "요한은 물로 세례를 베풀었으나 너희는 성령으로 세례를 받으리라 하신 것이 생각났다"고 말한다(1:5; 19:4; 사 44:3; 욜 2:29; 3:18; 마 3:11; 요 1:26, 33). '세례 요한은 물로 세례를 베풀었지만 너희(제자들과 이방인들)는 성령으로 세례를 받으리라고 말씀하신 것(1:5)이 생각났다'는 것이다. 1:5에 보면 예수님께서 부활하신 후, 승천하시기 전 "요한은 물로 세례를 베풀었으나 너희는 몇 날이 못 되어 성령으로 세례를 받으리라"고 말씀해주셨다. 베드로는 고넬료의 친척들과 친구들이 성령을 받아 방언을 하고 또 하나님을 높이는 것을 보고 예수님께서 말씀하신 말씀이 생각났다는 말이다. 예수님의 예언이 유대인에게 이루어진 것처럼(2:1-4) 이방인에도 동일하게 이루어졌다는 말이다. 예수님의 예언의 말씀대로 이방인들도 성령으로 세례를 받았으니 아무도 시비할 수 없다는 뜻이다.[51]

---

51) 성령 세례에 대해서는 1:5의 주해를 참조할 것.

행 11:17. 그런즉 하나님이 우리가 주 예수 그리스도를 믿을 때에 주신 것과 같은 선물을 그들에게도 주셨으니 내가 누구이기에 하나님을 능히 막겠느냐 하더라.

베드로는 예루살렘의 할례 받은 유대인 신자들에게 그 동안에 된 일을 차례로[52] 설명을 한 다음 이제는 결론을 내린다. "그런즉(οὖν) 하나님이 우리가 주 예수 그리스도를 믿을 때에 주신 것과 같은 선물을 그들에게도 주셨으니 내가 누구이기에 하나님을 능히 막겠느냐"고 말한다(10:47; 15:8-9). 하나님께서 주권을 가지시고 유대인들이 예수 그리스도를 믿을 때에 "선물" 곧 '성령'을 주신 것처럼 이방인들에게도 성령을 주셨는데 베드로 자신이 누구이기에 감히 하나님이 하신 일을 막겠느냐는 것이다. 지구상에는 아무도 하나님을 막을 자가 없다. 하나님께서 주권을 가지시고 베드로로 하여금 가이사랴에 가게 하셨고 이방인을 차별하지 않고 함께 먹게 하셨으며 하나님의 말씀을 주게 하셨고 세례를 베풀게 했는데 베드로가 무엇이기에 하나님을 막겠느냐는 말이다. 우리는 하나님의 역사에 동참할 수밖에 없는 사람들이다. 우리는 하나님께서 하시는 일에 순종해야 한다.

행 11:18. 그들이 이 말을 듣고 잠잠하여 하나님께 영광을 돌려 이르되 그러면 하나님께서 이방인에게도 생명 얻는 회개를 주셨도다 하니라.

베드로가 그 동안에 된 일을 차례로 설명하는 것을 예루살렘의 할례 받은 신자들이 듣고 두 가지 반응을 보였다. 하나는 "그들이 이 말을 듣고 잠잠하였다." 그들은 베드로가 행한 일에 더 이상 비난하지 않게 되었다. 그들이 비난했더라면 하나님을 거역하는 일이 될 뻔했다. 또 다른 반응은 "하나님께

---

52) 베드로는 고넬료의 가정을 방문했을 때 진행된 일을 차례로 설명하는 중에 베드로가 고넬료의 가정을 방문했을 때 하나님은 인종과 민족을 초월하여 받으신다는 것(10:35), 하나님께서 그리스도를 이 땅에 보내시고 또 화평의 복음을 전하여 하나님과 인간의 화목이 이루어졌다는 것(10:36-37), 예수님께서 메시아로서 놀라운 이적을 행하셨다는 것(10:38), 사도들이 예수님의 십자가와 부활의 증인이 되었다는 것(10:39-41), 예수님은 산자들과 죽은 자들의 재판장이시라는 것(10:42), 그리고 예수님을 힘입어 죄 사함을 받을 수 있다는 것을 전하였고(10:43), 고넬료의 친척들과 친구들 측에서는 큰 은혜를 얻게 된 사실(10:44-46)을 말했을 것이다.

영광을 돌려 이르되 그러면 하나님께서 이방인에게도 생명 얻는 회개를 주셨도다"고 말했다. 그들은 하나님께 영광을 돌렸다. 다시 말해 하나님께서 하시는 일에 동의를 표하고 찬양했다. 그들은 말하기를 "그러면 하나님께서 이방인에게도 생명 얻는 회개를 주셨도다"라고 했다(롬 10:12-13; 15:9, 16). '베드로의 말대로라면 하나님께서 이방인에게도 영생을 얻게 하는 회개를 주셨다'고 말했다. 본문의 "생명 얻는 회개"(τὴν μετάνοιαν εἰς ζωὴν-repentance unto life)란 말은 '영생으로의 회전' 혹은 '영생으로 돌아서는 것'을 지칭하는 말이다. 회개는 하나님께서 주시는 선물이다(5:31; 딤후 2:25). 하나님은 회개하는 사람에게 죄를 용서하시고 영생을 주신다.

그런데 베드로의 설명을 들은 사람들은 얼른 잠잠하게 되었고 또 하나님께 영광을 돌렸으나 훗날 할례 받은 유대인 신자들은 이방인들을 괴롭혀서 예루살렘 총회가 열렸을 때에도 할례가 필요하다고 강변했고(15:1 이하), 또 바울 서신에도 역시 여기저기서 할례 문제가 각 교회들에서 크게 부각된 것을 볼 수 있다(롬 2:25-29; 4:9-13; 엡 2:14-17). 사람의 구습은 쉽사리 벗겨지지 않는다. 오늘 우리는 하나님께서 하신 일에 대해서는 즉시 동의를 표하며 찬양하고 다시는 시비하지 말아야 한다.

C. 안디옥 교회가 설립되다 11:19-30

누가는 빌립 집사가 사마리아 전도에 문을 열었고(8:4-13), 사울이 회심하여 복음을 전하는 전도자가 되었으며(9:1-31), 베드로가 가이사랴에 복음을 전하여 이방전도의 문을 열었다고 전하고는(10:1-48) 이제 스데반의 일로 인하여 흩어진 성도들이 안디옥 교회를 설립하여 이방전도의 근거지를 마련하였다고 말한다(11:19-21). 안디옥 교회가 설립된 의의는 무엇보다도 이방전도의 본부가 생겼다는 점이다. 안디옥교회가 이방 선교의 중심이 될 수 있었던 것은 바나바와 바울과 같은 큰 전도자들이 있었기 때문이었다 (22-26절).

안디옥 교회는 선교뿐 아니라 구제에도 큰 역할을 감당하였다. 유대지방

에 큰 기근이 있었을 때 안디옥 교회는 기근이 든 지방에 구제금을 보냈다
(27-30절). 안디옥 교회는 예루살렘 교회로부터 영적으로 은혜를 입었으므로
이제 물질적으로 도움을 주는데 이르렀다.

1. 안디옥 교회가 설립되다 11:19-26

**행 11:19. 그 때에 스데반의 일로 일어난 환난으로 말미암아 흩어진 자들이
베니게와 구브로와 안디옥까지 이르러 유대인에게만 말씀을 전하는데.**
누가는 베드로가 가이사랴 전도보고를 마친 것(앞 절)을 기록한 다음 이제
"스데반의 일로 일어난 환난으로 말미암아 흩어진 자들이 베니게와 구브로와
안디옥까지 이르러 유대인에게만 말씀을 전한" 사실을 기록한다. 누가는
앞에서 스데반이 복음을 전하다가 순교한 후(6:8-7:60) 예루살렘 교회에
큰 환난이 있었다는 사실을 기록했는데(8:1, 3-4) 그 환난으로 말미암아
흩어진 성도들이 베니게53)와 구브로54)와 안디옥55)까지 이르러 헬라계 유대
인들에게만 말씀을 전했다고 말한다. 하나님은 스데반의 죽음을 사용하셨고
또 뒤따라온 환난을 사용하셨다. 환난 때문에 흩어진 사람들은 괴로움을
당했으나 흩어져야 했기에 하나님께서 흩으신 것이다. 지금도 믿는 사람들이
여기저기 흩어져야 한다.

---

53) "베니게"라고 하는 곳은 현재의 레바논을 지칭하는 말인데 두로와 시돈을 포함하고
있다. 예수님은 갈릴리 전도 당시 두로와 시돈을 찾으신 적이 있으셨는데 이곳에서 예수님은
귀신들린 사람을 고치신 일이 있으시다(막 7:24-30).

54) "구브로"는 지중해의 동쪽부분에 있는 섬인데 구약 시대에는 깃딤(민 24:24)이라고
불렸다. 유대인들이 구브로에서 많이 살고 있었다.

55) "안디옥"이라는 이름을 가진 도시는 신약성경에 두 개가 있는데 하나는 비시디아의
안디옥이고 또 하나는 수리아의 안디옥이다. 본문에서 누가가 언급하고 있는 "안디옥"은 수리아
의 안디옥이다. 수리아의 안디옥은 로마 행정구로서는 수리아주의 수도였다. 안디옥은 주전
300년 알렉산더 대왕의 후계자의 하나인 실루커스 니카톨(Seleucus Nicator)이 건설하였는데
그의 아버지의 이름(Antiochus)을 따라 안디옥이라는 이름이 붙여졌다. 이곳의 인구는 마카비
시대에 벌써 12만 명이었고(1 Macc. 11:45) 신약시대에 이르러 50만 명을 넘어섰다고 한다
(Lenski). 이 도시의 크기는 로마 제국 내에서 세 번째로 꼽혔는데 첫째는 로마, 둘째는 알렉산드
리아, 셋째가 바로 이 도시였다고 한다(Josephus BF. iii, 2:4). 이 도시는 아주 대단한 위용
때문에 "동방의 여왕" 또는 "동양의 로마"라고 불렸다고 한다. 안디옥에 자리 잡은 안디옥
교회는 이방교회의 중심지였고 선교의 중심지였다(13:1-3).

이 환난 때문에 흩어진 사람들은 한편으로는 팔레스틴 사람들에게 복음을 전했을 뿐 아니라 북쪽 방향으로 베니게(현재의 레바논), 구브로, 수리아의 안디옥까지 이르러 자신의 동족 "유대인에게만 말씀을 전하고" 있었다. 유대인들은 복음을 받은 후에도 아직 이방인과 장벽을 두고 있었다. 하나님의 초자연적 간섭이 있을 때 이 장벽이 깨어졌다(8장의 빌립이 에디오피아 내시에게 전도한 사건, 10장의 베드로가 고넬료의 가정을 방문하여 복음을 전한 것 등). 오늘 세계는 한 지붕아래 살고 있음을 실감하게 되었다. 우리는 어느 민족에게나 그리스도를 전해야 한다.

행 11:20. 그 중에 구브로와 구레네 몇 사람이 안디옥에 이르러 헬라인에게도 말하여 주 예수를 전파하니.

누가는 앞 절에서는 유대인들에게만 그리스도의 복음을 전한 사람들에 대해 언급했는데 본 절에서는 헬라인에게도 복음을 전한 유대인들이 있음을 언급한다. "그 중에 구브로와 구레네 몇 사람"(τινες ἐξ αὐτῶν ἄνδρες Κύπριοι καὶ Κυρηναῖοι)이란 말은 '그들 중의 어떤 사람들 즉 구브로와 구레네56)에서 살고 있었던 사람들'이란 뜻이다. 두 지역에서 살고 있던 유대인들이 안디옥에 이르러 헬라인(6:1; 9:29)인에도 "주 예수를 전파했다"는 것이다. 즉 '예수가 주님이시라고 전했다'는 뜻이다. 여기 "주"(κύριος)란 말은 구약 성경의 "여호와"를 번역한 말이다. 구약 성경을 헬라어로 번역한 번역자들은 구약의 "여호와"를 "주"(κύριος)라고 번역했다. 그러니까 예수님은 구약에서 말하는 여호와시란 뜻이다.

본문의 "헬라인"(Ἕλληνας)이란 말이 acAD 사본에 있는 말인데 또 어떤 사본들(BD2EP)에는 "헬라파 유대인"(Ἑλληνιστὰς)이란 말로 표기되어 있다. 그러면 어느 것이 옳은가에 대해서는 문맥을 보아 판단하는 것이 바를 것이다. 문맥을 보면 앞 절에서는 유대인들에게 복음을 전한 것을 말하고,

---

56) "구레네"를 위해서는 2:10; 6:9의 주해를 참조할 것.

본 절에서는 헬라 말을 쓰는 헬라 사람들에게 복음을 증거한 것으로 보아야
할 것이다(6:1; 9:29). 본 절 초두에 대조를 나타내는 단어 "그러나"(δέ)
혹은 "그런데"란 말이 있기 때문이다. 다른 민족들에게 복음을 전한다는
것은 참으로 아름다운 일이다. 우리는 민족을 구별하지 말고 복음을 전해야
할 것이다.

행 11:21. 주의 손이 그들과 함께 하시매 수많은 사람들이 믿고 주께 돌아오더라.

누가는 헬라파 유대인들이 복음을 전할 때 "주의 손이 그들과 함께 하시매
수많은 사람들이 믿고 주께 돌아왔다"고 말한다(2:47; 9:35; 눅 1:6). 본
절에 나오는 첫 낱말 "주"(κυρίος)란 말은 여호와 하나님을 지칭하는 말로서,
누가는 여호와도 "주"이시고 예수님도 "주"(앞 절)라고 말한다. 이처럼 초대
교회는 하나님과 예수님을 동등시하였다(Grosheide). 그리고 "주의 손"이란
말은 '주님의 능력'을 지칭하는 말로(출 9:3; 삼상 5:6, 11; 시 32:4; 80:17;
눅 1:66) 누가는 주님의 능력이 함께 할 때 사람들이 주께로 돌아온다고
말한다(4:30). 전도자들의 전도에 하나님의 능력이 함께 하시지 않으면 수많
은 사람들이 믿고 주님께로 돌아오는 역사가 없다. 우리는 우리의 힘이
아니라 주님의 손이 함께 하시기를 간절히 소원하고 간구해야 한다.

행 11:22. 예루살렘 교회가 이 사람들의 소문을 듣고 바나바를 안디옥까지 보내니.

누가는 본 절부터 26절에 이르기까지 바나바의 역할을 집중적으로 말한다.
누가는 "예루살렘 교회가 이 사람들의 소문을 듣고 바나바를 안디옥까지
보냈다"고 말한다(9:35). 예루살렘 교회는 안디옥 교회가 설립되었다는 소문
과 그리고 수많은 사람들이 주께 돌아온다는 소문을 듣고 바나바를 파송했다.
이는 마치 사마리아에 그리스도의 복음이 전파되었다는 소문을 듣고 베드로
와 요한을 파송한 것과 같이 예루살렘 교회는 안디옥 교회의 흥왕함을 듣고

바나바를 파송한 것이다. 그런데 이번에는 베드로와 요한을 파송하지 않고 바나바를 택해서 보낸 이유는 아마도 전도자들 중에 바나바의 고향 구브로 사람들이 있었기에(20절) 그렇게 배려한 것이 아닌가 생각된다. 이런 정치는 선한 배려로 보인다.

행 11:23. 그가 이르러 하나님의 은혜를 보고 기뻐하여 모든 사람에게 굳건한 믿음으로 주와 함께 머물러 있으라 권하니.

안디옥교회에 파송 받은 바나바는 안디옥 교회에 이르러 "하나님의 은혜를 보고 기뻐하였다." 바나바는 안디옥 교회의 성도들이 '하나님의 은혜(χάριν)를 받고 유대인들과 헬라인들이 화목한 것을 보았고 또 교회가 발전하는 것을 보고 기뻐하였다.' 성령으로 말미암은 하나님의 은혜는 유대인과 이방인의 장벽을 허물었고 또 교회를 부흥하게 만들었는데 바나바는 그 은혜를 관찰하고 기쁨을 가지게 되었다. 바나바는 은혜를 아는 사람이기에 안디옥 교회에 임한 은혜를 보고 기뻐하였다. 은혜 받은 경험이 없는 사람들은 다른 사람들이 은혜 받은 사실 때문에 기뻐하지 못한다.

　　바나바는 "모든 사람에게 굳건한 믿음으로 주와 함께 머물러 있으라 권했다"(9:27). 바나바는 안디옥 교회의 교우들에게 "굳건한 믿음" 곧 '확정된 마음,' '흔들리지 않는 믿음'으로 "주와 함께 머물러 있으라고 권했다"(13:43; 14:22). "주와 함께 머물러 있으라"(προσμένειν τῷ κυρίῳ)는 말은 '주안에 머물러 있으라,' '주 안에 거하라'는 뜻이다. 주님으로부터 떨어지지 말고 주님께 바짝 붙어 있으라는 권고이다. 일단 주님을 영접한 사람들은 계속해서 주님 안에 머물러 있어야 한다(요 15:3). 주님 안에 머물러 있는 비결은 주님의 말씀을 계속해서 읽고 묵상하고 연구하며 순종함으로 되는 것이다(요 15:7).

행 11:24. 바나바는 착한 사람이요 성령과 믿음이 충만한 사람이라 이에 큰 무리가 주께 더하여지더라.

누가는 예루살렘에서 파송 받은 바나바가 영적으로 어떤 사람인지를 말한다. "바나바는 착한 사람이요 성령과 믿음이 충만한 사람이라"고 말한다(6:5 참조). 첫째, 바나바는 영적으로 "착한 사람이었다"고 한다. 즉 '진실한 성격의 사람, 온건한 성격의 사람, 능력 있는 사람, 남을 배려할 줄 아는 사람이었다'는 것이다. 그가 땅을 팔아 가난한 자들을 돕는 것을 보아도 그가 남을 돕는 사람이라는 것을 알 수 있고(4:36-37), 예루살렘에서 바울을 소개하는 것을 보아도 남을 배려하는 사람이라는 것을 알 수 있으며(9:27) 그가 다소에 가서 바울을 데려와서 안디옥 교회에서 함께 사역하는 것을 보아도 진실한 사람, 온건한 사람이라는 것을 알 수 있다(26절). 둘째, 바나바는 "성령과 믿음이 충만한 사람이었다." 다시 말해 성령의 주장을 따라 사는 사람이었고 성령의 인도를 받아 사는 사람이었고 믿음으로 사는 사람이었다. 성령이 충만하니 결국 믿음이 충만한 사람이었다. 성령께서 믿음을 주었으니 말이다. 그리고 누가는 바나바의 사역으로 인하여 "이에 큰 무리가 주께 더하였다"고 말한다(21절; 5:14). 예루살렘 교회가 탄생했을 때와 거의 같았다(2:41, 47). 성령이 충만한 사람이 사역을 할 때는 큰 무리가 더하는 법이다. 문제는 성령이 충만 하냐 아니냐에 달려있다. 인간적인 방법으로 교인수를 늘리려는 시도를 할 것이 아니라 성령 충만을 구해야 한다.

행 11:25-26a. 바나바가 사울을 찾으러 다소에 가서 만나매 안디옥에 데리고 와서 둘이 교회에 일 년간 모여 있어 큰 무리를 가르쳤고.
누가는 바나바가 사울을 찾아서 함께 안디옥 교회에서 사역한 사실을 기록한다. 누가는 "바나바가 사울을 찾으러 다소에 가서 만나매 안디옥에 데리고 왔다"고 말한다(9:30). 바나바는 사울을 찾는데 힘이 들었다. 여기 "찾으러"(ἀναζητῆσαι)라는 단어는 부정(단순)과거 시제로 '추적한다,' '열심히 찾는다,' '세밀하게 찾아낸다'는 뜻으로 바나바가 다소에 가서 여기저기 수소문해서 찾은 것을 가리킨다. 그리고 바나바는 사울을 찾아 만난 다음 안디옥에 데리고 왔다. 만약 바나바가 평범한 사역자였다면 자기 혼자 많은

사람의 인기를 누리면서 사역했을 것이다. 그는 도량이 넓은 착한 사람이었
다. 우리 역시 이런 마음을 하나님께 구해야 하고 바나바 같은 사람이 되도록
하나님께 기도해야 한다. 여기서 또 한 가지 알 수 있는 것은 누구든지
사울같이 준비를 잘 해놓으면 하나님은 바나바 같은 사람을 시켜서 찾아
쓰신다는 진리이다. 오늘 일반적으로 사람들은 준비하는 일에는 별로 힘들이
지 않고 일찍부터 중앙무대에 서려고 한다. 먼저 준비를 해야 한다. 성경연구
와 기도로 많은 준비를 하면 하나님께서 반드시 사용하신다.

그리고 누가는 바나바와 사울 두 사람이 "교회에 일 년간 모여 있어
큰 무리를 가르쳤다"고 말한다. 누가는 두 사람이 일 년간 모여 있어 큰
무리를 가르쳤다고 했는데 1년간만 가르친 이유는 전도여행을 떠나야 했기
때문이었다(13:1-3). 이 두 사람이 큰 무리를 가르치게 된 것은 그 교회의
교세가 급성장했기 때문이었다. 성령의 크신 역사로 유대인과 헬라인의 장벽
은 무너지고 또 가르침 받은 사람들이 다른 사람들에게 그리스도를 계속해서
전하였기에 큰 무리가 교회로 들어와서 더 큰 무리를 이루었다.

행 11:26b. 제자들이 안디옥에서 비로소 그리스도인이라 일컬음을 받게 되었더라.

누가는 "제자들이 안디옥에서 비로소 그리스도인이라 일컬음을 받게 되었
다"고 말한다. 곧 '예수님을 믿는 성도들이 안디옥 지방에서 처음으로 그리스
도인이라 일컬음을 받게 되었다'고 말한다. "그리스도인"(Χριστιανός)이란
말은 '그리스도의 것'이란 뜻으로 예수님을 믿는 성도들이 계속해서 다른
사람들에게 "그리스도"를 전했기에 불신자들이 예수님을 전하는 사람들을
'그리스도의 것'이란 이름을 붙여준 것으로 보인다(F. F. Bruce). 신약에서
이 이름이 세 번 사용되었는데(본 절과 26:28; 벧전 4:16) 처음에는 그리스도
를 전하는 사람들을 향해 불신자들이 경멸적인 별명으로 사용했을 가능성은
있으나 누가가 사용한 문맥을 살필 때 꼭 경멸적이라고 볼 수 없을 것 같다.
오히려 예수님을 믿는 사람들이 비로소 그리스도인이라는 이름을 얻게 된

것을 다행으로 여기는 어투라고 볼 수 있다. 아그립바왕이 "그리스도인"이라
는 이름을 말한 것을 보면(26:28) 경멸적인 면을 볼 수 있으나 베드로 사도는
이 이름을 경멸적인 뜻으로 사용하지는 않았다. 비록 사람들로부터 그리스도
인이라 불리더라도 부끄러워말라고 권하고 있다(벧전 4:16). 당시 수령(首領)
의 이름을 따라 단체들의 이름이 붙여진 것은 보편적이었다. 헤롯당
(Ηεροδιανι. 막 3:6), 가이사인(Χαεσαριανι)이란 말이 황제의 종들을 의미한
것 등을 고려하면(Simon Kistemaker) 크리스천이라는 이름이 불명예스러운
별명은 아닌 것으로 보아야 할 것이다. 지금 이 이름은 참으로 영광스러운
이름이 되었다. 우리가 그리스도인이라고 불리는 것은 바로 우리가 천국
인이란 말이고 그리스도의 보호 속에서 산다는 말이며 최고의 행복 자들이
되었다는 뜻이다.

2. 유대의 성도들을 구제하다 11:27-30
행 11:27. 그 때에 선지자들이 예루살렘에서 안디옥에 이르니.
누가는 "그 때에 선지자들이 예루살렘에서 안디옥에 이르렀다"고 말한다
(2:17; 13:1; 15:32; 21:9; 고전 12:28; 엡 4:11). 여기 "그 때에"란 말은
'안디옥 교회가 설립되어 발전하고 있을 때에'란 뜻이다. 그 때에 선지자들이
예루살렘으로부터 안디옥에 온 이유에 대해서 누가는 밝히지 않고 그저
그들이 안디옥에 이르렀다고 말한다. 아마도 안디옥 교회가 흥왕 한다는
소문을 듣고 마음에 끌려 왔을 수도 있고 또 도우려고 왔을 수도 있다.
아마도 도우려고 왔을 가능성이 더 많다. 바나바나 사울 두 사람 가지고는
안디옥 교회를 돌보기에는 성도가 너무 많아서 안디옥 교회의 교인 관리를
도우려고 왔을 것으로 보인다.
　　본문의 "선지자"의 직분은 사도 직분 다음으로 중요한 직분이다
(21:9-10; 롬 12:6; 고전 12:10, 28; 13:2, 8; 14:6; 엡 2:20; 4:11). 선지자는
하나님의 직접적인 영감에 의해서 예언했는데 하나님의 말씀을 해석했고
가르쳤으며 성도들을 격려했고 또 특별한 사건을 예언도 했다. 예언은 사도

시대 이후에는 설교자의 설교로 대치되었는데 선지자의 예언이 성도들의 믿음을 강화시키는 것처럼 신약시대의 설교도 성도들의 믿음을 강화시키는 점에서 같은 의의를 가진다고 할 수 있다. 구약 시대의 선지자는 예수 그리스도의 탄생과 초림을 예언한데 반해 신약 시대의 선지자들은 복음을 가르쳤으며 또 특별한 것을 예언했다.

행 11:28. 그 중에 아가보라 하는 한 사람이 일어나 성령으로 말하되 천하에 큰 흉년이 들리라 하더니 글라우디오 때에 그렇게 되니라.

누가는 예루살렘으로부터 내려온 선지자들 중의 아가보[57]라 하는 한 사람 (21:10)이 일어나 성령의 감동으로 말하기를 "천하에 큰 흉년이 들리라"고 알려주었는데 글라우디오 황제(Emperor Claudius, AD. 41년-54년) 때에 그런 일이 일어났다고 말한다. 본문의 "천하"란 말은 로마 제국을 지칭한다 (24:5; 눅 21:1). 하나님께서 아가보로 하여금 그런 예언을 하게 하신 것은 성도들의 믿음이 견고하여지도록 하기 위해서이고 또 세상의 모든 일은 모두 하나님에 의해서 된다는 것을 알리기 위함이었다. 우리는 하나님께서 미리 알려주시는 것에 대해 감사해야 한다. 이유는 우리가 그런 어려움을 만나 회개하게 되고 또 미리 준비할 수 있게 되니 감사한 일이다.

행 11:29. 제자들이 각각 그 힘대로 유대에 사는 형제들에게 부조를 보내기로 작정하고.

로마 제국 전체를 강타한 흉년 때문에 생겨난 팔레스틴의 기근을 해결하기 위하여 "제자들" 곧 '성도들'이 "각각 그 힘대로 유대에 사는 형제들에게 부조를 보내기로 작정했다"(롬 15:26; 고전 16:1; 고후 9:1). 안디옥 교회의 신자들은 성령을 통하여 큰 은혜를 받았기에 모든 성도들이 힘대로('재정적 능력에 맞게'란 뜻이다) 유대에 사는 믿음의 형제들에게 구제헌금을 보내기

---

57) "아가보"는 또 한번 예언을 했다(21:10-11). 자신의 띠로 수족을 잡아매고 바울이 예루살렘에서 결박될 것을 예언했다. 훗날 그 예언대로 바울이 예루살렘에서 결박 되었다.

로 작정을 했다. 바나바와 사울이 유대에만 간 것이 아니고 예루살렘에도 갔다(12:25). 그리고 "작정한 것"이란 말은 '미리미리 자원해서' 헌금한 것을 뜻한다. 헌금은 자원해서 해야 한다. 이런 구제헌금은 안디옥에서만 한 것이 아니라 마게도냐나 고린도 교회에서도 했다(고후 8:14; 9:1). 유대의 교회는 신령한 것을 나누어 주었고 이방의 교회는 물질로 보답했다.

행 11:30. 이를 실행하여 바나바와 사울의 손으로 장로들에게 보내니라. 안디옥 교회의 성도들은 헌금하기로 작정한 것(앞 절)을 "실행하여 바나바와 사울의 손으로 장로들에게 보냈다"(12:25). 헌금하기로 작정한 것을 실행한 것은 중요하다. 혹자는 안디옥 교회가 헌금하기로 작정하기는 하고 오랜 후에 실행하였기에 "이를 실행하여"란 말을 여기에 추가했다고 주장한다. 그러나 차라리 즉시 실행한 것으로 보는 것이 옳을 것이다. 이유는 예루살렘 교회의 야고보가 약 2:14-17에 "내 형제들아 만일 사람이 믿음이 있노라 하고 행함이 없으면 무슨 유익이 있으리요 그 믿음이 능히 자기를 구원하겠느냐...너희 중에 누구든지 그에게 이르되 평안히 가라, 덥게 하라, 배부르게 하라 하며 그 몸에 쓸 것을 주지 아니하면 무슨 유익이 있으리요 이와 같이 행함이 없는 믿음은 그 자체가 죽은 것이라"고 말했기 때문이며, 또한 초대교회의 성도들은 하나님 사랑과 이웃 사랑이 뜨거웠던 사실을 감안할 때 그들이 즉시 헌금을 했다고 보는 것이 더 바람직스러울 것이다.

구제 헌금을 바나바와 사울의 손으로 유대의 장로들에게 보낸 것을 보면 안디옥 교회에서 이 일을 중요하게 여겼던 것으로 보인다. 여기 바나바의 이름이 사울보다 앞서 기록되었는데 이렇게 바나바의 이름이 사울보다 앞서 기록된 예는 초기의 일이었다. 훗날에는 사울의 이름이 앞서 기록된다. 다시 말해 훗날에는 사울의 지도력이 더 우위에 있었던 것으로 보인다.

여기 구제헌금을 수령한 "장로들"이 누구냐를 두고 여러 해석들이 주어 졌다. 1) 혹자는 사도들이었을 것이라고 주장한다. 그러나 사도들이 구제헌금을 수령하지는 않았을 것이라고 보아야 한다. 이유는 6:2에 사도들은 구제의 일에서 손을 떼었기 때문이다. 2) 혹자는 집사들이었고 주장한다. 집사들 중에서 어떤 나이 많은 사람들이 "장로들"이라고 알려져서 구제헌금을 수령 해서 교인들에게 나누어 주었을 것이라고 말하나 스데반의 환난 때와 그 이후 예루살렘 교회에 불어 닥친 박해로 인해 여기저기 흩어진 집사들이 예루살렘에 남아서 구제의 일을 처리했을 것이라고 보기는 어려울 것이다. 3) 장로들이었을 것이라고 보는 것이 무난할 것으로 본다. 초대교회는 사도들 말고 장로라는 직분이 있었는데(20:17; 딤전 5:17; 딛 1:5-7) 이들이 구제관계 의 일을 처리했을 것이다.

안디옥 교회는 헌금한 것을 바나바와 사울을 통하여 유대의 장로들에게 보냈는데 바울의 이번의 제 2차 예루살렘 방문이 갈 2:1-10의 방문과 동일시 되는 방문이냐 아니면 바울의 제 3차 예루살렘 방문(행 15장)이 갈 2:1-10의 방문과 동일시되는 것이냐 하는 것이다.58) 이 문제는 신약 성경 전체에서 가장 난해한 문제 중 하나로 보이며 또 해결을 시도한다고 해도 확실한 결론에 도달했다고 말하기는 어려운 일로 보아야 할 것이다.59)

---

58) 바울이 예루살렘을 방문한 것은 모두 5회이다. 첫 번째 방문은 그가 회심한 이후에 방문한 것이고(9:26), 두 번째 방문은 안디옥 교회의 구제헌금을 전달하기 위한 방문이었으며 (11:29-30), 세 번째의 방문은 예루살렘 총회 때 올라간 것이었고(15장), 네 번째의 방문은 2차 전도 여행을 마치고 가이사랴를 들러 예루살렘으로 올라갔다가 안디옥으로 가던 때의 방문이며 (18:22), 다섯 번째의 방문은 예루살렘에서 잡혀 투옥되어 로마로 이송되던 때의 방문이었다 (21:15-23:35).

59) 사울(바울)에게 있어 이번의 예루살렘 방문은 두 번째의 방문이다. 첫 번째의 방문은 다메섹의 회심 후 3년 만에 이루어졌고(9:26-30; 갈 1:18-20) 두 번째 방문은 본 절과 12:25에 기록되었다. 그런데 학자에 따라서는 이번의 두 번째의 방문을 갈 2:1-10의 예루살렘 방문과 동일시하기도 하고(Calvin, Bruce, I Howard Marshall) 또 어떤 학자는 갈 2:1-10의 예루살렘 방문을 행 15장의 방문과 동일시하기도 한다(Berkhof, Eerdman, Findlay, Robertson, Kistemaker). 쉽게 말해 갈 2:1-10의 방문이 두 번째의 방문(구제를 위한 방문)이냐 아니면 세 번째의 방문(예루 살렘 총회에 참석하는 방문)이냐 하는 것이다. 키스테메이케(Simon Kistemaker)는 "어느 이론이 라도 결점이 없는 이론은 없다. 어느 가설이라도 나름대로의 문제를 가지고 있다...우리는 갈 2:1-10의 방문이 행 15장의 예루살렘 총회를 위한 방문과 동일시하는 학설을 더 선호한다"고 말한다. Acts, New Testament Commentary, p. 536. 두 학설 중에 어느 학설이 바른 것이냐 하는 것을 결정하는 것은 쉽지 않은 일로서 결론을 유보하는 것이 더 나을 것으로 보인다. 보다 낫다는 학설을 지정해도 역시 반론을 만나게 될 것이다.

제 12 장
야고보의 순교와 베드로의 탈옥 및 헤롯 아그립바의 죽음

D. 야고보가 순교하고 베드로가 탈옥하다 12:1-19

스데반의 순교와 그리고 예루살렘에 가해진 박해가 있은 후 한 동안 잠잠하여 교회는 평안을 얻었으나 이제 다시 헤롯 아그립바 1세가 권력을 사용하여 야고보를 죽였고 또 베드로를 죽이려고 잡아 옥에 넣었다. 스데반을 죽인 것은 유대 교권주의자들의 소행이었으나 야고보를 죽이고 또 베드로를 잡아 옥에 넣은 것은 정치가에 의한 것이었다. 스데반의 순교 때와 예루살렘이 박해를 받을 때는 사도들을 제외하고 모두 도피했으나 이번의 박해를 맞이해서는 사도를 목표했으므로 베드로가 예루살렘을 떠나게 되었다. 이렇게 자주 박해가 일어나는 이유는 성도들과 사도를 흩어서 복음을 전하시려는 하나님의 섭리에 의한 것이었다.

행 12:1. 그 때에 헤롯왕이 손을 들어 교회 중에서 몇 사람을 해하려 하여. "그 때에" 즉 '안디옥 교회가 크게 성장하고 있을 때에'(11:19-26) "헤롯왕이 손을 들어 교회 중에서 몇 사람을 해하려 하였다." 세속 정치가가 처음으로 교회를 박해한 사건이다. 교회는 교권주의에 의하여 박해를 받거나 아니면 세속 정치가에 의해서 박해를 받기도 한다.

　본문의 "헤롯왕"은 신약의 많은 헤롯왕 중에서 헤롯 아그립바 1세(AD 37년-44년)를 지칭한다.[60] 그는 대 헤롯의 손자로 AD 41년-44년까지 유대

---

60) 신약성경에는 헤롯이라는 이름을 가진 왕이 여러 명 있다. 본문의 헤롯 말고 다른 헤롯은, 1) 대 헤롯(37년 BC-AD 4년, 베들레헴의 어린 아이들을 학살한 왕(마 2:16-18). 2) 헤롯 아켈라오 (AD 4-6, 대 헤롯의 네 번째 부인인 사마리아 여인의 소생으로 그 아버지를 이어 왕이 되었으나

와 사마리아를 통치했다. 이 지역은 바로 그의 조부 대 헤롯이 다스리던 영토였다. 헤롯 아그립바 1세[61]는 하나님께 돌려야 할 영광을 자기가 받다가 천사가 쳐서 충이 먹어 죽었다(23절).

그런데 그가 죽기 전에 교회 중에서 몇 사람을 해하려 했다. 이렇게 박해하기로 나선 것은 유대인의 환심을 얻기 위해서였고 또 기독교 세력이 커가는 데서 느낀 두려움 때문일 것이다. 세상의 왕들은 대체적으로 민심을 얻을 목적으로 활동하고(populism) 자기가 가장 강자(强者)라는 것을 알리기 위해 기독교 내부의 가장 우두머리 몇 사람을 해하려 하였다. 정치가들의 박해는 결과적으로 전도에 도움을 준다.

행 12:2. 요한의 형제 야고보를 칼로 죽이니.

"요한의 형제 야고보"(마 4:21; 20:23)는 세베대의 아들로서 예수님의 가장 가까운 제자 중 하나였다(마 17:1; 26:37). 헤롯 아그립바 1세가 예수님께서 특별히 사랑하시던 제자를 "칼로 죽인 것"은 유대인으로부터 환심을 사려는 의도도 있었지만 예수님을 싫어하는 생각에서 비롯된 것이었고 기독교 세력의 확장을 차단하려는 생각에서였을 것이다. 예수님을 아주 가까이 따르는 자들은 세상에서는 미움을 당한다. 야고보가 칼로 죽임을 당했기에 베드로가 예루살렘을 떠나 타 지역으로 갔다. 하나님은 야고보의 순교로 영광을 받으셨고 또 베드로가 다른 곳으로 피하여 가서 전도하므로 영광을 받으셨다.

행 12:3. 유대인들이 이 일을 기뻐하는 것을 보고 베드로도 잡으려 할 새 때는 무교절 기간이라.

"유대인들이 이 일을 기뻐하는 것을 보고" 헤롯은 "베드로도 잡으려 했다."

곧 폐위되었다. 마 2:22). 3) 헤롯 안티바스(4 BC-AD 34, 갈릴리와 베레아의 분봉 왕이었다. 아켈라오의 동복 동생이었고 제수였던 헤로디아를 빼앗았다. 그는 그 사실을 책망하는 세례 요한을 목 벤 왕이었다. 마 14:1-12).

61) 본문의 헤롯 아그립바 1세는 대 헤롯의 손자로서, 아리스토불루스의 아들이었고 자녀로는 아그립바 2세, 베니게(Bernice, 25:13), 두루실라(Durusilla, 24:24) 등이 있다.

'헤롯은 유대인들이 야고보가 칼로 죽은 것 때문에 기뻐하는 것을 보고 베드로도 잡으려 했다.' 베드로까지 잡으려 한 것은 유대인들의 기쁨을 가중시킬 뿐 아니라 헤롯 자신도 더욱 인심을 얻어 보려는 시도였다. 불신 정치가들은 자기중심으로 일한다. 베드로 다음으로는 아마도 요한을 잡으려 했을 것이다. 이유는 사도들 중에서 예수님의 사랑을 받던 제자들, 다시 말해 제자단을 이끄는 세 제자들을 목표했을 것이다. 최소한 서너 명을 헤롯이 마음에 두고 있었을 것이다(1절에 보면 헤롯은 "몇 사람"을 해하려 했으니 말이다).

그런데 누가는 헤롯이 베드로를 잡으려 한 때가 "무교절 기간이었다"고 말한다(출 12:14-15; 23:15). 헤롯이 무교절 때에 베드로를 잡은 이유는 많은 사람이 예루살렘에 모여서 기뻐하라는 뜻이었다. 그런데 결과적으로는 베드로가 천사의 도움으로 탈옥된 것을 대중이 알고 하나님의 능력을 실감하게 되었다. 기독교에서 이루어지는 모든 일은 항상 합력하여 선을 이룬다(롬 8:28). 여기 "무교절"이란 기간은 니산월 14일 저녁(유월절 전야)부터 21일까지 7일간 지키는 기간으로 이때에는 누룩 없는 떡을 먹었다.

행 12:4. 잡으매 옥에 가두어 군인 넷씩인 네 패에게 맡겨 지키고 유월절 후에 백성 앞에 끌어내고자 하더라.

헤롯은 군사들을 시켜 베드로를 "잡으매 옥에 가두어 군인 넷씩인 네 패에게 맡겨 지켰다"(요 21:18). "군인 넷씩인 네 패에게 맡겨 지킨 것"은 철통같이 완벽하게 지킨 것을 뜻한다. 군인 네 명씩 네 번 교대해서 베드로를 지켰다. 합계 16명이 3시간씩 4 교대해서 밤마다 지키게 만들었다(혹은 6시간씩 4교대해서 하루를 지키게 했다고 했을 수도 있다). 이렇게 철통같이 파수한 이유는 얼마 전에도 베드로가 잡혀 들어갔다가 천사가 끌어내서 나왔기 때문이었다(5:19). 뿐만 아니라 베드로는 기적을 행하는 사람으로서 감옥 안에서도 무슨 일을 할는지 모른다는 생각에서 완벽한 파수를 하였다. 두 군인은 베드로 옆에서 쇠사슬로 베드로를 묶은 채 지켰고 또 한 명(첫째 파수)은 문을 지켰으며 또 한명(둘째 파수)은 더 밖에 있는 문을 지켰다. 세상이 아무리 철통같이 파수해도 하나님의 힘을 당할 수는 없었다. 지금도 세상이 우리를 묶어놓아도 하나님 앞에서는 맥없이 무너진다.

누가는 헤롯이 "유월절 후에 백성 앞에 끌어내고자 했다"고 말한다. 이유는 유월절 기간에 베드로를 죽이면 헤롯이 그 절기를 더럽혔다는 백성들의 비방을 들을 가능성이 있었으므로 유월절 후에 백성들 앞에 끌어내서 죽이고자 했다. 여기 "유월절"이란 절기는 유대인들의 3대 절기(유월절, 오순절, 장막절 중 하나)중의 하나로 유대인들은 이 절기들이 그들에게 거룩했으므로 유월절에는 사람을 죽여서는 안 되었다. 그래서 헤롯은 유월절이 끝나는 니산월 21일이 지난 후에 베드로를 백성 앞에 끌어내려고 했다(Alford, Haenchen, Hervey). 혹자는 여기 "유월절 후"라는 말을 니산월 14일 저녁을 지칭한다고 말하기도 하나 누가가 앞 절(3절)에서는 무교절에 대해 언급했고 본 절에서는 유월절을 말한 것을 감안하면 니산월 21일이 지난 후로 보는 것이 더 타당할 것으로 보인다. 백성 앞에 끌어내는 것은 공개재판을 해서 죽이고자 해서였다.

행 12:5. 이에 베드로는 옥에 갇혔고 교회는 그를 위하여 간절히 하나님께 기도하더라.
문장 처음의 "이에"(μὲν-therefore)란 말은 '그러므로,' '따라서'란 뜻으로 "베드로는 옥에 갇혔고"란 말이 앞 절의 결과라는 것을 나타내는 말이다. 앞 절에 헤롯의 군인들이 베드로를 철통같이 파수하는 바람에 '결과적으로' 베드로는 꼼짝없이 옥에 갇힌 신세가 되었다는 말이다. "그러나 교회는 그를 위하여 간절히 하나님께 기도했다"고 말한다. 우리 번역에는 나타나 있지 않지만 헬라어 원문에 의하면 본 절 상반 절과 하반 절이 강한 대조를 이루고 있음을 알 수 있다. 즉 헬라어에 "μὲν....δέ"라고 하는 불변화사(不變化詞)가 있다. 다시 말해 "베드로는 옥에 갇혔지만 그러나 교회는 그를 위하여 간절히 하나님께 기도했다"는 것이다. 아무리 성도가 어려움을 만난다고 해도 개인이 하나님께 기도하고 교인들이 하나님께 기도하면 안 풀리는 것이 없다는 뜻이다. 헤롯은 베드로를 위해서 교회가 기도하고 있다는 사실을 의식하지 못했다. 이제는 완전히 잡아놓은 사냥감으로 알았다. 헤롯은 하나님과 싸우고 있었다. 캠벨 모건(Campbell Morgan)은 "이 때에 두 세력이 서로 싸웠다. 한편에서는 베드로를 가두었고 다른 한편에서는 베드로를 위하여 기도하였다"고 말했다. 엡 6:12에 "우리의 씨름은 혈과 육을 상대하는 것이 아니요 통치자들과 권세들과 이 어둠의 세상 주관자들과 하늘에 있는 악의 영들을 상대함이다."

행 12:6. 헤롯이 잡아내려고 하는 그 전날 밤에 베드로가 두 군인 틈에서 두 쇠사슬에 매여 누워 자는데 파수꾼들이 문 밖에서 옥을 지키더니.
누가는 본 절에서 헤롯이 베드로를 잡아내려고 하는 그 전날 밤(아마도 21일 밤일 것이다-헤롯은 22일에 베드로를 처형하려고 했을 것이다)에 감옥에서 된 일을 진술한다. 곧 "베드로가 두 군인 틈에서 두 쇠사슬에 매여 누워 자는데 파수꾼들이 문 밖에서 옥을 지키고 있었다"는 것이다. 다시 말해 하나는 "베드로가 두 군인 틈에서 두 쇠사슬에 매여 누워 자고 있었다"는 것이다. 베드로가 중한 죄인으로 취급되어 두 군인 틈에서 두 쇠사슬에 매여 누워 자고 있었다. 로마법에 좀 경한 죄인으로 취급되면 한 군인의 감시만 받았다(28:16). 요세푸스(Josephus)가 전하는 바에 의하면 헤롯 아그립바 자신도 로마에서 티베리우스 황제에 의해 죄수로 있을 때 한 군인과 같이 있었다고 한다(Jos. Ant. xviii, 6:7). 그러나 중한 죄인으로 여겨지면 두 쇠사슬에 결박했다(21:33). 그리스도의 참 종이 세상 감옥에서 중한 죄인으로 취급되었다.

또 하나는 "파수꾼들이 문 밖에서 옥을 지키고 있었다"는 사실이다. 감옥 안에서 두 군인의 감시만 해도 죄수가 도망할 수 없었는데 두 사람의 파수꾼들이 문 밖에서 옥을 지키고 있었으니 사람의 힘으로는 도무지 도망할 수 없었다. 성도들에게는 때로는 인간적인 힘으로는 도무지 어쩔 수 없는 환경을 만난다. 성도들이 그런 환경일수록 하나님은 더욱 힘 있게 도우신다. 성도가 세상에서 아무리 어려운 일을 만나도 그것은 하나님 앞에는 아무 것도 아니다.

행 12:7-8. 홀연히 주의 사자가 나타나매 옥중에 광채가 빛나며 또 베드로의 옆구리를 쳐 깨워 이르되 급히 일어나라 하니 쇠사슬이 그 손에서 벗어지더라 천사가 이르되 띠를 띠고 신을 신으라 하거늘 베드로가 그대로 하니 천사가 또 이르되 겉옷을 입고 따라오라 한 대.
누가는 바로 앞 절에서는 인간이 어쩔 수 없는 환경을 만난 사실을 말하고 이제 이 부분(7-8절)에서는 놀라운 도움이 하늘로부터 임한 것을 진술한다. 즉 "홀연히 주의 사자가 나타나서" 도운 일을 진술한다(5:19). 여기 "홀연히" 란 말은 주의 사자가 아주 신속하게 활동했음을 보여준다. 그리고 "주의 사자"란 말은 '주님이 보내신 천사'를 지칭하는 말인데 천사는 항상 사명 실행에 아주 신속하게 움직인다.

　　누가는 이 부분(7-8절)에서 천사가 나타났기에 생긴 결과를 몇 가지 진술한다. 첫째, "옥중에 광채가 빛났다"고 말한다. 감옥 안에 광채가 빛난 것은 천사에게서 나온 것이 아니라 하나님께서 특별히 주신 광채였다. 이 광채가 있어야 베드로가 활동할 수 있었던 고로 감옥 안을 환하게 만들어주셨 다. 둘째, 천사는 "또 베드로의 옆구리를 쳐 깨워 이르되 급히 일어나라"고 말했다. 천사가 베드로의 옆구리를 쳐 깨운 것은 베드로가 평안하게 깊이 잠들어 있었음을 보여준다. 베드로는 하나님을 신뢰하고 평안하게 잠들어 있었다. 그래서 천사는 힘 있게 베드로의 옆구리를 쳐 깨웠다(왕상 19:5, 7참조). 그리고 천사는 베드로를 향하여 "급히 일어나라"고 말한다. "급히 일어나라"고 말했기에 "쇠사슬이 그 손에서 벗어지게 되었다." 천사는 베드 로에게 급히 일어날 수 있는 여건을 주었다. 즉 쇠사슬이 두 손에서 벗어지게 해주었다. 이 때 베드로의 두 손을 묶었던 쇠사슬은 한낱 약한 실만도 못했다. 힘없이 풀어졌다. 셋째, 천사가 말하기를 "띠를 띠고 신을 신으라 했다."

잘 때는 겉옷(까운 같은 것)을 벗고 속옷의 띠를 풀고 신을 벗고 잤는데 이제는 탈옥하기 위해서 '속옷의 띠를 띠고 신을 신으라'는 것이다. 베드로는 천사가 말하는 대로 "그대로" 순종했다. 넷째, 천사는 맨 마지막으로 "겉옷을 입고 따라오라"고 말한다. 베드로는 겉옷을 입고 따라갔다. 베드로는 두 군인 틈에서 어찌할 바를 몰랐을 터인데 천사가 따라오라 하는 말에 얼마나 반가웠을까. 천사는 아주 세밀하고 구체적으로 지시했다. 하나님은 오늘도 우리들에게 아주 세밀하시고 자상하시다. 그저 하나님의 지시만 따르면 된다. 얼마나 감사한지!

행 12:9. 베드로가 나와서 따라갈 새 천사가 하는 것이 생시인 줄 알지 못하고 환상을 보는가 하니라.

베드로는 감옥 밖으로 나와서 따라가면서도 천사가 하는 것이 현실인줄 알지 못하고 환상을 보는 것인가 했다(10:3, 17; 11:5; 시 126:1). 지금은 자기가 이렇게 천사의 지시를 따라 일어나서 옷을 입고 또 신을 신으며 겉옷을 입고 따라가면서도 현실에서 되는 일인지 아니면 환상을 보고 있는지 알 수가 없었다. 혹시 자기가 환상을 보고 있기 때문에 얼마 안 지나서 혹은 내일 아침이면 다시 쇠사슬에 묶여 있을 것이라는 생각도 들었다. 도무지 자기 정신이 아닌 것 같았다. 우리가 때로는 하나님의 지시를 따라 살 때 이것이 현실인지 아니면 꿈인지 모르는 수도 있다. 그러나 우리는 하나님의 지시만 따르면 된다.

행 12:10. 이에 첫째와 둘째 파수를 지나 시내로 통한 쇠문에 이르니 문이 저절로 열리는지라 나와서 한 거리를 지나매 천사가 곧 떠나더라.

누가는 본 절에서 천사가 베드로를 안전지대에까지 인도한 사실을 말한다. 천사는 "첫째와 둘째 파수를 지나 시내로 통한 쇠문에 이르렀다." 천사는 베드로로 하여금 첫째 파수 그리고 둘째 파수를 지나게 했다. 하나님은 우리로 하여금 아슬아슬한 곳을 통과하게 하여 하나님의 능력을 실감하게 하시고 또 하나님의 인도에 대해서 감사하게 하신다.

천사는 베드로로 하여금 통과할 곳을 다 통과하게 한 다음 시내로 통한 쇠문에 이르게 했다. 그런데 그 문이 저절로 열렸다(16:26). 하나님께서 여신 것이다. 하나님 앞에서는 닫힌 모든 것이 열린다. 천사는 그 문을 "나와서 한 거리를 지나매 곧 떠났다." 한 거리를 지나서 안전지대에 도착하자 천사가 곧 떠났다. 천사는 우리를 항상 안전지대에 두고 곧 떠난다. 다시 말해 우리가 할 수 있는 일에 대해서는 우리에게 맡긴다.

행 12:11. 이에 베드로가 정신이 들어 이르되 내가 이제야 참으로 주께서 그의 천사를 보내어 나를 헤롯의 손과 유대 백성의 모든 기대에서 벗어나게 하신 줄 알겠노라 하여.

누가는 본 절에서 베드로가 자기 정신이 든 후에 말한 것을 진술한다. 베드로는 "내가 이제야 참으로 주께서 그의 천사를 보내어 나를 헤롯의 손과 유대 백성의 모든 기대에서 벗어나게 하신 줄 알겠노라"고 말했다(시 34:7; 단 3:28; 6:22; 히 1:14). 베드로는 그 동안 천사가 하는 일과 자기가 천사의 지시를 따라 하는 일이 환상을 보는 것인가 했는데 안전지대에 도착해서야 하나님께서 그 천사를 보내어 자신을 헤롯의 손과 유대 백성의 기대에서 벗어나게 하신 줄 알겠노라고 했다. 우리는 우리가 구원받은 사실을 어느 정도로 알다가 천국에 가서야 우리가 확실하게 구원받은 줄을 분명하게 깨달을 것이다(계 7:10). 또한 베드로는 천사가 구원한 것도 모두 하나님께서 구원하신 것이라는 것을 알게 된 것처럼 우리의 구원도 전적으로 하나님께서 이루시는 것을 알아야 한다. 그리고 베드로는 "헤롯의 손과 유대 백성의 기대에서 벗어나게 하신 줄 알겠노라"(욥 5:19; 시 33:18-19; 34:22; 41:2; 97:10; 고후 1:10; 벧전 2:9)고 말했는데 '헤롯의 칼과 유대 백성의 기대, 곧 베드로가 죽임을 당했으면 하는 기대로부터 하나님께서 벗어나게 하셨다'는 것이다. 베드로가 두 가지 즉 헤롯의 힘과 유대백성들의 악한 기대로부터 벗어나게 하신 것은 하나님의 능력이었다. 우리가 세상 사람들의 악으로부터 구원받는 것은 전적으로 하나님의 능력에 의해서 되는 일이다. 우리가 앞으로 험한 세월로부터 구원받는 것도 전적으로 하나님의 사랑과 능력에 의하여 된다.

행 12:12. 깨닫고 마가라 하는 요한의 어머니 마리아의 집에 가니 여러 사람이 거기에 모여 기도하고 있더라.

누가는 본 절에서 베드로가 "깨닫고 마가라 하는 요한의 어머니 마리아의 집에 간"(4:23; 15:37) 사실과 "여러 사람이 거기에 모여 기도하고 있었던" 사실을 말한다(5절). 여기 베드로가 "깨달았다"는 말은 베드로가 정신이 들어 하나님께서 자신을 구원해주신 것을 '확실하게 깨달았다'는 뜻이다. 이제 조금도 의심하지 않게 되었다. 베드로가 하나님의 구원 사실을 깨달았을 때 그는 어디로 가야할지를 알게 되었다. 즉 성도들이 "마가라 하는 요한의 어머니 마리아의 집에서" 기도하고 있을 것을 알고 그리로 향한 것이다. "마가"란 이름은 로마식 이름이고 "요한"이란 이름은 유대식 이름인데, 성경에는 때로는 요한이라는 유대식 이름을 쓰는 수도 있기는 하나(13:5; 15:37), 마가라는 로마식 이름을 쓰는 때가 많았다(15:39; 딤후 4:11; 몬 1:24). 그는 이방에 살고 있던 헬라말을 하는 유대인으로서 구브로 사람 바나바의 조카였다(골 4:10). 그는 제 1차 전도여행 때 바나바와 사울을 수행했으나 도중에 돌아간 일이 있어 바나바와 사울의 충돌의 원인이 되기도 했다(15:36-39). 그는 훗날 로마에서 베드로의 통역자로 활동했고(벧전 5:13) 마가복음을 기록하기도 했다. 마가의 어머니 마리아의 집은 하녀를 두고 있었고(다음 절) 많은 사람이 모여 기도할 수 있는 정도로 큰 집을 소유하고 있었던 점으로 보아 부유했던 것으로 보인다.

베드로가 찾아간 마가의 어머니의 집에서 "여러 사람이 거기에 모여 기도하고 있었다." 그들은 야고보 사도가 순교하고 또 베드로 사도까지 잡혀간 시점에서 생사를 걸고 여러 사람이 모여서 기도하고 있었다. 그들은 대문을 철통같이 잠가놓고(다음 절) 간절히 하나님께 기도하고 있었다. 하나님은 성도들의 간절한 기도를 절대로 외면하지 않으신다. 오늘 우리가 이런 정도의 합심기도를 하고 있는지 의문이다.

행 12:13-14. 베드로가 대문을 두드린대 로데라 하는 여자 아이가 영접하러 나왔다가 베드로의 음성인 줄 알고 기뻐하여 문을 미처 열지 못하고 달려 들어가 말하되 베드로가 대문 밖에 섰더라 하니.

누가는 이 부분(13-14절)에서 베드로의 출옥이 너무 의외의 이적이라는 것을 로데라고 하는 여자 아이의 흥분된 모습을 통하여 보여주고 있다. 베드로가 마가의 어머니 집 대문을 두드렸을 때 로데라 하는 여자 아이가 영접하러 나왔다가 베드로의 음성인 줄 알고 기뻐하여 문을 미처 열지 못하고 그냥 집안으로 들어가 여러 사람들에게 베드로가 밖에 서 있다고 말해주었다. 여자 아이는 예전에도 이 집에서 함께 모여 기도한 경험이 있어 베드로의 음성을 정확하게 기억하는 고로 너무 기뻐서 혼자 맞이하기 보다는 함께 맞이하기 위해서 그냥 들어간 것이다. 야고보 사도처럼 틀림없이 순교제물이 될 것으로만 기대되었던 베드로가 찾아오다니 꿈인가 생시인가 너무 기뻐서 이 기쁨을 자기 혼자 누린다는 것은 도무지 있을 수 없는 일로 생각했다. 누가가 이렇게 이 부분에서 여자 아이의 기쁨을 상세하게 기록한 것은 베드로의 출옥이 극적이었다는 것을 드러내기 위함이다.

행 12:15. 그들이 말하되 네가 미쳤다 하나 여자 아이는 힘써 말하되 참말이라 하니 그들이 말하되 그러면 그의 천사라 하더라.

누가는 또 본 절에서 함께 모여서 기도하던 사람들의 반응을 기록하여 베드로의 출옥이 인간의 상상을 초월한 이적이라는 것을 드러내고 있다. 기도하던 사람들은 여자 아이의 보고를 받고 두 가지 반응을 보였다. 하나는 "네(여자 아이)가 미쳤다"고 말했다. '정신이 어떻게 되었기에 그 따위 헛소리를 하는 것이라'는 반응을 보였다. 또 하나의 반응은 밖에 서 있는 사람이 베드로가 아니라 "그(베드로)의 천사"라는 반응을 보였다(창 48:16; 마 18:10). 천사는 성도들을 돌보는 심부름꾼들인데(마 18:10; 히 1:14) 베드로를 돌보는 천사가 밖에 있는 것이지 베드로가 서 있는 것은 아니라는 반응이었다. 그만큼 그들도 베드로의 출옥을 믿지 못했다. 그들은 기도는 하면서도 기도가 응답된 사실을 믿지는 못했다. 구약 시대의 엘리야는 하나님께 비를 주시기를 위해 기도하면서 하나님께서 비를 주실 줄 확실하게 믿었다(왕상 18:42-44). 사람마다 믿음에 차이가 있다. 그러나 믿음이 부족한 사람도 기도할 때 하나님의 응답을 받는 것을 알 수 있다.

행 12:16. 베드로가 문 두드리기를 그치지 아니하니 그들이 문을 열어 베드로를 보고 놀라는지라.

누가는 본 절에서 또 모여서 기도하던 사람들의 반응을 기록하며 베드로의 출옥이 온전히 이적임을 드러낸다. "베드로가 문 두드리기를 그치지 아니하니 그들이 문을 열어 베드로를 보고 놀랐다." 베드로는 사람들을 만나서 소식도 전하고 할 말이 있어서 계속해서 문 두드리기를 그치지 아니했다. 결국은 "그들이 문을 열어 베드로를 보고 놀랐다." 여자 아이의 말을 믿지 못했던 그들은 자신들이 친히 보고야 믿게 되었고 놀랐다. 그들 중에 놀라지 않을 사람들이 있었을까. 모두 놀랐다. 베드로가 출옥된 사실에 감격했다.

행 12:17. 베드로가 그들에게 손짓하여 조용하게 하고 주께서 자기를 이끌어 옥에서 나오게 하던 일을 말하고 또 야고보와 형제들에게 이 말을 전하라 하고 떠나 다른 곳으로 가니라.

본 절에는 베드로가 전하는 두 가지 말이 기록되어 있다. 베드로는 말하기 전에 그들에게 손짓을 하여 조용하게 한(13:16; 19:33; 21:40) 다음에 첫째, "주께서 자기를 이끌어 옥에서 나오게 하던 일을 말했다." 베드로 자신도 믿지 못할 이적적인 일들이 벌어졌음을 말했다. 하나님께서 천사를 시켜서 베드로 자신을 구원해 주신 일을 말해주었다. 그리고 둘째, "야고보와 형제들에게 이 말을 전하라"고 부탁했다. 예수님의 동생 야고보(야고보 사도는

이미 순교제물이 되었다-12:2)와 그리고 다른 사도들과 장로들에게(11:30)
베드로가 하나님의 이적으로 출옥된 사실을 전하라고 부탁하고는 베드로는
다른 곳으로 피신했다. 여기 야고보가 12사도의 하나인 알패오가 아니라,
주님의 동생 야고보일 것이다. 당시 주님의 동생 야고보는 예루살렘 총회의
의장이었고(15:13) 또 예루살렘 교회의 지도자였다(21:18). 베드로 사도는
주님께서 말씀하시기를 한곳에서 박해를 받으면 다른 곳으로 피하라고 말씀
하신대로 피했다(마 10:23). 베드로는 잠시 그 자리를 피했다가 자기를 죽이
려던 헤롯이 죽은(12:23) 후 예루살렘으로 다시 돌아와서 예루살렘 총회에
참석했다(15:7).

**행 12:18. 날이 새매 군인들은 베드로가 어떻게 되었는지 알지 못하여 적지
않게 소동하니.**
누가는 이제 본 절에서 파수꾼들의 소동을 기록한다. 하나님께서 베드로를
출옥시킨 일에 대해서 군인들이 알 수 있으랴. 날(베드로를 죽이려는 날)이
새기까지 군인들은 베드로가 옥을 빠져나간 사실을 알지 못하고 있었다.
아무튼 감쪽같은 탈옥이었다. "군인들은 베드로가 어떻게 되었는지 알지
못하여 적지 않게 소동했다." '군인들은 파수꾼이었는데도 도무지 알지 못했
다.' 세상은 하나님께서 성도들을 돌보시고 숨기시는 일들을 알지 못한다.
그리고 세상 사람들은 하나님께서 하신 일들을 당하고 자주 적지 않은 소동을
한다. 그들은 하나님의 섭리의 손길을 모르니 소동할 수밖에 없다. 그들은
천재지변을 만나 소동하고 전쟁을 만나 소동하며 세상의 경제적 공황을
만나 소동한다.

**행 12:19. 헤롯이 그를 찾아도 보지 못하매 파수꾼들을 심문하고 죽이라
명하니라 헤롯이 유대를 떠나 가이사랴로 내려가서 머무니라.**
누가는 본 절에서 헤롯이 마지막 일처리를 어떻게 했는지를 기록하고 또
헤롯이 하나님의 간섭으로 죽으러 유대를 떠나 가이사랴로 내려간 사실을

기록한다. 헤롯은 베드로를 찾아도 도무지 찾지 못하여 파수꾼들(4사람)을
심문한 후 죽이라고 명령했다. 당시 로마법에 의하면 죄수가 없어지면 파수꾼
이 대신 사형을 받게 되어 있었다(16:17; 27:42 참조). 헤롯은 야고보를
칼로 죽였을 뿐 아니라 파수꾼들을 죽였다. 사람을 죽이기를 파리 죽이듯
한 그는 얼마 안 있어 천벌을 받아 죽었다(23절).

그리고 누가는 "헤롯이 유대를 떠나 가이사랴로 내려가서 머물렀다"고
말한다. 헤롯이 가이사랴로 내려가서 "머물렀다"고 했으니 가이사랴는 헤롯
의 거처가 아니었다. 다만 일시동안 머문 곳이었다. 그가 유대를 떠나 가이사
랴로 내려간 이유는 베드로의 이적적인 탈출 사건을 만나 실망하여
(Kistemaker), 또 기독교인들을 박해하는데 지쳐서 휴양 차(Lenski) 내려간
것으로 보인다.

E. 헤롯 아그립바가 죽다   12:20-24
예루살렘 교회를 박해했던 헤롯에게 새로운 국면이 전개된다. 예루살렘
에서는 교회를 박해하던 그가 가이사랴에 와서는 정치적인 야욕을 펴다가
결국은 생의 최후를 맞이한다. 그의 죽음으로 말미암아 교회에 대한 박해가
중지되어 주의 말씀은 흥왕하게 되었다.

**행 12:20. 헤롯이 두로와 시돈 사람들을 대단히 노여워하니 그들의 지방이
왕국에서 나는 양식을 먹는 까닭에 한마음으로 그에게 나아와 왕의 침소
맡은 신하 블라스도를 설득하여 화목하기를 청한지라.**
누가가 본 절부터 23절까지 세속 정치인 헤롯이 저주받아 죽은 사건을 기록
하는 이유는 헤롯이 예루살렘 교회의 야고보 사도를 칼로 죽였고 또 베드로
사도를 감옥에 넣은 일 때문에 하나님의 심판을 받아 죽은 것을 보여 주기
위해서이다. 또 누가는 하나님께서 박해자를 심판하여 죽이시니 결과적으로
교회가 흥왕하게 되었다는 것을 보여주기 위해서 헤롯이 저주받아 죽은
사실을 기록했다.

누가는 "헤롯이 두로와 시돈 사람들을 대단히 노여워했다"고 말한다(왕상 5:9, 11; 겔 27:17). 본문의 "두로와 시돈"은 베니게(현재의 레바논)의 두 항구 도시들이었는데 헤롯이 이 두 도시 사람들에게 노한 이유는 본문에도 나와 있지 않고 초대 교회 때의 역사에도 없다. 다만 문맥을 살필 때 두로62)와 시돈 사람들이 유대로부터 양식을 수입해가는 과정에서 무슨 문제가 생긴 것으로 보인다. 두로와 시돈 사람들은 솔로몬 시대로부터 유대에서 식량을 수입해 갔는데(왕상 5:9; 스 3:7) 그들이 식량을 수입해 가는 과정에서 헤롯에게 노여움이 치미는 일이 생긴 것으로 보인다.

헤롯의 노여움을 풀지 않으면 두로와 시돈 사람들은 더 이상 양식을 수입할 수 없게 되었기에, 다시 말해 두로와 시돈 지방이 유대에서 나는 양식을 먹는 까닭에 "한마음으로 그에게 나아와 왕의 침소 맡은 신하 블라스도를 설득하여 화목하기를 청했다." 두 도시 사람들은 한 마음이 되어 헤롯에게 나아와 "왕의 침소 맡은 신하 블라스도를 설득하여 화목하기를 청했다." 그 사람들은 자기들의 생존을 위하여 헤롯왕의 "침소 맡은 신하" 곧 '고관인 궁내 대신'(F. F. Bruce) 혹은 '비서실장' 블라스도를 이용하여 헤롯과 평화하기를 청했다. 그래서 결국은 화목이 이루어졌다(21-22절 참조).

행 12:21-22. 헤롯이 날을 택하여 왕복을 입고 단상에 앉아 백성에게 연설하니 백성들이 크게 부르되 이것은 신의 소리요 사람의 소리가 아니라 하거늘.
누가는 "헤롯이 날을 택하여 왕복을 입고 단상에 앉아 백성에게 연설했다"고 말한다. 헤롯이 택한 날은 유대의 역사학자 요세푸스에 의하면 경기(경기는 5년마다 한번 열렸다)를 개최한 둘째 날로 8월 1일이었다. 그날은 로마

---

62) "두로"(Tyre)는 베니게에 있던 가장 유명한 고대 성읍으로 지중해의 동안에 위치하며, 이스라엘 땅에서 멀지 않은(수19:29) 시돈의 남쪽 32㎞ 지점에 있었다. 신약에도 이 이름은 보인다(마 11:21-22; 눅 10:13-14; 행 12:20). 예수께서는 두로 지방으로 들어가셨다(마 15:21; 막 7:24,31). 또 그 성읍 출신들에게 설교하셨다(막3:8; 눅 6:17). 1세기, 즉 바울 시대에는 거기 그리스도인의 공동체가 있었다. 그리하여 사도바울은 배를 기다리는 동안(7일) 유숙하였다(행 21:3-7). AD 264년 경에 죽은 오리게네스는 그 교회에 장사되었다.

황제 글라우디우스의 생일이었다. 헤롯은 날이 새자 은실로 짠 옷을 입고 극장 안으로 들어왔다. 때마침 비치던 햇살이 헤롯의 옷을 비추자 헤롯의 옷은 찬란하게 빛났다. 이 날 헤롯은 "왕복을 입고 단상에 앉아 백성에게 연설했다."

누가는 헤롯이 연설할 때 "백성들이 크게 부르되 이것은 신의 소리요 사람의 소리가 아니라"고 말했다. 요세푸스는 "즉시 아첨하는 사람들이 여기 저기서 그들의 소리를 높여 헤롯을 신(a god)으로 추앙했다. 그리고 그들은 '우리에게 자비를 베푸소서.' '우리는 지금까지는 당신을 사람으로 알았으나 이제부터는 우리는 당신이야말로 그 존재에 있어 인간 이상으로 알겠습니다.' 그런데 헤롯왕은 그들의 말을 꾸짖지도 않았고 그들의 아첨을 불경한 것으로 여겨 거부하지도 않았다"고 말한다.[63]

행 12:23. 헤롯이 영광을 하나님께로 돌리지 아니하므로 주의 사자가 곧 치니 벌레에게 먹혀 죽으니라.

누가는 "헤롯이 영광을 하나님께로 돌리지 아니하므로 주의 사자가 곧 치니 벌레에게 먹혀 죽었다"고 말한다(삼상 25:38; 삼하 24:17; 시 115:1). 헤롯은 사람들이 자신에게 돌리는 찬양을 그냥 다 받고는 하나님께 돌리지 아니하므로 주님의 사자 곧 천사가 즉시 쳤기 때문에 벌레에게 먹혀 죽었다고 말한다. 하나님은 사람들이 하나님의 자리를 차지하는 것을 원하지 않으신다. 다시 말해 하나님은 사람들이 영광을 받는 것을 원하지 아니하신다. 우리는 모든 영광을 하나님께 돌려야 한다(고전 10:31). 사람이 자신을 심히 높일 때 하나님께서 벌하신다. 사람이 벌을 받아 죽는 수가 있는데 하나님은 때로 천사를 시켜 벌하신다(왕하 19:35).

예루살렘에서 야고보 사도를 죽인 헤롯, 그리고 베드로를 죽이려고 시도한 헤롯, 그는 결국 벌레에게 먹혀 죽고 말았다. 그는 벌 받아 죽기 위하여

---

63) Josephus, *Antiquities* 19. 8. 2[345](LCL).

가이사랴에 내려와서 두로와 시돈 사람들과 불화하게 되었고 또 그들의
굉장한 아부를 받았으며 결국 그는 사람들로부터 하나님 대접을 받고 벌을
받아 죽음에 이르렀다. 교회의 박해자들은 때로 역사상에서 하나님의 벌을
받고 죽는다.

행 12:24. 하나님의 말씀은 흥왕하여 더하더라.

누가가 헤롯의 죽음을 말한 후 곧 "하나님의 말씀은 흥왕하여 더하더라"(6:7;
19:20; 사 55:11; 골 1:6)고 쓴 것은 박해자가 죽으니 하나님의 말씀이 흥왕하
고 또 믿는 자의 수가 더 많아지게 되었다는 뜻이다. 다시 말해 박해자가
없어졌으므로 하나님의 말씀이 "흥왕하여 더하게"되었다는 뜻이다. 그런데
"흥왕하여 더하더라"는 말은 동격으로 볼 수도 있는 낱말들이지만 교회의
역사를 살필 때 먼저 성도들의 심령 속에서 말씀이 자란 후에 숫자적으로
불어나는 것을 보면 저자 누가가 이 두 낱말을 약간 차이가 있는 낱말로
쓴 것으로 보인다. 하나님의 말씀이 "흥왕하였다"(ηὔξανεν)는 말은 미완료
시제로 '계속해서 증가해갔다,' '계속해서 자라갔다'라는 뜻으로 하나님의
말씀이 사람들의 심령 속에서 계속해서 자라간 것을 보여주는 말씀이다.
말씀이 사람들의 심령 속에 떨어지면 자라가게 되는데 박해가 있을 때 더
잘 자라간다. 씨 뿌리는 비유나 혹은 므나 비유에서 말씀이 자라기도 하고
혹은 어떤 경우 자라지 않게도 되는데 박해가 있을 때 말씀이 잘 자라서
열매를 더욱 풍성하게 맺는다. 그리고 "더 하더라"(ἐπληθύνετο)라는 말은
미완료 수동태 시제로 '계속해서 증가되어갔다,' '계속해서 번식되어갔다'는
뜻으로 성도들의 숫자가 더 늘었다는 뜻이다. 박해자가 없어졌으므로 전도자
들이 마음 놓고 여기저기 전도하여 성도의 숫자가 늘어갔다는 것이다. 예루살
렘 교회를 위해서 일곱 집사를 택했을 때 사도들은 말씀과 기도에 전념하였기
에 말씀이 흥왕하여 더해갔고(6:7), 사울이 회개하고 복음을 전하게 되었을
때 교회가 흥왕하여 더해갔으며(9:31), 에베소 지방에서 마술쟁이가 회개했
을 때 말씀이 흥왕하여 더해갔다(19:20). 결코 박해는 교회에 손해를 주지

않고 성장을 돕는다.

F. 바나바와 사울이 안디옥에 오다   12:25

12:1-24의 기사, 곧 헤롯이 예루살렘 교회를 박해한 일과 벌을 받아 죽은 사건은 하나의 삽화로 처리되고 이제 다시 누가는 11:30에 이어 안디옥 이야기로 돌아온다. 헤롯이 죽은 일은 요세푸스의 역사에 의하면 바나바와 사울이 예루살렘에 다녀온 일보다 먼저 된 일이었다. 그러나 누가는 먼저 된 일(헤롯의 죽음)과 후에 된 일(바나바와 사울이 예루살렘에 다녀온 일)을 밀접하게 연관 짓지 않고 먼저 된 일을 그저 하나의 삽화형식으로 중간에 끼어 넣었다. 누가는 두 사람이 예루살렘에 다녀온 일을 그저 13:1-3과만 연관 짓고 있다. 그러니까 본 절(25절)은 앞으로 있을 전도와 밀접한 관련이 있다는 것을 뜻한다.

행 12:25. 바나바와 사울이 부조하는 일을 마치고 마가라 하는 요한을 데리고 예루살렘에서 돌아오니라.

누가는 이제 안디옥 교회 이야기로 돌아가기 위해 두 사람, 바나바와 사울이 예루살렘에서 안디옥으로 돌아온 일을 말한다. 누가는 바나바와 사울이 구제헌금을 가지고 유대와 예루살렘에 갔다가(11:30) 돌아온 일(25절)과 12장에 나오는 헤롯의 죽음이 교회에 미친 영향과를 연결시키지 않는다. 다시 말해 그들은 헤롯이 죽은 후에[64] 예루살렘 여행을 했는데 헤롯의 죽음과는 전혀 연관을 짓지 않는다. 요세푸스의 역사에 의하면 헤롯 아그립바가 죽은 지 얼마가 지난 후 두 사람이 구제헌금을 가지고 예루살렘에 다녀왔는데 누가는 이 여행(25절)을 13장의 전도여행과만 관련짓고 있다. 누가는 바나바와 사울

---

64) "아그립바가 AD 44년에 죽었다고 한다면 바나바와 바울이 예루살렘의 기근을 구제하기 위해 떠난 것이 AD 46년쯤이 될 것이다. 그들은 안디옥 교회가 그들에게 맡긴 일을 다 끝낸 후 마가를 데리고 안디옥으로 돌아왔다. 골 4:10에서 볼 수 있듯이 마가는 바나바의 생질이었다. 우리는 바나바와 바울이 예루살렘에 있을 때 마가의 어머니 마리아의 집에서 머물렀으리라고 자연스럽게 가정할 수 있을 것이다"(F. F. Bruce, *사도행전* -상- p. 308).

이 "부조하는 일을 마치고 마가라 하는 요한을 데리고 예루살렘에서 돌아왔다"고 말한다(12절; 13:5, 13; 15:37). 두 사람은 구제하는 일을 마치고 마가(12:12)를 데리고 안디옥으로 돌아왔다. 이렇게 해서 이방 전도의 준비가 끝난 셈이다. 마가를 안디옥으로 데리고 온 두 사람은 앞으로 제 1차 전도 여행의 수행원으로 마가를 데리고 떠날 것이었다. 성령께서는 두 사람만 구별하여 보냈는데 이들이 수행원으로 마가를 데리고 간 것이다. 마가를 수행원으로 데리고 갔다고 해서 성령님의 뜻을 거스르는 것은 아니었다.

제 13 장
바울이 1차 전도여행을 하다

V. 이방전도가 시작되다　13:1-21:26

　　성령행전이라고도 불리는 사도행전은 크게 두 구분(1-12장과 13-28장)으로 나누어진다. 1-12장은 예루살렘을 중심한, 유대인 상대의 전도이고, 지도 인물은 베드로였다. 그리고 13-28장은 안디옥을 중심한, 이방인을 상대한 전도이고, 지도 인물은 바울이었다.

　　후반부, 곧 13-28장은 바울의 네 번의 전도여행을 기록한 것인데 중간에 예루살렘 총회 이야기(15장)가 기록되고 있다. 제 1차 전도여행은 13장-14장에 기록되어 있고, 제 2차 전도여행은 15:36-18:22에 기록되어 있으며, 제 3차 전도여행은 18:23-21:26에 기록되어 있고, 제 4차 로마 여행기는 21:27-28:31에 기록되어 있다. 바울의 제 4차의 여행은 1차, 2차, 3차 여행과는 달리 죄 없는 몸인데도 죄수처럼 묶여 로마로 호송되어 가는 입장이었지만 그는 그냥 묶여있지만은 않았고 도중에 배안에 있는 사람들에게 전도하였으며 멜리데 섬에 배가 정박했을 때에도 역시 전도를 하였기에 다른 전도여행들과 마찬가지로 전도 여행으로 볼 수 있다.

　　A. 바울이 제 1차 전도여행을 하다　13:1-14:28

　　바울의 전도여행은 안디옥 교회를 중심하여 이루어졌는데(13:1-3) 일단 교회를 떠난 다음 계속해서 전도여행만 한 것이 아니라 안디옥으로 일단 돌아왔다가 다시 가고 또 돌아왔다가 다시 떠나서 전도했기에 제 1차 전도여행, 제 2차 전도여행, 3차 전도여행이라는 이름이 붙여졌다. 제 1차 전도

여행은 대체로 45년-51년간에 이루어진 것으로 보는데 구부로 전도
(13:4-12), 비시디아 안디옥 전도(13:13-52), 이고니온과 루스드라 전도
(14:1-18)가 이루어졌고 그후 안디옥 교회로 돌아오면서 전도한 것
(14:19-28)으로 나누어진다.

1. 안디옥 교회에서 선교사를 파송하다   13:1-3

하나님은 안디옥 교회를 세우시고 세계 전도의 주축이 되게 하셨다.
하나님은 세계 선교의 최초 선교사로 바나바와 바울을 뽑아 보내신다. 하나님
은 교회의 성도들로 하여금 금식기도하게 하셨고 두 사람을 뽑게 하셨으며
안수하여 보내게 하셨다.

**행 13:1. 안디옥 교회에 선지자들과 교사들이 있으니 곧 바나바와 니게르라
하는 시므온과 구레네 사람 루기오와 분봉 왕 헤롯의 젖동생 마나엔과 및
사울이라.**

누가는 이방 선교의 중심이 된 "안디옥 교회에 선지자들과 교사들이 있다"고
말한다(11:27; 14:26; 15:35). 누가는 "안디옥"(수리아의 안디옥)이란 말을
13번이나 사용하고 있다(11:19, 20, 22, 26절에 두 번, 27; 13:1; 14:26;
15:22, 23, 30, 35; 18:22). 그리고 누가는 본 절에서 "안디옥 교회"라는
교회 명칭을 사용한다. 누가는 1장-12장에서 줄곧 예루살렘에서 모인 교회에
대해서는 교회라는 명칭을 사용하지 않았고 그저 성도들의 모임이라고만
말해왔으나 이제 안디옥에서 모인 성도들의 모임에 대해서는 "교회"라는
명칭을 붙이고 있다(11:26). 안디옥에 있는 성도들은 규칙적으로 복음을
들었고 믿음의 지시를 받았으며 교회의 지도자들을 선출하였고 또 세계
선교의 꿈을 이루어나갔기에 "교회"라는 명칭을 붙인 것으로 보인다. 본문의
"선지자"는 성령의 은사로 예언을 했고 설교를 했으며 또 교회를 다스리기도
했다(11:27; 15:32; 19:6; 21:9-10). 선지자는 항상 교사직보다 우위에 있었
다(고전 12:28). 그런가하면 "교사"는 가르치는 은사를 받아 하나님의 말씀

을 연구하며 가르쳤다(고전 12:28; 엡 4:11). 교사는 분명 선지자와 구별되는 직분이다. 한 마디로 교사는 성경을 해석하고 사람들을 교육하는 직분인데 비해 선지자는 성경에 매이지 않고 자기가 받은 계시를 근거하고 회중에게 말했다(고전 14:29-32). 그러나 누가는 바나바와 바울 둘 다 안디옥 교회에서 가르쳤다고 말한다(11:22-26). 그리고 본 절에서 누가는 누가 선지자이고 누가 교사인가를 명시하지 않는다. 다섯 사람은 모두 선지자였고 또 교사였던 것으로 보인다.

누가는 "바나바와 니게르라 하는 시므온과 구레네 사람 루기오와 분봉왕 헤롯의 젖동생 마나엔과 및 사울" 다섯 사람의 이름을 말한다. "바나바"는 구브로 사람이고(4:36), 복음을 위하여 안디옥 교회에서 많이 활동한 전도자이며(11:22-30) 다소에 있는 바울을 안디옥으로 오게 해서 함께 사역한 사람이다(11:24-26). 다섯 명의 명단에서 "바나바"가 제일 앞선 것은 예루살렘 교회가 바나바로 하여금 안디옥 교회로 파송했기 때문일 것이다(11:22). "니게르라 하는 시므온"은 '흑인이라고 불리는 시므온'이란 뜻이다. "니게르"(Νίγερ)란 말은 라틴어로 '검다'는 뜻인데 분명 시므온의 안색과 혈통을 지칭하는 말이었다. 그는 북 아프리카의 원주민이었을 것이다. 그가 예수님의 십자가를 억지로 졌던 구레네 시몬(마 27:32)과 동일인지는 확인할 수가 없다. 안디옥 교회에는 흑인이 있었으나 인종차별을 하지 않았다. 성령이 함께 하시는 교회는 인종차별을 하지 않는다. 오늘도 신령한 교회는 인종차별, 지역차별, 학력차별, 빈부차별을 하지 않는다. "구레네 사람 루기오"는 로마식 이름을 가진 사람으로 이 사람의 이름은 "빛, Lux"에서 왔다(롬 16:21). 니게르라 하는 시므온과 구레네 사람 루기오 두 사람은 스데반이 순교를 당한 후 예루살렘을 떠나 안디옥까지 피난 온 전도자들이었을 것이고 원래 구브로와 구레네 출신이었을 것이다(11:19-20). 다음 "헤롯의 젖동생 마나엔"이 있었다. 본문의 "헤롯"은 헤롯 안티파스로 갈릴리와 베레아를 주전 4년부터 주후 39년까지 다스렸던 분봉왕이었다(마 14:1). "젖동생"(σύντροφος)이란 말은 '함께 젖을 먹은 동생'이란 뜻인데(마나엔의 어머

니가 헤롯의 유모였다) "젖동생"이란 말에는 '어렸을 때의 동무'(Calvin)나
혹은 '궁중의 고관'이란 뜻도 있다고 한다(Deissmann). 아무튼 마나엔은
왕족 출신이며 영향력 있는 사람으로 안디옥 교회의 크리스천이 되었다.
그는 왕궁 사람처럼 살지 않고 그리스도를 의지하였으며 또 안디옥 교회의
지도자적 위치에 서게 된 참 복된 자였다. 다음 "사울"이 있었다. 사울은
다섯 명의 명단 중에 누가가 제일 마지막에 놓았다. 그는 당시 사도였지만
늦게 참여한 사람으로 제일 마지막에 기록되었지만 훗날 그는 가장 유력한
사도가 되었다. 그러나 그는 항상 "죄인 중에 괴수"라는 의식을 가지고
살았다(딤전 1:15).

**행 13:2. 주를 섬겨 금식할 때에 성령이 이르시되 내가 불러 시키는 일을
위하여 바나바와 사울을 따로 세우라 하시니.**
안디옥 교회의 온 성도는 "주를 섬겨 금식했다." 즉 '그들은 하나님께 예배하
면서 금식했다'는 말이다. 혹자는 여기 주님께 예배하고 금식한 사람들을
1절에 기록된 다섯 사람의 선지자들로 국한 시키지만 온 교우가 예배하고
금식한 것으로 보는 것이 더 바람직하다. 이유는 예배는 온 교우가 함께
드리는 것이고, 또 전체 안디옥 교회가 바나바와 바울을 선교사로 파송하는
것이지 다섯 사람만의 행사라고 말할 수는 없는 일이기 때문이다. 두 사람이
돌아와서 선교보고를 할 때 전 교우들 앞에서 했다(14:27). 그리고 또 선교사
파송을 위하여 성령께서 온 교회 교우들을 감동한 것이지 다섯 사람만 감동한
것은 아니다.
　온 성도들이 예배하며 금식할 때 "성령이 이르시되 내가 불러 시키는
일을 위하여 바나바와 사울을 따로 세우라 하셨다"(9:15; 14:26; 22:21;
민 8:14; 마 9:38; 롬 1:1; 10:15; 갈 1:15; 2:9; 엡 3:7-8; 딤전 2:7; 딤후
1:11; 히 5:4). 성령의 음성을 누가 들었는지 알 수는 없지만 누군가가 들었을
것이다. 성령님께서는 "내가 불러 시키는 일" 즉 '이방 선교사역'을 위하여
바나바와 사울을 따로 구별하라고 하신다. 이 두 사람이 뽑힌 것은 이 두

사람이 이방 선교 사역에 가장 잘 준비된 사람이라는 뜻일 것이다. 하나님은
항상 준비된 사람을 쓰신다. 누구든지 준비되어 쓰임을 받아야 한다.

행 13:3. 이에 금식하며 기도하고 두 사람에게 안수하여 보내니라.
안디옥 교회는 선교사들로 뽑힌 두 사람을 위하여 얼마 동안 더 금식 기도했
고 또 두 사람에게 안수하여 보냈다(6:6). 바나바와 바울이 가장 준비된
사람들이었지만 온 교우들은 그들을 위해 금식 기도했고 또 안수해서 보냈
다. 여기 "안수"는 사도가 되게 하기 위해서 안수한 것이 아니라 하나님의
은혜에 부탁하기 위해서 한 것이었다(14:26). 안수에 대한 해석은 6:6; 8:17
을 참조할 것.

   2. 구브로에서 전도하다   13:4-12
   바울이 선교사로 보냄을 받고 제일 먼저 구브로 섬에서 전도했다. 그
섬에서는 총독 서기오 바울이 믿게 되었고 또 반면 유대인 거짓 선지자
바예수가 두 선교사의 선교를 방해하다가 소경이 되는 일이 벌어졌다.

**행 13:4-5. 두 사람이 성령의 보내심을 받아 실루기아에 내려가서 거기서
배를 타고 구브로에 가서 살라미에 이르러 하나님의 말씀을 유대인의 여러
회당에서 전할 새 요한을 수행원으로 두었더라.**
바나바와 바울 두 사람은 성령에 의해 선교사로 뽑혔고(2절), 이제 "성령의
보내심을 받아" 선교지로 간다. 즉 교회의 파송을 받아 가지만 궁극적으로
는 성령님의 파송이었다(갈 1:1). 두 선교사는 "실루기아" 항구(안디옥의
외항)를 통과하여 배를 타고 "구브로에 가서 살라미65)에 이르러 하나님의

---

65) "살라미"는 구브로(키프로스)섬의 동쪽 연안 화마구스타(Famagusta)만에 있는 중요한
성읍이었다. 살라미의 고지(古地)는 화마구스타의 북쪽 7㎞ 지점의 피디아스(Pidias) 하구의
북쪽에 위치하였다. 베니게 식민에 의해 설립된 것이지만, BC 400년 경 에바고라스(Evagoras,
BC 410-373)가 구브로의 태반을 지배하게 되자 살라미를 수도로 하였다. BC 58년 로마의
지배에 속하여 그 시대에 상업 도시로 번영했다. 그러나 수도는 새 바보로 옮겨졌다. AD 116년

말씀을 유대인의 여러 회당에서 전했다'(46절). 즉 '구브로 섬(4:36, 바나바의 고향)으로 가서 살라미(구브로 섬의 동해안의 항구)라는 곳에 이르러 하나님의 말씀을 유대인의 여러 회당(바울은 먼저 유대인을 찾았다)에서 전했다. 바울은 먼저 유대인을 찾았으나 유대인들이 계속해서 반항하기 때문에 두란노 서원 이후(19:9)에는 회당을 떠나게 되었다. 두 선교사가 이곳으로 온 것도 바나바의 고향이기 때문만은 아니고 성령의 보내심에 의한 것이었다. 사도행전은 사도들의 행전이라기보다는 성령의 행전이었다. 바나바와 바울은 두 사람만 여행한 것이 아니라 수종들 사람 마가를 데리고 다녔다(12:25; 15:38). 마가로 하여금 세례를 베푸는 일을 시켰을 것이며(고전 1:14-17) 음식과 숙박을 준비하는 일을 시켰을 것이다. 마가는 예루살렘 교회를 대표하여 두 사도(바나바도 넓은 의미의 사도였다)[66]의 전도를 도운 셈이다. 다시 말해 예루살렘 교회는 선교에 있어 안디옥 교회를 도운 셈이다.

행 13:6. 온 섬 가운데로 지나서 바보에 이르러 바예수라 하는 유대인 거짓 선지자인 마술사를 만나니.

바나바와 바울, 그리고 마가는 구브로 섬의 살라미를 떠나서 170km거리에 있는 바보[67](구브로섬의 서해안에 있고 구드로의 총독정부가 주재하고 있던 곳)에까지 가서 "바예수라 하는 유대인 거짓 선지자인 마술사를 만났다"(8:9). "바예수"란 이름은 유대인 사회에 흔한 이름으로 '예수의 아들 또는 여호수아의 아들'이란 뜻이므로 원래는 좋은 이름이었으나 그는 이름에

유대인의 반란 때문에 트라야누스(Trajanus, 98-117 재위) 황제는 성읍의 태반을 파괴하고 다시 지진 때문에 대파되었지만, 콘스탄티누스(Constantinus) 황제는 이를 수복(修復)하여 콘스탄티아(Constantia)라고 불렀다. AD 648년 아라비아인에게 파괴된 이래 폐허로 남아 있다.

66) 넓은 의미에서 바나바도 사도라고 불린다(13:4). 야고보와 주님의 형제(고전 15:7; 갈 1:19)도 실루아노(살전 2:6)도 사도라 불렸다.

67) 바보는 옛바보(Old Paphos)와 신바보(New Paphos)로 나누어져 있는데 선교단원들이 도착한 곳은 신 바보였다. 구바보는 페니키아인이, 신바보는 그리스인이 각각 건설하였다. 두 선교사는 신바보에서 총독을 만나게 되고 또 총독에 붙어사는 박수 바예수를 만났다(F. F. Bruce).

걸맞지 않게 "거짓 선지자"였고 "마술사"('요술쟁이')였다. 유대인이면서 거짓 선지자가 되고 마술사가 된 것은 부끄러운 일이었다. 하나님께서 바나바와 바울로 하여금 그런 사람을 선교지에서 만나게 하신 것은 하나님의 능력이 지극히 위대하심을 보여주시기 위해서였다. 하나님은 바울로 하여금 그런 사람을 제어하게 하셔서 하나님의 위대하심을 드러내기를 원하셨다. 하나님은 오늘도 교역자나 성도들로 하여금 이런 사람을 만나게 하신다. 그리스도를 믿는 자라면 그런 사람을 넉넉히 제어할 수 있어야 한다. 그러면 하나님의 영광이 드러나서 복음이 드러나게 된다.

행 13:7. 그가 총독 서기오 바울과 함께 있으니 서기오 바울은 지혜 있는 사람이라 바나바와 사울을 불러 하나님의 말씀을 듣고자 하더라.

누가는 유대인 거짓 선지자 바예수가 "총독 서기오 바울과 함께 있었다"고 말한다. 당시의 총독들은 이런 마술사를 가까이 하고 영향을 받는 수가 많았다고 한다. 구브로의 총독 서기오 바울도 마술사와 함께 지내면서 영향을 받았다. 그런데 서기오 바울은 바나바와 바울을 만나자 하나님의 말씀을 듣고자 했다. 누가는 총독 서기오 바울이 "지혜 있는 사람이라"고 말한다. "지혜 있는 사람이라"는 말은 '신중한 사람이라'는 뜻이다. 그가 지혜를 가지고 있었기에 다른 사람들의 말을 들으려고 했다. 한 사람만 맹종했더라면 마술사의 말만 듣다가 망했을 것이다. 총독 서기오 바울은 균형 감각이 있는 사람이므로 "바나바와 사울을 불러 하나님의 말씀을 듣고자 했다." 하나님의 말씀을 듣고자 하는 사람마다 참 신자가 될 수 있다. 서기오 바울은 결국 믿음을 얻게 되었다(12절).

행 13:8. 이 마술사 엘루마는(이 이름을 번역하면 마술사라) 그들을 대적하여 총독으로 믿지 못하게 힘쓰니.

이 마술사 엘루마(엘루마를 번역하면 마술사라는 뜻이 된다. 출 7:11; 딤후 3:8)는 "그들을 대적하여 총독으로 믿지 못하게 힘썼다." 즉 '두 사도들을 어떻든지 대적하여 총독으로 하여금 예수님을 믿지 못하게 했다. 이유는 총독이 믿으면 바예수의 총독관저 마술사의 직책이 날아갈 것이기 때문이었다. 마술사는 이렇게 자신도 망하고 남들도 망하게 하는 역할을 했다.

행 13:9. 바울이라고 하는 사울이 성령이 충만하여 그를 주목하고.

누가는 본 절부터 11절까지 바울 사도가 마술사 엘루마를 책망하는 내용과 또 엘루마가 하나님으로부터 벌 받은 사실을 기록한다. 누가는 "바울이라고 하는 사울이 성령이 충만하여 그를 주목했다"고 말한다(4:8). 누가는 지금까지 사울이라는 이름을 사용하다가 이제부터 바울이라는 이름을 사용한다. "바울"(Παῦλος)이라고 하는 이름은 로마식 이름인데 그 뜻은 '작다'는 뜻이다. 바울은 원래부터 "바울"이라는(καὶ Παῦλος) 이름을 가지고 있었다. 헬라어 원문에 보면 "바울이라고 하는 사울"(Σαῦλος δέ, ὁ καὶ Παῦλος)이라는 표현 속에는 '또한'('καί')이란 말이 있어 "그런데 또한 바울이라고 하는 사울"이라고 되어 있다. 그러니까 사울이 갑자기 자기 이름을 바울이라고 지어서 사용한 것이 아니라 이미 바울이라는 이름을 가지고 있었다. 그런데 사울이 구브로 섬의 총독 서기오 바울을 회개시키고 나서 자신이 교만해질까 보아 '작다'는 뜻을 가진 "바울"이란 이름을 사용하기 시작한 것으로 보인다. 바울은 주위 사람들에게 자기를 바울이라고 불러주기를 소원했기에 본서의 저자 누가도 바울이라고 기록하기 시작한 것으로 보인다.

누가는 바울이 "성령이 충만하여 그를 주목하였다"고 말한다. 즉 '성령이 충만하여 마술사 엘루마를 주목하였다.' 바울이 "성령이 충만하였다"는 말은 '성령이 바울을 주장하였다' 혹은 '바울이 성령에 사로잡혔다'는 뜻이다. 그는 다메섹 도상에서 회심한 후 아나니아가 안수할 때 성령으로 충만했고 (9:17) 그는 그 후 계속해서 성령에 의하여 사로잡혀 사역했는데 이제 또 성령께서 강하게 그를 주장하셨다. 이유는 마술사 엘루마를 책망하기 위함이었다. 사도행전은 바로 성령행전임을 알 수 있다.

행 13:10. 이르되 모든 거짓과 악행이 가득한 자요 마귀의 자식이요 모든 의의 원수여 주의 바른 길을 굽게 하기를 그치지 아니하겠느냐.

바울이 성령에 사로잡혀 마술사 엘루마를 주목하여 말하기를 "모든 거짓과 악행이 가득한 자요 마귀의 자식이요 모든 의의 원수여 주의 바른 길을 굽게 하기를 그치지 아니하겠느냐"고 말한다(마 13:38; 요 8:44; 요일 3:8). 이 저주는 바울의 저주가 아니라 성령의 저주였다. 성령님은 엘루마의 형편을 잘 알고 있었다. 마술사 엘루마는 "거짓과 악행이 가득한 자"였다. "거짓"이란 말은 '속임'이란 뜻으로 마귀의 속성이다. 마귀는 늘 속이는 영물이다(요 8:44). 엘루마는 거짓된 자였던 고로 "악행이 가득한 자"였다. 즉 '악한 행위만을 연출하는 자'였다. 자신도 예수님을 믿지 않을 뿐 아니라 총독을 믿지 못하게 했다. 그는 "마귀의 자식이었다." 요 8:44에 보면 예수님은 유대인들을 향하여 '너희는 너희 아비 마귀에게서 났다'고 하셨다. 쉽게 말해 마귀의 자식이라는 것이다. 이 때 바울은 예수님을 대표하고 있었고 엘루마는 마귀를 대표하고 있었다. 두 사람은 양측의 대표였다. "바예수"는 이름이 '예수의 아들'이라는 뜻인데 실제로는 '마귀의 자식'이었다. 또 엘루마는 "모든 의의 원수"였다. 엘루마는 사탄의 종이었으니 의의 원수였다. 그는 모든 옳은 일들과 모든 참된 일들을 거스르며 살았다. 하나님은 온전하시고 옳고 공의로우셨는데(신 32:4; 삼하 22:31; 시 18:30; 호 14:9) 사탄은 모든 점에서 반대였으니 사탄의 자식 된 엘루마 역시 의(義)의 원수였다. 그는 "주의 바른 길을 굽게 하기를 그치지 않는" 사람이었다. 그는 하나님의 온전하시고 옳고 공의로우신 길을 계속해서 굽게 하는 일을 그치지 않는 사람이었다. 그는 바나바와 바울의 복음 증거를 계속해서 방해하고 있었다. 그 일을 그치지 않고 있었다. 그는 저주를 받아 마땅한 사람이었다(다음 절).

행 13:11. 보라 이제 주의 손이 네 위에 있으니 네가 맹인이 되어 얼마 동안 해를 보지 못하리라 하니 즉시 안개와 어둠이 그를 덮어 인도할 사람을

두루 구하는지라.

누가는 성령 충만한 바울이 먼저 엘루마가 어떤 사람인지를 말한(앞 절) 다음 이제 엘루마에게 저주 받기를 선언하여 그대로 되었다고 말한다. 바울은 "보라 이제 주의 손이 네 위에 있으니 네가 맹인이 되어 얼마 동안 해를 보지 못하리라"고 저주를 선언한다(출 9:3; 삼상 5:6). "주의 손이 네 위에 있다"는 말은 '주님의 심판의 손이 엘루마 위에 있다'는 표현이다(5:5; 출 6:1; 7:4; 9:3, 15; 15:9 참조). 주님의 손은 능력이 있어 심판할 수도 있고 또 복을 내리실 수도 있다. 바울은 하나님께서 심판하시면 "네가 맹인이 되어 얼마 동안 해를 보지 못하리라"고 한다. 옛날 바울이 다메섹 도상에서 3일 동안 아무 것도 보지 못한 것과 같이 될 것이란 뜻이다. 옛날 바울도 그리스도를 대적하다가 그런 벌을 받았는데 주님의 복음 전파를 방해하던 엘루마도 그렇게 될 것이란 선언이다.

바울의 저주가 끝나자 즉시 "안개와 어둠이 그를 덮어 인도할 사람을 두루 구하게 되었다."[68] 여기 "안개"($\dot{\alpha}\chi\lambda\grave{\upsilon}s$)가 엘루마를 덮었다는 말은 '어두움' 혹은 '눈이 어둠침침해지는 것'을 뜻하는 말로 엘루마의 눈이 어둠 침침하게 된 것을 지칭한다. 눈이 침침하게 되니 결과적으로 "어둠이 그를 덮어 인도할 사람을 두루 구하게 되었다." 그에게는 이제 천지가 깜깜해지고 말았다. 그래서 자기를 인도해 줄 사람을 구하는 사람이 되었다. 엘루마는 그가 행한 일에 걸 맞는 벌을 받은 것이다(사 5:20). 이사야는 "악을 선하다 하며 선을 악하다 하며 흑암으로 광명을 삼으며 광명으로 흑암을 삼으며 쓴 것으로 단 것을 삼으며 단 것으로 쓴 것을 삼는 자들은 화 있을진저"라고 하였다(5:20). 엘루마는 바울이 총독에게 복음을 전하여 밝은 삶을 살도록 하려 할 때 방해하였으니 하나님께서 광명을 흑암이 되게 하신 것이다. 그는 이제 흑암을 만난 것이다. 우리는 복음 전도를 가로 막는 사람들이 되어서는 안 되고 광명을 전하는 사람들이 되어야 한다.

---

68) 의사인 누가는 본 절에서 두 가지 의학 용어를 사용하고 있다고 말한다. 즉 "안개"란 말과 "어둠"이란 말은 의학 용어라고 한다.

행 13:12. 이에 총독이 그렇게 된 것을 보고 믿으며 주의 가르치심을 놀랍게 여기니라.

총독은 지혜 있는 사람이었다(7절). "이에 총독이 그렇게 된 것을 보고 믿으며 주의 가르치심을 놀랍게 여겼다." 총독이 엘루마가 눈이 어두워져서 천지를 분간하지 못하는 사람이 되어 자기를 인도할 사람을 구하는 것을 보고 주님을 믿으며 또 주님의 가르침을 놀랍게 여겼다. 엘루마에게 천벌이 임하는 것을 보자 총독은 눈이 번쩍 띄었다. 그는 바울이 예수님의 선지자임을 알게 되었고 엘루마는 거짓 선지자임을 알게 되었다. 총독 서기오 바울은 엘루마의 반대로 예수님의 복음에 대해 의심이 있었는데 이제는 예수님을 믿게 되었고 또 그리스도의 교훈을 받아드리게 되었다. 하나님의 이적은 복음을 믿게 해준다.

3. 비시디아 안디옥에서 전도하다 13:13-52

바나바와 바울 그리고 마가는 구브로 섬의 바보라고 하는 곳을 떠나 밤빌리아의 버가에 이르러 마가와 작별하고(예루살렘으로 돌아갔기에) 더 나아가 갈라디아 지방의 비시디아 안디옥에 도착하여(13-15절) 바울이 긴 설교를 한다(16-41절). 그 결과 유대인들의 박해가 일어나 바울 일행은 쫓겨난다(42-52절).

a. 비시디아 안디옥에 도착하다 13:13-15

행 13:13. 바울과 및 동행하는 사람들이 바보에서 배 타고 밤빌리아에 있는 버가에 이르니 요한은 그들에게서 떠나 예루살렘으로 돌아가고.

누가는 바울과 또 "동행하는 사람들"(οἱ περὶ Παῦλον) 즉 '바울을 둘러 있는 사람들'이 구브로 섬의 바보에서 배를 타고 밤빌리아에 있는 버가에 도착하였는데 요한 즉 마가는 그들에게서 떠나 예루살렘으로 돌아갔다고 말한다.

누가는 여기서부터 바울과 바나바의 위치가 바뀐 것을 암시한다. 구브로 섬에서 바울이 마술사 바예수를 꺾고 총독 서기오 바울을 회개시킨 결과일 것이다. 기독교에서는 영력이 중요한 것이지 오래 신앙했다는 것이 중요한 것은 아니다.

바울 일행은 구브로 섬의 바보라고 하는 곳에서 배를 타고 280km의 거리에 있는 앗달리아(14:25)에 상륙하여 대략 20km를 걸어서 버가에 도착했다. 버가69)라고 하는 곳은 밤빌리아 주(洲)에 있는데 밤빌리아라고 하는 곳은 소아시아의 남쪽 타우루스 산맥 남쪽에 위치해 있다. 밤빌리아는 로마의 한 개의 주(洲)로 그 수도는 버가였다. 그런데 불행하게도 "요한은 그들에게서 떠나 예루살렘으로 돌아갔다"(15:38). 돌아간 이유는 알 수 없으나 좋지 않은 일로 돌아간 것은 확실하다(15:38). 꼭 돌아갈만한 이유가 있어 돌아갔다면 훗날 바울과 바나바가 마가 때문에 다투지 않았을 것이다.

행 13:14. 그들은 버가에서 더 나아가 비시디아 안디옥에 이르러 안식일에 회당에 들어가 앉으니라.

바울 일행은 버가에서 전도하지 않고 더 나아가 "비시디아 안디옥에 이르렀다." 버가에서 전도하지 않은 이유는 아마도 요한 마가가 예루살렘으로 돌아갔기 때문일 것이다. 본문의 "비시디아 안디옥"은 수리아 안디옥과 구별하기 위하여 부른 지명이다(11:19 주해 참조). 비시디아70) 안디옥은 역시 로마에

---

69) "버가"라고 하는 곳은 소아시아 중앙 밤빌리아 지방의 성읍이다. 케스트루스 강(River Cestrus, 오늘날의 Aksu Chai) 하구에서 12㎞ 내륙의 평원에 있으며, 선박은 이 강을 거슬러 항해하여 이 성읍의 하항(河港)에 기항할 수 있었다. 이 곳 성벽은 BC 3세기의 것이다. 이것은 밤빌리아의 주요 토착 성읍인데, 헬레니즘의 영향을 많이 받았다. 그러나 그들 자신의 통화를 주조하고 있었으며, 그것은 BC 2세기에서 AD 276에 이르고 있다. '버가의 아데미'(Artemis of Perga)는 그들의 주요한 예배 대상이었는데, 그 제사 형태는 에베소의 아데미와 비슷하였으며, 때로는 헬라의 아데미처럼 사냥의 여신으로서 표현되었지만 흔히 석주(石柱)로 표상(表象)되어 그 상단을 둥그렇게 하여 머리로 삼았다.

70) "비시디아"(Pisidia)는 소아시아의 남부에 있는 한 지방인데, 밤빌리아의 오지 애나토울리아 고지(Anatolia Plateau)에 위치했다. 경계는 시대에 따라 다르지만 대체적으로 동서 180㎞, 남북 80㎞의 지역인데, 산악이 많고 타우로스 산맥의 준봉 데데골 산(Dedegol Dag, 표고2.980m)이 솟아 경치가 아름답고 그 고원 지대의 기후는 건강에 좋다. BC 25년 아구스도는 여기에 식민을 하여 로마에 귀속시키고, 후에는 속주 갈라디아에 편입시켰다. 이 지역의 개화는 AD 74년 경에 이루어졌다. 바울과 바나바는 제 1차 전도여행 때 이 땅을 두 번 통과하였다(행

속한 한 개의 주(洲)로서 "갈라디아의 브루기아로 알려진 지역 내에 위치하고 있었다. 이 도시는 해발 1,100km(3,600피트)의 지점에 있으며 갈라디아 지방의 군사 및 민간 요충지였다"(F. F. Bruce). 이 도시에는 유대인 이민자들이 거주하고 있었으므로 회당이 세워져 있었다(F. F. Bruce). 바울 일행은 이곳에 도착하자 첫 번째 안식일에 "안식일에 회당에 들어가 앉았다"(16:13; 17:2; 18:4). 전도하기 위해서였다.

행 13:15. 율법과 선지자의 글을 읽은 후에 회당장들이 사람을 보내어 물어 이르되 형제들아 만일 백성을 권할 말이 있거든 말하라 하니.
안식일에 진행되는 회당의 예배는 먼저 기도문이 낭독된 후 율법을 읽었고 또 그 내용에 맞는 선지서의 글을 읽는 순서로 진행되었다. 그리고 "회당장들이 사람을 보내어" 말씀을 전할 사람을 구하여 말씀을 들었다. 그런데 그날에는 회당장들이 그 회당을 방문한 바울 일행에게 말씀 전할 부탁을 했다. 회당장들은 "형제들아 만일 백성을 권할 말이 있거든 말하라"고 부탁한다(히 13:22). 본문의 "백성을 권할 말"이란 말은 '백성을 위로할 말'이란 뜻이다. 회당장은 회당을 관리하고 예배를 주관하며 또 질서를 유지했는데 한 회당에 여러 명의 회당장이 있기도 했으나 대체적으로 장로 중에 한 사람이 되었다.

  b. 바울이 첫 설교를 하다 13:16-41
행 13:16. 바울이 일어나 손짓하며 말하되 이스라엘 사람들과 및 하나님을 경외하는 사람들아 들으라.
누가는 본 절부터 시작하여 43절까지 계속되는 바울의 첫 설교를 기록한다. 바울의 설교는 통상적으로 베드로(2:14-36; 3:11-26; 10:34-44)나 혹은 스데반(7:2-53)의 설교와 같이 구약을 인용하여 예수님이 그리스도이심을 증명하는 식으로 진행되었다. 누가는 바울이 본 절부터 25절까지 먼저 구약

13:14; 14:24).

을 들어 예수님이 그리스도이심을 증명한 것을 기록한다.

바울은 "손짓하며 말했다"(12:17). '손짓하며 말한 것'은 청중들의 시선을 집중하여 잘 듣게 하기 위한 몸짓이다. 그리고 바울은 청중들 중에 두 부류의 사람들이 있음을 알고 "이스라엘 사람들과 및 하나님을 경외하는 사람들아 들으라"고 말한다(26절; 10:35). 한 부류는 이스라엘 사람들이었고 또 한 부류는 이방인으로서 하나님을 믿기로 개종한 사람들이었다. 바울이 이렇게 청중들을 부른 것은 주의를 집중하기 위함이었다. 오늘도 청중들을 이렇게 불러주는 것이 좋다. 예를 들어 청년 여러분!, 여성도 여러분!, 혹은 전도회 여러분! 이라고 이름을 불러주는 것이 좋다.

행 13:17. 이 이스라엘 백성의 하나님이 우리 조상들을 택하시고 애굽 땅에서 나그네 된 그 백성을 높여 큰 권능으로 인도하여 내사.

바울은 본 절부터 시작하여 22절까지 하나님께서 역사상에서 하신 일들을 열거한다. 첫째, "이 이스라엘의 하나님이 우리 조상들을 택하셨다"고 말한다(신 7:6-7). '이 이스라엘 백성을 택하신 하나님이 우리 조상들, 곧 아브라함, 이삭, 야곱을 택하셨다'는 뜻이다(신 4:37; 10:15). 바꾸어 말해 '아브라함, 이삭, 야곱을 택하신 하나님이 이스라엘 백성들을 택하셨다'는 뜻이다. 이스라엘이 아직 세상에 없었을 때, 영원 세계에서 하나님께서 이스라엘을 택하셨다는 뜻이다. 우리들도 역시 만세 전에 하나님으로부터 택함을 받았다(엡 1:4). 둘째, 하나님께서 "애굽 땅에서 나그네 된 그 백성을 높이셨다"고 말한다(7:17; 출 1:1; 시 105:23-24). 야곱과 그의 후손들이 애굽에 내려가서 처음에는 요셉 때문에 대우를 받았으나 요셉을 알지 못하는 새 임금이 왕위에 오른 후 이스라엘 민족은 노예로 전락하여 많은 박해를 받는 중에도 하나님은 이스라엘 민족을 언약 백성으로 높여주셨고, 그 나그네의 땅에서 이스라엘을 돌보이게 하셨으며, 수적(數的)으로 많게 하셨고, 힘 있는 민족으로 키워주셨다. 하나님은 이스라엘 사람들이 애굽에 머무는 동안 번영하게 해주셨다. 셋째, "큰 권능으로 인도하여 내셨다"고 말한다(출 6:6; 13:14, 16). 하나님은 큰 권능의 팔로 이스라엘 민족을 애굽에서 인도하여 내셨다. 바울이 이 말을 할 때에는 하나님께 영광과 존귀를 돌리는 심정이었다.

행 13:18. 광야에서 약 사십 년간 그들의 소행을 참으시고.
넷째, 바울은 하나님께서 "광야에서 약 사십 년간 그들의 소행을 참으셨다"고 말한다(7:36; 출 16:35; 민 14:33-34; 시 95:9-10). 하나님은 광야에서 이스라엘 사람들에게 공급해주셨다. 약 40년간 만나를 주시고(출 16:35) 물을 주시며(출 17:6) 계속해서 외적으로부터 보호해 주셨다(출 17:8-13). 하나님의 이적적인 사랑에도 불구하고 이스라엘 민족은 불평하고 원망했다. 광야에서 이스라엘 민족은 하나님께 불순종했고 열 번이나 하나님을 시험했다(민 14:22). 그러나 하나님은 계속해서 이스라엘 민족의 소행을 참아주셨다. 하나님은 이스라엘 민족을 멸망시키지 않으시고 끝까지 구원하셨다(신 1:31).

행 13:19. 가나안 땅 일곱 족속을 멸하사 그 땅을 기업으로 주시기까지 약 사백오십 년간이라.
다섯째, 바울은 하나님께서 "가나안 땅 일곱 족속을 멸하사 그 땅을 기업으로 주셨다"고 말한다(신 7:1; 수 14:1-2; 시 78:55). 하나님은 이스라엘 민족으로 하여금 요단강을 건너게 하시고 가나안 땅 일곱 족속(신 7:1; 수 3:10; 느 9:8)을 멸하셔서 그 땅을 이스라엘 민족에게 기업으로 주셨는데, 가나안 땅 일곱 족속을 멸하신 것은 그 족속의 죄악이 관영하였기 때문이었다(창 15:16 참조). 또 하나님께서 가나안 땅을 이스라엘에게 주신 것은 하나님께서 주시겠다고 약속하셨기 때문이었다(창 15:7).

바울은 이스라엘 민족이 애굽 생활을 시작한 때부터 가나안 땅을 기업으로 받기까지 "약 사백오십 년 간" 걸렸다고 말한다. 여기 450년의 기간을 산출하는 데는 몇 가지 학설이 있다. 1) 혹자는 아브라함부터 출애굽까지의 연수를 계산하기도 하고, 2) 또 혹자는 가나안 정복부터 솔로몬 시대의 성전 건축까지를 계산하기도 한다. 그러나 이 두 학설은 본 절에서 말하는 "그 땅을 기업으로 주시기까지"라는 말을 포함하고 있지 않는 약점이 있다. 3) 야곱과 그의 자손들이 애굽에 들어간 때부터 가나안 정복 때까지라고 하는 학설이 가장 설득력이 있는 것으로 보인다. 하나님은 아브라함에게 말씀하시기를 그의 자손 야곱과 후손들이 외국에서 400년간 압제를 받으리라고 하셨는데(창 15:13), 이 숫자에 광야 생활을 한 40년을 더하고 또 가나안 정복에 필요했던 10년을 더하면 대략 450년이 된다.

행 13:20. 그 후에 선지자 사무엘 때까지 사사를 주셨더니.

바울은 이스라엘 민족이 가나안 땅을 기업으로 받은 후에 하나님께서 "선지자 사무엘 때까지 사사를 주셨다"고 말한다(삿 2:16; 삼상 3:1-21). 하나님은 '선지자 사무엘 때까지 사사를 주셔서' 이스라엘을 재판하게 하시고 다스리게 하셨다. 하나님은 이스라엘을 위하여 큰 사사 여섯 명, 곧 옷니엘, 에훗, 드보라, 기드온, 입다, 삼손, 그리고 작은 사사 여섯 명, 곧 삼갈, 돌라, 야일, 입산, 엘돈, 압돈을 주셔서 이스라엘을 돌보게 하셨다. 그들의 통치기간(BC 1,390-1,050)은 선지자 사무엘로 끝난다.

바울은 사무엘을 선지자라고 부르고 있는데, 정확하게 말하자면 하나님은 사무엘을 제사장과 선지자로 부르셨으나(삼상 2:35; 3:20) 하나님은 사무엘로 하여금 사사시대와 왕정시대(선지자시대)를 잇는 선지자가 되게 하셨다. 그런고로 바울은 선지자 사무엘을 이스라엘의 마지막 사사로 부르고 있다. "사사"(judges)라는 직분은 하나님께서 직접 세워주신 직분으로 하나님의 명을 받아 백성을 재판하고 다스리던 직분이었다. 하나님은 이스라엘 민족이 불순종했지만 계속해서 영적인 지도자들을 주셨다(삿 2:16). 이것이 바로 하나님의 사랑이고 돌보심이다. 이 시대는 하나님께서 사사들을 통하여 다스리던 시대였는데 신정시대(theocracy)라 부른다.

행 13:21. 그 후에 그들이 왕을 구하거늘 하나님이 베냐민 지파 사람 기스의

아들 사울을 사십 년간 주셨다가.

바울은 이스라엘의 사사시대 끝에, 다시 말해 사무엘의 신정정치 끝 무렵에 이스라엘 민족이 "왕을 구했다"고 말한다(삼상 8:5; 10:1). 이스라엘은 하나님의 통치를 거부하여 자기들도 이방 나라들처럼 인간 왕을 세워달라고 했다(신 17:14-17; 삼상 8:6-7; 10:19; 12:17, 19). 하나님은 사무엘에게 백성의 요구를 들어주라 명하시고 "베냐민 지파 사람 기스의 아들 사울을 사십 년간 주셨다." 하나님은 자신을 거역하는 백성들을 버리지 않으시고 왕을 주셨다. 하나님께서 주신 사울왕은 왕정정치의 첫 번째 왕이었는데 하나님께 불순종하므로 버림을 당했다. 그러나 그의 통치기간이 40년간이라고 말한다. 구약에 사울의 통치기간에 대해서 말한 것은 없는데 바울은 요세푸스의 역사책에 있는 대로 말한 것 같다. 요세푸스에 의하면 사울은 사무엘이 살아있는 18년 동안 왕으로 봉직했고 사무엘 선지가 죽은 후 22년 동안 왕으로 재직했다고 말한다.[71]

행 13:22. 폐하시고 다윗을 왕으로 세우시고 증언하여 이르시되 내가 이새의 아들 다윗을 만나니 내 마음에 맞는 사람이라 내 뜻을 다 이루리라 하시더니.

바울은 하나님께서 사울을 "폐하시고 다윗을 왕으로 세우셨다"고 말한다(삼상 16:13; 삼하 2:4; 5:3). 하나님께서 사울을 폐위하신 것은 그의 범죄 때문이었다(삼상 13:13-14; 15:19, 22-23, 26, 28; 16:1; 호 13:1). 그리고 하나님은 사울의 후손 중에 한 사람도 왕으로 쓰지 않으셨다. 하나님의 말씀을 순종하지 않는 사람은 길게 가지 못한다. 오늘도 불순종하는 사람들은 길게 쓰이지 못한다.

바울은 하나님께서 다윗을 왕으로 세우신 다음 말씀하시기를 "내가 이새의 아들 다윗을 만나니 내 마음에 맞는 사람이라 내 뜻을 다 이루리라"고 하셨다고 말한다(7:46; 삼상 13:14; 시 89:20-21 혼합인용). 하나님께서

---

71) Josephus, *Antiquities*, 6.14.9[378].

이새의 아들 다윗을 두고 "내 마음에 맞는 사람이라"("a man after my heart")고 하신 말씀은 다윗이 전혀 죄를 짓지 아니할 사람이라는 뜻이 아니라(그도 역시 죄를 크게 범한 사람이었다. 삼하 11장) 하나님께 순종하여 하나님의 뜻을 이룰 사람이라는 뜻이다. 그는 죄를 지었을 때 철저히 회개하였으며(시 51편) 또한 의의 길을 갔다(왕상 14:8; 15:5). 다윗이 왕으로 세움 받았기에 "규(왕권을 상징하는 작은 휴대용 지팡이)가 유다를 떠나지 아니하리라"(창 49:10)는 말씀이 이루어졌다. 우리가 하나님의 마음에 맞는 사람이 되려면 죄를 지었을 때 철저하게 회개하고 또 주님의 뜻을 따르는 사람들이 되어야 한다.

행 13:23. 하나님이 약속하신 대로 이 사람의 후손에서 이스라엘을 위하여 구주를 세우셨으니 곧 예수라.

바울은 본 절부터 25절까지 하나님께서 약속하신대로 다윗의 후손에서 예수님을 보내신 사실을 진술한다. 본문의 "하나님이 약속하셨다"는 말은 '하나님께서 예수님을 보내시겠다고 다윗에게 약속하신 것'을 지칭할 뿐 아니라(삼하 7:12-13) '여러 세대에 걸쳐 약속하신 것'을 지칭한다(시 132:11; 사 11:1, 10; 렘 23:5).

바울은 하나님께서 "이 사람의 후손에서 이스라엘을 위하여 구주를 세우셨으니 곧 예수라"고 말한다(2:30; 사 11:1; 눅 1:32, 69; 롬 1:3). 즉 하나님께서 '다윗(앞 절)의 후손에서 이스라엘(결국은 영적인 이스라엘을 다 포함하는 말임, 롬 9:4)을 위하여 구주를 세우셨다'(마 1:21; 롬 11:26)고 말하며 그 구주는 다른 분이 아니라 "예수"('구원자'라는 뜻임, 마 1:21)라고 말한다. 바울은 비시디아 안디옥의 회당에서 "예수"가 바로 이스라엘의 구원자라고 외쳤다.

행 13:24. 그가 오시기에 앞서 요한이 먼저 회개의 세례를 이스라엘 모든 백성에게 전파하니라.

바울은 본 절과 다음 절(25절)에서 세례 요한의 사역(회개의 세례)을 언급했는데 그는 세례 요한의 회개의 세례를 세례 요한 나름대로의 독자적인 사역으로 인식하지 않고 그리스도에게 딸린 종속적인 사역으로 보았다. 바울은 예수님이 오시기에 앞서 "요한이 먼저 회개의 세례를 이스라엘 모든 백성에게 전파했다"고 말한다(마 3:1; 눅 3:3). 바울은 요한이 베푼 "회개의 세례"를 예수님과 관련이 없는 어떤 독자적인 세례, 곧 도덕적인 어떤 잘 못으로부터 돌이키면 세례를 베풀어주는 것으로 여기지 않고, 예수 그리스도를 영접하여 사죄를 받도록 해주기 위한 사역으로 보았다(마 3:3; 막 1:4; 눅 3:3; 요 1:6-7, 23). 그러니까 세례 요한의 회개의 세례는 사람들로 하여금 예수 그리스도를 믿도록 회개하게 만들어주는 사역이라는 것이다. 세례 요한은 모든 이스라엘 백성들이 회개하여 예수 그리스도를 영접하여 사죄 받게 하기 위해서 세례를 베풀었다.

행 13:25. 요한이 그 달려갈 길을 마칠 때에 말하되 너희가 나를 누구로 생각하느냐 나는 그리스도가 아니라 내 뒤에 오시는 이가 있으니 나는 그 발의 신발 끈을 풀기도 감당하지 못하리라 하였으니.
세례 요한은 사람들로 하여금 예수님을 영접하여 사죄의 은총을 받도록 해주기 위해서 회개하라 전파하고 또 죄를 자복하는 자에게 세례를 베풀어주었을 뿐 아니라(앞 절) 그는 사람들로 하여금 예수님을 바라보도록 했다는 것이다. 세례 요한은 사람들에게 회개하라 외치고 또 세례를 베푼(앞 절) 다음 그의 사역을 마감하기 전에 말하기를 "너희가 나를 누구로 생각하느냐 나는 그리스도가 아니라 내 뒤에 오시는 이가 있으니 나는 그 발의 신발 끈을 풀기도 감당하지 못하리라"고 외쳤다(마 3:11; 막 1:7; 눅 3:16; 요 1:20, 27). 그는 첫째, "나는 그리스도가 아니라"고 극명하게 말했다. 그리고 둘째, "내 뒤에 오시는 이가 있으니 나는 그 발의 신발 끈을 풀기도 감당하지 못하리라"고 말했다. '자신보다 뒤에 오시는 이, 곧 역사상에 자신보다 뒤에 예수님이 오시는데 자신은 예수님의 신발 끈을 푸는 종도 되지 못할 자라'고 말을 했다. 예수님을 높이고 자신은 놀라울 정도로 낮추었다(요 3:30). 우리 도 그리스도를 증언하고(높이고) 역사에서 사라져야 한다.

행 13:26. 형제들아 아브라함의 후손과 너희 중 하나님을 경외하는 사람들아 이 구원의 말씀을 우리에게 보내셨거늘.

누가는 바울이 본 절부터 37절까지 예수님이 십자가를 지시고 또 부활하심을 통해 구속을 완성하신 것을 증거한 사실을 기록한다. 바울은 먼저 비시디아 안디옥 회당에 앉아있는 사람들을 향하여 "형제들아"라고 부른다. 앞에서 말한 내용과 약간 다른 내용을 말하려고 이렇게 애칭으로 부른다. 바울은 16절부터 25절까지 먼저 구약을 들어 예수님이 구주이심을 증명한 것과는 약간 다른 내용, 즉 그리스도의 십자가 지심과 부활하심에 대해 언급하려고 이렇게 분위기를 돌린다. 바울은 좀 더 구체적으로 "아브라함의 후손과 너희 중 하나님을 경외하는 사람들아"라고 부른다. 여기 "아브라함의 후손"이란 말은 '이스라엘 사람들'(16절)을 지칭하는 말이고 "너희 중 하나님을 경외하는 사람들아"라는 말은 '하나님을 경외하는 이방인 전체'(16절)를 지칭하는 말이다. 아마도 그 회당에 이방인들로서 개종한 사람들이 많이 참여했던 것으로 보인다.

바울은 청중을 이렇게 부른 다음 하나님께서 "이 구원의 말씀을 우리에게 보내셨거늘"이라고 말한다(46절; 3:26; 마 10:6; 눅 24:47). "이 구원의 말씀" 이란 말은 '예수 그리스도를 통하여 전파된 복음'을 지칭한다. 예수 그리스도 를 통하여 전파된 복음은 우리의 구원을 위한 말씀이다. 바울은 이런 위대한 복음을 등한히 여기면 위험한 일인데 사람들이 그만 예수님을 십자가에서 죽게 했다는 말을 하기 시작한다.

행 13:27. 예루살렘에 사는 자들과 그들 관리들이 예수와 및 안식일마다 외우는 바 선지자들의 말을 알지 못하므로 예수를 정죄하여 선지자들의 말을 응하게 하였도다.

바울은 예수님을 정죄한 사람들이 "예루살렘에 사는 자들과 그들 관리들"이
라고 말한다. "예루살렘에 사는 자들"이 "그들 관리들"보다는 더 넓은 범위를
지칭하는 말이다. 바울도 예루살렘에 사는 사람으로서 예수를 싫어하였고
예수 믿는 사람들을 박해했었다. 그는 다메섹 도상에서 그리스도를 만나
뒤집어져서 사도가 된 지금 먼 옛날을 회고하면서 이 말을 한 것이다. "관리
들"이란 말은 '산헤드린 공의회 사람들'을 뜻한다. 빌라도는 산헤드린 공회
원들이 예수님을 넘겨주지 않았더라면 십자가에 넘겨주지 않았을 것이다.
그런고로 여기 "관리들"이란 사람들은 '산헤드린 공의회 사람들'을 지칭하는
말이다. 이 두 부류들은 "예수와 및 안식일마다 외우는 바 선지자들의 말을
알지 못하므로 예수를 정죄하였다"(14-15절; 3:17; 15:21; 26:22; 28:23;
눅 23:34; 24:20, 44; 고전 2:8). 그들은 '예수도 몰랐고 안식일마다 모여서
외우는 바 선지자들의 말을 알지 못해서 예수님을 정죄했다.'[72] 예수님을
모르는 것이나 선지자들의 말을 모른다는 말은 똑같은 말이다. 이유는 선지자
들의 말은 예수님을 증언하고 있기 때문이다.

　　그런데 바울은 두 부류의 사람들이 예수님을 십자가에 못 박아 죽인
것은 우연하게 생겨진 일이 아니라 "선지자들의 말을 응하게 한 것"이라고
말한다. 그러니까 선지자들이 예수님의 십자가 정죄를 예언한대로 되었다는
뜻이다(사 2:1-2; 52:13-53:12). 선지자들은 유대의 관원들이 예수님을 정죄
하여 십자가에 못 박아 죽일 것을 예언했다.

**행 13:28-29a. 죽일 죄를 하나도 찾지 못하였으나 빌라도에게 죽여 달라
하였으니 성경에 그를 가리켜 기록한 말씀을 다 응하게 한 것이라.**

---

72) 박윤선목사는 예루살렘에 사는 자들과 그들 관리들이 예수와 및 안식일마다 외우는
바 선지자들의 말을 알지 못하므로 예수를 정죄한 사건에 대해 주해하면서 "인간들은 비록
위대한 지도자라도 자기들에게 가까이 있으면 경멸하는 경향이 있으며, 뿐만 아니라 하늘에서
온 하나님의 말씀이라도 그것이 그들에게 익숙해지면 그것을 귀히 여기는 열심히 식어진다.
그리하여 그들이 그 말씀의 참 뜻을 깊이 상고하지 않는 타성이 있다(눅 4:24 참조). 인간성의
이런 심리 경향은 죄악으로 인하여 어두워져 스스로 높아진 결과이다"라고 말한다(사도행전,
성경주석, p. 295).

산헤드린 공의회원들은 예수님의 죄를 찾으려 하였으나 결국은 공연한 죄목을 뒤집어 씌웠을 뿐 "죽일 죄를 하나도 찾지 못하였으나 빌라도에게 죽여 달라 하였다"(마 27:22-23; 막 15:13-14; 눅 23:21-22; 요 19:4, 6, 15). '예수님에게 죽일만한 죄가 하나도 없었으나(눅 23:4, 14, 22; 요 18:38; 벧전 2:22) 빌라도에게 예수님을 죽여 달라고 부탁했다(3:13; 요 19:12-16). 무죄하신 예수님께서 죄를 뒤집어 쓰셨기 때문에 우리의 모든 죄는 사하여 졌다.

바울은 사람들이 죄 없는 예수님을 빌라도에게 죽여 달라 하여 죽인 것(28절)은 "성경에 그를 가리켜 기록한 말씀을 다 응하게 한 것이라"고 말한다(눅 18:31; 24:44; 요 19:28, 30, 36-37). 예수님을 죽인 것은 구약 성경에 그를 가리켜 기록해 놓은 말씀을 다 응하게 한 것이라는 것이다(2:23; 사 2:1-2; 52:13-53:12). 예수님의 십자가 죽음은 구약 성경을 완전히 이룬 것이다. 그는 우리를 위해서 죄 없이 십자가에서 죽으셨다.

행 13:29b-30. 후에 나무에서 내려다가 무덤에 두었으나 하나님이 죽은 자 가운데서 그를 살리신지라.

바울은 예수님께서 십자가에서 죽으신 것이 확인된 "후에 나무에서 내려다가 무덤에 두었으나 하나님이 죽은 자 가운데서 그를 살리셨다"고 말한다(마 27:59; 막 15:46; 눅 23:53; 요 19:38). 예수님의 죽음이 확인된 후에 나무, 곧 십자가에서 내려온 것은 로마 군병들에 의해 된 일이고(요 19:31) 무덤에 둔 것은 아리마대 요셉과 니고데모에 의해서 된 일이었다(눅 23:50-53; 요 19:38-39). 바울이 여기서 중요하게 여긴 것은 누구에 의해서 시체가 십자가에서 내려졌느냐는 것도 아니고 또 누구에 의해서 무덤에 넣어졌느냐 하는 것이 아니라 그저 예수님의 십자가 죽음을 강조한 것뿐이다. 그가 죽었었다는 사실이 중요하다는 뜻이다.

그런데 바울은 "하나님이 죽은 자 가운데서 그를 살리셨다"고 말한다(2:24; 3:13, 15, 26; 5:30; 30절; 마 28:6). 바울은 본 절부터 37절까지 그리스도의 부활을 증언한다. 예수님의 부활에 대해서 초대교회 시대에는 의심했던 사람들이 많아서 자세하게 증언하고 있다. 사람들이 예수님의 부활을 의심한 이유는 나무에 달려 죽은, 저주받은 사람이 어떻게 구주가 될수 있느냐 하는 것이었기 때문에 바울은 예수님의 부활을 자세하게 말하고 있다(37절까지). 바울은 사람이 그를 죽였으나 하나님은 그를 살리셨다고 말한다(롬 1:4).

행 13:31. 갈릴리로부터 예루살렘에 함께 올라간 사람들에게 여러 날 보이셨으니 그들이 이 백성 앞에서 그의 증인이라.
바울은 하나님께서 예수님을 죽은 자 가운데서 살리신 사실을 말한(앞 절) 다음 본 절에서는 예수님께서 친히 자신이 부활한 사실을 제자들에게 여러 날 보여주신 사실에 대해 언급한다. 바울은 예수님께서 "갈릴리로부터 예루살렘에 함께 올라간 사람들에게" 보이셨다고 말한다(1:3, 11; 마 28:16; 고전 15:6-7). 예수님은 죽으시기 전에 자신을 모르던 사람들에게 자신이 부활하신 사실을 보이신 것이 아니라 갈릴리로부터 예루살렘에 함께 올라간 제자들, 곧 자신을 잘 아는 사람들에게 보이셨다. 자신을 모르던 사람들에게 백날 천날 보여 보았자 자신의 부활하심을 증거할 수 없으므로 자신의 옛 모습을 아는 제자들에게 보이셨다. 다시 말해 죽기 전 예수님의 모습을 아는 사람들에게 보이셨다.

　바울은 예수님께서 그의 제자들에게 보이신 날이 "여러 날"이라고 말한다. 누가는 행 1:3에서 예수님께서 40일을 보이셨다고 말한다(1:3-"사십일 동안 그들에게 보이시며"). 그리고 보이신 회수(回數)는 복음서와 사도행전 그리고 서신서의 것을 합치면 10번이나 나타나셨다(마 28:1-10, 16-20; 막 16:9-11; 눅 24:13-49; 요 20:19-25, 26-31; 21:1-23; 행 1:3-8; 고전 15:5-7). 예수님께서는 부활하신 후 사람들로 하여금 믿을 수 있을 만큼 충분히 자신을 보여주셨다.

　바울은 갈릴리 사람들이야 말로 "이 백성 앞에서 그의 증인이라"고 말한다(1:8; 2:32; 3:15; 5:32). 그 증인들이 아직도 살아서 그리스도의 부활을 의심하지 않고 증언하는 증인들이 되었다고 말한다. 바울은 그 자신과 바나바에 대해서는 본 절에서 언급하지 않고 다음 절(32절)에서 말하고 있다. 우리는 그리스도께서 부활하셨다는 것을 힘써 외치는 사람들이 되어야 할 것이다.

행 13:32. 우리도 조상들에게 주신 약속을 너희에게 전파하노니.

본 절부터 37절까지의 말씀은 베드로의 설교(2:24-32)와 유사한 고로 그곳 주해를 참조할 것. 바울은 "우리도 조상들에게 주신 약속을 너희에게 전파한다"고 말한다(26:6; 창 3:15; 12:3; 22:18; 롬 4:13; 갈 3:16). 갈릴리 사람들(앞 절)만 그리스도의 부활에 대한 증인이 아니라 "우리도" 즉 '바울이나 바나바도' 역시 하나님께서 "조상들에게 주신 약속을 너희에게 전파한다"고 말한다. 그러면 바울이나 바나바가 증언하는 "약속"이란 무엇인가. 하나님께서 조상들에게 주신 약속이 많이 있지만 본 절에 기록된 "약속"은 '하나님께서 조상들(아브라함이나 다윗)에게 주신바 그리스도를 반드시 부활하게 하시리라는 약속'을 지칭한다. 바울은 하나님께서 그리스도를 부활하게 하시리라는 약속이 이루어졌다는 것을 전파한다는 것이다. 바울은 하나님께서 조상들에게 주신 약속이 이루어진 것을 말하기 위해 구약 성경을 인용하여 말한다. 그 구약 성경은 다음 절(33절)에 명시되어 있다. 하나님은 아브라함이나 다윗 뿐 아니라 다른 선지자들에게도 예수님이 초림하실 일과 또 예수님께서 사람들의 병을 고치실 일, 통치하실 일, 부활하실 일을 것을 약속하셨다(26:6-7, 22-23; 사 40:9; 52:7). 그런데 바울은 예수님께서 부활하시리라는 약속이 이루어져 부활하셨다고 말한다. 바울은 이 소식을 비시디아 안디옥 회당에서 전파했다.

행 13:33. 곧 하나님이 예수를 일으키사 우리 자녀들에게 이 약속을 이루게 하셨다 함이라 시편 둘째 편에 기록된 바와 같이 너는 내 아들이라 오늘 너를 낳았다 하셨고.

바울은 앞 절에서 말한바 하나님께서 "조상들에게 주신 약속"(앞 절)이 어떻게 이루어졌는가를 본 절에서 말하고 있다. 즉 "하나님이 예수를 일으키사 우리 자녀들에게 이 약속을 이루게 하셨다"고 말한다. '하나님께서 예수님을 부활시키심으로써 우리 자녀들에게' "이 약속" 즉 '예수님을 부활시키시리라는 약속'을 이루셨다는 것이다.

여기 "일으키사"(ἀναστήσας)란 말은 '하나님께서 그리스도를 역사상에 출현시키셨다'는 뜻이다. 역사상에 출현시키셨다는 말은 그리스도의 부활까지를 포함하는 말이다. 문맥(30-31절, 34-35절)을 살펴볼 때 분명히 그리스도의 부활을 포함하는 말이다. 부활을 포함해야 그리스도의 역사상 출현이란 말이 성립된다. 그리스도께서 부활하시지 않았더라면 그리스도께서 역사상에 출현하는 일이 무산되었을 것이다. 그러니까 하나님께서 예수님을 '부활시켜서,' '부활시키심으로써,' '부활시키신 점에서' "우리 자녀들에게" 이 약속을 이루셨다는 것이다.

본문의 "우리 자녀들에게"란 말이 사본(C3EP)에 따라서는 "저들의 자녀인 우리에게"("unto us their children"-KJV, RSV, "unto us, their children"-NIV)로 표기되어 있다. 사본의 권위로 보아서는 "우리 자녀들에게"라고 쓴 사본들(aABCD)이 더 권위적이지만 뜻이 잘 통하지 않는다. 즉 "우리 자녀들에게"(our children)라고 하면 '바울과 바나바의 자녀들에게'란 말이 된다. 그런고로 뜻으로 보아서는 "저들의 자녀인 우리들에게"('조상들의 자녀인 우리들에게')가 더 바람직하다. 하나님은 예수님을 부활시키셔서 조상들의 영적인 자녀들인 우리들에게(바울과 바나바를 포함한 우리들) 하나님께서 약속하신 바를 이루셨다.

그런데 바울은 자기의 주장(상반 절)을 강화하기 위해 구약 성경 시편 제 2편의 말씀을 인용한다. 바울은 "시편 둘째 편에 기록된 바와 같이 너는 내 아들이라 오늘 너를 낳았다"는 예언의 말씀을 끌어내어 예수님의 부활을 증언한다(시 2:7; 히 1:5; 5:5). 이 말씀은 유대인들에게나 당시의 예배 자들에게 어려운 말씀이 아니라 예배 시에 항상 사용하던 말씀이다. "너는 내 아들이라"는 말씀은 다윗의 왕위를 계승하는 왕들의 대관식 때 낭송되던 말씀이었다(삼하 7:14). 하나님은 왕들의 대관식 때 자신이 택하신 왕을 자기의 아들로, 하나님 자신을 아버지로 말씀하셨다. 다시 말해 하나님과 왕은 부자간처럼 아주 친밀하시다는 것을 보여주시기 위하여 이렇게 말씀하셨을 뿐 아니라 왕의 통치권이 절대적이라는 것을 보여주시기 위하여 이렇게 말씀하셨다. 바울은 이 말씀이 다윗의 왕권을 영원히 계승하실 그리스도에게서 이루어졌다고 말한다. 다시 말해 예수님은 하나님의 영원한 아들이시라고 말한다. 그리고 "오늘 너를 낳았다"는 말씀은 하나님께서 택하신 왕을 육신적으로 출산하셨다는 뜻이 아니라 자신이 택하신 왕을 왕으로 세우시고 기름 부으셔서 왕으로 삼으셨다는 뜻이다. 바울은 하나님께서 이 예언의 말씀이 예수님에게서 이루어졌다고 말한다. 즉 하나님은 예수님을 영원히 왕으로 세우셨다는 것이다. 하나님은 예수님을 부활시키셔서 영원히 왕으로서 통치하게 하셨다.

행 13:34. 또 하나님께서 죽은 자 가운데서 그를 일으키사 다시 썩음을 당하지 않게 하실 것을 가르쳐 이르시되 내가 다윗의 거룩하고 미쁜 은사를 너희에게 주리라 하셨으며.

바울은 앞 절에서 시 2:7 말씀을 들어 그리스도의 부활을 증거하고는 이제 본 절에서는 이사야 55:3을 인용하여 그리스도의 부활의 확실함을 증거하고 있다. 즉 "하나님께서 죽은 자 가운데서 그를 일으키사 다시 썩음을 당하지 않게 하실 것을" 이사야 55:3("내가 다윗의 거룩하고 미쁜 은사를 너희에게 주리라") 말씀을 들어 증명한다. 다시 말해 '하나님께서 예수님을 부활시키셔서 영원히 썩지 않게 하실 일'을 이사야 55:3 말씀, '하나님께서 다윗의 거룩하고 미쁜 은사들(복들)을 너희에게 주리라'는 말씀을 들어 증명한다. 하나님께서 다윗의 거룩하고 미쁜 복들을 사람들에게 주시기 위해서는 예수님께서 부활하셔서 영원히 계셔야 한다는 말씀이다(롬 6:9). 예수님께서 부활하시지 않으셨다면 하나님께서 우리들에게 다윗에게 약속하신 거룩하고 미쁜 복들을 주지 못하실 것이다. "거룩하고 미쁜" 복들이란 말은 하나님께서 다윗에게 약속하신 모든 복들, 곧 예수님을 통하여 주실 복들은 다른 세상 복들과 달리 '구별된 복들이고 또 확실한 복들'이란 뜻이다. 그 복은 한 두 가지가 아니다. 부활의 복, 영생의 복, 하나님과의 화평의 복 등 수많은 복들을 포함한다. 예수님은 부활하셔서 우리들에게 엄청난 복들을 주셨고 또 앞으로도 계속해서 주실 것이다.

행 13:35. 또 다른 시편에 일렀으되 주의 거룩한 자로 썩음을 당하지 않게 하시리라 하셨느니라.

바울은 "또 다른 시편," 곧 '시편 2:7말고 다른 시편'을 들어 주님의 부활을 증거한다. 즉 시편 16:10의 말씀, "주의 거룩한 자로 썩음을 당하지 않게 하시리라"는 말씀을 들어 증명한다(2:31; 시 16:10). 본문의 "주의 거룩한 자"란 말은 '하나님께서 구별하신 자'를 뜻하는 말인데 일차적으로는 다윗을 지칭하지만 궁극적으로는 예수님을 지칭한다. 그 이유는 다윗은 결국 썩음을 당하였기 때문에(다음 절) 이 시편은 그리스도를 지칭하는 것으로 보아야 한다. 바울은 하나님께서 친히 구별하신 그리스도로 하여금 "썩음을 당하지 않게 하시리라"고 하셨는데 실제로 그리스도를 부활시키셨다. 하나님은 예언하신대로 그리스도를 부활시키셨다. 그리스도는 영원히 죽지 않으신다.

행 13:36-37. 다윗은 당시에 하나님의 뜻을 따라 섬기다가 잠들어 그 조상들과 함께 묻혀 썩음을 당하였으되 하나님께서 살리신 이는 썩음을 당하지 아니하였나니.

바울은 이 부분(36-37절)에서 다윗과 그리스도를 대조하여 다윗은 죽어서 썩었으나 그리스도는 부활하여 영원히 썩지 않는 몸이 되었다고 말한다. 바울의 이 논법은 베드로의 논법과 같다(2:29-31). 바울은 "당시에 하나님의 뜻을 따라 섬기다가 잠들어 그 조상들과 함께 묻혀 썩음을 당하였다"(2:29; 왕상 2:10)고 말하고 또 "하나님께서 살리신 이," 곧 '그리스도'는 "썩음을

당하지 아니하였다"고 말하여 그리스도의 부활을 증거하고 있다. 바울은
끈질기게 구약의 역사적인 사건을 들어 그리스도의 부활을 증거한다.

**행 13:38-39. 그러므로 형제들아 너희가 알 것은 이 사람을 힘입어 죄 사함을
너희에게 전하는 이것이며 또 모세의 율법으로 너희가 의롭다 하심을 얻지
못하던 모든 일에도 이 사람을 힘입어 믿는 자마다 의롭다 하심을 얻는
이것이라.**
바울은 본 절부터 41절까지 청중들을 향하여 믿음을 가지라고 부탁한다.
먼저 믿으라고 권하고(38-39절) 다음으로 불신앙을 경고한다(40-41절).
    바울은 설교의 결론을 맺기 위해 "그러므로"라고 말한다. 바울은 이제
결론적으로 "너희가 알 것"이 있다고 말한다. 비시디아 안디옥의 회당에
있는 이스라엘 사람들과 이방인 개종자들이 반드시 알아야 할 것은 첫째,
"이 사람을 힘입어 죄 사함을 너희에게 전하는 이것이라"고 말한다(렘 31:34;
단 9:24; 눅 24:47; 요일 2:12). '부활하신 그리스도를 힘입어 죄 사함을
받는다는 것을 전하다'는 것이다. 누구든지 부활하신 그리스도 앞에 나아와
그리스도를 믿을 때 즉시 죄 사함을 받는다.
    둘째, 모세의 율법을 조목조목 다 지켜도 의롭다 하심을 얻지 못하던
모든 일에도 예수님을 믿는 자마다 의롭다 하심을 얻는다고 말한다(사 53:11;
롬 3:28; 8:3; 히 7:19). 우리가 율법을 일일이 지켜보아도 의롭다 하심을
받지 못하고 오히려 죄의식만 더해질 뿐인데 부활하신 예수님을 중보자로
믿으면 완전히 의롭다 하심을 얻는다.

**행 13:40-41. 그런즉 너희는 선지자들을 통하여 말씀하신 것이 너희에게
미칠까 삼가라 일렀으되 보라 멸시하는 사람들아 너희는 놀라고 멸망하라
내가 너희 때를 당하여 한 일을 행할 것이니 사람이 너희에게 일러줄지라도
도무지 믿지 못할 일이라 하였느니라 하니라.**
바울은 앞부분(38-39절)에서 예수님을 믿어 죄 사함 받고 의롭다 하심을

얻으라고 권한 다음 이제 이 부분(40-41절)에서는 선지자들을 통한 경고를 들으라고 말한다. 바울은 "그런즉 너희는 선지자들을 통하여 말씀하신 것이 너희에게 미칠까 삼가라"고 말한다(사 29:14; 합 1:5). 즉 '선지자들을 통하여 말씀하신 것이 성도들에게 임할까 조심하라'는 것이다. 선지자들을 통하여 경고한 내용은 41절에 기록되어 있다. 41절의 말씀은 하박국 1:5의 말씀인데 70인역(LXX)에서 자유롭게 인용한 말씀이다.

하박국 1:5의 말씀은 유대민족이 회개하지 않으면 바벨론의 침공으로 멸망한다는 내용이었는데 바울은 종말론적으로 예수님을 멸시하면 멸망한다는 말씀으로 적용하고 있다. 선지자들을 통하여 경고한 말씀은 다름 아니라 "보라 멸시하는 사람들아 너희는 놀라고 멸망하라"는 말이다. '예수님을 멸시하는 사람들은 놀라게 되고 멸망하게 되라'는 내용이다. 바울은 선지자들의 경고의 내용을 계속해서 말한다. 곧 "내가 너희 때73)를 당하여 한 일을 행할 것이니 사람이 너희에게 일러줄지라도 도무지 믿지 못할 일이라"는 내용이다. 선지자의 경고의 내용은 너희가 심판받을만한 때를 당하면 하나님께서 바벨론 군대를 보내어 유대를 멸망시킬 것인데 사람이 아무리 유대민족에게 일러줄지라도 도무지 믿을 수 없는 정도의 일이라는 것이다. 그만큼 심판이 엄중하다는 뜻이다. 바울은 하박국 선지자의 경고의 말씀을 종말적으로 적용하여 예수님을 믿지 않고 멸시하면 비참하게 망한다고 경고한다. 유대민족은 결국 그리스도를 거부하다가 주후 70년에 로마 군대에 의하여 멸망하고 말았다. 오늘도 성경의 경고를 무시하면 결국 망하고 만다.

c. 바울 사도의 설교에 대한 반응 13:42-43

행 13:42. 그들이 나갈 새 사람들이 청하되 다음 안식일에도 이 말씀을 하라 하더라.

---

73) "너희 때"란 말은 '유대민족이 심판받을만한 때' 혹은 '멸망 받을만한 때'를 지칭하는 말이다. 그 때가 언제인지는 확실하지 않다. 회개하면 심판을 받지 않을 수도 있고 회개하지 않으면 유대민족이 심판을 받을 것이다. 그 때가 빠를 수도 있고 늦을 수도 있다.

누가는 본 절과 다음 절(43절)에서 바울의 설교의 반응을 기록한다. 본 절은 바울의 설교를 들은 청중이 다음 안식일에도 다시 같은 설교를 하라고 말한다. 바울과 바나바가(아마도 예배 후 친교의 시간을 끝내고) 회당 문을 나설 때 설교를 들은 청중들이 잠시 가로막고 청하기를 다음 안식일에도 이 말씀을 전하라고 부탁한 것 같다. 이들의 반응은 분명히 이들이 성령으로 말미암아 은혜를 받았기 때문이었을 것이다. 그들은 바울이 구약을 들어 예수님의 부활을 증거하였고 또 죄 사함을 받으라고 권했으며 또 의롭다 하심을 받으라고 권했기에 큰 은혜를 받았음에 틀림없다. 바울은 복음의 핵심을 전하여 큰 은혜를 끼쳤다. 바울은 기복신앙을 전하지 않았다.

행 13:43. 회당의 모임이 흩어진 후에 유대인과 유대교에 입교한 경건한 사람들이 많이 바울과 바나바를 따르니 두 사도가 더불어 말하고 항상 하나님의 은혜 가운데 있으라 권하니라.

누가는 본 절에서 회당의 모임(아마도 친교의 모임)이 흩어진 후의 반응을 기록한다. 모임이 끝난 후에 두 부류의 사람들, 곧 유대인들과 또 유대교에 입교한 경건한 사람들이 많이 바울과 바나바를 따랐다. 여기 "유대교에 입교한 경건한 사람들"이란 '유대교로 개종한, 예배에 참석했던 사람들'(16절, 26절)을 지칭할 것이다. 그러니까 유대인들과 또 유대교로 개종한, 예배에 참석했던 사람들이 많이 바울과 바나바를 따를 때 두 사도가 그들과 함께 말하고, 받은바 하나님의 은혜 가운데 항상 있으라고 권했다 (11:23; 14:22; 딛 2:11; 히 12:15; 벧전 5:12). 계속해서 은혜 가운데 산다는 것은 중요하다. 우리는 은혜 중에 살아야 하고 그리스도 안에서 살아야 한다(요 15:3).

d. 두 사도가 비시디아 안디옥을 떠나다 13:44-52
행 13:44-45. 그 다음 안식일에는 온 시민이 거의 다 하나님의 말씀을 듣고자 하여 모이니 유대인들이 그 무리를 보고 시기가 가득하여 바울이 말한 것을

반박하고 비방하거늘.

누가는 그 다음 안식일에 나타난 두 가지 반응을 기록한다. 하나는 "온 시민이 거의 다 하나님의 말씀을 듣고자 하여 모였다"는 것이다. 곧 비시디아 안디옥 시민이 거의 다(두 사도의 한 주간의 전도와 이방인들의 한 주간의 선전 때문일 것이다) 바울이 전하는 하나님의 말씀을 듣고자 하여 모였다. 대단한 열의가 나타났다. 그런가하면 또 하나의 반응은 "유대인들이 그 무리를 보고 시기가 가득하여 바울이 말한 것을 반박하고 비방했다"(18:6; 벧전 4:4; 유 1:10). 즉 '유대인들(42-43절에서 말하는 유대인들은 아니다)이 온 시민이 하나님의 말씀을 듣고자 하여 모이는 것을 보고 시기가 가득하여 바울이 말한 것을 반박(훼방)하고 비방(욕)했다.' 항상 복음 증거에는 두 가지 반응이 나타난다. 하나는 복음을 받아들이는 측, 또 하나는 복음을 배척하는 측이 나타난다.

행 13:46. 바울과 바나바가 담대히 말하여 이르되 하나님의 말씀을 마땅히 먼저 너희에게 전할 것이로되 너희가 그것을 버리고 영생을 얻기에 합당하지 않은 자로 자처하기로 우리가 이방인에게로 향하노라.

유대인들의 반박과 비방을 들은 바울과 바나바는 이방인에게로 갈 수밖에 없다고 말한다. 바울과 바나바는 이방인에게로 갈 수밖에 없다는 것을 "담대히 말했다." 죄 지은 것이 아니니 담대히 말했고 또 책임은 유대인들에게 있다는 것을 알리기 위해 담대히 말했다. 두 사도(바나바는 넓은 의미에서 사도였다)는 하나님의 말씀을 마땅히 먼저 유대인들에게 전해야 할 것으로 알고 있었지만(구원이 유대인에게서 났기 때문이다. 26절; 3:26; 마 10:6; 요 4:22; 롬 1:16) 유대인들이 그 말씀을 반박하고 비방하며 영생을 얻기에 합당하지 않은 자로 처신하기 때문에(출 32:10; 신 32:21; 사 55:5; 마 21:43; 롬 10:19) 두 사도는 이방인에게로 향한다고 말한다(18:6; 28:28). 완강하게 거부하는 자들에게는 어쩔 수 없는 일이었다. 발에 묻은 먼지를 떠는 수밖에 없다.

행 13:47. 주께서 이같이 우리에게 명하시되 내가 너를 이방의 빛으로 삼아 너로 땅 끝까지 구원하게 하리라 하셨느니라 하니.

바울과 바나바는 비시디아 안디옥을 떠나면서 하나님께서 명령하신 명령을 전한다. 즉 "내가 너를 이방의 빛으로 삼아 너로 땅 끝까지 구원하게 하리라" 하신 말씀을 들려주었다(사 42:6; 49:6; 눅 2:32). 바울은 이사야 49:6을 자신들에게 적용한다. 바울과 바나바는 사 49:6을 근거하여 자신들이 멀리 이방으로 갈 수밖에 없다고 말한다. 이사야는 예수님을 두고 예언했지만 예수님의 종들도 그리스도 안에서 그리스도의 빛을 받아 전하는 사도들이니 이 예언의 말씀을 사도들에게 적용할 수 있었다. 예수님은 이방의 빛이시었다. 그리고 사도들도 예수 안에서 사역하는 자들이니 이방의 빛들이었다. 그런고로 사 49:6은 그리스도에 대한 성구이지만 사도들에게도 적용되는 성구이다.

행 13:48. 이방인들이 듣고 기뻐하여 하나님의 말씀을 찬송하며 영생을 주시기로 작정된 자는 다 믿더라.

바울과 바나바의 깜짝 놀랄만한 선언(앞 절, 이방에게로 간다는 선언)을 듣고 이방인들이 기뻐하였다. 물론 비시디아 안디옥의 유대인들은 바울의 선언을 듣고 기분이 나빴을 것이다. 그러나 이방인들은 바울과 바나바가 이방으로 간다는 선언을 듣고 기뻐하였고 또 "하나님의 말씀을 찬송하였다." 즉 하나님의 복음을 찬송하고 믿었다. 그리고 누가는 "영생을 주시기로 작정된 자는 다 믿더라"고 말한다(2:47). 이 말씀을 바꾸어 "영생을 얻고자 하는 자는 누구냐"라는 말로 바꾸는 학자들이 있다. 이렇게 바꾸어 버리면 하나님의 예정을 약화시키거나 아니면 무시하는 것이 된다. 다시 말해 하나님께서 '영생을 주시기로 작정된 자는 다 믿더라'는 말을 인간의 노력 중심으로 바꾸어 '사람으로서 영생을 얻고자 하는 자는 다 믿더라'는 말로 바꾸어 놓으면 엄청난 뜻의 차이를 가져온다. 본문의 말씀은 분명히 하나님의 예정을 가르치고 있다. "복음을 믿은 이방인들은 모두 사실상 하늘의 생명책에 이미 그 이름이 기록되어 있는 사람들이었다'(F. F. Bruce). 본문의 "작정된 자"라는 말은 '하나님에 의해서 선택된 자'(엡 1:4), '하나님께서 구원하시기로 예정하신 자'를 가리킨다(Calvin, Alexander, Whitelaw, Grosheide, 박윤선). 구원은 하나님의 작정된 자에게 임하는 것이고 순전히 은혜에 의한 것이다. 하나님께서 영생을 주시기로 작정된 자도 역시 믿어야 하는 것은 사실이다. 사람은 그리스도를 주님으로 믿어야 구원을 얻는다.

행 13:49. 주의 말씀이 그 지방에 두루 퍼지니라.

누가는 주님의 복음이 비시디아 안디옥 지방에 두루 퍼져가고 있었다고 말한다. 여기 "두루 퍼지니라"(διεφέρετο)는 말씀은 미완료 과거 수동형인고로 '계속해서 퍼지고 있었다'는 뜻이다. 두 사도로부터 복음을 받은 자들이 가만히 있지 않고 예수님이 구원하신다는 소식을 비시디아 안디옥 지방에 두루 퍼뜨려 세력을 얻었다는 것이다. 그런데 누가가 주의 말씀이 그 지방에 두루 퍼지고 있었다는 말씀을 할 때 믿는 자들의 전도활동에 대해서는 침묵하고 그저 말씀만이 두루 퍼진 것처럼 말씀하고 있는 것은 주님의 복음이 큰 힘이 있었음을 보여준다.

행 13:50. 이에 유대인들이 경건한 귀부인들과 그 시내 유력자들을 선동하여 바울과 바나바를 박해하게 하여 그 지역에서 쫓아내니.

비시디아 안디옥 지방에 거주하던 유대인들(45절의 유대인들임)은 두 사도의 전도활동이 성공하는 것을 보고 시기가 가득했고 또 믿는 사람들의 전도활동이 활발해서 그 지방에 두루 퍼진 것을 보고 시기(猜忌)로 충만하여 바울과 바나바를 박해했는데 자기들의 힘만 가지고 박해하는 것보다 "경건한 귀부인들과 그 시내 유력자들을 선동하여" 박해하게 하였다. 여기 "경건한 귀부인들"은 '유대교에 입교한 경건한 사람들(43절)의 부인들'을 지칭하는 말인데 종교계에서는 부인들의 영향력이 클 뿐 아니라 귀부인들의 영향력은 더욱 크다(이런 현상은 모든 지역에서 똑같은 것은 아니다). 유대인들은 경건한 귀부인들의 영향력이 큰 것을 알고 선동하여 두 사도를 박해하게 했다. 그리고 "그 시내의 유력자들"은 '비시디아 안디옥의 고관들과 일반 관리들' 이었을 것인데 유대인들이 세속의 고관들과 관리들을 선동하여 두 사도를 박해하게 했다(딤후 3:11). 유대인들은 사람들을 선동하여 두 사도를 박해하게 했을 뿐 아니라 아예 "그 지역에서 쫓아내고" 말았다. 유대인들은 일단 복음이 더 퍼지지 못하도록 두 사도로 하여금 그 땅에서 발을 붙이지 못하도록 쫓아내고 말았다. 사람을 나쁜 방향으로 선동하는 것은 원래 사탄의 특기이다(창 3:4-5, 13; 고후 11:13; 딤전 2:14). 지금도 사탄은 선동하는 일에 아주 밝다.

행 13:51. 두 사람이 그들을 향하여 발의 티끌을 떨어 버리고 이고니온으로 가거늘.

유대인들이 사람들을 동원하여 두 사도를 박해하게 하고 쫓아낼 때(앞 절) 두 사도는 그들을 향하여 "발의 티끌을 떨어 버리고 이고니온으로 갔다"(18:6; 마 10:14; 막 6:11; 눅 9:5). 두 사도가 발의 티끌을 떨어버린 행동은 두 사도를 박해하게 하여 쫓아낸 사람들의 멸망에는 아무 책임이 없다는 것을 표방하는 행위였다(마 10:14; 막 6:11; 눅 9:5). 두 사도는 열심히 복음을 전했는데 유대인들이 받아들이지 않았으니 그들이 멸망하는 것은 전적으로 그들 쪽에 있다는 것을 보여주었다. 멸망은 멸망을 택한 쪽으로 간다. 두 사도는 이고니온74)으로 가서 복음을 전했다(14:1-5). 오늘

---

74) "이고니온"은 소아시아의 중부 고원의 남쪽에 있던 성읍이다. 이고니온은 브루기아와 루가오니아와의 경계 지방에 위치하고 있었다. BC 3세기에는 셀류코스 왕조의 지배하에 있었으나, BC 25년 갈라디아의 왕 아문타스(Amyntas)의 죽음으로 그 전(全) 영토가 로마의 속도(屬道) 갈라디아현으로 되었다. 이와 같은 사정에서 이고니온은 기술의 관점에 따라 옛 지명을 붙여 '루가오니아의', '부르기아의' 또 새로운 속도(屬都)의 이름을 붙여 `갈라디아의'라는 표현이 쓰여 졌다. 황제 글라우디오는 로마의 퇴역 군인을 여기에 식민시키고 그의 이름 Claudio를 붙여 글라우디고님(Claudiconim)이라고 불렀다. 주민은 헬레니즘화 되었으나 갈라디아인, 로마의 관리, 퇴역 군인, 유다인 식민 등으로 구성되어 루가오니아 지방의 수도로서 번영하였다. 바울과 바나바는 제 1차 전도 때 왕복 두 번 이 곳을 방문했다(행 13:51,14:21). 이 땅에 유다인이 거주하고 있었던 것은 비문에 의해 증명된다. 회당에서의 전도로 회심자를 얻었지만(행 14:1,16:2), 또 반대자에 의한 박해도 일어났다(행 14:19,딤후 3:11).

우리가 발의 티끌을 떨어버릴 만큼 철저하게 복음을 전하고 있는가. 철저하게
전하지도 않고 믿지 않는 책임을 불신의 사람들에게 전가하지는 않는지
궁금하다.

행 13:52. 제자들은 기쁨과 성령이 충만하니라.
누가는 "제자들" 곧 '두 사도의 전도에 의하여 예수님을 주님으로 믿기
시작한 비시디아 안디옥의 성도들'은 "기쁨과 성령이 충만했다"고 말한다
(2:46; 마 5:12; 요 16:22). 그들은 예수님을 구주로 믿었으니 기쁨이 충만했
고(마 5:12; 요 16:22; 벧전 1:8) 또 성령이 충만했다. 여기 "충만하다"는
말은 '주장하고 있다'는 뜻으로 비시디아 안디옥 사람들의 마음을 기쁨이
주장하고 있었고 성령님이 주장하고 있었다는 뜻이다. 누구든지 예수님을
믿으면 기쁨이 충만하고 성령님이 충만하게 된다. 혹시 신앙의 침체로 말미암
아 기쁨이 사라지고 성령님의 역사가 약한 것을 느끼면 다시 성령의 충만을
구해야 한다.

제 14 장
이고니온과 루스드라에서 전도하고 수리아 안디옥교회로 돌아옴

4. 이고니온에서 전도하다   14:1-7

비시디아 안디옥에서 유대인들에 의해 박해를 받고 쫓겨난 바울과 바나바는 동편 쪽에 위치한 이고니온으로 가서 전도를 시작했다. 두 사도는 역시 유대인의 회당을 중심하여 복음을 전했다. 두 사도의 전도는 상당한 성과를 거두었으나 여기서도 역시 유대인들의 완강한 박해로 다른 지역으로 피신한다.

행 14:1. 이에 이고니온에서 두 사도가 함께 유대인의 회당에 들어가 말하니 유대와 헬라의 허다한 무리가 믿더라.

누가는 바울과 바나바가 이고니온(현대의 '코냐')으로 간 후 "두 사도가 함께 유대인의 회당에 들어가 말하니 유대와 헬라의 허다한 무리가 믿더라"고 말한다(이고니온의 위치에 대하여 13:51주해를 참조할 것). 본문의 "함께"(κατὰ τὸ αὐτο)란 말은 '함께'라고 번역할 수도 있으나(KJV, RSV), '똑 같은 방법으로'(in the same manner, as usual)도 번역할 수 있다(NIV, Weiss, Ramsay, Bruce, Macgregor, Kistemaker, Harrison, 박윤선, 이상근). 문맥을 보아 '똑 같은 방법으로'라고 번역하는 것이 더 바람직하다. 두 사도는 비시디아 안디옥에서처럼 이고니온에서도 유대인의 회당에 들어가 전도하는 방법을 취했다는 뜻이다. 그리고 '똑같은 방법으로'라고 번역하는 것이 더 타당한 이유는 우리 개역개정판에는 나와 있지 않지만 뒤따라 나오는 말 즉 "말하니"(λαλῆσαι οὕτως)란 말이 헬라어로는 '그와 같이 말하니'란

뜻(우리 한역에서는 '그와 같이'란 말이 번역되지 않았다) 즉 '그와 같이
힘 있게'란 뜻으로 비시디아 안디옥에서처럼 힘 있게 설교했다는 뜻인 것을
감안하면, 이고니온에서의 전도 법은 회당에 들어가서 전도하는 것이나 힘
있게 설교하는 것이나 모두 똑 같다는 것을 보여주고 있다. 그런고로 "함께"
라는 말은 '그와 똑 같은 방법으로'라고 번역하는 것이 타당할 것이다.

　　두 사도는 이고니온에 가서도 역시 안디옥에서처럼 회당 전도를 했고
또 힘 있게 전도하였기에 "유대와 헬라의 허다한 무리가 믿게" 되었다.
많은 사람, 많은 유대인과 이방인들이 믿게 되었다. 두 사도가 비시디아
안디옥에서 박해를 받고 쫓겨 왔으니 성령께서 더욱 함께 하셔서 큰 무리가
믿게 된 것이다. 박해를 받는 전도자에게는 남다른 성령의 힘이 있는 것을
알 수 있다. 따라서 모든 점에서 대접만 받으려는 전도자에게는 힘이 없다.

**행 14:2. 그러나 순종하지 아니하는 유대인들이 이방인들의 마음을 선동하여
형제들에게 악감을 품게 하거늘.**

1절에서의 성공적인 복음 전파 뒤에 바로 사탄의 역사가 뒤따르고 있다.
누가는 "그러나 순종하지 아니하는 유대인들이 이방인들의 마음을 선동하여
형제들에게 악감을 품게 했다"고 말한다. 어디든지 있듯이 이고니온에도
역시 복음에 순종하지 아니하는 유대인들이 있어 이방인들의 마음을 선동하
여 예수님을 믿는 형제들에게 악심(惡心)을 품게 했다. 참된 전도자의 사역이
크게 성공적일 때에는 언제나 복음을 거역하는 세력이 나타나서 전도자
자신과 또 그리스도를 믿는 형제들을 대항하여 반감을 품고 적대적인 관계를
형성한다.

**행 14:3. (그러므로) 두 사도가 오래 있어 주를 힘입어 담대히 말하니
주께서 그들의 손으로 표적과 기사를 행하게 하여 주사 자기 은혜의 말씀을
증언하시니.**

이고니온 지방의 불순종하는 유대인들이 두 사도를 대적하고 있었지만 두

사도는 "오래 있어 주를 힘입어 담대히 말했다." "그러므로"(οὖν), 곧 '복음에 순종하지 않는 유대인들이 이방인들의 마음을 선동하여 예수님을 믿는 성도들을 대적하여 악감을 품게 했기 때문에'(2절) 두 사도가 이고니온에서 상당 기간 동안 있었다. 예수님을 영접한 성도들이 박해를 받아 곤란에 빠졌으므로 두 사도는 그들을 두고 그냥 떠날 수 없어서 꽤 오랫동안(for a considerable time) 있었다. 아마도 주님을 이제 막 영접한 초신 자들이 흔들리지 않을 정도의 수준에 오를 때까지 두 사도가 그 지역에서 체재했을 것이다.

두 사도는 그곳에서 오래 있으면서 "주를 힘입어(ἐπὶ τῷ κυρίῳ-in the Lord 혹은 for the Lord) 담대하게 말했다"(막 16:20; 히 2:4). 여기 "주를 힘입어"란 말은 '주님(성령님)께서 힘 주셔서'란 뜻으로 두 사도는 성령께서 주시는 힘으로 담대하게 복음을 전했다. 누구든지 주를 힘입지 않고는 복음을 담대하게 전할 수 없다. 우리는 주님을 힘입어 말씀을 전하기 위하여 많은 기도를 해야 한다.

누가는 "주께서 그들의 손으로 표적과 기사를 행하게 하여 주사 자기 은혜의 말씀을 증언하셨다"고 말한다. 본문의 "주"란 말은 '예수 그리스도'를 의미할 수도 있고 '하나님'을 의미할 수도 있다. 주님은 사도들에게 담대함을 주셨다(4:29, 31; 9:27-28; 19:8; 28:31). 주님은 사도들의 손으로 표적과 기사를 행하게 하여 주서서 주님의 은혜의 말씀을 증언하셨다. "표적과 기사"라는 말은 자주 함께 나타나는데(2:19, 22, 43; 4:30; 5:12; 6:8; 8:13) 이적이 바로 하나님을 보여주는 것이므로 "표적"(sign)이라 하고 또 그 이적이 사람들의 눈에 기이하다는 뜻에서 "기사"(miracle)라고 말한다. 주님께서 사도들에게 표적과 기사를 행하게 하시는 목적은 바로 주님의 은혜의 말씀을 증언하시기 위함이었다. 여기 "은혜의 말씀"이란 말은 '각종 은혜를 주시는 복음'이란 뜻이다. 죄를 사하시고 영생을 주시며 평안을 주시고 기쁨을 주시고 또 각종 은혜를 주시는 복음이란 뜻이다.

행 14:4. 그 시내의 무리가 나뉘어 유대인을 따르는 자도 있고 두 사도를

따르는 자도 있는지라.

복음이 강하게 증거 되니 "그 시내의 무리가 나뉘어졌다." 즉 '이고니온 시내의 무리가 둘로 나뉘어졌다.' 한편은 "유대인을 따르는 자도 있고" 또 한편은 "두 사도를 따르는 자도 있게 되었다"(13:3). 이렇게 두 부류로 나누어 지는 것은 원시복음이 전파된 곳에서도 있었고(창 3:15), 데살로니가에서도 있었던 현상이었다(17:4-5). 예수님은 일찍이 복음이 전파되는 곳에는 이런 현상이 있을 것이라고 예고하셨다(마 10:35; 눅 12:4-5). 오늘 우리는 세상 모든 사람들이 우리 전도자들을 환영하고 따르리라고 생각해서는 안 된다. 반대하는 사람들이 반드시 있게 마련이다.

행 14:5. 이방인과 유대인과 그 관리들이 두 사도를 모욕하여 돌로 치려고 달려드니.

누가는 앞 절에서 이고니온 시내의 무리가 두 부류로 나뉘었다고 했는데 이제 본 절에서는 유대인을 따르는 편을 전체적으로 거론하고 있다. 즉 이고니온의 이방인과 유대인과 그 관리들이 두 사도를 모욕하여 돌로 치려고 달려들었다고 말한다. 이 때 유대인들은 두 사도를 대적하기 위해서는 이방인 들의 힘도 빌렸음을 알 수 있다. 여기 "관리들"이란 말은 이고니온 시내의 이방인 관리들을 지칭하는 말이다. 유대인들은 종교가들로서 세속의 힘을 빌리는 사람들이었다. 그들은 모두 합세하여 두 사도를 향하여 방자하게 굴며 돌로 치려고 시도했다(딤후 3:11). 여기 "모욕하며"(ὑβρίσαι)란 말은 '방자하게 굴다,' '제 멋대로 놀다'는 뜻으로 그들은 두 사도를 향하여 방자하 게 굴었으며 또 돌로 치려고 했다. 본문의 "달려들었다"(ὁρμη)란 말은 '강렬 한 시도를 하였다,' '움직임을 보였다,' '운동을 시작하였다'는 뜻으로 아직 공격은 하지 않았지만 공격하려고 시도하는 것을 뜻한다.

행 14:6-7. 그들이 알고 도망하여 루가오니아의 두 성 루스드라와 더베와 그 근방으로 가서 거기서 복음을 전하니라.

두 사도는 이고니온 시내의 분위기, 곧 두 사도를 향하여 함부로 대하며 돌로 치려는 움직임을 "알고 도망하여 루가오니아의 두 성 루스드라와 더베와 그 근방으로 갔다"(마 10:23). 두 사도는 이고니온의 이상한 움직임을 알아차리고 도망했다. 예수님의 말씀을 문자적으로 실행에 옮긴 것이다(마 10:23). 바울은 때로는 결박과 죽음을 향해 돌진해갔지만(21:13) 때로는 도망했다. 두 사도는 남쪽에 위치한 루가오니아75)의 두 성(도시) 루스드라76)와 더베와 그 근방으로 피신했다. 그리고 거기서 복음을 전했다.

이 부분(6-7절)은 8-21a를 위한 서론 역할을 하고 있다. 루스드라 전도는 8-20a에서 말하고 더베 전도는 20b-21a에서 말한다. 그리고 누가는 21b로부터 두 사도가 수리아 안디옥교회로 귀환하는 경로를 전한다.

5. 루스드라에서 전도하다 14:8-18

이고니온에서 복음을 전하다가 유대인들의 흉악한 모의를 알아차리고 루스드라에 간 바울과 바나바는 나면서 앉은뱅이가 되어 걸어본 적이 없는 자를 만나 복음을 전하다가 구원받을만한 믿음이 그 앉은뱅이에게 있는 것을 확인하고 고쳐주었는데 그 지역 사람들이 두 사도를 숭배하려고 했을 때 만류하고 복음을 전한다.

행 14:8. 루스드라에 발을 쓰지 못하는 한 사람이 앉아 있는데 나면서 걷지 못하게 되어 걸어 본 적이 없는 자라.

바울과 바나바는 루스드라에 와서 유대인의 회당을 발견하지 못하고(아마도

---

75) 루가오니아(Lycaonia)는 소아시아(Asia Minor)의 남쪽 산악 고원지대에 위치하고 있는데 해발 990km이다. 루가오니아는 타우루스(Taurus) 산맥과 인접하여 있고 로마영의 일부였었다. 루가오니아는 평평하고 메마르며 거의 나무가 없는 평원이고 여름철 끝에 가서는 극히 먼지가 많고 겨울에는 심히 추운 지역이다(Kistemaker).

76) 루스드라(Lystra)는 이고니온으로부터 남쪽으로 30km지점에 있다. 이곳은 디모데의 고향이다(16:3; 딤후 1:5). 루스드라는 비시디아 안디옥과 마찬가지로 AD 6년에 아구스도에 의해 로마의 식민지가 되었다. 스텔렙(J. R. S. Sterrett)은 1885년에, 루스드라의 위치가 하틴 사라이(Hatin Sarai) 근처의 졸데라(Zoldera)였음을 입증하였다(F. F. Bruce).

루스드라에는 회당이 없었을 것이다) 그저 "발을 쓰지 못하는 한 사람"을 만난다(3:2). 그는 걸을 수 없는 형편이어서 앉아 있었는데 그는 "나면서 걷지 못하게 되어 걸어 본 적이 없는 자"였다. 그는 한 생애 동안 걸어본 적이 없었다는 점에서 나면서부터 앉은뱅이가 되어 걸어본 적이 없었고 매일 성전 미문에서 구걸하던 걸인과 비슷한 신세였다(3:1-10). 성전 미문의 앉은뱅이는 베드로를 만나 구원을 받았고 루스드라의 앉은뱅이는 이방인의 사도였던 바울을 만나 고침 받았다. 성전 미문의 앉은뱅이는 자기 스스로는 어찌할 수 없었던 유대인을 상징하고 루스드라의 앉은뱅이는 자기 스스로는 아무 것도 할 수 없는 이방인을 상징한다. 두 사람이 다 그리스도에 의해서 고침을 받았다는 점에서 유대인이나 이방인이나 다 예수 그리스도를 신앙해야 한다는 것을 알 수 있다. 우리는 그리스도밖에는 전혀 소망이 없는 줄 알아야 한다.

행 14:9. 바울이 말하는 것을 듣거늘 바울이 주목하여 구원 받을 만한 믿음이 그에게 있는 것을 보고.

두 발을 쓰지 못하는 병자는 "바울이 말하는 것을 들었다." 본문의 "듣거늘"(ἤκουσεν)이란 말은 부정(단순)과거 시제로 바울이 복음 전하는 것을 '진정으로 들었다'는 뜻이다. 그런데 영국의 삼위일체 성경공회(Trinitarian Bible Society) 판 헬라어 원문에는 미완료 과거 시제(ἤκουε)로 되어 있어 '계속해서 듣고 있었다'고 말한다. 바울 사도가 예수님께서 구주라는 것을 말하고 있었을 때 그 앉은뱅이는 바울이 복음 전하는 것을 계속해서 듣고 있었는데, 그 때 그는 바울의 복음을 들으면서 마음속에 새로운 소망이 생겼고 또 기쁨이 생겼으며 예수님께서 그의 병을 고치실 수 있으실 것이라는 확신이 생겼다. 그 믿음과 소망 그리고 기쁨이 앉은뱅이의 얼굴에까지 비추어져 "바울이 주목하여 구원 받을 만한 믿음이 그에게 있는 것을 보았다"(마 8:10; 9:28-29). 여기 "구원 받을 만한 믿음"이란 '병 고침 받을만한 믿음'을 지칭하는 말로 그는 그런 믿음이 있었기에 병을 고침 받았으며(3:16; 눅

5:20; 7:50; 8:48; 18:42) 더 나아가서 바울은 영혼의 병도 고침 받을만한 믿음이 그에게 있는 것을 확인했다. 바울은 그 병자의 얼굴에서 믿음을 본 것이다.

행 14:10. 큰 소리로 이르되 네 발로 바로 일어서라 하니 그 사람이 일어나 걷는지라.

바울은 "큰 소리로" 말하기를 "네 발로 바로 일어서라"(사 35:6)고 하니 "그 사람이 일어나 걸었다." 바울이 "큰 소리로" 말한 것은 루스드라의 모든 주민이 들어서 그리스도의 위대함을 알게 하려는 것이었다. 바울은 큰 소리로 말할 때 결코 그를 부축하지도 않은 채 '네 발로 일어서라'고 했다. 하나님은 그 사람에게 일어날 수 있는 힘을 주서서 그 사람이 결국은 일어나 걷게 되었다. 본문의 "걷는지라"(περιεπάτει)는 말은 미완료 과거 시제로 '계속해서 걷고 있었다'는 뜻으로 그 병자는 이제 완전히 나은 것을 보여주었다. 막 3:5에 예수님께서 한편 손 마른 사람에게 "네 손을 내밀라"고 하셨는데 예수님께서 이 명령을 하셨을 때 그 사람에게 손을 내밀 수 있는 힘을 주신 것처럼, 바울 사도가 이 병자에게 "네 발로 바로 일어서라"고 명령했을 때 역시 예수님께서 일어설 수 있는 힘을 주신 것이다. 그래서 그는 걷게 되었다.

행 14:11-12. 무리가 바울이 한 일을 보고 루가오니아 방언으로 소리 질러 이르되 신들이 사람의 형상으로 우리 가운데 내려오셨다 하여 바나바는 제우스라 하고 바울은 그 중에 말하는 자이므로 헤르메스라 하더라.

행 3:1-10에 보면 나면서부터 앉은뱅이였던 사람이 나음을 얻었을 때 하나님을 찬미하며 성전으로 들어갔는데 여기 루스드라 사람들의 반응은 전혀 다르다. 누가는 사도행전을 저술하면서 바울이 전해주는 말을 듣고 이 부분(11-13절)에 루스드라 사람들의 반응을 기록한다.

문장 초두의 "무리"는 루가오니아의 사투리를 사용하는 아나톨리아

(Anatolia-옛날의 소아시아) 원주민들이었다(F. F. Bruce). 그들은 바울이 행한 이적을 보고 "루가오니아 방언으로 소리 질러 이르되 신들이 사람의 형상으로 우리 가운데 내려오셨다"고 하였다(8:10; 28:6). 루스드라 사람들은 이런 이적을 처음 경험했으니 놀랍고 충격적이어서 갑자기 자기들의 사투리를 사용하여 큰 소리를 질러 신들이 사람의 형상으로 우리 가운데 내려 오셨다고 하였다. 바울과 바나바는 루스드라 사람들이 루가오니아의 사투리로 말하는 소리를 얼른 알아듣지 못하여 "신들이 사람의 형상으로 우리 가운데 내려 오셨다"는 말을 알 수 없었다. 두 사도가 그 방언을 알아들 었더라면 그 즉시 그런 말을 하지 못하도록 만류하였을 것인데 알지 못하고 후에 알아서 자기들에게 제사를 하지 못하도록 만류하였다.

루스드라 사람들은 옛적에도 신들이 사람의 형상을 하고 내려왔었다는 전설을 들어본 적이 있었다. 그들은 이번에 두 신들이 또 내려온 것으로 알았다. 그들은 제우스 신과 헤르메스 신이 내려와서 이적을 행한 것으로 생각한 것이다. 그들은 "바나바는 제우스라 하고 바울은 그 중에 말하는 자이므로 헤르메스라"고 이름 붙였다. "제우스"는 헬라 신전의 주신(主神)인 데 로마의 최고의 주피터(Jupiter) 신에 해당한다. "헤르메스"는 로마의 '머큐리'(Mercury)로서 제우스 신의 아들로서 대변자(代辯者)였다. 헤르메스는 웅변을 잘하여 웅변의 신이었다. 그 지역 사람들은 바울이 말(전도할 때 말을 하므로)을 하는 사도였기에 "헤르메스"라는 이름을 붙였다.[77] 두 사도 는 그 지역 사람들이 제사를 준비할 때까지도 알아차리지 못했다. 두 사도는 나중에 알고 나서 기가 막혔을 것이다. 반응이 이렇게 나타나는 것을 보고 참으로 어처구니없었을 것이다.

행 14:13. 시외 제우스 신당의 제사장이 소와 화환들을 가지고 대문 앞에

---

77) "바나바는 바울보다 근엄해 보였으므로 제우스라는 호칭을 받게 되었고, 바울은 바나바 보다 활기 있어 보이고 '그 중에 말하는 자였으므로' 헤르메스라는 칭호를 받게 되었을 것이 다"(Bruce).

와서 무리와 함께 제사하고자 하니.

"시외" 곧 '성문 바로 밖에 있었던'(Hervey) "제우스 신당의 제사장이 소와 화환들을 가지고 대문 앞에 와서 무리와 함께 제사하고자" 했다(단 2:46). 제우스 신당의 제사장이 소와 화환들을 가지고 왔는데 소는 제우스신에게 바치기 위해, 그리고 화환은 그 소에 씌우기 위해서였다. 여기 "대문 앞"은 신당 대문 앞을 지칭하는 것도 아니고 혹은 성문 앞도 아니었을 것이고 두 사도가 머무는 집의 대문 앞이었을 것이다. 신당 대문 앞이나 성문 앞에 와서 제사하려고 했다면 두 사도가 얼른 알아차리지 못했을 것이다. 자기들이 거하는 숙소의 대문 앞에서 제사하려고 했으니 두 사도가 얼른 알아차리고 만류했을 것이다.

사탄은 어떤 때는 두 사도를 죽이려고 했는데(5절), 또 어떤 때는 두 사도를 너무 높여서 망하게 하려 했다. 사탄은 때로는 이 전술, 때로는 저 전술을 사용하여 사람을 망하게 한다. 우리가 사람들로부터 너무 높임을 받는 것은 참으로 위험한 것으로 망하는 길로 가는 것이다(눅 16:15; 행 12:21-23).

행 14:14. 두 사도 바나바와 바울이 듣고 옷을 찢고 무리 가운데 뛰어 들어가서 소리 질러.

두 사도는 제우스 신당의 제사장과 루스드라 사람들이 자기들에게 제사하려고 한다는 소리를 듣고 즉시 "옷을 찢고 무리 가운데 뛰어 들어가서 소리 질렀다"(마 26:65). "옷을 찢은" 행동은 유대인들의 특별한 행동으로 극도의 슬픈 감정을 표출할 때, 극도의 실망감을 느꼈을 때, 극도의 좌절감을 경험했을 때 취하는 행동이었다(창 37:29, 34; 수 7:6; 마 24:65; 막 14:63). 두 사도는 옷만 찢은 것이 아니라 무리 가운데 뛰어 들어가서 소리를 지르며 막았다. 베드로도 고넬료의 가정으로 부름 받아 갔을 때 고넬료가 지나치게 베드로를 높여 발 앞에 엎드려 절할 때 "일어서라. 나도 사람이라"고 했다(10:26). 우리도 혹시 다른 사람들이 지나치게 높이려고 할 때 사양해야 한다.

행 14:15. 이르되 여러분이여 어찌하여 이러한 일을 하느냐 우리도 여러분과 같은 성정을 가진 사람이라 여러분에게 복음을 전하는 것은 이런 헛된 일을 버리고 천지와 바다와 그 가운데 만물을 지으시고 살아 계신 하나님께로 돌아오게 함이라.

두 사도가 소리 지른 내용이다. 두 사도는 제우스 산당의 제사장과 루스드라 사람들을 향하여 소리 질러 말하기를 "어찌하여 이러한 일을 하느냐"고 했다(10:26). '어찌하여 이렇게 제사하려고 하느냐'는 말이다. 그리고 두 사도는 "우리도 여러분과 같은 성정을 가진 사람이라"고 큰 소리를 친다(약 5:17; 계 19:10). 여기 "같은 성정"(ὁμοιοπαθεῖς...ἄνθρωποι)이란 말은 '똑같이 허약한 사람들,' '약함과 악에 노출되어 있는 사람들'이란 뜻으로 두 사도는 자기들도 연약하고 보잘 것 없는 사람들이라고 말해준다.

그리고 두 사도는 그들에게 복음을 전하는 목적을 분명히 말해준다. 즉 "여러분에게 복음을 전하는 것은 이런 헛된 일을 버리고 천지와 바다와 그 가운데 만물을 지으시고 살아 계신 하나님께로 돌아오게 함이라"고 말한다(창 1:1; 삼상 12:21; 왕상 16:13; 시 33:6; 146:6; 렘 14:22; 암 2:4; 고전 8:4; 살전 1:9; 계 14:7). 복음을 전하는 목적은 소극적으로 제우스 신이나 헤르메스 신을 숭배하는 일을 버리고 적극적으로 우주 만물을 창조하신 신(창 1:1; 사 40:26; 벧전 4:19; 계 4:11), 살아계신 하나님(렘 2:5; 마 16:16; 살전 1:9)께로 돌아오라고 하는 것이라고 말한다. 우리는 우리들을 낮추고 그리스도만을 높여야 한다.

행 14:16. 하나님이 지나간 세대에는 모든 민족으로 자기들의 길들을 가게 방임하셨으나.

두 사도는 본 절과 다음 절(17절)에서 하나님께서 지나간 세대와 당시의 세대를 달리 취급하신다고 말한다. 지나간 세대에는 하나님께서 "모든 민족으로 자기들의 길들을 가게 방임하셨으나"(17:30; 시 81:12; 벧전 4:3) 바울 당시 세대에는 모든 사람들이 주 예수를 믿어야 한다고 말한다. "지나간 세대에는 모든 민족으로 자기들의 길들을 가게 방임하셨다"는 말씀은 '각 민족들의 생각과 생활 방식대로 가게 방임하셨다'는 뜻이다. 다시 말해 이방 인들로 하여금 우상숭배의 길로 가게 하셨다는 뜻이다. 그저 우상을 섬기며 마음대로 살게 그냥 내버려두셨다는 뜻이다. 그러나 하나님의 방임은 무관심 을 의미하는 것이 아니라 그의 오래 참으심을 의미하는 것이었다. 바울은 여기서 예수님이 오시기 전과 오신 후와는 완전히 다른 삶을 살아야 한다고 말씀한다. 예수님께서 오신 이후의 삶은 예수님을 신앙하며 예수님의 뜻대로 살아야 한다고 말한다.

행 14:17. 그러나 자기를 증언하지 아니하신 것이 아니니 곧 여러분에게 하늘로부터 비를 내리시며 결실기를 주시는 선한 일을 하사 음식과 기쁨으로 여러분의 마음에 만족하게 하셨느니라 하고.

그러나 예수님께서 이 땅에 오셔서 십자가의 대속의 죽음을 죽으시기 전에도 두 사도는 하나님께서 창조주 되심과 통치주 되심을 보여주셨다고 말한다 (17:27; 롬 1:20). "곧 여러분에게 하늘로부터 비를 내리시며 결실기를 주시 는 선한 일을 하사 음식과 기쁨으로 여러분의 마음에 만족하게 하셨느니라" 고 말한다.[78] '곧 하나님께서 하나님 되시는 증거를 보여주셨다'는 것이다. 비를 내리셨고(레 26:4; 욥 5:10; 시 65:10; 68:9; 147:8; 렘 14:22; 마 5:45) 또 결실기를 주셨으며(신 11:14; 28:12; 시 67:6; 85:12; 겔 34:27) 음식을 주시고 따라서 음식을 먹게 하여 사람들의 마음에 만족을 주셨다는 것이다. 하나님은 자연계시를 주셔서 자신을 증언하여 주셨다(롬 1:19-20). 하나님은 이런 자연계시를 주셔서 자기를 더듬어 찾게 하셨다(17:27).

---

78) 말틴 디베리우스(Martin Diberius)는, 루스드라의 설교에 70인경이 많이 인용되고 있음을 지적하고 있다. 그는 루스드라의 설교가 훗날 아덴에서의 설교보다 70인경을 더 많이 인용하고 있다고 생각했다(F. F. Bruce로부터).

행 14:18. 이렇게 말하여 겨우 무리를 말려 자기들에게 제사를 못하게 하나라.

두 사도는 "이렇게 말하여," 즉 '15-17절처럼 말하여' "겨우 무리를 말려 자기들에게 제사를 못하게 하였다." 두 사도가 "겨우" 무리를 말린 것을 보면 그들의 제사 드리려는 노력이 대단했던 것을 알 수 있다. 오늘 우리는 우상숭배에 대해서는 절대적으로 만류할 필요가 있다.

6. 더베를 경유하여 안디옥으로 돌아오다　14:19-28

두 사도는 루스드라에서 대단한 환영(11-12절)과 대단한 박해를 받은 후(19절) 루스드라를 떠나 남남동방향에 위치한 더베로 가서 전도하고 그 후에는 수리아 안디옥으로 돌아온다.

행 14:19-20a. 유대인들이 안디옥과 이고니온에서 와서 무리를 충동하니 그들이 돌로 바울을 쳐서 죽은 줄로 알고 시외로 끌어 내치니라 제자들이 둘러섰을 때에 바울이 일어나 그 성에 들어갔다가.

비시디아 안디옥에서 유대인 몇 사람과 이고니온에서 유대인 몇 사람이 바울을 죽이기 위해서 루스드라에 왔다(13:45). 비시디아 안디옥과 루스드라 사이의 거리는 대략 160km(약 100마일)였다(Kistemaker). 사람을 죽이는 사람들은 먼 거리도 문제 삼지 않았다. 두 도시에서 온 유대인들은 자기들끼리 바울을 돌로 치기에는 어쩐지 힘이 모자란 것 같았다. 이유는 두 사도가 그 동안에 제자들을 만들었을 것이기 때문에 사람들이 더 필요함을 느꼈다. 그래서 그들은 루스드라 사람들을 충동했다. 두 도시에서 온 유대인들과 루스드라 사람들이 합세해서 바울을 돌로 쳤다(고후 11:25; 딤후 3:11). 특별히 바울을 돌로 친 이유는 바울이 주동역할을 했기 때문이었다. 그들은 바울을 루스드라 시내에서 돌로 쳐서 "죽은 줄로 알고 시외로 끌어 내쳤다." 그들은 바울을 매장할 생각도 하지 않고 방치하고 돌아갔다.

그때 두 사도의 제자들이 더 이상 바울을 해하지 못하도록 바울을 둘러서서 있었을 때 바울이 일어났다. 바울은 죽었다가 하나님의 은혜로 다시 살아난 것이다. 그의 상처는 치료받은 일도 없이 하나님의 이적으로 금방 회복되었다. 바울은 과거 스데반을 돌로 칠 때 가편 투표를 한 것을 기억했을 것이다. 바울은 살아난 다음 "그 성에 들어갔다." 곧 '루스드라 시에 다시 들어간 것이다.' 그는 두려움도 없이 다시 그 도시로 들어갔다. 그는 성령의 사람으로 담력이 대단했다.

루스드라 사람들은 불과 얼마 전에는 바울과 바나바를 신격화했었는데 얼마의 세월이 지나서는 바울을 돌로 쳐 죽이는 편에 가담했다. 이는 마치 예수님께서 나사렛에서 당하신 것과 유사하다. 나사렛 사람들은 예수님의 말씀을 듣고 놀라움을 표시했는데 금방 예수님을 동네가 건설된 낭떠러지 아래로 밀뜨려 죽이려 했다(눅 4:22, 29). 이는 또 종려주일에 예수님을 환영하던 군중이 금요일에는 예수님을 죽이라고 외친 것과도 유사하다(마 21:9; 눅 23:21). 민심은 일반적으로 조석변(朝夕變)이다.

행 14:20b-21a. 이튿날 바나바와 함께 더베로 가서 복음을 그 성에서 전하여 많은 사람을 제자로 삼고.

바울은 바나바와 함께 다음 날 아침 더베(Derbe)[79]를 향해 떠나갔다. 그들은 루스드라 전도를 잠정 중단하고 남남동방향 96km(60마일)에 위치한 더베로 갔다. 그리고 두 사도는 복음을 더베에서 전하여 많은 사람을 제자로 삼았다 (마 28:19). 바울이 루스드라에서 돌에 맞아 죽었었는데 이제 이곳 더베에 와서 많은 사람을 제자로 삼았으니 성령의 역사가 대단했음을 알 수 있다. 바울이 박해를 심하게 받을 때마다 하나님의 권능이 더 나타나 전도의 놀라운 결과가 나타났다. 박해를 받는다는 것, 그것은 아픔이지만 성령의 역사가 강하게 나타나는 계기가 된다.

---

79) "더베"(Derbe)는 소아시아의 중부 루가오니아의 성읍인데, 바울은 제 1차 전도여행 때 이 곳을 방문했고(행14:6,20), 제 2차 전도여행 때도 다시 방문했다(행 16:1). 바울을 따라 아시아 까지 동행한 가이오의 출신지이다(행 20:4, "더베 사람 가이오"). BC 25년 갈라디아 왕 아문다스 의 사후 로마 영으로 되고, AD 41년 글라우디오 더베(Claudio Derbe)라는 명칭을 얻었다.

행 14:21b-22. 루스드라와 이고니온과 안디옥으로 돌아가서 제자들의 마음을 굳게 하여 이 믿음에 머물러 있으라 권하고 또 우리가 하나님의 나라에 들어가려면 많은 환난을 겪어야 할 것이라 하고.

바울과 바나바는 더베에서 전도를 마치고 자기들이 지나온 도시들을 하나하나 다시 역(逆)으로 방문한다. 두 사도는 자기들이 어려움을 당했던 도시들을 다시 찾는다. 인간적으로 따져보면 참으로 어려운 방문이다. 인간적으로 생각하면 참으로 지긋지긋한 방문이다. 그러나 두 사람은 먼저 루스드라를 들러 이고니온으로 가고 다음 비시디아 안디옥으로 돌아가서 "제자들의 마음을 굳게 하였다." 곧 '제자들의 마음을 흔들리지 않도록 해주었다.' 바울과 바나바는 자기들이 다시 어려움을 당하는 것을 끔찍하게 생각하기보다는 오히려 제자들의 믿음이 어떻게 될까를 더 생각해 주었다. 전도자들이 전도한 결과 그리스도를 영접한 사람들이 세상의 환란을 만나도 흔들리지 않도록 돌보아 주는 것은 아주 중요하다. 흔들리지 않도록 돌보아 주는 것은 목회의 중요한 부분이다.

그리고 두 사도는 그들에게 "이 믿음에 머물러 있으라 권했다"(11:23; 13:43). '예수 그리스도를 믿는 믿음 안에 계속해서 거하라고 권했다'(요 15:3). 그리스도 안에 거하는 방법은 그리스도의 말씀을 듣는 것과 읽는 것, 그리고 묵상하는 것, 연구하는 것, 또 기도하는 것이다(요 15:5-7).

그리고 두 사도는 "우리가 하나님의 나라에 들어가려면 많은 환난을 겪어야 할 것이라"고 알려주었다(마 10:38; 16:24; 눅 22:28-29; 롬 8:17; 딤후 2:11-12; 3:12). 하나님의 나라에 들어가는 것은 그리스도를 믿는 믿음으로만 가지만(15:11) 그러나 하나님 나라에 들어가기까지는 많은 환란(7:10, 11; 11:19; 14:22; 20:23)을 겪게 된다는 뜻이다. 그리스도와 연합된 성도는 그리스도께서 땅위에서 많은 환난을 당하셨듯이 역시 많은 환난을 받게 되어 있다. 우리의 본문에는 '반드시...여야 할 것이라'(dei)는 헬라어 단어가 들어 있다. 우리는 하늘나라(딤후 4:18; 벧후 1:11, 종말론적인 하나님 나라)에 들어가기 전에 반드시 환난을 겪는다.

행 14:23. 각 교회에서 장로들을 택하여 금식 기도 하며 그들이 믿는 주께 그들을 위탁하고.

두 사도는 앞(21b-22절)에서 각 교회의 신앙을 강화하는 일에 힘 쓴 반면 본 절에서는 각 교회의 조직을 강화하고 있음을 볼 수 있다. 두 사도는 각 도시들을 역(逆) 방문하면서 각 교회에서 장로들을 택하여 세웠다(딛 1:5). "장로"란 말에 대해서는 11:20의 주해를 참조할 것. 본문의 장로들을 "택하여"(χειροτονήσαντες)라는 말은 '손을 뻗혀서,' '투표로 구성하여,' '임명하여'란 뜻으로 "장로들을 택했다"는 말은 '성도들이 장로들을 택했다' 는 뜻으로 보인다. 본문 자체는 두 사도가 "장로들을 택하였다"고 하나 아마도 일곱 집사를 택할 때와 같이 성도들이 손을 들어 장로들을 택하고 두 사도가 안수하여 세웠을 것이다. 그리고 장로들을 택하여 세울 때 "금식 기도 하며 그들이 믿는 주께 그들을 위탁했다." 두 사도뿐 아니라 성도들도 금식하고 기도하며 사도들이 믿는 주님, 또 성도들이 믿는 주님께 그 장로들을 부탁했다. 주님의 보호와 돌보심에 맡긴 것이다. 금식하고 기도하는 것은 식사를 하지 않고 전적으로 기도에 매달리는 행위를 뜻한다.

행 14:24-25. 비시디아 가운데로 지나서 밤빌리아에 이르러 말씀을 버가에서 전하고 앗달리아로 내려가서.

두 사도는 "루스드라와 이고니온과 안디옥"(21절)을 경유한 후 이제는 "비시디아" 주(洲)를 통과하여 "밤빌리아" 주(洲)에 이르러 말씀을 "버가" 에서 전했다. 이곳은 마가가 예루살렘으로 돌아간 곳이므로(13:13) 전도를 하지 못한 곳이었는데 이번에는 그곳에서 말씀을 전하였다. 그런 다음 두 사도는 버가에서 남쪽으로 약 20km쯤 내려와서 항구 도시 앗달리아[80] 로 갔다.

---

80) "앗달리아"(Attalia)는 소아시아에 있어서의 로마속주 밤빌리아의 해안 도시이다. 오늘날 은 안탈랴(Antalya)로 불리는데 바울과 바나바는 제1차 전도의 귀로에 여기서 승선하여 안디옥 으로 향했다(행 14:25).

행 14:26. 거기서 배 타고 안디옥에 이르니 이곳은 두 사도가 이룬 그 일을 위하여 전에 하나님의 은혜에 부탁하던 곳이라.

본서의 저자 누가는 두 사도가 앗달리아에서 "배 타고 안디옥[81])에 이르렀다" 고 말한다(13:1). 즉 앗달리아에서 배를 타고 수리아의 안디옥 교회에 이르렀 다고 아주 간략하게 전한다. 도중에 구브로 섬을 거치지 않고 그냥 곧 바로 안디옥으로 배타고 갔다는 뜻이다. 그러면서 누가는 안디옥에 대해 설명한 다. "이곳(안디옥)은 두 사도가 이룬 그 일을 위하여 전에 하나님의 은혜에 부탁하던 곳이라"고 말한다(15:40). 안디옥 교회는 두 사도가 이룩한 선교 사역을 위하여 전에 하나님의 은혜에 부탁하던 곳이라고 말한다. 두 사도의 놀라운 선교 활동은 두 사도가 하나님을 의지하며 이룬 것도 사실이지만 안디옥 교회의 성도들이 금식 기도하고 하나님의 은혜로운 섭리에 부탁했기 때문에 생겨진 결과였다. 바울과 바나바의 제 1차 전도여행은 대략 2년의 세월이 걸렸다. 전도나 선교나 하나님의 은혜에 부탁하지 않고는 되는 일이 없다. 우리는 모든 것을 하나님께 부탁하여 이루어야 한다.

행 14:27-28. 그들이 이르러 교회를 모아 하나님이 함께 행하신 모든 일과 이방인들에게 믿음의 문을 여신 것을 보고하고 제자들과 함께 오래 있으니라.

---

81) "안디옥"은 현재는 터기 동남부, 수리아의 국경 가까이의 소도시(안다갸, Antakiyeh, Antakya)인데, 헬라.로마의 헬레니즘 시대에는 로마, 알렉산드리아에 다음 가는 지중해 세계 제 3의 대도시였다. "안디옥"이라는 성읍 이름은 셀레우코스의 아버지 안디오코스를 기념하여 명명한 것이다. 안디옥은 강력한 수리아 왕국의 도성이었던 것과 동시에 수리아, 팔레스틴, 나아가서 동쪽으로의 대상로에 있으며, 한편 외항 셀루기아(Seleucia)에 의해 지중해로 통하고, 통상 무역의 중심지로 되었다. '동방의 여왕'이라 불렸으며, 인구도 40- 50만에 달했다고 한다. 수리아 안디옥은 BC 63년 수리아 왕국이 로마에게 멸망된 후에도 속주 수리아의 도성으로서 번영을 계속하였다. 정치적, 경제적인 번영은 문화의 융성을 초래했으며, 헬라문화가 번영하여 안디옥은 동방 문화와 종교와 접촉했다. 로마 영으로 된 다음에도 역대 황제의 관심이 깊어 그들은 종종 시가를 수리하거나 단장하기도 하였다. 안디옥에는 처음부터 마게도냐인, 헬라인, 원주민 등과 더불어 유대인의 큰 그룹이 있었는데, 그들은 사회적으로도 상당한 지위를 차지하 고 있었다. 그리고 유대교에 마음을 두고 개심하는 자도 있었던 듯하다. 사도행전 6:5에 그와 같은 개종자 중 한 사람인 니골라가 초대 예루살렘 교회의 일곱 사람 중 하나로서 뽑힌 것이 기술되어 있다. 이것은 우수한 인물이 개종자 중에 있었던 것을 나타냄과 동시에, 안디옥의 유대인에 대하여 비교적 관용하였던 것도 보인 것이다.

두 사도는 안디옥 교회에 도착하여 선교 보고를 한다. 선교보고를 하는 이유는 하나님께서 어떻게 인도하셨고 또 어떻게 역사하셨는지를 알리기 위함이다. 두 사도는 우선 교회를 소집했다. 그리고 "하나님이 함께 행하신 모든 일과 이방인들에게 믿음의 문을 여신 것을 보고했다." 첫째, "하나님이 함께 행하신 모든 일"을 보고했다(15:4, 12; 21:19). '하나님이 함께 행하신 모든 일'은 떠날 때부터 돌아올 때까지 하나님께서 주장하시고 인도하신 일체의 일'을 말한다. 하나님께서 시종일관 주장하신 일과 도우신 일을 보고한 것이다. 둘째, "이방인들에게 믿음의 문을 여신 것을 보고했다"(고전 19:9; 고후 2:12; 골 4:3; 계 3:8). 하나님께서 함께 행하신 일 중에서 특별히 이방인들에게 믿음의 문을 여신 방면을 보고했다. 여기 "믿음의 문을 여셨다"는 말(고후 2:12; 골 4:3)은 '믿게 하셨다,' '믿도록 해주셨다,' '믿도록 믿음을 주셨다,' '믿음의 걸음을 걷게 해주셨다'는 뜻이다.

그리고 두 사도가 안디옥 교회에서 "제자들과 함께 오래 있었던" 이유는 목회를 위함이었다. 이방 선교본부인 안디옥 교회가 든든해야 함으로 두 사도가 오래 있으면서 하나님의 말씀을 전하여 성도들의 믿음을 굳게 했다. 두 사도는 안디옥 교회에서 1년 정도를 보냈다.

제 15 장
예루살렘 총회와 또 두 사도 바울과 바나바의 결별

B. 예루살렘에서 총회가 열리다 15:1-35

바울의 제 1차 전도가 성공적으로 마치자 예루살렘교회의 할례 파는 초조함을 감추지 못하고 안디옥교회에 내려와서 사람이 예수님을 믿어도 할례를 받지 않으면 구원을 받을 수 없다고 가르쳤다. 할례파의 구원교리 왜곡에 대하여 바울과 바나바는 참을 수 없어 예루살렘에서 내려온 할례파와 많은 다툼과 변론을 벌였다. 그러나 할례파가 주장을 포기하지 않자 안디옥 교회에서는 바울과 바나바를 예루살렘에 보내어 총회의 바른 견해, 바른 결론을 구했다. 예루살렘에서는 기독교 역사상 최초로 총회를 열어 "오직 주 예수의 은혜로 구원을 받는다"(11절)는 그리스도교의 기본 교리를 마련했다. 예루살렘 총회가 열려서 구원 교리를 도출한 일이야 말로 기독교 역사의 최초의 회의라는 점에서 큰 의의를 던졌고 또 그 후에 많은 회의들을 열게 하는 시발점이 되기도 했다.

그런데 문제는 갈 2:1-10에 기록된 바울의 예루살렘 방문이 본 장의 바울의 예루살렘 총회(3차 예루살렘 방문)에 참석한 경우와 동일시되는 것이냐 아니면 바울의 제 2차 예루살렘 방문(11:30)과 동일시되는 것이냐는 것이다. 다시 말해 갈 2:1-10의 바울의 예루살렘 방문이 본장의 총회 때의 방문이냐, 아니면 이보다 앞선 제 2차 방문 때(11:30)이냐 하는 것이다. 이 문제를 두고 역사적으로 많은 토론을 시도했는데 어느 설도 완벽하다고 말할 수 있는 것은 없다. 갈 2:1-10의 바울의 예루살렘 방문이 본 총회 때의 것이라고 주장하는 학자들(Lightfoot, Zahn, Turner, Meyer, Beet,

Bengel, Knowling, Kistemaker[82])의 학설도 큰 무게를 가지고 있고 또 바울의 제 2차 방문(11:30) 때와 동일한 것이라고 하는 학자들(Ramsay, Alford, Ellicott, Wellhausen, Bousset, Bruce,[83]) Marshall)의 주장도 큰 설득력을 가지고 있다. 양설을 뒷받침하는 학자 한 사람씩 각주에 쓰면서 어느 설이 더 낫다고 하는 결론을 유보한다(이 논쟁이 사도행전 전체에서 가장 격렬한 논쟁일 것이다).

누가는 본 장에서 먼저 예루살렘 총회가 열리게 된 동기를 말하고(1-5절), 다음 베드로의 발언(6-11절), 바울의 보고(12절), 야고보의 발언(13-21절), 총회의 결의(22-29절), 바울과 바나바의 안디옥 귀환과 회의 결과 보고 (30-35절)를 기록하고 있다.

1. 회의가 열리게 된 동기 15:1-5

바울과 바나바의 제 1차 전도 여행의 성공으로 이방인 신자들이 늘어나는 것을 본 예루살렘의 할례 파 신자들은 위협을 느껴 그냥 있을 수가 없었다. 그리고 그들은 또 이방인 신자들이 할례도 받지 않고 구원을 받는다는 것은 있을 수도 없는 일이라고 생각하여 먼 거리를 마다하지 않고 안디옥에까지 내려 와서 교인들에게 반드시 할례를 받으라고 가르쳤다. 이에 상처를 입은 안디옥 교회에서는 대표자를 뽑아 예루살렘 총회의 자문을 구하기로 하고 사람들을 파송했기에 예루살렘 총회가 열리게 되었다.

---

82) Kistemaker는 "어느 학설도 흠점이 없는 것은 없다. 모든 가설은 그 나름대로의 문제점을 가지고 있다. 그러나 우리는 갈라디아 2장의 바울의 말이 누가가 예루살렘 총회에 대하여 기술하는 것과 일반적으로 조화가 된다는 견해를 선호한다. 우리는 이 확신이 더 이치에 맞는 것으로 볼 수 있고 또 이 확신이 바울 사도가 기근 때문에 예루살렘을 방문한 것(11:27-30)과 갈 2:1-10이 동일시된다는 견해보다는 더 나은 견해라고 믿는다"고 말한다.

83) Bruce는 "사도행전에 따르면 바울이 공회 기간에 예루살렘을 방문한 것은 그의 회심 이후 세 번 째 방문이다. 첫 번째 방문은 9:26이하에, 두 번째 방문은 11:30과 12:25에 언급되어 있다. 갈라디아서에서 바울은 자신의 회심 이후 2차에 걸친 예루살렘 방문을 이야기 한다. 첫 번째 방문(갈 1:18이하)은 행 9:26이하의 방문기록과 거의 동일시될 수 있으며 두 번째(갈 2:1이하)는 일반적으로 행 15장의 기록과 동일시된다. 그러나 행 11:30과 동일시해야 한다는 주장이 타당하다"고 주장한다. *사도행전*하-F. F. Bruce 성경주석, 아가페출판사, p. 65.

행 15:1. 어떤 사람들이 유대로부터 내려와서 형제들을 가르치되 너희가 모세의 법대로 할례를 받지 아니하면 능히 구원을 받지 못하리라 하니.

누가는 "어떤 사람들이 유대로부터 내려와서 형제들을 가르쳤다"고 말한다(갈 2:12). 여기 "어떤 사람들"이란 말은 '바리새파 중의 어떤 믿는 사람들'일 것이고(5절) "유대로부터 내려왔다"는 말은 아마도 '예루살렘으로부터 내려왔다'는 뜻일 것이다(24절). 그리고 예루살렘으로부터 안디옥으로 온 것을 "내려왔다"고 표현한 것은 예루살렘으로부터 어디를 가든지 내려간다는 표현을 쓰기 때문이다. 예루살렘으로부터 남쪽으로 가든, 혹은 북쪽으로 가든 "내려간다"는 표현을 쓴다. 이유는 당시 예루살렘이 중심이었기 때문이다. 그리고 본문의 "형제들"이란 말은 예수님을 믿는 형제들을 지칭하는 말이다.

예루살렘으로부터 내려온 바리새파 신자들은 안디옥 교회에 도착하여 안디옥 교회의 믿는 형제들을 상대하여 "너희가 모세의 법대로 할례를 받지 아니하면 능히 구원을 받지 못하리라"고 했다(5절; 창 17:10; 레 12:3; 요 7:22; 갈 5:2; 빌 3:2; 골 2:8, 11, 16). 다시 말해 '너희가 모세의 법에 있는 규정대로 할례를 받지 아니하면 절대로 구원을 받지 못하리라'고 가르쳤다. 그들은 예수만 믿어서는 안 되고 반드시 할례를 받아야 구원에 동참할 수 있다고 가르친 것이다. 믿음에다가 무엇을 보태야 한다는 주장이었다. 오늘날 믿음에다가 선행을 더하고, 믿음에다가 헌금을 더해야 하며, 믿음에다가 무엇을 더해야 구원받을 수 있다고 가르치는 교단이 있다. 우리는 믿음에다가 아무것도 더 보탤 필요가 없다. 믿음은 선행을 발휘하는 것이고 믿음은 헌금도 하게 하는 것이며 믿음은 봉사도 하게 하는 것이다. 만약 믿음이 있노라 하고 선행도 없고 헌금 봉사도 없으며 다른 각종 봉사도 없다면 그것은 진정한 믿음이 아니다. 우리는 그리스도를 믿음으로만 구원을 받는다(11절). 다시 말해 참된 선행을 표출할 수 있는 믿음은 구원을 받게 한다(딤전 1:5; 약 2:14-26).

행 15:2. 바울 및 바나바와 그들 사이에 적지 아니한 다툼과 변론이 일어난지라 형제들이 이 문제에 대하여 바울과 바나바와 및 그 중의 몇 사람을 예루살렘에 있는 사도와 장로들에게 보내기로 작정하니라.

양편 곧 바울 및 바나바 측과 예루살렘으로부터 내려온 바리새파 신자들 사이에 적지 아니한 다툼과 변론이 일어났다. 이런 다툼은 불가피한 다툼이었다(빌 1:27-28; 딤전 1:18; 6:12; 딤후 4:7; 유 1:3). 바울과 바나바는 구원 문제에 있어서 엉뚱한 교리를 주장하는 사람들을 그냥 둘 수가 없었다.

그런데 바리새파 신자들이 그들의 주장을 굽히지 않으므로 "형제들이 이 문제에 대하여 바울과 바나바와 및 그 중의 몇 사람을 예루살렘에 있는 사도와 장로들에게 보내기로 작정했다"(갈 2:1). 곧 '안디옥 교회의 믿는 형제들이 이 문제를 해결하도록 바울과 바나바와 믿는 형제 중의 몇 사람을 택하여 예루살렘에 있는 사도들과 장로들에게 보내기로 작정했다.' 그러지 않으면 그 동안 전도한 모든 것이 물거품이 될 가능성이 있었다. 만약에 바리새파 사람들의 주장대로 되어야 한다면 바울과 바나바가 전도한 곳마다 돌아다니며 할례를 받아야 구원에 이를 수 있다고 다시 가르쳐야 했다. 있을 수 없는 일이었다.

행 15:3. 그들이 교회의 전송을 받고 베니게와 사마리아로 다니며 이방인들이 주께 돌아온 일을 말하여 형제들을 다 크게 기쁘게 하더라.

바울과 바나바 그리고 교회에서 대표로 뽑은 몇 사람(2절)이 안디옥 교회의 전송을 받았다(롬 15:24; 고전 16:6, 11). 다시 말해 그들이 교회로부터 여행 중에 필요한 경비를 받고 공식적으로 파송 받았다. 그들은 예루살렘으로 가는 도중에 베니게[84]와 사마리아를 통과하면서 이방인들이 주님께 돌아온 것을 말하여 베니게와 사마리아의 믿는 형제들을 크게 기쁘게 했다(14:27).

---

84) "베니게"라고 하는 곳은 현재의 레바논을 지칭하는 말인데 두로와 시돈을 포함하고 있다. 예수님은 갈릴리 전도 당시 두로와 시돈을 찾으신 적이 있으셨는데 이곳에서 예수님은 귀신들린 사람을 고치신 일이 있으시다(막 7:24-30).

바울과 바나바는 이 지방을 통과하면서 제 1차 전도여행의 결과로 수많은 사람들이 주님께로 돌아온 일을 말해주었다. 그들이 주님께 돌아올 때 할례를 받지도 않고 구원에 참여한 사실을 전하였을 것이다. 두 사도의 선교보고를 듣는 이방의 베니게와 사마리아의 형제들은 다 크게 기뻐했다. 많은 사람들이 주님께 돌아왔다는 소식은 듣는 자들에게 기쁨을 주었다.

행 15:4. 예루살렘에 이르러 교회와 사도와 장로들에게 영접을 받고 하나님이 자기들과 함께 계셔 행하신 모든 일을 말하매.

누가는 예루살렘 교회가 안디옥 교회의 대표들을 환영했다는 사실을 말하고 또 대표들 자신들이 행한 일을 말한다. 누가는 안디옥 교회의 대표들이 "예루살렘에 이르러 교회와 사도와 장로들에게 영접을 받았다"고 말한다. 예루살렘 교회가 공식적인 모임을 갖고 안디옥 교회에서 온 대표들을 영접했고 또 예루살렘의 사도들도 안디옥 교회의 대표들을 영접했으며 또 예루살렘의 장로들도 안디옥 교회의 대표들을 영접했다고 말한다. 우리는 사람을 영접해야 하고 환영해야 한다.

그리고 바울과 바나바는 "하나님이 자기들과 함께 계셔 행하신 모든 일을 말했다"(12절; 14:27; 21:19). 두 사도는 하나님께서 자기들을 통하여 행하신 모든 일을 빼놓지 않고 말했다. 즉 자기들을 통하여 수많은 사람들이 주님을 믿게 된 일과 이적과 표적이 자기들의 손으로 말미암아 이루어진 사실을 보고했다. 그들은 특별히 하나님께서 이방인들을 교회 안으로 들여 놓으실 때에 할례를 원하시지 않았고 성령의 세례만 받으면 교인이 되게 하셨다는 것을 말했을 것이다. 이방인들이 성령으로 거듭나고 또 성령으로 충만해져서 하나님을 찬양하는 신자들이 되었다면 다른 것을 더 원하지 않았다는 것을 말했다. 우리는 내가 한 일을 말할 것이 아니라 하나님께서 행하신 일을 말해야 한다. 선교보고는 정직하게 해야 한다. 오직 하나님께서만 하신 일을 말해야 한다.

행 15:5. 바리새파 중에 어떤 믿는 사람들이 일어나 말하되 이방인에게 할례를 행하고 모세의 율법을 지키라 명하는 것이 마땅하다 하니라.

바울과 바나바가 제 1차 전도여행 중에 하나님이 함께 계셔 행하신 모든 일을 말했을 때 "바리새파 중에 어떤 믿는 사람들이 일어나 말하되 이방인에게 할례를 행하고 모세의 율법을 지키라 명하는 것이 마땅하다고" 주장했다 (1절). 곧 '예수님을 믿는다고 하면서도 계속해서 할례를 행하고 모세의 율법을 지켜야 한다고 주장하는 신자들이 일어나 주장하기를 이방인에게 할례를 행하고 모세의 율법을 지키라고 명령하는 것이 마땅하다'고 주장했다. 바리새파 중에 믿는 사람들은 아직도 성령에 사로잡히지 않았다. 그들은 예수 그리스도의 대속의 피만을 믿어야 한다고 주장하지 않고, 할례를 받아야 한다고 주장했고, 모세의 율법을 지켜야 구원에 동참할 수 있다고 믿었기에 그렇게 사람들을 가르쳤다. 우리는 오직 그리스도의 가르침만을 따라야 한다. 오직 그리스도만을 믿어 구원받는다는 진리를 따라야 한다(11절; 롬 3:24; 엡 2:8; 딛 2:11; 3:4-5).

2. 총대들의 변론과 베드로의 주장   15:6-11

바울과 바나바가 하나님께서 자기들을 통하여 역사하신 것을 전하였을 때 바리새파 신자들이 여전히 율법주의를 고수하자 예루살렘 총회가 소집되었다(6절). 먼저 이 문제를 두고 많은 변론이 있었고(7a), 또 베드로의 발언이 있었으며(7b-10절), 결국은 주 예수 그리스도의 은혜로 구원받는다는 교리를 도출한다(11절). 베드로의 이 의견은 바울과 바나바의 교리를 결정적으로 두둔하는 말이었다.

행 15:6-7a. 사도와 장로들이 이 일을 의논하러 모여 많은 변론이 있은 후에.

예루살렘 교회의 지도자였던 "사도와 장로들이 이 일을 의논하러 모였다." 여기 "이 일"(τοῦ λόγου τούτου)이란 말은 '이 말씀'이란 뜻인데 구체적으로

'이방인에게 할례를 행하고 모세의 율법을 지키라 명하는 것이 마땅하냐 아니하냐'(5절)는 말씀을 지칭한다. 당시의 예루살렘 총회(이 총회는 바울과 바나바도 발언자로 나타났기에 총회로 보아야 한다)는 바로 믿는 자들이 할례를 받아야 하느냐 아니냐를 의론하러 모인 것이다. 그런데 총회가 회집된 후 "많은 변론이 있었다." 사도와 장로들이 토론에 참가했고 다른 일반 교인들은 참가하기는 했으나(12절-"온 무리," 22절-"온 교회") 발언하지는 않았다. 성령의 중재가 있기 전 사도와 장로들이 많은 변론을 했다. 오늘도 노회나 총회에서 많은 변론이 있을 수가 있으나 결국에는 성령의 뜻대로 모든 것이 결정되어야 한다.

행 15:7b. 베드로가 일어나 말하되 형제들아 너희도 알거니와 하나님이 이방인들로 내 입에서 복음의 말씀을 들어 믿게 하시려고 오래 전부터 너희 가운데서 나를 택하시고.
회의가 개회된 후 많은 토론이 있은(7b) 후에 베드로가 일어나 발언을 한다. 본 절부터 11절까지는 베드로가 발언한 내용이다. 베드로가 먼저 "일어나 말한다." 베드로는 항상 선두에 서서 일했다. 그는 수사도였고 또 초대교회의 설립자였으며 이방 선교의 처음 경험을 가진 자로서 제일 먼저 일어나 발언했다.

베드로는 일어나 "형제들아"라는 애칭을 사용하여 청중들을 부른 후 중대발언을 한다. 중대발언의 내용은 "너희도 알거니와 하나님이 이방인들로 내 입에서 복음의 말씀을 들어 믿게 하시려고 오래 전부터 너희 가운데서 나를 택하셨다"고 말한다. 베드로는 다른 사도들이나 장로들이나 성도들도 "알고 있다"고 말한다. 다른 이들을 인정한 말이다. 발언자가 나와서 자기 혼자 아는 것처럼 말하는 것은 지혜롭지 못한데 베드로는 다른 사람들도 알고 있다고 말하여 분위기를 누그러뜨린다.

그리고 베드로는 자신이 하나님으로부터 이방 선교를 위해서 택함을 받았다고 말한다. 베드로는 이방인들로 하여금 자기의 입에서 "복음의 말씀을 들어 믿게 하시려고 오래 전부터 너희 가운데서 나를 택하셨다"고 말한다. 여기 "복음의 말씀"(τὸν λόγον τοῦ εὐαγγελίου)이란 '복된 소식'(예수 그리스도)이란 뜻이다. 하나님은 이방인들, 곧 고넬료 가정의 식구들과 친구들로 하여금 복된 소식을 듣게 하시려고 베드로 자신을 택하셨다고 말한다.

행 15:8. 또 마음을 아시는 하나님이 우리에게와 같이 그들에게도 성령을 주어 증언하시고.

베드로는 택함을 받아 이방에까지 가서 설교는 했으나(앞 절) 자기가 이방 사람들을 구원한 것이 아니라 하나님께서 구원하셨다고 본 절과 다음 절(9절)에서 말한다. 베드로는 "마음을 아시는 하나님이 우리에게와 같이 그들에게도 성령을 주어 증언하셨다"고 말한다(대상 28:9). 다시 말해 "마음을 아시는 하나님"(1:24 주해 참조), 곧 '사람의 중심을 보시는 하나님,' '사람이 하나님을 참으로 경외하며 의를 행하는지를 보시고 은혜를 베푸시는 하나님'이 "우리에게와 같이 그들에게도 성령을 주어 증언하셨다"고 말한다(10:44). 하나님은 결코 사람의 외모를 보시고 은혜를 베푸시는 것이 아니라 그 중심을 보시고 성령을 주어 예수님이 참 구주임을 증언하게 만들어 주셨다는 뜻이다. 하나님은 인종이 어떠냐(백인이냐 혹은 흑인이냐), 혹은 할례를 받았느냐 안 받았느냐는 등 외부적인 특성을 보시고 은혜를 베푸시지 않으신다. 하나님은 결코 유대인들이 할례를 받고 혹은 모세의 율법을 지키니까 성령을 주어 예수님이 구주임을 알게 하시고, 그와 반면에 이방인들은 할례도 받지 않고 모세의 율법을 지키지 않으니 성령을 주시지 않으시는 것이 아니라, 유대인과 이방인의 중심을 보시는 하나님은 유대인들에게 성령을 주셔서 예수님을 구주로 믿게 하셨듯이 이방인들의 중심을 보시고 성령을 주셔서 예수님을 구주로 믿게 하셨다는 것이다. 하나님은 사람의 외모를 보시는 것이 아니라 사람의 중심을 보신다(삼상 16:7 참조). 베드로는 10년 전에 고넬료의 집에서 한 말을 지금 예루살렘 총회 장소에서 다시 하고 있다. 베드로는 10:34-35에 "내가 참으로 하나님은 사람의 외모를 보지 아니하시고 각 나라 중 하나님을 경외하며 의를 행하는 사람은 다 받으시는 줄 깨달았도다"라고 10년 전에 말한 적이 있었는데 지금 예루살렘 총회 석상에서도 똑 같이 "마음을 아시는 하나님이 우리에게와 같이 그들에게도 성령을 주어 증언하셨다"(본 절)고 말한다. 하나님께서 오순절에 유대인들의 중심을 보시고 복음을 듣게 하시는 중에 성령을 주어 예수님을 알게 하신 것처럼 하나님은 또 이방인들의 중심을 보시고 복음을 듣게 하시는 중에 그들에게도 성령을 주어 예수님이 구주이심을 믿게 하셨다는 것이다. 하나님은 오늘도 사람의 겉을 보시고 은혜를 베푸시는 것이 아니라 중심을 보시고 다루신다. 지금 우리의 중심은 어떤가. 참으로 하나님을 경외하고 의를 행하고 있는가.

행 15:9. 믿음으로 그들의 마음을 깨끗이 하사 그들이나 우리나 차별하지 아니하셨느니라.

베드로는 "믿음으로 그들의 마음을 깨끗이 하사 그들이나 우리나 차별하지 아니하셨다"고 말한다(10:15, 28, 43; 롬 10:11; 고전 1:2; 벧전 1:23). 즉 '이방인들이 베드로가 전해주는 복음을 믿을 때에 성령께서 그들의 마음을 깨끗이 하셔서 하나님께서 이방인들이나 우리 유대인들이나 차별하지 아니하셨다'는 뜻이다. 베드로가 전해주는 복음을 고넬료의 가정식구들과 친지들이 들을 때 성령님이 역사하셔서 그 사람들을 깨끗하게 하시므로 이방 사람들이나 유대인들 사이에 있던 장벽을 허무셨다는 것이다.

본문의 "깨끗이 하사"(καθαρίσας)란 말은 부정(단순)과거 분사로 '아주 깨끗하게 하셨다,' '참으로 깨끗하게 하셨다'는 뜻인데 '중생'을 지칭하는 말이며(10:15; 11:9; 요 15:3; 엡 5:26) 동시에 '즉각적인 성화'(positional sanctification)를 지칭하는 말이다. 그러니까 전도자가 전해주는 복음을 들을 때 성령님이 역사하시면 듣는 자가 복음을 믿게 되는데 그 때 복음을 들은 사람은 중생의 체험을 하게 된다(요 15:3; 엡 5:26). 중생을 체험하는 사람은 동시에 즉각적인 성화(positional sanctification)를 하게 된다. 그러나 점진적인 성화(progressive sanctification)는 평생을 두고 이루어진다. 유대인들이나 고넬료의 가정 식구들(친지들 포함)은 복음을 들을 때 성령으로 거듭났고 성화를 시작하게 되었는데 그러나 그들은 평생 점진적인 성화의 과정을 가져야 했다. 혹자는 여기 "깨끗하게 하사"란 말을 주석함에 있어 '사람이 믿음으로 그리스도를 영접하는 때에 그리스도께서 그 사람의 의(義)가 되어 주시는 것'이라고 하였는데 이 역시 '중생'이란 뜻과 똑 같은 것을 뜻하는 말이다. 이유는 중생의 시기(時期)와 칭의(稱義)의 시기는 똑 같은 시간에 이루어지기 때문이다.

행 15:10. 그런데 지금 너희가 어찌하여 하나님을 시험하여 우리 조상과 우리도 능히 메지 못하던 멍에를 제자들의 목에 두려느냐.
베드로는 앞(8-9절)에서 믿음으로 구원받는 방법을 설명한 다음 이제 본 절에 와서는 "그런데 지금 너희가 어찌하여 하나님을 시험하여 우리 조상과 우리도 능히 메지 못하던 멍에를 제자들의 목에 두려느냐"고 이의를 제기한다(마 23:4; 갈 5:1). 베드로는 "그런데 지금"($\nu\hat{\upsilon}\nu$ $o\hat{\upsilon}\nu$), 곧 '그러므로 지금' 믿는다고 하면서도 "어찌하여 하나님을 시험하여 우리 조상과 우리도 능히 메지 못하던 멍에를 제자들의 목에 두려는 것"이냐고 말한다. "하나님을 시험하여"란 말은 '하나님을 거슬러서,' '하나님의 구원 방침을 문제시하여'란 뜻으로 "우리 조상과 우리도 능히 메지 못하던 멍에" 즉 이방의 성도들로 하여금 '모세의 율법(할례 포함)'을 지키도록 강요하려고 하는 것이냐고 질타한다. 지금까지 아무도 모세의 율법을 지켜서 구원 받은 사람이 없었는데 안디옥 교회의 성도들이나 이방의 성도들로 하여금 할례를 받아야 구원 받을 수 있다고 질타를 하고 있다. 도무지 있을 수 없는 일을 강요해서는 안 된다는 취지이다.

행 15:11. 그러나 우리는 그들이 우리와 동일하게 주 예수의 은혜로 구원 받는 줄을 믿노라 하니라.
베드로는 앞 절의 할례파들의 주장과는 달리 "그러나 우리는 그들이 우리와 동일하게 주 예수의 은혜로 구원 받는 줄을 믿는다"고 말한다(롬 3:24; 엡 2:8; 딛 2:11; 3:4-5). "우리" 즉 '베드로와 예루살렘의 사도들, 그리고 바울과 바나바 등'은 이방인 성도들이 우리들과 동일하게 주 예수님의 은혜로 구원 받는 줄 분명히 믿는다고 못 박아 말한다(롬 1:17; 3:20-24; 5:15; 갈 2:16; 엡 2:5). 결코 모세의 율법을 지켜서 구원받는 것은 아니라고 말한다. 행실로 구원받는 것은 아니라는 것이다.

3. 바울의 보고와 야고보의 증언   15:12-21

베드로가 발언을 하고 난 후 두 선교사(바나바와 바울)가 하나님께서 역사하신 일을 보고할 때 온 무리가 경청했다(12절). 두 선교사(바울과 바나바)가 하나님께서 행하신 일을 보고한 것은 시의(時宜)적절한 보고였다. 그리고 다음으로 야고보가 증언한다(13-21절).

행 15:12. 온 무리가 가만히 있어 바나바와 바울이 하나님께서 자기들로 말미암아 이방인 중에서 행하신 표적과 기사에 관하여 말하는 것을 듣더니. 베드로가 발언을 한 뒤 "온 무리가 가만히 있었다." 베드로의 발언에 압도되었기 때문이었고 무엇보다 성령님께서 회의를 주장하셨기 때문이었다. 베드로가 발언한 후 회의장이 잠잠해지자 "바나바와 바울이 하나님께서 자기들로 말미암아 이방인 중에서 행하신 표적과 기사에 관하여 말하는 것을 들었다"(14:27). 여기 바나바의 이름이 앞 선 것은 예루살렘 교회에서는 바나바를 더 알아주었기 때문이었을 것이다. 바나바는 원래 예루살렘 교회의 회원이었다(11:22). 두 선교사는 하나님께서 자기들을 통하여 이방인 중에서 행하신 표적과 기사에 관하여 말했다. 이렇게 말하는 동안 예루살렘 총회는 조용히 들어주었다. 본문의 "듣더니"(ἤκουον)란 말은 미완료과거 시제로 '계속해서 듣고 있었다'는 뜻이다. 사람들이 조용히 계속해서 들었다는 뜻이다. 사람들이 계속해서 들은 것도 결국은 성령님께서 역사하셨기 때문이었다.

행 15:13. 말을 마치매 야고보가 대답하여 이르되 형제들아 내 말을 들으라.
누가는 본 절부터 21절까지 예루살렘 총회의 의장이었던 야고보가 발언한 것을 말한다. 야고보는 이방인 성도들을 받아드려야 하는 성경적 근거(13-19절)를 말하고, 성도들이 금해야 할 네 가지 금지조항(20-21절)을 말한다.

바나바와 바울 두 선교사가 말을 마치자 야고보가 "형제들아"라고 애칭으로 회원들을 부르면서 "내 말을 들으라"고 권한다(12:17). 예루살렘 총회의 총회장 입장에서 결론을 내려고 '내 결론의 말을 들으라'고 말한다. 야고보에 대하여는 12:17의 주해를 참조할 것.

행 15:14. 하나님이 처음으로 이방인 중에서 자기 이름을 위할 백성을 취하시려고 그들을 돌보신 것을 시므온이 말하였으니.
주님의 동생 야고보는 "시므온"(베드로라고 부르기 전의 이름), 즉 '베드로'가 말한 것(7-11절)을 옹호하고 나선다. 야고보는 베드로의 발언(7-11절)을 요약해서 말하기를 "하나님이 처음으로 이방인 중에서 자기 이름을 위할 백성을 취하시려고 그들을 돌보셨다"고 말한다(7절). 즉 '하나님께서 유대인들 중에서 자기 이름을 위할 백성을 취하신 것처럼 하나님이 처음으로 이방인들 중에서 자기의 영광을 세상에 드러내시기 위해서 이방인들을 돌보셨다(visited)'는 것이다. 하나님께서 하나님의 영광을 세상에 드러내시기 위하여 고넬료의 가정 사람들과 친지들에게 성령을 주셨다는 뜻이다. 하나님께서 이렇게 고넬료의 가정 사람들을 돌보신 이유는 바로 그 사람들만 위한 것이 아니라 그들을 통하여 이방인들을 하나님의 백성들로 취하시려는 의도였다는 뜻이다. 하나님께서 오늘 우리를 돌보신(은혜 주신) 것은 우리를 통하여 다른 무수한 사람들을 예수님을 믿게 하시려는 뜻이 담겨있다는 것이다. 우리는 끊임없이 그리스도를 드러내야 한다.

행 15:15. 선지자들의 말씀이 이와 일치하도다 기록된 바.
야고보는 베드로가 말한 것(7-11절)이 선지자들의 말과 일치한다고 말한다.

야고보가 다음(16-18절)에 제시하는 구약의 선지자의 말씀은 암 9:11-12의 말씀인데 야고보는 구약 암 9:11-12의 말씀을 70인역(LXX)에서 자유롭게 인용한다. 야고보는 베드로가 이방에 가서 복음을 전해서 하나님의 영광을 위할 백성 삼은 것은 아주 당연한 것으로 구약 아모스서도 이방선교를 뒷받침하고 있다고 말한다.

행 15:16. 이후에 내가 돌아와서 다윗의 무너진 장막을 다시 지으며 또 그 허물어진 것을 다시 지어 일으키리니.

구약의 선지자 아모스는 예수님께서 초림 하셔서 "다윗의 무너진 장막을 다시 지으며 또 그 허물어진 것을 다시 지어 일으킬 것이라"고 예언한다(암 9:11-12). 본문의 "다윗의 무너진 장막"이란 말이나 "그 허물어진 것"이란 말은 동격으로 '이스라엘 나라가 외국의 침략에 의해 망할 것'을 예언하는 말씀이다. 그리고 "다시 지으며"라는 말과 "일으키리니"란 말도 역시 동의어로 '왕국을 세운다'는 뜻이다. 아모스가 예언한대로 예수님께서 이 땅에 오셔서 이 예언을 성취하셨다(눅 1:32-33 참조). 다시 말해 예수님께서 이 땅에 오셔서 영적인 이스라엘 나라를 다시 세우셨다. 우리는 지금 예수님께서 세우신 왕국의 백성들이 되었다. 지금은 무너진 장막이 세워진 시대이고 허물어진 것이 다시 지어진 시대이다. 구약의 이스라엘의 왕국은 무너졌으나 새로운 영적인 왕국이 건립되어 우리는 그 왕국에서 살고 있다. 그 왕국이 건설되기 위해서 이방 선교는 아주 당연한 것이다.

세대주의에서는 지금이 그리스도의 왕국 시대가 아니고 그리스도의 교회 시대로 분류한다. 세대주의에서는 그리스도의 왕국은 그리스도의 재림 이후에 이루어진다고 주장한다. 그러나 개혁주의에서는 지금이 바로 그리스도께서 영적 이스라엘 왕국을 다스리시는 시대라고 말하고 있다.

행 15:17. 이는 그 남은 사람들과 내 이름으로 일컬음을 받는 모든 이방인들로 주를 찾게 하려 함이라 하셨으니.

야고보는 70인경(LXX)에서 인용하여 그의 논리를 전개한다. 본 절은 앞에서 말한바 그리스도께서 그의 왕국을 세우신(16절) 목적이 무엇이냐를 말하는 목적절이다. 그리스도께서 그의 왕국을 세우신(16절) 목적은 세계의 모든 믿는 사람들이 그리스도를 찾게 하기 위한 것이라고 한다.

본문의 "그 남은 사람들"과 "내 이름으로 일컬음을 받는 모든 이방인들"은 동의어로 쓰였다(Bruce, Kistemaker, 박윤선). 혹자는 "그 남은 사람들"은 '유대인들 중에서 앞으로 믿을 사람들'이라고 해석하나 뒤에 나온 "내 이름으로 일컬음을 받는 모든 이방인들"을 지칭하는 말이다. 그리스도께서 신약 시대를 맞이하여 그의 영적인 왕국을 세우신 목적은 그리스도를 믿을 사람들이 "주를 찾게 하려 함이라"는 것이다. 그러니까 야고보는 이방인들이 그리스도를 찾는 것은 아모스의 예언 성취라고 말한다. 그런즉 이방인들이 그리스도를 찾도록 권장할 일이고 결코 모세의 율법이나 할례를 받으라고 강요할 것이 아니라고 말한다.

행 15:18. 즉 예로부터 이것을 알게 하시는 주의 말씀이라 함과 같으니라. 야고보는 "예로부터"란 말을 이사야 45:21에서부터 끌어내어 아모스 9:12에 붙여 그의 논리를 강조한다. 곧 하나님은 옛날로부터 "이것을 알게 하시는" 즉 '이방인을 구원하시겠다는 것을 사람들로 하여금 알게 하시는' 분이신데 결국은 베드로의 말(7-11절)과 같이 그 일을 실현하셨다는 것이다. 야고보의 요지는 하나님은 옛날로부터 선지자들을 통하여 이방인들을 구원하시겠다고 말씀하셨는데 결국 베드로가 말한바와 같이 이방인들을 구원하신다는 것이다. 그런고로 이방인들이 주님께로 돌아오는 것을 막지 말아야 한다는 요지이다.

행 15:19. 그러므로 내 의견에는 이방인 중에서 하나님께로 돌아오는 자들을 괴롭게 하지 말고. 야고보는 본 절부터 21절까지 자기 개인의 의견을 말한다(총회가 만장일치로 결정한 것은 22-26절에 기록되어 있다). "그러므로," 즉 '베드로가 이방인들의 구원의 당위성을 말했고(7-11절) 또 야고보 자신이 구약의 예언을 인용하여 이방인들의 구원이 당연한 것이 확실하므로' "내 의견에는 이방인 중에서 하나님께로 돌아오는 자들을 괴롭게 하지 말라"고 한다(살전 1:9). 야고보는 예루살렘 총회의 의장 자격으로 먼저 개인적인 의견을 말하는데 이방인 중에서 하나님께로 돌아오는 사람들에게 할례를 행하라고 하거나 혹은 모세의 율법을 지켜야 구원에 이를 수 있다고 말해서 이방 사람들을 괴롭게 하지 말아야 한다는 것이다. 아주 합리적인 생각이고 성령님께서 인도하신 의견이다. 야고보는 구약 성경의 예언에 귀를 기울였고 또 베드로를 통하여 역사하신 성령의 인도를 무시하지 않고 따른 결과 참으로 바른 결론을 내렸다. 오늘도 구원을 얻는데 행함을 더하라고 강조하는 것은 사람을 괴롭게 하는 것이다. 참으로 예수님을 믿는다면 행함은 필연적으로 따라오는 결과이니 우리는 성경이 말하는대로 주 예수의 은혜로 구원받는 줄 믿고 또 그렇게 사람들을 교육해야 한다(롬 1:17; 3:20-24; 5:15; 갈 2:16; 엡 2:5).

행 15:20. 다만 우상의 더러운 것과 음행과 목매어 죽인 것과 피를 멀리하라고 편지하는 것이 옳으니.

야고보는 자기 개인의 의견을 말한(앞 절) 다음 유대인 신자들과 함께 신앙생활을 하는 이방인 성도들이 유대인 신자들의 양심을 건드리지 않기 위해서 네 가지 종류의 멀리 할 것에 대해 말한다. 첫째, "우상의 더러운 것"을 멀리 하라고 말한다(창 35:2; 출 20:3, 23; 겔 20:30; 고전 8:1; 계 2:14, 20; 10:20, 28). "우상의 더러운 것"이란 '우상 앞에 바쳤던 제물'(29절; 21:25)을 뜻하는 것으로 우상 앞에 바쳤던 제물을 먹지 말라는 말이다(고전 10:14-22; 계 2:14). 바울은 훗날 우상 앞에 바쳤던 제물을 양심자유문제로 돌려 양심에 거리끼지만 않으면 먹을 수 있다고 말했다(고전 8:1-13; 10:23-33). 오늘도 우상 앞에 바쳤던 제물을 시장에서 우리가 사서 먹는 것을 다른 이들이 보고 시험을 받을 경우 우리는 형제들을 생각하여 먹지 않아야 하지만 형제들에게 아무런 해를 끼치지 않을 경우 먹을 수도 있는 것이다.

둘째, "음행"을 멀리하라고 말한다(고전 6:9, 18; 갈 5:19; 엡 5:3; 골 3:5; 살전 4:3). 야고보가 말한바 "음행"을 멀리하라는 말의 뜻이 무엇인가를 파악하기란 쉽지 않다. 예로부터 각 성에서 모세를 전하는 자가 있어 안식일마다 회당에서 모세의 글을 읽는 사람들이 있어 "음행"을 멀리할 것을 권면하였으니(다음 절) 신약성경에 쓰여 있는 일반적인 뜻과는 약간 다른, 특별한 뜻을 가진 것임에는 틀림없다. 다시 말해 각 성에서 유대인들이 모세의 글을 읽고 있으니 유대인 신자들의 마음을 거스르지 않게 음행을 멀리하라는 뜻이다. 그렇다면 "음행"이란 것이 무엇을 의미하는 것인가. 혹자는 다른 세 가지("우상의 더러운 것," "목매어 죽인 것," "피")가 모두 의식적인 것들이니 "음행"을 멀리하라는 권면도 역시 의식적인 문제로 여겨 해결하려고 한다. 즉 "음행"을 멀리하라는 말은 다른 장소가 아니라 우상 신전에서 성행위를 하지 말라는 말로 해석하려 한다. 그러나 이 해석은 이미 그리스도를 믿은 신자가 우상 신전에서 성행위를 한다는 것은 있을 수 없는 것이므로 채택하기 어려운 해석이다. 아무튼 이 문제는 음행은 음행이로되 이방인들 사이에서 성행되는 음행으로서 유대인들에게 특별히 역겨운 성행위로 보는 것이 바른 견해일 것이다.[85] 이 문제를 두고 브루스(F. F. Bruce)는 "이방인 형제들에게...이성 관계에 있어서 지금까지 익숙한, 저급한 이교도들의 표준에 만족하여 머무르지 말고 유대인의 높은 도덕률에 순응함으로 유대인 형제들의 양심에 거리끼지 않도록" 야고보가 의견을 개진한 것으로 보고 있다. 당시 이교도 사이에서 성행하던 특수한 음행이 무엇인지 우리는 알기

---

85) "음행"이 무엇이냐를 두고 여러 가지 해석이 가해졌는데 몇 가지를 들어보면 1) 이교도와의 결혼, 2) 영적 간음, 3) 재혼, 4) 돼지고기를 먹는 것, 5) 이방신전에서의 성행위, 6) 축첩행위(내연의 처와의 성행위), 7) 근친혼인 등 많은 해석이 가해졌다. 이 해석들 중 축첩행위(내연의 처와 통하는 것)나 근친 간의 혼인을 멀리하라는 해석이 바를 것으로 보인다(레 18장). 이방인들이 믿은 후에도 내연의 처와 교통하며 살 수도 있었고 혹은 근친간의 혼인을 했을 수고 있었을 것이니 야고보가 금했을 것으로 보인다.

어렵다. 혹시 이교도들이 예수님을 믿은 후에도 여전히 옛날의 습성을 버리지 못하고 내연의 처(a common-law wife)와 내통하는 것을 멀리하라는 명령일 수도 있다(Calvin, Kistemaker). 또 레위기 18장에서 말하는 근친간의 결혼을 지칭할 수도 있을 것이다(Bruce).

셋째, "목매어 죽인 것"을 멀리하라고 말한다. '피를 빼지 않은 고기'를 먹지 말라는 말이다(창 9:4; 레 17:13-14). 유대인 신자들은 피를 빼지 않은 고기를 먹지 않고 있었는데 혹시 이방인 신자들은 피를 빼지 않은 고기를 먹을 수도 있었다. 그래서 야고보는 이런 고기를 멀리하라고 말한 것으로 보인다.

넷째, "피"를 멀리하라는 말은 '피'를 먹지 말라는 말이다(창 9:4; 레 3:17; 7:26; 17:10, 13-14; 신 12:16, 23). 유대인 신자들은 피를 먹지 않았으니 이방인 신자들도 피를 멀리하는 것이 좋다고 야고보가 제안한 것이다. 네 가지의 금지 조항에 대해서 이방인 신자들은 크게 부담감을 갖지 않고 지킬 수 있는 것들이라고 보인다. 유대인 신자들이 아주 혐오하는 것들이니 유대인 신자들을 위해서 이방인 신자들은 그런 것들을 지켜주는 것을 어렵지 않게 여겼을 것으로 보인다.

행 15:21. 이는 예로부터 각 성에서 모세를 전하는 자가 있어 안식일마다 회당에서 그 글을 읽음이라 하더라.
야고보가 네 가지를 멀리하라고 제안한(앞 절) 이유는 "예로부터 각 성에서 모세를 전하는 자가 있어 안식일마다 회당에서 그 글을 읽었기" 때문이라고 말한다(13:15, 27). '오래 전부터 각 도시의 예배당에서 모세를 전하는 유대인 신자들이 바로 그 금지 조항이 쓰여 있는 모세의 글을 읽기' 때문이라는 것이다(13:15). 야고보는 이방인 신자들을 향하여 유대인 신자들을 위하여 한 발 양보할 것을 주문한 것이다.

4. 총회가 의결하다 15:22-29

야고보가 개인적인 의견을 말한(13-21절) 다음 총회가 그것을 그대로 받고 글로 작성하여 편지를 써서 보낸다. 편지 내용은 위로와 격려로 일관한다.

행 15:22. 이에 사도와 장로와 온 교회가 그 중에서 사람들을 택하여 바울과 바나바와 함께 안디옥으로 보내기를 결정하니 곧 형제 중에 인도자인 바사바라 하는 유다와 실라더라.

본서의 저자 누가는 총회("사도와 장로와 온 교회")의 결의 사항을 기록한다. 총회의 결의 사항은 "그 중에서 사람들을 택하여 바울과 바나바와 함께 안디옥으로 보내기를 결정한" 것이다(1:23). 즉 '회원들 중에서 사람을 택하여 바울과 바나바와 함께 안디옥으로 보내자는 것을 결정한' 것이었다. 총회의 택함 받은 사람들은 "형제 중에 인도자인 바사바라 하는 유다와 실라였다." 이 두 사람 유다와 실라는 "인도자들"(chief men)이었다. 유다에 대해서는 더 알 수가 없고 실라는 로마식 이름으로는 "실루아노"로 불리기도 했다(살전 1:1). 실라는 바울의 제 2차 전도여행 때 바울과 동행했으며(15:40; 16:19-29; 17:4, 10, 14; 18:5) 베드로와 함께 전도한 일도 있었다(벧전 5:12). 이 두 사람을 사도와 장로가 지명한 것이 아니라 당시 총회가 택한 것은 오늘날 우리에게 큰 본보기로 남아있다. 할 수만 있다면 많은 성도들의 의견을 수렴하는 것은 좋은 일이다.

행 15:23. 그 편에 편지를 부쳐 이르되 사도와 장로 된 형제들은 안디옥과 수리아와 길리기아에 있는 이방인 형제들에게 문안하노라.

누가는 안디옥으로 가는 일행들(바울, 바나바, 바사바, 실라) 편에 부친 편지에 쓴 내용이 무엇인지 말한다. 편지에 쓴 내용은 본 절부터 29절까지 기록된 말씀들이다. 본 절은 안디옥과 수리아와 길리기아[86)에 있는 이방인 형제들

---

86) "길리기아"(Cilicia)는 소아시아의 동남부 연안 지대이다. 동쪽은 아마누스 산맥(Amanus range), 북쪽과 서쪽은 타우로스 산맥(Taurus Mts.), 남쪽은 지중해에 의해 경계 지어져 있다.

즉 이방인 신자들에게 문안한다는 말이다. 사도와 장로들은 안디옥과 수리아와 길리기아에 있는 이방인 신자들을 "형제들"이라고 부른다. 사도와 장로들은 인종차별도 없었고 직분 차별도 없이 똑같은 수준에 놓고 문안한다. 사도와 장로와 유대인 성도들은 유대인들이었지만 이제는 이방인들을 향하여 너무 달라졌다. 성령으로 거듭난 사람들은 이처럼 아무런 차별을 느끼지 않는다. 오늘도 믿는 사람들은 아무런 차별을 느끼지 않는다. 차별을 느끼는 사람들이 있다면 아직 성령으로 성화된 사람은 아니다. 바울과 실라는 이 편지를 남 갈라디아의 교회들에게도 전달했다(16:4).

행 15:24. 들은즉 우리 가운데서 어떤 사람들이 우리의 지시도 없이 나가서 말로 너희를 괴롭게 하고 마음을 혼란하게 한다 하기로.

사도들과 장로들은 바울과 바나바를 통하여 "들은즉 우리 가운데서 어떤 사람들이 우리의 지시도 없이 나가서 말로 너희를 괴롭게 하고 마음을 혼란하게 한다"는 말을 들었기에 총회의 결의를 만들어 보낸다는 것이다(1절; 갈 2:4; 5:12; 딛 1:10-11). '예루살렘에서 어떤 유대주의자들이 사도들과 장로들의 지시도 없이 나가서 너희 이방인 신자들을 괴롭게 하고 마음을 혼란하게 하는 말이 있기로' 이렇게 편지를 한다는 것이다. 사도와 장로들은 안디옥 교회에 내려가서 교인들을 혼란하게 만든 유대주의자들을 "냉정히 끊으며 배경이 되어 주지 않는다"(박윤선). 유대주의자들이 잘 못되었다는 것이다. 잘 못된 것은 잘못된 것이라고 말해야 한다. 진리 문제에 관한한 엄격하게 다루어야 한다.

서쪽의 산악 지대는 길리기아 드라기아(Cilicia Tracheia, 기복이 많은 길리기아), 동쪽 비옥한 평원 지대는 길리기아 베디아스(Cilicia Pedias, 낮은 길리기아)라 불렸다. 길리기아는 BC 57년 로마의 속주가 되고, 바울의 출생지인 다소가 수도였다(행 21:39; 22:3; 23:34). 길리기아에서 예루살렘으로 올라온 디아스포라(Diaspora, 유대인으로서 팔레스틴 이외의 땅에 이주한 자나 또는 그 거주자)의 유대인은 예루살렘에 회당을 가지고 있었다(행 6:9). 예루살렘 교회에서 회의가 있던 당시 길리기아에 신자가 있었는데(행 15:23), 바울의 전도에 의해 회심한 사람들이었다(행 9:30; 갈 1:21). 바울은 그들을 제 2차 전도여행 때에도 방문한 일이 있었다(행 9:41).

행 15:25-26. 사람을 택하여 우리 주 예수 그리스도의 이름을 위하여 생명을 아끼지 아니하며 우리가 사랑하는 바나바와 바울과 함께 너희에게 보내기를 만장일치로 결정하였노라.

사도와 장로들은 총회에서 "사람을 택하여," 곧 '유다와 실라를 택하여' 두 선교사(바나바와 바울)와 함께 안디옥과 수리아와 길리기아 형제들에게 보내기를 만장일치로 결정했다고 말한다. 예루살렘 교회의 사도와 장로들은 두 선교사(바나바와 바울)를 극찬한다. 예루살렘의 지도자들은 두 선교사를 평하여 "우리 주 예수 그리스도의 이름을 위하여 생명을 아끼지 아니하며 우리가 사랑하는" 사람들이라고 말한다(13:50; 14:19; 고전 15:30; 고후 11:23, 26). 바나바와 바울은 예수 그리스도를 위하여 생명을 아끼지 않는 사람들이라는 것이다. 따라서 예루살렘 교회의 지도자들도 역시 이방의 두 선교사를 사랑한다고 말한다. 놀라운 칭찬의 말씀이다. 오늘 우리에게 이런 칭찬의 말이 있는가. 우리는 우리들을 사랑하는 사람들만 사랑하고 있지는 않은가. 우리는 주님을 사랑하되 생명을 아끼지 아니하고 사랑하는 사람들을 사랑해야 할 것이다.

행 15:27. 그리하여 유다와 실라를 보내니 그들도 이 일을 말로 전하리라.

사도와 장로들은 "그리하여"(οὖν-'그러므로'), 즉 '유다와 실라를 보내기로 총회에서 가결하였으므로' "유다와 실라를 보내니 그들도 이 일을 말로 전할 것이라"고 말한다. 두 사람, 유다와 실라도 예루살렘 총회의 결의 사항을 말로 전할 것이라는 뜻이다. 그러니까 총회의 결정내용을 쓴 편지 자체도 총회의 결의내용을 전하게 되고 바울과 바나바도 말로 보고할 것이며 또 유다와 실라도 구두로 전할 것이라고 한다. 3중으로 전하는 셈이 된다. 예루살렘 총회가 일을 신중하게 처리하고 있음을 알 수 있다.

행 15:28. 성령과 우리는 이 요긴한 것들 외에는 아무 짐도 너희에게 지우지 아니하는 것이 옳은 줄 알았노니.

사도와 장로들은 편지에 "성령과 우리"라는 이중 주어를 쓴다. 예루살렘 교회의 지도자들은 "성령"의 지시에 따라 결정하였음을 드러내고 있다. 예루살렘 총회의 결정은 성령님의 지시에 따라 결정된 것임을 보여주는 말씀이다. 주후 325년의 니케아회의를 믿을만한 이유가 여기에 있다. 거기에는 어거스틴과 같은 학자가 있었다. 학자들은 성령의 뜻과 지시를 따라 신구약 성경을 결집했다. 오늘의 회의들(당회, 노회, 지방회, 총회 등)이 참으로 성령님의 지시를 따라 결정하고 있는가. 아니면 사람들의 뜻을 따라 결정하는가.

총회는 이 요긴한 것들(우상의 더러운 것을 멀리 할 것, 음행을 멀리할 것, 목매어 죽은 것을 멀리할 것, 피를 멀리할 것) 외에는 "아무 짐도 너희에게 지우지 아니하는 것이 옳은 줄 알았다"고 말한다. 총회는 이방인들이 구원받는 데는 아무 것도 다른 것이 필요 없다고 말한다. 네 가지 피할 것은 큰 짐이 아니고 단지 멀리해달라는 것뿐이다. 오늘도 술과 담배 같은 것을 피하는 것은 구원받기 위해 피하는 것이 아니라 이미 구원에 동참한 사람들이니 멀리해야 할 것들이다. 그것들을 피하는 것이 어려운 일들은 아니다.

행 15:29. 우상의 제물과 피와 목매어 죽인 것과 음행을 멀리할지니라 이에 스스로 삼가면 잘되리라 평안함을 원하노라 하였더라.

"우상의 제물과 피와 목매어 죽인 것과 음행을 멀리할지니라"는 말씀의 뜻을 알기 위해서는 20절 주해를 참고할 것. 총회는 편지 마지막에 "이에 스스로 삼가면 잘되리라"는 말씀을 덧붙인다. '네 가지를 멀리하면 잘 되리라'는 말이다. "잘 되리라"(you do well)는 말은 '복되리라'는 뜻이다. 다시 말해 죄를 짓지 않게 되고 또 신앙도 성장되리라는 말이다. 또 멀리해야 할 것들을 멀리하면 유대인 신자들과의 관계도 더 부드러워질 것이라는 뜻도 함유하고 있을 것이다. 예루살렘 총회는 마지막으로 "평안함을 원하노라"(ἔρρωσθε)고 말한다. "평안함을 원하노라"(ἔρρωσθε)는 말은 완료형 수동태로 '건강을 누릴지어다,' '평안할지어다,' '안녕할지어다'라는 뜻이다. 이 단어가 완료형이지만 계속의 뜻을 가지고 있을 수가 있어서 '평안을 계속해서 누릴지어다,' '계속해서 안녕히 계십시오'라는 뜻으로 보면 될 것이다. 예루살렘 총회는 이방 교회의 교우들에 대해서 정중한 인사로 끝내고 있다.

5. 두 선교사의 안디옥 귀환과 총회결의 보고 15:30-35

바울과 바나바는 유다와 실라 두 사람과 함께 안디옥 교회에 돌아와 편지를 전달한다(30절). 그리고 안디옥 교회의 어느 대표가 그 편지를 낭독하여 교우들이 그 편지내용을 듣고 기뻐한다(31절). 유다와 실라가 안디옥 교회에서 얼마동안 사역하다가 예루살렘 교회로 귀환하고(32-33절) 바울과 바나바는 안디옥 교회에서 여러 사람들과 함께 하나님의 말씀을 가르치고 전파했다(35절).

행 15:30. 그들이 작별하고 안디옥에 내려가 무리를 모은 후에 편지를 전하니.

바울과 바나바 그리고 유다와 실라 등 네 사람은 예루살렘 교회에서 작별 인사를 하고 안디옥에 내려가(여기 "내려간다"는 말은 예루살렘에서는 아무 곳으로 가도 "내려간다"는 말을 사용한다) 교우들을 모아놓고 편지를 전달한다. 네 사람은 위임을 맡은 사명을 충실히 수행했다.

행 15:31. 읽고 그 위로한 말을 기뻐하더라.

안디옥 교회의 누군가가 편지 내용을 읽었을 때 성도들은 "그 위로한 말을 기뻐했다." 여기 "위로한 말"(παρακλήσει)이란 뜻은 '권면'(exhortation), '격려'(incitement), '위로'(consolation), '기쁨'(joy)이라는 뜻이다(13:15; 롬 12:8). 예루살렘 총회의 결정대로 쓴 편지내용은 안디옥 교회와 이방교회를 위로하는 말로 채워졌었다. 예루살렘 총회가 성령의 영향 하에 진행되었고 또 성령의 인도대로 편지가 써졌기에 이방인들에게 위로가 되었다. 우리는 다른 사람들에게 위로를 주는 사람들이 되어야 한다.

행 15:32. 유다와 실라도 선지자라 여러 말로 형제를 권면하여 굳게 하고.
누가는 짧은 기간 안디옥 교회에 유했던 유다와 실라의 사역을 기록한다.
그들은 편지 전달의 사명을 마치고 금방 예루살렘으로 돌아간 것이 아니라
"선지자들"(11:27; 13:1 주해 참조)로서 "여러 말로 형제를 권면하여 굳게
했다"(14:22; 18:23). "권면했다"는 말은 여러 말로 '가르쳤다'는 뜻이고
"굳게 했다"는 말은 '믿음을 굳게 했다'는 뜻으로 두 선지자가 말씀을 가르쳐
서 성도들의 믿음을 더욱 튼튼하게 했다는 뜻이다.

**행 15:33. 얼마 있다가 평안히 가라는 전송을 형제들에게 받고 자기를 보내던
사람들에게로 돌아가되.**
두 선지자(유다와 실라)는 얼마동안 말씀 사역을 하다가 "평안히 가라는
전송을 형제들에게 받고 자기를 보내던 사람들에게로 돌아갔다." 두 사람은
"평안히 가라는 전송을 받고" 즉 '평안히 가라는 환송 인사를 받고' 예루살렘
교회로 돌아갔다(고전 16:11; 히 11:31). 두 선지자는 안디옥 교회가 평온을
되찾은 것을 보고 예루살렘으로 돌아간 것이다. 유대주의자들이 내려와서
할례를 받아야 구원받는다고 해서 교회가 어지러웠었는데 예루살렘에서
두 선지자가 와서 말씀으로 권면하고 믿음을 굳게 한 후 이제는 떠날 때가
된 것을 알고 안디옥을 떠났다. 떠날 때 안디옥 교회로부터 평안히 가라는
환송 인사를 받았다. 두 교회의 친밀감을 느끼게 하는 장면이다. 성령께서
역사하시는 곳마다 이렇게 친밀해진다. 성령께서 역사하시는 개인 간에도
사랑이 넘치며 교회 간에도 사랑이 넘친다.

(행 15:34. 그러나 실라는 그곳에 머무는 것을 좋게 여겼더라.)
어떤 사본들(CD 33등)에는 이 구절이 있다. 실라에 대한 이야기 때문에
훗날 삽입한 것으로 보인다. 바로 앞 절에 보면 실라가 예루살렘으로 돌아간
것으로 되어 있는데 40절에 실라가 바울과 함께 전도여행을 떠나게 되는
고로 실라가 안디옥에 그냥 머물러 있는 것을 좋게 여겼다는 내용을 삽입한

것으로 보인다. 그러나 학자들은 본 절이 없는 것이 원본으로 보는 점에서
동의하고 있다. 그러니까 실라는 예루살렘으로 갔다가 다시 와서 바울과
동행한 것으로 보아야 할 것이다.

**행 15:35. 바울과 바나바는 안디옥에서 유하며 수다한 다른 사람들과 함께
주의 말씀을 가르치며 전파하니라.**

누가는 바울과 바나바의 사역에 대해서 말한다. 누가는 그들이 예루살렘에
가기 전에 안디옥 교회에서 사역하던 대로(11:26; 13:1; 14:28) 예루살렘
에 다녀온 후 안디옥에 유하며 "수다한 다른 사람들과 함께 주의 말씀을
가르치며 전파했다"고 말한다. 두 선교사는 "수다한 다른 사람들과 함께"
사역했다. 안디옥 교회에는 바울과 바나바 말고도 또 다른 사람들이 있었
으니(13:1) 그런 사람들과 함께 "주의 말씀을 가르치며 전파했다." 이제는
교회 안에 다른 어려운 일도 없고 해서 부지런히 그리스도의 말씀을 가르
치며 전했다. 이렇게 해서 안디옥 교회는 세상 끝까지 전도하는 교회로
성장해갔다. 우리는 우리의 교회들을 세계적인 교회로 자라게 해야 할
것이다.

C. 바울이 제 2차 전도여행을 하다 15:36-18:22

예루살렘 총회를 통해 오직 그리스도의 은혜로만 구원을 받는다는 교리
를 확립한 안디옥 교회는 많은 사역자들로 인해 다시 선교사들을 파송할
정도로 성장했다. 이제 바울은 바나바와 함께 두 번째로 전도여행을 떠날
계획을 세웠다. 바울은 제 2차 전도여행을 계획함에 있어 지난 번(1차) 다녀
온 지역을 돌면서 교회를 튼튼하게 하려는 계획을 세웠으나 사람의 뜻과는
달리 바나바와 결별하게 되어 지난번 다녀온 곳을 순회하는 것을 넘어 유럽으
로 가게 되었다.

2차 전도여행은 1) 바나바와 서로 갈라서서 여행을 하게 되었고
(15:36-41), 2) 소아시아 지방을 여행하는 중 성령님께서 인도하셔서 드로아

에까지 가서 거기서 바다를 건너 유럽으로 가게 되었으며(16:1-10), 3) 마게도냐 지방을 여행했고(16:11-17:15), 4) 아가야 지방을 다녀서(17:16-18:17), 5) 안디옥으로 돌아온 것을 말한다(18:18-22).

1. 바울과 바나바가 서로 갈라서다   15:36-41

바울은 제 2차 전도여행을 계획할 때 지난번 제 1차로 다녀온 곳들을 돌아보기로 계획을 세웠으나 뜻밖에 바나바와 갈라서게 되었다. 이렇게 갈라서게 된 것은 바나바가 지난번 도중하차한 마가도 데리고 가자고 권장했기 때문이었다. 바울은 바나바의 제안을 일언지하에 거절하여 피차 심히 다투고 갈라서고 말았다. 바나바는 마가를 데리고 해로(海路)로 구브로에 가서 복음을 전했고, 바울은 실라와 함께 육로(陸路)로 소아시아로 떠났다. 바울과 실라는 소아시아를 순방한 후 유럽으로 건너가 마게도냐와 아가야를 다니며 복음을 전했다. 두 선교사의 결별은 인간적인 측면에서는 비극적임에 틀림없으나 한 개의 나팔이 두 개의 나팔로 불어난 셈이 되었다. 오늘날 교회는 한 교회로 만족할 것이 아니라 계속해서 교회들을 여기저기 개척해야 한다. 복음의 나팔이 계속해서 늘어나야 한다. 복음의 나팔을 계속해서 늘리지 않고 한 교회로만 만족하고 있으면 조그마한 문제로도 갈리게 된다. 국내에서 전도하지 않거나 혹은 외국에 가서 선교하지 않으면 결국 하나님의 섭리로 교회가 갈라지게 된다.

행 15:36. 며칠 후에 바울이 바나바더러 말하되 우리가 주의 말씀을 전한 각 성으로 다시 가서 형제들이 어떠한가 방문하자 하고.

바울과 바나바는 얼마동안 안디옥 교회에서 사역하다가 바울이 바나바에게 제안하기를 "우리가 주의 말씀을 전한 각 성으로 다시 가서 형제들이 어떠한가 방문하자"고 했다(13:4, 13-14, 51; 14:1, 6, 24-25). 바울은 바나바에게 제 1차 전도여행 때 말씀을 전한 각 지역으로 다시 가서 형제들의 신앙이 어떠한지 돌아보자고 했다. 다시 말해 심방하자는 것이었다.

행 15:37. 바나바는 마가라 하는 요한도 데리고 가고자 하나.

바울의 열심에 이끌려 바나바는 "마가라 하는 요한도 데리고 가고자" 제안했다(12:12, 25; 13:5; 딤후 4:11; 몬 1:24). 바나바는 관대한 사람이었고(9:27; 11:25-26) 또 마가는 자기에게 생질이었으니(골 4:10) 바나바는 마가를 데리고 가자고 했다. 마가를 데리고 가고자 한 것은 하등 잘 못된 생각은 아니었다.

행 15:38. 바울은 밤빌리아에서 자기들을 떠나 함께 일하러 가지 아니한 자를 데리고 가는 것이 옳지 않다 하여.

누가는 본 절에서 바울의 주장을 기록한다. 바울은 "밤빌리아에서 자기들을 떠나 함께 일하러 가지 아니한 자를 데리고 가는 것이 옳지 않다"고 주장한다(13:13). 곧 바울은 밤빌리아에서 선교 단원인 자기들을 떠나 함께 선교 사역에 동역하지 아니한 마가를 데리고 가는 것이 옳지 않다고 주장한다. 바울은 선교에 열심을 내지 아니한 사람, 신실하지 않은 사람을 데리고 가는 것이 옳지 않다고 하였고 바나바는 과거의 일은 그냥 묻어버리고 데리고 가자는 것이었다. 더욱이 마가가 과거의 잘 못을 뉘우치고 다시 안디옥에 와 있으니(이 때 안디옥에 와 있었다) 데리고 가는 것이 좋다고 제안한 것이다. 두 선교사의 주장은 다 일리가 있었다. 다만 약간의 차이가 있다면 바나바는 좀 더 인간미가 있었고 바울은 온전히 주님 중심으로 생각했다는 점일 것이다.

행 15:39. 서로 심히 다투어 피차 갈라서니 바나바는 마가를 데리고 배타고 구브로로 가고.

결국 두 선교사는 "서로 심히 다투어 피차 갈라섰다." 여기 "서로 심히 다투었다"(παροξυσμὸς)는 말은 '날카로운 분노,' '날카로운 투쟁,' '분한 논쟁'이란 뜻으로 두 사람이 종교적인 분노를 나타냈다는 뜻이다(17:16). 그들은 감정에 사로 잡혀 논쟁한 것이 아니라 선교 방법 때문에 논쟁한 것이다. 그러니까 두 사람의 논쟁은 선교 이념 논쟁인 셈이었다.

이 이념의 차이 때문에 두 선교사는 "갈라서고" 말았다. 바로 본 절에 와서 주해 자들은 많은 해석의 차이를 보이고 있다. 두 선교사의 갈라짐을 두고 혹자는 감정싸움이라고 하고 또 혹자는 바울이 과거에 자기를 도운 바나바의 요구를 들어주지 않은 것은 비열한 행위이며 또 배신행위라고 말하기도 하며 혹은 바나바와 바울 두 선교사 중에 바나바의 행방은 묘연해졌고 바울의 활동은 점점 강화된 것을 볼 때에 하나님께서 바울의 손을 들어주었다고 해석한다. 그러나 우리는 이 두 선교사의 다툼을 선교 방법의 차이 때문에 생긴 다툼이라고 해야 할 것이다. 아무튼 다툼이 일어났었으니 다툼이 났었다고 해석해야 할 것이다. 그러나 양편의 잘 잘못을 우리가 깊이 파혜칠 필요는 없을 것이다.

우리는 이 두 선교사의 갈라선 일을 두고 그리스도를 선전하는 선교의 배가(倍加)를 위한 분립(分立)이라고 보아야 할 것이다. 하나님은 선교를 위하여 이 두 선교사를 갈라서게 하신 것이다. 하나님은 선교를 위해서 스데반을 순교시키셔서 예루살렘 교회의 성도들을 사방으로 흩으셨고 (7:2-8:3), 야고보 사도의 순교를 허락하셔서 성도들을 다시 한 번 각 지역으로 흩으셨다(12:2). 전도자들과 성도들에게 있어 선교처럼 중요한 과제는 없다. 하나님은 작은 일로 바울과 바나바를 가르셔서 전도 단이 두 개가 되게 하셨다. 오늘 전도(선교)에 조금이라도 등한한 교회는 하나님의 섭리로 갈라지는 것을 수없이 많이 본다. 이 말은 바울과 바나바가 선교에 등한했다는 말이 아니라 두 팀으로 나누어져서 선교할 수 있었는데도 나누지 않고 뭉쳐 다니려고 했기에 하나님께서 나누셨다는 뜻이다. 우리가 전도에 더욱 열심을 내어 국내외에 허다한 교회를 세웠더라면 교단이 많이 갈라지지 않았을 것이며 또 교회도 갈라지지 않았을 것이다. 우리는 많은 사람들에게 그리스도를 전하며 또 많은 교회를 세워야 할 것이다.

두 선교사가 다툰 후에 "바나바는 마가를 데리고 배 타고 구브로로 갔다." 바나바가 배타고 구브로 간 이유는 바울이 원래 제 1차로 돌아온 곳들을 다시 가보자고 했으니 구브로로 간 것이다. 그리고 구브로는 바나바의 고향

(4:36)이니 구브로를 선택하는 일에 거리낌이 없었을 것이다.

행 15:40-41. 바울은 실라를 택한 후에 형제들에게 주의 은혜에 부탁함을 받고 떠나 수리아와 길리기아로 다니며 교회들을 견고하게 하니라.

누가는 바울이 실라[87](실라는 예루살렘에 갔다가-33절-다시 온 것으로 보인다)를 택한 후에 안디옥 교회의 성도들로부터 주님의 은혜 중에 선교가 잘 진행되도록 기도를 받고 떠나(14:26) 수리아와 또 자신의 고향인 길리기아로 다니며 교회들을 견고하게 했다. "교회들을 견고하게 했다"(16:5)는 말은 '성도들의 신앙을 튼튼하게 했다'는 뜻이다. 바울은 제 2차 전도여행을 떠나려던 때에 세웠던 계획보다 그의 선교지역은 훨씬 넓어져서 유럽에까지 이르게 되었다.

바로 이 부분에서부터는 바나바의 행적은 보이지 않는다. 그러나 바나바가 선교를 중단한 것은 아니다. 그는 구브로 섬에서 선교했고 또 다른 지역에서도 선교했을 것이다. 그에 대한 전설은 참 훌륭하다. 그가 이태리의 밀라노 감독이 되었다는 전설이나 혹은 일생을 구브로 섬에서 전도하다 순교했다는 전설은 아름다운 전설이다. 하나님은 그를 버리시지 않고 쓰셨을 것이다. 그는 신앙인이었고 성령이 충만한 사람이었으며 관대한 사람이었으니 하나님께서 그를 크게 쓰셨을 것이다. 바울은 바나바를 잊을 수 없어 성경에 여러 차례 언급하고 있다(고전 9:6; 골 4:10). 그리고 바울은 마가를 훗날 자신의 유익한 일꾼으로 평가했다(골 4:10; 딤후 4:11; 몬 1:24).

---

87) 실라는 로마식 이름으로는 실루아노였다. 실라는 바나바와는 달리 바울의 조수로 수고했다. 바울은 바나바를 바울과 같은 수준의 선교사로 취급했고 또 본서의 저자 누가도 바나바를 선교사라고 표기 했다. 그러나 실라는 바나바와 달리 바울의 조수로 수고했고 또 편지 전달자로 수고했다.

제 16 장
바울이 2차로 전도 여행을 떠나다

2. 소아시아에서 전도하다   16:1-10

바울이 육로로 소아시아에 들어선 후 더베를 거쳐 루스드라에 이르러 그 지역에서 칭찬 듣는, 믿는 제자 디모데를 만나 선교단원에 편입시켜 데리고 가고자 할 때에 할례를 행한다(1-3절). 그리고 바울은 여러 성으로 다니면서 선교하는 중에 예루살렘 총회의 결의문을 주어 지키게 하여 각 교회에 큰 유익을 준다(4-5절). 바울은 아시아에서 복음을 전하려는 계획을 변경한다. 성령님께서 바울로 하여금 아시아에서 복음을 전하지 못하게 하셔서 그는 하는 수없이 아시아 전도를 포기하고 아시아의 서쪽에 위치한 드로아에 이르러 유럽 선교를 하라는 환상을 본다. 그는 그 환상을 본 후 곧 마게도냐를 향하여 떠나기를 힘쓴다(6-10절).

a. 바울이 디모데를 데리고 가기 위해 할례를 행하다   16:1-3

행 16:1. 바울이 더베와 루스드라에도 이르매 거기 디모데라 하는 제자가 있으니 그 어머니는 믿는 유대 여자요 아버지는 헬라인이라.

누가는 바울이 "더베와 루스드라에도 이르매 거기 디모데라 하는 제자가 있으니 그 어머니는 믿는 유대 여자요 아버지는 헬라인이라"고 말한다. 다시 말해 제 1차 전도여행 때와는 반대로 먼저 더베를 거쳐 또 루스드라에도 이르렀는데(14:6) 거기(루스드라) "디모데라 하는 제자," 곧 '디모데[88]라고

---

88) "디모데"란 뜻은 '하나님의 보배,' '하나님의 영예'라는 뜻으로 바울의 제 1차 전도여행 때 믿은 것으로 보이며 그는 바울의 가장 사랑하는 제자였고 바울은 디모데를 그의 아들이라고 불렀다(딤전 1:2; 딤후 1:2).

일컫는, 그리스도를 믿는 신자' 한 사람을 만났다는 것이다(19:22; 롬 16:21; 고전 4:17; 빌 2:19; 살전 3:2; 딤전 1:2; 딤후 1:2). 바울은 바나바와 결별하고 실라를 조수로 데리고 떠났는데 생각밖에도 하나님께서 디모데를 만나게 하셨다. 전도사역이나 하나님 사역은 하나님께서 되게 하셔야 잘 된다. 누가는 본 절과 다음 절(2절)에서 디모데가 어떤 사람인가를 밝히고 있다. 곧 디모데의 어머니는 "믿는 유대 여자"였다(딤후 1:5). '그리스도를 신앙하는 여자'라는 뜻이다. 디모데는 어머니의 영향을 많이 받았다는 뜻으로 여기 어머니에 대해 누가가 기록했다. 바울도 디모데가 어머니와 할머니의 신앙적인 영향을 받았다는 것을 기록하고 있다(딤후 1:5; 3:15). 디모데의 아버지는 헬라인으로 아직 유대교로 개종하지 않았던 것으로 보인다. 만일 아버지가 유대교로 개종하였더라면 디모데가 할례를 받았을 것이다(Edersheim).

행 16:2. 디모데는 루스드라와 이고니온에 있는 형제들에게 칭찬 받는 자니.
디모데는 자기의 고향 마을 루스드라에서 뿐 아니라 인근 마을 이고니온에서 살고 있는, 그리스도를 믿는 형제들에게 칭찬을 받고 있는 사람이었다(6:3). 그는 연소하였지만 믿는 사람들에게 본이 되었다(딤전 4:12 참조). 성도는 마귀와 또 마귀의 세력으로부터는 미움을 받지만 그리스도를 신앙하는 사람들로부터는 칭찬을 받는다. 그리스도인은 주위로부터 칭찬을 받을 때마다 하나님께 모든 영광을 돌려드린다.

행 16:3. 바울이 그를 데리고 떠나고자 할 새 그 지역에 있는 유대인으로 말미암아 그를 데려다가 할례를 행하니 이는 그 사람들이 그의 아버지는 헬라인인 줄 다 앎이러라.
누가는 앞부분(1-2절)에서 디모데가 어떤 사람이라는 것을 말했고 이제 본 절에서는 바울이 디모데를 선교단원으로 데리고 떠나려고 할 때 할례를 행한 사실을 진술한다(고전 9:20; 갈 2:3). 할례를 행한 이유는 "그 지역에 있는 유대인" 때문이라고 한다. 유대인들이 할례를 받지 않은 디모데의 전도를 받지 않을 것이 확실하니 앞으로 유대인들을 상대할 디모데의 전도행위를 위하여 바울은 디모데에게 할례를 행하는 수밖에 없었다. 디모데가 할례를 받지 않은 것이 확실한 것을 알 수 있었던 것은 그 지역에 있는 유대인들이 "그의 아버지는 헬라인인 줄 다 알고" 있었기 때문이다. 그런고로 바울은 디모데에게 할례를 행할 수밖에 없었다. 바울은 앞날의 전도자를 생각하는 뜻에서 디모데에게 할례를 시행한 것이다.

디모데에게 행한 할례는 결코 구원을 위한 할례는 아니었다. 할례는 구원과는 전혀 관련이 없음을 예루살렘 총회에서 확인했고(15:11, 28-29), 또 바울은 이 점에서는 아주 단호했다(롬 2:25-29; 고전 7:19; 갈 5:6). 바울은 일상생활에서 죄가 되지 않는 한 유연하게 처신하라고 가르치고 있다(고전 9:20). 특별히 전도자는 사람들 틈에서 거치는 것을 제거해야 한다.

b. 여러 성으로 다니면서 예루살렘 총회의 결의문을 전달하다 16:4-5

행 16:4. 여러 성으로 다녀 갈 때에 예루살렘에 있는 사도와 장로들이 작정한 규례를 그들에게 주어 지키게 하니.

바울은 "여러 성," 즉 '제 1차 전도여행 때에 다녔던 남 갈라디아의 여러 성'(더베, 루스드라, 이고니온, 비시디아 안디옥 등)을 다시 통과할 때에 예루살렘의 사도들과 장로들이 작정한 규례(작정한 결의사항)를 주어 지키게 했다는 것이다. 그 "규례"(δόγματα)는 행 15:19-20, 28-29에 기록되어 있는 것으로, 사람이 오직 주 예수 그리스도의 은혜로만 구원을 받는다는 것이며 성도들은 우상의 더러운 것과 음행과 목매어 죽인 것과 피를 멀리하라는 규례를 지키면 된다는 것이었다. 이 규례는 원래 안디옥과 수리아와 길리기아에 전하게 되어 있었는데(15:23) 바울은 남 갈라디아 교회들에게도 그 규례를 주어 지키게 했다. 이유는 이 지역의 교회들도 수리아 안디옥 교회의 개척교회들이었기 때문이었다. 이 규례야말로 유대인 신자들과 이방인 신자들을 화합시키는 규례였다. "규례"(δόγματα)란 말은 훗날 그리스도교의 '교리'(δόγμα)를 뜻하는 말로 채용되었다.

행 16:5. 이에 여러 교회가 믿음이 더 굳건해지고 수가 날마다 늘어 가니라.
누가는 "이에," 곧 '그러므로,' '그런 까닭에' "여러 교회가 믿음이 더 굳건해지고 수가 날마다 늘어가게 되었다"고 말한다(15:41). 사도와 장로들이 작성한 규례는 유대인 신자들과 이방인 신자들 간의 장벽을 허무는 것이니 교인들의 믿음이 더 튼튼해졌고 따라서 교인들의 숫자가 날마다 늘어나게 되었다는 것이다. 믿음이 더 굳건해지고 수가 불어나는 것은 아주 이상적인 성장이다. 오늘 우리 교회는 믿음은 견고해지지 않은 채 숫자만 늘리려는 시도를 하지 않는지 의문이다.

　　　c. 아시아 선교와 비두니아 선교를 포기하고 드로아로 가다　16:6-10
　바울은 다른 선교단원들과 함께 아시아 전도를 하고자 하고 또 비두니아 전도를 하고자 애썼으나 성령님께서 허락하시지 않자 결국 단념하고 하나님의 부르심을 따라 유럽 선교를 하게 된다.

행 16:6. 성령이 아시아에서 말씀을 전하지 못하게 하시거늘 그들이 브루기아와 갈라디아 땅으로 다녀가.
누가는 본 절에서 바울과 실라 그리고 디모데가 아시아에서 말씀을 전하려고 했으나 "성령이 아시아에서 말씀을 전하지 못하게 하셨기" 때문에 "브루기아와 갈라디아 땅"에서 전도 하지 못하고 그냥 통과하는 수밖에 없었다고 말한다. "성령께서...못하게 하신" 방법에 대해서는 우리가 정확하게 알 길은 없다. 혹은 바울 사도의 마음에 그런 깨달음을 주셨는지 아니면 전도를 못하도록 환경적으로 막으셨는지 알 수가 없다. 아무튼 바울은 성령님께서 막으시는 것을 분명히 깨닫고 하는 수없이 아시아 땅에 속한 "브루기아와 갈라디아 땅"을 그냥 통과하고 말았다.
　그런데 문제는 부르기아와 갈라디아가 어디를 말하는 것인지 학자들의 의견은 양분되어 있다. 어떤 학자들은 이 지방들이 북쪽 갈라디아라고 주장하기도 하며 또 한편 다른 학자들은 이 지방들이 남쪽 갈라디아라고 주장하

기도 한다.89) 여러 정황으로 보아 누가는 선교사 일행이 북쪽 갈라디아가
아니라, 남쪽 갈라디아를 통과하여 무시아 앞에 이르렀다고 말한 것으로
보인다.

**행 16:7. 무시아 앞에 이르러 비두니아로 가고자 애쓰되 예수의 영이 허락하
지 아니하시는지라.**

바울은 성령의 제재를 두 번 받았는데 한 번은 아시아에서 복음을 전하지
못하도록 제재를 받았고(앞 절) 또 한 번은 본 절에 있는 대로 무시아90)
앞에 이르러 비두니아로 가고자 애썼는데 "예수의 영이 허락하지 아니했기"
때문에 막혔다. 이렇게 두 번이나 성령님께서 막으신 것은 소아시아나 비두니

---

89) 북 갈라디아 설을 주장하는 학자들은 주장하기를 브루기아는 비시디아 안디옥과 이고니
온이 위치했던 지역이었다고 말한다. 그리고 북쪽으로 가면 로마 영토인 갈라디아 주, 즉 옛
갈라디아로 갔을 것이라고 주장한다. 선교단원들은 아마도 페시누스(Pessinus), 앙키라(Ancyra-
현대의 앙카라)와 타비움(Tavium-이 도시는 드로아로 가는 길목에 있다)을 방문했을 것이고
그곳에서 교회를 세웠을 것이라고 한다. 그러나 문제는 신약성경에서 이곳에 어떤 교회가
세워졌다는 언급이 없다는 것이다. 반면에 남 갈라디아 설을 주장하는 학자들은 헬라어 "브루기
아"와 "갈라디아"라는 단어가 "땅"(region)을 수식하는 형용사로 사용되었다는 점을 지적한다.
즉 "브루기아 갈라디아 땅"이라고 되어 있다는 것이다. 두 개의 형용사들은 로마 영토인 남
갈라디아의 남쪽에 있는 땅을 묘사한다는 것이다. 그곳에서는 브루기아인들이 살고 있었다고
한다. 이 문제를 두고 키스테메이커(Kistemaker)는 "남 갈라디아 설이 옳은 증거가 확실하다.
첫째, 브루기아에는 많은 유대인이 살고 있었다. 이 유대인들은 구약 성경의 교훈을 이방인들에
게 소개했다. 이 성경지식은 복음을 전파하는데 큰 공헌을 했다. 둘째, 누가는 브루기아를
오순절에 소개된 여려 나라 중의 하나라고 말한다(2:10). 갈라디아에는 주전 3세기에 유럽의
골(Gaul)로부터 소아시아의 비두니아로 이민 온 사람들이 정착하고 있었다. 로마 정부는 갈라디
아 사람들이 살고 있던 그 지역을 하나의 주(洲)로 만들었는데 그 주는 북쪽의 비두니아와
본도로부터 남쪽의 브루기아와 루가오니아에 이르는 주가 되었다. 그런고로 남쪽 갈라디아는
다인종 지역이어서 바울 사도의 선교전략은 이 지역들 안에 주로 복음을 전하는 것이었다.
이런 이유로 하여 많은 학자들은 바울 사도가 갈라디아의 북쪽 지역에 있는 이방인들에게만
복음을 전했다는 것을 제안하는 것을 꺼린다"고 말한다. Acts, New Testament Commentary,
pp. 583-83.
90) "무시아"(Mysia)는 소아시아 서북부의 한 지방인데, 프로폰트해(Propontis, 지금의 마르마
라해, Marmara Denizi), 헬레스폰트(Hellespont) 해협의 남쪽에 위치하고 있다. 경계선은 시대에
따라 달라 확실하지 않으나 대체적으로 남으로는 루디아, 동남쪽으로는 브루기아, 동북쪽으로는
비두니아와 각각 접경하고 있었다. 무시아는 바사 다음에는 알렉산더 대왕의 지배를 받았다.
BC 280년부터 버가모 왕국의 일부가 되고 BC 133년 로마에 속하여 속주 아시아(Provincia
Asia)의 일부가 되었다. 성경에는 단 한 번 기록되어 있을 뿐(행 16:7,8) 바울은 제 2차 전도
여행 때 이 땅을 통과했지만 전도 활동은 하지 않았다.

아가 중요하지 않아서가 아니라 성령님께서 정하신 순서 때문이었다. 성령님
은 선교단원들로 하여금 유럽에 가서 복음을 전하는 것을 원하셨다.

본문의 "무시아 앞에 이르렀다"는 말은 '소아시아의 서북쪽 끝에 있는
무시아의 변두리(border)에 이르렀다'는 뜻이다. "비두니아"라는 곳은 무시
아의 동북쪽에 위치한 한 개의 주(洲)였는데 신약 시대에 와서는 그 동편에
있는 본도(Pontus) 주(洲)의 일부가 되었다. 비두니아에는 유대인들 중에서
믿는 신자들이 많았다(벧전 1:1). 바울 일행은 무시아 변두리에 가서 비두니
아로 가고자 애썼는데 예수님의 영이 허락하지 않으셨다. 바로 앞 절에서는
"성령"이 아시아 전도를 막으셨다고 했는데, 본 절에서는 "예수의 영"이란
말로 바꾸어 나온다. 똑 같은 분을 때로는 이렇게 예수의 영이라고 말했다.
이유는 성령은 바로 예수님께서 보내신 영이시기 때문이다(2:33).

행 16:8. 무시아를 지나 드로아로 내려갔는데.

비두니아로 가고자 애쓴 선교사 일행은 성령님께서 막으시는 것을 의식하고
무시아를 지나 서쪽으로 내려가 에게 해(Aegean Sea)의 항구 드로아(원명은
알렉산더 드로아[91]였다)로 내려갔다(고후 2:12; 딤후 4:13). 선교사 일행은
순종의 사람들이었다. 오늘도 우리는 성령의 인도 따라서 걸어야 한다.

행 16:9. 밤에 환상이 바울에게 보이니 마게도냐 사람 하나가 서서 그에게 청하여 이르되 마게도냐로 건너 와서 우리를 도우라 하거늘.

바울은 드로아에서 "밤에 환상"을 본다. 바울은 종종 환상을 보았다(18:9;

---

91) "드로아"(Τρῳας)는 소아시아의 무시아(Mysia) 서북 해안에서 마게도냐로 건너가는 관문
인 중요한 해항이다. 바울과 누가가 최초로 만난 것은 이 땅이었다고 생각되며, 바울은 여기서
환상을 보고 마게도냐로 전도하러 출발했다(행 16:8-). 제 3차 전도 여행 때 바울은 이 곳을
거쳐 마게도냐로 건너갔다가(고후 2:12,13) 돌아오는 길에는 그보다 한 걸음 앞서 떠난 일행들과
이 성읍에서 만나 한 주일을 거기서 보냈다(행 20:5,6). 여기서 일행은 앗소로 출발하고, 바울은
단신 육로로 앗소에 가서, 거기서 일행과 만나 승선했다(행 20:13-). 드로아의 가보의 집에
겉옷과 책을 놔둔 것이 인용되고 있으나(딤후 4:13), 그 시기에 대해서는 분명치 않다. 오늘날은
터어키 영의 에스키 스탄불(Eski Stanbul)이라 하는 황폐한 고지(古地)에 불과하다.

23:11; 27:23; 고후 12:1). 환상은 베드로에게도 있었다(10:17, 19; 11:5; 12:9). 그리고 바울에게 안수했던 아나니아와 고넬료에게도 있었다(9:10; 10:3). "환상"(ὅραμα)이란 꿈과는 달리 '황홀한 정신 상태 중에 눈으로 볼 수도 있고 혹은 귀로 들을 수도 있는 하나님의 초자연적 계시'이다. 밤에 바울에게 보인 환상은 "마게도냐 사람 하나가 서서 그에게 청하여 이르되 마게도냐로 건너 와서 우리를 도우라"고 부르는 환상이었다(10:30). 마게도 냐92) 사람 하나가 누구냐를 두고 혹자는 본서의 저자 누가라고 하기도 하고 혹자는 알렉산더 대제(大帝)라고 하기도 하나 누구라고 정확하게 말할 수는 없을 것이다. 이유는 성경에 분명히 명시하지 않았기 때문이다. "마게도냐로 건너와서"란 말은 에게 해(海)를 건너 마게도냐로 오라는 뜻이다. 그리고 "우리를 도우라"는 환상은 그 당시만 있었던 환상이 아니라 세계 도처에서 들리는 부름이다. 그들은 전도자의 도움을 받지 않으면 영적으로 다음 순간 죽을 수밖에 없는 사람들이다. 그리스도를 믿는 사람들은 주위에 도와주어야 할 사람들이 무수하게 많다. 그리스도 이외에 다른 것들은 물에 빠진 사람들 을 구원할 수가 없다. 바울은 환상으로 받은 그 계시를 다음 날 아침 다른 선교단원들과 함께 진지하게 의론하고 하나님의 부름을 받은 것으로 인정하 고 유럽으로 건너갔다(10-11절).

행 16:10. 바울이 그 환상을 보았을 때 우리가 곧 마게도냐로 떠나기를 힘쓰니 이는 하나님이 저 사람들에게 복음을 전하라고 우리를 부르신 줄로 인정함이러라.

바울은 하나님으로부터 계시를 받은 후 그냥 지나치지 않았다. 누가는 "우리 가 곧 마게도냐로 떠나기를 힘썼다"고 말한다. 여기 갑자기 "우리"93)가

---

92) 헬라의 북쪽에 위치한 지방으로 에게 해(海)와 아드리아 해(海)의 중간에 끼어 있다. 북쪽으로는 일루리곤(Illyricum)과 드라키아(Thracia)가 있다. 로마의 통치를 받고 있었으며 국민 들은 헬라 말을 했다. 그래서 소아시아 사람들과 교통할 수 있었고, 바울 일행은 한 대륙으로부터 유럽대륙으로 옮기기가 용이했다.

93) 본 절부터 나타나는 "우리" 부분은 이곳(10-17절, 제 2차 전도여행 때 드로아에서 빌립보

나타난다. 틀림없이 본서의 저자 누가가 드로아에서 합류한 것이다. 이제는
네 사람(바울, 실라, 디모데, 누가)이 드로아에서 "곧 마게도냐로 떠나기를
힘썼다"(고후 2:13). "곧"이란 말은 다음 날 아침을 의미할 것이다. 그들은
하나님으로부터 계시를 받았으니 선택의 다른 여지가 없었다고 결론 내렸다.
전도자는 하나님의 뜻을 확인하기만 하면 다른 선택을 하지 않는 것을 볼
수 있다. 그리고 여기 "힘썼다"(endeavored)는 말은 배를 타고 바다를 건너야
하는 일이니 건너는 방법을 의론한 것을 지칭하는 말일 것이다. 네 사람의
선교사들이 마게도냐로 떠나기로 힘쓴 이유는 "하나님이 저 사람들에게
복음을 전하라고 우리를 부르신 줄로 인정하였기" 때문이었다. 네 사람의
선교사는 아침에 바울의 환상에 대해 듣고 아마도 함께 기도했을 것이고
토론했을 것이다. 그러던 중 그들의 결론은 그 환상이 결코 사람의 부름이
아니라 하나님께서 저 마게도냐 사람들에게 복음을 전하라고 자기들을 부르
신 줄로 인정하게 되었다. 결론이 이렇게 난 것도 성령님께서 인도하심으로
되었다.

3. 마게도냐 지방에서 전도하다 16:11-17:15

아시아와 비두니아 전도를 막으신 하나님은 바울 일행을 에게해(Aegean
Sea)를 넘게 해서 이제 곧장 마게도냐 지방에서 전도하기에 이르렀다. 선교단
일행은 제일 먼저 빌립보에서 복음을 전파하고 특별히 루디아를 만나 복음을
전파하는 중 루디아는 유럽 최초의 신자가 되었다. 마게도냐 전도는 줄곧
고난의 행군이었다. 그러나 많은 열매를 얻은 곳이기도 하다.

a. 빌립보에서 전도하다 16:11-40

빌립보에서는 세 가지 잊지 못할 열매가 있었다. 처음 루디아가 회심했고
(11-15절), 점치는, 귀신들린 여자가 고침을 받았으며(16-18절), 빌립보 감옥

까지)뿐만 아니라 20:5-16(제 3차 여행 때 빌립보에서 밀레도까지), 21:1-18(밀레도에서 예루살렘
까지), 27:1-28(로마로 호송되던 때 가이사랴에서 로마까지)에 나타난다.

의 간수가 회개하는 일이 일어났다(19-40절).

행 16:11. 우리가 드로아에서 배로 떠나 사모드라게로 직행하여 이튿날 네압볼리로 가고.

일단 마게도냐로 가기로 작정한 선교단 일행은 "드로아에서 배로 떠나 사모드라게로 직행하여 이튿날 네압볼리로 갔다." 선교단 일행은 배로 단번에 마게도냐의 네압볼리[94](현재는 카발라-Cavala-라고 부름)까지 가지 못하고 바다 중간의 섬 사모드라게[95]까지 순풍 때문에 직행하게 되었다. 드로아에서 사모드라게까지 순풍 때문에 직행하게 된 선교단 일행은 하나님께서 환상으로 부르시더니 순탄한 길을 주시는구나하고 느꼈을 것이다. 선교단 일행은 사모드라게에서 하룻밤을 지낸 다음 마게도냐의 네압볼리(마게도냐의 항구 도시)로 갔다. 그들은 드로아로부터 네압볼리까지 순풍 때문에 이틀밖에 걸리지 않았다. 역풍이 부는 경우 드로아로부터 네압볼리까지는 5일이 걸린다(20:6). 전도자는 때로는 순풍도 만나고 때로는 역풍을 만나 고생도 한다.

행 16:12. 거기서 빌립보에 이르니 이는 마게도냐 지방의 첫 성이요 또 로마의 식민지라 이 성에서 수일을 유하다가.

선교단 일행은 "거기서," 곧 '네압볼리에서' 북서쪽 방향 16km 지점에 있는 빌립보[96]에 이르렀다(빌 1:1). 그런데 누가는 빌립보에 대해서 말하기를

---

94) "네압볼리"(Neapolis)는 마게도냐의 빌립보의 항구인데, 바울은 제 2차 전도여행 때 드로아를 출항하여 이 항구에 상륙했다(행 16:11). 오늘날의 카발라(Kavalla)이다.

95) 사모드라게(Samothrace)는 에게해 동북부 드라게 연안에서 40㎞ 남쪽에 있는 헬라의 섬이다. 동서로 긴 타원형의 섬인데 면적은 180㎢, 거제도(389㎢)의 절반보다도 조금 더 작다. 중앙에는 눈을 이고 있는 펭가리 산(Phengari, 해발 1,590m)이 우뚝 솟아 있어 항해자에게 좋은 볼거리가 된다. BC 8-7세기에 헬라인이 여기에 식민했다. 바울은 제 2차 전도여행 때 마게도냐로 항해하는 도중 이 섬의 북안(北岸) 사모드라게 항에 정박했다(행 16:11). 이 곳은 수리아와 헤레스폰드 간을 항해하는 선박의 정해진 정박지였다.

96) 빌립보는 마게도냐 동쪽의 번영했던 성읍이었는데, 오늘날은 필리베드직(Filibedjik, '작은 빌립보'란 뜻)이라 불리는 고지(故址)를 남기고 있는데 불과하다. 그 해항 네압볼리에서 서북쪽으로 20㎞의 내륙에 있으며, 그 사이에는 숨볼론 산(Mt. Symbolon)을 넘어 달리는 에그나티아(Egnatia)가 도로로서 연결되고 있었다. 바울이 제 2차 전도 여행 때 일행과 함께 네압볼리에

"이는 마게도냐 지방의 첫 성이요 또 로마의 식민지라"고 말한다. 본문에서 가장 규명하기가 힘든 말이 "첫 성"이 무슨 뜻이냐는 것이다. "첫 성"이란 말이 무슨 뜻이냐를 두고 1) '마게도냐의 첫 번째 구역에 있는 도시,' 2) '마게도냐 지방에서 첫 번째로 방문한 도시,' 3) 마게도냐에서 제일 큰 도시라고 규명한다(Ramsay, Knowling, John Stott, Kistemaker). 이 중에서 아마도 세 번째의 규명이 가장 바를 것으로 보인다. 빌립보는 BC 1세기에 로마의 식민지가 되었다. 바울 일행은 이 도시에서 며칠을 지내는 중에 다음 절(13절)이 말하는 대로 첫 안식일에 첫 번 회심 자를 얻었다. 이 일이야 말로 바울 일행에는 귀한 일이 아닐 수 없었다.

행 16:13. 안식일에 우리가 기도할 곳이 있을까 하여 문 밖 강가에 나가 거기 앉아서 모인 여자들에게 말하는데.

바울 일행은 안식일이 되어 "우리가 기도할 곳이 있을까 하여 문 밖 강가에 나가 거기 앉아서 모인 여자들에게 말했다." 바울은 어디에 가도 항상 우선 유대인에게 그리스도의 복음을 전하기 위해 회당을 찾는 것이 통례였는데 빌립보에서는 그가 유대인의 회당을 발견할 수 없었다. 이유는 그 지역에 유대인들이 거의 살고 있지 않았기 때문이었다(Bruce). 유대인들이 10명만 되어도 회당을 짓는다고 하는데 그 도시에는 유대인들이 아주 소수였다.[97] 바울은 하는 수없이 도시 밖의 비공식적인 모임 장소인 기도처를 찾는 수밖에 없었다. 바울은 기도하지 않으면 유럽 선교를 성공적으로 할 수 없음을 알고 기도할 곳을 찾은 것이다. 우리는 기도하지 않으면 전도도 할 수 없고

서 빌립보로 간 것은 이 에그나티아 가도였다(행 16:11,12). BC 358년 마게도냐 왕 필립포스 II세(Philippos II, BC 359-336 재위)가 점령 확장하여 자기의 이름을 따라 성읍을 '빌립보'라고 불렀다. 빌립보는 군사상, 통상상 중요한 지위를 차지하고 있었으므로 이 지방의 도성 암비볼리를 앞질러 마게도냐의 이 지방에서 제일가는 성읍이라고 하였을 것이다(행 16:12). 빌립보에는 디아스포라(Diaspora)의 유대인은 소수였던 듯하며, 그들은 이 땅에서는 회당을 가질 정도까지는 되지 못하였다. 그들은 성읍 서쪽을 흐르는 강기테스 강가에 '기도처'를 설치하고 집회를 하였다. 제 3차 전도여행 때는 오고 갈 때 바울은 빌립보를 방문하였다(행 20:1-6).

97) Mishnah, *Sanhedrin* 1.2a; Aboth 3.6. (Kistemaker로부터)

선교도 할 수 없으며 일상생활을 성공적으로 영위할 수가 없음을 알고 기도할 장소를 매일 찾아야 한다. 바울은 문밖 강가의 기도처(시 137:1; 스 8:15)에서 여자들 몇 명이 모여 기도하고 있는 것을 발견하고 그들에게 예수 그리스도를 전하였다. 바울 사도는 어디서든지 그러하듯이 거기서도 역시 구약 성경을 풀어 예수님이 그리스도임을 증거 했다.

행 16:14. 두아디라 시에 있는 자색 옷감 장사로서 하나님을 섬기는 루디아라 하는 한 여자가 말을 듣고 있을 때 주께서 그 마음을 열어 바울의 말을 따르게 하신지라.

누가는 바울 일행이 빌립보 시에서 첫 번 안식일에 만난 루디아라는 여자에 대해서 큰 관심을 가지고 기록한다. 누가는 루디아가 "두아디라 시에 있는 자색 옷감 장사"라고 말한다. 다시 말해 루디아98)는 두아디라 시(요한계시록 의 7교회 중에 네 번째의 교회가 있던 곳, 계 1:11; 2:18, 24)에 살고 있었고 또 자색 옷감을 파는 사업가라고 말한다. 그리고 또 누가는 루디아가 "하나님 을 섬기는" 여자라고 말한다. 아직은 예수님을 모르는 여자였지만 하나님을 경외하는 사람이라는 것이며 또 안식일을 지키는 여자라는 것이다.

그런데 그 여자가 바울이 전하는 말을 듣고 있을 때 "주께서 그 마음을 열어 바울의 말을 따르게 하셨다"(눅 24:45). "주께서 그 마음을 열었다"는 말은 '예수님께서 그 여자의 마음(인격의 중심)의 장벽을 허무셨다'는 뜻이 다. 그 여자는 그 시간 마음이 부드러워졌고 진리에 대해서 수용할 마음이 되었다. 성령님의 역사였다. 그리고 "주께서...바울의 말을 따르게 하셨다"는 말은 '주님께서 바울이 전하는 복음을 믿게 하셨고 예수님을 구주로 믿게 하셨다'는 뜻이다. 루디아는 이때에 성령으로 거듭나게 되었다. 다시 말해 영적인 생명, 신령한 생명, 영원한 생명을 받았다.

---

98) 루디아는 두아디라 시(소아시아 서부의 루디아라고 하는 구역에 위치한 도시)를 떠나 에게 해(海)를 건너 자주 옷감 장사를 위해 빌립보에 거처를 두고 살았다. 자주 옷감은 황제들이 나 또는 높은 신분을 가진 시민들이 입었다. 루디아는 부유한 상인이었으며 그녀는 큰 집을 소유하고 있었다(15절, 40절).

행 16:15. 그와 그 집이 다 세례를 받고 우리에게 청하여 이르되 만일 나를 주 믿는 자로 알거든 내 집에 들어와 유하라 하고 강권하며 머물게 하니라.

루디아는 자기도 믿었고 또 그 집 식구들로 하여금 다 믿도록 주선해서 다 세례를 받았다. 그리고 루디아는 바울 일행을 향해 "우리에게 청하여 이르되 만일 나를 주 믿는 자로 알거든 내 집에 들어와 유하라 하고 강권하며 머물게 했다"(창 19:3; 33:11; 삿 19:21; 눅 24:29; 히 13:2). 루디아는 "나를 주 믿는 자로 알거든"이라고 말하면서 바울 일행을 강권하여 자기 집에 머물게 했다. "나를 주 믿는 자로 알거든"이란 말은 자기가 주님을 믿는 사람인지 아닌지를 바울의 판단에 맡겼다는 뜻이다. 자기에게 복음을 전해준 바울, 그리고 세례를 베풀도록 주선해준 바울(바울이 세례를 주지 않고 실라나 디모데가 세례를 베풀었을 수도 있다)에게 자기가 신자 된 여부를 판단해 달라고 말한다. 참으로 겸손한 태도이다. 마구 사람을 판단하고 마구 대드는 현대인들과 대조할 때 참으로 겸손한 신자였다. 이런 여자이기에 자기 집에 교회를 세웠다(40절). 루디아는 선교사들을 향하여 "내 집에 들어와 유하라 하고 강권하며 머물게 했다." 여기 "강권했다"(παρεβιάσατο)는 말은 부정(단순)과거 시제로 '억지로 권했다,' '압박하며 권했다'는 뜻이다. 루디아는 이렇게 전도자를 대접하는 일에 열심이었기에 빌립보 교회는 선교헌금을 하여 바울에게 몇 차례 보내기도 했다(빌 4:15-19). 일반 성도들뿐 아니라 전도자들 자신들도 다른 전도자들을 존경하고 또 물질적으로 잘 대접하는 것은 참으로 아름다운 일이다.

행 16:16. 우리가 기도하는 곳에 가다가 점치는 귀신 들린 여종 하나를 만나니 점으로 그 주인들에게 큰 이익을 주는 자라.

누가는 본 절부터 18절까지 바울 사도가 점치는 귀신 들린 여종에게서 귀신을 내쫓은 사건을 기록한다. 바울은 이 일로 실라와 함께 감옥에 갇히게 되었다. 첫 번 안식일에는 바울이 루디아에게 그리스도를 전하여 회심하는 일이 생겼고 또 루디아로부터 숙소를 얻는 일까지 생겼는데 이번에는 감옥에 갇히게 되었다. 전도자는 어느 때 어떤 일을 만날는지 알 수 없다. 그러나 이번 일로 인하여 빌립보 감옥의 간수와 간수의 집이 회심하는 일이 생기게 되었다. 모든 것이 합력하여 선을 이루는 일이 벌어진 것이다. 전도자들의 앞길에는 선하게 되는 일만이 기다리고 있다. 선하게 되는 일 중의 최고의 선은 전도자가 순교를 당하는 일이다. 그 이상 선한 일이 또 있는가.

바울 일행은 어느 날(다음 안식일일 수도 있다) 지난 번 안식일에 기도하던 그 기도처(τὴν προσευχὴν-기도하는 곳이란 낱말 앞에 관사가 있다)를 찾아가다가 "점치는 귀신 들린 여종 하나를 만났다"(삼상 28:7). "점치는 귀신"(πνεῦμα πύθωνα)이란 말은 사람들의 운세를 말해주는 귀신을 뜻하는 보통명사가 아니라 원래는 헬라신화에 나오는 고유명사로 "퓌돈(πύθων-Python)이라고 하는 귀신"을 뜻하는 말이었다. "퓌돈"(πύθων-Python -피톤)이란 낱말은 그리스 신화에서 전설적인 뱀을 뜻하는 말이었는데 이 뱀은 델피(Delphi) 시(市) 신전의 신탁(the Delphic Oracle), 곧 중부의 한 신전을 지키던 뱀이었다. 그런데 이 "퓌돈"이 아폴로라고 하는 예언의 신에 의해서 죽임을 당하고 말았다. 그 뒤로는 "퓌돈"이란 말은 한낱 '점을 말해주는 귀신'이란 뜻으로 사용되었다(Kistemaker). 델피(Delphi) 시의 아폴로 제사장들이 미래를 예언했던 것처럼 점치는 귀신 들린 여종도 역시 빌립보에서 점을 치면서 그 주인들을 섬겼다.

그런데 누가는 그 여종을 "점으로 그 주인들에게 큰 이익을 주는 자"였다고 말한다(19:24). '점을 쳐서 여러 주인들에게 물질적으로 큰 이익을 주던 여자였다'는 것이다. 주인이 하나가 아니라 여럿이어서 이 여종이 점쳐서 버는 돈을 나누어먹고 있었다. 그러니까 이 여종은 귀신의 노예였고 사람들의 노예였다. 이중(二重) 노예 생활로 고달픈 삶을 살아가고 있었다. 오늘도 사탄의 노예, 사람들의 노예로 살아가는 사람들이 얼마나 많은가.

행 16:17-18a. 그가 바울과 우리를 따라와 소리 질러 이르되 이 사람들은 지극히 높은 하나님의 종으로서 구원의 길을 너희에게 전하는 자라하며

이같이 여러 날을 하는지라.

누가는 점치는 귀신 들린 여종이 "바울과 우리를 따라와 소리 질러" 말했다고 한다. 누가가 여기 바울의 이름을 따로 쓴 것은 당시 바울이 이 선교단의 지도자였음을 말해주기 위한 것이다(21:18). 이 귀신들린 여종이 바울 일행을 따라와 "소리 질러" 말한 것은 귀신의 특징이다(막 1:23, 26; 5:5; 9:26; 15:14). 귀신들의 활동이 심한 현대 사회는 귀신들의 영향으로 떠들썩하다.

여종 속에 들어가 있는 귀신은 "이 사람들은 지극히 높은 하나님의 종으로서 구원의 길을 너희에게 전하는 자"라고 소리를 지르곤 했다. 두 가지 소리를 지른 것이다. 하나는 바울 일행은 "지극히 높은 하나님의 종이라는 것," 또 하나는 "구원의 길을 너희에게 전하는 자"들이라는 것이었다. 두 마디 말을 보면 귀신은 어느 정도의 지식을 가지고 있음을 알 수 있다. 사탄이나 귀신은 영적인 세계를 보는 눈이 있다. 사탄은 그리스도를 믿지는 않지만 그리스도를 믿는 사람들을 만나면 알아보고 심히 무서워하기도 한다. 그러나 여기 사탄의 속임수를 볼 수 있다. 곧 사탄은 "구원의 길을 너희에게 전하는 자들"이라는 말에서 바울 일행이 구원의 길들 중에서 하나를 전하는 사람들이라고 떠들곤 했다. "구원의 길"(ὁδὸν σωτηρίας)이란 말 앞에 관사를 빠뜨리고 말했다(박윤선). 마땅히 '유일한 구원의 길'이라는 뜻으로 "길"(ὁδὸν)이라는 낱말 앞에 관사를 붙여야 했는데 관사를 빼고 말해서 '구원의 길 중에서 하나'를 전하고 있다고 소리를 친 것이다. 오늘도 종교 다원주의자들이 많이 있다. 어느 종교이든 하나를 선택해서 믿으면 된다고 말하는 사람들이 많이 있다. 사탄의 유혹에 넘어간 종교인들이다.

사탄의 졸개 즉 귀신에 사로잡힌 여종은 한 번만 소리를 친 것이 아니라 "이같이 여러 날을 했다." 바울 일행이 빌립보 시의 교외로 기도처를 찾아가는 날마다 일행을 찾아와서 똑 같은 소리를 지른 것이다. 사탄은 전도자들을 넘어뜨리는데 있어 한 번만 시도하지 않고 여러 번 시도한다. 여러 번 시도하여 간음하게 하고 혹은 명예를 탐하게 만들고 물질을 탐하게 하여 범죄하게 만든다. 전도자들은 사탄의 전략을 단번에 끊어버려야 한다.

행 16:18b. 바울이 심히 괴로워하여 돌이켜 그 귀신에게 이르되 예수 그리스도의 이름으로 내가 네게 명하노니 그에게서 나오라 하니 귀신이 즉시 나오니라.

바울 일행은 기도처를 찾아갈 때마다 길거리에서 떠드는 귀신의 소리를 이제는 더 이상 견딜 수 없었다. 특별히 바울이 "심히 괴로워하였다." "심히 괴로워하였다"(διαπονηθείς)는 말은 '죽도록 괴로워하였다,' '철두철미 괴로워하였다,' '지쳐버렸다,' '번민하게 되었다'는 뜻이다. 바울이 이처럼 심히 괴로워한 것은 그 여종의 떠드는 소리가 복음 전파에 방해가 되었기 때문이었다. 바울은 그 여종의 떠드는 소리 때문에 자신의 위신이 나아지고 영예가 올라가는 것이 아니라 복음 전파에 큰 장애가 온 것을 생각하고 괴로워했다.

결국 바울은 "돌이켜 그 귀신에게 이르되 예수 그리스도의 이름으로 내가 네게 명하노니 그에게서 나오라"고 명령한다. 바울은 그 여종 속에서 역사하는 귀신을 보았다. 바울은 특별한 종이었다. 귀신의 움직임을 본 것이다. 오늘도 성령으로 충만한 종들은 개인이나 사회에서 움직이고 있는 귀신들의 움직임을 본다. 바울은 자기 개인의 명령으로 그 귀신을 축출하려고 하지 않고 "예수 그리스도의 이름으로 내가 네게 명하노니 그에게서 나오라"고 명한다. 곧 '예수 그리스도를 의지하고 내가 네게 명령하는데 그 여종에게서 나오라'는 것이었다. 오늘도 전도자들은 예수 그리스도를 의지하고 이런 명령을 할 수 있어야 한다. 바울이 그리스도를 의지하여 명령했을 때 "귀신이 즉시 나왔다"(막 16:17). 예수님께서 귀신을 향하여 명하실 때 귀신이 즉시 나온 것처럼 바울도 예수님을 의지하여 명할 때 귀신이 즉시 나왔다(3:6 참조). 예수님께서 바울을 통하여 역사하신 것이다.

행 16:19. 여종의 주인들은 자기 수익의 소망이 끊어진 것을 보고 바울과 실라를 붙잡아 장터로 관리들에게 끌어갔다가.

누가는 앞에서 여종에게서 귀신이 나간 사실을 말한(16-18절) 후 이제 본절부터 40절까지는 바울과 실라가 빌립보 감옥에 투옥되었다가 풀려난 사건을 말하는데, 먼저 누가는 바울과 실라가 체포된 사실(19-21절), 다음에 매 맞은 사실(22-24절), 그리고 빌립보의 간수가 회개한 사건(25-34절), 또 동시에 바울과 실라가 석방된 사실(35-40절)을 말한다.

여종의 주인들은 여종에게서 귀신이 나가자 "자기 수익의 소망이 끊어진 것을 보았다"(19:25-26). '자기 개인들의 수입의 소망이 끊어진 것을 알게 되었다'는 뜻이다. 그래서 그 주인들은 합심하여 "바울과 실라를 붙잡아 장터로 관리들에게 끌어갔다"(마 10:18;고후 6:5). 바울과 실라만 붙잡아 간 것은 두 사람을 주동자로 여겼기 때문일 것이고 더욱이 이 두 사람은 유대인들이었기 때문일 것이다(20 절). 디모데는 어머니만 유대인이고 아버지는 이방인이었고 누가는 이방인이었다. 이방의 도시 빌립보에는 유대인이 극히 적은 수여서 두 사람이 유대인이었기에 편파적인 대접을 받은 것으로 보인다. 주인들은 바울과 실라를 붙잡아 "장터로 관리들에게 끌어갔다." 주인들은 불쌍한 여종에게서 귀신이 나갔다는 사실을 두고 하나님께 감사하고 선교단 일행에게 감사를 드려야 하는데 반대로 이들을 향하여 노를 발하여 바울과 실라를 붙잡아 빌립보 시의 관리들 앞으로 데리고 가려고 장터로 끌고 갔다. 여기 "장터"(ajgora)란 말은 '물건을 팔고 사는 시장'을 뜻하는 말인데 그러나 당시의 시장은 우리나라의 시장과는 약간 다른 면모를 가지고 있었다. 당시의 장터는 사교 센터(social center)로 활용되었고 직업이 없는 사람들은 직업을 얻기도 했고(마 20:3) 환자의 병을 고치는 장소이기도 했다. 그리고 장터(아고라)에서 판사들은 경범죄를 지은 사람들을 재판하기도 했다. 바울은 당시 아덴의 장터(아고라)에서 전도도 했다(17:17). 여종의 주인들은 바울과 실라를 고발하기 위해서 이 장터로 간 것이다. 세상 사람들은 감사해야 할 일을 가지고 이처럼 악으로 갚는 수가 많다.

행 16:20-21. 상관들 앞에 데리고 가서 말하되 이 사람들이 유대인인데 우리 성을 심히 요란하게 하여 로마 사람인 우리가 받지도 못하고 행하지도 못할 풍속을 전한다 하거늘.

여종의 주인들은 합심하여 바울과 실라 두 선교사를 장터의 "상관들 앞에 데리고 가서 말했다"(고고학자들은 빌립보 도시의 장터에서 재판 석을 발견 했다고 한다-Kistemaker). 여기 "말했다"는 말은 '고소했다'는 뜻이다. 그들 이 고소한 내용은 "이 사람들이 유대인인데 우리 성을 심히 요란하게 하여 로마 사람인 우리가 받지도 못하고 행하지도 못할 풍속을 전한다"는 내용이 었다(17:6; 왕상 18:17). 여종의 주인들의 고소내용은 두 가지로 볼 수 있다. 첫째, "이 사람들이 유대인인데 우리 성을 심히 요란하게 하였다"는 것이었 다. 여종의 주인들이 바울과 실라가 "유대인"이라는 사실을 부각시키는 이유 는 재판에서 유리한 판단을 이끌기 위함일 것이다. 당시 벌써 로마의 글라우 디오 황제가 로마에서 유대인들을 축출하는 영을 내린 후였는지 혹은 아직 전이었는지는 확실히 알 수 없으나 유대인들에 대한 시선이 아주 좋지 않은 것을 이용하기 위해서 이렇게 바울과 실라가 유대인임을 말했다. 여종의 주인들은 바울과 실라가 유대인으로서 빌립보 시를 심히 요란하게 하였다는 것이다. 아마도 전도한 것을 가지고 요란하게 했다고 말했을 것이다. 그리고 둘째, "로마 사람인 우리가 받지도 못하고 행하지도 못할 풍속을 전했다"고 말했다. 여종의 주인들은 자기들이 로마 사람이라는 것을 부각시킨다. 그러 면서 그들은 로마 사람들이 도무지 받지도 못하고 행하지도 못할 풍속을 전한다고 고소했다. 여기 "풍속"(ἔθη)이란 말은 '관습,' '습관'이란 뜻으로 기독교를 폄하하는 말이다. 그저 기독교를 한낱 풍습 정도로 취급해버렸다. 여종의 주인들은 자기들이 여종에게서 귀신이 나갔기에 수입이 끊어져서 화가 나서 고소한다는 말은 입 밖에도 내지 않는다. 실상을 완전히 숨기고 재판에 유리한 말만을 골라서 고소내용에 담았다. 인간들의 악함을 여실히 볼 수 있는 장면이다.

행 16:22. 무리가 일제히 일어나 고발하니 상관들이 옷을 찢어 벗기고 매로 치라 하여.

누가는 앞에서 바울과 실라가 체포된 사실을 말한(19-21절) 후 이제 본 절부터 24절까지는 두 선교사가 매 맞은 사실을 말한다. 여종의 주인들이 바울과 실라 두 선교사를 데리고 상관들 앞에 가서 고소할 때 일반 군중들도 여종의 주인들이 상관들한테 말하는 것을 듣고 합류했다. 그들은 벌떼 같이 "일제히 일어나 고발했다." 그들 무리들은 일심으로 바울과 실라를 상관들 앞에 고발했다. 상관들은 무리가 너무 떠들어서 재판을 위한 합법적인 수속도 밟지 않고(37절) 부하들에게(35절, 38절-로마의 상관들 밑에는 매를 때리는 부하들이 있었다) "옷을 찢어 벗기고 매로 치라 하였다"(고후 6:6; 11:23, 25; 살전 2:2). 곧 두 선교사의 옷을 찢어서 옷을 벗긴 다음 매로 치라는 것이었다. 바울 사도는 훗날 빌립보에서 당한 치욕에 대해서 이렇게 회고한다. "너희가 아는 바와 같이 우리가 빌립보에서 고난과 능욕을 당하였으나 우리 하나님을 힘입어 많은 싸움 중에 하나님의 복음을 너희에게 전하였노라"고 말한다(살전 2:2). 바울은 그의 고난 목록에서 세 차례나 매를 맞았다고 회고한다(고후 11:25).

행 16:23-24. 많이 친 후에 옥에 가두고 간수에게 명하여 든든히 지키라 하니 그가 이러한 명령을 받아 그들을 깊은 옥에 가두고 그 발을 차꼬에 든든히 채웠더니.

상관들이 치라는 명령을 내리자 부하들(35절, 38절)은 두 선교사를 "많이 친후에 옥에 가두었다." 로마법은 유대법과 달라서 40에 하나 감한 39대의 매를 때리지 않고 상관이 멈추라는 명령이 있을 때까지 한없이 때리게 했다. 부하들은 두 선교사의 옷을 벗긴 채 많이 친후에 옥에 가두었다. 그리고 상관들은 "간수에게 명하여 든든히 지키라 했다." 간수는 명령을 받고 "그들을 깊은 옥에 가두고 그 발을 차꼬에 든든히 채웠다." 여기 "깊은 옥"이란 말은 로마의 내옥(內獄)을 뜻하는 것으로 외옥(外獄)[99]과는 달리 햇빛도 들어오지 않아 어둡고 청결상태는 불량하였으며 죄수가 병들어 죽는 수도 있었다

---

99) 로마의 외옥에서는 죄수들이 친척이나 친구들을 만날 수도 있었고 자유롭게 걸을 수도 있었다고 한다.

고 한다. 바울과 실라는 귀신을 쫓아낸 것 때문에 햇빛도 들어오지 않는 불결한 내옥에 갇히고 말았다. 전도자는 세상에서 때로는 의외의 대접을 받는다. 간수는 두 선교사를 "차꼬에 든든히 채웠다." 여기 "차꼬"(stocks)라는 것은 로마인들이 쓰던 고문도구였는데 죄수들이 도망하지 못하도록 죄수들의 다리를 그 안에 넣어서 꼼짝 못하게 하는 도구였다. 그 차꼬에 넣어진다는 것은 바로 고문이었다. 두 다리가 하나씩 따로 구멍에 넣어지면 고문 중에 고문이라고 한다. 두 선교사들은 차꼬에 채워진 채 그 밤을 그 감옥에서 자야 했다.

행 16:25. 한밤중에 바울과 실라가 기도하고 하나님을 찬송하매 죄수들이 듣더라.

바울은 앞에서 바울과 실라가 빌립보 감옥에 투옥된 사건을 만한(19-24절) 다음 본 절부터 34절까지 바울과 실라를 지키고 있던 빌립보 감옥의 간수가 회개한 사건(25-34절)을 진술한다.

한 밤중이 될 때까지 바울과 실라는 아마도 정신을 차릴 수가 없었을 것이다. 죽도록 매 맞은 일 때문에, 그리고 두 발이 차꼬에 매인 일 때문에 정신을 차릴 수 없다가 이제 밤중이 되어 두 사람은 하나님께 예배해야 한다는 생각이 들었다. "바울과 실라가 기도하고 하나님을 찬송했다." 그들은 그 밤에 먼저 기도했고 다음 찬송했다. 박윤선목사는 "그들이 옥중에서 '기도'한 것은 그 매임에서 반드시 풀리기를 기원함보다는 주님께 그 문제를 밀어 맡김이었을 것이다. 그리고 그들이 '찬미'한 것은 저희 장래를 주님께서 그의 뜻대로 인도해주실 줄 믿었기 때문에 평안과 기쁨이 넘쳤던 결과였을 것이다. 어쨌든 그들은 그 당면한 환경아래 눌리지 않았고 오히려 그 환경을 발아래 짓밟고 있던 것이 확실하다. 그들이 그와 같이 행복하였던 이유는 그들에게 진정한 믿음이 있었기 때문이다'라고 말한다.[100] 우리는 어떤 어려

---

100) 박윤선, *사도행전* p. 339.

움이 와도 하나님을 바라보는 눈을 늦추어서는 안 된다. 기도하고 찬송하는 일이 살 길임을 알아야 한다.

누가는 두 선교사가 기도하고 찬송하는 것을 "죄수들이 듣고 있었다"고 말한다. 두 선교사는 자신들의 믿음의 증진만을 위해서 기도하고 찬송한 것이 아니라 다른 죄수들을 위해서도 기도하고 찬송했다는 뜻이다. 다른 죄수들도 듣고 격려를 받으라고 기도하고 찬송했다는 것이다. 바울과 실라는 매 맞고 차꼬에 발이 묶여 있어도 다른 죄수들을 생각한 것이다. 그들은 진정한 선교사들이었다. 그런데 본문의 "듣더라"(ἐπηκροῶντο)라는 말은 미완료과거 시제로 '계속해서 듣고 있었다,' '경청하고 있었다'는 뜻으로 두 선교사가 기도하고 찬송하는 동안 계속해서 경청한 것이다. 다른 죄수들이야 말로 저주의 장소에 들어왔다가 두 선교사의 기도와 찬송을 들은 것이다. 아마도 그들에게도 무슨 변화가 일어났을 것이다. 우리는 세상 사람들에게 빛을 던지며 살아야 한다.

행 16:26. 이에 갑자기 큰 지진이 나서 옥터가 움직이고 문이 곧 다 열리며 모든 사람의 매인 것이 다 벗어진지라.

하나님은 두 선교사가 기도하고 찬송을 할 때 무심하지 않으셨다. 하나님은 "큰 지진"을 일으키셨다(4:31). 하나님은 때로는 천사를 보내서서 구원하시지만(5:19; 12:7) 때로는 이렇게 지진을 일으켜 어려움에서 구출하신다. 하나님께서 어떤 방법으로 구원하실지 우리는 모른다. 그저 하나님만 바라보아야 한다. "큰 지진이 났기"에 세 가지 일이 벌어졌다. 첫째는 "옥터가 움직였고," 둘째는 옥의 모든 "문이 다 열렸으며"(5:19; 12:7, 10), 셋째는 "모든 사람의 매인 것이 다 벗어지게 되었다." 지진은 하나님의 임재의 상징이다(출 19:18; 시 68:8; 77:18; 렘 4:24; 히 12:26). 지진이 나니 감옥의 땅이 움직였고 옥문이 다 열렸으며 두 선교사를 맨 것들이 다 벗어지고 말았다. 그러나 두 선교사는 도망하지 않고 그냥 그곳에 머물러 있었다. 아마도 하나님의 위대하신 힘을 느꼈기 때문에 하나님의 처분에 맡긴다는 뜻으로 그냥 그 자리에 있었을 것이다. 그리고 다른 죄수들도 도망하지 않았는데(28절) 그 이유는 그들이 하나님의 위대한 사자들과 함께 있다는 생각 때문이었을 것이다. 그들은 앞으로 무슨 일이라도 벌어질 것이라고 기대하고 그 감옥 안에 그냥 있었던 것으로 보인다.

행 16:27. 간수가 자다가 깨어 옥문들이 열린 것을 보고 죄수들이 도망한 줄 생각하고 칼을 빼어 자결하려 하거늘.

지진 후에 빌립보 감옥의 간수가 자다가 깨어 옥문들이 다 열린 것을 보았다. 그 때 그는 "죄수들이 도망한 줄 생각하고 칼을 빼어 자결하려 했다." 로마법에 의하면 죄수들이 도망하면 간수가 형벌을 받게 되니(12:19) 형벌을 받는 것보다 자살하는 것이 나을 것으로 생각하고 자살하려 했다. 세상 사람들은 이처럼 최후 수단으로 자살을 택하려 한다. 오늘도 각 나라에 자살하는 사람들이 많이 있다.

행 16:28. 바울이 크게 소리 질러 이르되 네 몸을 상하지 말라 우리가 다 여기 있노라 하니.

바울은 사람을 영적으로 살리는 사람이니 자살하려는 사람을 향하여 자살하지 않도록 하기 위해서 밖에 있는 간수를 향하여 "크게 소리 질러 이르되 네 몸을 상하지 말라 우리가 다 여기 있노라"고 말했다. 바울은 간수를 향하여 '자살하지 말라 우리가 다 여기 있다'고 말해준다. 바울은 잡혀서 감옥에 들어온 사람이었는데 자기를 해치는 간수를 위로하는 사람이 되었다. '자살하지 말라 우리가 다 여기 있다'고 위로한다. 우리는 다른 이들을 위로하는 사람들이 되어야 한다.

행 16:29-30. 간수가 등불을 달라고 하며 뛰어 들어가 무서워 떨며 바울과 실라 앞에 엎드리고 그들을 데리고 나가 이르되 선생들이여 내가 어떻게 하여야 구원을 받으리이까 하거늘.

바울의 위로의 말씀을 들은 간수가 일단 안심한(앞 절) 다음 여러 행동을
취한다. 첫째, "등불을 달라고 하며 뛰어 들어갔다." '간수는 감옥의 다른
일꾼들을 향하여 등불들(복수)을 달라고 하여 바울이 말한 것이 사실인지
확인하기 위해서 감옥 안으로 뛰어 들어갔다.'감옥 안에 죄수들이 다 있으면
그는 목숨만은 부지하는 것 아닌가. 그는 그 소망을 가지고 서둘러서 감옥
안으로 뛰어 들어갔다. 다음 두 번째 행동으로 "무서워 떨며 바울과 실라
앞에 엎드렸다." 이제는 완전히 신분이 뒤바뀌고 말았다. 두 죄수는 상좌에
앉았고 간수는 두 죄수의 발아래 엎드려 구원을 애원하는 사람이 되었다.
셋째 행동으로 간수는 "그들을 데리고 나가 이르되 선생들이여 내가 어떻게
하여야 구원을 받으리이까"라고 애원한다(2:37; 9:6; 눅 3:10). '두 죄수를
감옥 밖으로 데리고 나가 말하기를 선생들이여 내가 어떻게 하여야 구원을
받을 수 있을까'라고 애원한다. 간수는 바울과 실라가 전도하다가 잡혀온
사실을 알고 두 선교사가 전하는 그 구원을 어떻게 하면 얻을 수 있느냐고
질문했다. 바로 두 선교사가 전하는 구원이라는 것이 참 구원인 것을 간수가
느꼈다. 이렇게 지진을 나게 하시고 또 옥터를 움직이시며 또 옥문을 다
여시고 각 사람을 맸던 줄들을 다 풀어버리는 놀라운 일을 하는 신(神)이
참 신인 줄 알고 바로 그 분을 믿어 구원을 받고자 한 것으로 보인다. 오늘도
세상은 "내가 어떻게 하여야 구원을 받으리이까"라고 외쳐야 한다. 영적인
구원만 아니라 '육적인 구원도 어떻게 받으리이까' 라고 부르짖어야 한다.
그러면 반드시 구원의 길을 알게 된다.

**행 16:31. 이르되 주 예수를 믿으라 그리하면 너와 네 집이 구원을 받으리라
하고.**
바울과 실라는 "내가 어떻게 하여야 구원을 받으리이까라고" 물어본 간수의
질문에 대하여 말하기를 "주 예수를 믿으라 그리하면 너와 네 집이 구원을
받으리라"고 말한다(요 3:16, 36; 6:47; 요일 5:10). 무엇을 해야 구원을
받는 것이 아니라 주 예수를 믿어야 구원을 받는다고 말해준다. 오늘 우리도

세상에 나가 "주 예수를 믿으라"고 외쳐야 한다. 바울은 "네가 만일 네 입으로 예수를 주로 시인하며 또 하나님께서 그를 죽은 자 가운데서 살리신 것을 네 마음에 믿으면 구원을 받으리라"고 말한다(롬 10:9). 누구든지 예수님을 구주로 믿으면 구원을 받는다고 성경은 말씀한다(요 13:13; 행 11:17; 고전 12:3; 빌 2:11). 그런데 바울은 구원은 가족의 모든 식구들(종들 포함)에게 미친다고 말한다. 이유는 개인이 자기가 믿은 그리스도를 가족에게 전하기 때문이며 또 하나님은 개인 하나하나를 구원하시지만 또 그 구원을 모든 식구들에게 전달하기기 때문이다(11:14; 16:15, 31; 18:8; 고전 1:11, 16).

행 16:32. 주의 말씀을 그 사람과 그 집에 있는 모든 사람에게 전하더라.
바울은 구원의 길을 말한(앞 절) 다음 본 절에서는 실제로 사람을 구원하는 "말씀을 그 사람과 그 집에 있는 모든 사람에게 전했다." 즉 '사람을 구원하는 그리스도의 교리를 그 간수와 간수의 집에 있는 모든 사람들에게 전해주었다.' 아마도 얼마동안 차분히 구원의 도리를 설명해주었을 것이다. 매 맞은 자리를 씻지도 않은 채 그리스도교의 교리를 전해주었다. 사람을 구원하는 일보다 더 시급한 일이 없었다.

행 16:33-34. 그 밤 그 시각에 간수가 그들을 데려다가 그 맞은 자리를 씻어주고 자기와 온 가족이 다 세례를 받은 후 그들을 데리고 자기 집에 올라가서 음식을 차려 주고 그와 온 집안이 하나님을 믿으므로 크게 기뻐하니라.
간수가 주 예수를 믿고 또 집안 식구들도 다 주 예수를 믿게 된 후 그 밤 그 시각에 간수가 너무 기뻐서 몇 가지 일을 했다. 첫째, "그들을 데려다가 그 맞은 자리를 씻어주었다." '간수는 그들을 감옥의 샘으로 데려다가 그 맞는 자리를 씻어주었다.' 이제는 간수가 바울과 실라를 상전으로 모시게 된 것이다. 간수는 상관들의 부하들(35절, 38절)이 두 선교사를 많이 때리는 광경(23절)을 목도하였기에 맞은 자리가 어디인지 알아서 바로 그 자리를

씻어주었다. 기독교인을 괴롭히던 세상은 때로 자기들이 상처를 준 기독교인
들을 씻어 주는 때가 있다. 하나님은 때로 이렇게 상처받은 전도자들을
위로하신다. 둘째, "자기와 온 가족이 다 세례를 받았다." 두 선교사가 씻음
받은 후 두 선교사 중의 하나인 실라가 간수와 간수의 집 식구들에게 세례를
주었을 것이다. 바울 사도의 사명은 세례를 주는 것이 아니라 복음을 전하는
것이라고 말했으니 실라가 세례를 베푸는 일을 했을 것이다(고전 1:14-17).
셋째, "그들을 데리고 자기 집에 올라가서 음식을 차려 주었다"(눅 5:29;
19:6). 간수는 다른 죄수들을 다른 일꾼들에게 맡기고 두 선교사를 모시고
자기 집에 올라가 음식을 차려 대접했다. 아마도 지난 저녁 식사를 하지
못한 채 두 선교사가 감옥에 갇혔던 것으로 보인다. 넷째, "그와 온 집안이
하나님을 믿으므로 크게 기뻐했다." 간수와 온 집이 기뻐하게 된 이유는
두 가지이다. 하나는 하나님을 믿었으므로 기쁨이 임한 것이다. 하나님을
믿을 때 성령의 역사가 있어서 믿은 것이니(고전 12:3) 말할 수 없는 기쁨을
느끼게 되었을 것이다. 그리고 또 하나는 간수가 두 선교사들을 대접했으므로
크게 기뻐할 수 있었다. 전도자들을 대접할 때에 기쁨이 오는 법이니 간수와
그 집은 모두 기쁨에 충만하였을 것이다.

행 16:35. 날이 새매 상관들이 부하를 보내어 이 사람들을 놓으라 하니.
누가는 앞에서 바울과 실라를 지키던 간수가 회개한 사실(25-34절)을 기록한
후 이제 본 절부터 40절까지 바울과 실라가 석방된 사실에 대해서 말한다.
바울과 실라가 투옥되었던 그 밤이 지나고 날이 밝자 "상관들이 부하를
보내어 이 사람들을 놓으라"고 명령한다. 여기 "상관들"은 바로 '어제 부하들
을 명하여 두 선교사의 옷을 찢어서 몸을 벗기고 매로 치라고 하던 사람들'이
고 "부하들"은 '상관들 밑에서 상관의 명령에 따라 죄인들을 때리기도 하며
놓기도 하는 중간관리들'이다. 상관들이 부하들을 보내어 두 선교사를 석방
하라고 명령한 이유는 아마도 어제 두 선교사를 큰 죄인 취급하고 투옥시켰기
에 밤중에 지진이 일어난 것일지도 모른다는 생각에서였을 것이다. 상관들이

다른 죄수들을 놓아주라고 하지는 않은 것을 감안하면 십중팔구 자기들이 너무 지나치게 선교사들을 대했기에 지진이 난 것이 아닌가하고 생각했던 것 같다. 서방사본(D)은 두 사건을 연계시키는 말씀을 더하고 있다("그러나 날이 새매 상관들이 *장터에서 모임을 갖고, 일어난 지진을 회상하고 두려워하여* 부하들을 보내어"라고 되어 있다). 빌립보의 상관들은 일의 옳고 그름을 따라 처리하지 않고 그 때 그 때 세상 돌아가는 것을 보고 처리했다. 군중들이 야단한다고 두 선교사들을 감옥에 넣었다가 또 지진이 나서 무서워 두 선교사들을 석방하라고 했다.

행 16:36. 간수가 그 말대로 바울에게 말하되 상관들이 사람을 보내어 너희를 놓으라 하였으니 이제는 나가서 평안히 가라 하거늘.

간수는 상관들이 부하들을 통하여 명령한 명령을 전달받고 바울(바울은 실라와 함께 지난 밤에 대접받은 간수 집으로부터 감옥으로 돌아와 있었다)에게 말하기를 "상관들이 사람을 보내어 너희를 놓으라 하였으니 이제는 나가서 평안히 가라"고 말해준다. 감옥의 간수는 이런 명령을 바울에게 기쁨으로 전달했는데 바울은 전혀 다른 반응을 보인다(다음 절).

행 16:37. 바울이 이르되 로마 사람인 우리를 죄도 정하지 아니하고 공중 앞에서 때리고 옥에 가두었다가 이제는 가만히 내보내고자 하느냐 아니라 그들이 친히 와서 우리를 데리고 나가야 하리라 한 대.

상관들의 석방명령을 간수가 받아서 바울에게 전달하자 바울은 두 가지를 말한다. 하나는 "로마 사람인 우리를 죄도 정하지 아니하고 공중 앞에서 때리고 옥에 가두었다가 이제는 가만히 내보내고자 하느냐"고 대꾸한다 (22:25). 한 마디로 바울은 상관들의 불법성을 지적하면서 상관들이 최소한 사과 한마디라도 해야 하는 것 아니냐고 이야기한다.[101] 당시 로마 시민이

---

101) 브루스(F. F. Bruce)는 "주전 509년(전통적으로 전해 내려왔던 로마 공화국 설립연대)로 부터 주전 195년까지 여러 차례에 걸쳐 시행되었던 발레리아와 포르키아 법전(the Valerian

된 사람은 재판을 받지 않고 공공장소에서 매를 맞는 일이라든지, 투옥당하는 일, 사형당하는 일 같은 것으로부터 보호를 받게 되어 있었는데 상관들이 로마 사람인 두 선교사들을 재판도 하지 않고 공중 앞에서 때리고 옥에 가두었다가 이제는 사과 한마디도 없이 가만히 석방시키려는 것은 엄연한 불법이라는 것을 지적한다. 바울은 그러면 왜 자기들이 어제 로마 시민권을 가진 자들이라고 말하지 않았는가 하는 의구심을 낳게 한다(22절). 그에 대하여 브루스(F. F. Bruce)는 "그들이 시민권을 주장하였지만 흥분 상태에 빠진 관리들이 아무런 주의도 기울이지 않았다는 설명이 타당하다"고 말한다. 이 문제를 두고 키스테메이커(Kistemaker)는 "바울은 환경 때문에 침묵하였던지 혹은 계획적으로 침묵하였던지 아무튼 바울이 침묵한 것은 바울과 실라가 경험한 엄청난 불법에 주의를 집중시키는 일에 도움을 주게 되었다. 만약에 상관들이 자기네들의 잘 못을 인정한다면 앞으로 기독교에 대하여 관용을 베풀 것이며 또 기독교에 관련한 앞으로의 사건을 피해줄 것이라"고 말한다.

또 하나는 "아니라 그들이 친히 와서 우리를 데리고 나가야 하리라"고 주장한다. 바울은 '이렇게 가만히 우리를 내 보낼 것이 아니라 상관들이 친히 여기에 와서 우리를 데리고 나가야 옳다'고 말한다. 바울은 간밤에 하나님께서 주신 지진의 위력에 한껏 힘을 얻고 상관들을 질책한다. 성도들은 하나님을 배경하고 주위 사람들과 세상을 주장할 수 있어야 한다. 물론 기독교인은 세상에서 불의를 당하는 존재들이지만 분명한 불법에 대해서는 질책할 수도 있어야 한다.

행 16:38. 부하들이 이 말을 상관들에게 보고하니 그들이 로마 사람이라 하는 말을 듣고 두려워하여.

---

and Porcian law)에 따르면 로마 시민들은 품위를 손상시키는 종류의 처벌로부터 면제되며 이 법과 관련하여 로마 시민을 위해 제정된 어떤 특권을 가지고 있었다"고 한다. *사도행전* (하) F. F. Bruce 성경주석, p. 111.

상관들의 명령을 전달하러 왔던 부하들이 바울이 주장하는 말을 듣고(앞절) 바울의 "말을 상관들에게 보고하니 그들이 로마 사람이라 하는 말을 듣고 두려워하게" 되었다. '상관들은 바울의 말을 듣고 두 선교사가 유대인인 줄로만 알았는데 로마 시민권을 가진 사람들이라는 말을 듣고 두려워하게' 되었다. 상관들은 혹시 자기들의 직위가 떨어질지도 모른다는 생각에서 두려워했고 또 벌을 받을는지도 모른다는 생각에서 두려워했다. 아마도 상관들은 바울이 나면서부터 로마의 시민권을 가지고 있었다(22:28 참조)는 말을 듣고 상관들은 말할 수 없이 두려워하였을 것이다.

행 16:39. 와서 권하여 데리고 나가 그 성에서 떠나기를 청하니.
상관들은 바울의 말을 듣고 그 감옥에까지 "와서 권하여 데리고 나가 그 성에서 떠나기를 청했다"(마 8:34). 상관들은 친히 그 감옥에까지 와서 자기들의 잘 못을 공개적으로 인정하고 또 두 선교사에게 공개적으로 사과한 후 두 선교사를 감옥 밖으로 인도하여 나와서 그 도시를 떠나 달라고 공식 요청했다. 이유는 또 소요가 다시 날 가능성이 있었기 때문이었다. 상관들은 감옥의 간수와는 달리 두 선교사들로부터 구원의 복음을 듣지 않고 선교사들을 떠나보냈다.

행 16:40. 두 사람이 옥에서 나와 루디아의 집에 들어가서 형제들을 만나보고 위로하고 가니라.
두 선교사는 상관들의 정중한 요청을 받고 "옥에서 나왔다." 그런 다음 "루디아의 집에 들어가서 형제들을 만나보고 위로했다"(14절). '루디아의 집, 곧 교회에 들어가서 믿는 성도들(루디아, 귀신들렸던 여종, 간수 등)을 만난 후 그들을 위로했다.' 바울과 실라는 이제 갓 예수님을 영접하여 신앙적으로 약했던 루디아, 점을 쳤던 여종, 간수 등 몇몇 교인들을 위로했다. 바울과 실라는 그들을 위로할 수 있는 큰 위로가 있었다. 그들이 주님을 위해서 고난을 받고 있는 중이었으니 바울과 실라에게는 큰 위로가 있었다

(고후 1:3-5). 우리 믿는 사람들은 하나님으로부터 위로를 받아 무수한 사람들을 위로할 수 있는 사람들이다. 바울과 실라는 교회에서 얼마동안 지낸 후 바울은 실라와 디모데를 동반하고(17:14) 엑나시아 대로(Egnatia Road)를 따라 서쪽으로 "갔다"(Bruce).

본문의 "위로하고"(παρεκάλεσαν)란 말과 또 "가니라"(ἐξῆλθαν)는 말은 3인칭 복수동사이다. 즉 "그들은 위로하고 갔다"는 뜻인 고로 누가를 뺀 다른 세 선교사들이 교인들을 위로하고 갔다는 말이다. 혹자는 디모데와 누가 두 사람이 그냥 빌립보에 남아있는 것으로 해석하나 누가만 그냥 빌립보에 머물면서 빌립보 교회에서 봉사하다가(17:14 참조) 바울의 제 3차 전도여행 때 합류한 것으로 보인다. 20:5에 다시 "우리"부분이 나온다.

제 17 장

선교사들이 유럽(데살로니가, 베뢰아, 아덴)에서 전도하다

b. 데살로니가에서 전도하다   17:1-9

바울 일행은 빌리보에서 전도하여 교회를 개척한 후 데살로니가로
온다. 데살로니가(마게도냐의 수도)는 선교사 일행에게는 마게도냐에서의
두 번째 도시였다. 바울이 이 도시에서 선교한 내용은 본서의 글과 또
데살로니가 전서와 후서에 기록되어 있다. 바울은 데살로니가에서 전도하
는 동안 친히 일하면서 전도하였다(살후 3:8). 바울의 전도결과 이방인들
이 우상을 버리고 하나님께로 돌아왔다(살전 1:5-10). 데살로니가에 도착
한 바울 일행은 데살로니가에 있는 유대인의 회당에 들어가 유대인과
이방인들에게 전도했다.

**행 17:1. 그들이 암비볼리와 아볼로니아로 다녀가 데살로니가에 이르니 거기
유대인의 회당이 있는지라.**

바울과 실라 그리고 디모데는 빌립보를 떠나 남서쪽으로 여행하여 암비볼
리102)(4등분된 마게도냐의 첫 구역의 수도)까지 대략 48km를 와서 하루를
쉬고 유대인의 회당을 발견하지 못한 듯 다시 서남서쪽 방향의 아볼로니
아103)(암비볼리로부터 대략 43km 지점의 위치이다)에 이르렀으나 유대인의

---

102) "암비볼리"(Amphipolis)는 에게해 북안에 있는 마게도냐의 중요한 성읍인데 스트리몬
강(R. Strymon)이 성읍을 빙 둘러 흐르고 있기 때문에 이 이름이 있었다. 로마는 이 곳을 자유
도시로 하고 속주 마게도냐의 제 1 관구의 수도로 하였다. 이그나디아 가도가 이 성읍을 지나가고
있었다. 바울은 제 2차 전도여행 때 빌립보에서 이 가도를 서진하여 암비볼리를 지나갔다(행
17:1). 오늘날은 네오고리(Neochori)라 부르는 한 촌에 불과하다.

103) "아볼로니야"(Apollonia)는 마게도냐의 성읍이다(행 17:1). 바울 일행은 제 2차 전도여행

회당을 찾을 수 없었다. 하루를 쉰 후 다시 서쪽 방향으로 데살로니가를 향해 대략 60km를 가서 데살로니가[104](마게도냐 전체의 수도)에 이르렀다. 현재는 살로니가라 불린다. 그런데 데살로니가에는 빌립보와는 달리 "유대인의 회당이 있었다."

행 17:2. 바울이 자기의 관례대로 그들에게로 들어가서 세 안식일에 성경을 가지고 강론하며.

바울은 데살로니가에 도착한 후 "자기의 관례대로 그들에게로 들어가서 세 안식일에 성경을 가지고 강론했다"(9:20; 13:5, 14; 14:1; 16:13; 19:8; 눅 4:16). 곧 '자기가 늘 유대인의 회당을 찾아 유대인들에게 복음을 전하던 대로(13:5; 13:14; 14:1; 17:10, 17; 롬 1:16) 유대인들에게 들어가서 세 번에 걸친 안식일에 성경을 가지고 강론했다.' "성경을 가지고 강론했다(διελέξατο)"는 말은 '구약 성경을 가지고 변론, 즉 논리적으로 설명했다'는 뜻이다. 바울은 그리스도를 증거할 때 항상 구약 성경을 가지고 증거 했다. 우리는 지금 그리스도를 전할 때 구약과 신약을 가지고 증언해야 한다. 경험도 중요하나 반드시 성경을 근거하고 전해야 한다.

행 17:3. 뜻을 풀어 그리스도가 해를 받고 죽은 자 가운데서 다시 살아나야 할 것을 증언하고 이르되 내가 너희에게 전하는 이 예수가 곧 그리스도라 하니.

때 암비볼리에서 데살로니가로 가는 도중 이 곳을 지나갔다. 유명한 에그나티아 가도(Egnatian Way)를 끼고 볼베 호(Lake Bolbe)의 남쪽, 오늘날의 폴리나(Pollina)와 동일시된다.

104) "데살로니가"(Thessalonica)는 마게도냐(마케도니아)의 번영했던 도시로 현재는 아테네에 이어서, 그리스 제 2의 도시가 되었다. 바울이 제 2 차 전도여행 중, 이곳을 방문한 때에는 인구 12만이나 되었던 것으로 추정되며, 유대식민도 다수 있었고, 그들의 회당도 있었다(행 17:1-10과 민 4:10비교). 바울은 여기서 개종자 및 이방인 중에서 신자를 얻었으나, 유대인의 반대를 받아 이 성을 떠나지 않을 수 없었다. 얼마 후에 그는 고린도에서 데살로니가의 크리스천에게 2통의 편지를 보냈다(→데살로니가전서와 후서). 바울은 제 3차 전도여행의 귀로에, 데살로니가를 다시 방문했다(행20:1-). 이때에 데살로니가의 두 신도, 아리스다고와 세군도가 바울을 수행하여 예루살렘에 올라갔다(행 20:4와 27:2 비교).

바울은 데살로니가 회당에서 먼저 "뜻을 풀어 그리스도가 해를 받고 죽은 자 가운데서 다시 살아나야 할 것을 증언했다"(18:28; 눅 24:26, 46; 갈 3:1). "뜻을 풀었다"는 말은 '구약 성경 말씀의 뜻이 무엇인지 설명해주었다'는 뜻이다. 바울은 구약에 능통했으므로 구약 성경의 말씀이 무엇을 뜻하는지 하나하나 설명해주었다. 바울은 구약 성경 말씀의 뜻을 설명해서 그리스도가 제물이 되셔야 하고 또 죽은 자 가운데서 반드시 다시 살아나셔야 할 것을 증언했다. 다시 말해 그리스도가 반드시 죽어야 하고 또 반드시 부활하셔야 한다는 것을 증언하였다. 마치 예수님께서 엠마오로 가는 두 제자에게 그리고 다락방의 사도들에게 구약 성경을 가지고 자기에 대하여 설명해 주셨듯이(눅 24:25-27; 44-46) 데살로니가의 유대인 회당에 모인 사람들에게 구약의 말씀을 가지고 그리스도가 반드시 대속의 죽음을 죽어야 할 것과 그리스도가 반드시 살아야 할 것을 설명했다(눅 2:49; 4:43; 13:33;24:26; 행 3:21).

그리고 다음으로 바울은 "내가 너희에게 전하는 이 예수가 곧 그리스도라"고 말해주었다. 바울은 안식일마다(세 안식일) 자기가 전하는 예수가 곧 그리스도라고 말해주었다. 바울은 다메섹 도상에서 그리스도를 만난 이후 계속해서 예수가 곧 그리스도라고 전해왔다(9:22; 9:28). 그는 어디를 가든지 유대인들에게나 이방인들에게나 예수는 그리스도라고 전하기를 그치지 않았다. 우리도 예수만 전하는 사람들이 되어야 한다(고전 2:2).

행 17:4. 그 중의 어떤 사람 곧 경건한 헬라인의 큰 무리와 적지 않은 귀부인도 권함을 받고 바울과 실라를 따르나.
바울 사도가 데살로니가에서 세 번에 걸친 안식일에 구약의 말씀을 설명하여 예수님이 그리스도임을 증명한 결과 "그 중의 어떤 사람 곧 경건한 헬라인의 큰 무리와 적지 않은 귀부인도 권함을 받고 바울과 실라를 따랐다"(28:24). 여기 "경건한 헬라인의 큰 무리"란 말은 '유대교에 입교한 헬라인의 큰 무리'라는 뜻이다. 유대인의 회당에서 구약을 가지고 예수님이 인 사실을 증명했으나 유대인은 믿지 않았고 유대교로 개종한 헬라인들의 큰 무리만 예수님을 믿고 바울을 따랐다는 것이다. 그리고 "적지 않은"이란 말은 '꽤 많은'이란 뜻인데, "귀부인"이 누구냐를 두고 1) '사회적으로 중요한 신분을 가진 부인'(Bruce, Kistemaker), 2) '중요한 사람들의 부인들'(Grosheide)이라고 해석한다. 첫째 해석이 더 바를 것으로 보인다. 이들이 바울의 말에 권함을 받고 예수님을 믿고 바울과 실라를 따랐다(15:22, 27, 32, 40). 바울 사도가 데살로니가에서 이렇게 신자들을 얻은 것은 성령님께서 함께 하셨기 때문이었다(살전 1:5). 우리가 성경 말씀을 잘 설명하면 큰 무리가 예수님을 믿고 예수님을 믿고 따를 수 있다는 것을 알 수 있다.

행 17:5. 그러나 유대인들은 시기하여 저자의 어떤 불량한 사람들을 데리고 떼를 지어 성을 소동하게 하여 야손의 집에 침입하여 그들을 백성에게 끌어내려고 찾았으나.

그러나 유대인들은 정반대라고 누가는 말한다. 누가는 "유대인들은 시기하여" 선교사 일행을 박해한다고 말한다. 기독교의 말씀 운동을 박해하는 자들은 "시기"심 때문에 그렇게 한다(14:2 참조). 유대인들은 박해 운동을 전(全) 시민적인 운동으로 벌이기 위해 "저자의 어떤 불량한 사람들을 데리고 떼를 지었다." 유대인들은 '장터의 어떤 불량한 사람들을 돈 주고 사서 동원하여 함께 떼를 지었다.' 그런 다음 "성을 소동하게 하여 야손의 집에 침입하여 그들을 백성에게 끌어내려고 찾았다"(롬 16:21). 그들은 떼를 지어 데살로니가 시(市)를 떠들썩하게 하였고 또 선교사 일행이 묵고 있던 야손(롬 16:21의 야손과 동일인일 것임, 유대인으로 그리스도를 영접한 사람)의 집에 침입하여 선교사 일행을 백성, 곧 백성집회에 끌어내어 인민재판을 하고 매를 치려고 하였다. 그러나 먼저 믿은 누군가가 선교사 일행을 야손의 집에서 피신시켰다(다음 절). 본문의 "야손"이란 이름은 히브리어 "여호수아"(Joshua)를 헬라어로 번역한 것이다. 데살로니가에서 믿은 사람은 야손과 또 아리스다고와 세군도가 있었다(20:4).

행 17:6. 발견하지 못하매 야손과 몇 형제들을 끌고 읍장들 앞에 가서 소리 질러 이르되 천하를 어지럽게 하던 이 사람들이 여기도 이르매.

유대인들과 시정잡배들은 야손의 집에서 바울과 실라 디모데를 발견하지 못하여 "야손과 몇 형제들을 끌고 읍장들 앞에 가서 소리 질러 이르되 천하를 어지럽게 하던 이 사람들이 여기도 이르렀다"고 외쳤다(16:20). 유대인들과 시중의 불량배들은 야손의 집에서 선교사 일행을 발견하지 못하여 하는 수없이 선교사 일행을 집에 들여서 식사도 대접하고 편리를 보아주고 게다가 선교사 일행을 숨기기까지 했다는 명목으로 야손과 형제들을 끌고 읍장들(빌립보시에서는 "상관들"이라고 했다) 앞에 가서 소리를 질러 말하기를 온 천하를 어지럽게 하던 이 선교사들이 여기 데살로니가에도 이르렀다고 보고 했다. 유대인들은 선교사 일행을 가리켜 "천하를 어지럽게 하던 이 사람들"이라고 표현한다. 선교사들이야 말로 세상에 복을 전해주는 사람들인데도 천하를 어지럽게 하는 사람들이라고 표현한다. 세상 사람들은 기독교를 이해하지 못하고 또 기독교를 전하는 전도자들을 이해하지 못한다. 지금도 세상은 기독교를 향하여 세상을 어지럽게 하는 종교라고 말한다. 우리는 그런 말을 듣고 그냥 당하는 수밖에 없다. 하나님께서 밝혀주시기까지는 우리는 당하다가 하나님께서 높이 들어 쓰시는 날을 기대해야 할 것이다.

행 17:7. 야손이 그들을 맞아 들였도다 이 사람들이 다 가이사의 명을 거역하여 말하되 다른 임금 곧 예수라 하는 이가 있다 하더이다 하니.

본 절은 유대인들과 시정잡배들이 읍장들 앞에 보고하는 내용이다. 두 가지를 보고한다. 첫째, "야손이 그들을 맞아 들였다"는 것이다. 야손이 선교사 일행을 영접해서 모든 편리를 제공하는 일이야말로 잘하는 일인데 야손이 아주 못된 일을 한 것으로 보고한다. 지금 이 세상은 선교사나 전도자들을 돕는 자들을 공격하고 바른 일을 하는 사람들을 공격한다. 둘째, "이 사

람들이 다 가이사의 명을 거역하여 말하되 다른 임금 곧 예수라 하는 이가
있다 하더라"는 보고를 한다(눅 23:2; 요 19:12; 벧전 2:15). 유대인들과
시정잡배들이 읍장들 앞에 선교사들을 고소할 때 선교사들이 다 가이사의
명을 거역한다고 하는 고소내용은 거짓이었다. 선교사들은 로마 황제의 명령
을 거역하는 사람들이 아니었다. 또 선교사들이 다른 임금 예수라고 하는
이가 있다고 보고한 내용도 잘 못 보고한 것이다. 바울 일행은 전도하기를
예수님은 임금은 임금이로되 황제와 대등한 임금이 아니라 사람을 죄악으로
부터 구원하시는 그리스도라고 전한 것뿐이었다. 그런고로 이 땅의 황제들도
예수님을 믿어야 한다고 간접적으로 주장했을 뿐이다. 세상 사람들은 지금도
기독교의 본질을 이해하지 못하고 반감을 가지고 있다.

행 17:8. 무리와 읍장들이 이 말을 듣고 소동하여.

유대인들과 시정잡배들이 바울 일행을 고소한 내용을 듣고 "무리와 읍장들
이 이 말을 듣고 소동했다." 즉 '옆에서 듣고 있던 무리들과 읍장들은
유대인들의 고소 내용을 듣고 소동했다.' "소동했다"(ἐτάραξαν)는 말은
부정(단순)과거 시제로 '마음을 굉장히 흔들어놓았다,' '마음을 심히 흥분
시켰다,' '아주 설레게 했다'는 뜻이다. 유대인들의 고소내용을 듣고 소동하
지 않은 무리와 읍장들이 없었을 것이다. 유대인들은 자기들의 목적을
달성하기 위해서 거짓되게 보고했다. 마치 자기들이 고발하는 내용이 심각
한 것처럼 꾸몄다.

행 17:9. 야손과 그 나머지 사람들에게 보석금을 받고 놓아 주니라.

읍장들은 유대인들의 고소 내용을 들어보았으나 선교사들의 전도자체가
데살로니가 시의 안전을 위협한 것도 아니고 또 선교사 일행도 그 현장에
없어서 재판도 할 수 없어 "야손과 그 나머지 사람들에게 보석금을 받고
놓아주었다." 여기 "그 나머지 사람들"이란 '교회의 형제들'을 지칭한다.
읍장들은 야손과 교인들로부터 보석금(ἱκανὸν), 곧 선교사 일행으로 하여

금 데살로니가를 떠나게 하겠다는 약속을 받고, 만약에 선교사 일행이
다시 데살로니가에서 머물러서 소동이 일어나는 경우 보석금을 잃어도
좋다는 약속을 받고 놓아주었을 것이다. 그러니까 보석금은 두 가지를
약속하는 것이었다. 하나는 바울과 실라가 데살로니가를 떠나게 한다는
약속을 하는 뜻으로 냈고, 또 하나는 만약 선교사 일행이 데살로니가를
떠나지 않고 전도활동을 하는 경우 돈을 잃는다는 약속을 하고 내는 돈이
나 값진 물건을 뜻한다. 야손과 교회의 형제들이 무슨 죄가 있는가. 그들을
묶어 놓을 무슨 이유가 있는가. 왜 그들로부터 보석금을 받고 놓아주어야
하는가. 선교사 일행이나 교인들은 데살로니가를 영적으로 살리는 사람들
인데 이런 대접을 받았다. 오늘도 전도자들과 선교사들은 세상에서 심한
푸대접을 받는다.

c. 베뢰아에서 전도하다 17:10-15

유대인들의 박해로 인하여 베뢰아에 온 바울 일행은 역시 유대인의 회당
을 중심해서 복음을 전했다. 여기서도 역시 효과적으로 복음을 전해서 믿는
사람들이 많이 생겼다. 그런데 이 소식을 들은 데살로니가의 유대인들이
가만히 있지 않고 베뢰아에까지 몰려와서 바울 일행을 박해했다. 결국 선교사
일행은 유대인의 박해로 인하여 아덴으로 간다.

**행 17:10. 밤에 형제들이 곧 바울과 실라를 베뢰아로 보내니 그들이 이르러
유대인의 회당에 들어가니라.**

데살로니가의 형제들(야손이 중심이 되었을 것이다)이 바울과 실라가 더
이상 데살로니가에 있을 수 없을 줄로 판단하고 밤을 틈타(9:25; 23:23,
31 참조) 서남서(西南西) 방향의 베뢰아[105](현재의 베리아)로 보냈다(14절;

---

105) "베뢰아"(Berea, Beroea)는 데살로니아가 서방 40㎞ 지점, 베르미우스산 기슭에 자리
잡고 있는 마게도냐의 도시이다. 오늘날의 지명은 베리아(Verria)이다. 베뢰아가 데살로니가처
럼 상업 도시의 번성함을 이루지는 못했지만, 장색 세공업과 농업, 석공업의 중심지로 그 이름을
떨쳤다. AD 51년 바울과 실라가 데살로니가에서 쫓겨난 후, 베뢰아로 들어가 베뢰아 회당에서

9:25). 만약 유대인들이 바울과 실라를 박해하지 않았더라면 그냥 데살로니가에 더 있었을 것이다. 바울과 실라가 어디를 가든지 유대인들의 박해를 받아 옮긴 것은 복음의 확산을 위해서 필요했던 것이다. 바울은 훗날 데살로니가를 다시 방문하고자 했으나 여의치 않아(살전 2:17-20) 아덴에 있을 때 디모데를 보냈다(살전 3:2).

바울과 실라 두 사람은 데살로니가로부터 약 80km 거리의 베뢰아에 도착하여 "유대인의 회당에 들어갔다." 유대인의 회당에 들어간 것은 바울의 관례였다(13:5, 14; 14:1; 17:1-2). 먼저 동족 유대인에게 복음을 전하고자 하는 그의 집착은 대단했다. 바울은 동족을 잊을 수 없었다(롬 9:1-3).

행 17:11. 베뢰아에 있는 사람들은 데사로니가에 있는 사람들보다 더 너그러워서 간절한 마음으로 말씀을 받고 이것이 그러한가 하여 날마다 성경을 상고하므로.

본서의 저자 누가는 바울과 실라가 베뢰아의 유대인 회당에 들어와서 복음을 전할 때 발견한 점은 베뢰아 사람이 데살로니가 사람들보다 더 너그러웠다는 점이라고 말한다. 다시 말해 "더 너그러워서 간절한 마음으로 말씀을 받고 이것이 그러한가 하여 날마다 성경을 상고했다"는 점이다(사 34:16; 눅 16:29; 요 5:39). "더 너그럽다"(εὐγενέστεροι)는 말은 '잘 태어난,' '고귀한,' '너그러운,' '영리한,' '성품이 좋은'이란 뜻(눅 19:12; 고전 1:26)으로 베뢰아의 유대인 회당에 출석하는 사람들의 성품이 데살로니가의 회당에 출석하는 사람들의 성품보다 더 너그럽다는 뜻이다. 사람마다 성품이 좀 다른 것은 사실이다. 어떤 사람들은 성품이 급하며 까다롭고 편협하다. 그런가하면 또 다른 사람들의 성품은 좀 더 여유가 있으며 너그럽고 균형 잡혀 있다. 누가는 똑같이 회당에 출석하며 하나님을 경외하는 사람들

전도하였다(행 17:10,11) 많은 베뢰아의 청중들은 말씀을 간절히 듣고 성경을 열심히 공부하였다. 이때 많은 신자가 생겼는데, 그 가운데 소바더도 끼어 있었던 것 같다(20:4). 그러나 데살로니가에서 온 유대인들이 방해하고 선동하는 바람에 바울은 또다시 이 도시에서도 추방당하였다(17:13-14)

이었는데 데살로니가의 회중보다는 베뢰아의 회중이 더 너그럽다고 칭찬했다. 그 이유는 베뢰아 사람들이 "간절한 마음으로 말씀을 받고 이것이 그러한가 하여 날마다 성경을 상고했기" 때문이었다. 베뢰아의 회당에 출석하며 하나님께 예배하는 사람들은 진지한 마음, 더 열린 마음을 가지고 바울이 전하는 하나님의 말씀을 받고 이 말씀이 사실 그러한가하여 날마다 (한 주에 한번이 아니었다) 성경을 펼쳐서 깊이 읽고 묵상하고 연구했다는 것이다(요 5:29 참조). 베뢰아 사람들은 바울이 전해주는 말씀을 그냥 듣는 것으로 멈추지 않고 구약 성경을 실제로 펼쳐서 연구하고 확인했다. 다시 말해 예수님께서 구약의 예언의 말씀을 이루신 사실을 하나하나 확인해 나갔다. 베뢰아 사람들은 바울과 실라가 전해주는 말씀을 듣고 구약 성경의 말씀과 잘 들어맞는지 확인한 것이다. 그들은 의심의 눈을 가지고 확인한 것이 아니라 더 잘 믿으려는 마음을 가지고, 다시 말해 믿으려는 마음을 가지고 성경을 확인해 나갔다. 성경을 깊이 읽고 묵상하고 연구하는 것은 믿음에 말할 수 없는 도움을 준다. 그래서 그들 중에 믿는 사람이 많게 되었다(다음 절).

행 17:12. 그 중에 믿는 사람이 많고 또 헬라의 귀부인과 남자가 적지 아니하나.

베뢰아 사람들이 바울과 실라가 전하는 말씀을 듣고 끝나는 것이 아니라 말씀을 들은 다음 실제로 구약 성경을 펼쳐서 하나하나 확인하다가 성령님께서 역사하셔서 "그 중에 믿는 사람이 많고 또 헬라의 귀부인과 남자가 적지 아니했다"는 것이다. 첫째, "그 중에 믿는 사람이 많았다"는 것이다. 성경 연구는 결국 믿음에 이르게 한다(롬 10:17). 아마도 많은 유대인들이 믿은 것으로 보인다. 이 때 믿은 사람 중에는 소바더가 있다(20:4). 둘째, "헬라의 귀부인과 남자가 적지 아니했다." 데살로니가에서도 헬라의 귀부인들이 믿었는데 베뢰아에서도 역시 헬라의 귀부인들이 믿게 되었다. 여기 "귀부인"이란 말은 '사회적으로 중요한 신분을 가진 부인'이란 뜻이다(4절 참조). 그런데 베뢰아의 경우 남자들보다 귀부인들이 두드러졌기에 순서에 있어 앞서 나온다. 헬라의 귀부인만 아니라 남자들도 신앙을 가졌다.

행 17:13. 데살로니가에 있는 유대인들은 바울이 하나님의 말씀을 베뢰아에서도 전하는 줄을 알고 거기도 가서 무리를 움직여 소동하게 하거늘.
누가는 베뢰아에서 바울과 실라의 전도가 성공적이라고 말한(앞 절) 다음 데살로니가의 유대인들의 움직임을 다시 말한다. 곧 "데살로니가에 있는 유대인들은 바울이 하나님의 말씀을 베뢰아에서도 전하는 줄을 알고 거기도 가서 무리를 움직여 소동하게 했다"고 말한다. 데살로니가의 유대인들은 멀리 80km나 되는 거리의 베뢰아에 와서 데살로니가에서 하던 것처럼 바울과 실라의 전도를 방해했다. 그들은 "무리를 움직여 소동하게" 했다. 전도를 방해하는 사람들은 거의 예외 없이 다른 사람들을 충동한다. 바울 사도가 제 1차 전도여행 때 비시디아 안디옥과 이고니온의 유대인들이 루스드라에까지 따라와서 전도를 방해한 것과 같다. 유대인들은 거리(distance)를 상관하지 않는다. 오늘도 역시 전도를 방해하는 사람들은 어느 시간대도 관계하지 않고 먼 거리도 관계하지 않고 끝까지 방해한다.

행 17:14. 형제들이 곧 바울을 내보내어 바다까지 가게 하되 실라와 디모데는 아직 거기 머물더라.
바울이 데살로니가로부터 원정 온 유대인들이 베뢰아의 무리를 움직여 소동하게 하여 위험 하게 된 고로 "형제들이 곧 바울을 내보내어 바다까지 가게 했다"(마 10:23). 즉 '베뢰아에서 믿기 시작한 형제들(13절)이 재빨리 바울을 베뢰아에서 내보내어 바다까지 가게 했다.' 그런데 여기 문제가 되는 것은 형제들이 바울을 내보내어 바다까지 가게 했다는 말만 하고 해안 도로를 따라 아덴까지 가게 했는지 아니면 배를 타고 아덴까지 가게 했는지에 대해서 침묵하고 있다는 점이다. 둘 중에 하나인데 정확하게 말할 수가 없다. 학자들은 바울이 해로를 이용하여 아덴까지 갔다고 추측하기도 한다(Meyer,

Hervey, Knowling, Lenski, Marshall, John Stott, 박윤선). 이렇게 배를
타고 갔을 것이라고 추측하는 이유는 본문의 "바다까지"란 말 때문이다.
아니면 해안도로를 따라 도보로 아덴까지 갔을 것이라고 추측하는 학자들도
있다(Ramsay, Bengel, Bruce, Carter Charles W. and Earle Ralph). 도보로
갔을 것이라고 하는 추측은 배로 갔다면 항구 이름이 나와야 하는데 항구
이름이 전혀 나오지 않는다는 것이다. 우리는 두 가지 중에 어떤 방식으로
아덴까지 갔는지 정확히 알 수는 없다. 다만 해로로 갔을 것이라고 하는
추측이 더 무게가 있어 보인다. 이유는 "바다까지"란 말 때문이다.

베뢰아의 형제들은 바울을 인도하여 바다를 이용하여 아덴까지 가되
"실라와 디모데는 아직 거기 머물게" 했다. 실라와 디모데가 베뢰아에 남은
이유는 이제 갓 믿기 시작한 사람들을 돌보기 위해서였다. 유대인들의 목표가
바울이었지 다른 선교사들이 아니었기에 그들은 그냥 베뢰아에 머물게 한
것이다.

**행 17:15. 바울을 인도하는 사람들이 그를 데리고 아덴까지 이르러 그에게서
실라와 디모데를 자기에게로 속히 오게 하라는 명령을 받고 떠나니라.**
바울을 아덴106)까지 인도하는 베뢰아의 형제들이 바울을 데리고 아덴에까지
도착하여 바울에게서부터 실라와 디모데를 바울에게로 속히 오게 하라는
명령을 받고 떠났다는 것이다(18:5). 여기 "인도하는 사람들"이란 말은 '베뢰
아의 믿는 형제들'을 지칭하는 말로 길을 안내할 뿐 아니라 길에서 혹시
만날지 모르는 위험으로부터 바울을 보호하는 역할을 감당했다. 선교사들의
배후에는 하나님께서 이렇게 세워주신 협조자들이 있었다. 하나님은 선교사

---

106) "아덴"(Athens)은 고대 헬라의 가장 저명한 도시국가이며, 또 그 중심 시역(市域)의
명칭이다. 그리고 아덴은 현대 그리스의 수도이기도 하다. 로마 제정기(帝政期)가 되어 사도
바울은 제 2차 전도여행 때 아덴을 방문하여 회당과 아고라(장터)에서 복음을 전하고, 스도이고
및 에비구레오파의 철학자와 논쟁하여 마침내 아레오바고 평의소(評議所)에서 설교했지만
아레오바고의 관원 디오누시오와 다마리 등 소수의 신자 밖에 얻지 못하였다(행 17:16-34;
살전 3:1).

홀로 선교를 감당하라고 하지 않으신다.

4. 아가야 지방에서 전도하다   17:16-18:17

마게도냐 지방에서 전도한 바울은 이제 아가야 지방에 도착했다. 사실 각 지역의 박해자가 아니었다면 이렇게 빨리 아가야까지 오지 않았을 것이다. 하나님은 선교의 신속을 위하여 박해를 사용하신다. 바울은 먼저 아덴(17:16-34)에서 전도하고 다음 고린도(18:1-17)에서 전도한다. 바울은 이 두 지역, 곧 헬레니즘의 물결 속에서 주님의 복음을 전하는데 분투하였다.

a. 아덴에서 전도하다   17:16-34

아덴은 헬라의 수도이고 헬라문화의 중심지이며 우상의 도시였다. 바울은 아덴에서 실라와 디모데를 기다리는 중 아덴에 우상이 가득한 것을 보고 전도하기 시작했다. 그는 훗날 아덴을 상대하여 서신을 쓰지도 않았고 아덴에서 큰 박해도 만나지 않았는데 고린도로 떠났다. 바울은 아덴에서 유대인들과 헬라인을 상대해서 전도했고(16-21절), 또 아레오바고에서 강연을 했으며(22-31절), 그 결과 일부는 바울을 희롱했고 또 일부는 예수님을 믿게 되었다(32-34절).

행 17:16. 바울이 아덴에서 그들을 기다리다가 그 성에 우상이 가득한 것을 보고 마음에 격분하여.

누가는 "바울이 아덴에서 그들을 기다리다가 그 성에 우상이 가득한 것을 보고 마음에 격분했다"고 말한다(벧후 2:8). 바울이 헬라의 수도 아덴107)에서

---

107) 브루스(F. F. Bruce)는 "주전 4-5세기 때 아덴의 조각, 문학, 수사학을 능가할만한 문화는 역사상 없었다. 소크라테스와 플라톤의 출생지이며, 아리스토텔레스, 에피쿠루스, 제논의 제2고향인 아덴은 타의 추종을 불허하는 명성을 지니고 있었고, 민주주의의 요람지로서 정치적인 영광도 아직 완전히 사라지지 않았다. 로마인도 이러한 찬란한 과거를 고려하여 아덴이 로마제국 안에서 자유 동맹 도시로서 자신의 독특한 제도를 운영하도록 자유를 주었다"고 말한다.

실라와 디모데를 기다리다가 아덴 시에 "우상이 가득한 것을 보았다." 이상한 것은 헬라문화의 중심지이며 철학의 도시인데도 우상이 가득했다는 점이다. 그러니까 문화가 아무리 발달하고 철학이 아무리 발달했다고 해도 역시 우상을 물리치지 못한다. 이 문제를 두고 박윤선목사는 "철학은 우상을 없애지 못한다. 그 이유는 철학 역시 우상 종교와 마찬가지로 한낱 인간의 자율주의의 산물이기 때문이다. 우상은 신화의 종교적인 표현인 동시에, 철학은 신화의 지적 표현이다. 그만큼 이 둘은 밀접한 관계를 가진다. 우상주의를 없이하는 능력은 계시종교(啓示宗敎), 곧 기독교뿐이다"라고 말한다. 그리고 본문의 마음에 "격분하였다"(παρωξύνετο)는 말은 미완료 수동태로 '계속해서 흥분했다,' '계속해서 자극되었다'는 뜻으로 바울은 우상을 보고 견딜 수 없이 자극되었다. 인류가 우상을 섬기는 것을 생각하고 이럴 수가 있는가 하고 마음에 흥분을 느낀 것이다.

행 17:17. (그러므로) 회당에서는 유대인과 경건한 사람들과 또 장터에서는 날마다 만나는 사람들과 변론하니.

바울은 아덴 시(市)에 우상이 많은 것을 보고 "격분하여"(앞 절) 여러 계층의 사람들, 곧 유대인과 또 하나님을 경외하는 헬라인(이상 본 절), 그리고 철학자들(다음 절)과 변론하였다. 바울은 회당에서는 유대인들과 또 유대교로 개종한 헬라인들(13:43 참조) 앞에서 구약 성경을 가지고 예수님과 예수님의 부활을 증언했다(18b). 그리고 바울은 안식일을 뺀 다른 날에는 장터에서 우연히 만나는 아덴 사람들을 대면하여 날마다 예수님과 예수님의 부활을 증언했다(18b). 헬라의 "장터"(ἀγορᾷ)는 우리나라의 장터와 달라서 물건만 팔고 사는 장소가 아니라 아덴 사람들의 생활의 중심지였다. 아덴의 철학자들은 장터에서 가르치며 변론하였다. 소크라테스는 시장에서 사람이 많이 모이는 시간에 가르쳤다고 한다(Knowling). "변론하다"(διελέγετο)는 말은 '논

사도행전 (하), p. 121.

리적으로 설명하는 것'을 뜻하는데 바울은 성경적으로 설명하는데 능통했던
고로 장터에서 만나는 여러 계층의 사람들과 변론했다.

**행 17:18. 어떤 에피쿠로스와 스토아 철학자들도 바울과 쟁론할 새 어떤
사람은 이르되 이 말쟁이가 무슨 말을 하고자 하느냐 하고 어떤 사람은
이르되 이방 신들을 전하는 사람인가보다 하니 이는 바울이 예수와 부활을
전하기 때문이러라.**
바울은 장터에서 철학자들을 만나 쟁론했는데 철학자들 중에는 "에피쿠루
스"파의 철학자들이 있었다. "에피쿠루스"라는 철학파는 사모스(Samos)의
에피큐로스(Epicurus, BC 342-270)가 만든 철학파이다. 이 학파의 특징은
무신론이다. 말로는 신(神)을 인정하지만 신의 초연성(超然性)에 대해서는
전혀 믿지 않았다. 이 학파는 영혼도 물질로 되어 있다고 하며 사람이 죽으면
영혼이 소멸된다고 보았다. 이들의 생애의 목표는 행복이고 행복을 증진하기
위해서는 향락을 추구해야 한다고 했는데 이들의 향락 추구란 육적인 향락을
추구하는 것이 아니었고 정신적인 향락을 추구하는 것이었다. 이들은 모든
고통, 욕정, 미신적 공포 등에서 벗어나는 심리적인 안정에서 행복을 찾았고
쾌락 생활을 하기 위해서는 신(神)을 두려워해서는 안 된다고 했다. 이유는
신은 인간계를 다스리지 않기 때문이라고 했다. 또 사망을 두려워하지 말라고
했는데 이유는 사망이란 인간을 감미로운 잠으로 인도하는 것이기 때문이라
하였다.
　　바울 사도는 또 "스토아 철학자들"을 시장에서 만났다. "스토아" 철학은
키티움(Cytium)에서 탄생한 제논(Zenon, BC 332-260)이라는 철학자가 만
들어낸 학파로 에피쿠루스와는 대조를 이룬다. 스토아 철학은 범신적인 영을
세계의 영이라 하였다. 스토아 철학은 소크라테스의 영혼불멸을 부정하였고
모든 것은 운명의 지배를 받는다고 하였다. 그리고 에피쿠루스의 향락주의를
배격했고 도덕주의를 강조했다. 본문의 "쟁론했다"(συνέβαλλον)는 말은 미
완료과거 시제로 '계속해서 쟁론한 것'을 지칭한다. 바울은 매일 시장에서

사람들과 그리스도를 전하기 위해 쟁론했다(dispute).

그런데 이들 철학자들은 바울에 대하여 평가하는 것이 각양각색이었다. "어떤 사람은 이르되 이 말쟁이가 무슨 말을 하고자 하느냐 하고 어떤 사람은 이르되 이방 신들을 전하는 사람인가보다"고 말했다. 여기 "말쟁이"($\sigma\pi\epsilon\rho\mu\omega\lambda\acute{o}\gamma o\varsigma$)이라는 말은 '씨앗을 줍는 자,' '이 정보 저 정보를 모아서 남들에게 전해주는 사람'이라는 뜻으로 새들이 거리에서 씨앗을 줍는 것처럼 단편 지식을 수집해서 다른 사람들에게 말해주는 사람이라는 뜻이다. 당시 아덴 사람들은 바울을 잘 이해하지 못하고 조각 지식이나 수집해서 남들에게 말하는 사람 정도로 알았다. 또 어떤 사람은 바울을 평하기를 "이방신들을 전하는 사람"으로 알았다. 이유는 바울이 "예수와 부활을 전하기 때문이었다." 바울은 예수님이 구주이심을 전했고 또 예수님께서 부활하신 사실을 전하며 그리스도의 부활이 우리의 부활이라고 전했기에 이방신들을 전하는 사람 중의 하나로 본 것이다. 그렇게 평한 사람들은 조금만 더 정신 차려 바울의 말을 청종하였더라면 구원에 이를 뻔 했다. 모두들 피상적으로 바울을 관찰했다.

행 17:19-20. 그를 붙들어 아레오바고로 가며 말하기를 네가 말하는 이 새로운 가르침이 무엇인지 우리가 알 수 있겠느냐 네가 어떤 이상한 것을 우리 귀에 들려주니 그 무슨 뜻인지 알고자 하노라 하니.

누가는 이 부분(19-20절)에서 아덴 사람들이 바울을 아레오바고로 인도하여 바울의 주장하는 바가 무엇인지를 들어보고자 했다고 말한다. 무슨 새로운 말이 있는가를 알아보려고 바울을 데려갔다는 뜻이다. 본문의 "그를 붙들어 아레오바고로 가며"란 말은 '그를 초대하여 아레오바고로 갔다'는 뜻이다. 여기 "붙들어"라는 말을 '체포했다'는 뜻으로 해석할 수도 있으나 우리의 문맥은 체포했다는 뜻이 아니라 그를 초대하여 데리고 갔다는 뜻으로 보아야 한다. 아덴 사람들이 바울을 초대하여 아레오바고로 간 이유는 바울이 말하는 새로운 가르침이 무엇인지 알아보기 위해서였다. 아덴 사람들은 바울이 말하는 것을 "새로운 것"이라고도 하고 혹은 "이상한 것"이라고도 표현한다. 아덴 사람들은 바울이 전하는 말이 새로운 것 같기도 하고 이상한 말 같기도 해서 알아보려고 그를 초대하여 아레오바고로 인도해 갔다. 본문의 "아레오바고"(Ἄρειον Πάγον)란 말은 '아레스(로마의 군신 Mars에 해당하는 헬라의 신)의 언덕' 곧 '마르스의 언덕'이란 뜻으로 아고라(장터)의 북편에 위치하고 있는데 아고라에서 아레스의 언덕 곧 아레오바고108)로 올라가려면 자연석으로 된 16개의 계단을 올라가야 하는데 그 위는 평평한 바위 광장이 펼쳐져 있다. 이 바위 광장에서는 이전에 주로 재판이 열렸는데 소크라테스도 이곳에서 재판을 받았다고 한다. 바울이 아레오바고(혹자는 바울이 아덴 시장 안의 왕립 강당-the Royal Portico-에서 모인 아레오바고로 초대되었다고 주장하기도 한다)로 초대되어 온 것은 바울의 가르침이 무엇인지를 알고 싶어 하는 사람들의 호기심 때문이었다. 바울이 어디로 인도 받았든지(실제의 아레오바고로 인도되었든지 혹은 아덴 시장 안의 왕립강당으로 초대받았든지) 많은 철학자들 앞에서 그리고 아덴 사람들 앞에서 그리스도와 그의 부활에 대해서 설교를 했다는 것은 큰 의의가 있다고 할 것이다. 그러나 아덴 사람들은 모든 것이 얼마나 새로운가에만 관심이 있었고 진리에는 관심이 없었기에 복음을 별로 받아드리지 않았다.

행 17:21. 모든 아덴 사람과 거기서 나그네 된 외국인들이 가장 새로운 것을 말하고 듣는 것 외에는 달리 시간을 쓰지 않음이더라.

누가는 아덴 사람들과 또 아덴을 찾은 외국인들의 독특한 점을 말한다. 누가는 그들은 "가장 새로운 것을 말하고 듣는 것 외에는 달리 시간을 쓰지 않았다"고 말한다. 그러니까 아덴 사람들이나 아덴을 방문한 외국인들은 신기한 것만을 찾았고 진리에 대해서는 무관심했다. 본문의 "시간을 쓰

---

108) 평평한 바위 광장에서 재판을 하다가 훗날 소집장소를 아덴 시장 안의 왕립 강당(the Royal Portico)으로 옮긴 후에도 여전히 아레오바고라는 이름을 사용하였다고 한다. 다시 말해 아레오바고라는 장소 이름이 법정 이름으로 변하여 어디서 회집되어도 여전히 아레오바고라 했다.

다"(ηὐκαίρουν)는 말은 미완료 과거 시제로 '시간을 쓰곤했다'는 뜻이다. 아덴 사람들은 다른 일로는 시간을 쓰지 않았고 신기한 것을 알아보는 일에만 전념했다. 오늘날 사람들이 대체로 유행을 찾고 혹은 흥미를 찾는 것과 같다고 할 것이다.

행 17:22. 바울이 아레오바고 가운데 서서 말하되 아덴 사람들아 너희를 보니 범사에 종교심이 많도다.

누가는 본 절부터 31절까지 바울의 설교를 기록한다. 누가는 바울이 우상숭배를 배척하고 참 신을 소개하고(23-26절) 또 사람들에게 회개하고 하나님을 찾으라고 권한다(27-31절). 바울이 아레오바고 가운데 서서 말하기를 "아덴 사람들아"라고 주의를 환기시킨 후 "너희를 보니 범사에 종교심이 많다"고 말한다. "종교심이 많다"(δεισιδαιμονεστέρους)는 '말은 종교적인 심성이 강하다'는 뜻으로 '당신들을 관찰하니 모든 일에 종교적인 심성이 강하다'는 뜻이다. 다시 말해 바울은 아덴 시(市)를 돌아보고 무수한 우상을 관찰한 다음 아덴 사람들이 참 믿고자 하는 마음이 강하다는 뜻으로 말했다. 사실은 "종교심이 많다"는 말은 '심히 미신적이라'고 번역될 수 있으나 바울이 설교할 때 처음부터 이렇게 공격하지는 않았을 것이다.

행 17:23. 내가 두루 다니며 너희가 위하는 것들을 보다가 알지 못하는 신에게라고 새긴 단도 보았으니 그런즉 너희가 알지도 못하고 위하는 그것을 내가 너희에게 알게 하리라.

바울은 설교를 시작하면서 자신이 아덴 시를 두루 다니면서 아덴 시민들이 위하는 신들과 그 신들의 이름들이 새겨진 많은 제단들을 보다가 한 곳에 가서는 "알지 못하는 신에게("Ἀγνώστῳ θεῷ" "TO UNKNOWN GOD")라고 새긴 제단도 보았다고 말한다. 바울은 그의 설교를 듣는 청중들을 향하여 "알지 못하는 신에게"라고 쓴 제단을 보았기 때문에 이제는 아덴 시민들이 알지도 못하고 위하는 그 신(神)을 알려 주겠다고 말한다. "알지 못하는 신에게"란 말은 '신이 분명 존재하는 것 같은데 그 이름을 알 수 없는 신에게'라는 말이다. 신이 있기에 우주가 존재하기 시작했고 또 우주를 돌아가게 하고 있고 또 무서운 일들을 일으킬 뿐 아니라 인류에게 각종 먹을 것을 주는 것 같은데 그러나 도대체 그 이름을 알 수 없는 신이 있다는 생각에 "알지 못하는 신에게"라고 썼을 것이라고 바울은 말한다. 그래서 바울은 사람들이 그 존재를 분명히 알지 못하고 그 이름도 알지 못하는 신을 소개하겠다고 말한다. 바울은 "알지 못하는 신에게"라는 말을 그의 설교 제목으로 삼고 그들에게 그 신이 하신 일과 그 신의 이름을 알려주겠다고 말한다(24-31절).

행 17:24. 우주와 그 가운데 있는 만물을 지으신 하나님께서는 천지의 주재시니 손으로 지은 전에 계시지 아니하시고.

바울은 본 절부터 31절까지 하나님이 어떤 분이심을 말하며 또 하나님께서 행하신 일을 소개한다. 첫째, 바울은 하나님이 "우주와 그 가운데 있는 만물을 지으신" 분이라고 말한다(14:15). 아덴 시민이 알지 못하고 위하는 신은 바로 우주를 만드시고 또 우주 가운데 있는 만물을 지으신 하나님이라고 소개한다(사 40:22; 42:5; 44:24; 슥 12:1; 롬 8:38; 히 1:10). 둘째, "하나님께서는 천지의 주재"라고 말한다. "천지의 주재"란 말은 '천지의 주인,' '천지의 주장자'란 뜻으로 하나님께서 만드신 우주와 그 우주 안에 있는 모든 것을 주장하시는 주인이란 뜻이다(마 11:25). 그 하나님은 지금도 우리를 주장하고 계신다. 그런고로 바울은 그 하나님은 "손으로 지은 전에 계시지 아니하신다"고 말한다(7:48). 사람이 손으로 만든 신전(神殿) 속에 갇혀 계신 분이 아니라는 것이다. 하나님은 무소부재(無所不在)하시고 또 만유를 초월하여 계신다(렘 23:23-24). 스데반은 하나님 자신은 솔로몬의 성전에도 계시지 않는다고 말한다(7:48). 성전은 다만 하나님의 이름, 곧 하나님의 계시(啓示)가 있는 곳이다. 그런고로 구약 시대에 성전 안에서 또 성전을 향하여 기도하는 자들의 기도가 하늘에 계신 하나님께 상달되었다(왕상 8:28-53).

행 17:25. 또 무엇이 부족한 것처럼 사람의 손으로 섬김을 받으시는 것이 아니니 이는 만민에게 생명과 호흡과 만물을 친히 주시는 이심이라.

셋째, 바울은 하나님은 "만민에게 생명과 호흡과 만물을 친히 주시는" 분이라고 말한다(창 2:7; 민 16:22; 욥 12:10; 27:3; 33:4; 사 42:5; 57:16; 슥 12:1). 하나님은 '우주 안에 있는 사람들에게 생명을 주시고 또 호흡하게 하시고 또 만물을 공급해 주시는 분'이라고 한다. 따라서 바울은 하나님이 "무엇이 부족한 것처럼 사람의 손으로 섬김을 받으시는" 분이 아니라고 말한다(시 50:8). '하나님은 무엇이 부족한 분이 아니시기에 사람의 손에 의해서 보충 받으시는 분이 아니라'고 말한다(시 50:7-15). 오늘도 사람들은 하나님을 엄청나게 오해하며 산다. 우리가 하나님께 무엇을 드려야 하는 것처럼 착각하며 산다. 우리가 하나님께 드리는 것은 감사의 뜻으로 드리는 것뿐이다. 오해가 없어야 할 것이다.

행 17:26. 인류의 모든 족속을 한 혈통으로 만드사 온 땅에 살게 하시고 그들의 연대를 정하시며 거주의 경계를 한정하셨으니.

넷째, 바울은 하나님께서 "인류의 모든 족속을 한 혈통으로 만드사 온 땅에 살게 하시고 그들의 연대를 정하시며 거주의 경계를 한정하셨다"고 말한다. 바울은 하나님께서 "인류의 모든 족속을 한 혈통으로 만드셨다"고 말한다. "족속"(ἔθνος)이란 말은 '민족,' '국민'이란 뜻으로 지구상에 있는 모든 민족들을 지칭한다. 그리고 "한 혈통으로"(ἐξ ἑνὸς)란 말은 '하나로부터' 곧 '한 사람 아담으로부터'란 뜻이다(창 1:26). 하나님은 인류의 모든 사람을 만드시되 아담 한 사람으로부터 나오게 하셨다. 아담 한 사람으로부터 모든 사람이 나게 하셔서 온 땅에 흩어져 살게 하셨다(창 11:6, 8). 그리고 바울은 하나님께서 "그 민족의 연대"를 정하셨다고 한다. 곧 민족의 흥망성쇠를 정하셨다는 뜻이다(욥 12:23; 단 2:21). 그리고 하나님은 민족들이 거주하는 국경을 한정하셔서(신 32:8) 이웃을 침략하지 않고 살게 하셨다. 나라를 침략하는 것은 하나님의 뜻을 어기는 행위이다. 바울은 아덴 사람이 알지 못하는 신은 참으로 위대하신 하나님이라고 말한다. 아덴 사람들은 세상 철학에 대해서는 잘 알고 또 새로운 지식을 찾았어도 바로 하나님께서 온 인류를 하나로부터 생겨나게 하시고 국가의 흥망성쇠를 주장하시며 또 민족 간에 경계를 정하셔서 싸우지 말고 살게 하신 사실을 알지 못하고 살아왔다.

행 17:27-28a. 이는 사람으로 혹 하나님을 더듬어 찾아 발견하게 하려 하심이로되 그는 우리 각 사람에게서 멀리 계시지 아니하도다 우리가 그를 힘입어 살며 기동하며 존재하느니라.

바울은 본 절부터 31절까지 그가 지금까지 말한 것(22-25절)을 근거하고 아덴 사람들로 하여금 하나님께로 돌아오라고(회개하라고) 외친다. 바울은 하나님께서 우주를 창조하신 일이나 또 우주를 관리하시는 목적이 무엇인가를 본 절에서 말한다. 하나님께서 원하시는 것은 "사람으로 혹 하나님을 더듬어 찾아 발견하게 하려 하심이라"는 것이다(롬 1:20). 본문의 "혹"(혹시라도)이란 말은 본문이 희구법109)이라는 것을 나타내는 단어이다. 그리고 "더듬어"(ψηλαφήσειαν)란 말은 부정(단순)과거 시제로 '참으로 더듬어서,' '철저히 손으로 더듬어서'라는 뜻이고(신 28:29), "찾아"(ζητεῖν)란 말은 '열심히 추구하는 것'을 뜻한다. 그리고 "발견하게 하려"(εὕροιεν)란 말은 희구법으로 '발견하게 되었으면'하는 소원을 나타내는 말이다. 하나님께서 우주를 창조하시고 또 우주를 주장하시며 모든 족속을 한 사람 아담에게서 나오게 하셔서 온 땅에 살게 하시고 모든 족속의 연대를 정하시며 거주의 경계를 정하신(24-26절) 목적은 사람들로 하여금 혹시 하나님을 샅샅이 더듬어 찾아 발견할까 해서라는 것이다. 그런고로 아덴 사람들은 하나님을 찾아야 한다는 것이다.

---

109) 희구법(optative mood)이란 강한 우연성 혹은 가능성을 나타내는 법(mood)이다. 분명한 실현을 조금도 예상하지 못하고 다만 어떤 동작을 상상하여 볼 뿐이다. 따라서 희구법은 가정법보다도 일보 더 실제에서 먼 뜻을 나타낸다. 희구법은 보통 소원을 표시하는데 사용된다(신약에 나타난 67회 중에서 38회가 소원을 나타낸다). 박창환역편, *신약성서 희랍어교본*, (서울: 대한기독교서회, 1962), p. 197.

하나님은 아덴 사람들이 찾을 수 있을 만큼 "그는 우리 각 사람에게서 멀리 계시지 아니하다"고 바울은 말한다(14:17). 하나님은 우리에게서 가까이 계시고(렘 23:24) 또 우리를 철저하게 아시며(시 139:1-16) 우리를 눈동자같이 지키신다(신 32:10; 시 17:8). 만일 우리가 하나님을 열심히 찾으려고만 한다면 우리는 하나님께 쉽게 다가갈 수가 있을 것이다. 그 이유는 "우리가 그를 힘입어 살며 기동하며 존재하기" 때문이다(골 1:17; 히 1:3). 이 글은 크레다 시인 에피메니데스(Epimenides, BC 600)의 작품으로 추정되는 4행시의 제 4행이다.110) 바울은 크레다 사람 에피메니데스의 시를 전용(轉用)하여 그의 전도에 사용하였는데 그 뜻은 '우리는 하나님의 은혜로 살며 움직이며 존재하고 있다'는 뜻이다(욥 12:10; 단 5:23). 우리는 하나님을 떠나서는 살수도 없고 움직일 수도 없으며 존재하지도 못한다는 뜻이다. 이렇듯 가까이 계시는 하나님이지만 우리는 죄악으로 눈이 어두워져서 하나님을 멀리 계신 것으로 느껴 찾지 못하고 또 못 보고 있다.

행 17:28b-29. 너희 시인 중 어떤 사람들의 말과 같이 우리가 그의 소생이라 하니 이와 같이 하나님의 소생이 되었은즉 하나님을 금이나 은이나 돌에다 사람의 기술과 고안으로 새긴 것들과 같이 여길 것이 아니라.
바울은 이 부분(28b-29)에서 아덴 사람들과 바울 자신이 하나님의 형상대로 창조함을 받았은즉 하나님을 우상(偶像)과 동일시(同一視)해서는 안 된다고 말한다. 바울은 아덴 사람들이 잘 알고 있는 어떤 시인들의 말, 즉 "우리가 그의 소생이라"는 말을 그의 전도에서 사용한다(딛 1:12). 바울은 바울의 고향 길리기아 지방사람 아라투스(Aratus, BC 315-240)의 시에서 인용하다. 아라투스는 "오, 인간들이여! 침묵 말고 그(제우스-그리스철학의 지존자)를

---

110) 크레다 사람 에피메니데스(Epimenides)의 작품으로 추정되는 4행시를 소개하면 "오, 거룩하고 지고한 당신을 위해, 무덤을 하나 만들었도다. 크레타 놈들, 언제나 거짓말만 늘어놓는, 악한 짐승, 게으른 허풍쟁이들이여! 그러나 당신은 죽지 않는다. 당신은 영원히 살아 머물고 있다. 그리하여 당신 안에서 우리는 살며 기동하며 있도다"라는 시이다(F. F. Bruce). 바울은 이 시 중에서 제 4행을 전용(轉用)하여 그의 전도에 사용했다.

찬양하라. 사방천지, 사람들이 만나는 모든 곳은 제우스로 충만하도다. 바다
와 포구도 그로 충만하도다. 우리는 그의 소생이라 모든 면에서 우리 모두는
그와 연관을 맺고 있도다"라고 시를 썼다(F. F. Bruce). 바울은 제우스를
찬양한 시의 내용이 옳다는 것을 인정한 것이 아니라 그 시를 아덴 사람들
앞에서 그의 전도에서 사용하고 있을 뿐이다. 우리는 하나님의 소생이라는
것이다. 우리는 하나님의 형상대로 창조함을 받았다고 바울은 말한다(창
1:26). 이는 마치 한 지방의 속담 같은 것을 전도에 이용함과 같은 것이다.

바울은 시를 소개한 후 "그러므로(οὖν) 이와 같이 하나님의 소생이 되었
은즉 하나님을 금이나 은이나 돌에다 사람의 기술과 고안으로 새긴 것들과
같이 여길 것이 아니라"고 말한다(사 40:18). 바울은 '우리가 하나님의 형상
대로 창조함을 받았은즉 하나님을 금과 은과 돌 위에다 사람의 기술로 새긴
우상의 형상들과 똑 같이 취급할 것이 아니라'고 말한다. 하나님은 영이신고
로(요 4:24) 사람들이 만든 우상의 모양으로 묘사할 수 없다. 사람이 우상을
새겨놓고 그 앞에 절하면 하나님의 계명을 범하는 것이다(출 20:4-6; 신
5:8-10).

**행 17:30. 알지 못하던 시대에는 하나님이 간과하셨거니와 이제는 어디든지
사람에게 다 명하사 회개하라 하셨으니.**
바울은 "알지 못하던 시대"와 "이제"를 구별하여 "이제는" 그리스도께서
오셨으니 회개해야 한다고 말한다. 쉽게 말해 바울은 그리스도께서 오시기
전과 그리스도께서 오신 후가 다르다고 말한다. 그리스도께서 오시기 전,
구약 시대에는 하나님이 사람들의 죄를 간과하셨지만(14:16; 롬 3:25) 이제
(신약시대)는 어디든지 사람에게 다 명하셔서 회개하라고 하셨다고 말한다
(눅 24:47; 딛 2:11-12; 벧전 1:14; 4:3). 여기 "간과하셨다"는 말은 '죄를
그냥 덮고 넘어가셨다는 뜻이 아니라 죄를 벌하지 아니하시고 신약 시대를
기다리셨다'는 뜻이다. 하나님은 구약 시대에 우상을 숭배하는 사람들을
향하여 회개하라거나 혹은 전도자를 파송하여 회개하라고 하시지 않으셨다.

그러나 이제는 하나님께서 바울 같은 사도를 통하여 사람들로 하여금 회개하라고 권고하고 계신다(14:16; 롬 3:25-26). 지금 우리 시대는 하나님께서 죄를 간과하시는 시대가 아니다. 우리는 우리의 죄를 철저히 자복해야 한다.

행 17:31. 이는 정하신 사람으로 하여금 천하를 공의로 심판할 날을 작정하시고 이에 그를 죽은 자 가운데서 다시 살리신 것으로 모든 사람에게 믿을 만한 증거를 주셨음이니라 하니라.
문장의 첫 낱말 "이는"(καθότι, because)이란 말은 이유를 설명하는 접속사로 '회개해야 할'(앞 절) 이유를 설명하는 말이다. 회개해야 할 이유는 하나님께서 "정하신 사람으로 하여금 천하를 공의로 심판할 날을 작정하셨기" 때문이라는 것이다(10:42; 13:38-41; 24:25; 롬 2:16; 14:10). 여기 "정하신 사람"이란 말은 '그리스도'를 지칭하는 말이고 "천하를 공의로 심판할 날을 작정하셨다"는 말은 '천하를 공의롭게 심판할 날을 정하셨다'는 뜻으로 예수님께서 재림하신 후 심판하실 날을 정하셨다는 뜻이다(요 5:22-27).

바울은 "이에 그를 죽은 자 가운데서 다시 살리신 것으로 모든 사람에게 믿을 만한 증거를 주셨다"고 말한다(2:24). 즉 '하나님께서 예수님을 죽은 자 가운데서 다시 살리셨다는 점에서 하나님께서 모든 사람에게 정하신 사람이 바로 예수 그리스도라고 믿을만한 증거를 주셨다'는 것이다. 예수님께서 부활하셨다는 것, 그것은 그가 심판자가 되기에 충분한 증거이다. 우리가 어떻게 더 큰 증거를 요구하겠는가. 예수님은 하나님의 아들로서 천하의 모든 사람들을 심판하실 것이다(롬 1:4). 모든 사람들은 그 앞에 무릎을 꿇을 것이다(빌 2:5-11). 우리는 지금 심판자도 확정되었고 심판날도 정해진 시대에 살고 있다. 세상 사람들에게 그리스도의 십자가 대속의 죽음과 아울러 그리스도께서 심판하실 것이라고 소리쳐야 할 것이다.

행 17:32. 그들이 죽은 자의 부활을 듣고 어떤 사람은 조롱도 하고 어떤 사람은 이 일에 대하여 네 말을 다시 듣겠다 하니.

누가는 본 절부터 34절까지 바울 사도의 아레오바고의 전도 결과를 말한다.
바울 사도의 전도 내용은 예수님께서 죽은 자 가운데서 부활하셨다는 것이었
는데 "어떤 사람은 조롱도 하고 어떤 사람은 이 일에 대하여 네 말을 다시
듣겠다"고 했다. '어떤 사람들은 바울의 부활 설교를 조롱했다.' 철학 사상에
물들어버린 아덴 사람들 대부분이 바울의 부활 이야기를 듣고 조롱했다.
특히 무신론 사상에 물들어 있고 또 정신적인 향락 추구에 심혈을 기울였던
에피쿠루스파 사람들은 바울의 말을 조롱했다. 무슨 부활이냐고 서로들 말했
다. 또 어떤 사람들은 바울의 말을 "다시 듣겠다"고 했다. 다시 듣겠다고
말한 사람들 중에는 도덕주의를 표방했던 스토아 철학을 선호하는 사람들이
있었을 것이다.

**행 17:33-34. 이에 바울이 그들 가운데서 떠나매 몇 사람이 그를 가까이하여
믿으니 그 중에는 아레오바고 관리 디오누시오와 다마리라 하는 여자와
또 다른 사람들도 있었더라.**
바울 사도가 아레오바고의 청중 앞을 떠날 때 "몇 사람이 그를 가까이하여
믿었다." 결신자가 매우 적었다. 그런데 "그 중에는 아레오바고 관리 디오누
시오와 다마리라 하는 여자와 또 다른 사람들도 있었다." 아레오바고 관리
디우누시오-후에 교회 역사가 유세비우스(Eusebius)는 그가 아덴의 최초의
그리스도인의 감독이며 순교자였다고 주장했다-와 다마리라는 여자와 또
다른 사람들 몇 명이 있었다. 이들은 모두 우상으로부터 하나님께로 돌아와
생명을 얻었다.

　혹자는 바울의 아레오바고의 설교는 실패였다고 주장하기도 한다. 그래
서 바울은 고린도로 옮긴 후에는 예수 그리스도와 그의 십자가에 못 박히신
것 외에는 알지 않기로 굳게 결심하였다(고전 2:2)고 주장하나 잘 못 관찰한
것으로 보인다. 바울의 설교에는 갖추고 있어야 할 것을 다 갖추고 있었다고
보아야 할 것이다. 바울은 하나님은 창조주, 우주의 주관자라고 증언했고
또 하나님은 인간들이 만든 신전에 계시지 않고 민족들의 역사를 주관하시는

분임을 말했다. 그리고 바울은 하나님께서 예수 그리스도를 심판자로 지명하셨다고 말하며 또 심판하실 날을 작정하시고 아덴 사람들에게 회개를 축구하셨다는 점에서 해야 할 말은 다 한 것으로 보인다. 바울은 하나님께서 부활하신 그리스도를 심판자로 지명하셨다는 말씀을 할 때 예수님의 십자가 죽음을 말했을 것이다. 십자가 죽음을 말하지 않고 어떻게 부활을 말할 수 있겠는가. 그리고 또 바울의 설교를 듣고 회심한 사람이 아주 없는 것도 아니었다. 34절에 보면 몇 사람이외에 "다른 사람들도 있었다"고 말하고 있다. 그리고 존 스토트(John Stott)는 "예수 그리스도와 그의 십자가에 못 박히신 것 외에는 아무 것도 전하지 않겠다는 그의 굳은 '결심'은 그가 아덴에서 실패했기 때문이 아니라 교만한 고린도 사람들에게서 예상되는 도전 때문에 취해진 것이었다. 게다가 누가가 그의 기사에서 보여주듯이, 바울은 고린도에서 그의 전술을 바꾸지 않았으며, 계속해서 가르치고 변론하고 설복시켰다 (18:4-5)"고 강변하고 있다.[111]

---

111) 존 스토트, *땅끝까지 이르러*, 사도행전강해, 정옥배옮김, p. 344.

제 18 장
고린도전도, 에베소사역, 제2차 전도여행마감 및
제3차 전도여행시작

b. 고린도에서 전도하다 18:1-17

바울은 아덴을 떠나 고린도 시(市)에 와서 1년 반이나 전도를 하였다. 아덴이 학문과 예술과 철학의 도시인데 비해 고린도는 상업과 무역의 도시였다. 바울이 고린도에서는 오랫동안 전도하는 중에 교회를 설립하였고 훗날 바울은 고린도 교회에 두 통의 긴 편지를 써서 보냈다. 바울은 먼저 고린도에 와서 아굴라 부부를 만나 전도하였고(1-4절), 실라와 디모데가 돌아와 전도하여 많은 신자를 얻었으며(5-11절), 유대인들이 바울을 총독 갈리오게게 고발하였으나 총독은 관여하지 않았다(12-17절).

행 18:1. 그 후에 바울이 아덴을 떠나 고린도에 이르러.

누가는 본 절부터 4절까지 바울이 아덴을 떠나 고린도[112])에 와서 아굴라

---

112) "고린도"(Corinth)는 희랍의 중요한 상업 도시로서 중부 희랍과 펠로폰네수스 (Peloponnesus) 반도를 잇는 지협(地峽)에 위치하고 있다. 사도행전 18장에 의하면, 이 도시에 유대인 회당이 있었다. 또 고린도의 땅에서 '히브리인 회당'이라는 비문을 새긴 돌조각이 발견되었다. 또 사도행전 18:2에 의하면, 아굴라와 브리스길라 부부는 로마에서 고린도로 이주했는데, 마찬가지로, 여러 가지 사정에 의해 이 도시에 와서 살게 된 유대인의 수는 적지 않았을 것이다. 뿐만 아니라 고린도의 지리적 위치는 각처에서 오는 여행자, 상인, 항해자들을 끌어 들이는데 있어서 유리하였다. 바울이 제 2차 전도여행에서 고린도를 방문했을 때는 비교적 새로운 부흥 도시로서 로마인을 비롯하여 헬라, 베니게, 팔레스틴, 애굽 등지로부터의 식민이 많았고, 완전히 코스모폴리탄적 도시로서 전통이 오랜 아덴보다도 전도지로서 유망하였다. 바울은 여기서 1년 6 개 월 동안 체류하면서 전도하여 유력한 교회를 설립했다. 신자는 주로 하층 및 중산층으로 이루어져 있었다(고전 1:26-). 바울 시대의 고린도의 특징을 몇 가지 지적한다면, 1) 잡다한 인종과 민족의 집합 장소인 코스모폴리탄적 도시였다. 계급적으로도 여러 계층이 있었는데, 특히 주의할 것은 약 20만의 자유민에 대해 40만 이상의 노예가 고린도의 인구를 구성하고

부부를 만나 전도한 것을 말한다. 바울은 학문과 예술의 도시 아덴을 떠나 고린도에 이르렀다. 그가 이곳에 온 것도 역시 성령님의 인도에 의한 것이었다. 부패한 도시에도 복음을 전해야 했기 때문이었다.

고린도 시(市)는 아가야 지방의 수도로 아덴으로부터 서남쪽 방향 80km 지점에 있다. 고린도는 교통, 상업, 정치의 중심지로 오랜 동안 번영하였다. BC 146년 고린도는 로마의 장군 무미우스(Lucius Mummius)에 의해 파괴되고 시민들은 노예로 팔려 약 1세기 간 폐허로 방치되었었다. 그러다가 BC 46년 율리우스 시이자(Julius Caesar)는 고린도를 식민도시로 재건하고 아구스도는 고린도를 아가야의 수도로 삼았다. 바울 당시 고린도는 인구 60만으로 자유인 20 만, 노예 40 만 명이었다. 주민의 다수는 헬라인이었고 외지에서 유입된 사람들도 상당수였으며 유대인들도 살고 있어 회당도 있었다. 고린도는 상업, 무역의 도시로 정신면은 극히 어두웠고 도덕생활은 음란했다. 한 예로 고린도에는 유명한 사랑의 여신 아프로디트(Aphrodite) 신전이 있었는데 1,000명의 매음녀들이 있었다.

행 18:2. 아굴라라 하는 본도에서 난 유대인 한 사람을 만나니 글라우디오가 모든 유대인을 명하여 로마에서 떠나라 한 고로 그가 그 아내 브리스길라와 함께 이달리야로부터 새로 온지라 바울이 그들에게 가매 생업이 같으므로 함께 살며 일을 하니 그 생업은 천막을 만드는 것이더라.

누가는 바울이 "아굴라라 하는 본도에서 난 유대인 한 사람을 만났다"고 말한다(롬 16:3; 고전 16:19; 딤후 4:19). 바울의 이 만남이야 말로 천금같이 귀한 만남이었다. 실라와 디모데도 없는 외로운 땅에서 바울은 고린도에

있었다. 2) 고린도는 상업도시였다. 따라서 이윤에 대한 사상이 발달하여 이기적 정신이 왕성하였다. 3) 그와 동시에 고린도는 향락의 도시였다. 그것은 올림픽 게임에 대항하여 행해진 이스미안 게임(Isthmian Games)의 개최지이며 희랍의 도시 중 최초로 로마의 검사(劍士) 경기를 수입한 도시였다. 바울이 로마서 1:21-32에서 부도덕, 불 경건에 대해 신랄하게 비난한 것은, 그가 고린도 체류 시에 쓴 것인데, 아마 고린도 사회를 묘사한 것일 것이다. 고린도에서는 "이 세상의 음행하는 자들이나… 도무지 사귀지 말라 하는 것이 아니니 만일 그리 하려면 세상 밖으로 나가야 할 것이라"(고전 5:9,10)할 정도로 사회가 타락했던 것이다.

온지 얼마 되지 않아 아굴라 부부를 만난 것은 참으로 위로가 아닐 수 없었다. 아굴라는 "본도"(소아시아 북부의 본도 주, 2:9; 벧전 1:1)에서 난 유대인이었는데 "글라우디오가 모든 유대인을 명하여 로마에서 떠나라 한 고로 그가 그 아내 브리스길라와 함께 이달리야로부터 새로" 고린도로 왔다. 다시 말해 아굴라는 '글라이우디오(Glaudius, AD 41-51년 로마 제국을 다스렸다)가 모든 유대인을 명하여 로마에서 떠나라고 명령한 고로 그가 그 아내 브리스길라와 함께 이달리야로부터 새로 고린도로 왔다. 글라이우디오(Glaudius) 황제가 유대인을 추방한 이유는 확실하지는 않지만 역사가 슈에토니우스(Suetonius)가 전하는 바에 의하면 "유대인들이 크레스투스(Chrestus)의 선동에 의하여 항상 소란을 일으키므로 글라우디오는 그들을 로마에서 추방했다"고 기록하고 있다(Suetonius, *Life of Claudius*. xxv. 4). 문제는 크레스터스(Chrestus)가 실제 인물인지 아니면 "크리스투스"(Christus, 그리스도를 지칭하는 라틴어)의 오기(誤記)인지(Holtzmann, Rackham, Knowling, macgregor) 양론이 있으나 후설이 유력하다. 유대인들이 로마에서 크레스투스(Chrestus)의 선동에 의하여 항상 소란을 일으키므로 글라우디오는 유대인을 로마에서 추방했는데 아굴라 부부도 추방되어 고린도로 온 것이다. 아굴라 부부는 바울의 가장 헌신적인 동역자들이었다(18-19절, 26절; 롬 16:3; 고전 16:19; 딤후 4:19). 이들 부부의 이름이 성경에 함께 나오는데(18:18; 롬 16:3; 고전 16:19; 딤후 4:19) 때로는 부인 브리스길라(브리스가라고고 한다)의 이름이 앞에 나온다. 아마도 부인의 활동이 더 활발했기 때문이거나 아니면 부인이 남편보다 사회적으로 더 높은 계층에 속했기 때문이었을 것이다.

누가는 "바울이 그들에게 가매 생업이 같으므로 함께 살았다"고 말한다. 바울은 아굴라 부부를 소개받아 가서 만났는데 생업, 즉 생활비를 벌기 위한 직업이 서로 같아서 함께 살았다.' 바울과 아굴라 부부와 함께 일할 수 있었던 것은 아굴라 부부가 그리스도를 믿는 사람들이었기 때문이었다(Rackham, Zahn, Harnack, Bruce, 박윤선). 그들은 고린도에 오기 전에 로마에 있을 때에 그리스도를 영접한 것 같다. 바울과 그들이 똑 같이 예수님을 구주로 믿는 사람들이었으니 호흡을 맞추어 일할 수 있었다. 누가는 그들의 생업이 "천막을 만드는 것이었다"고 말한다(20:34; 고전 4:12; 살전 2:9; 살후 3:8).113) 여기 "천막을 만드는 것"이란 말은 '가죽이나 염소 털로 짠 천으로 장막을 만드는 것'(가죽 세공업)을 지칭하는데, 바울 당시 양치는 목자, 군인, 여행자, 상인들이 가지고 다니면서 사용했다고 한다. 바울은 전도 여행도중 교회의 도움도 받았으나(고후 11:9; 빌 4:10, 15-16), 많은 경우 자급 전도를 했다(20:34; 고전 4:12; 살전 2:9; 살후 3:8). 오늘날 바울을 본받아 자급 전도를 하는 전도자들이 있는데 처음 개척 전도 시절에는 어쩔 수 없이 자급 전도를 하지만 자급 전도 기간이 길면 전도에 크게 장애가 되는 것을 알고 빨리 기도와 말씀 전파를 전무해야 할 것이다(6:4).

행 18:4. 안식일마다 바울이 회당에서 강론하고 유대인과 헬라인을 권면하니라.

누가는 "안식일마다 바울이 회당에서 강론하고 유대인과 헬라인을 권면했다"고 말한다(17:2). 여기 "강론했다"는 말은 '성경을 논리적으로 설명한 것'을 지칭한다. 바울은 자기의 규례를 따라(17:2) 항상 안식일마다 구약 성경을 가지고 예수님이 구주이심을 논리적으로 설명했다. 그는 고린도의 유대인 회당에서 "유대인과 헬라인을 권면했다." 다시 말해 유대인과 헬라인으로 하여금 예수님을 구주로 믿도록 권했다. 여기 "헬라인"은 '이방인으로서 유대교로 개종하여 회당에 참여하여 예배하는 자들'을 말한다. 바울은 안식일에는 회당에서 전도했고 평일에는 장막을 만들었으며 또 전도도 하였

---

113) 서기관이나 율법학자가 자신이 가르치는 것에 대한 보수를 받는 것은 타당하지 못하다고 간주되었다. 따라서 서기관이나 율법학자 가운데 많은 사람들은 율법을 연구하고 가르치는 것 이외에 한 가지 직업을 가졌었다. 랍비 가말리엘(Gamaliel) 3세는 이러한 관습을 다음과 같이 추천했다. "세속적인 일과 병행하여 율법을 연구하는 것은 대단히 좋은 일이다. 왜냐하면 이 두 가지에 의해서 요청된 노동은 마음으로부터 죄를 몰아내기 때문이다. 일을 하지 않고 토라만을 연구한다는 것은 결국 헛되며 죄를 범하게 한다"고 했다(*Pirge Aboth* ii.2, from Bruce).

을 것이다.

행 18:5. 실라와 디모데가 마게도냐로부터 내려오매 바울이 하나님의 말씀에 붙잡혀 유대인들에게 예수는 그리스도라 밝히 증언하니.

누가는 본 절부터 11절까지 바울 사도가 실라와 디모데가 마게도냐에서 돌아오므로 더욱 전도에 힘써 많은 신자를 얻었다고 말한다. 누가는 "실라와 디모데가 마게도냐로부터 내려오매 바울이 하나님의 말씀에 붙잡혔다"고 말한다(17:14-16 참조). 여기 "말씀에 붙잡혔다"는 말은 '말씀 전도에 헌신했다,' '말씀 전도에 전심했다'는 뜻이다(28절; 17:3; 욥 32:18). 바울은 주중에는(during the week) 천막을 만들어 생활비를 벌었고 안식일에는 회당에 들어가서 예수님을 전하다가(앞 절) 실라와 디모데가 마게도냐로부터 돌아온 후에는 구원의 복음을 전하는 일에 헌신하게 되었다. 실라와 디모데는 마게도냐 교회들로부터 선교헌금을 가져왔기에(고후 11:9; 빌 4:14-15) 이제는 생활비를 염려할 것 없이 전도에 힘쓸 수가 있었다. 바울은 데살로니가 교인들이 잘 믿고 또 서로 사랑한다는 소식을 듣게 되었다(살전 3:6).[114] 경제 문제가 해결되니 말씀 전도에 전념할 수 있었다.

그런데 누가는 바울이 "유대인들에게 예수는 그리스도라 밝히 증언했다"고 말한다. 누가는 바울이 유대교로 개종한 헬라인들에게는 "권면했다"는 말을 사용했는데(앞 절) 본 절에서는 특별히 유대인들에게 예수는 그리스도라 "밝히 증언했다"(testify)는 단어를 사용하고 있다. "증언했다"는 말은 법정에서 쓰는 말로서 어김없이 그대로 받아야 한다는 뜻이다. 바울은 사도로서 다메섹 도상에서 부활하신 그리스도를 본 사실이 참으로 중요하니까

---

114) 바울이 아덴에 있을 때 디모데는 바울의 지시에 따라 바울에게 왔었는데(17:15) 바울은 그를 다시 데살로니가로 보냈다(살전 3:1-5). 아마도 디모데가 데살로니가로 돌아갔을 때 실라는 빌립보 교회로 돌아갔을 것이다. 디모데와 실라가 드디어 고린도에 도착했을 때 디모데는 바울에게 데살로니가 교인들의 좋은 형편을 바울에게 보고했다(살전 3:6). 이런 소식을 듣고 바울은 데살로니가 전서를 써서 보냈고 약 반년 후에 그의 데살로니가후서를 써서 보냈다(Simon Kistemaker).

반드시 받으라는 뜻으로 "증언한다"는 말을 사용하고 있다. 유대인들은 바울이 증언하는 내용 곧 "예수는 그리스도"라는 증언을 꼭 들어야 했다. 우리는 바울이 사도로서 증언하는 내용, 즉 예수님은 구주라고 하는 증언을 꼭 듣고 믿으며 따라야 할 것이다.

행 18:6. 그들이 대적하여 비방하거늘 바울이 옷을 털면서 이르되 너희 피가 너희 머리로 돌아갈 것이요 나는 깨끗하니라 이후에는 이방인에게로 가리라 하고.

고린도의 유대인들도 역시 바울을 대항하여 비방했다(13:45; 벧전 4:4). 그래서 바울은 옷을 털면서(13:46, 51), 다시 말해 '바울 자신은 책임을 다했다'는 뜻으로 옷을 털면서 말하기를 "너희 피가 너희 머리로 돌아갈 것이요 나는 깨끗하니라"고 말한다(13:51; 레 20:9, 11-12; 삼하 1:16; 겔 18:13; 33:4; 느 5:13; 마 10:14). '너희들이 지금 전도자를 대항하는 것은 큰 죄인데 그 심판이 너희 대적 자들의 머리로 돌아갈 것이며 바울 자신은 책임을 다했으니 깨끗하다'는 것이다(20:26; 겔 3:18-19; 33:9). 전도자들이 어디를 가든지 책임을 다하고 떠나야 할 것이다. 다시 말해 예수는 그리스도라고 전하는 일을 심도 있게 부르짖고 떠나야 할 것이다. 바울은 자신은 책임을 다했다고 말하면서 "이후에는 이방인에게로 가리라"고 말한다(13:46; 28:28). 바울은 이 후부터는 이방인에게로 갔고 유대인 회당에 들어가지 않았다.

행 18:7. 거기서 옮겨 하나님을 경외하는 디도 유스도라 하는 사람의 집에 들어가니 그 집은 회당 옆이라.

누가는 바울 사도가 유대인 회당으로부터 옮겨 "하나님을 경외하는 디도 유스도라 하는 사람의 집"으로 회집 장소를 옮겼다고 말한다. 여기 "디도 유스도"라는 사람은 그 이름으로 보아 로마 사람이고, 유대교로 개종한 사람으로 보인다(Knowling, Bruce, 박윤선, 이상근). 그런데 누가는 디도 유스도의 집은 "회당 옆이라"고 말한다. 바울이 회집 장소를 회당으로부터 멀리 옮기지 않고 회당 옆으로 옮긴 이유는 유대인들의 박해가 있었을지라도 앞으로 개종자들이 더 많이 생길 것을 예상했기 때문이었다(9-10절). 바울은 성령님의 인도하심 따라서 이렇게 회당 옆으로 회집장소를 옮겼다. 그러나 그의 숙소는 여전히 아굴라의 집이었다.

행 18:8. 또 회당 장 그리스보가 온 집안과 더불어 주를 믿으며 수많은 고린도 사람도 듣고 믿어 세례를 받더라.

누가는 바울의 복음 전도의 열매를 본 절에서 말한다. 바울은 한편으로 유대인들에게 비방도 당했지만(5-6절) 또 한편 본 절이 말하는 것처럼 큰 열매도 얻었다. 누가는 "회당 장 그리스보가 온 집안과 더불어 주를 믿으며 수많은 고린도 사람도 듣고 믿어 세례를 받았다"고 말한다(고전 1:14). 회당을 관리하는 사람 그리스보가 온 집안과 더불어 주님을 믿었다는 것은 큰 위로가 아닐 수 없다. 여기 "그리스보"는 유대인으로 라틴식 이름이다. 그가 온 집안과 더불어 주를 믿어 세례를 받았는데 하반 절에 말씀한 바와 같이 "듣고" 믿은 것이다. 그리스보와 온 집안이 바울 사도가 전해주는 복음을 들었을 때 성령님이 역사하셔서 믿게 된 것이다(고전 12:3). 누구든지 듣지 않으면 믿을 수 없다(롬 10:17).

그리고 그리스보와 그 집안사람들만 아니라 "수많은 고린도 사람도 듣고 믿어 세례를 받았다"고 했는데 바울의 복음 전도의 열매가 컸던 것을 보여주는 말이다. 수많은 헬라 사람들이 믿었으니 말이다. 그는 유대인들로부터 배척을 받고(6절) 회집 장소를 옮긴 후 헬라인들이 믿게 되었으니 큰 수확을 얻은 것이다. 그리고 문장 마지막의 "세례를 받더라"는 말은 그리스보와 그 집안사람들, 또 수많은 고린도 사람들이 세례를 받았다는 말인데, 성경 다른 곳에 보면 바울 사도가 세례를 준 사람들은 그리스보, 가이오, 스데바나 집 사람들 뿐이었다(고전 1:14-16). 그런고로 본 절의 그리스보 집안사람들과 고린도 사람들은 아마도 실라와 디모데에 의해서 세례를 받았을 것이다.

행 18:9. 밤에 주께서 환상 가운데 바울에게 말씀하시되 두려워하지 말며 침묵하지 말고 말하라.

고린도에서 큰 열매를 맺고 있을 때 하나님은 "밤에 주께서 환상 가운데 바울에게 말씀하시되 두려워하지 말며 침묵하지 말고 말하라"고 하신다. "환상"이란 말에 대해서는 16:9주해를 참조할 것. 바울은 종종 환상을 보았다(18:9; 23:11; 27:23; 고후 12:1). 예수님은 바울의 환상 중에 "두려워하지 말고" 말하라고 하신다(사 40:9; 41:10; 눅 1:13; 2:10; 12:7). "두려워하지 말고"(μὴ φοβου)란 말은 현재 명령형으로 '앞으로 계속해서 두려워하지 말라'는 뜻이다. 바울은 고린도에서 두려워하며 심히 떨었다(고전 2:3). 예수님은 시의 적절하게 이 명령을 주셨다. 오늘의 전도자들도 사람을 두려워해서는 안 된다. 그리고 "말하라"(λάλει)는 말도 역시 현재 명령형으로 '계속해서 말하라'는 뜻으로 예수님은 바울에게 두려워하지 말고 복음을 계속해서 말하라고 하신다. 전도자는 계속해서 말하되 사람을 두려워하지 말고 복음을 전해야 한다. 그리고 예수님은 바울에게 "침묵하지 말라"(μὴ σιωπήσῃς)고 하신다. "침묵하다"(σιωπήσῃς)는 말은 부정(단순)과거 가정법으로 '입을 다물다,' '벙어리 되다'라는 뜻으로 이 단어 앞에 부정어가 붙여졌으니 벙어리 되지 말라는 뜻이다. 전도자는 그 어떤 피하지 못할 상황이 되어 침묵하는 수가 있는데 '예수는 그리스도'라는 말을 위해서는 벙어리가 되어서는 안 된다. 계속해서 말해야 한다.

행 18:10. 내가 너와 함께 있으매 어떤 사람도 너를 대적하여 해롭게 할 자가 없을 것이니 이는 이 성중에 내 백성이 많음이라 하시더라.

예수님께서 바울에게 두려워하지 말고 침묵하지 말고 복음을 전하라고 하셨는데(앞 절) 그 이유가 본 절에 제시되고 있다. "내(주님)가 너와 함께 있으매 어떤 사람도 너를 대적하여 해롭게 할 자가 없을 것이니" 두려워하지 말라는 것이다(렘 1:18-19; 마 28:20). 예수님께서 전도자와 함께 계시겠다고 하신다(출 3:12; 렘 1:8; 마 28:20). 그런고로 어떤 사람도 바울을 대적하여 해롭게 할 자가 없을 것이라고 하신다. 바울이 아무리 박해를 받아서 상처를 받는다고 할지라도 그것이 결코 바울에게 해가 되지 않고 복이 된다는 것이다. 주님을 사랑하는 전도자들은 어떤 어려움을 만나도 결국은 모두 전도자에게 유익이 된다(롬 8:28).

바울이 두려워하지 말고 침묵하지 말고 계속해서 복음을 전해야 할 이유는 "이 성중에 내 백성이 많기" 때문이라고 하신다. 음란의 도시, 환락의 도시 고린도에도 예수님의 백성, 곧 택한 백성이 많이 있다고 하신다. 예수님의 눈과 우리의 눈은 너무 다르다. 죄 많은 도시 안에도 그리스도를 믿어야 할 백성이 많이 있다는 것을 알고 부지런히 복음을 전해야 한다.

행 18:11. 일 년 육 개월을 머물며 그들 가운데서 하나님의 말씀을 가르치니라.

누가는 바울 사도가 고린도에 있었던 기간을 말하며 또 바울이 시도한 사역을 말한다. 누가는 바울이 짧게 있다가 떠난 도시에서의 기간에 대해서는 언급하지 않고 비교적 오래 있었던 곳의 경우만 그 기간을 말하는 것 같다. 누가는 바울이 에베소에서 3년간 있었던 일을 기록했다(20:31). 고린도에 예수님의 택한 백성이 많아서 오래 머물면서 가르쳤다. 그는 이 기간 동안 데살로니가 전 후서를 집필하여 보내기도 했다. 그는 고린도에 있는 동안 하나님의 말씀을 계속해서 가르쳤다. 본문의 "가르치니라"(διδάσκων)는 말은 현재 분사로 계속적으로 교육한 것을 지칭한다. 그는 그의 그리스도에 대한 불타는 가슴을 억누를 수가 없었다.

행 18:12-13. 갈리오가 아가야 총독 되었을 때에 유대인이 일제히 일어나 바울을 대적하여 법정으로 데리고 가서 말하되 이 사람이 율법을 어기면서 하나님을 경외하라고 사람들을 권한다 하거늘.

누가는 이 부분(12-13절)부터 17절까지 유대인들이 바울을 아가야 총독 갈리오에게 고발했으나 총독이 그 고발을 받지 않고 고발 자들을 법정에서 쫓아냈다고 말한다. 갈리오115)가 아가야 총독이 되었던 때는 51년 7월부터 52년 6월 사이였다. 그는 아부를 싫어하는 지적인 사람이었고 변함없이 쾌활한 인격의 소유자였다(Kistemaker).

갈리오가 총독으로 재직하던 당시 유대인들이 일제히 일어나 바울을 대항하여 그를 법정(the judgment seat)으로 데리고 가서 말하기를 "이 사람이 율법을 어기면서 하나님을 경외하라고 사람들을 권한다"고 고발했다. "이 사람이 율법을 어기었다"는 고발은 터무니없는 고발이었다. 바울은 율법을 어기지 않았고 다만 율법을 완성하신(마 5:17; 롬 10:4; 갈 3:24) 그리스도를 믿으라고 권한 것뿐이었다. 바울은 사람들에게 율법의 완성자 그리스도를 통하여 하나님을 섬기라고 전했다.

행 18:14-15. 바울이 입을 열고자 할 때에 갈리오가 유대인들에게 이르되 너희 유대인들아 만일 이것이 무슨 부정한 일이나 불량한 행동이었으면 내가 너희 말을 들어 주는 것이 옳거니와.

바울이 입을 열어 자기가 전도한 말의 진의를 설명하려고 할 때 갈리오가 기회를 주지 않고 유대인들에게 말하기를 "너희 유대인들아 만일 이것이 무슨 부정한 일이나 불량한 행동이었으면 내가 너희 말을 들어 주는 것이 옳거니와"라고 말한다(23:29; 25:11, 19). "부정한 일"(ἀδίκημα)이란 말은 '법을 어긴 일'을 뜻하는 말로 이런 질문을 하는 갈리오의 관점으로 보아서는 '로마법을 어긴 일'을 지칭한다. 그리고 "불량한 행동"(ῥαδιούργημα πονηρόν)이란 말은 '악한 행동'이란 뜻으로 바로 앞에 말한 "부정한 일"이란 말과 동의어로 사용된 것으로 보인다. 아무튼 갈리오는 '바울이 행한 일이 로마법에 비추어

---

115) 갈리오는 스페인의 콜도바(Cordoba)에서 태어났는데 그의 본 이름은 말쿠스 안네우스 노바투스(Marcus Annaeus Novatus)였다. 그가 로마에 도착하여 루시우스 갈리오(Lucius Junius Gallio)의 가정에 양자가 되어 양자로 들어간 집안의 성(last name)을 따라서 갈리오가 되었다. 갈리오는 곧 행정공무원이 되었고 다음 5년간 최고 행정관으로 일했다. 그런 다음 그는 1년 기한 총독으로 아가야로 가서 시무한 후 영사가 되었다. 그는 네로의 가정교사였으며 고문관이었던 철학자 세네카(Seneca)의 형제였는데 세네카가 황제의 명령으로 죽임을 당할 때 자신의 목숨이 부지되기를 요구했다. 그러나 그도 역시 얼마 후 죽임을 당했다(Kistemaker).

무슨 부정한 일이나 불량한 행동이었으면 내가 너희 말을 들어 주는 것이 옳지만'이라고 말한다.

행 18:15. 만일 문제가 언어와 명칭과 너희 법에 관한 것이면 너희가 스스로 처리하라 나는 이러한 일에 재판장 되기를 원하지 아니하노라 하고.
갈리오는 "만일 문제가 언어와 명칭과 너희 법에 관한 것이면 너희가 스스로 처리하라"고 말한다. 여기 "언어"(λόγου)란 말은 '교리'를 뜻하고, "명칭" (ὀνομάτων)이란 말은 '예수는 그리스도'라고 하는 바울의 주장을 뜻하며, "너희 법"(νόμου)이란 말은 '모세의 율법' 혹은 '모세의 율법이 침범되었다 는 유대인의 주장'을 지칭하는 말이다. 바울이 유대인의 교리를 거스르고 또 예수가 그리스도라고 주장했다고 해서, 그리고 바울이 모세의 율법을 침범했다고 해서 고발한다면 유대인끼리 처리하라는 것이다. 그러면서 갈리 오는 "나는 이러한 일에 재판장 되기를 원하지 아니하노라"고 말한다. 즉 이런 일에 대해서는 재판하기를 원하지 아니한다는 것이다. 갈리오는 유대의 종교를 로마의 정치에서 분리하고 있다. 세 가지가 다 종교적인 문제들이니 유대인끼리 해결하라고 말한다.

행 18:16. 그들을 법정에서 쫓아내니.
갈리오는 유대인들에게 아부하지 않고 다 쫓아냈다. 유대인들이 잘 나가지 않으려고 하니 경비원들을 시켜서 유대인들을 쫓아낸 것이다. 갈리오는 유대 인들의 고발을 기각하고 재판을 산회하고 말았다. 하나님은 때로는 이런 식으로 전도자를 보호하신다. 주님께서 약속하신대로(10절) 보호하신다. 주 님은 이적으로만 전도자들을 보호하시는 것이 아니라 이런 방식으로도 전도 자들을 보호하신다. 그것은 전적으로 주님께 달려있다. 우리는 주님만 바라 보아야 한다.

행 18:17. 모든 사람이 회당장 소스데네를 잡아 법정 앞에서 때리되 갈리오가

이 일을 상관하지 아니하니라.

갈리오가 유대인들을 법정 밖으로 쫓아냈을 때 이상한 사건이 하나 벌어졌다. 그것은 "모든 사람이 회당장 소스데네를 잡아 법정 앞에서 때린 것이다"(고전 1:1). 법정에 바울을 고발하러 왔던 모든 유대인들이 회당장 소스데네를 잡아서 법정 앞에서 몰매를 때린 것이다. 여기 "회당장 소스데네"는 그리스보와 공동 회당장이었거나 아니면 그리스보의 후임이었을 것이다(Bruce). 그런데 유대인들이 회당장 소스데네를 잡아서 때린 이유가 무엇인가를 두고 몇 가지의 추측들이 있다. 1) 유대인들은 자기들의 고발이 취하된 것을 알고 그 책임자인 소스데네를 잡아서 때렸다는 것이다. 그러나 어떻게 자기들의 회당 장을 잡아 때렸겠는가 하는 의문이 남는다. 2) 법정 경비원 몇 사람이 소스데네가 유대인의 대변자였으므로 잡아서 때렸을 것이라는 추측이 있다. 그러나 본문에 보면 "모든 사람"이 때린 것으로 표현되어 있으니 바른 추측은 아닌 것 같다. 3) 서방 사본들과 비잔틴 사본들에 "모든 헬라인들"이라고 기록되어 있다("모든 사람" 대신). 그런고로 유대인들이 법정을 빠져 나간 후 이방인들(헬라인들)이 유대인에 대한 혐오감을 드러내어 소스데네를 잡아 때린 것으로 보인다. 이방인들은 모든 유대인들을 잡아 때릴 수 없으니 유대인의 대표인 소스데네를 잡아 때린 것이다. 이 세 번째의 설이 가장 바른 추측으로 여겨진다. 그런데 이런 일이 벌어졌는데 갈리오는 자기의 눈으로 분명히 보고 있으면서 상관하지 아니했다. 그는 유대교만을 두둔할 생각을 버린 것이다. 주님은 약속하신대로(10절) 기독교를 이런 정치가를 통하여 보호하고 계신다.

5. 안디옥으로 돌아오다 18:18-22

바울은 고린도에서 1년 6개월을 전도하고 유대인들의 소란을 겪은 후 얼마의 시간을 지낸 다음 자기를 파송해준 안디옥 교회로 돌아온다. 그는 안디옥으로 돌아오는 길에 겐그레아에 들러 서원한 것을 지키기 위하여 머리를 깎고 에베소를 거쳐 가이사랴를 통과하고 안디옥으로 돌아옴으로 제 2차 전도여행을 마친다.

행 18:18. 바울은 더 여러 날 머물다가 형제들과 작별하고 배 타고 수리아로 떠나갈 새 브리스길라와 아굴라도 함께 하더라 바울이 일찍이 서원이 있었으므로 겐그레아에서 머리를 깎았더라.

바울은 유대인들의 고발 사건(12-17절)이 끝난 후 얼마간 더 고린도에 머물다가 (갈리오의 총독 임기가 마치기 전에) 주님을 믿는 형제들과 작별하고 배를 타고 수리아[116] 안디옥을 향해 떠나가려고 할 때 "브리스길라와 아굴라도 함께 했다." 아굴라 부부가 바울과 함께 했다는 것은 자신들에게도 큰 위로였겠지만 바울에게도 적지 않은 위로가 되었을 것이다. 이들은 주님을 뜨겁게 사랑하였기에 또 서로 간에 영적으로 대단한 친밀감을 보였다. 여기 아굴라 부부의 이름 중에 부인 이름이 먼저 나온 이유에 대해서는 2절 주해를 참조할 것(26절, 롬 16:3; 딤후 4:19).

그런데 누가는 바울이 "일찍이 서원이 있었으므로 겐그레아에서 머리를 깎았다"고 말한다(21:24; 민 6:18; 롬 16:1). 헬라어의 어순으로 보아 아굴라가 머리를 깎은 것으로 번역할 수도 있으나 문맥으로 보아 바울이 머리를 깎은 것은 분명하다. 그러면 바울이 일찍이 서원한 것은 무엇 때문이었는가. 학자들은 대체로 두 가지 이유를 말한다. 하나는 고린도에서 전도할 때 하나님께서 유대인들의 박해로부터 지켜주신 것을 감사해서 서원했고 또 하나는 앞으로 가야할 여정이 험해서 하나님께 은혜를 부탁하기 위하여 서원을 했을 것이라고 말한다(John Stott). 바울은 서원이 있어서 고린도의 동쪽 11km 지점에 있는 항구도시 겐그레아[117]에서 머리를 깎았다. 바울이

---

116) 로마는 BC 64년에 수리아를 하나의 주(州)로 선포했다. 북쪽으로는 타우르스(Taurus) 산맥을 경계로 하고, 동쪽으로는 유프라데스 강, 남쪽으로는 팔레스틴, 서쪽으로는 지중해를 경계로 하는 주(州)로 선포했다. 안디옥은 수리아 주의 수도였다.

117) 겐그리아(Cenchreae)는 고린도의 동쪽으로 11km, 사론만(Saronikos Kolpos)에 있는 항구이다. 고린도로 오고 가는 화물을 적하하며, 선객이 오르내리는 곳으로서, 고린도의 중요한 동해항(東海港)으로 되어 있었다. 바울은 제 2차 전도여행에서 돌아올 때 여기서 승선했다(행 18:18). 또 제 3차 전도여행 때에도 여기서 승선하게끔 되어 있었으나, 유대인의 음모를 알고

서원한 서원은 머리를 언급하는 것으로 보아 나실인의 서원(민 6:1-21; 삿 13:5)으로 보인다. 나실인에는 평생서원과 한시적인 서원이 있었다. 한시적인 서원을 하는 사람[118]은 30일간의 기간을 두고 처음과 마지막에 머리를 깎았다.

행 18:19. 에베소에 와서 그들을 거기 머물게 하고 자기는 회당에 들어가서 유대인들과 변론하니.

바울은 아굴라 부부와 함께 겐그레아로부터 에베소(두 도시 간에 2-3일이 걸렸을 것이다)에 와서 아굴라 부부를 에베소[119]에 머물게 하고(이 부부는 에베소에서 몇 년간 머물렀다) 바울 자신은 회당에 들어가서 유대인들과 변론했다. 그는 어디를 가나 동족을 생각하고 회당을 찾아 전도했다(13:5, 14; 14:1; 17:1-2, 10; 19:8). 여기 "변론했다"는 말은 '구약 성경을 가지고 논리적으로 설명한 것'을 뜻한다. 그는 항상 성경을 가지고 설명했다.

행 18:20-21. 여러 사람이 더 오래 있기를 청하되 허락하지 아니하고 작별하여 이르되 만일 하나님의 뜻이면 너희에게 돌아오리라 하고 배를 타고 에베소를 떠나.

바울이 에베소의 회당에 들어가 말씀을 가지고 변론할 때(앞 절) 에베소의 신자들은 큰 감동을 받고 "여러 사람이 더 오래 있기를 청했다." 그러나 바울은 "허락하지 아니하고 작별하여 이르되 만일 하나님의 뜻이면 너희에게

육로로 바꾸어 마게도냐를 통과했다(행 20:3참조). 겐그리아에는 교회도 있었고, 여 집사 뵈뵈가 로마서를 가지고 로마로 간 듯하다(롬 16:1).

118) 한시적인 서원을 하는 사람은 그 기간 중에 그는 하나님께 헌신을 서약하고 포도주나 독주를 마시지 않으며 시체나 부정한 것을 만지지 아니하며 머리나 수염을 깎지 않는다. 서원하는 사람은 서원을 어디서 했든지 푸는 것은 예루살렘에서 풀었으며 거기서 마지막으로 머리를 깎고 그 동안 길게 자란 머리를 하나님께 화제로 드려야 했다.

119) 에베소는 소아시아의 문턱에 위치한 소아시아 최대의 상업도시였다. 에베소는 로마에서 동방에 이르는 주요 통로 상에 세워져 있었기 때문에 지정학적인 이점에 정치적 중요성까지 누리고 있었다. 에베소는 아시아지방의 수도였으며 동시에 원로원과 시의회를 가지고 있었다 (Bruce).

돌아오리라 하고 배를 타고 에베소를 떠났다." 바울이 "허락하지 아니한" 이유는 21절에 대한 서방사본에 의하면 바울은 유대의 한 명절에 참석하기 위하여 제때에 예루살렘에 도착하려고 힘썼기 때문이라는 것이다. 그 명절이 만일 유월절이라면 급히 에베소를 떠나야 했다. 즉 3월 10일까지 항해가 금지되어 있었으며 AD 52년의 유월절은 4월 초순에 걸리기 때문이었다 (Bruce). 바울은 그의 서원을 예루살렘에서 풀어야 하기 때문에 급히 에베소를 떠나야 했다.

그는 작별인사를 하면서 "만일 하나님의 뜻이면" 너희에게로 돌아오리라고 말했다(고전 4:19; 히 6:3). "하나님의 뜻이라면"이란 말은 바울이 얼마나 하나님의 뜻을 중심하여 살고 행동했나를 잘 보여주고 있다(21:14; 약 4:15 참조). 세계 도처의 사람들은 웬만하면 "하나님의 뜻이면"이란 말을 한다. 그러나 하나님의 뜻을 알기 위해서는 성경을 읽고 묵상해야 하며 또 기도해야 한다. 바울은 과연 하나님의 뜻이 있어 훗날 다시 에베소에 와서 3년이나 하나님의 말씀을 강론했다(20:31). 바울은 예루살렘에서 서원을 풀기 위하여 에베소를 떠나 가이사랴로 갔다(다음 절).

행 18:22. 가이사랴에 상륙하여 올라가 교회의 안부를 물은 후에 안디옥으로 내려가서.
누가는 바울이 에베소를 떠나(앞 절) 가이사랴에 상륙하여 "올라갔다"고 말한다. 여기 "올라갔다"(ἀναβὰς)는 말은 '예루살렘으로 올라갔다'는 말이다. 만약에 가이사랴의 어느 유대인 회당에나 혹은 어느 교회에 갔다고 하면 "올라갔다"는 표현을 쓰지 않고 그냥 '들어갔다'는 표현을 썼을 것이다. 예루살렘을 향하여 가는 것은 올라간다고 표현하고, 예루살렘을 등지고 멀리 가는 것이면 내려간다고 표현한다. 바울은 예루살렘교회로 올라가 안부를 묻고 절기를 지켰을 것이다(바울은 회개 후 제 4차로 예루살렘에 올라간 것이다). 그런 다음 그는 자신을 선교사로 파송해준 안디옥 교회를 향하여 "내려갔다"(κατέβη). 제 2차 선교여행 보고를 위한 것이었다. 그는 3년간의 전도여행을 마친 것이다.

D. 바울이 제 3차 전도여행을 하다   18:23-21:17

제 2차 전도여행을 마치고 안디옥 교회로 돌아온 바울은 별로 휴식도 취하지 않고 얼마 있다가 2차 전도여행 때 들렀던 곳들을 거의 그대로 답습하면서 성도들을 굳건히 세우는 것을 목표하였다. 이번의 3차 전도여행이 제 2차 여행과 약간 다른 점은 제 2차 전도여행 때 금지 당했던 아시아 전도가 허락되었다는 점이다. 그리고 좀 색다른 점이 있다면 이번 제 3차 전도여행 도중 바울은 고린도전서와 고린도후서, 그리고 로마서를 집필한 것이다.

제 3차 전도여행은 바울이 에베소에서 전도한 일(18:23-19:41), 마게도냐와 아가야를 방문한 일(20:1-6), 드로아에서 강연한 일(20:7-12), 밀레도에서 에베소 장로들에게 고별설교를 한 일(20:13-38), 그리고 돌아오는 여정(21:1-26)이 기록되어 있다.

1. 에베소에서 전도하다   18:23-19:41

바울은 에베소에서 오랫동안 전도했다. 제 3차 전도여행 기간 대부분을 에베소에서 보냈다. 바울은 에베소 전도에서 소아시아 전체에 영향을 미쳤다. 에베소 전도의 내용은 먼저 갈라디아 순방과 아볼로의 활동이 보이고 (18:23-28), 바울을 통하여 에베소에 성령님이 임하신 일(19:1-7), 두란노 서원에서 전도한 일(19:8-20), 바울이 앞으로의 계획을 발표한 일(19:21-22), 및 데메드리오 사건이 발생한 일등(19:23-41)이다.

a. 바울의 갈라디아 순방과 아볼로의 활동   18:23-28

바울이 안디옥 교회에서 다시 전도여행을 떠난 후 알렉산드리아 사람 아볼로라고 하는 사람이 에베소에 와서 열심히 전도하였으나 세례 요한의 세례만 알뿐으로 진리를 깊이 전하지 못하여 아굴라 부부가 그를 데려다가

진리를 깊이 아는 전도자로 만들었다. 그는 결국 아가야로 건너가 많은
은혜를 끼치는 전도자가 되었다.

**행 18:23. 얼마 있다가 떠나 갈라디아와 브루기아 땅을 차례로 다니며 모든
제자를 굳건하게 하니라.**

바울은 제 2차 전도여행에서 돌아와(앞 절) 별로 휴식도 취하지 못한 채
제 3차 전도여행을 떠나 "갈라디아와 브루기아 땅을 차례로 다니며 모든
제자를 굳건하게 했다"(갈 1:2; 4:14). 제 2차 전도여행 때 들렀던 곳을
다니며 모든 제자들의 신앙심을 굳건하게 했다는 뜻이다(14:22; 15:32, 41;
16:1-6). 다시 말해 신앙의 초보자들을 영적으로 강하게 했다는 말이다.
갈라디아와 브루기아에 대해서는 16:6주해를 참조할 것. "갈라디아와 브루
기아 땅을 차례로 다녔다"는 말은 제 2차 전도여행의 코스를 따라 더베교회
→ 루스드라교회→ 이고니온교회→ 비시디아 안디옥교회를 거친 것을 말한
다. 그런 다음 그는 에베소로 돌아갔다(19:1). 그는 수고하는 사람이었다.
한두 번 다녀온 것으로 만족하는 성격이 아니었다.

**행 18:24. 알렉산드리아에서 난 아볼로라 하는 유대인이 에베소에 이르니
이 사람은 언변이 좋고 성경에 능통한 자라.**

누가는 바울의 제 3차 전도여행을 말하다가 본 절부터 28절까지 아볼로[120]가
에베소에 와서 전도한 일에 대해서 언급한다. "알렉산드리아"(애굽의 도시-
학자들의 추산으로는 이 도시에 유대인 100만 명이 살았다고 한다)는 아덴,
다소와 함께 세계 3대 대학이 있는 곳으로 유명한 교육도시였다. 그리고

---

120) 누가가 아볼로의 이야기를 바울의 전도여행에 삽입시킨 것은 성령님의 역사에 의함이
다. 바울과 바나바가 갈라지고 난 후에 누가는 순전히 바울의 여행만을 기록했는데 유독이
아볼로의 이야기를 여기에 기록한 것은 성령님께서 만대에 유익한 교훈으로 알아서 넣으신
것으로 보인다. 그 중에도 특히 아굴라 부부의 복음에 대한 지식이 훌륭했고 또 부부가 목회자를
교육했다는 점이 굉장한 사건이었으며 뿐 아니라 교역자가 평신도에게서 배웠다는 점도 훌륭했
다. 아마도 이 아름다운 일들을 그냥 넘어가는 것보다는 여기에 기록하여 만세에 보여주시려는
성령님의 의도가 있었던 것으로 보인다.

알렉산드리아는 아덴과 함께 헬리니즘의 중심지였다. 아볼로(원래 이름은 "아볼로니우스"이다)는 알렉산드리아에서 탄생한 사람으로 유명한 종교철학자 필로(Philo, BC 25-AD 45)에게서 영향을 받았을 것으로 보인다(고전 1:12; 3:5-6; 4:6; 딛 3:13). 이곳에서 구약 성경을 헬라어로 번역한 70인역(LXX)이 출판되었다.

아볼로가 "에베소"에 이른 것은 복음을 증거하기 위함이었다. 아볼로는 "언변이 좋고 성경에 능통한 자였다." "언변이 좋다"는 말은 '웅변을 잘 한다,' '선천적으로 말을 잘 한다'는 뜻이고 "성경에 능통한 자"라는 말은 '구약 성경에 능통한 자'라는 뜻이다.

행 18:25. 그가 일찍이 주의 도를 배워 열심히 예수에 관한 것을 자세히 말하며 가르치나 요한의 세례만 알 따름이라.

누가는 "아볼로가 일찍이 주의 도를 배웠다"고 말한다. 여기 "주의 도"란 말은 '기독교의 가르침'을 뜻하는 말이다(Haenchen). 아볼로가 일찍이 기독교의 가르침을 받았다는 것도 중요한 것이다. 가볍게 취급할 것은 아니다.

아볼로가 어떻게 "주의 도를 배웠을까"를 두고 여러 추측이 있다. 1) 오순절에 예루살렘에 올라갔던 순례자들이 돌아와 전하는 말을 통하여 배웠을 것이라는 설(2:10), 그러나 이 설은 설득력이 약하다. 아볼로가 오순절에 올라갔던 순례자에게 배웠다면 성령의 역사에 대해 알 것이므로 아굴라 부부에게 더 정확하게 배울 필요가 없었을 것이다. 아볼로는 아직 예수님의 성령 세례는 모르고 있었다. 2) 주님의 제자 중 어느 한 사람에게서 배웠을 것이라는 설, 이 학설도 설득력이 약하다. 이유는 주님의 제자에게서 배웠다면 아굴라 부부에게서 배우지 않아도 될 정도가 되었을 것이기 때문이다. 3) 세례 요한이 순교한 후에 그의 제자들이 사방에 흩어졌는데 그들 중 한 사람으로부터 배웠을 것이라는 설이 있다. 이 설이 가장 설득력이 있다(Lenski). 아무튼 그는 기독교의 가르침을 일찍이 배워서 "열심히 예수에 관한 것을 자세히 말하며 가르쳤다"(롬 12:11). 아볼로는 배운 것을 그냥 묻어둘 수가 없었다. 열심을 다해 예수님에 관한 것을 가르쳤다. 여기 "가르 치다"(ἐδίδασκεν)는 말은 미완료과거 시제로 '계속해서 가르쳤다'는 뜻이다. 아볼로는 끊임없이 열심을 다하여 가르쳤는데 그의 가르침은 정확한 것이었 다. 다만 더 깊이 나아가지 못한 것이 문제였다(다음 절 참조). 아볼로는 배운 것을 매장해두지 않고 사람들에게 말하며 가르쳤다. 그것도 자세히 말하며 가르쳤다.

그러나 아볼로가 "요한의 세례만 알 따름이었다"(19:3). 아볼로가 "요한 의 세례만 알았다"는 말에 대해서는 여러 해석이 주어졌다. 1) 아볼로가 주의 도는 배웠으나 신앙하지는 않았다는 뜻이라고 한다. 2) 예수에 관한 것은 알았으나 예수는 몰랐다는 뜻이라고 한다. 이상 두 가지 설명은 충분한 설명이라고 보기 어렵다. 3) 세례 요한이 예수님에 대해서 아는 정도만큼 아볼로가 예수님을 알았다는 뜻이라고 한다(마 11:11). 그러니까 세례 요한 은 예수님의 선구자로서 예수님을 증거 했지만 예수님보다 일찍이 죽었기에 예수님의 십자가와 부활, 그리고 승천, 성령강림 같은 것을 몰랐던 것처럼 아볼로도 예수님을 세례 요한만큼 알았다는 것이다. 일리 있는 해석이다. 4) 요한의 세례는 알았으나 성령의 세례는 몰랐다는 뜻이라고 한다. 역시 일리 있는 해석이다. 그 보다도, 5) "요한의 세례만 알 따름이었다"는 말은 '세례 요한의 교훈과 사역 등을 모두 알았다'는 말이다. 그가 기독교의 세례에 대해서 전혀 몰랐다는 것이 아니고 그의 지식이 예수님의 사역의 완성까지 미치지 못했다는 뜻이다(Lenski). "요한의 세례만 아는 것은 십자가에 못 박힘과 부활과 승천과 오순절, 주의 만찬, 예루살렘 초대교회, 사도들의 선교 등을 모르는 것이다"(Lenski). 에베소의 열 두 사람도 요한의 세례 외에는 다른 세례를 받지 않았는데(19:3) 아볼로도 역시 그랬다는 것이다. 아볼로가 기독교 교리는 알았다할지라도 성령님이 하시는 일을 알지 못했던 고로 기독교의 깊이를 알지 못했고 또 기독교 교리를 성도들에게 잘 적용시켜 주지 못했다. 그런 설교는 아무리 잘해도 은혜가 나타나지 않는다. 아볼로가 아굴라 부부를 통하여 성령의 역사를 더 배우고 또 하나님의 나라가 어떻게

성장하는지에 대해서 잘 배운 후에 그가 고린도에 갔을 때는 "은혜로 말미암
아 믿은 자들에게 많은 유익을 주었다." 아무리 웅변적인 설교를 해도 은혜
없는 설교를 하면 성도들은 피곤하고 힘 든다. 아볼로는 성령 받지 않고
설교를 했기에 아굴라 부부가 어딘지 부족한 것을 발견하고 데려다가 더
정확하게 교훈한 것이다.

**행 18:26. 그가 회당에서 담대히 말하기 시작하거늘 브리스길라와 아굴라가
듣고 데려다가 하나님의 도를 더 정확하게 풀어 이르더라.**
누가는 아볼로가 에베소 회당에서 담대히 기독교의 교훈을 말하기 시작했는
데 "브리스길라와 아굴라가 듣고 데려다가 하나님의 도를 더 정확하게 풀어
이르더라"고 말한다. 많은 성경해석자들은 본 절에서 두 가지의 아름다운
광경을 들추어낸다. 첫째, "브리스길라와 아굴라가 듣고 데려다가," 즉 아굴
라 부부가 교역자 아볼로를 자기 집에 모셔다가 조용하게 하나님의 도[121](앞
절의 "주의 도"란 말과 동의어이다)를 더 정확하게 풀어주었다는 점이다.
공중 앞에서 떠들지 않고 조용하게 교역자의 실력을 보충해준 것은 아름다운
일이 아닐 수 없다. 그들의 지식도 훌륭하고 그들의 태도도 참으로 아름다웠
다. 둘째, 교역자인 아볼로도 아름다웠다고 해석자들은 말한다. 그가 한
교회의 교역자였지만 평신도에게 겸손하게 배웠다는 점이 아름다웠다는
것이다. 그가 이처럼 겸손한 교역자였기에 바울은 고린도교회에 여러 파가
있는 중에 아볼로 파의 수장 아볼로를 단 한 번도 비난한 일이 없었고 오히려
아볼로를 높이 평가하여 "나는 심었고 아볼로는 물을 주었다"고 말했으며(고

---

121) "하나님의 도"란 말이나 바로 앞 절(25절)에 나오는 "주의 도"란 말은 똑 같은 것을
지칭한다. 둘 다 '기독교의 교리,' '복음의 내용'을 지칭하는 말이다. 그런데 아볼로도 "주의
도"를 배웠고 또 아굴라 부부도 아볼로에게 "하나님의 도"를 가르쳐주었다고 했는데 서로
간에 무슨 차이가 있었는가. 아볼로는 성령님께서 역사하시는 것을 몰랐고 아굴라 부부는
성령님의 역사에 대해서 잘 알아서 가르쳐 주었다는 뜻이다. 그러니까 아굴라 부부가 하나님의
도를 더 정확하게 풀어주었다는 말은 예수님의 십자가와 부활, 승천, 오순절 성령 강림, 그리고
그 이후에 일어난 일들과 또 성령님께서 어떻게 역사하시는가를 알려 주었다는 것이며 또
하나님의 나라가 어떻게 성장해 가는지를 알려 준 것이다.

전 3:6), 또 "형제들아 내가 너희를 위하여 이 일에 나와 아볼로를 들어서
본을 보였다"고 말하고 있다(고전 4:6).

**행 18:27. 아볼로가 아가야로 건너가고자 함으로 형제들이 그를 격려하며
제자들에게 편지를 써 영접하라 하였더니 그가 가매 은혜로 말미암아 믿은
자들에게 많은 유익을 주니.**
아볼로가 아가야로 건너가고자 소원하기 때문에 첫째, 브리스길라와 아굴라
부부의 집에서 모이는 교회의 "형제들이 그를 격려했다." 아가야로 건너가서
고린도 교회를 잘 돌보도록 북돋아주었다. 사람을 격려한다는 것은 중요하
다. 둘째, 브리스길라와 아굴라 부부 집 교회의 형제들이 "제자들에게 편지를
써 영접하라 하였다." 즉 '고린도교회의 성도들에게 아볼로를 잘 추천해주는
추천장을 써 주어 따뜻하게 영접하라고 부탁했다'는 뜻이다. 그러니까 아굴
라 부부는 성도들과 함께 두 가지 중요한 일을 했다. 아볼로를 고린도로
가도록 격려했고 또 고린도 교회의 성도들에게 아볼로를 추천하는 추천장을
써주었다.
　아볼로는 격려를 받고 또 추천장을 가지고 고린도에 도착해서 목회를
하는데 "은혜로 말미암아 믿은 자들에게 많은 유익을 주었다"(고전 3:6).
그는 아굴라 부부를 통하여 기독교의 진리를 더 정확하게 교육받은 고로(26
절) 은혜를 끼치게 되어 이미 믿고 있는 기성 교인들에게 많은 유익을 끼치게
되었다. 다시 말해 많은 은혜를 끼쳐 성도들의 신앙이 성장하게 되었다.
목사는 교회에 달리 유익을 끼칠 수는 없다. 헌금을 많이 해서 유익을 끼치거
나 혹은 사회봉사를 많이 해서 교회에 유익을 끼치기 보다는 성령 충만하여
기독교의 진리를 정확하게 교육함으로 유익을 끼쳐야 한다. 기도를 많이
하며 또 말씀을 더 정확하게 잘 전파하면 은혜를 끼치게 된다(6:4).

**행 18:28. 이는 성경으로써 예수는 그리스도라고 증언하여 공중 앞에서
힘 있게 유대인의 말을 이김이러라.**

아볼로는 구약 성경으로써 "예수는 그리스도라고 증언하여 공중 앞에서 힘 있게 유대인의 말을 이겼다"(3절; 9:22; 17:3). 유대인들에게 예수님을 전할 때는 반드시 구약 성경들을 사용해야 하는데 그 이유는 유대인들은 구약 성경을 자기들의 성경으로 받기 때문이다. 아볼로는 구약 성경들을 논리적으로 설명하여 "예수는 그리스도라고 증언하였다." 그래서 "공중 앞에서 힘 있게 유대인의 말을 이겼다." "유대인의 말"이란 말은 '할례를 받아야 하고 모세의 율법을 지켜야 한다고 주장하는 말들'을 지칭한다. 아볼로는 유대인들의 그 집요한 율법주의의 주장을 꺾었다. 우리는 말소리를 크게 해서 사람을 꺾을 수도 없고, 화를 내서 사람을 꺾을 수도 없다. 오직 성경을 논리적으로 잘 설명해야 다른 이들의 헛된 주장을 꺾을 수 있다.

제 19 장
바울의 에베소 사역 중에 생긴 일들

b. 에베소에 성령님이 임하시다   19:1-7

아볼로가 에베소에서 얼마큼 교회 일을 보다가 고린도로 떠난 후 바울이 에베소로 와서 아직도 성령 세례를 받지 못한 열 두 사람들에게 안수하여 성령을 받도록 했다. 아볼로는 바울에게 있어서 선구자적 역할을 했다. 에베소에 이런 역사가 일어난 것을 두고 학자들은 에베소의 오순절이라고 부른다.

행 19:1. 아볼로가 고린도에 있을 때에 바울이 윗지방으로 다녀 에베소에 와서 어떤 제자들을 만나.

아볼로가 고린도에 돌아간 후 바울이 에베소에 와서 어떤 제자들을 만났다 (고전 1:12; 3:5-6). 아볼로가 에베소에서 목회하고 떠나던 때까지는 바울은 아직 에베소에 오지 않았었다. 이제 아볼로가 떠나서 고린도로 돌아간 후 바울은 "윗 지방으로 다녀 에베소에 와서 어떤 제자들을 만났다." 여기 "윗 지방으로 다녀"란 말은 바울이 에베소로 오기까지 통과한 곳을 알려주는 말이다. 즉 '갈라디아 지방에서 에베소로 통하는 높은 지대의 길을 통과하였다'는 뜻이다. 바울은 제 3차 전도여행을 떠날 때 갈라디아와 브루기아 땅을 차례로 다니며 모든 제자들을 굳건하게 했는데(18:23) 이제는 '갈라디아 지방에서 에베소로 통하는 높은 지대의 길을 통과하여' 에베소로 왔다는 것이다.

바울은 에베소[122])에 와서 "어떤 제자들"(12명 제자들-7절)을 만났다.

---

122) 에베소는 카이스터(Cayster) 강 남쪽에 위치해 있는데, 에에게 해로부터 내륙으로 5km 지점에 있다. 에베소는 북쪽에서 남쪽으로 통하는 해안 고속도로와 또 동쪽으로는 라오디게아

이들은 아볼로처럼 요한의 세례만 알았던 사람들로서 아볼로에게서 배웠든지 아니면 세례 요한의 한 제자로부터 기독교를 배웠을 것이다. 누가가 그들을 "제자들"이라고 표현한 것을 보면 그들은 분명 그리스도를 믿는다고는 했지만 아직도 믿음은 약한 신자들이었던 것으로 보인다. 바울이 그들을 만난 것은 그들에게 그리스도의 진리를 가르쳐 주기 위해서였다. 전도자는 믿음이 약한 신자들을 찾아 가르쳐주어야 한다.

행 19:2. 이르되 너희가 믿을 때에 성령을 받았느냐 이르되 아니라 우리는 성령이 계심도 듣지 못하였노라.

누가는 바울의 질문과 "어떤 제자들"의 대답을 기록하고 있다. 바울은 "너희가 믿을 때에 성령을 받았느냐"고 핵심적인 질문을 한다. 바울은 에베소에 도착하여 아굴라와 브리스길라를 만난 다음 소위 "어떤 제자들," 즉 '예수님의 추종자들'을 만났다. 바울은 신자들의 형편을 알고 이렇게 질문을 한 것이다. 그 제자들은 솔직하게 "아니라 우리는 성령이 계심도 듣지 못하였노라"고 말한다(8:16). 즉 '성령을 받기는커녕 성령이 계시다는 말도 듣지 못했'고 말한다. 이들이 "성령이 있음도 듣지 못했다"고 말한 것을 보면 이들은 세례 요한의 참 제자들이었거나 아니면 세례 요한을 따르는 사람으로부터 세례를 받았거나 또 아니면 그들은 유대로부터 에베소로 이주한 사람들이었을 것이다(Kistemaker). 그러나 우리는 이 사람들이 말한 내용을 잘 파악해야 할 것이다. 이들이 말한바 성령이 있음도 듣지 못했다는 말은 성령의 존재에 대해서 듣지 못했다는 말이 아니라 성령을 받지 못했다는 말이다. 이유는 구약도 성령님에 대해서 말씀하고 있고(시 51:11; 사 63:10),

---

와 브루기아 지역으로 뻗혀있는 고속도로의 교차로였다. 오래전에는 에베소는 소아시아의 상업 중심 지역이었다. 그러나 바울 시대에, 에베소 항구는 진흙찌끼로 막혀있어서 배들이 정박할 수 없었고 할 수없이 다른 곳을 이용할 수밖에 없었다. 에베소가 진흙찌꺼기가 덮인 항구이기 때문에 상업적인 영향 면에서는 불가불 쇠퇴하고 있었지만 그럼에도 1세기 말경 로마가 이 도시를 아시아 주(州)의 수도로 만들었을 때 중요성에 있어서 버가모(Pergamum)보다는 나았었다. 1세기 중엽 에베소의 인구는 20만 이상이었다(Kistemaker).

또 세례 요한도 성령의 충만함을 받은 사람으로서(눅 1:15) 성령 세례에 대해서 말씀을 했기 때문이다(눅 3:16).

행 19:3. 바울이 이르되 그러면 너희가 무슨 세례를 받았느냐 대답하되 요한의 세례니라.

누가는 본 절에서 바울의 질문을 먼저 말하고 다음으로 제자들의 대답을 말한다. 바울은 "너희가 무슨 세례를 받았느냐"(εἰς τί οὖν ἐβαπτίσθητε)고 묻는다. 성령을 경험하지 못한 제자들에게 당연히 물을 수 있는 질문이었다. 다시 말해 그들이 성령으로 세례를 받지 않았다면 "무슨 세례를 받았느냐"고 질문을 한 것이다.

바울의 질문에 대하여 제자들은 "요한의 세례"를 받았다고 말한다. 본 절에 나오는 "요한의 세례"(18:25)란 말은 다음 절에 나오는 "회개의 세례"란 말과 같은 내용을 말하는데 "회개의 세례"란 '회개한 자에게 베푸는 세례'란 뜻이다. 요한은 회개한 사람에게 그 사람이 회개했다는 표시로 물속에 잠근 것이다. 요한은 사람들로 하여금 회개하여 세례를 받도록 전파했다. 에베소의 제자들은 요한의 세례는 받았으나 성령의 세례를 받지 못했다.

행 19:4. 바울이 이르되 요한이 회개의 세례를 베풀며 백성에게 말하되 내 뒤에 오시는 이를 믿으라 하였으니 이는 곧 예수라 하거늘.

요한이 베풀었던 회개의 세례를 받았다는 대답을 들은 바울은 말하기를 "요한이 회개의 세례를 베풀며 백성에게 말하되 내 뒤에 오시는 이를 믿으라 하였으니 이는 곧 예수라"고 말해준다(1:5; 11:16; 13:24-25; 마 3:11; 요 1:15, 27, 30). 바울은 요한이 회개의 세례를 베풀면서 말한바 "내 뒤에 오시는 이"(요 1:27, 29-34), 곧 '예수'를 믿으라고 한 말을 전한다. 다시 말해 요한이 베푼 회개의 세례가 끝이 아니라 세례 요한 뒤에 오시는 예수님을 믿어서 성령 세례를 마땅히 받아야 한다는 권고를 한 것이다. 사실 예수님이 오셔서 성령으로 세례를 주시기 시작한 후에는 회개의 세례는 필요가

없게 되었다. 회개의 세례를 받을 필요가 없이 그저 회개하면 되었다. 그리고
예수님을 믿고 성령의 세례를 받으면 분명히 예수님을 믿는다는 표시로
물로 세례를 받으면 되는 것이다.

행 19:5. 그들이 듣고 주 예수의 이름으로 세례를 받으니.

에베소의 12사람들이 바울 사도가 말한 것을 듣고 "주 예수의 이름으로
세례를 받았다"(8:16). 즉 '주 예수의 이름을 믿고 세례를 받았다'는 뜻이다.
물세례를 받은 것을 지칭한다. 그렇다고 에베소의 12사람들이 재 세례를
받은 것은 아니다. 재세례파에서는 이 경우가 재 세례의 표본이 된다고
하였다. 그러나 "재 세례"란 똑 같은 세례를 두 번 받는 것을 뜻하는데
그들은 요한의 세례를 받은 후에 예수님을 믿고 세례를 받았으니 똑 같은
종류의 세례를 두 번 받은 것이 아니다. 전혀 다른 종류의 세례를 받은
것이다. 오늘날에는 요한의 세례를 받을 필요가 없고 그리스도를 믿고 받는
세례를 한번만 받을 뿐이다. 재세례파의 주장은 잘 못된 주장이다. 재세례파
에서는 다른 교단에서 세례를 받았어도 자기 교파에 들어오려면 다시 세례를
받아야 한다고 주장하나 똑 같은 세례, 곧 예수님을 믿고 받는 세례를 두
번 받을 필요는 전혀 없다.

행 19:6-7. 바울이 그들에게 안수하매 성령이 그들에게 임하시므로 방언도 하고 예언도 하니 모두 열두 사람쯤 되니라.

12사람들은 그리스도를 믿고 물세례를 받은 다음(앞 절) "바울이 그들에게
안수하매 성령이 그들에게 임하셨다"(6:6; 8:17). 사도가 안수하여 성령 받은
경우는 이번의 경우와 사마리아의 경우(8:17)이다. 성령님은 자유로우신
영이시므로 사람들이 기도하는 중에 임하시기도 하고(2:4; 4:31), 말씀 듣는
중에 임하시기도 하며(10:44), 주 예수의 이름으로 안수할 때 임하시기도
하고(9:17), 예수님의 이름을 믿고 세례를 받을 때 임하시기도 한다(2:38).
하나님께서 기뻐하시는 가운데 성령님은 임하신다. 성령께서 임하셨을 때

사람들은 "방언도 하고 예언도 했다"(2:4; 10:46). 오순절 때(2:4)도 그리
고 고넬료의 가정(10:46)에서도 성령이 임하셨을 때 방언을 했다. 이 사건은
바울 사도가 사도라는 것을 하나님께서 인 치신 사건이었다. 그러나 성령이
임하신다고 해서 반드시 다 방언을 하는 것은 아니다. 바울 사도는 "다
방언을 하는 자겠느냐'라고 말했다(고전 12:3). 성령을 받았다고 다 방언을
하는 것은 아니라는 말이다. 에베소에서 바울 사도가 안수하는 중에 성령님께
서 12사람에게 임하셨다는 말씀은 누가가 그저 밝혀둔 숫자일 뿐이다. 달리
특별히 해석할 필요가 없다. 이들은 에베소 교회의 핵심 분자가 되었다
(Bruce).

c. 두란노 서원에서 전도하다　19:8-20

바울이 에베소의 회당에서 전도하던 중에 반대자들의 반대에 부딪혀
3개 월 만에 제자들을 따로 세우고 두란노 서원에서 2년 동안 따로 가르쳤다.
이 기간 동안 아시아의 많은 사람들이 주 앞으로 돌아오게 되었고 마술사가
책을 불사르는 사건까지 생겼다. 누가는 바울이 에베소에서 도합 3년간
(20:31) 전도했다고 밝히고 있다.

**행 19:8. 바울이 회당에 들어가 석 달 동안 담대히 하나님 나라에 관하여
강론하며 권면하되.**
바울은 어디를 가든지 회당이 있는 곳이면 그의 관례(17:2)를 따라 회당에
들어가 전도했는데 에베소에서도 역시 "바울이 회당에 들어가 석 달 동안
담대히 하나님 나라에 관하여 강론하며 권면했다"(17:2; 18:4). 바울은 석
달 동안 담대히 "하나님 나라에 관하여 강론하며 권면했다"(1:3; 28:23).
"하나님의 나라"에 대해서는 1:3; 8:12주해를 참조할 것. 바울은 현세에
임하는 하나님나라, 곧 하나님의 통치를 받는 것이 하나님 나라의 삶이라고
전했고 또 예수님의 재림 후에 전개될 하나님 나라에 대해 전했다. 여기
"강론했다"(ἐπαρρησιάζετο)는 말은 미완료과거 시제로 '계속해서 담대하

게(확신 있게, 분명하게) 말했다'는 뜻이고, "권면했다"(πείθων)는 말은 '설득했다'는 말로 바울은 성도들로 하여금 그리스도 안에서 하나님의 통치에 순종하도록 계속해서 담대히 말했고 또 설득했다. 바울은 사람들에게 그리스도를 믿으면서 하나님께 순종해야 이 땅에서 천국의 삶을 살 수 있다고 간절히 외친 것이다. 오늘 이 어려운 세상에서도 천국의 삶을 사는 것은 어려운 일이 아니다. 그리스도를 구주로 믿고 순종하면 된다. 그러지 않으면 이 세상에서 지옥의 삶을 살게 된다. 우리는 이 땅에서 천국의 삶을 살다가 그대로 예수님 재림 후에 하나님의 나라로 들어가야 한다.

행 19:9. 어떤 사람들은 마음이 굳어 순종하지 않고 무리 앞에서 이 도를 비방하거늘 바울이 그들을 떠나 제자들을 따로 세우고 두란노 서원에서 날마다 강론하니라.

회당에 모여 바울이 전하는 하나님 나라 설교를 듣는 사람들 중에는 "마음이 굳어 순종하지 않고 무리 앞에서 이 도를 비방하는" 사람들이 있었다(22:4; 24:14; 딤후 1:15; 벧후 2:2; 유 1:10). "마음이 굳다"는 말과 "순종하지 않고"라는 말은 서로 연관이 있는 말이다. "마음이 굳다"(ἐσκληρύνοντο)는 말은 미완료과거 수동태 시제로 '도덕적으로 계속해서 단단해져있다,' '계속해서 고집 세우고 있다'는 뜻이고(13:35; 14:2, 19; 17:5, 13; 18:12) "순종하지 않고"(ἠπείθουν)란 말은 미완료 과거 시제로 '믿기를 계속 거부하다,' '계속해서 불신하다'는 뜻으로 계속해서 마음이 단단하면 계속해서 그리스도를 불신하게 된다는 뜻이다. 그리고 강퍅한 사람들은 많은 사람들 앞에서 "이 도" 즉 '기독교의 교리'를 비방했다.

바울이 이 사람들의 반항을 3개월 간 견디다가 "바울이 그들을 떠나 제자들을 따로 세우고 두란노 서원에서 날마다 강론했다." '바울이 그리스도를 순종하지 않고 그리스도교를 비방하는 사람들을 떠나 제자들(성도들)을 따로 세우고 두란노 서원(The Scholl of one Tyrannus)에서 날마다 하나님의 말씀을 강론했다.' 여기 "두란노 서원"이란 두란노라고 하는 사람(선생, 철학자, 수사학자)의 강의실, 혹은 학교라는 설(Lumby, Bruce, Macgregor, Marshall)이 가장 설득력 있는 설 같다. 두란노라고 하는 사람의 이름을 딴 이 학교가 오전 11시부터 오후 4시까지 빈 공간이 됨으로 바울은 이 시간 이 건물을 빌려 그의 신학교를 개교한 것이다(Kistemaker). 바울은 날마다 이 서원에서 오전 11시부터 오후 4시까지 소아시아를 위한 미래의 지도자 교육을 위해 신학교육을 했다. 바울은 두해 동안 계속했다.

행 19:10. 두 해 동안 이같이 하니 아시아에 사는 자는 유대인이나 헬라인이나 다 주의 말씀을 듣더라.

바울 사도가 두해 동안 "이같이 하니," 즉 '두란노 서원에서 날마다 예수님의 말씀을 강론하니' "아시아에 사는 자는 유대인이나 헬라인이나 다 주의 말씀을 듣게 되었다." 다시 말해 '소아시아에 사는 사람들은 유대인이나 헬라인이나 다 예수님의 말씀을 듣게 되었다'는 뜻이다. 두란노 서원 한 곳에서 신학교를 개설하여 날마다 주님의 말씀을 강론한 결과 소아시아 전체에 큰 영향을 끼쳤다는 것이다. 여기서 제일 중요한 것은 날마다 강론했다는 말이다. 한 주에 한 번 주일날 교회에 모여 예배하고 혹은 수요일에 모여 성경공부나 기도회를 하는 것 가지고는 많이 부족해서 큰 영향을 끼치기가 힘 든다는 것을 알 수 있다. 될 수 있는 한 더 자주 모여서 교역자는 강론하고 성도들은 동참하여 듣고 연구할 때 큰 영향을 끼칠 수 있는 것이다.

바울 사도가 두란노 서원으로 오기 전 유대인 회당에서의 3개월 강론, 그리고 두란노 서원에서의 2년 강론, 그리고 에베소에서 3년(20:31)을 채우는 동안 강론한 결과 아시아 전체에 엄청난 영향을 끼쳐 에베소 교회뿐 아니라 다른 교회들(골로새교회, 라오디게아교회와 히에라볼리교회 등 소아시아 일곱 교회)도 이때에 창립된 것으로 보인다. 전도자가 영향을 끼칠 수 있는 방법은 바로 말씀을 매일 강론하는 것이다. 이 결과는 다음 절 이하에 더 나온다(병치유와 귀신축출).

행 19:11-12. 하나님이 바울의 손으로 놀라운 능력을 행하게 하시니 심지어 사람들이 바울의 몸에서 손수건이나 앞치마를 가져다가 병든 사람에게 얹으면 그 병이 떠나고 악귀도 나가더라.

바울 사도가 매일 최소한 4시간씩(오전 11시부터 오후 4시까지 시간 중에 점심시간 1시간 빼고 총 4시간) 주님의 말씀을 전한 결과 소아시아에 사는 사람들이 인종을 불문하고 주님의 말씀을 듣게 되었고 또 교회가 여기 저기 세워지게 되었으며 또한 사람들의 병이 치유되었고 또 사람들로부터 악귀들이 나갔다.

누가는 "하나님이 바울의 손으로 놀라운 능력을 행하게 하셨다"고 말한다(14:3; 막 16:20). 하나님은 바울의 안수함으로 사람들의 질병이 고쳐지게 하셨고 또 악귀도 나가게 해주셨다. 그리고 더욱 놀라운 일은 "사람들이 바울의 몸에서 손수건이나 앞치마를 가져다가 병든 사람에게 얹으면 그 병이 떠나고 악귀도 나가게 되었다"(5:15). 사람들이 바울 사도가 쓰던 손수건이나 바울이 둘렀던 앞치마를 가져다가 병든 사람에게 얹었을 때 병도 떠나고 악귀도 나갔다(5:15; 막 5:28 참조). 이런 일은 바울이 끼칠 수 있는 최대한의 영향으로 볼 수 있다. 손수건이나 앞치마 자체에 어떤 능력이 있었던 것이 아니고 하나님께서 바울 사도를 쓰신다는 것을 보여주시기 위하여 그렇게 하신 것뿐이다. 하나님께서 바울 사도를 높이시기 위하여 손수건이나 앞치마를 사용하셨는데 그것은 앞으로도 계속해서 바울 사도를 사용하셔서 복음을 전하시겠다는 뜻이었다. 하나님은 예수님의 말씀을 귀중히 여기고 매일 전파하는 전도자들을 귀하게 여기신다.

행 19:13-14. 이에 돌아다니며 마술하는 어떤 유대인들이 시험 삼아 악귀 들린 자들에게 주 예수의 이름을 불러 말하되 내가 바울이 전파하는 예수를 의지하여 너희에게 명하노라 하더라.

누가는 본 절부터 16절까지 마술하는 어떤 유대인들이 마술하던 습관을 전하고 또 유대의 한 제사장 스게와의 일곱 아들이 시험 삼아 바울의 병 고치는 행위와 축사행위를 흉내 내려다가 봉변당한 사건을 말한다. 이렇게 바울을 흉내 내려다가 봉변당한 사건이 생김으로 소아시아 지방에서 바울과 또 바울이 전파하는 예수님이 더욱 높아지게 되었다.

누가는 먼저 바울이 에베소에서 복음 전할 당시에 마술하던 사람들이 행하던 습관적인 행동을 말한다(마 12:27). 본문의 "마술하는 자"(ἐξορκιστῶν)란 말은 '귀신 쫓아내는 자,' '여러 종류의 주문으로 귀신들을 쫓아내기를 시도하는 사람'이란 뜻으로 누가는 당시 돌아다니며 마술하는 어떤 유대인들이 있었다고 말한다(눅 9:49). 유대인 역사가 요세푸스(Josephus)에 의하면 유대인 전설에 하나님이 솔로몬에게 악귀를 쫓아내는 기술을 주셨다고 하며(Jos, Ant, viii. 2:5) 그 솔로몬의 악귀를 쫓아내는 기술을 빌려 받았다고 큰소리치면서 여기저기 돌아다니며 마술하는 자들이 있었다고 말한다. 어떤 마술사는 "아브라함"의 이름을 빙자하여, 또 어떤 마술사는 "여호와"의 이름을 빙자하여 악귀들을 쫓아냈다고 하는데 에베소에서 활동하던 유대인 마술사들은 "바울의 전파하는 예수"의 이름을 의지하여 악귀들을 쫓아내려고 시도했다.

행 19:14. 유대의 한 제사장 스게와의 일곱 아들도 이 일을 행하더니.
누가는 바울 당시 마술을 행하던 사람들이 습관적으로 돌아다니며 악귀를 쫓아낸 사실을 말한(앞 절) 다음 이제는 그 일을 실제로 행하다가 봉변당한 경우를 본 절에서 소개한다. 에베소에 거하던 제사장들의 우두머리 제사장(ἀρχιερέως-이 단어는 "대제사장," 혹은 "우두머리 제사장"이란 뜻이다) 스게와[123]라고 하는 사람의 일곱 아들도 역시 마술을 행하여 귀신들을 쫓아

---

123) 스게와라는 하는 사람의 정체에 대해서는 대부분의 성경해석자들이 분명한 말을 못하고 있다. 그가 예루살렘에서 제사장 역할을 했다는 기록도 없고(누가도 제공하지 않고 있으며 또 유대 역사가들도 말하지 않고 있다) 또 에베소지방에서도 정확한 기록을 찾을 수가 없다. 혹자는 스게와는 에베소에 없던 인물이고 다만 그의 아들들만 있었다고 보기도 하고 또 혹자는 여기 "아들"이라는 말이 '아들'이 아니라 '제자들'이라는 뜻이라고 하나 확실하지 않은 추측일 뿐이다.

내기를 시도했는데 "바울이 전파하는 예수"를 빙자하여 작란하다가 봉변만 당했다(다음 절). 아무튼 에베소에는 마술을 행하던 사람들이 엄청나게 많았다(19절).

행 19:15-16. 악귀가 대답하여 이르되 내가 예수도 알고 바울도 알거니와 너희는 누구냐 하며 악귀 들린 사람이 그들에게 뛰어올라 눌러 이기니 그들이 상하여 벗은 몸으로 그 집에서 도망하는지라.

마술하던 사람들이 예수도 믿지 않으면서 악귀에게 "바울이 전파하는 예수"를 의지하여 악귀를 쫓아내려 했는데 악귀가 나가지도 않으면서 오히려 "내가 예수도 알고 바울도 알거니와 너희는 누구냐"고 말하면서 스게와의 일곱 아들 마술사들에게 뛰어올라 눌러 이겨서 "그들이 상하여 벗은 몸으로 그 집에서 도망했다." '마술사들은 몸싸움에서 악귀 들린 한 사람에게 패하여 몸에 상처도 발생했고 또 옷까지 벗겨졌는데 치료도 못 받고 또 옷도 챙겨 입지도 못한 채 마술을 시도하던 집에서 도망치는 봉변을 당했다.' 악귀(evil spirits)는 영적인 피조물인고로 진짜 가짜를 잘 구분하여 대처한다. 악귀는 예수님이 누구이심을 알고 있고(16:17주해 참조할 것) 또 바울을 알고 있으며 또 스게와의 아들들에게 "너희는 누구냐"고 묻는다. 아무 힘도 없는 것들이 무엇을 하느냐고 조롱한다. 악귀는 스게와의 일곱 아들에게 뛰어올라 아주 박살냈다. 그런데 어떤 사본에 의하면 두 사람(스게와의 두 아들)에게 뛰어오른 것으로 말하기도 하나(번역판 중에서 한글 개역 판도 그렇게 번역했다), 대부분의 사본들은 "모든"(all)이라고 되어 있다(23:8 참조). 예수님을 믿는 믿음도 없고 또 능력도 없다면 시도도 하지 않아야 한다. 먼저 믿음을 얻어야 하고 많은 기도를 통하여 능력을 얻어야 한다. 우리의 목회역량이 약한 것은 기도하지 않은 탓이다.

행 19:17. 에베소에 사는 유대인과 헬라인들이 다 이 일을 알고 두려워하며 주 예수의 이름을 높이고.

누가는 스게와의 아들들이 악귀를 쫓아내려다가 봉변당한 소문이 에베소에 퍼진 것을 말한다. 누가는 "에베소에 사는 유대인과 헬라인들이 다 이 일을 알고 두려워하며 주 예수의 이름을 높였다"고 말한다(눅 1:65; 7:16). 에베소에 사는 유대인들과 헬라인들이 다 "이 일"(14-16절의 일)을 알고 주님을 두려워하며(2:43; 5:5, 11) 주 예수의 이름을 높이게 되었다는 것이다. 예수님을 참으로 두려워하는 사람들은 예수님을 높이는데 이른다. 예수님의 이름을 남용했다가는 큰 일 나는 줄 아는 것도 중요하다. 이유는 그런 두려움은 예수님을 높이는 데로 이르기 때문이다.

행 19:18. 믿은 사람들이 많이 와서 자복하여 행한 일을 알리며.
에베소의 마술의 분위기는 얼마나 대단했던지 심지어 믿은 사람들조차 감염되어 마술을 행하고 마술을 좋아했던 모양이다. 그런데 14-16절의 일이 터져서 "믿은 사람들이 많이 와서 자복하여 행한 일을 알렸다"(마 3:6). 여기 "자복하다"(ἐξομολογούμενοι)란 말은 현재분사 중간태 시제로 '고백하다,' '널리 고백하다,' '공적으로 자복하다'라는 뜻으로 하나님께 고백한 것을 뜻하며, "알리며"(ἀναγγέλλοντες)란 말은 현재분사로 '알리다,' '보고하다'라는 뜻으로 사람에게 알린 것을 뜻한다. 믿은 사람들이 스게와의 아들들이 혼이 난 것을 듣고 예수님 앞에 자기들의 그 동안의 잘 못을 공 고백했고 사람들에게도 알렸다. "행한 일"이란 말은 '마술행위'를 지칭한다. 우리는 우선 무엇이든지 우리의 잘 못을 주님께 고백해야 하고 또 사람에게도 알려야 한다. 에베소의 믿은 사람들은 주님께 고백했기에 죄 사함을 받았다(요일 1:9).

행 19:19. 또 마술을 행하던 많은 사람이 그 책을 모아 가지고 와서 모든 사람 앞에서 불사르니 그 책값을 계산한 즉 은 오만이나 되더라.
그리고 전문으로 "마술을 행하던 많은 사람이 그 책을 모아 가지고 와서 모든 사람 앞에서 불살랐다." 아주 마술로 나선 사람들이 스게와의 아들들이 당한 큰 사건을 듣고 자기들이 사용하던 마술 책을 모아 가지고 와서 모든 사람들 앞에서 불살랐다. 그런데 그 책값이 "은 오만이나 되었다." "은 오만"은 '50,000드라크마'이다(fifty thousand drachmas-NIV). 드라크마는 은전의 단위로 1 드라크마는 하루치 임금에 해당하는 돈이라고 한다. 그러니까 은 오만은 50,000일 일해야 받을 수 있는 돈에 해당한다. 엄청난 책값을 태운 것이다. 에베소는 참으로 마술의 도시였고 또 복음의 힘은 위대하여 엄청난 것을 불태웠다. 바울은 그 도시에서 승리한 전도자였다.

행 19:20. 이와 같이 주의 말씀이 힘이 있어 흥왕하여 세력을 얻으니라.
누가는 당시 바울의 말씀 전파로 말미암아 거짓 것이 무너지는 것을 보고 "주의 말씀이 힘이 있어 흥왕하여 세력을 얻었다"고 말한다(6:7; 12:24). 여기 "흥왕하였다"(ηὔξανεν)는 말은 미완료 시제로 '계속해서 증가해갔다,' '계속해서 자라갔다'라는 뜻으로 하나님의 말씀이 사람들의 심령 속에서 계속해서 자라간 것을 뜻하는 말씀이다(12:24주해 참조). 바울이 전한 말씀이 믿은 사람들의 마음속에서 성장한 것을 뜻하고 또 전문 마술사의 심령 속에서 점점 성장한 것을 뜻한다. 그리고 "세력을 얻었다"(ἴσχυεν)는 말도 역시 미완료과거 시제로 '강해져갔다,' '힘을 얻고 있었다,' '우세하게 되었다'는 뜻이다. 다시 말해 바울의 말씀 전파로 인하여 사람들의 심령 속의 거짓 것이 점점 무너져갔다는 것을 뜻하고 또 마술사들의 도구들(책들)이 파괴되어 간 것을 뜻한다. 길선주목사가 평양에서 목회 할 때 평양 시내의 기생집이 다 문을 닫았다고 한다. 사실 우리 교회들이 서 있는 곳에서는 소위 유흥가가 사라져야 하는 것이다.

   d. 바울이 앞으로의 계획을 발표하다   19:21-22
   바울은 에베소에서 큰 성공을 거두고 있는 동안 그냥 에베소에서 있을 수 없음을 알고 앞으로 로마에도 가고자 그의 여정을 발표한다. 그는 로마로 가기 전에 마게도냐와 아가야에서 구제헌금을 모금해서 예루살렘에 가서 그것을 전달한 다음 로마로 가고자 한다.

행 19:21. 이 일이 있은 후에 바울이 마게도냐와 아가야를 거쳐 예루살렘에 가기로 작정하여 이르되 내가 거기 갔다가 후에 로마도 보아야 하리라 하고 바울은 "이 일이 있은 후에"(롬 15:25; 갈 2:1), 즉 '에베소 회당의 3개월의 복음 전도(8절)와 또 두란노 서원에서의 2년간의 복음 전도 후에' "마게도냐와 아가야를 거쳐 예루살렘에 가기로 작정하여 이르되 내가 거기 갔다가 후에 로마도 보아야 하리라"고 발표한다(20:22). 이 말씀이 고전 16:5-7의 말씀과 일치하는 것을 보면 지금까지 바울은 고린도전서를 기록한 것으로 보인다.

바울은 "마게도냐와 아가야를 거쳐 예루살렘에 가기로 작정하였다"는 말을 할 때 "성령 안에서" 작정한 것으로 말하고 있다. 혹자들은 여기 "작정하였다"(Paul purposed in the Spirit)는 말을 "마음속으로 작정하였다"는 말로 번역한다. 그러나 "성령 안에서 작정하였다"는 말로 보는 것이 더 옳을 것이다. 많은 번역들(RSV, NKJV, MLB)은 "영 안에서"(ἐν τῷ πνεύματι)란 말을 대문자로 번역해서 "성령 안에서"란 뜻임을 나타내고 있다. 그리고 또 20:22에도 바울은 "성령에 매어" 예루살렘으로 간다고 한 것을 보면 본 절을 "성령 안에서"라고 번역하는 것이 옳을 것이다(Kistemaker). 바울은 무슨 작정을 할 때 성령의 주장과 인도 하에서 작정했다. 그런 점에서 사도행전은 성전행전이다. 바울은 "내가 거기 갔다가 후에 로마도 보아야 하리라"고 웅대한 포부를 말한다(18:21; 23:11; 롬 15:24-28). 즉 '내(바울)가 예루살렘에 갔다가 후에 세계의 수도 로마에도 가 보아야 하리라'는 말이다. 이 말은 로마에 가서 교회를 개척하겠다는 뜻이 아니라 가서 보아야 하겠다는 뜻이다. 그의 최종목적지는 서반아였다. 그는 일이 잘 나갈 때도 태만하지 않고 복음을 세계에 퍼뜨리려는 생각뿐이었다. 그런데 바울은 예루살렘에 갔다가 자유의 몸으로 로마로 가지 못하고 죄수의 몸으로 로마로 갔다. 하나님의 신비로운 섭리였다. 일이 이렇게 되는 경우가 전도자의 생애에서 종종 일어나고 있다.

행 19:22. 자기를 돕는 사람 중에서 디모데와 에라스도 두 사람을 마게도냐로 보내고 자기는 아시아에 얼마 동안 더 있으니라.

바울은 예루살렘에 가기에 앞서 "자기를 돕는 사람 중에서 디모데와 에라스도 두 사람을 마게도냐로 보냈다"(롬 16:23; 딤후 4:20). 디모데는 제 2차 전도여행 때 고린도에 남아 있다가(18:5) 에베소로 건너와서 바울과 함께 에베소에 얼마간 함께 있었다(고전 4:17; 16:10-11). 디모데의 이번 마게도냐 (빌립보, 데살로니가) 방문은 빌 2:19에 바울에 의해 언급되었다(Bruce). 그리고 에라스도는 바울의 조수로 보이며 롬 16:23에 기록된 에라스도, 즉 고린도 시(市)의 재무와 동일인으로 보인다(그러나 확신할 수는 없다). 이렇게 이 두 사람을 마게도냐로 먼저 보낸 이유는 예루살렘 성도들을 위한 헌금을 준비하기 위함이었을 것이다.

그리고 바울이 "아시아(에베소)에 얼마 동안 더 있었던" 이유는 두 가지였다. 하나는 고린도 교회의 불화가 바울을 에베소에 더 머물게 했다. 바울은 고린도전서를 썼고 디도를 고린도로 보냈다(Kistemaker). 이유는 고린도교회의 분규를 해결하기 위해서였다. 그는 디도가 고린도교회로부터 좋은 소식을 가지고 오기를 기다리고 있었다. 그가 에베소에서 기다리고 있는 동안 데메드리오가 일으킨 소요를 당하게 되었다. 그리고 또 하나는 많은 사람들이 그를 대적했으나(고전 16:10) 에베소에서 바울에게 큰 기회의 문이 열리기 때문이었다(Lenski). 그래서 바울은 오순절까지는 에베소에 머물기로 작정하였다. 아데미의 대축제 때(고전 16:8-9) 많은 우상숭배자들이 각지에서 에베소로 모여들기 때문에 바울은 이 기회를 이용하여 복음을 증거하려고 했기에 에베소에 머물렀다. 그러나 바울은 은장색들의 소요사건이 일어나자 에베소를 떠날 수밖에 없었다.

　　e. 데메드리오 사건이 발생하다　19:23-41

바울이 에베소에서 성공적인 전도를 하고 있었을 때 마귀는 그냥 있을 수가 없었다. 다시 일어났다. 마치 빌립보에서와 같이(16:19-24) 마귀는 우상 장사 데메드리오를 사용하여 에베소 시(市)를 온통 발칵 뒤집어놓았다(23-34절). 그러나 하나님은 서기장을 사용하셔서 그 소요를 진압시키셨다(35-41절). 바울은 이번의 소요사건을 계기로 에베소를 떠난다.

행 19:23. 그 때쯤 되어 이 도로 말미암아 적지 않은 소동이 있었으니.
"그 때쯤 되어," 즉 '바울이 에베소를 떠나려는 때쯤 되어'(20:1) "이 도로 말미암아 적지 않은 소동이 있었다." 여기 "이 도"란 '바울이 전한 복음'을 지칭하는데(19:9 참조) 바울이 전한 복음 때문에 그가 떠나려는 때쯤 되어 적지 않은 소동이 있었다. 더 구체적으로 말하면 바울이 전한 복음 중에서 "사람의 손으로 만든 우상은 신이 아니라"는 말씀을 지칭한다(26절). 우상 장사 데메드리오의 가슴을 친 바울의 말은 사람의 손으로 만든 것들은 절대로 신이 아니라는 것이었다. 그는 바울의 다른 말에는 관심이 없었다. 그러니까 바울이 전한 복음(그리스도의 십자가 대속의 복음과 부활의 복음)은 먼저 마귀를 때렸고 둘째 데메드리오를 때렸다(그의 사업에 치명타를 주었다). 마귀는 데메드리오의 마음에 소요을 일으켜서 데메드리오가 에베소 시를 소요하게 하였다. 본문에 "적지 않은 소동이 있었다"는 말은 '꽤 큰 소요사건이 일어났다'는 뜻이다.

행 19:24. 즉 데메드리오라 하는 어떤 은장색이 아데미의 신상 모형을 만들어 직공들에게 적지 않은 벌이를 하게 하더니.
"데메드리오"라는 사람은 아데미의 신상 모형을 만드는 은장색(금, 은, 구리 등의 세공을 업으로 하는 사람) 중의 한 사람이었는데 은장색 중에는 제일 힘이 있어 좌지우지 하는 사람이었던 것으로 보인다. "아데미"('Αρτέμις)란 희랍신화에 나오는 신(神)으로 달신(月神)이었다. 이 신은 태양의 신 Apollo와 쌍둥이 신이었다. 아데미 신은 또 사냥의 여신으로서 수풀, 짐승, 양을

수호하는 신이었다. 에베소의 아데미 여신은 대지(大地)의 어머니이며 인간
이나 동물의 모든 생식을 주관하는 최고의 여신(女神)이었고 만물을 보호하
고 기른다는 뜻으로 12개의 유방을 가지고 있었다.

은장색이 만든 "신상 모형"이란 아데미 신전을 그대로 본 따서 작게
만든 신전을 지칭하는데 그 신전 속에 작은 여신의 신상이 있었다. 이 작은
신전을 집집마다 안치하기도 했고 허리에 차고 다니기도 했다고 한다
(Ramsay, Knowling). 일본이 우리나라를 강점하고 있을 때 일본은 자국(自
國)의 가미사마 신전을 아주 작은 모형으로 만들어(가로 20cm, 세로 40cm,
두께 7cm 쯤 되었다) 우리 국민들의 각 집에 분배하여 동향한 방(일본이
우리의 동쪽에 있었으니까)의 벽에 걸어놓고 매일 거기에 절을 하게 했던
일이 있었다. 이 우상은 일본 왕을 우상화한 것이었다. 일본 사람들은 자국의
왕을 천황(天皇)이라고 불렀다.

데메드리오는 우상장사의 우두머리 입장으로 "직공들에게 적지 않은
벌이를 하게 했다"(16:16, 19). 자기도 돈을 많이 벌었고(다음 절) 또 직공들
로 하여금 넉넉하게 살게 만들어 주었다. 아무튼 그는 주인 노릇을 잘 하고
있었다. 그런데 바울의 복음 전도로 위협을 받자 소요를 일으켰다.

행 19:25. 그가 그 직공들과 그러한 영업하는 자들을 모아 이르되 여러분도
알거니와 우리의 풍족한 생활이 이 생업에 있는데.

누가는 본 절부터 27절까지 데메드리오가 소요를 일으키기 위하여 음모를
꾸민 것을 말한다. 그는 먼저 자기가 사용하고 있는 직공들과 또 자기하고
비슷한 영업을 하는 사람들을 모았다. 소요를 일으키려면 될 수 있는 한
많이 모아야 한다. 그래야 큰 소리를 낼 수 있다. 데메드리오가 음모를 꾸민
말을 들어보면 그럴 듯했다. 첫째, "여러분도 알거니와 우리의 풍족한 생활이
이 생업에 있다"는 말로 사람들의 마음을 흔들기 시작한다. 우상 장사가
꽤 잘 되었던 모양이다. 각 집마다 그리고 각 사람마다 아데미 신상 모형을
가지고 다니게 했으니 많이 팔렸던 것으로 보인다. 그런데 에베소의 인구는

20만 가량이었는데 그 사람들이 모두 신상 모형을 산(bought)후에는 더 사지 않을 것이니 한계가 있었을 것이다. 그래서 아마도 신상 모형을 여러 가지 곧 큰 것, 작은 것 등을 만들어 팔았을 것이다.

행 19:26. 이 바울이 에베소뿐 아니라 거의 전 아시아를 통하여 수많은 사람을 권유하여 말하되 사람의 손으로 만든 것들은 신이 아니라 하니 이는 그대들도 보고 들은 것이라.

둘째, 바울의 말은 자기들의 사업을 아주 망하게 하는 말이라고 말하며 동업자들의 마음에 불을 지른다. 즉 "이 바울이 에베소뿐 아니라 거의 전 아시아를 통하여 수많은 사람을 권유하여 말하되 사람의 손으로 만든 것들은 신이 아니라 하니 이는 그대들도 보고 들은 것이라"고 말한다(시 115:4; 사 44:10-20; 렘 10:3). 다시 말해 바울의 말이 말이나 되는 말이냐는 것이다. 데메드리오는 바울이 말한바 "사람의 손으로 만든 것들은 신이 아니라"는 말은 자기들의 사업을 아주 없애버리려는 말이라고 말했다.

데메드리오의 이 말을 통해 볼 때 바울의 전도의 영향력을 짐작할 수가 있다. 에베소뿐 아니라 거의 전(全) 아시아에 복음이 전파되었음을 알 수 있다. 바울은 에베소뿐 아니라 소아시아 전체를 복음으로 빼앗고 말았다. 우리의 복음전파의 구역은 세계 전체여야 할 것이다.

행 19:27. 우리의 이 영업이 천하여질 위험이 있을 뿐 아니라 큰 여신 아데미의 신전도 무시당하게 되고 온 아시아와 천하가 위하는 그의 위엄도 떨어질까 하노라 하더라.

셋째, 데메드리오는 말하기를 바울 때문에 "우리의 이 영업이 천하여질 위험이 있다"고 말한다. "영업이 천하여진다"는 말은 '하찮은 영업으로 전락한다,' '아무 것도 아닌 영업으로 변한다'는 뜻이다. 세상 사람들은 주님의 복음보다는 자기들의 사업을 먼저 생각한다.

넷째, 데메드리오는 "큰 여신 아데미의 신전도 무시당하게 되고 온 아시아와 천하가 위하는 그의 위엄도 떨어질지도 모른다"고 말한다. "아데미의 신전"은 세계 7대 불가사의의 하나로 너비 130m(425피트), 길이 68m(220피트), 높이 18m(60피트)의 거창한 대리석 건물이다. 그리고 주위에 돌아가면서 127개의 원주가 서 있다. 이 신전이 BC 356에 불에 탔다가 회복되었는데 고고학자들이 발굴한 바에 의하면 에베소 동북쪽 2,4km지점에서 발견되었다는 것이다(Kistemaker). 이런 엄청난 아데미 신전 자체가 사람들로부터 무시당하게 된다든지 위엄이 떨어진다면 큰 문제라고 하면서 데메드리오는 사람을 충동했다. 그러나 "큰 여시 아데미의 신전도 무시당하게 된다"든지 혹은 "아데미의 위엄도 떨어질까 하노라"는 말은 모두 에베소 사람들에게는 그럴듯한 말이지만 내심 자기들의 경제가 위태로워지니까 하는 말이었다. 사람들은 대체로 자기 유익 중심해서 말을 한다.

행 19:28. 그들이 이 말을 듣고 분이 가득하여 외쳐 이르되 크다 에베소 사람의 아데미여 하니.

누가는 본 절과 다음 절에 걸쳐 데메드리오의 충동을 받은 동업자들이 취한 행동을 서술한다. 첫째, 데메드리오의 말을 듣고 분이 가득하여 "크다 에베소 사람의 아데미여"라고 외쳤다. 본문의 "외쳐"(ἔκραζον)란 말은 미완료 과거 시제로 '계속해서 외친 것'을 뜻한다. 아무튼 그들은 두 시간동안이나 외쳤을 것이다. 그들은 아무 생명도 없는 우상이 "크다"고 2시간 동안이나 외쳐댔다(34절).

행 19:29. 온 시내가 요란하여 바울과 같이 다니는 마게도냐 사람 가이오와 아리스다고를 붙들어 일제히 연극장으로 달려 들어가는지라.

둘째, 데메드리오의 동업자들뿐 아니라 온 시내 사람이 요란하여 "바울과 같이 다니는 마게도냐 사람 가이오와 아리스다고를 붙들어 일제히 연극장으로 달려 들어갔다." 데메드리오의 동업자들과 에베소 시민이 "바울과 같이 다니는 마게도냐 사람 가이오와 아리스다고를 붙들어 일제히 연극장으로 달려 들어간" 이유는 바울이 유숙하고 있는 아굴라 집에 바울이 없으니 대신 가이오와 아리스도고라도 붙들어가지고 재판에 붙이려고 연극장(극장으로도 사용되고 또 정치적인 회집장소로도 쓰이던 곳)으로 달려 들어간 것이다.

"가이오"는 바울 당시 많은 가이오라는 사람이 있었던 고로(20:4; 롬 16:23; 고전 1:14; 요삼 1:1) 누구인지 정확하게 알 수는 없다. 다만 이 "가이오"는 마게도냐 사람이라는 것과 또 더베 사람이면서 예루살렘까지 바울과 동행한 사람이었다는 것이다. 그리고 "아리스다고"는 데살로니가 사람으로(20:4; 27:2) 바울의 제 3차 여행에 동행했고, 로마에서도 함께 있었다(골 4:10; 몬 1:24). 이들 두 사람은 유대인들이 아니었고 이방인 크리스천들이었다.

데메드리오의 동업자들과 에베소 시민이 두 사람을 붙들어가기고 에베소의 대형 연극장으로 달려 들어간 것으로 보아 두 사람의 생명은 아주 위험한 처지에 처해 있었음을 알 수 있다. 에베소 사람들은 두 이방인을 공격했다.

행 19:30. 바울이 백성 가운데로 들어가고자 하나 제자들이 말리고.
데메드리오의 동업자들과 에베소 시민들이 찾지 못했던 바울이 늦게 나타나서 "백성 가운데로 들어가고자 하나 제자들이 말렸다." 바울이 "백성 가운데로 들어가고자" 한 것은 첫째, 두 제자를 구원하려는 생각에서였으며, 둘째, 군중을 설득해보려는 생각에서였을 것이다. 바울의 용감성을 볼 수 있다. 전도자는 어느 때나 의로워야 한다. 바울은 용감하게 백성 가운데로 들어가고자 했으나 바울의 제자들이 만류했다.

행 19:31. 또 아시아 관리 중에 바울의 친구 된 어떤 이들이 그에게 통지하여 연극장에 들어가지 말라 권하더라.
백성 가운데로 들어가려는 바울을 만류한 것은 바울의 제자들(앞 절)뿐 아니라 "아시아 관리 중에 바울의 친구 된 어떤 이들이 그에게 통지하여 연극장에 들어가지 말라 권했다." 본 절의 "아시아 관리"란 '소아시아의 각 도시에 있었던 10인의 의회관원들'을 지칭한다. 이들은 황제예배, 경기진행, 제사 등을 주관했다. 그런데 이런 "관리 중에 바울의 친구 된 어떤 이들"이 있었는데 그들이 바울에게 통지하여 연극장에 들어가지 말라고 권해서 바울은 연극장에 들어가지 않았다. 하나님은 바울을 여러 가지 방법으로 보호셨다.

행 19:32. 사람들이 외쳐 어떤 이는 이런 말을, 어떤 이는 저런 말을 하니 모인 무리가 분란하여 태반이나 어찌하여 모였는지 알지 못하더라.
누가는 에베소 시민들이 에베소 연극장으로 들어가서 무질서하게 외칠 때의 모습을 묘사한다. 그들은 일정한 말만 한 것이 아니었다. 다시 말해 그들은 "크다 에베소 사람의 아데미여"(28절)라고 하는 말만 한 것도 아니었다. 어떤 사람은 이런 말을, 어떤 이는 저런 말을 했다. 그리고 "모인 무리가 분란하여 태반이나 어찌하여 모였는지 알지 못했다." '군중들이 모이기는 모였으나 왜 모였는지, 태반이나 어찌하여 모였는지 알지 못했다.' 혹자는 여기 본문의 "모인 무리"(ἡ ἐκκλησία)라는 말이 '교회'라는 뜻으로 사용되는 때가 있는 것을 감안하여 '교회'로 해석하나 문맥을 살필 때 '오합지졸'을 뜻하는 말이다. 누가는 은근히 그 때 연극장에 모였던 무리를 바보로 취급하고 있다. 왜 그들이 거기에 모여 있는지 모른다니 참으로 기가 막힌 일이었다. 군중은 대부분 맹목적일 수가 있다.

행 19:33. 유대인들이 무리 가운데서 알렉산더를 권하여 앞으로 밀어내니 알렉산더가 손짓하며 백성에게 변명하려 하나.
에베소 폭도 들 속에 끼어 있던 유대인들은 자기들이 기독교인들과는 무관하다는 것을 알리기 위해 좀 말도 잘 하고 영향력 있는 알렉산더를 "권하여 앞으로 밀어냈다." 이때의 알렉산더는 그때에 거기에 있었던 유대인들에게는 잘 알려진 사람이었다(딤전 1:20; 딤후 4:14). 이 사람이 딤후 4:14에

등장하는 "구리 장색 알렉산더"와 어떤 관련이 있는지는 확실히 알 수 없다
(Bruce, Kistemaker). 알렉산더는 유대인들의 권함을 받고 앞으로 나와 "손
짓하며 백성에게 변명하려"했다. 알렉산더는 폭도들을 향하여 좀 조용히
하고 내 말을 들어보라는 신호로 "손짓"을 한 것이다(12:17). 변명하려던
내용은 뻔했다. 자기들은 바울과 똑같은 유대인이긴 하지만 기독교인은 아니
라는 것을 알리기 원했다. 에베소의 폭도들은 기독교인과 유대인들을 동일시
하려는 의도가 있어 자칫하면 자기들에게도 해가 미칠까보아 생명을 부지하
기 위하여 바울을 욕하고 기독교를 욕하기 위해서 변명하려고 하였다. 본문의
"변명하다"(ἀπολογεῖσθαι)라는 말은 '자신을 방어하다,' '자신을 변호하다'
라는 뜻이다. 알렉산더는 기독교를 변호하는 것이 아니라 자기들의 입장만을
변호하려 했다. 기독교를 궁지에 빠뜨리고 자신들만 살려는 사람들이 오늘날
에도 많이 있다.

**행 19:34. 그들은 그가 유대인인 줄 알고 다 한 소리로 외쳐 이르되 크다
에베소 사람의 아데미여 하기를 두 시간이나 하더니.**

폭도들은 알렉산더가 "유대인인 줄 알고 다 한 소리로 외쳐 이르되 크다
에베소 사람의 아데미여 하기를 두 시간이나 했다." 폭도들은 유대인들과
기독교인들을 구분하지 못했다. 그들은 알렉산더가 유대인인 줄 알고 알렉산
더도 역시 기독교인들과 동일시하여 아데미를 섬기는 일을 반대하는 사람으
로 알았다. 그래서 다 한 목소리로 외쳐 "크다 에베소 사람의 아데미여"라고
했는데 그렇게 떠들기를 두 시간이나 했다. "크다 에베소 사람의 아데미여"라
는 말은 '위대하신 신이시여, 에베소 사람들이 섬기는 아데미 여신이여'라는
말인데 이 말을 두 시간 동안이나 했다니 해괴한 일이었다. 그런데 우상을
숭배하는 사람들의 특징은 한 소리 또 하고 한 소리 또 하는 것이 특징이다(왕
상 18:26-29). 두 시간이면 짧은 시간이 아닌데 어떻게 두 시간이나 똑
같은 소리를 하고 있을 수 있을까. 그러나 속이 빈 사람들은 떠들기만 하면
일이 되는 줄 안다.

행 19:35. 서기장이 무리를 진정시키고 이르되 에베소 사람들아 에베소 시가 큰 아데미와 제우스에게서 내려온 우상의 신전지기가 된 줄을 누가 알지 못하겠느냐.

누가는 본 절부터 41절까지 서기장이 에베소의 소요를 진압시킨 것을 말한다. 서기장은 일단 아데미를 높여서 에베소 사람들의 마음을 편하게 해주었고 또 바울 측에도 아무 법적 문제가 없음을 말하여 무리를 흩어지게 했다. 서기장은 기독교를 보호하기 위해서가 아니라 에베소의 안녕과 질서를 위해서 그 소요를 진정시킨 것이다.

누가는 "서기장이 무리를 진정시켰다"고 말한다. "서기장"(ὁ γραμμα-τεὺς)이란 '의회의 서기장'을 가리킨다. 서기장은 입법도 하고 시(市) 예산도 집행하며 경비 책임도 맡았고 지방 총독에 가장 가까운 자리에 있으면서 로마의 중앙정부와 지방 정부 사이에서 중재자의 역할을 했다(Ramsay, Knowling). "시(市) 서기장은 시 자치기구와 역시 에베소에 본부를 두고 있는 로마의 주 행정당국 사이의 연락책으로 활약했다"(Bruce). 서기장은 그의 권력을 의지하고 소요를 진정시킬 수 있었다. 그는 일단 그 폭도들의 마음을 사로잡았다. 곧 "에베소 사람들아 에베소 시가 큰 아데미와 제우스에게서 내려온 우상의 신전지기가 된 줄을 누가 알지 못하겠느냐"고 말한다. '에베소 시가 위대하신 아데미와 제우스에게서 내려온 우상의 신전지기가 된 줄을 모르는 바보들이 어디 있겠느냐'고 말하여 에베소시민들의 마음을 사로잡는다. 에베소 시민들 전체가 폭도들이나 마찬가지로 모두다 우상의 전각지기들(temple keepers)이라고 말한다. "큰 아데미와 제우스에게서 내려온 우상"이란 말은 '위대한 아데미 여신상(女神像)이 사람의 손으로 만들어진 것이 아니라 하늘에서 내려온 신상'이라는 뜻이다. 서기장은 한껏 에베소 사람의 마음을 흐뭇하게 해주었다.

행 19:36. 이 일이 그렇지 않다 할 수 없으니 너희가 가만히 있어서 무엇이든지 경솔히 아니하여야 하리라.

서기장은 에베소의 폭도들을 향하여 "이 일이 그렇지 않다 할 수 없다"고 말한다. 다시 말해 '서기장이 앞에 말한 것이 사실이라'는 뜻이다. 즉 아데미와 또 아데미의 전각지기인 에베소 시민들의 존엄성은 부인할 수 없다는 뜻이다. 그러면서 서기장은 "너희가 가만히 있어서 무엇이든지 경솔히 아니하여야 하리라"고 말한다. '너희가 이렇게 떠들 것도 없고 또 앞으로 무슨 일이 있더라도 가볍게 처신하거나 가볍게 다루지 않아야 한다'고 말한다.

행 19:37. 신전의 물건을 도둑질하지도 아니하였고 우리 여신을 비방하지도 아니한 이 사람들을 너희가 붙잡아 왔으니.

서기장은 에베소의 폭도들을 일단 진정시킨 다음 계속하여 말하기를 폭도들이 극장으로 끌고 온 사람들은 두 가지로 무죄하다고 변호한다. 하나는 신전의 물건을 도둑질하지도 않은 사람들이고, 또 하나는 아데미 여신을 욕하거나 비난하지도 않았는데 공연히 끌고 왔다고 은근히 책망한다.

행 19:38. 만일 데메드리오와 그와 함께 있는 직공들이 누구에게 고발할 것이 있으면 재판 날도 있고 총독들도 있으니 피차 고소할 것이요.

서기장은 폭동의 주동자들을 잘 알고 있었다. 즉 "데메드리오와 그와 함께 있는 직공들"이 폭도의 주동자들임을 알고 있었다. 서기장은 데메드리오와 직공들, 그리고 동업자들이 누구(이번 경우는 가이오와 아리스다고)를 고소할 사건이 있으면 재판하는 날(순회 재판일)도 있고 또 총독들[124](총독이 재판관이 된다)도 있으니 합법적으로 고소하라고 말한다. 개인적인 문제, 다시 말해 개인 간에 어떤 사업상 문제가 생기면 법정에 고발하라는 것이다. 서기장은 개인 간에 어떤 사업상의 문제가 발생하면 정식으로 법정에서 가릴 일이지 이런 식으로 소요를 일으키면 안 된다고 충고한다.

---

124) "총독들"이라고 복수로 표현된 것은 아시아 주에 두 명의 총독들이 있다는 뜻이라기보다는 '총독과 같은 재판관들'이 있다는 뜻을 나타내기 위한 표현이다. 다시 말해 '총독과 같은 재판관'이 있다는 표현으로 받아드려야 한다(Lenski, Marshall, Neil, Bruce).

행 19:39. 만일 그 외에 무엇을 원하면 정식으로 민회에서 결정할지라.
그러나 서기장은 "만일 그 외에 무엇을 원하면 정식으로 민회에서 결정하라"고 알려준다. 여기 "그 외에 무엇"이란 말의 뜻은 알기 어려운 표현이다. 캠벨 모르간은 이에 대해 '시(市)에 관계된 문제'로 보았다. 즉 개인적인 문제가 아니라 시에 관계된 문제가 발생하면 정식으로 민회(民會)에서 해결 받으라는 뜻이라고 한다. 그러니까 앞 절(38절)은 상업적인 문제가 생기면 법정으로 가지고 갈 것이라 했고, 본 절은 시(市)에 관계된 문제라면 민회에서 해결하라는 것으로 볼 수 있다(Campbell G Morgan). 여기 "민회"란 말은 합법적으로 모이는 시의회를 지칭한다. 바울 당시 시 의회는 매일 세 번씩 모였다. 모일 때마다 그 도시에서 발생한 문제를 해결하며 또 행정사무 일체를 의논했다. 그런데 로마 관리의 허락이 없을 때는 회집할 수가 없었다.

행 19:40-41. 오늘 아무 까닭도 없는 이 일에 우리가 소요 사건으로 책망 받을 위험이 있고 우리는 이 불법 집회에 관하여 보고할 자료가 없다 하고 이에 그 모임을 흩어지게 하니라.
서기장은 마지막으로 두 가지를 말한다. 하나는 "오늘 아무 까닭도 없는 이 일에 우리가 소요 사건으로 책망 받을 위험이 있다"는 것이고, 또 하나는 "우리는 이 불법 집회에 관하여 보고할 자료가 없다"는 것이다. 다시 말해 아무 이유도 없고 명분도 없는 일로 소요가 계속된다면 서기장이 로마 정부로부터 책망 받을 위험이 있으니 해산하라는 것이고, 또 실제로 이 불법 집회를 계속한다면 보고할 자료가 없다는 것이었다. 참으로 논리 정연한 말이다. 오늘 21세기에는 명분 없는 집회, 이유 없는 반항적인 불법 집회가 난무하고 있다. 옛날 에베소에서는 사람들이 설득하면 헤어지기라도 했는데 지금은 헤어지지도 않는다. 그만큼 세상이 더 사나와졌다는 것을 뜻한다. 서기장은 사람들을 설득시켜서 "그 모임을 흩어지게 했다." 이렇게 해서 잡혀갔던 가이오와 아리스다고가 놓이게 되었고 바울은 군중들의 난리를 피하게 되었다. 옛날 로마의 법은 힘이 있었다.

제 20 장
마게도냐와 헬라사역, 드로아사역, 밀레도까지의 여정, 밀레도에서의 고별설교

2. 마게도냐와 헬라를 방문하다 20:1-6

바울은 에베소에서의 3년간에 걸친 오랜 전도를 마치고 드로아를 거쳐 마게도냐와 헬라를 방문한다. 그리고 헬라에서 3개월을 지낸 다음 역(逆)으로 마게도냐를 거쳐 드로아로 돌아온다. 누가는 바울의 이 부분의 여행기를 간략하게 기록한다. 아마도 2차전도 여행 때의 여정과 똑같은 여정을 답습했기 때문인 것으로 보인다. 그러나 바울은 에베소를 떠나 마게도냐를 거쳐 헬라를 들러 3개월을 지내고 다시 돌아오는 과정에서 몇 가지 일을 이룩한다. 우선 그는 고린도교회의 문제가 심상하지 않음을 알고 디도를 먼저 보내어 고린도교회 문제를 해결하게 하고 드로아에서 보고를 받기로 했으나 디도를 만나지 못하자 드로아에서의 전도를 포기하고(고후 2:12-13) 마게도냐로 건너가 디도를 만나 좋은 소식을 듣고 (고후 7:6) 기쁨을 되찾은 다음 고린도 후서를 기록하여 보낸다. 바울이 고린도에 도착했을 때는 고린도교회 문제가 해결되었고 거기서 3개월을 지내는 중 로마서를 기록하였다. 바울은 헬라를 왕복하는 중 예루살렘 교회의 성도들을 위한 모금도 하였다(고전 16:1-4; 고후 8:1-9).

행 20:1. 소요가 그치매 바울은 제자들을 불러 권한 후에 작별하고 떠나 마게도냐로 가니라.

바울은 에베소의 데메드리오가 일으킨 소요사건(19:23-41)이 그쳤을 때 이제는 에베소를 떠날 때가 된 것으로 알고 "제자들을 불러 권한 후에 작별하고 떠나 마게도냐로 갔다"(고전 16:5; 딤전 1:3). 다시 말해 '에베소의 성도들을 불러 하나님의 말씀으로 권면한 후에 작별인사를 하고 떠나 마게도냐로 갔다.' 바울은 계속해서 한곳에 눌러 있으면서 전도할 때와 또 그곳을 떠날 때를 잘 구별했다. 그는 성령님의 인도를 따랐다.

행 20:2. 그 지방으로 다녀가며 여러 말로 제자들에게 권하고 헬라에 이르러.
바울은 고린도교회의 문제를 해결하고자 파견했던 디도를 드로아에서 만나지 못하여 드로아 전도를 포기하고(고후 2:12-13) "그 지방으로 다녀가며 여러 말로 제자들에게 권하고 헬라에 이르렀다." 바울은 '마게도냐 지방의 여러 교회들(빌립보 교회, 데살로니가 교회, 베뢰아 교회, 16:12-17:10)을 지나면서 여러 말로 제자들에게 권면하고 헬라에 이르렀는데 아마도 이때에 일루리곤까지 갔었던 것으로 보인다(롬 15:19).' 그는 성도들을 만날 때마다 그냥 지나치는 법이 없이 하나님의 말씀으로 권면하여 믿음을 튼튼하게 했다. 본문의 "헬라"란 말은 '아가야'를 지칭한다.

행 20:3. 거기 석 달 동안 있다가 배 타고 수리아로 가고자 할 그 때에 유대인들이 자기를 해하려고 공모하므로 마게도냐를 거쳐 돌아가기로 작정하니.
바울 사도가 헬라에 "석 달 동안 있었다." 더 구체적으로 말하면 헬라의 수도 고린도에 있었을 것이고 가이오 집에 있었을 것이다. 바울은 그 때에 로마서를 썼다(롬 16:23). 그는 로마서 안에서 앞으로 스페인을 향하여 가는 도중에 로마를 들르고 싶다는 의견을 기록했다. 고린도에서 머물던 3개월 기간은 아마도 AD 56-57년이었을 것이다(학자에 따라서는 58년 겨울부터 59년 이른 봄으로 잡기도 한다).

바울은 석 달의 기간을 마치고 "배 타고 수리아로 가고자 할 그 때에 유대인들이 자기를 해하려고 공모하므로 마게도냐를 거쳐 돌아가기로 작정했다"(9:23; 23:12; 25:3; 고후 11:26). 바울은 원래 "배 타고 수리아로 가기를

소원했다." 그는 고린도 동쪽 항구 겐그레아를 이용하여(18:18) 해로를 이용
할 생각이었다. 그 해로가 마게도냐를 통하여 멀리 들러가는 것보다 훨씬
빠른 길이었다. 그러나 바울은 "그 때에 유대인들이 자기를 해하려고 공모하
는" 것을 알아차렸다. 몇 년 전 고린도에서 갈리오가 아가야 총독되었을
때에 유대인들이 바울을 고소했는데 갈리오가 유대인들의 고발을 받아주지
않아(18:12-16) 바울에 대한 앙금이 그대로 남아 있어 바울은 해로를 이용하
여 수리아로 가고자 했던 것을 포기했다. 유대인들은 바울이 해로를 이용하는
경우 배 안에서 바다로 던지려는 음모를 꾸몄다. 그런데 이 음모 소식이
바울에게 알려져 바울은 노정을 바꾸었다. 그는 "마게도냐를 거쳐 돌아가기
로 작정했다." 지혜로운 변경이었다. 성령님의 인도에 의한 것이었다. 바울은
동족의 굶주림을 생각하여 구제금을 가지고 해로를 택해 떠나려고 했는데
유대인들은 바울을 죽이려고 음모했던 것이다.

**행 20:4. 아시아까지 함께 가는 자는 베뢰아 사람 부로의 아들 소바더와
데살로니가 사람 아리스다고와 세군도와 더베 사람 가이오와 및 디모데와
아시아 사람 두기고와 드로비모라.**

바울이 마게도냐를 통과하여 "아시아까지 함께 가는 자"는 일곱 명이었다.
혹자는 이 일곱 명은 바울의 생명을 보호하기 위하여 동행하는 것이라고
주장하나 받을만한 해석은 못된다. 일곱 명은 예루살렘 교회로 보내는 구제금
을 낸 각 지역 교회의 대표들이었다(고전 16:3). "베뢰아 사람 부로의 아들
소바더[125]와 데살로니가 사람 아리스다고(19:29; 27:2; 골 4:10)[126]와 세군
도[127])"는 마게도냐 교회의 대표였고, "더베 사람 가이오(19:29)[128])와 및

---

125) 본문의 소바더가 바울의 친척 소바더와 동일인으로 보기도 하고(Bruce, Sanday, Stott)
혹은 부인하기도 한다(Alford, Denny).
126) 아리스다고는 19:29의 아리스다고와 동일인일 것이다. 27:2에 의하면 아리스다고는
예루살렘으로부터 로마까지 바울을 수행했다(골 4:10; 몬 1:24).
127) 세군도의 이름은 성경 어디에도 다시 나타나지 않는다.
128) 더베 사람 가이오는 19:29에 나타나는 마게도냐의 가이오와 이름은 같으나 지방이
달라서 동일인으로 볼 수 없다.

디모데"(16:1)는 갈라디아 교회들의 대표였고, "아시아 사람 두기고(엡 6:21;
골 4:7; 딤후 4:12; 딛 3:12)[129]와 드로비모(21:29; 딤후 4:20)[130]"는 아시아
지방교회들의 대표였다(F. F. Bruce). 고린도 교회의 대표는 여기 명단에
빠져 있으나 고후 8:6 이하를 미루어 보면 고린도 교회의 연보는 바울이
그 교회에 보낸 디도와 다른 두 형제에게 맡겨져 보냈을 것이다. 그런데
왜 디도의 이름이 여기 명단에 빠졌는가 하는 의구심이 드는데 그것은 석학
람세이(Ramsay)가 주장한대로 디도가 누가의 형제였기에 누가가 자기 형제
의 이름을 여기에 쓰지 않았을 것이라고 추측한다(Bruce).

행 20:5. 그들은 먼저 가서 드로아에서 우리를 기다리더라.
누가는 앞 절의 일곱 사람이 바울과 함께 아시아까지 동행하는 사람들이라고
말했으나(앞 절) 그러나 "그들은 (드로아까지) 먼저 갔다"고 말한다. 다시
말해 일곱 사람들은 드로아[131]에 먼저 가서 "우리(바울과 누가 및 아마도
디도)를 기다리더라"고 말한다. 그들이 빌립보까지는 함께 와서 그들이 드로
아에 먼저 간 이유에 대해서는 확실하게 알 수는 없다. 다만 몇 가지 추측이
있을 뿐이다. 키스테메이커(Kistemaker)는 추측하기를 바울이 유월절 절기
를 빌립보에서 머물기를 소원했기 때문이었을 것이라고 말한다(Lenski도
같은 의견이다). 그리고 캘빈(Calvin)은 "바울이 유월절 기간에 빌립보에서
가르칠 기회를 찾았기 때문이라고 생각한다. 이유는 빌립보의 유대인들이
배우기를 간절히 소원했기 때문이다"고 한다. 그리고 혹자는 유대인들의

---

129) 두기고는 바울의 조수(엡 6:21; 골 4:7)로 로마 옥중에도 함께 있었고 에베소서와 골로새
서를 전달한 사람이다(딤후 4:12; 딛 3:12).
130) 드로비모는 에베소 사람이었다. 그는 아리스다고와 같이 예루살렘에까지 바울과 동행
했다(21:29).
131) "드로아"(Tpoas)는 소아시아의 무시아(Mysia) 서북 해안에서 마게도냐로 건너가는 관문
인 중요한 해항이다. 바울과 누가가 최초로 만난 곳은 이 땅이었다고 생각되며, 바울은 여기서
환상을 보고 마게도냐로 전도하러 출발했다(행 16:8-). 제 3차 전도여행 때 바울은 이곳을 거쳐
마게도냐로 건너갔다가(고후 2:12,13) 돌아오는 길에는 그보다 한 걸음 앞서 떠난 일행들과
이 성읍에서 만나 일 주일을 보냈다(행 20:5,6). 여기서 일행은 앗소로 출발하고, 바울은 혼자
육로로 앗소에 가서, 거기서 일행과 만나 승선했다(행 20:13-).

음모를 따돌리기 위함이었을 것이라고 말한다. 모두 추측의 범위를 넘지는 못하는 것 같다. 여기 "우리" 부분이 다시 등장한다. 누가가 제 2차 전도여행 때 빌립보에 머물다가 이제 다시 바울과 합류한 것이다. 이 때 디도도 "우리" 속에 포함되었을 것이다.

행 20:6. 우리는 무교절 후에 빌립보에서 배로 떠나 닷새 만에 드로아에 있는 그들에게 가서 이레를 머무니라.

"우리," 즉 '누가와 바울'은 "무교절 후에 빌립보에서 배로 떠났다"(출 12:14-15; 23:15). 바울과 누가는 빌립보에서 무교절 즉 유월절(12:3-4주해 참조)을 지킨 다음 네압볼리(빌립보의 항구도시)에서 드로아를 향해 배로 떠났다. 그리고 "닷새 만에 드로아에 있는 그들에게 가서 이레를 머물렀다"(16:8; 고후 2:12; 딤후 4:13). 닷새 만에 드로아에 있는 그들에게 가서 합류한 것이다. 이틀이면 도착할 수 있는 거리(16:11)였는데 역풍을 만나 닷새가 걸렸다. 그들은 합류하여 이레를 머물렀다.

3. 바울이 드로아에서 긴 시간 강론하다 20:7-12

바울이 제 2차 전도여행 때는 드로아에서 복음을 전하지 않고 그냥 유럽으로 건너갔다. 유럽으로 건너와서 복음을 전해달라는 환상을 보고(16:6-10) 바울이 유럽으로 건너간 것이다. 그러나 이번의 제 3차 전도여행에서는 드로아에서 교회를 발견하고(고후 2:12) 안식 후 첫날(주일) 떡을 떼려 하여 모여 바울이 밤중까지 강론하는 동안 유두고가 졸다가 3층에서 떨어져 죽었는데 바울이 다시 살리므로 그 교회에 큰 위로가 임했다. 바울은 드로아에서 아주 짧게 머물렀지만 큰 은혜를 끼쳤다. 말씀으로 은혜를 끼쳤고 죽은 사람을 살려서 은혜를 끼쳤다.

행 20:7. 그 주간의 첫날에 우리가 떡을 떼려 하여 모였더니 바울이 이튿날 떠나고자 하여 그들에게 강론할 새 말을 밤중까지 계속하매.

누가가 빌립보에서 바울과 합류한 후 예루살렘까지의 모든 여정을 아주 생생하게 말한다. 누가는 "그 주간의 첫날에 우리가 떡을 떼려 하여 모였다"고 말한다(고전 16:2; 계 1:10). 누가는 어느 날 어디에서 모인 것, 그리고 바울이 설교를 길게 한 것까지도 세밀하게 말한다. 본문의 "주간의 첫날"이란 '주일'을 지칭한다(마 28:1; 눅 24:1; 요 20:1, 19; 고전 16:2). "그 주간의 첫날"은 바울 일행이 드로아에 있었던 한 주간의 마지막에 해당하는 날이다. 이유는 이들이 그 밤을 지내고는 다음 날 드로아를 떠나려 했다는 표현이 이를 증명한다. 신약 성경에서 주일에 모여 예배했다는 것을 말하는 첫 번째의 경우이다. "매주일 첫날"(고전 16:2)이라고도 불리고, 또 "주의 날"(계 1:10)로도 불린다. 초대교회 시절에는 안식일에 모이다가(15:21; 16:13; 18:4) 그 후 점차 주님의 부활을 기념하기 위하여 주일에 모이게 되었다. 성도들은 주일에 주님의 성찬(the Lord's Supper)을 먹으려고 모였다. "떡을 떼려하여"(κλάσαι ἄρτον)란 말은 사도행전에서 '성찬을 먹는다'는 뜻이다(2:42, 46; 눅 22:20; 24:30-35; 고전 10:16; 11:20). 성찬 예식 다음에는 교회전체의 식사, 즉 애찬이 있었다.

바울은 "이튿날 떠나고자 하여 그들에게 강론할 새 말을 밤중까지 계속했다." 다시 말해 월요일 아침에 떠나고자 하여 드로아의 성도들에게 설교를 시작했는데 밤중까지 계속했다. 즉 주일 저녁부터 설교를 시작하여 밤중까지 계속했다는 뜻이다. 바울은 이런 기회를 좀처럼 찾기 힘들 것으로 알아 구약 성경을 가지고 예수가 곧 메시아라고 증명하는 일을 계속해서 말했다. 바울의 놀라운 열정이 보인다.

행 20:8. 우리가 모인 윗 다락에 등불을 많이 켰는데.
본 절 처음에 나오는 "우리"란 말은 본서의 저자 누가가 포함되었다는 뜻이다. 바울과 누가 그리고 드로아에 먼저 왔던 일곱 사람과 디도 등 여러 사람이 모인 윗 다락에 등불을 많이 켰다는 것이다. 여기 "윗 다락"(1:13)이라는 말은 '3층'을 뜻하는 말이다(다음 절). "등불을 많이 컨"

이유는 사고를 미연에 방지하기 위해서였다. 그러니까 등불을 많이 켠
이유는 성찬을 위해서가 아니라 사고방지를 위해서였다. 어두우면 사고가
날 수가 있기 때문이었다.

**행 20:9. 유두고라 하는 청년이 창에 걸터앉아 있다가 깊이 졸더니 바울이
강론하기를 더 오래 하매 졸음을 이기지 못하여 삼 층에서 떨어지거늘 일으켜
보니 죽었는지라.**

누가는 본 절에서 유두고라 하는 청년이 당한 참사에 대해 말한다. 유두고가
창에 걸터앉아 있었던 이유는 사람이 많이 모였기 때문이었다. 사람이 많이
모이지 않고야 무슨 이유로 창에 걸터앉아 있었겠는가. 다른 사람들이 창에
걸터앉아 있기보다는 나이가 젊은 "청년"("소년"-NEB, JB, "젊은 이"-RSV)
이 창에 걸터앉아서 설교를 듣고 성찬에 참여한다는 갸륵한 뜻으로 자원했거
나 아니면 어른들의 권고를 받고 그랬을 것이다. 그런데 그가 "깊이 졸고
있었다." 창에 걸터앉아 있는 사람이 존다는 것은 참으로 위험한 일이었다.
보통으로는 긴장하고 정신을 차려야 할 입장이었는데 너무 졸렸던 것이다.
유두고는 "바울이 강론하기를 더 오래 하매 졸음을 이기지 못하여 삼 층에서
떨어졌다." 유두고는 바울의 설교가 더 길어지자 졸음이 깊어져서 결국 3층
에서 떨어지고 말았다. 3층에서 앞으로 넘어진 것이 아니라 뒤로 넘어진
것이다. 앞으로 넘어졌으면 죽기까지는 않았을 것이다. 여기 "죽었다"는
표현을 두고 기절한 것으로 해석하는 수가 있으나 의사였던 누가가 보기에
죽은 것으로 보았으니 실제로 죽은 것이다. 성경해석자는 성경 말씀에 어긋나
는 해석을 해서는 안 된다.

**행 20:10. 바울이 내려가서 그 위에 엎드려 그 몸을 안고 말하되 떠들지
말라 생명이 그에게 있다 하고.**

누가의 관찰에 유두고가 죽었지만 바울은 포기하지 않고 내려가서 "그 위에
엎드려 그 몸을 안았다." 구약의 엘리야가 사르밧의 과부 아들에게(왕상

17:21f)와 엘리사가 수넴 여인의 아들에게 행한 행동과 비슷하게 행했다(왕하 4:32-34). 오늘의 목회자와 선교사들도 죽은 자들 위에 엎드려 그 몸을 안고 기도할 수가 있어야 한다. 성도에 대한 뜨거운 사랑을 가져야 한다. 바울은 주위에 떠드는 사람들을 향하여 "떠들지 말라 생명이 그에게 있다"고 알려주었다(12절; 마 9:24). 바울이 주님의 능력을 의지하여 유두고를 살린 것이다. 떠든다고 일이 되는 것이 아니라 주님을 의지하고 기도할 때 생명이 살아난다.

행 20:11. 올라가 떡을 떼어 먹고 오랫동안 곧 날이 새기까지 이야기하고 떠나니라.

바울은 다시 설교하던 3층으로 "올라가 떡을 떼어 먹었다." "떡을 떼었다"(κλάσας τὸν ἄρτον)는 말은 '성찬을 떼었다'는 말이고 또 "먹었다"(γευσάμενος)는 말은 교제를 위해 '애찬을 먹었다'는 말이다(Knowling, Bruce, Kistemaker, 이상근, 고전 11:20, 33; 벧후 2:13; 유 1:12 참조). 그리고 바울은 "오랫동안 곧 날이 새기까지 이야기하고 떠났다." 밤을 새워 구약 성경을 가지고 예수님이 구주라는 것을 증명하는 이런 일은 다시 나타나지 않는다. 그렇게까지 수고하고 바울은 쉬지 못하고 다음 행선지로 떠났다.

행 20:12. 사람들이 살아난 청년을 데리고 가서 적지 않게 위로를 받았더라.

사람들이 살아난 "청년"(παῖδα)을 집으로 데리고 가서 적지 않게 위로를 받았다. 본문의 "청년"(παῖδα)이란 말은 때로는 '아이'(마 2:16; 17:18)로도 번역되고 또 때로는 '종으로'(마 8:6; 눅 7:7) 번역되기도 한다. 그러니까 본 단락의 청년은 비교적 나이 어린 사람이었다. 사람들은 그 살아난 어린 사람을 집으로 데리고 가서 함께 살면서 주님의 위대하신 능력과 사랑을 느꼈다. 그 아이는 집에서 뿐 아니라 동네에서도 이야기 거리가 되어 사람들로 하여금 그리스도를 생각나게 해주었다.

4. 드로아에서 밀레도까지의 여정 20:13-16

바울은 드로아에서 일행으로 하여금 먼저 배를 타고 가게하고, 자신은 걸어서 앗소에까지 가서 거기서 일행을 만난 다음, 함께 미둘레네, 기오, 사모를 통과하여 밀레도에 도착한다. 바울은 다소 서두르는 느낌을 주고 있다(16절). 그래서 누가도 다소 서두르고 있다는 인상을 주고 있다. 누가는 배가 드로아를 떠난 후 밀레도까지 가는 도중에 네 개의 연안 혹은 섬의 항구(앗소, 미둘레네, 기오, 사모)를 들러 밀레도에 도착하는 과정을 기록한다.

행 20:13. 우리는 앞서 배를 타고 앗소에서 바울을 태우려고 그리로 가니 이는 바울이 걸어서 가고자 하여 그렇게 정하여 준 것이라.

누가는 일행이 밀레도에까지 가는 여정을 자세히 기록한다. 누가는 "우리는 앞서 배를 타고 앗소에서 바울을 태우려고 그리로 갔다"고 말한다. '바울을 뺀 우리 일행(우리 일행 속에는 누가가 있다)은 앞서 배를 타고 앗소132)라고 하는 곳에서 바울을 태우려고 앗소로 갔다.' 그렇게 한 이유는 "바울이 걸어서 가고자 하여 그렇게 정하여 주었기" 때문이었다. '바울이 걸어서 드로아로부터 32km의 거리에 있는 앗소까지 가기를 원하여 그렇게 정하여 주었다.' 다른 일행은 배타고 가게하고 자신은 왜 걸어서 그 먼 거리를 걸어갔는지 알 수 없다. 다만 본문은 바울이 그렇게 하기를 원해서 그렇게 했다는 말밖에 없다. 이에 대한 추측은 많이 있으나 다 추측일 뿐이다.133)

---

132) "앗소"(Assos)는 소아시아의 서단 무시아의 해항인데, 이 성읍은 허다한 변천을 거쳐 BC 334- 241년에는 알렉산더 대왕과 그의 후계자, BC 241- 133년에는 버가모 왕조의 지배하에 있었으며, 그리고 로마의 속주로 되었다. 바울은 예루살렘으로 가는 마지막 여행 때 이곳에서 동행자와 만났다(행 20:13-14). 이 부근의 에게해를, 특히 여름철에 항행하는 배는 야간에는 항구에서 정박하는 것이 관습이었다. 일몰에는 바람이 자기 때문이다.

133) 주해 자들이 추측한 것을 들으면, 1) 바울은 밤에 배타는 것이 괴롭기 때문에, 2) 그 배에 자기를 해하려는 유대인들이 있을지도 모른다는 생각에서, 3) 홀로 여행하고 싶어서, 4) 그 지방에 있는 어느 교우를 심방하기 위해서, 5) 살아난 청년의 건강한 모습을 다시 한 번 보고 싶어서, 6) 홀로 하나님과의 조용한 교제를 위해서 그렇게 했을 것이라고 한다. 이런 이유들 중에 하나라도 맞는 것이 있을 수 있으나 정확하게 모르니 우리는 다 추측일 뿐이라고 말할 수밖에 없다.

행 20:14. 바울이 앗소에서 우리를 만나니 우리가 배에 태우고 미둘레네로 가서.

바울은 걸어서 앗소에까지 와서 "우리를 만나니 우리가 배에 태우고 미둘레네로 갔다." 곧 바울이 '누가가 함께한 일행을 만났을 때 일행은 바울을 배에 태우고 남쪽 80km(50마일) 지점에 있는 미둘레네[134](레스보스 -Lesbos-섬의 수도)로 갔다.'

행 20:15. 거기서 떠나 이튿날 기오 앞에 오고 그 이튿날 사모에 들르고 또 그 다음 날 밀레도에 이르니라.

바울 일행은 미둘레네를 떠나 이튿날(곧 화요일) 기오 맞은편에 왔다. 즉 기오 섬[135] 반대쪽에 있는 대륙의 항구에 닻을 내렸다는 말이다(John Stott). 그 이튿날 에베소 서쪽에 있는 섬, 사모[136]에 들르고 그 다음 날 밀레도[137]에 도착했다.

행 20:16. 바울이 아시아에서 지체하지 않기 위하여 에베소를 지나 배 타고 가기로 작정하였으니 이는 될 수 있는 대로 오순절 안에 예루살렘에 이르려고 급히 감이러라.

누가는 본 절에서 바울이 에베소를 들르지 않은 이유를 설명한다. 즉 "바울이 아시아에서 지체하지 않기 위하여 에베소를 지나 배 타고 가기로 작정하였

---

134) "미둘레네"(Mitylene)는 소아시아의 본토 서쪽 17㎞ 지점의 에게해의 큰 섬(면적 1,636 ㎢) 레스보스(Lesbos, 그 수도의 이름을 따라 미둘레네라고도 부른다)의 동안(東岸)에 있던 주요성읍이다. 바울은 제 3차 전도여행에서 돌아오는 길에 이 항구에서 정박했다(행 20:14).

135) "기오"(Chios)는 에게해 동쪽의 섬이다. 소아시아의 체스메(Chesme) 갑(岬)의 서쪽 10㎞ 해상에 있는데, 남북 56㎞, 동서 12-20㎞,면적 826㎢ 제주도(1,840㎢)의 절반도 안 되는 섬이다. 농업 개발로 인해 인구 밀도는 조밀하다. 바울은 3차 전도여행에서 돌아오는 길에 이 섬 앞 바다를 지났다(행 20:15).

136) "사모"(Samos)라고 하는 곳은 기오에서 남쪽 방향으로 80km 떨어진 곳이다. 이곳은 에베소의 맞은편의 섬이다. 비옥하고 인구가 조밀한 지역이다.

137) "밀레도"는 에베소 남쪽 45km지점에 있는 항구도시이다. 메안더(Meander) 강구에서 약간 남쪽에 있다.

다"는 것이다(18:21; 19:21; 21:4, 12). 다시 말해 에베소를 들르지 않기로
한 이유는 "될 수 있는 대로 오순절 안에 예루살렘에 이르려고 급히 가기"
때문이라고 한다(2:1; 24:17; 고전 16:8). 에베소를 들르는 배를 타면 오순절
안에 예루살렘에 갈 수 없어서 좀 더 빨리 가는 배를 탔다는 말이다. 바울에게
있어서 예루살렘에서 오순절을 지키는 일은 중요한 일이었다. 특별히 각
지방에서 모은 구제헌금을 전달하기 위해서였고 또 이방전도 보고를 할
겸 유대인들과의 서먹한 관계를 해결하기 위해서였다.

5. 바울이 밀레도에서 고별설교를 하다   20:17-35

예루살렘에서 오순절을 지키기 위해 바울은 에베소를 들르지 않고
지나가는 배를 타고 가다가 밀레도에 내려서 사람을 에베소에 보내어
장로들을 불러와서 고별설교를 한다. 그는 고별설교를 하는 중에 먼저
자신이 과거에 에베소에서 어떻게 행했는가를 말하고(17-27절), 장로들에
게 부탁하는 말을 하며(28-31절), 에베소 장로들을 주님께 부탁한다는
말을 남기고(32절), 마지막으로 자신의 지난날의 삶을 들어 장로들에게
권고한다(33-35절).

a. 바울이 과거에 행한 일을 회고하다   20:17-27

행 20:17. 바울이 밀레도에서 사람을 에베소로 보내어 교회 장로들을 청하니.
바울 일행을 실은 배가 밀레도에 도착하여 밀레도에 내린 후 바울은 사람을
에베소로 보내어 에베소 교회의 장로들을 청했다. 바울 일행 중에서 아마도
드로비모가 심부름을 했을 것이다(4절). 이유는 그가 에베소 사람이었기
때문이다. 밀레도로부터 에베소까지는 대략 45km나 되니 왕복 시간은 대략
3일이 걸렸을 것이다(Ramsay). 바울이 에베소에 가지 않았던 이유는 빨리
예루살렘에 가기 위해서였다. "장로"는 본 절에서는 장로라고 불렸지만 28절
에서는 "감독"으로 부르고 있다. "장로"는 직분을 뜻하고 "감독"은 장로들이
행하는 사역을 지칭한다.

행 20:18. 오매 그들에게 말하되 아시아에 들어온 첫날부터 지금까지 내가 항상 여러분 가운데서 어떻게 행하였는지 여러분도 아는 바니.

바울은 장로들이 도착하였을 때 말하기를 "아시아에 들어온 첫날부터 지금까지 내가 항상 여러분 가운데서 어떻게 행하였는지 여러분도 아는 바"라고 말한다(18:19; 19:1, 10). 바울이 에베소에 들어온 첫날부터 지금까지 항상 어떻게 처신했는지 여러분들도 다 아는 바라는 뜻이다. 바울은 하나도 숨김없이 자신을 드러냈고 따라서 장로들도 훤히 알고 있다고 말한다. 바울은 다른 서신에서도 자신의 행동원리를 근거하여 성도들에게 권고하는 수가 많았다(고전 4:16; 고후 1:12; 빌 3:17 등). 바울이 고별설교를 하면서 자신의 행실을 말한 것은 자랑하는 뜻에서 한 말이 아니라 에베소 장로들로 하여금 앞으로 바울을 본받아 성도들을 돌보라는 뜻으로 한 것이다. 바울의 설교에 성령님께서 역사하시고 주장하셨는데 자랑하는 말을 용납하셨을까? 자랑하는 소리가 아니었다.

행 20:19. 곧 모든 겸손과 눈물이며 유대인의 간계로 말미암아 당한 시험을 참고 주를 섬긴 것과.

바울은 본 절부터 21절까지 자신의 에베소에서의 행실을 회고한다. 우리 한글 개역개정판의 번역을 보아서는 본 절의 문장 구조를 정확하게 파악하기가 힘 든다. 다시 써 보면 "내가 참 겸손한 마음을 가지고 그리고 많은 눈물을 흘리면서 또 유대인들의 간계로 말미암아 당한 시험을 참으면서 주를 섬겼다"("δουλεύων τῷ κυρίῳ μετὰ πάσης ταπεινοφροσύνης καὶ δακρύων καὶ πειρασμῶν τῶν συμβάντων μοι ἐν ταῖς ἐπιβουλαῖς τῶν Ἰουδαίων," "Serving the Lord with all humility of mind, and with many tears, and temptations, which befell me by the lying in wait of the Jews"-KJV).

첫째, 바울은 "모든 겸손을 가지고 주님을 섬겼다"고 말한다(I served the Lord with all humanity). "바울이 주님을 섬겼다"는 말은 '바울이 주님에

게 종노릇을 했다'는 말이다(롬 1:1; 12:11; 갈 1:10; 빌 1:1). 바울은 주님의
종으로서 주님을 우러러보며 살았다. 그는 종으로서 주님을 섬기되 "모든
겸손을 가지고" 종노릇했다고 말한다. 여기 "모든 겸손"이란 말은 '아주
겸손한 마음'이란 뜻이다. 바울은 주님의 낮은 마음을 품고 행동했고(마
11:29; 빌 2:6-8) 또 남을 나보다 낮게 여기는 마음을 가지고 행동했다(빌
2:3). 그러니까 바울은 주님 앞에서 그리고 사람 관계에서 아주 낮은 마음을
가지고 살았다. 어거스틴(Augustine)은 하나님의 도를 배우려는 사람들에게
필요한 것은 첫째도 겸손이요 둘째도 겸손이고 셋째도 겸손이라고 했다.

둘째, 바울은 "눈물을 흘리며 주님을 섬겼다"(Paul served the Lord with
tears). 바울은 개종자들을 훈계할 때 눈물을 흘렸고(31절), 여러 사람들이
십자가의 원수로 살 때 안타까워 눈물을 흘렸다(빌 3:18). 그는 결코 자신이
받은 상처 때문에 눈물을 흘리지 않았다. 우리는 다른 사람을 사랑하는
마음에서 눈물을 흘려야 할 것이다.

셋째, 바울은 "유대인의 간계로 말미암아 당한 시험을 참고 주를 섬겼
다"(3절). 바울은 다메섹 도상에서 그리스도를 만난 후 줄곧 악당들, 유대인
들, 이방인들로부터 위험에 처했다. 그가 그리스도를 전하러 가는 곳마다
그는 유대인의 간계를 직면했다. 그가 당한 고난의 목록은 읽기에도 시간이
걸린다(고후 11:23b-27). 이렇게 많은 시험을 만났지만 주님은 그 때마다
보호해주셨다. 오늘도 주님은 고난당하는 종들을 보호하신다.

**행 20:20. 유익한 것은 무엇이든지 공중 앞에서나 각 집에서나 거리낌이
없이 여러분에게 전하여 가르치고.**

넷째, 바울은 "유익한 것은 무엇이든지 공중 앞에서나 각 집에서나 거리낌이
없이 여러분에게 전하여 가르쳤다"고 말한다(27절). 바울은 구원에 필요한
것은 무엇이든지 공중 앞에서, 곧 유대인의 회당에서나 두란노서원에서 전파
했고, 또 각 집에서, 아굴라의 집이나 다른 성도들의 가정에서 거리낌이
없이 성도들에게 가르쳤다고 말한다. 우리 역시 유익한 것, 곧 구원을 위하여

필요한 것이라면 공중 앞에서나 각 집에서 가르칠 수 있어야 할 것이다. 문서로도 방송으로도 전해야 할 것이다.

행 20:21. 유대인과 헬라인들에게 하나님께 대한 회개와 우리 주 예수 그리스도께 대한 믿음을 증언한 것이라.

다섯째, 바울은 "유대인과 헬라인들에게 하나님께 대한 회개"를 외쳤다 (2:38; 막 1:15; 눅 24:47). 에베소의 유대인과 헬라인들에게 하나님 앞으로 돌아오라고 외쳤다. 3년간이나 외쳤으니 많이 외쳤다.

여섯째, 바울은 "우리 주 예수 그리스도께 대한 믿음을 증언했다"(18:5). 바울은 에베소에서 3년간 창조자 예수 그리스도를 믿으라고 권했고, 중보자이신 예수님을 믿으라고 권했으며, 십자가에서 대속의 죽음을 죽으신 그리스도를 믿으라고 외쳤다. 그리고 바울은 다시 사신 예수님을 믿으라고 권했다. 아무튼 바울은 에베소 사람들에게 회개하고 예수님을 믿으라고 증언했다.

행 20:22-23. 보라 이제 나는 성령에 매여 예루살렘으로 가는데 거기서 무슨 일을 당하는지 알지 못하노라 오직 성령이 각 성에서 내게 증언하여 결박과 환난이 나를 기다린다 하시나.

바울은 이 부분(22-23절)에서 성령님께서 역사하신 것을 말한다. 첫째, 바울은 "성령에 매여 예루살렘으로 올라간다"고 말한다(19:21). 즉 '성령의 인도하심 따라서 예루살렘으로 올라간다'는 뜻이다. 그는 예루살렘으로 가지 않을 수 없었다. 이유는 성령께서 그렇게 하시기 때문이다. 바울은 다메섹 도상에서 예수님에게 붙잡힌 이래 계속해서 성령님께 매여 살았다(13:4; 16:6). 바울은 예루살렘에 올라간 후 "거기서 무슨 일을 당하는지 알지 못한다"고 말한다. 바울은 예루살렘에서 무슨 일을 만날는지 구체적으로는 알지 못하나 결박과 또 결박 뒤에 따라오는 환난이 있을 것은 알았다. 그는 일찍이 성령님의 증언을 들은 바 있다고 말한다. 즉 "오직 성령이 각 성에서 내게 증언하여 결박과 환난이 나를 기다린다 하시"는 계시를 들었다고 한다(21:4,

11; 살전 3:3). 그는 두로에서 성도들이 그에게 예루살렘으로 올라가지 말라는 말을 들었다(21:4). 그리고 가이사랴에서 선지자 아가보가 바울에게 예루살렘에 올라가면 체포될 것이라고 하는 말도 들었다(21:10-11). 그리고 바울은 다른 곳에서도 이런 비슷한 말을 들었을 것이다. 그러나 그런 어려움 때문에 안 올라갈 수는 없다는 것이다. 그는 성령에 매여 있는 사도였다.

행 20:24. 내가 달려갈 길과 주 예수께 받은 사명 곧 하나님의 은혜의 복음을 증언하는 일을 마치려 함에는 나의 생명조차 조금도 귀한 것으로 여기지 아니하노라.

어려운 일이 앞에 놓여있는 것은 사실이지만(앞 절) 바울은 자기에게 맡겨진 바 사명을 이루기 위해서는 자신의 생명조차 조금도 귀한 것으로 여기지 않는다고 말한다. 바울은 "내가 달려갈 길"이 있다고 말한다. 그는 그의 한 생애를 끝내는 것을 운동경기의 경주코스로 비유하고 있다. 100m 경주코스, 200m 경주코스, 1,000 경주코스로 비유하고 있다(고전 9:24-27; 갈 2:2; 빌 3:13-14). 선수들이 경주코스를 다 달려야 하듯 바울도 자기에게 맡겨진바 자신이 "달려갈 길"을 다 달려야 한다고 말한다. 바울은 훗날 그가 "달려갈 길을 마치고"라고 말한다(딤후 4:7). 우리 각자에게도 달려갈 길이 있다.

그런데 사람들에게 달려갈 코스가 있으나 그러나 한 생애 동안 달려가는 코스의 내용은 다양하다. 혹자는 한 생애 동안 돈 버는 일로 시간을 보내고, 혹자는 명예를 얻는 일로 시간을 보내며, 또 혹자는 70-80평생을 환락으로 보내고, 혹자는 사업하는 일로, 학문하는 일로 한 생애를 보낸다. 그런데 바울은 자신이 달려가는 코스를 "주 예수께 받은 사명 곧 하나님의 은혜의 복음을 증언하는 일을 마치는 일"이라고 말한다(1:17; 롬 1:1; 고후 4:1; 갈 1:1, 15; 엡 3:2; 골 1:25; 살전 2:4; 딤후 1:1; 딛 1:3). 바울에게는 만세 전에 이 사명이 작정되어 있었고 다메섹 도상에서 그에게 주어진바 되었다. 그의 사명은 하나님의 은혜의 복음을 증언하는 일이었다. 다시 말해 하나님의 은혜로 구원하신다는 복된 소식을 증언하는 것이 바울에게 맡겨진 사명이었다. 우리 각자가 맡은 사명은 무엇인가. 나는 무엇을 하다가 가야하는가. 혹자는 이 사실을 알지 못하고 자살하고 만다. 참으로 안타까운 일이다. 세상에 태어났다가 자살이라는 방식을 통하여 일찍이 생을 마치라고는 하지 않았을 것이다. 우리 각자에게는 귀한 사명이 있는 줄 알아야 한다.

바울은 그 사명, 곧 "하나님의 은혜의 복음을 증언하는 일을 마치려 함에는 나의 생명조차 조금도 귀한 것으로 여기지 아니한다"고 말한다(21:13; 롬 8:35; 고후 4:16). 사명완수가 생명부지보다 더 귀중하다는 것이다(고후 4:7-12; 빌 1:20-23). 예수님을 증언하는 것이 우리의 생명을 부지하는 것보다 더 중요하다는 뜻이다. 바울은 에베소 교회 장로들에게 생의 놀라운 목표를 제시하고 있다. 그는 결코 자신의 영웅적인 기질을 드러내는 것이 아니고 장도들에게 본을 끼치고 용기를 주는 말을 한 것이다.

행 20:25. 보라 내가 여러분 중에 왕래하며 하나님의 나라를 전파하였으나 이제는 여러분이 다 내 얼굴을 다시 보지 못할 줄 아노라.

바울은 자기가 지금까지는 "여러분 중에 왕래하며 하나님의 나라를 전파하였으나"(38절; 롬 15:23) 이제 앞으로는 "여러분이 다 내 얼굴을 다시 보지 못할 줄라"고 말한다. 여기 "하나님의 나라를 전파하였다"는 말은 바로 앞 절의 "하나님의 은혜의 복음을 증언하는 일"과 같은 뜻으로 쓰인 말이다. 그러니까 "하나님의 나라를 전파한다"는 말이나 "하나님의 은혜의 복음을 증언한다"는 말이나 똑 같은 말이다. 하나님의 나라는 은혜의 복음이 전파되는 곳에 이루어지기 때문이다. 우리는 은혜를 전파하여 하나님의 나라를 확장해 나가야 한다.

바울은 지금까지는 복음을 증거하여 하나님의 나라를 확장했으나 앞으로는 에베소교회의 장로들이 다시는 바울의 얼굴을 보지 못할 것이라고 말한다. 그는 앞으로 순교할 것을 내다보고 이런 말을 한 것이다. 그가 이번에 예루살렘에 올라가서 금방 순교할 것이라는 의미가 아니라 앞으로 언제든지 주님을 위하여 죽을 것을 내다보고 이런 말을 한 것이다.

그렇다면 과연 에베소교회의 장로들이 바울을 다시 못 보았는가 하는 문제가 있다. 바울은 감옥에 갇혀서 쓴 옥중서신 중에 빌립보서 1:26에 앞으로 자신이 석방될 것이라는 가능성을 비쳤고 또 딤전 1:3138)이나, 3:14은 아시아를 다시 방문한 듯이 보이는 표현을 했다. 그러면 이 문제를 어떻게 풀어야 하는가. 다시 말해 다시는 바울의 얼굴을 못 볼 것이라는 바울의 말과 바울 서신의 다른 곳에서 에베소를 다시 방문한 듯이 표현한 것을 두고 어느 것이 바른 것인가. 1) 혹자는 바울이 훗날 로마 옥에서 잠시 나와서 에베소를 재방문했으나 오래 전에 보았던 장로들은 거의 대부분 죽었거나 아니면 다른 곳으로 이사를 해서 바울은 그들을 볼 수 없었으니 바울의 본문의 말이 바르다고 말한다. 그러나 이 설명은 순전한 추측의 범위를 넘지 못한다. 2) 혹자는 바울이 예루살렘에 올라가서 틀림없이 죽을 것이라고 하는 생각을 가지고 있었다. 그래서 그렇게 말한 것이다. 그러나 누가가 사도행전을 기록할 때 바울은 예루살렘에서 죽지 않고 계속해서 복음을 전했으니(28:31) 이 견해를 받기가 어렵다. 3) 혹자는 바울이 로마에 가서 죽을 것을 기대했다고 말한다. 그래서 바울은 에베소 교회 장로들을 못 보게 될 것이라고 말했다는 것이다. 그러나 누가가 사도행전을 기록할 때 바울은 로마에서 죽지 않고 계속해서 복음을 전했으니(28:31) 이 견해도 받기가 어렵다. 4) 바울은 로마나 다른 지역들을 방문할 것만 겨냥했다. 다시 말해 그는 에베소에 다시 돌아올 의향은 전혀 없었기에 이런 말을 했다고 주장한다. 만약 우리가 바울이 스페인을 방문했다고 가정한다면 이

---

138) 바울은 첫 번 로마 옥에 2년간 갇혔다가 일단 석방된 후에 디모데와 에베소에서 함께 있다가 마게도냐를 향해 떠나가면서 디모데에게 에베소에 계속 머물라고 부탁한 것으로 보인다 (1:3). 바울은 에베소에서 디모데와 함께 계속해서 머물 수는 없었다. 그는 마게도냐로 갈 수밖에 없었는데(행 20:1, 3; 빌 2:24) 디모데도 함께 가기를 소원했다. 그래서 바울은 마게도냐로 갈 때 디모데를 권하여 "에베소에 머물라"고 권했다. "머물라"(προσμεῖναι)는 말은 '계속 머물라'는 뜻이다. 에베소 교회의 이단을 경계하기 위해 디모데가 '계속해서 머물러야 한다'는 것이다. 김수흥, 데살로니가전후서, 디모데전후서, 디도서주해, 신약성경주해 (서울: 기독교연합신문, 2007), p. 179.

학설은 믿을만한 학설로 보인다. 그리고 혹시 로마 옥으로부터 석방되어 다시 잠간동안 에베소 교회의 장로들을 본다하더라도 바울이 그들의 목자의 입장에서 보는 것은 아니니 바울이 말한바 장로들이 다시는 바울의 얼굴을 못 볼 것이라는 말은 옳다고 할 수 있다(Kistemaker). 바울은 에베소 교회의 장로들에게 무거운 책임감을 심어주고 있다. 5) 렌스키(Lenski)는 "바울이 이와 같은 말을 영감(계시)에 의하여 언급했으리라고 생각할 필요는 없다. 왜냐하면 의심할 여지없이, 바울 사도는 항상 영감을 받은 것은 아니기 때문이다. 모든 점에 있어서 계시를 받은 것은 아니었다"고 말한다.[139] 다시 말해 바울은 영감에 의하여 말한 것이 아니고 그저 앞으로 자신이 순교의 제물이 될 것으로 알아서 그런 말을 했는데 그는 훗날 석방되어 고린도, 드로아, 밀레도를 방문했었고(딤후 4:13, 20), 에베소까지 방문했다는 것이다 (딤전 1:3). 위의 학설들 중에 마지막 두 학설(네 번째, 다섯 번째 학설)이 본 절의 뜻을 드러내는 것으로 보인다.

행 20:26-27. 그러므로 오늘 여러분에게 증언하거니와 모든 사람의 피에 대하여 내가 깨끗하니 이는 내가 꺼리지 않고 하나님의 뜻을 다 여러분에게 전하였음이라.

바울은 "그러므로"(διότι)란 말을 써서 에베소 교회 목회의 결론을 내리고 있다. 즉 "(결론적으로 말해서) 오늘 여러분에게 증언하거니와 모든 사람의 피에 대하여 내가 깨끗하다"는 것이다(18:6; 고후 7:2). 바울은 에베소 교회의 사역에 대한 결론을 내리는데 있어 엄숙하게도 "오늘 여러분에게 증언한다" 는 말을 사용하여 말한다. 바울은 "증언한다"는 말로 결정적인 선언을 하고 있는 것이다(26:22; 갈 5:3). 바울이 결정적으로 증언하는 것은 "모든 사람의 피에 대하여 내가 깨끗하다"는 말이다(18:6). '에베소 교회의 모든 성도들의 멸망에 대하여 바울 사도는 책임이 없다'는 뜻이다. 에스겔 3:18-21에 보면

---

139) Lenski, *사도행전* (하), 성경주석, 차영배 역, p. 296.

선지자의 책임이 막중함을 말하고 있다. 선지자가 국민들을 깨우치지 않아서 국민들이 멸망하면 그 멸망에 대한 책임이 선지자에게 있고, 선지자가 국민들에게 외쳤는데도 국민들이 듣지 않아 망하면 선지자는 책임이 없다는 것을 말하고 있다. 바울은 에베소 교회의 성도들에게 은혜의 복음을 가르칠 만큼 가르쳤으니 그들이 망한다고 해도 바울은 책임이 없다는 것이다.

바울은 "내가 꺼리지 않고 하나님의 뜻을 다 여러분에게 전하였기" 때문에 사람들의 멸망에 책임이 없다고 말한다(20절; 눅 7:30; 요 5:15; 엡 1:11). 본문의 "하나님의 뜻"(τὴν βουλὴν τοῦ θεου)이란 말은 '하나님의 인류구원 계획'을 지칭한다. 하나님은 인류를 구원하시기 위하여 그리스도를 보내셨고 또 그리스도로 하여금 십자가에서 대속의 죽음을 죽게 하셨으며 또 인류를 의롭다하시기 위하여 그리스도를 부활하게 하셨다. 바울은 이 모든 사실을 다 전하였다. 오늘의 전도자들도 성도들의 멸망에 대하여 책임질 일이 없어야 한다. 혹시 성도들 중에 하나라도 멸망한다면 그것은 바로 그 자신이 듣지 않았고 순종하지 않았기 때문에 망하는 것이다.

b. 바울이 장로들에게 부탁하다 20:28-31

행 20:28. 여러분은 자기를 위하여 또는 온 양 떼를 위하여 삼가라 성령이 그들 가운데 여러분을 감독자로 삼고 하나님이 자기 피로 사신 교회를 보살피게 하셨느니라.

바울은 본 절부터 31절까지 에베소 교회 장로들에게 몇 가지를 부탁한다. 바울은 에베소 교회의 장로들을 향하여 바울 자신을 본받아서 "자기를 위하여 또는 온 양 떼를 위하여 삼가라"고 부탁한다(딤전 4:16; 벧전 5:2). "삼가라"(προσέχετε)는 말은 '주의하라,' '경계하라,' '집착하라'는 뜻으로 장로들은 자기 자신을 위해서도 경계태세를 강화하고 성도들을 위해서도 항상 경계태세를 강화하라는 것이다. 구체적으로 말해서 교인들을 돌보아야 하고(본 절 하반 절), 이단을 척결해야 하며(29-30절), 바울이 삼년이나 밤낮 쉬지 않고 교훈한 것을 기억하여 교인들을 잘 양육해야 한다고 말한다(31절).

온 양떼를 위하여 삼가라는 이유는 "성령이 그들 가운데 여러분을 감독자로 삼고 하나님이 자기 피로 사신 교회를 보살피게 하셨기" 때문이라는 것이다(고전 12:29; 엡 1:7, 14; 골 1:14; 히 9:12; 벧전 1:19; 계 5:9). 장로는 다른 말로 성도들을 보살핀다는 뜻에서 감독자라고 할 수 있는데 장로들을 감독자로 삼은 것[140]은 성령님이 하신 일이니 하나님께서 아드님의 피로써 사신 교인들을 돌아보아야 한다는 것이다. "하나님이 자기 피로 사신 교회"란 말은 '하나님께서 아드님으로 하여금 피를 흘리게 하셔서 속량하신 교회'라는 뜻이다. 하나님은 교회를 구원하시기 위하여 그리스도로 하여금 십자가에서 피를 흘리게 하셨다.

행 20:29. 내가 떠난 후에 사나운 이리가 여러분에게 들어와서 그 양 떼를 아끼지 아니하며.

바울은 자신이 떠난 후에 밖으로부터 거짓 스승(이단자, 유대주의자, 영지주의자)의 침입이 있을 것이라고 경고한다(빌 3:2; 살후 2:8 참조). "바울이 떠난 후에 사나운 이리가 여러분에게 들어와서 그 양 떼를 아끼지 아니할" 것이라고 경고한다(마 7:15; 벧후 2:1). 본문의 "사나운 이리"란 말은 '거짓 스승,' '이단자'를 지칭하는 말이다. "사나운 이리"가 "양 떼"를 전혀 아끼지 않듯이 이단자들은 성도들을 아끼는 법이 없다. 영혼을 빼앗고 재산을 빼앗으며 정조를 빼앗는다. 오늘도 어떤 이단자는 한 사람이 수천 명의 여성도의 정조를 유린하는 것을 볼 수 있다. 이단자는 중생하지 않은 자들이니 양심이 마비된 사람들이다. 그들은 자기의 육신의 자식들이나 아낄 줄 알지 성도들을 아낄 줄은 모른다. 무자비한 사람들이다.

행 20:30. 또한 여러분 중에서도 제자들을 끌어 자기를 따르게 하려고 어그러

---

140) "장로"와 "감독"은 동의어로 쓰였다. 2세기 이후에 장로와 감독의 구분이 생겼다. 오늘 장로(목사)보다 감독이 더 높은 것으로 아는 사람들이 있으나 성경에서는 동의어로 사용되었다.

진 말을 하는 사람들이 일어날 줄을 내가 아노라.

바울은 앞 절에서는 밖에서 침입하는 이단에 대해서 경고했는데 이제 본 절에서는 안에서도 거짓 교사들이 일어날 것이라고 경고한다(갈 4:17; 골 2:8; 딤전 1:19f; 4:1f; 딤후 1:15; 2:17f; 요일 2:19). 교회 안에서 일어나는 거짓 교사들(후메네오, 알렉산더, 부겔로, 허모게네, 데마 같은 사람들)은 "자기를 따르게 하려고 어그러진 말을 한다." 그들은 교인들로 하여금 그리스도를 따르게 하기 보다는 자기들을 따르고 자기들을 높이도록 "어그러진 말"을 한다. "어그러진 말"이란 '구부러진 말,' '썩은 말,' '진리에서 멀리 떠난 말'이라는 뜻으로 거짓 교사들은 바른 말을 하지 않고 진리에서 멀리 떨어진 말을 하여 사람들로 하여금 자신들을 따르게 한다. 에베소 교회에는 이단들이 있었다(계 2:2). 바울은 그런 거짓 교사들이 에베소 교회에서도 "일어날 줄 알았다." 바울은 성령님께서 깨우쳐주심으로 알았다.

행 20:31. 그러므로 여러분이 일깨어 내가 삼 년이나 밤낮 쉬지 않고 눈물로 각 사람을 훈계하던 것을 기억하라.

바울은 "그러므로," 즉 '밖으로부터 이단자들이 들어오고 또 장로들 중에서나 혹은 교인들 중에서 거짓 교사들이 일어날 것임으로' "여러분이 일깨어 내가 삼 년이나 밤낮 쉬지 않고 눈물로 각 사람을 훈계하던 것을 기억하라"고 말한다(19:10). '여러 장로들이 정신을 차려서(watch) 내(바울)가 삼년이나 밤과 낮으로 쉬지 않고 눈물을 흘려가며 각 사람을 훈계하던 것을 기억하고 이단자들과 거짓 교사들을 물리치라'는 말이다. 사람이 정신을 차리지 않으면 이단자가 옆에 있어도 알 수 없을 것이며 또 교회의 장로들 중에서나 교우들 중에서 거짓교사들이 일어나도 모를 수 있는 것이니 주의해야 한다는 것이다. 장로들은 정신을 차려서 사도의 교훈을 기억하고 그 교훈대로 교인들을 돌보아야 할 것이었다.

　　c. 바울은 에베소 장로들을 주님께 부탁하다　20:32

행 20:32. 지금 내가 여러분을 주와 및 그 은혜의 말씀에 부탁하노니 그 말씀이 여러분을 능히 든든히 세우사 거룩하게 하심을 입은 모든 자 가운데 기업이 있게 하시리라.

바울은 앞 절까지 장로들에게 몇 가지를 부탁한 다음 이제 본 절에서는 사도의 부탁을 실행해야 할 장로들을 "주와 및 그 은혜의 말씀에 부탁한다"고 말한다(히 13:9). 사도의 말씀을 잘 수행하기 위해서는 은혜가 필요한 고로 바울은 장로들을 예수님께 부탁하고 또 예수님의 은혜의 말씀에 부탁하고 있다. 바울은 주님과 주님의 말씀을 동격으로 놓고 있다. 주님의 말씀은 살아있는 말씀인고로(사 49:2; 렘 23:29; 고후 10:4-5; 히 4:12; 벧전 1:23) 복도 주시고 화도 주신다. 주님의 말씀은 우주를 유지하시고 모든 것을 주관하신다.

바울은 주님의 말씀에 장로들을 부탁했는데 그 말씀의 효용을 말한다. 곧 "그 말씀이 여러분을 능히 든든히 세우사 거룩하게 하심을 입은 모든 자 가운데 기업이 있게 하시리라"고 말한다(9:31; 26:18; 엡 1:18; 골 1:12; 3:24; 히 9:15; 벧전 1:4). 바울은 주님의 말씀이 하시는 일이 두 가지라고 한다. 첫째, 장로들과 성도들을 "능히 든든히 세우신다"고 말한다. '능히 튼튼한 교회로 세워지게 하신다'는 것이다. 말씀을 듣고 읽고 묵상하고 연구할 때 성도의 신앙은 든든해지고 교회의 회원으로서 흔들림 없이 세워지게 된다. 둘째, "거룩하게 하심을 입은 모든 자 가운데 기업이 있게 하시리라"고 말한다. 말씀은 세상에서만 성도들을 든든한 신자가 되게 하는 것이 아니라 세상으로부터 구별함을 입은 모든 성도들 가운데 하늘 기업을 얻게 해주신다는 뜻이다(갈 4:1; 히 6:19). 주님의 말씀은 성도로 하여금 하늘의 구원을 얻게 한다. 그런고로 우리는 주님을 바라보면서 말씀을 읽고 묵상하고 연구하는 일에 최선을 다해야 한다.

d. 자신의 지난날의 삶을 들어 장로들에게 권고하다 20:33-35
바울이 이렇게 자신의 지난날의 깨끗한 삶을 말하는 것은 자랑하기 위함

이 아니고 장로들로 하여금 본을 받아 교회를 돌보라는 뜻이다. 성령의
사람은 자랑하지 않는다(고전 13:4).

행 20:33. 내가 아무의 은이나 금이나 의복을 탐하지 아니하였고.

바울은 지금까지 중요한 재산목록들을 탐하지 아니했다고 말한다(삼상 12:3;
왕하 5:22; 고전 9:12; 고후 7:2; 11:9; 12:17). 바울은 성경에 재물을 탐하지
말라고 말씀한(딤전 3:3b; 딛 1:7b)대로 탐하지 아니했다고 말한다. 바울은
모든 것을 배설물로 여기면서 살았다(빌 3:7-8). 오늘 우리에게 필요한 것이
있다면 하나님께서 주실 터인데(삼하 12:8) 탐할 필요가 없다. 바울이 이렇게
자기가 과거에 깨끗하게 산 것을 말하는 이유는 에베소 교회의 장로들로
하여금 성도들 앞에서 바로 살게 하기 위함이었다.

행 20:34. 여러분이 아는 바와 같이 이 손으로 나와 내 동행들이 쓰는 것을 충당하여.

바울은 무엇을 탐하지 아니했을(앞 절) 뿐 아니라 오히려 에베소 교회 장로들
이 아는바와 같이 자신의 손으로 장막을 만들어서 자신이 써야 할 비용과
"동행들이 쓰는 것을 충당했다"고 말한다(18:3; 고전 4:12; 살전 2:9; 살후
3:8). 성경 주해 자들은 바울이 "이 손으로"라고 말할 때 자기의 손을 들어
보이면서 말했을 것이라고 해석한다. 옳은 주해이다. 바울은 놀랍게도 여러
동행자들이 쓰는 비용(생활비, 교통비 등)을 감당했다. 오늘도 자급 전도를
해야 하는 경우가 발생하면 자급전도를 해야 할 것이다. 그러나 교역자가
하나님으로부터 교회를 통하여 생활비를 받는 것은 당연한 것이다(고전
9:14; 갈 6:6; 빌 4:10, 16; 딤전 5:18; 딤후 2:6). 주님께서도 교역자가
생활비를 받는 것은 당연하다고 말씀하신다(마 10:10). 만약에 교역자가
자급 전도를 하느라 사업에 더 신경을 쓰면 하나님께서 기뻐하지 않으신다.
교역자는 기도하는 일과 말씀 전하는 일을 전심해야 한다(6:4). 그럴 때
하나님께서 물질도 공급하신다.

행 20:35. 범사에 여러분에게 모본을 보여 준 바와 같이 수고하여 약한 사람들을 돕고 또 주 예수께서 친히 말씀하신 바 주는 것이 받는 것보다 복이 있다 하심을 기억하여야 할지니라.

바울은 친히 수고하여 자신의 비용을 부담했을 뿐 아니라 동행들의 비용을 감당했고(앞 절) 또 범사에 에베소 교회의 장로들에게 "모본을 보여 준바와 같이 수고하여 약한 사람들을 도왔다"(롬 15:1; 고전 9:12; 고후 11:9, 12; 12:13; 엡 4:28; 살전 4:11; 5:14; 살후 3:8). 여기 "약한 사람들"이란 말은 동행들을 지칭하지 않고(동행들이란 말은 앞 절에 나와 있다) '에베소 교회에서 전도할 때 만났던 약한 사람들'을 지칭한다. 그러니까 본 절의 "약한 사람들"이란 말은 앞 절에서 말한 동행자들과 별도로 '병든 자나 의지할 곳 없었던 사람들'을 말한다. 바울이 이렇게 동행들의 필요를 감당했고 또 약한 사람들을 도운 것은 예수님께서 말씀하신바 "주는 것이 받는 것보다 복이 있다"는 말씀의 원리를 따랐던 것이다. 바울이 이렇게 본을 보였으니 장로들도 주님의 말씀을 기억하여 적용해야 한다는 말이다. 주님의 이 말씀은 복음서에 기록되지는 않았고 그 정신은 여기저기 기록되어 있다(눅 6:38; 요 13:34). 하나님은 독생자를 세상에 주셨으며 또 독생자와 함께 모든 것을 주셨다(롬 8:32). 그리스도께서도 세상에 계시는 동안 인류에게 은혜를 베푸셨고 최후에는 그 생명까지 주셨다. 우리는 주님의 말씀 곧 주는 것이 받는 것보다 복이 있다함을 기억해야 한다. 우리가 주면 결국은 하나님으로부터 넘치게 받는다(눅 6:38).

6. 고별설교 후 이별하다 20:36-38

바울은 고별설교를 한(17-35절) 후 모든 사람과 함께 기도했고(36절), 또 성도들로서는 말할 수 없는 감정에 북받쳐 눈물로 결별하고(37절) 배에까지 전송했다(38절).

행 20:36. 이 말을 한 후 무릎을 꿇고 그 모든 사람들과 함께 기도하니.

바울이 고별설교를 한 후 "무릎을 꿇고 그 모든 사람들과 함께 기도했다"(7:60; 21:5). 무릎을 꿇고 기도한 것은 기도 때에 흔히 취한 태도였다 (7:60; 21:5; 엡 3:15). 예수님도 무릎을 꿇고 간절하게 기도하셨다(마 26:39; 눅 22:41-42). 바울은 혼자만 기도한 것이 아니라 "그 모든 사람들과 함께 기도했다." 에베소 교회의 장로들과 함께 기도했다는 뜻이다. 바울은 그들 장로들을 하나님께 부탁하는 기도를 드렸고 그들이 목회를 잘 하도록 하나님 께 기도했다. 오늘 혹시 설교를 끝내고 그냥 좌석으로 물러가는 전도자들이 있다. 설교에 적합한 기도를 하는 것이 옳다.

행 20:37. 다 크게 울며 바울의 목을 안고 입을 맞추고.

에베소 교회의 장로들은 첫째, "다 크게 울었다." 한 사람도 빠짐없이 다 울은 모양이다. 둘째, 바울의 "목을 안고 입을 맞추었다"(창 45:14; 46:29). '바울의 목을 안고 입을 맞춘 것'은 당시의 격한 슬픔 때문이었다(창 33:4; 45:14; 눅 15:20). 바울이 그들과 함께 있으면서 그들을 사랑한 것을 잊을 수 없어서 그리고 다시는 바울의 얼굴을 못 볼 것이라는 말을 들었으니 그들은 다 크게 울면서 바울의 목을 안고 입을 맞추었다(25절). 오늘의 작별 인사보다는 인간미가 물씬 풍기는 작별인사를 한 것이다.

행 20:38. 다시 그 얼굴을 보지 못하리라한 말로 말미암아 더욱 근심하고 배에까지 그를 전송하니라.

바울이 한 말, 곧 "다시 그 얼굴을 보지 못하리라한 말로 말미암아"(25절) 에베소 교회의 장로들은 더욱 슬픔에 잠겨 배에까지 바울을 전송했다. '땅 위에서는 다시 바울을 보지 못하리라는 말 때문에 슬픔에 완전히 압도된 채 배에까지 바울을 전송한 것이다.' 그렇게 전송을 하고 또 전송을 받았지만 훗날 하나님의 섭리로 로마 옥에서 잠시 출옥하여 에베소에서 다시 만나게 되었다(딤전 1:3; 3:14).

제 21 장

바울이 제 3차 전도여행을 마치고 예루살렘을 방문한 후 체포되다

7. 예루살렘까지의 여정   21:1-16

밀레도에서 에베소 교회 장로들 앞에서 고별설교를 한 바울은 서둘러 밀레도를 떠나 예루살렘을 향한다. 먼저 누가는 밀레도에서 두로까지의 여정을 말하고(1-6절), 두로에서 가이사랴까지(7-14절), 가이사랴에서 예루살렘까지의 여정을 말한다(15-16절). 누가는 바울이 두로에서 예루살렘으로 올라가지 말라는 권고를 받은 사실과 또 가이사랴에서 아가보의 만류를 받은 사실을 특기한다.

a. 밀레도에서 두로까지의 여정   21:1-6

행 21:1. 우리가 그들을 작별하고 배를 타고 바로 고스로 가서 이튿날 로도에 이르러 거기서부터 바다라로 가서.

"우리," 즉 '바울과 누가 그리고 동행자들'이 에베소 교회의 장로들을 "작별했다." 여기 "작별했다"($\dot{\alpha}\pi\sigma\sigma\pi\alpha\sigma\theta\acute{\epsilon}\nu\tau\alpha\varsigma$)는 말은 부정(단순)과거 수동태 분사로 '억지로 갈려졌다,' '떼어졌다'는 뜻으로 헤어지기 싫은 양측이 마치 강제로 헤어지듯 헤어진 것을 지칭하는 말이다. 바울과 에베소 교회의 장로들은 떨어지기 싫었는데 할 수 없이 서로 헤어졌다는 것이다. 바울은 그들을 뒤로 하고 "배를 타고 바로 고스로 가서 이튿날 로도에 이르러 거기서부터 바다라로 갔다." 즉 바울 일행은 배를 타고 바로 "고스"(Cos. 밀레도에서 남쪽으로 대략 64km 지점이다)[141]라는 곳에 갔고 이튿날 "로도"(Rhodes.

---

141) "고스"(Cos)는 소아시아의 서 남단 할리카르나소스(Halicarnassus)와 니도(Cnidus) 갑 사이에 있는, 길이(동서) 45㎞, 넓이 10㎞, 면적 248㎢의 큰 돌고래 모양의 섬이다. 이곳은

고스로부터 남쪽으로 대략 80km 지점에 있는 섬이며 항구이다)142)에 이르렀
고 거기서부터 "바다라"(Patara. 로도 섬의 맞은편으로 64km 지점에 있는
항구이다).143) 이상 세 곳의 항로는 매일 수백 척의 배들이 다녔던 전형적인
코스였다(Ramsay).

**행 21:2-3. 베니게로 건너가는 배를 만나서 타고 가다가 구브로를 바라보고
이를 왼편에 두고 수리아로 항해하여 두로에서 상륙하니 거기서 배의 짐을
풀려 함이러라.**

"우리," 즉 '바울과 누가 그리고 동행자들'은 "바다라"에서 "베니게"
(Phoenicia. 11:19주해 참조. 현재의 레바논을 지칭한다)로 건너가는 배를
타고 가다 구브로 섬에는 들르지 않고 구브로 섬을 왼편에 두고 수리아로
항해하여 두로(Tyre. 12:20주해 참조)에서 상륙했다. 거기서 상륙한 이유는
바울 일행이 탄 배가 짐을 풀기 위해서였다.

**행 21:4. 제자들을 찾아 거기서 이레를 머물더니 그 제자들이 성령의 감동으
로 바울더러 예루살렘에 들어가지 말라 하더라.**

바울 일행은 두로에서 "제자들을 찾아 거기서 이레를 머물렀다." 여기
"제자들"이란 말은 '예수님을 믿는 신자들'을 지칭한다. 그런데 바울은
제자들을 "찾았다"고 말했는데 "찾았다"(ἀνευρόντες)는 말은 부정(단순)
과거 분사 시제로 '열심히 찾아 만난 것'(to find by diligent search)을

유대인의 예루살렘 순례자를 태운 배의 정박지이며, 바울이 3차 전도여행에서 돌아올 때도
여기서 정박했다(행 21:2).
142) "로도"(Rnodes)는 소아시아의 서남 해안으로부터 19km 지점에 있는 섬(로도스)인데,
현재는 희랍 영토로 되어있다. 길이 84km, 폭 38km, 면적 1,404km²(제주도 1,840km²)인데, 같은
이름의 수도 로도가 동 북안에 있고, 고대 희랍에 있어서 가장 중요하고 번영한 도시 중 하나였다.
바울은 제 3차 전도 여행 시 드로아에서 가이사랴로 돌아가는 도중 이 항구에 들렀다(행 21:1).
143) "바다라"(Patara)는 소아시아 남서부에 있는 루기아의 요항인데, 크산토스(Xanthus,
터키어로는 Koca Seki) 하구의 동남쪽 11km 지점에 있다. 이 유역은 루기아 최량(最良)의 부분이
며, 일찍부터 바다 통상 도시로서 번영하였다. 바울은 마지막 예루살렘 여행 때 여기까지
에게해 연안 취항의 속도가 느린 소형선을 타고 남하하여 여기서 베니게행의 대형선을 갈아타고
두로로 갔다(행21:2).

지칭한다. 아마 신자가 많지 않았던 것으로 보인다. 이곳에 약간의 신자가 생긴 것은 스데반의 환란 때 흩어진 신자들이 베니게까지 와서 복음을 전하여 교회가 세워졌고(11:19) 또 바울과 바나바가 돌아다니면서 복음을 전할 때 복음을 받은 자들이 교회를 세웠을 것이다. 바울 일행은 몇 명 안 되는 신자들을 만나서 너무 반가워서 한 주간을 함께 지냈다. 그런데 두로의 신자들은 많지 못했으나 믿음이 성장하여 성령의 감동으로 예언하는 자들이 있었다. 두로의 신자들은 "성령의 감동으로 바울더러 예루살렘에 들어가지 말라"고 말했다(12절; 20:23). 두로의 신자들은 성령의 인도를 따라 바울을 향하여 예루살렘에 들어가지 말라고 부탁했고 바울은 또 성령의 인도를 따라 예루살렘에 올라가고 있었다. 두로의 신자들은 성령께서 바울이 앞으로 환란을 만날 것을 가르쳐 주었고 예루살렘에 올라가지 말라는 말은 그들의 인간적인 애틋한 심정에서 말한 것이다(Knowling, Bruce, 박윤선, 이상근).

행 21:5-6. 이 여러 날을 지낸 후 우리가 떠나갈 새 그들이 다 그 처자와 함께 성문 밖까지 전송하거늘 우리가 바닷가에서 무릎을 꿇어 기도하고 서로 작별한 후 우리는 배에 오르고 그들은 집으로 돌아가니라.

배의 선원들이 한 주간 동안 짐을 다 푼 후 바울 일행이 머물던 곳을 떠날 때 "그들이 다 그 처자와 함께 성문 밖까지 전송하거늘 우리가 바닷가에서 무릎을 꿇어 기도했다." 곧 '두로의 믿는 형제들이 다 처자(妻子)와 함께 성문 밖까지 전송하러 나왔는데 전송을 받는 바울 일행과 전송하는 두로의 신자들이 바닷가에서 무릎을 꿇고 기도했다(20:36). 이 장면은 밀레도에서 바울 일행이 떠나올 때의 광경을 연상하게 한다. 그러나 감정은 밀레도에서 보다는 덜 한 것을 볼 수 있다. 밀레도에서는 에베소 교회의 장로들이 "다 크게 울며 바울의 목을 안고 입을 맞추었는데" 두로에서는 그런 광경은 없었으나 거의 전 교인(처자와 함께 교인들이 나왔으니 말이다)이 바닷가까지 나와서 함께 서로서로를 위해 기도하였다. 바울은 두로의

교회가 성장하기를 위해 기도했을 것이고 두로의 성도들은 바울 일행의
안전 여행을 위해 기도했을 것이다. 귀한 일이었다. 삼년간 목회한 에베소
교회의 장로들이나 한 주간 함께 지낸 두로의 성도들이나 거의 똑같이
전도자 바울 일행을 향하여 그리스도의 사랑으로 대했다. 성도들은 한
주간 동안 사귀거나 오래 사귀거나 참으로 이상하게도 서로 끌리는 그
무엇이 있다. 바로 그리스도의 사랑 때문이다. 그들이 바닷가에서 함께
기도한 후 서로 작별한 후 바울 일행은 배에 오르고 그들은 집으로 돌아갔
다. 참으로 아름다운 광경이었다.

b. 두로에서 가이사랴까지의 여정   20:7-14

**행 21:7. 두로를 떠나 항해를 다 마치고 돌레마이에 이르러 형제들에게
안부를 묻고 그들과 함께 하루를 있다가.**

바울 일행이 두로를 떠나 항해를 다 마치고 돌레마이[144](Ptolemais. 두로로
부터 남쪽으로 대략 43km 지점에 있는 항구)에 이른 다음 형제들을 만나
안부를 묻고 그들과 함께 하루를 지냈다. 이렇게 가는 곳마다 그 곳에서
얼마 동안 지냈다고 누가는 보고한다. 돌레마이에 믿는 신자들이 있었던
것은 아마도 빌립집사의 전도에 의한 것으로 보인다.

**행 21:8. 이튿날 떠나 가이사랴에 이르러 일곱 집사 중 하나인 전도자 빌립의
집에 들어가서 머무르니라.**

바울 일행은 돌레마이에서 하루를 지낸 다음 "이튿날 떠나 가이사랴에 이르
러 일곱 집사 중 하나인 전도자 빌립의 집에 들어가서 머물렀다." 여기
돌레마이에서 가이사랴에까지 간 것을 두고 혹자는 수로(水路)로 갔다고
주장하기도 하며 또 다른 학자들은 육로(陸路)로 갔다고 주장하기도 한다.
육로로 갔다고 주장하는 학자들은 돌레마이가 그동안 지나온 항구 중에

---

144) 구약성경에서는 "악고"(Acco. 삿 1:31)라는 이름으로 나온다. 오늘날 이 도시는 아카
(Akka)라는 이름으로 불리고 있다.

마지막 항구라는 논리에서 얻은 결론이고 또 수로로 갔다고 주장하는 학자들은 둘로 갈린다. 하나는 가이사랴가 헤롯 대왕이 예루살렘의 항구로 사용하기 위해 만든 항구 도시이기 때문에 돌레마이로부터 가이사랴까지 수로로 갔다고 하고(Stott) 또 다른 부류의 학자들은 문맥(7절의 "continued"-NIV-라는 낱말을 보아서)을 보아 돌레마이로부터 가이사랴까지 수로로 갔다고 주장한다(Kistemaker, Marshall). 브루스(Bruce)도 배로 갔다고 하는 편을 택하고 있다. 그러면서도 브루스는 육로로 갔다고 해석하는 것도 가능한 해석이라고 했다. 정황으로 보아 돌레마이로부터 가이사랴까지 수로 간 것으로 보는 것이 문맥에 더 가까울 것으로 보인다.

바울 일행은 돌레마이로부터 남쪽 56km 지점에 있는 가이사랴에 도착하여 "일곱 집사 중 하나인 전도자 빌립의 집에 들어가서 머물렀다." 빌립은 사도가 아니고 일곱 집사 중 하나(6:5; 8:26, 40)였고 또 전도자로도 잘 알려진 사람이었는데(8:4-13; 엡 4:11; 딤후 4:5) 바울 일행은 가이사랴에 와서 빌립의 집에 들어가서 기거했다(8:5-40). 바울에게는 전도자 빌립의 집이 낯 설은 집이 아니었다. 바울은 가이사랴를 과거에 벌써 두 번이나 방문했었다(9:30; 18:22).

행 21:9. 그에게 딸 넷이 있으니 처녀로 예언하는 자라.
빌립에게는 딸 넷이 있었는데 다 처녀였고 또 예언하는 은사를 받아서 예언을 하고 있었다. 예언하는 은사란 성령의 은사 중에 하나의 은사로 신약 시대에 잠시 있었던 은사였다(고전 11:5; 14:1-4, 39). 2세기 교부들에 따르면 빌립과 그의 딸들은 소아시아 서쪽에 위치한 히에라폴리스로 이주하여 거기에서 생을 마감했다고 한다(Clement of Alexandria, *Stromata,* 3.6.52). 빌립은 자신도 집사요 전도자이면서 딸들도 다 예언자였으니(2:17; 욜 2:28) 복 받은 집안이었다.

행 21:10. 여러 날 머물러 있더니 아가보라 하는 한 선지자가 유대로부터

내려와.

바울 일행이 빌립 집사의 집에 여러 날 머물러 있는 중에 "아가보라 하는 한 선지자가 유대로부터 내려왔다." "아가보"는 전에 유대지방에 기근이 있을 것을 예언한 선지자였다(11:28). 그런데 이번에는 유대로부터 바울 일행이 유하고 있는 빌립의 집에 와서 바울이 앞으로 예루살렘에서 유대인들에게 결박될 것을 예언한다(다음 절).

행 21:11. 우리에게 와서 바울의 띠를 가져다가 자기 수족을 잡아매고 말하기를 성령이 말씀하시되 예루살렘에서 유대인들이 이같이 이 띠 임자를 결박하여 이방인의 손에 넘겨주리라 하거늘.

아가보가 바울 일행이 유하고 있는 집에 찾아와서 바울의 띠를 가져다가 자신의 손과 발을 잡아맨 다음 성령님께서 말씀하시는 말씀 곧 "예루살렘에서 유대인들이 이같이 이 띠 임자를 결박하여 이방인의 손에 넘겨주리라"고 했다(33절; 20:23). 아가보가 그냥 성령님께서 말씀하시는 내용을 대언하면 되었을 것을 바울의 띠(길이가 길고 폭이 넓은 천으로 허리와 어깨를 감싸는데 사용되었다)를 가져다가 자기의 수족을 잡아매고 예언한 것은 더 분명하게 성령님의 뜻을 드러내려는 것이었다. 이런 예언을 행동 예언이라 하는데 성경에 그 실례가 많이 나온다(왕상 11:29-32; 22:11; 사 20:2-4; 렘 13:1-7; 겔 4:1-17). 이 예언의 말씀대로 바울은 결박되어 이방인의 손에 넘겨졌다(27-33절). 하나님께서 주시는 예언의 목적은 세상에는 우연이란 것이 없고 모두 하나님의 뜻대로 진행하시는 것을 보여주기 위한 것이다.

행 21:12. 우리가 그 말을 듣고 그 곳 사람들과 더불어 바울에게 예루살렘으로 올라가지 말라 권하니.

"우리," 즉 '누가와 동행들'이 아가보의 예언을 듣고 가이사랴의 성도들과 더불어 "바울에게 예루살렘으로 올라가지 말라 권했다." 동행들이나 제자들로서는 당연한 만류였다. 에베소의 제자들도 소요가 났을 때 바울이 연극장으로 뛰어 들어가려고 하는 것을 만류했었다(19:30-31). 비슷한 만류는 두로에서도 있었다(4절). 그러나 두로에서는 만류하는 사람들이 울지는 않았고 가이사랴에서는 만류하는 사람들이 울면서 만류했다. 더 강한 만류였다.

행 21:13. 바울이 대답하되 여러분이 어찌하여 울어 내 마음을 상하게 하느냐 나는 주 예수의 이름을 위하여 결박당할 뿐 아니라 예루살렘에서 죽을 것도 각오하였노라 하니.

바울의 동행자들과 가이사랴의 성도들의 간곡한 만류를 들은 바울은 대답하기를 "여러분이 어찌하여 울어 내 마음을 상하게 하느냐 나는 주 예수의 이름을 위하여 결박당할 뿐 아니라 예루살렘에서 죽을 것도 각오하였노라"고 말한다(20:24). 바울은 동행자들과 가이사랴의 성도들이 눈물을 흘리며 만류하는 말을 듣고 "어찌하여 울어 내 마음을 상하게 하느냐"고 말한다. 여기 "상하게 하다"($\sigma\upsilon\nu\theta\rho\acute{\upsilon}\pi\tau o\nu\tau\acute{\epsilon}s$)는 말은 '마음을 산산이 조각내다,' '산산이 부셔서 약하게 하다'는 뜻이다. 바울은 주위 사람들의 울음이 자신의 마음을 산산이 찢어 약하게 만들었다고 말한다. 우리는 때로 사람들의 눈물로 인해 마음이 약해지는 수가 있으나 주님의 뜻이라고 확신한다면 끝까지 밀고 나가야 한다. 바울은 그의 확신을 표명한다. "나는 주 예수의 이름을 위하여 결박당할 뿐 아니라 예루살렘에서 죽을 것도 각오하였노라"고 말한다. 바울은 두 가지를 각오했다고 말한다. 하나는 "주 예수의 이름을 위하여," 즉 '주 예수를 위하여' 결박당하는 것을 각오했다고 말하고, 또 하나는 "예루살렘에서 죽을 것도" 각오했다고 말한다. 바울은 주 예수를 위하여 목숨을 잃는 것도 준비했다는 것이다. 그는 순교를 각오하고 있었다(20:24). 우리도 모든 환경에 준비된 삶을 살아야 한다.

행 21:14. 그가 권함을 받지 아니하므로 우리가 주의 뜻대로 이루어지이다 하고 그쳤노라.

바울이 동행자들의 권고와 가이사랴 지방의 성도들의 간곡한 만류를 받지 않는 것을 보고 누가를 포함한 동행자들과 성도들은 "우리가 주의 뜻대로 이루어지이다 하고 그쳤다"고 말한다(마 6:10; 26:42; 눅 11:2; 22:42). 바울은 가이사랴에 오기 전부터 벌써 주님을 위하여 죽을 것을 각오했었다. 그는 에베소 사역을 마칠 무렵 예루살렘으로 가기를 소원했고(19:21) 그는 드로아를 떠나 남쪽으로 내려오면서 오순절 안에 예루살렘으로 가기를 소원했으며(20:16) 가이사랴에서 그는 예루살렘에 가기를 포기하지 않는 모습을 보였다. 그는 예수 그리스도께서 죽으러 예루살렘에 올라가셨던 것처럼 예루살렘에 가는 것을 소원하고 있었다. 누가를 포함한 동행들은 바울의 결의를 완전히 포착한 다음 "주의 뜻대로 이루어지이다"라는 말을 하고 더 이상 말하지 않았다. 그들은 예수님의 기도의 교훈을 본받아(마 6:10) "주의 뜻대로 이루어지이다"라고 말하고 더 이상 말하지 않고 그쳤다. 동행자들과 가이사랴의 성도들의 말은 예수님의 겟세마네 동산의 기도 중의 마지막 세 번째 기도의 말씀 "아버지의 원대로 되기를 원하나이다"를 연상하게 한다(마 26:42). 우리 역시 하나님의 크신 긍휼을 많이 구한 다음 마지막으로 "주의 뜻대로 이루어지이다"라고 말해야 할 것이다.

c. 가이사랴에서 예루살렘까지의 여정 20:15-16

행 21:15. 이 여러 날 후에 여장을 꾸려 예루살렘으로 올라갈새.

바울 일행은 가이사랴에서 여러 날을 지낸 후에 "여장을 꾸려 예루살렘으로 올라갔다." 가이사랴로부터 예루살렘까지는 104km(65마일)의 거리인데 서방 사본(the Western text)이 가이사랴로부터 예루살렘까지 이틀이 걸렸다고 말하는 것을 보면 아마도 말을 타고 갔을 것이니 그들이 "여장을 꾸렸다"는 말은 그들의 짐을 말위에 싣는 것을 뜻할 것이다. 걸어서 갔으면 이틀 이상

걸리는 거리이다.

행 21:16. 가이사랴의 몇 제자가 함께 가며 한 오랜 제자 구브로 사람 나손을 데리고 가니 이는 우리가 그의 집에 머물려 함이라.

바울 일행이 예루살렘으로 갈 때 "가이사랴의 몇 제자가 함께 갔다." 가이사랴 지방의 교회는 바울 일행에 대한 예우를 갖추어 바울 일행을 돌보기 위하여 교회의 몇 사람들을 동행시켰다. 바울 일행은 본래부터 동행한 9명(바울 일행 7명에 누가 포함)과 가이사랴의 몇 성도를 합치면 큰 무리가 된다.

그런데 본 절 하반 절의 헬라어 문장은 모호하다. 1) "한 오랜 제자 구브로 사람 나손을 데리고 가니 이는 우리가 그의 집에 머물려 함이라"(ἄγοντες παρ' ᾧ ξενισθῶμεν Μνάσωνί τινι Κυπρίῳ, ἀρχαίῳ μαθητῇ. -and brought with them one Mnason of Cyprus, an old disciple with whom we should lodge-KJV, NKJV, RV, ASV, NEB)고 번역할 수도 있고, 2) "우리를 구브로의 나손에게로 데리고 갔다. 그는 한 오랜 제자였는데 우리가 그 집에 머물려고 했다"(taking us to Mnason of Cyprus, a disciple of long standing with whom we were to lodge-JB, NASB, NAB, RSV, NIV, SEB)로 번역할 수도 있다. 이 두 번역 중에 두 번째의 것이 더 합리적인 번역이다. 이유는 첫 번째와 같이 번역하면 나손이 일행 중에 끼어있기도 하고 또 일행을 머물게 해주는 주인도 되기 때문에 어색하다. 그러니까 가이사랴의 몇 제자가 동행하는 이유는 그들이 예루살렘에 있는 나손을 잘 알고 있었고 또 나손의 집에까지 이르는 길을 잘 알고 있었기 때문이었다. 나손의 집은 상당히 컸던 모양이다. 여러 사람을 숙박시킬 수 있었으니 말이다. 나손이 "오랜 제자"라고 한 것은 오래된 제자란 뜻으로 성령강림 시에 성령 받은 120명 성도 중에 속했던 것으로 보인다. 나손은 또 이런 때에 이런 일로 쓰임을 받았다.

VI. 예루살렘이 복음을 배척하다 21:17-23:35

바울이 제 3차 전도여행을 마치고 드디어 예루살렘에 들어갔을 때 교회는 그를 환영했으나 일반 유대인들이 그에 대한 적의를 품고 배척한다 (21:17-26). 특별히 아시아에서 온 유대인들이 폭동을 일으켜 체포하여 죽이려 할 때 로마 군인들이 그를 구하였고(21:27-40) 유대 군중에게 변명할 기회를 가지게 했으며(22:1-30), 또 공회 앞에서 변명할 기회를 준다 (23:1-11). 그런 다음 바울은 가이사랴로 호송된다(23:12-35).

A. 예루살렘에서의 마지막 활동 21:17-26

일행과 함께 예루살렘에 들어간 바울은 교회로부터 환영을 받았으나 일반 유대인들은 바울에 대해 심한 적의를 품고 바울이 각처에서 구약의 율법을 전적으로 폐기했다고 선전하고 있었다. 이 때 교회의 지도자들은 바울을 권하여 구약의 법에 따라 결례를 행하여 바울도 율법을 지키는 사람이라는 것을 알리라고 권한다. 바울은 그대로 순종하여 결례를 행한다.

행 21:17. 예루살렘에 이르니 형제들이 우리를 기꺼이 영접하거늘.
바울은 나손의 집에서 하룻밤을 지내고 소원한대로(20:16) 예루살렘에 이르게 되었다. 그런데 "형제들," 곧 '교회의 대표자들'은 바울 일행을 기꺼이 영접해주었다(15:4). 바울은 오순절 안에 예루살렘에 도착한 것 같다. 27절에 보면 아시아로부터 유대인들이 온 것을 볼 수 있고 또 무리가 등장하는 것을 볼 수 있다. 오순절 절기이기 때문에 많은 사람들이 온 것이다.

행 21:18. 그 이튿날 바울이 우리와 함께 야고보에게로 들어가니 장로들도 다 있더라.
다음 날, 아마도 유대인의 안식일이었을 것으로 보이는데, "바울이 우리와 함께 야고보에게로 들어갔다." '바울이 누가를 포함한 일행과 함께 예수님의 동생 야고보(12:17; 15:13; 갈 1:19; 2:9)에게로 들어갔는데 그 때 장로들(이들은 수만 명이나 되는 교인들을 목양하는 사람들)도 다 그 자리에 있었다. 이 때 야고보와 장로들은 바울 일행을 환영했다. 즉 바울과 이방교회의 대표자들을 환영한 것이다. 아마도 이 때 바울과 일행은 이방 교회들로부터 수집한 구제금을 전달했을 것으로 보인다. 구제금은 바울에게는 큰 의의가 있는 것이었다. 바울은 이방에서 구제금을 수집하기 위하여 오랜 시간을 썼으며 심지어는 구제금을 예루살렘에 전달하기 위하여 로마와 서바나를 방문하는 일을 늦추기까지 했다(19:21). 구제금이 중요한 것은 그뿐만이 아니었다. 이 구제금이야 말로 그리스도 안에서 이방과 유대가 하나라는 것을 보여주는 끈이었다. 그리고 구제금은 이방신자들이 유대인 신자들을 사랑한다는 표시였다.

그런데 누가는 바울 일행을 영접한 것이 야고보와 장로들이라고 말하고는 예루살렘 교회의 사도들에 대해서는 언급하지 않는다. 베드로나 요한 그리고 다른 사도들은 다른 곳에 가서 복음을 전하고 있었거나 아니면 죽은 사람들도 있었을 것이다.

행 21:19. 바울이 문안하고 하나님이 자기의 사역으로 말미암아 이방 가운데서 하신 일을 낱낱이 말하니.
바울이 야고보과 장로들에게 문안한 다음 "하나님이 자기의 사역으로 말미암아 이방 가운데서 하신 일을 낱낱이 말한다"(1:17; ;15:4, 12; 20:24; 롬 15:18-19). 하나님께서 바울의 사역을 통하여 하신 일을 세밀하게 고했다. 제 3차 전도여행에서 하나님께서 역사하신 것을 보고하기에는 많은 시간이 걸렸을 것이다. 바울은 오랜 시간을 쓰면서 자세하게 보고했다. 지도자들과 모든 교인들은 바울을 통하여 하나님께서 역사하신 것을 듣고 하나님께 영광을 돌렸다. 아마도 그날은 오랜 시간 하나님께 많은 영광을 돌렸을 것이다.

행 21:20. 그들이 듣고 하나님께 영광을 돌리고 바울더러 이르되 형제여 그대도 보는 바에 유대인 중에 믿는 자 수만 명이 있으니 다 율법에 열성을 가진 자라.

예루살렘 교회의 지도자들과 성도들은 바울의 보고를 듣고 하나님께 영광을 돌렸다. 그리고 이방교회로부터 전해온 구제헌금을 받고 하나님께 영광을 돌렸다. 그런데 이제는 예루살렘 교회의 지도자들이 바울에게 한 가지를 조언한다. 즉 자기들로서는 바울에게 아무런 문제가 없는 것으로 알지만 예루살렘 안에 유대인 중에 믿는 자가 수만 명이나 되는데 그들이 바울에 대해서 오해를 하고 있다는 사실이다. 교회의 지도자들은 말하기를 "형제여 그대도 보는 바에 유대인 중에 믿는 자 수만 명이 있으니 다 율법에 열성을 가진 자"가 바울을 향하여 적개심을 품고 있다고 말한다. 야고보와 장로들은 바울을 향하여 "형제여"라고 부르면서 호감을 보이고 있다. 그리고 지도자들은 "그대도 보는 바에"라고 말한다. '바울도 다 아는바'라고 말한다. 바울도 벌써 분위기를 파악했을 것이라는 말이다. 그리고 지도자들은 "유대인 중에 믿는 자 수만 명이 다 율법에 열성을 가진 자"라고 말하면서 그들을 못마땅하게 여기고 있다(22:3; 롬 10:2; 갈 1:14). 지도자들은 벌써 그들과는 달리 은혜로 구원받는 줄을 다 알고 있기에 유대인 신자들과 간격을 두고 있다는 분위기를 풍긴다.

행 21:21. 네가 이방에 있는 모든 유대인을 가르치되 모세를 배반하고 아들들에게 할례를 행하지 말고 또 관습을 지키지 말라 한다 함을 그들이 들었도다. 지도자들은 바울에게 유대인 신자들이 바울에 대하여 오해하고 있는 세 가지를 말해준다. 첫째, 바울이 "이방에 있는 모든 유대인을 가르치되 모세를 배반하라"고 가르쳤다는 것이다. 사실은 예수님께서 모세의 율법을 다 이루셨으니 모세의 율법을 하나하나 지켜서 구원받으려고 할 것이 아니라 이미 예수님께서 이루셨으니 예수님을 믿어서 구원을 받으라고 가르쳤다. 이것은 그의 서신에서 분명하게 나타나고 있다. 둘째, 유대인들은 바울이 "아들들에게 할례를 행하지 말라"고 가르쳤다는 것이다. 바울은 예수님을 믿음으로 구원 받는 것이지 할례를 받아서 구원 받는 것은 아니라고 가르쳤다. 그런고로 할례는 해도 되고 하지 않아도 되는 것으로 각자 알아서 하도록 했다(16:3;

롬 14:3; 고전 7:18-19; 갈 5:6). 셋째, "관습을 지키지 말라"고 가르쳤다는
것이다. 여기 "관습"이란 말은 '전통'이란 뜻이다. 관습은 할례 같은 것을
포함하며 또 범위가 더 넓다고 할 수 있다. 그는 유대인의 관습을 지켜서
구원받는 것은 아니라고 가르쳤다. 그러나 바울은 유대인의 관습을 개인적으
로 지켰다. 겐그레아에서 서원이 있어서 머리를 깎았고 또 그의 서신에서
유대인의 자녀들에게 할례를 하는 것을 금하지는 않았다. 유대인들이 바울에
대해서 들은 것은 다 왜곡된 것이었다. 사람은 다른 사람들에 대해서 왜곡해
서 듣는 경향이 있다.

행 21:22. 그러면 어찌할꼬 그들이 필연 그대가 온 것을 들으리니.
교회의 지도자들은 바울에게는 아무런 문제가 없지만 유대인들이 바울
을 그 동안 왜곡해왔으니 "어찌할꼬"라고 염려한다. 무슨 좋은 방법이
없을까하고 생각할 때 쓰는 말이다. "그들이 필연 그대가 온 것을 들으리
니"라고 말한다. '그들이 바울이 예루살렘에 온 것을 들어서 난리를
일으킬 것이 뻔하다'는 뜻이다. 그런고로 무슨 방책을 찾아야 한다는
말이다.

행 21:23. 우리가 말하는 이대로 하라 서원한 네 사람이 우리에게 있으니.
교회의 지도자들은 바울을 구하기 위하여 좋은 제안을 한다. 그들은 "우리가
말하는 이대로 하라 서원한 네 사람이 우리에게 있으니"라고 말한다. 그들은
예루살렘 교회에 "서원한 네 사람"이 있다는 것을 말한다.[145] 그들은 네
사람이 의식적(儀式的)으로 불결하게 되었기에 성결해지기 위해서는 성전에
서 정결예식을 가져야 했기 때문에 다음 절과 같이 바울이 동참해 주면
좋겠다고 제안을 한다.

---

145) 사람이 서원하는 이유는 하나님의 도우심을 받기 위해서이고, 또 이미 하나님으로부터
받은 은혜를 감사하기 위하여 한다.

행 21:24. 그들을 데리고 함께 결례를 행하고 그들을 위하여 비용을 내어 머리를 깎게 하라 그러면 모든 사람이 그대에 대하여 들은 것이 사실이 아니고 그대도 율법을 지켜 행하는 줄로 알 것이라.

교회 지도자들이 바울에게 두 가지를 제안한다. 한 가지 제안은 한시적인 서원을 한 네 사람을 "데리고 함께 결례를 행하라"는 것이었다. 서원한 네 사람은 조금만 있으면 결례를 위한 한 주간(週間)을 다 마칠 사람들인 고로(27절) 바울도 그들의 정결예식에 합류하라는 것이었다. 서원한 사람은 정결기간 동안 술을 마시지 않고 시체를 만지지 않으며 머리를 깎지 않아야 했다(민 6:1-21). 교회 지도자들의 제안은 결례를 행해야 구원을 받는다는 뜻이 아니라 유대인 신자들의 의구심, 즉 바울은 유대인의 관습을 지키지 않는다는 의혹을 말끔히 떨쳐버리기 위함이었다. 그리고 다른 한편 바울이 결례를 행하면 유대인 신자들은 바울이 이방에 돌아다니면서 불결해 진 것을 해결하는 것으로 알 것이었다.

또 한 가지 제안은 "그들을 위하여 비용을 내어 머리를 깎게 하라"는 것이었다(18:18; 민 6:2, 13, 18). 의식적으로 불결하게 된 나실인이 정결하게 되기 위해서는 7일이 경과해야 했는데(결례의 정상적인 기간은 30일이었다. 그러나 특별한 경우에는 7일로 단축하기도 했다, 27절). 정결예식을 가지는 사람은 제 7일에 머리를 깎아야 했고[146] 제 8일에는 성전에서 예물[147]을 드려야 했다. 그런데 예루살렘에는 큰 기근이 있어서 사람들이 비용을 낼 수 없으니 바울이 그들을 위해서 비용을 대신 내주고 또 그들의 머리 깎는 비용도 내주면 좋겠다는 제안이었다. 바울도 서원한 적이 있어서 머리를 깎은 적이 있었다(18:18주해 참조). 교회 지도자들의 제안대로 따라주면 "모든 사람이 그대에 대하여 들은 것이 사실이 아니고 그대도 율법을 지켜 행하는 줄로 알 것이라"고 제안 이유를 말한다. 다시 말해 '예루살렘의 모든

---

146) 머리를 깎아야 했던 이유는 나실인이 결례기간에는 얼굴에 면도를 하지 않기 때문이었다. 그리고 머리를 깎은 다음에는 그 머리털을 화목제물 밑에 있는 불에 두어야 했다(민 6:18).
147) 예물은 민 6:14-17에 보면 어린 양 한 마리, 어린 암양 한 마리, 수양 한 마리, 그리고 소제물과 전제물을 드려야 했다.

신자들이 보면 바울에 대하여 들은 것이 다 헛소문이고 바울도 모세의 율법을 지키는 사람이라고 알 것이라'는 뜻이다. 지도자들의 호의는 결국 아무런 효험을 못 본채 바울은 체포되고 말았다. 교회의 지도자들 중에 야고보는 나실인이었다는 기록이 있다. 교회사학자 유세비우스(Eusebius)는 사도들 세대에 속한 헤게시푸스(Hegesippus)가 쓴 책에서 인용하여 말하기를 야고보는 나실인이었다고 한다.[148]

행 21:25. 주를 믿는 이방인에게는 우리가 우상의 제물과 피와 목매어 죽인 것과 음행을 피할 것을 결의하고 편지하였느니라 하니.
예루살렘 교회의 지도자들은 바울에게 결례에 참여하고 네(四) 사람을 위해서 비용을 대신 지불하면 좋겠다고 제안한(23-24절) 다음 이제 함께 예루살렘에 온 이방 교회의 대표들을 염두에 두고 본 절을 말한다. 이방인 신자들은 결례에 참여할 필요가 없고 수년전 예루살렘 총회가 결의한 것을 지키면 된다고 말한다. 즉 이방인들은 우상의 제물과 피와 목매어 죽인 것과 음행을 피하기만 하면 된다고 말한다. 본 절의 주해를 위해서는 15:20주해를 참조할 것.

행 21:26. 바울이 이 사람들을 데리고 이튿날 그들과 함께 결례를 행하고 성전에 들어가서 각 사람을 위하여 제사 드릴 때까지의 결례 기간이 만기된 것을 신고하니라.
바울은 예루살렘 교회의 지도자들의 제안을 받고 오래 기다리기 않고 될 수 있는 한 빨리 행동에 옮겼다. 바울은 서원한 네 사람을 데리고 "이튿날 그들과 함께 결례를 행했다." 여기 "이튿날"이란 바울이 예루살렘에 도착한 지 제 3일이 되는 날이었다(17-18절 참조). 바울은 서원한 네 사람들을 데리고 제사장에게 가서 그들과 함께 결례를 행했다. 바울은 나실인 서원은

---

148) Eusebius, *Ecclesiastical History*, 2.23.4-6.

하지는 않았지만 네 사람의 비용부담자로서의 자격을 얻기 위하여 한 주간의 결례 예식에 참여했다. 제사장은 제 3일에 바울에게 잿물(water of purification)을 뿌렸고 제 7일에도 잿물을 뿌렸다(민 19:12).

그리고 바울은 몇 차례 계속해서 네 사람과 함께 성전에 들어갔다. 본문의 "들어가서"(εἰσῄει)라는 동사가 계속의 뜻을 가지고 있다(24:18, Lenski, George E. Ladd). 바울이 네 사람을 데리고 몇 차례 성전에 들어간 이유는 네 사람의 결례를 위해서였다. 바울은 각 사람을 위해서 제사드릴 때까지의 결례 기간의 만기가 언제인지 신고했다. 신고하지 않으면 하루하루 연기되기 때문이었다. 바울은 결례 기간의 마지막 날 제 7일에 네 사람의 결례 비용을 부담할 때(민 6:13-20) 분명히 자기의 돈으로 부담했을 것이다. 그는 이방 교회에서 헌금한 구제금에서 그 돈을 내지는 않았을 것이다.

우리는 바울의 행위 즉 결례를 행하고 또 네 사람의 결례예식 비용을 부담한 것을 두고 위선적이라고 생각할 필요는 없다. 1) 혹자는 바울의 이 행위를 두고 그 동안 바울이 주장한 "오직 믿음"으로라는 주장을 버리고 율법주의자들과 타협했다고 하기도 하고, 2) 혹자는 바울은 야고보의 제안에 그저 순종한 것뿐이라고 하기도 하며, 3) 여러 학자들은 바울이 그의 선교의 원리(고전 9:20)에 따라 죄가 되지 않는 범위에서 이렇게도 할 수 있고 혹은 저렇게도 행동할 수 있다는 원리에서 벗어나지 않은 것이라고 주장한다(Meyer, Weisss, Knowling, Bruce, Stott, 박윤선, 이상근). 우리가 전도하려면 죄가 되지 않는 범위에서 우리 자신을 희생할 수 있어야 할 것이다.

B. 바울이 체포되다 21:27-40

바울이 자신을 희생하면서까지 예루살렘 교회의 지도자들의 제안을 받아 결례를 행했는데 오순절에 예루살렘에 온 아시아의 유대인들은 바울을 체포하여 죽이려고 한다. 이 때 예루살렘을 주재하고 있던 로마 군인들이 바울을 구출한다. 아무튼 천하의 유대인들은 바울을 죽이지 못해서 한이었다. 누가는 바울이 유대인들에게 체포되어(27-36절), 로마 군인들에 의해서 구출된 후 천부장과 대화하는 장면을 기록한다(37-40절).

1. 바울이 유대인들에게 체포되다   20:27-36

행 21:27. 그 이레가 거의 차매 아시아로부터 온 유대인들이 성전에서 바울을 보고 모든 무리를 충동하여 그를 붙들고.

"그 이레가 거의 차매," 즉 '결례 기간 한 주간이 거의 찼을 때' "아시아로부터 온 유대인들이 성전에서 바울을 보고 모든 무리를 충동하여 그를 붙들고" 외친다(24:18; 26:21). 즉 '아시아(에베소가 그 수도이다)로부터 온 불신 유대인들이 성전("Τῷ ἱερῷ"-'유대인들만 들어갈 수 있는 뜰')에서 바울을 보고 모든 무리를 충동했고 그를 붙들고' 외친다. 외친 내용은 다음 절에 있다(28절). 세상 사람들은 일을 혼자 꾸미지 않고 다른 사람들을 충동해서 일을 꾸민다. 심지어 교회 안에서도 이런 일은 많이 일어난다.

행 21:28. 외치되 이스라엘 사람들아 도우라 이 사람은 각 처에서 우리 백성과 율법과 이곳을 비방하여 모든 사람을 가르치는 그 자인데 또 헬라인을 데리고 성전에 들어가서 이 거룩한 곳을 더럽혔다 하니.

아시아에서 온 유대인들이 외치기를 "이스라엘 사람들아 도우라 이 사람은 각 처에서 우리 백성과 율법과 이곳을 비방하여 모든 사람을 가르치는 그 자인데 또 헬라인을 데리고 성전에 들어가서 이 거룩한 곳을 더럽혔다"고 외친다(24:5-6). 바울을 붙잡은 유대인들은 '이스라엘 사람들'을 부르면서 바울을 체포하여 죽이는 일에 '도우라'(협조하라)고 말한다. 그러면서 바울이 어떤 사람임을 말한다. 유대인들은 바울이 각처에서 즉 에베소뿐 아니라 여기저기서 '우리 백성과 율법과 이곳을 비방하여 모든 사람을 가르치는 그 자'라고 말한다. 바울이 유대 백성 자체를 거스른 것은 아니고 다만 유대 백성이 예수 그리스도를 십자가에 못 박았다고 말했을 뿐이다. 그리고 바울이 율법을 비방하여 백성을 가르친 것이 아니라 구원을 받기 위하여 율법을 지킬 필요가 없고 율법을 다 지키신 예수님을 믿으면 된다고 말했을 뿐이다. 율법을 하나하나 지킬 필요가 없고 율법을 완성하신 그리스도만 믿으면(롬 10:4) 된다는 말이야 말로 말할 수 없이 은혜로운 일인데 유대인들은 바울의 의도를 깨닫지 못하고 바울의 말을 왜곡해서 떠들었다. 그리고 바울이 "이곳을 비방하여 모든 사람을 가르치는 자"라는 말도 바울을 왜곡한 말이다. 바울은 "이곳," 즉 '예루살렘 성전' 자체를 비방한 것이 아니라 하나님은 예루살렘 성전에 갇혀계신 분이 아니라 어디에나 계시다고 가르쳤다. 그리스도를 믿지 않았던 유대인들은 바울의 말을 이해할 수 없어서 여러모로 왜곡했다.

그리고 유대인들은 바울이 "헬라인을 데리고 성전에 들어가서 이 거룩한 곳을 더럽혔다"고 떠들었다. 바울이 이런 일을 행하지 않았는데 다음 절이 말하는바와 같이 바울을 오해한 말이다. 사실 바울이 이방인을 데리고 성전에 들어간다고 해도 아무런 문제가 없었던 것이었는데, 있지도 않은 일을 마치 있는 일처럼 거짓으로 말했다. 본 절을 이해하기 위해서는 21절 주해를 참조할 것.

행 21:29. 이는 그들이 전에 에베소 사람 드로비모가 바울과 함께 시내에 있음을 보고 바울이 그를 성전에 데리고 들어간 줄로 생각함이러라.
바울이 "헬라인을 데리고 성전에 들어가서 이 거룩한 곳을 더럽혔다"는 유대인들의 억지 주장(앞 절)에 대하여 누가가 본 절에서 해명한다. 사실은 아시아에서부터 온 유대인들이 전에 에베소 사람 드로비모(에베소 교회의 대표로 구제금을 가지고 온 사람, 20:4)가 바울과 함께 예루살렘 시내에 있었던 것을 본 일이 있었는데 그들은 그것을 가지고 바울이 드로비모를 데리고 성전에 들어간 줄로 생각했다는 것이다. 드로비모가 예루살렘에까지 왔으니 분명히 예루살렘 성전에까지 들어갔을 것이라고 추측한 것이다. 추측이 오해로 발전했다.

행 21:30. 온 성이 소동하여 백성이 달려와 모여 바울을 잡아 성전 밖으로

끌고 나가니 문들이 곧 닫히더라.

아시아에서부터 온 유대인들이 바울에 대하여 억지 주장을 말하며 떠들었을 때 "온 성이 소동하여 백성이 달려와 모여 바울을 잡아 성전 밖으로 끌고 나가니 문들이 곧 닫혔다"(26:21). 아시아에서 온 유대인들이 떠들기 때문에 '예루살렘 전체가 소동하여 이스라엘 사람들이 성전으로 달려와서 바울을 잡아 성전 밖으로 끌고 나간 후에 성전 문들이 곧 닫혔다는 것이다. 본 절에서 말하는 "문들"은 '유대인들만이 들어갈 수 있는 뜰과 이방인들이 들어갈 수 있는 뜰을 가로 막는 문들'이었다. 바울이 나가자 금방 문들을 닫은 이유는 사람들이 금방 바울을 때려죽이려는 기세였기 때문에 바울의 피가 유대인들만이 들어갈 수 있는 문들 안으로 뛰지 않게 하기 위해서였다. 당시의 험한 상황을 잘 보여주고 있다.

행 21:31. 그들이 그를 죽이려 할 때에 온 예루살렘이 요란하다는 소문이 군대의 천부장에게 들리매.

아시아에서 온 유대인들과 예루살렘의 유대인들이 합세하여 바울을 성전 밖으로 끌고 나와서 바울을 죽이려고[149] 할 때 "온 예루살렘이 요란하다는 소문이 군대의 천부장에게 들렸다." 바울은 이제 그들에게 죽게 되었는데 예루살렘 전체가 요란하다는 소문이 때마침 군대의 천부장에게 들렸다. 여기 천부장은 1,000명(보병 760명, 기병 240명)의 군대를 거느렸던 로마 군대의 장교였는데 이때의 천부장은 글라우디오 루시아(Claudius Lysias)였다 (23:26). 이때의 군영은 성전 캠퍼스 바로 서북쪽 언덕위에 세워져 있었는데 안토니오 영(Tower of Antonia)이라 불렸다. 그가 금방 달려올 수 있었던 것은 군영이 성전으로부터 아주 가까이 있었기 때문이었다.

---

[149] 바울이 성전 밖으로 끌려나오자 바울은 아주 위험에 처하게 되었다. 이유는 누구든지 성전을 더럽혔다는 것으로 고발된 자는 재판도 못 받고 당장에 죽임을 당할 수 있었기 때문이었다(7:58 참조).

행 21:32. 그가 급히 군인들과 백부장들을 거느리고 달려 내려가니 그들이 천부장과 군인들을 보고 바울 치기를 그치는지라.

천부장이 급하게 군인들과 백부장들을 거느리고 달려 내려가니(23:27; 24:7) 바울을 죽이려고 치던 사람들이 군인들을 보고 바울 치기를 그쳤다. 브루스 (F. F. Bruce)는 여기 군인들이 최소 200명은 되리라고 추측한다. 이유는 백부장은 군인 100명을 거느리는 군인인데 "백부장들"이라고 복수로 되어있으니 백부장이 최소 둘은 될 것이라고 생각하고 군인들이 최소 200명은 되리라고 말한다. 바울은 유대인에 의해 죽게 되었으나 이방 군대에 의해 죽음을 면할 수 있었다.

행 21:33-34a. 이에 천부장이 가까이 가서 바울을 잡아 두 쇠사슬로 결박하라 명하고 그가 누구이며 그가 무슨 일을 하였느냐 물으니 무리 가운데서 어떤 이는 이런 말로, 어떤 이는 저런 말로 소리치거늘.

천부장이 바울이 있는 곳으로 가까이 가서 명령한다. "바울을 잡아 두 쇠사슬로 결박하라"고 군인들에게 명령한다(11절; 20:23). 그리고 천부장은 매를 맞고 있는 바울에 대해 아주 예비적인 두 가지 예비적인 질문을 한다. 하나는 "그가 누구이냐"는 질문, 또 하나는 "그가 무슨 일을 하였느냐"는 질문을 한다. 그러니까 신분을 물었고 또 그가 무슨 행동을 했기에 그렇게 죽이려고 하느냐는 질문을 한 것이다. 천부장의 예비 질문에 대하여 어떤 사람은 이렇게 말하고 또 어떤 사람은 저렇게 말하며 소리를 쳤다. 다시 말해 어떤 사람은 바울이 유대백성을 아주 나쁘게 말해서 이렇게 죽게 되었다고 말하기도 하고, 또 어떤 사람은 바울이 모세의 법을 지키지 말라고 가르쳤기 때문에 이렇게 당한다고 말하기도 하며, 또 어떤 사람은 바울이 예루살렘 성전을 비방해서 이렇게 죽도록 두드려 맞는 것이라고 말했다(28절).

행 21:34b. 천부장이 소동으로 말미암아 진상을 알 수 없어 그를 영내로 데려가라 명하니라.

천부장이 바울에 대해 예비 질문을 했으나 유대인들은 제대로 대답을 하지 못하고 이말 저말을 했다. 항상 폭도들은 폭동을 일으킬만한 진정한 이유도 없이 떠드는 고로 천부장은 진상을 알 수 없었다(19:32 참조). 그래서 천부장은 바울을 병영(兵營, barrack)안으로 데려가라고 명령했다. 그리고 그는 병영 안에서 바울에게 직접 질문했다(22:27-28).

행 21:35-36. 바울이 충대에 이를 때에 무리의 폭행으로 말미암아 군사들에게 들려가니 이는 백성의 무리가 그를 없이하자고 외치며 따라 감이러라. 바울이 로마 군인들 틈에 쌓여서 계단(예루살렘 성전의 바깥뜰로부터 안토니아 영으로 올라가는 충계)을 오르고 있을 때 무리들의 폭행이 심하여 로마 군인들이 할 수 없이 바울을 들어서 올려갔다. 그렇게 바울을 들어서 올려간 이유는 유대 백성의 무리가 그를 '없애버리자,' '없애버리자,' '없애버리자'고 외치면서 따라갔기 때문이었다. 그들은 결사적이었다. 한 사람을 여러 사람이 아주 죽이려는 태세였다. 이런 현상은 유대의 무리들이 예수님을 향하여 "없이 하소서," "십자가에 못 박게 하소서"라고 외치던 때의 모습이었고(눅 23:18; 요 19:15) 또 바울이 백성들한테 변명할 때 백성들이 바울을 없이 하라고 떠들던 때의 모습이었다(22:22). 바울은 예수님의 제자로서 예수님이 가신 길을 가고 있었다. 우리도 이 길을 각오해야 할 것이다.

2. 바울이 천부장과 대화하다 21:37-40

행 21:37. 바울을 데리고 영내로 들어가려 할 그 때에 바울이 천부장에게 이르되 내가 당신에게 말할 수 있느냐 이르되 네가 헬라 말을 아느냐. 군인들이 군중들을 막아서 충계 위로 계속해서 따라오지 못하게 하면서 바울을 높이 든 채 영문 안으로 들어가려는 찰라 바울은 바로 옆에 있던 천부장에게 말하기를 "내가 당신에게 말할 수 있느냐"고 헬라 말로 질문했다. 바울이 천부장에게 "내가 당신에게 말할 수 있느냐"고 물어본 이유는 천부장에게 무슨 신변의 도움이나 받으려고 하는 것이 아니라 이때에 성난 폭도들을

향하여 예수 그리스도의 복음을 전하려 한 것이었다(39절). 바울의 복음에
대한 열심, 또 복음을 위한 용기는 대단했다. 우리에게 이런 열심히 있는가.
그리고 이런 용기가 있는가.

　　바울의 질문을 들은 천부장은 깜짝 놀란다. 처음에는 바울을 하나의
죄인의 두목 정도로 알았는데 헬라 말을 유창하게 잘 하는 것을 듣고 천부장
은 바울에게 "네가 헬라 말을 아느냐"고 묻는다. 애굽 출생 유대인(Egyptian
Jew)이 사용하는 모국어는 헬라 말이었으니, 천부장은 바울이 헬라 말을
유창하게 하는 것을 듣고 애굽에서 태어나 유대인이 된 사람인 줄 알고
바울에게 네가 애굽인이 아니냐고 질문한 것이다(다음 절). 헬라 말(당시의
헬라 말은 '코이네'라고 불리는 언어였다)은 당시 문화인들에게 통용되는
세계적인 언어였다. 우리는 공부를 할 수 있는 대로 많이 해야 한다. 공부를
해놓으면 쓰임을 받게 되니 말이다.

행 21:38. 그러면 네가 이전에 소요를 일으켜 자객 사천 명을 거느리고 광야로 가던 애굽인이 아니냐.

천부장의 이런 질문에 대하여 천부장 자신이 바울에게 기대한 대답은
'그렇습니다. 나는 이전에 이스라엘을 떠들썩하게 하고 광야로 도망했던
애굽 사람입니다'라고 대답하기를 기대했다. 천부장은 당시의 역사가 요세
푸스가 말하는 대로 굉장했던 사건을 생생하게 기억하며 바울에게 이런
질문을 한 것이다. 요세푸스(Josephus)는 그의 역사책에 쓰기를 한번은
애굽의 거짓 선지자라고 하는 사람이 당시 기준으로 약 3년 전 3만 명의
사람을 모아서 감람산으로 이끌고 가서는 그들에게 자기의 명령에 의해
예루살렘 성벽이 무너지면 그 도시에 들어가서 로마인들을 이길 수 있을
것이라고 약속했다. 그러나 총독 벨릭스(Felix)와 그의 군대가 그것을 막아
서 그 자객들(σικαρίων-'암살자들')은 죽임을 당하고 붙잡힘을 당하며
혹은 흩어지고 말았고 그 애굽 사람은 사라졌다고 기록했다.150) 그 애굽
사람이 죽지 않고 사라졌기 때문에 천부장은 바울을 보자 처음에는 그

애굽인이 다시 나타났다고 생각했다. 그래서 "네가 이전에 소요를 일으켜 자객 사천 명을 거느리고 광야로 가던 애굽인이 아니냐"고 질문했다. 그런데 여기 숫자의 차이(누가는 4천명이라 하고 요세푸스는 3만 명이라 한다)에 대해서는 학자마다 달리 생각한다. 혹자는 요세푸스가 잘 못 기록한 것으로 말하고 또 혹자는 애굽인이 데리고 온 사람은 3명이었으나 그 중에서 자객(암살자)은 4,000명이었다고 말한다. 아무튼 누가가 기록한 4,000명이 맞는 숫자로 보아야 한다.

행 21:39. 바울이 이르되 나는 유대인이라 소읍이 아닌 길리기아 다소 시의 시민이니 청컨대 백성에게 말하기를 허락하라 하니.

천부장의 질문을 받고 바울은 첫째, 자기는 "유대인이라"고 말한다. 그리고 둘째, "소읍이 아닌 길리기아 다소 시의 시민이라"고 대답한다. '길리기아 주(洲)에서 꽤 큰 도시 다소 시의 시민이라'는 것이다. 다소 시(市)는 길리기아의 수도였는데(9:11; 22:3; 23:34) 아덴 시와 맞먹는 종합대학이 있는 도시였고 또 스토익 철학자들을 위한 배움의 중심지로 알려져 있다(Kistemaker). 바울은 자신이 "소읍이 아닌 길리기아 다소 시의 시민"이라고 말한 것은 그가 로마 시민이라고 말한 것이었는데 천부장이 알아차리지 못하자 바울은 곧 자기가 로마 시민임을 드러낸다(22:25-27). 바울이 이렇게 자기가 소읍이 아닌 길리기아 다소 시의 시민(로마 시민권자)이라고 말한 것은 자랑하려고 한 것이 아니라 재빨리 천부장의 오해를 풀어서 유대백성들에게 그리스도의 복음을 전하려는 생각에서였다. 그는 그리스도에 완전히 미친 사람이었다. 그는 자기의 생명은 어떻게 되든지 그리스도를 전하려는 생각뿐이었다. 바울은 자기의 정체를 밝힌 다음 "청컨대 백성에게 말하기를 허락하라"고 부탁한다. 그는 유대인들한테 죽을 뻔 했는데도 그들을 미워하지 않고 또 그들에게 전도하려고 한다. 영혼을 사랑하는 뜨거운 마음이 있었다.

---

150) Josephus, *Antiquities*, XX.8.6; *Wars*, II.13.5.

행 21:40. 천부장이 허락하거늘 바울이 층대 위에 서서 백성에게 손짓하여 매우 조용히 한 후에 히브리말로 말하니라.

바울의 요청을 받고(앞 절) 천부장이 바울에게 말하도록 허락했다. 바울은 층대위에 서서 백성에게 손짓하면서(12:17; 13:16; 19:33 참조) 현장을 매우 조용하게 만든 후에 아람말(유대인들의 국어)로 그리스도를 전했다. 그는 두 쇠사슬에 매인 채 천부장 옆에 서서 아람말(신약성경에서는 아람 말을 히브리말이라고 한다)로 전했다. 그는 먼저 자신의 국적, 출생, 성장한 곳, 교육배경, 하나님을 위해 열심 냈던 일들, 회심한 이야기, 부름 받은 사건 등을 말하고 그는 예수 그리스도에 관하여 말한다(22:3-21).

제 22 장

유대인 앞에서 행한 바울의 변증과 유대 군중들의 소요

C. 바울이 유대인들에게 변명하다   22:1-30

누가는 바울이 예루살렘 성전에서 유대인들에게 잡혀 죽을 뻔 했다가 로마 군인들이 빼앗아 결박한 채 안토니오 영 안으로 데리고 들어가기 전에 층대 위에서 유대인들에게 변명하는 장면을 기록한 것이다. 이 부분은 9:1-19의 기록을 반복한 것인데 그러나 순전한 반복은 아니다. 이 부분은 그가 어떻게 유대교로부터 이방인을 위하여 그리스도의 사도가 되었는가를 보여주고 있다. 그리고 바울은 자기가 그리스도의 사도가 된 것만을 말하는 것이 아니라 복음을 말한다. 누가는 이 부분에서 먼저 1) 바울이 변명한 것을 기록하고(1-21절), 2) 바울이 변명한 결과 백성의 소요가 일어난 것과 또 바울이 로마 시민권자인 사실과 또 바울이 공회 앞에 서게 된 것을 말한다(22-29절).

1. 바울이 변명하다   22:1-21

바울은 자신의 출생지와 교육배경, 그리고 율법의 엄한 교육을 받은 사실과 하나님께 대하여 열심 냈던 일을 말하고(1-5절), 다메섹 도상에서 그리스도께서 나타나셔서 회심한 사실(6-16절)과, 또 그리스도의 명령으로 이방의 사도가 된 것을 증언한다(17-21절). 이 연설은 아그립바 왕 앞에서 연설한 내용과 아주 흡사하다(26:2-29).

행 22:1. 부형들아 내가 지금 여러분 앞에서 변명하는 말을 들으라.

바울은 자기를 죽이려던 사람들(21:32)을 향하여 "부형들아"라고 부르면서 "내가 지금 여러분 앞에서 변명하는 말을 들으라"고 말한다(7:2). "부형들 아"(Ἄνδρες ἀδελφοὶ καὶ πατέρες)라는 말은 '형제들과 아버지들아'라는 존경의 말이다. 그는 최대한 존경의 태도를 취하면서 변명(defense)하는 말을 들어달라고 말한다. 그는 그가 행한 일을 변명하는 것을 들어달라고, 다시 말해 그가 이방인에게 그리스도를 전한 사실을 변명하는 것을 들어달라 고 말한다.

행 22:2. 그들이 그가 히브리말로 말함을 듣고 더욱 조용한지라 이어 이르되.
바울을 죽이려던 사람들(21:32)은 바울이 히브리말로 말함을 듣고 더욱 조용 했다. 여기 히브리말이란 유대인들의 자국어인 아람 말을 지칭하는 말이다. 이방에 오랫동안 돌아다녔던 바울이 유대인들이 쓰는 모국어로 유창하게 말하는 것을 듣고 그들은 아주 조용해졌다. 그 때 바울은 말을 이어갔다. 전도자들은 최대한 예의를 갖추어야 한다.

행 22:3. 나는 유대인으로 길리기아 다소에서 났고 이 성에서 자라 가말리엘 의 문하에서 우리 조상들의 율법의 엄한 교훈을 받았고 오늘 너희 모든 사람처럼 하나님께 대하여 열심이 있는 자라.
바울은 자기의 정체를 밝힌다. 첫째, "나는 유대인이라"고 말한다(21:39; 고후 11:22; 빌 3:5). 둘째, "길리기아 다소에서 났다"고 알려준다(9:11; 21:39). 본 절 주해를 위해서는 21:39 주해를 참조할 것. 셋째, 바울은 "이 성에서 자랐다"고 말한다. '예루살렘 시에서 성장했다'는 뜻이다. 바울이 어렸을 때 부모님과 함께 예루살렘으로 이사하여 예루살렘에서 성장했다는 뜻이다(26:4 참조). 넷째, "가말리엘의 문하에서 우리 조상들의 율법의 엄한 교훈을 받았다"고 말한다(26:5; 신 33:3; 왕하 4:38; 눅 10:39). '바울은 가말리엘(가말리엘은 아주 존경받는 라반이었다, 5:34-39)의 지도하에서 엄격하게 교육을 받았는데 유대 조상들의 율법의 모든 조항의 뜻을 완전하게 배웠고 또 철저하게 적용하는 교훈을 받았다'고 말한다. 바울이 가말리엘의 교육을 받을 때는 가말리엘 장로가 강단에 앉아 있는 경우 바울과 바울의 친구 학생들은 마루 위에 앉곤 했다는 것이다. 그들은 문자적으로 가말리엘의 발아래에서 교육받았다. 그래서 바울은 조상들의 율법을 아는 일과 적용하는 일에는 아주 전문가가 되었다는 것이다. "가말리엘"이 어떤 사람인가에 대해서는 5:34의 주해를 참조할 것. 그리고 다섯째, "오늘 너희 모든 사람처럼 하나님께 대하여 열심이 있는 자라"고 말한다(21:20; 롬 10:2; 갈 1:14). 조상들로부터 내려온 율법을 완전하게 교육을 받았기에 바울의 연설을 듣는 모든 사람들처럼 하나님께 대하여 열심을 냈었다는 것이다. 여기 "열심"이라는 말은 '박해'라는 뜻을 함축하는 말이다. 바울은 다메섹 도상에서 회심하기 전에 교회를 박해하고 성도를 죽이는 일을 하나님께 대한 열심이라고 간주하였다(빌 3:6). 유대인들은 조금 전에 바울을 죽이려고 했었는데 그것이야말로 하나님께 열심 낸다는 차원에서 가졌던 열심이었다. 바울은 유대인들이 가졌던 잘 못된 열심을 나무라지 않는다. 이유는 그들이 몰라서 그런 열심을 냈기 때문이다(3:17). 바울이 본 절에서 말한 내용들은 모두 바울이 그들과 같았었다는 것을 암시하여 그들에게 그리스도를 전하려는 의도에서였다.

행 22:4. 내가 이 도를 박해하여 사람을 죽이기까지 하고 남녀를 결박하여 옥에 넘겼노니.

바울은 과거에 자기가 하나님을 향하여 가졌던 열심을 말한다. 바울은 본 절에서 자기가 과거에 가졌던 열심 두 가지를 말한다. 하나는 "이 도를 박해하여 사람을 죽이기까지 했다"고 말한다(8:3; 26:9-11; 빌 3:6; 딤전 1:13). 여기 "이 도"란 말은 '기독교'(9:2; 18:25-26; 19:23; 22:4; 24:14, 22)를 지칭한다. "박해"에 대해서는 8:3주해 참조할 것. 바울이 "사람을 죽이기까지 했다"는 말은 박해자들이 스데반을 죽일 때 바울이 찬성투표를 한 것을 말할 것이다(7:57-58).

　또 하나는 바울이 스데반을 죽일 때에 찬성투표를 한 후에 자기가 "남녀를 결박하여 옥에 넘겼다"고 말한다(8:3; 9:1; 갈 1:23). 바울은 부끄럽게도 남자만 아니라 여자까지 끌어다가 마구 옥에 넘겼다. 참으로 무자비했었다. 그는 몇 십 년이 지난 뒤에까지 과거의 일을 기억하고 말한다.

행 22:5. 이에 대제사장과 모든 장로들이 내 증인이라 또 내가 그들에게서 다메섹 형제들에게 가는 공문을 받아 가지고 거기 있는 자들도 결박하여 예루살렘으로 끌어다가 형벌 받게 하려고 가더니.
바울은 이스라엘 경내에서만 기독교를 박해한 것(앞 절)이 아니라 본 절에서는 외국의 도시에까지도 가서 기독교인들을 박해한 사실을 말한다. 바울은 자기 앞에서 그의 연설을 듣는 청중들보다 더 하나님께 대한 열심이 있었다고 암시한다. 이런 박해를 하던 자신을 예수 그리스도께서 구원해 주셨다고 말한다.

바울은 자신이 외국 성까지도 가서 기독교인들을 박해한 사건의 증인으로 "대제사장"을 들고 있다. 아마도 바울의 마음속에는 대제사장 가야바(AD 18-36, 4:6; 9:6 참조)가 있었을 것이고 아나니아(23:2)가 있었을 것이다(Kistemaker). 그리고 증인들 가운데에는 "모든 장로들"이 있었을 것이다(4:5; 눅 22:66). 여기 "모든 장로들"이란 말은 산헤드린 공의회 사람들을 지칭하는 말인데 그들은 바울로 하여금 다메섹에 가서 그 도시로 피란 간 기독교인들을 잡아서 예루살렘으로 데려오도록 위임한 사람들이다. 그들이 바울을 기억할 것이라고 말한다.

바울은 산헤드린 공의회의 회원들에게서 "다메섹 형제들에게 가는 공문을 받아 가지고 거기 있는 자들도 결박하여 예루살렘으로 끌어다가 형벌 받게 하려고 갔다"고 말한다(9:2; 26:10, 12). 즉 '다메섹에 있는 유대인들에게 가는 공문을 받아 가지고 공문을 전달하면서 혹은 공문을 다 전달한 다음에 다메섹에 있는 기독교인들을 결박하여 예루살렘으로 끌어다가 형벌 받게 하려고 다메섹을 향하여 갔다'는 뜻이다. 그는 이스라엘 경내에서만 기독교인들을 박해하는 것 가지고는 만족하지 않아서 멀리 외국 도시에까지 가서 기독교인들을 박해하고 잡아서 예루살렘으로 데려오려고 먼 길을 떠났다.

행 22:6. 가는 중 다메섹에 가까이 갔을 때에 오정쯤 되어 홀연히 하늘로부터 큰 빛이 나를 둘러 비치매.

본 절부터 11까지의 바울의 회심 기록에 대해서는 9:3-9에 나와 있는데 약간 다른 점은 본 절에 "오정쯤 되어"라는 말이 더 있을 뿐이다. 바울은 다메섹으로 가는 도중 다메섹에 가까이 갔을 때에 오정쯤 되어 갑자기 하늘로부터 큰 빛이 바울을 둘러 비추었다는 것이다(9:3; 26:12-13). "큰 빛"에 대한 주해를 위해서는 9:3의 주해를 참조할 것. 성경은 빛이 하나님으로부터 나오는 것이고(시 4:6; 44:3; 89:15), 또 하나님께서 자신을 계시하시기 위해서 사용하시는 것이라고 말한다(출 13:21-22; 느 9:12; 시 104:2; 단 2:22; 합 3:4).

행 22:7. 내가 땅에 엎드러져 들으니 소리 있어 이르되 사울아 사울아 네가 왜 나를 박해하느냐 하시거늘.

큰 빛이 바울을 둘러 비출 때 "내가 땅에 엎드러져 들으니 소리 있어 이르되 사울아 사울아 네가 왜 나를 박해하느냐 하셨다"고 말한다. 바울은 빛의 세력에 의하여 땅에 엎드러졌다. 그리고 들리는 소리가 있어 말하기를 사울아 사울아 하고 두 번 부르는 소리를 들었다. 두 번 부르심은 그리스도의 부르심이었다. 모세도 가시나무 떨기에서 "모세야, 모세야"하고 두 번 부르는 소리를 들었다(출 3:4). 그리고 사무엘도 역시 "사무엘아, 사무엘아"하고 두 번 부르는 소리를 들었다(삼상 3:10).

그렇게 두 번 부르신 다음 "네가 왜 나를 박해하느냐"고 말씀하시는 소리를 들었다. 바울이 이스라엘 안에서 성도들을 박해한 것이 바로 예수님을 박해한 것이라고 하시고 또 바울이 외국 도시에까지 가서 성도들을 박해하는 것이 바로 예수님을 박해하는 것이라고 하신다. 마 25:31-46에 보면 예수님을 믿는 소자 중 하나에게 하지 않은 것이 바로 예수님에게 하지 않은 것이고 또 반대로 소자 하나에게 한 것이 바로 예수님에게 한 것이라고 하신다. 예수님은 자신을 믿는 사람들을 자신과 연합된 것으로 보신다. 우리는 성령님의 역사에 의하여 예수님과 연합되고(요 3:3-5; 엡 5:26), 말씀으로 연합되며(요 15:3; 약 1:18; 벧전 1:23), 믿음으로 연합된다(요 1:12). 예수님을 믿는 소자 하나를 실족하게 하는 자는 참으로 큰 죄를 짓는 것이다. 지금도 예수님을 믿는 성도들을 박해하는 사람들을 보시고 예수님은 "네가 왜 나를 박해하느냐"고 책망하신다. 본 절의 주해를 위해서 9:4주해를 참조할 것.

행 22:8. 내가 대답하되 주님 누구시니이까 하니 이르시되 나는 네가 박해하는 나사렛 예수라 하시더라.

바울은 예수님의 말씀을 듣고 대답한다. "주님 누구시니이까"라고 여쭙는다. 바울의 물음에 대하여 예수님은 "나는 네가 박해하는 나사렛 예수라"고 답하신다. 여기 "나사렛"이란 말은 똑 같은 사건을 말하는 9:5과 26:15에는 없다. "나사렛 예수"라는 말이 사도행전에는 자주 나오는데 이 말은 믿는 자들이나 믿지 않는 자들에게 공히 잘 알려진 칭호이다. 바울이 층대위에서 층대 밑에 있는 청중들을 향하여 연설하는 중에 유대인들은 벌써 나사렛 예수라고 하는 분이 하늘에서부터 바울을 부른 사실을 알게 되었으며 또 바울이 예수님을 박해했다는 사실을 알게 되었다. 그리하여 나사렛 예수님이 바로 하나님이라고 하는 사실을 알 수 있었다. 그리고 유대인들은 예수님과 성도들은 연합되어 있다는 사실도 알 수 있었다. 그럼에도 불구하고 유대인들은 예수님을 믿지 않았고 바울을 박해했다. 본 절 주해를 위해서는 9:5주해를 참조할 것.

행 22:9. 나와 함께 있는 사람들이 빛은 보면서도 나에게 말씀하시는 이의 소리는 듣지 못하더라.

9:7은 본 절과 달리 "같이 가던 사람들은 소리만 듣고 아무도 보지 못하여

말을 못하고 섰더라"고 말씀한다(9:7; 단 10:7). 본 절과 9:7의 차이를 알기 위해서 그곳 주해를 참조할 것. 본 절의 "나에게 말씀하시는 이의 소리는 듣지 못했다"는 말씀의 뜻은 '함께 가던 사람들이 예수님의 음성의 뜻을 이해할 수 없었다'는 뜻이다. 바울은 예수님의 말씀을 알아서 그는 회개하는 데 이르렀다.

행 22:10. 내가 이르되 주님 무엇을 하리이까 주께서 이르시되 일어나 다메섹으로 들어가라 네가 해야 할 모든 것을 거기서 누가 이르리라 하시거늘.
바울은 주님께 말씀하기를 "주님 무엇을 하리이까"라고 여쭙는다. 이 물음은 9장에는 없다. 그러나 회답은 9:6, 8에 있다. 그 주해를 참조할 것. 이 물음은 오순절 때 베드로의 설교를 들은 무리가 양심의 가책을 받아 질문한 내용과 같다. 오순절에 모였던 사람들은 "형제들아 우리가 어찌할꼬"라고 했다(2:37). 본 절에서 바울은 예수님을 믿는 성도들을 박해했기에 "무엇을 하리이까"라고 질문했다. 예수님을 십자가에 못 박고 양심에 찔려 탄식하는 것이나 성도들을 박해한 다음에 신음하는 말이나 결국은 똑같은 탄식이다.

바울의 질문에 대하여 예수님은 대책을 알려주신다. "주께서 이르시되 일어나 다메섹으로 들어가라 네가 해야 할 모든 것을 거기서 누가 이르리라"고 하신다. 주님의 말씀은 두 가지 내용이다. 하나는 "일어나 다메섹으로 들어가라"는 명령이시고, 또 하나는 "네가 해야 할 모든 것을 거기서 누가 이를 것이라"는 말씀이다. 바울은 이 명령대로 다메섹으로 들어갔고 또 다메섹 시 안에서 아나니아가 다 주님의 지시를 받아서 바울에게 행했다.

행 22:11. 나는 그 빛의 광채로 말미암아 볼 수 없게 되었으므로 나와 함께 있는 사람들의 손에 끌려 다메섹에 들어갔노라.
바울은 주님의 명령을 들어서(앞 절) 다메섹으로 들어가야 했는데 "그 빛의 광채로 말미암아 볼 수 없게 되었으므로 나와 함께 있는 사람들의 손에 끌려 다메섹에 들어갔다"고 말한다. 바울은 자신을 둘러 비춘 빛으로 말미암아 볼 수 없게 되어(바울은 3일간이나 눈이 멀어 있었다) 바울과 함께 가는 경호원 혹은 보조원들의 손에 이끌려 다메섹으로 들어갔다. 본 절의 주해를 위해서 9:8주해를 참조할 것.

행 22:12. 율법에 따라 경건한 사람으로 거기 사는 모든 유대인들에게 칭찬을 듣는 아나니아라 하는 이가.

누가는 본 절부터 16절까지 아나니아가 바울을 위하여 여러 가지로 도와준 사실을 기록한다. 바울은 자신을 도와준 아나니아를 "율법에 따라 경건한 사람"이라고 말한다. 이 말씀의 뜻을 위하여 9:10주해를 참조할 것. 본서의 저자 누가는 아나니아가 예수님의 "제자"라고 말한다(9:10). "제자" (μαθητής)란 말은 '그리스도를 따르는 사람'을 지칭하는 말인데(마 16:24) 아나니아는 예수님을 믿는 제자였지만 율법적으로도 경건한 사람이었다는 것이다. 누가는 아나니아에 대해서 언급할 때 예수님을 믿는 제자라고 했지만 (9:10) 바울은 다메섹 도상에서의 회심 사건을 회고하면서 아나니아를 예수님의 제자라고 말하지 않고 "율법에 경건한 사람"이라고 말한다. 층대 밑에 있는 유대인들이 바울의 말을 듣고 있는 것을 의식해서 하는 말이었다. 그리고 바울은 아나니아가 "거기 사는 모든 유대인들에게 칭찬을 듣는" 사람이라고 말한다(9:17; 10:22; 딤전 3:7). 즉 '다메섹에 살고 있는 모든 유대인들에게 칭찬을 듣는 유대인이라'고 말한다. 바울이 회심할 때 다메섹 에 살고 있는 모든 유대인들에게 칭찬을 듣는 유대인 아나니아에게 도움을 받았다고 말함으로써 바울도 유대인들의 도움을 받는 사람이라는 것을 각인 시키려 한 것이다.

행 22:13. 내게 와 곁에 서서 말하되 형제 사울아 다시 보라 하거늘 즉시 그를 쳐다보았노라.

바울은 아나니아가 자기를 찾아와 곁에 서서 "형제 사울아 다시 보라"고 했을 때 그를 쳐다보았다고 말한다. 본 절의 주해를 위하여 9:17-18의 주해를 참조할 것. 바울은 아나니아가 자신을 접근하기 전에 두려워했던 것에 대해서는 생략하고(9:13-14) 자신을 찾아와서 "형제 사울아"라고 부르면서 다시 눈을 뜨게 한 사실만을 말한다. 바울이 그 말을 생략한 이유는 만약 아나니아가 바울을 두려워했던 사실을 말하면 충대 아래에서 자신의 연설을 듣고 있던 유대인들에게 더 나쁜 감정을 줄 가능성이 있을 것이기 때문이었을 것이다. 바울은 또 9:17의 내용 중 일부도 생략하고 있다. 즉 "형제 사울아 주 곧 네가 오는 길에서 나타나셨던 예수께서 나를 보내어 너로 다시 보게 하시고 성령으로 충만하게 하신다"는 말씀을 생략한 것이다 (9:17). 이유는 아나니아가 했던 말 중에 "주 예수"란 말이 있어서 생략했다. 바울의 연설을 듣고 있던 청중 들 중에는 예수님에 대해 반감이 심하였기 때문이었을 것이다.

바울은 아나니아가 안수하면서 예수님께서 바울로 하여금 다시 보게 하시고 성령으로 충만하게 하신다고 말했을 때(9:17) "즉시 그를 쳐다보았다." 여기 "즉시"란 말은 주님께서 아나니아를 통하여 즉시 고쳐주신 것을 드러내는 말이다. 주님께는 어려운 일이 하나도 없다(사 35:5; 마 9:28-30; 11:5; 20:30-34).

행 22:14. 그가 또 이르되 우리 조상들의 하나님이 너를 택하여 너로 하여금 자기 뜻을 알게 하시며 그 의인을 보게 하시고 그 입에서 나오는 음성을 듣게 하셨으니.

바울이 충대 밑에 있는 유대인들에게 말한바 본 절부터 16절까지의 말은 9장에는 없는 말이다. 아마도 바울과 아나니아는 당시 더 많은 이야기들을 했을 것이다. 바울은 아나니아가 사용하던 단어 "주 예수"란 말을 빼고 본 절에서 "우리 조상들의 하나님"(3:13; 5:30)이란 말로 대체했다. 바울은 전도의 대상에 따라 죄가 되지 않는 한 단어를 변경하여 사용했다 (고전 9:20).

바울은 바울의 연설을 듣고 있던 유대인의 조상들의 하나님이 바울을 택하셔서(9:15; 26:16) 첫째, 바울로 하여금 하나님의 뜻을 알게 하시고 둘째, 예수님을 보게 하시며 셋째, 예수님의 입에서 나오는 음성을 듣게 하셨다고 말한다. "조상들의 하나님"이 첫째 "너로 하여금 자기 뜻을 알게 하셨다"는 말씀은 '하나님의 구원계획을 알게 하시고는 하나님은 바울을 복음 전파자로 사용하신다는 사실을 알게 하셨다'는 뜻이다. 그리고 조상들의 하나님이 둘째, "그 의인을 보게 하셨다"는 말씀은 '부활하신 그리스도를 보게 하셨다'는 뜻이다(고전 9:1; 15:8). 여기 "그 의인"이란 말씀은 '예수님'의 별칭이다(사 53:11). 3:14; 7:52 주해 참조. 셋째, "조상들의 하나님이... 그 입에서 나오는 음성을 듣게 하셨다"는 말씀은 '그 의인(예수님)의 입에서 나오는 음성을 듣게 하셨다'는 뜻이다(고전 11:23; 갈 1:12). 바울은 다메섹 밖에서도 주님의 음성을 들었지만(9:4-6) 다메섹 성 안으로 들어간 후로는 아나니아를 통하여 예수님의 음성을 또 들었다. 9:15에 보면 바울은 "내 이름을 이방인과 임금들과 이스라엘 자손들에게 전하기 위하여 택한 나의 그릇이라"이라는 음성을 들었다. 그러니까 바울은 하나님의 구원 계획을 알게 되었고 예수님을 보았으며 예수님의 입에서 나오는 음성을 들었다. 전도자로서의 자격을 갖추어 나가고 있었다.

행 22:15. 네가 그를 위하여 모든 사람 앞에서 네가 보고 들은 것에 증인이 되리라.

문장 초두에는 이유를 말하는 접속사(ὅτι)가 있어서 아나니아가 앞 절에서 말한바 바울이 엄청난 은혜를 받은 이유는 "네가 그를 위하여 모든 사람 앞에서 네가 보고 들은 것에 증인이 되어야" 하기 때문이라는 것이다(4:20; 23:11; 26:16). 다시 말해 '바울이 예수 그리스도를 위하여 모든 사람들 앞에서 바울이 보고 들은 것을 증거 하는 증인이 되어야 한다'는 것이다. 바울은 "모든 사람 앞에서," 즉 '이방인과 임금들과 이스라엘 자손들'(9:15) 앞에서 증거하는 삶을 살아야 했다. 본 절의 "증인"이란 말은 '죽음을 각오하고 증거하는 사람'을 뜻한다. 증인은 자기가 보고 들은 것을 끝까지 증거해야 할 책임이 있다는 말이다. 누구든지 은혜를 크게 받았으면 반드시 그리스도를 증거하면서 살아야 한다. 전도자는 자기의 사상을 말하는 자가 아니라 그리스도를 말하는 자여야 한다. 그러다가 죽을 각오를 해야 한다.

행 22:16. 이제는 왜 주저하느냐 일어나 주의 이름을 불러 세례를 받고 너의 죄를 씻으라 하더라.

아나니아는 바울에게 재촉한다. 큰 은혜를 받은 사람(14절)이 "왜 주저하느냐"고 말한다. 과거에 아무리 큰 죄를 지었다 해도 이제 그리스도로부터 엄청난 은혜를 받았으니 주저할 것이 없다는 것이다. 시간을 더 이상 끌지 말고 그리스도의 명령을 따르기 위해 "일어나라"고 말한다. "일어나라"(get up)는 말은 앉았던 사람이 일어서야 한다는 말이 아니라 '준비하라'는 말이다. 즉 '세례를 받을 준비를 하라'는 뜻이다. 오순절 때 3,000명이 예수님을 믿고 세례를 받은 것처럼(2:41) 세례 받을 준비를 하라는 뜻이다.

오순절 때 베드로는 군중들의 질문("어찌할꼬"하는 질문)을 받고 "너희가 각각 회개하여 각각 예수 그리스도의 이름으로 세례를 받고 죄 사함을 받으라"고 말했는데(2:38) 아나니아도 똑같이 바울에게 "주의 이름을 불러 세례를 받고 너의 죄를 씻으라"고 권고한다(2:38; 9:14; 롬 10:13; 히 10:22). "주의 이름을 불러 세례를 받고 너의 죄를 씨으라"는 말은 '예수님에게 죄를 용서해 주십사고 기도하고 물세례를 받으라'는 말이다. 바울이 그 동안 그리스도인들을 박해하여 그리스도인들과 연합되신 예수님에게 죄를 지었으니(예수님과 성도들은 연합되어 있어 성도들을 박해하면 예수님께 죄를 짓는 것이다) 바울은 예수님의 이름을 부르면서 진정으로 죄를 용서해 주십사는 기도를 하고 세례를 받으라는 것이다(2:38; 10:48). 바울이 그리스도에게 죄의 용서를 청구하면서 "세례를 받은 것은 하나님의 은혜로 말미암아 영적으로, 내적으로 죄 씻음 받은 것에 대한 외적이고 가시적인 표시였다"(F. F. Bruce). 바울은 벌써 죄 씻음을 받은 사람이었는데 아나니아가 바울에게 외적인 세례를 받으라고 권했기에 바울이 순종했을 뿐이다. 바울은 고린도

교회의 성도들에게 "주 예수 그리스도의 이름과 우리 하나님의 성령 안에서 씻음과 거룩함과 의롭다 하심을 받았느니라"고 말한다(고전 6:11). 성도는 물세례를 받기 때문에 죄를 씻음 받는 것이 아니라 죄 씻음을 받았기에 물세례를 받는 것이다. 사람이 "주의 이름을 불러 세례를 받고 죄를 씻음 받는다"는 것은 큰 복이 아닐 수 없다(롬 10:13). 이미 성령으로 그리스도를 믿게 된 사람이 외부적인 의식이지만 주님을 불러 회개하고 죄 씻음을 받는 것은 큰 복이다.

그런데 바울은 "주의 이름을 불러"라는 말을 할 때 "예수"라는 말은 뺀다. 베드로는 오순절 때 "너희가 각각 회개하여 각각 예수 그리스도의 이름으로 세례를 받고 죄 사함을 받으라"고 분명히 "예수 그리스도의 이름"이라는 말을 사용했는데 바울은 단순히 "주("의인"-14절)의 이름을 불러"라고만 말한다. 그의 연설을 듣는 사람들의 감정을 자극하지 않기 위해서였다. 그러나 내용은 '예수님의 이름을 불러'라는 뜻이다.

행 22:17-18. 후에 내가 예루살렘으로 돌아와서 성전에서 기도할 때에 황홀한 중에 보매 주께서 내게 말씀하시되 속히 예루살렘에서 나가라 그들은 네가 내게 대하여 증언하는 말을 듣지 아니하리라 하시거늘.

바울은 "후에 내가 예루살렘으로 돌아와서 성전에서 기도했다"고 말한다(9:26; 고후 12:2). 곧 바울은 '다메섹 회심 후 3년 만에 예루살렘으로 돌아와서 성전에서 기도했다'는 것이다. 회심 후 3년 만에 예루살렘으로 돌아와서 성전에서 기도한 것은 그의 회심 후 최초의 예루살렘 방문이었다(9:26, Lightfoot, Knowling, Lumby, Bruce). 바울은 다메섹에서 회심한 후 3년 만에 예루살렘에 왔는데 그 중간에 진행된 일에 대해서는 생략하고 있다(9:20-22). 그가 아라비아에서 머물렀던 일(갈 1:17), 그가 다메섹에서 들창문을 통하여 광주리를 타고 빠져나갔던 일(고후 11:33) 등을 생략하고 있다. 그리고 예루살렘에 와서도 헬라파 유대인들한테 배척당한 일이나 죽임을 당할 뻔했던 일들에 대해서는 생략하고 오직 그가 "성전에서 기도한" 일만을 말한다. 이렇게 성전에서 기도한 일을 말하는 이유는 바울의 연설을 듣는 유대인들과 더욱 공통점이 있음을 드러내기 위해서였다. 바울은 유대인들에게 자신은 성전을 업신여긴 사람이 아니라는 것을 알리려고 했다. 그러나 아무리 이렇게 사람들을 자극하지 않기 위해서 조심을 했으나 결국은 하나님의 뜻이 실현되기 위해서 바울은 어려움을 당하고 말았다.

그런데 바울은 자신이 예루살렘에서 기도하는 중에 "황홀한 중에 보매 주께서 내게 말씀하시되 속히 예루살렘에서 나가라 그들은 네가 내게 대하여 증언하는 말을 듣지 아니하리라 하셨다"고 말한다(14절; 9:29-30; 마 10:14). 바울이 기도할 때에 "황홀한 중에 본 것"이 있었다. "황홀"이란 말에 대한 해석은 10:10주해를 참조할 것. 그리고 10:9-10; 계 1:10 참조 바울이 황홀한 중에 본 것은 '주님(다메섹 도상에서 나타나셨던 부활의 주님)께서 바울에게 말씀하시기를 속히 예루살렘을 떠나라'는 것이었다. 이유는 '유대인들은 바울이 예수님을 증언하는 것을 듣지 아니할 것이기' 때문이라 말씀하신다. 이는 마치 유대의 조상들이 선지자들의 말을 듣지 않음과 같고 예수님의 말씀을 듣지 않으려는 것과 같다고 하신다. 바울은 자신의 말을 듣는 사람들이 그의 말을 이해해주기를 위하여 성전에서 기도한 것을 말했으나 그들은 이해해 주지 않았다.

행 22:19-20. 내가 말하기를 주여 내가 주를 믿는 사람들을 가두고 또 각 회당에서 때리고 또 주의 증인 스데반이 피를 흘릴 때에 내가 곁에 서서 찬성하고 그 죽이는 사람들의 옷을 지킨 줄 그들도 아나이다.
바울은 예수님으로부터 "속히 예루살렘에서 나가라"는 명령을 듣고(앞 절) 어떻게든지 예루살렘에 남아서 복음을 증거하고 싶어 자신의 과거 경력을 예수님께 말씀드린다(Bruce, Lenski, Stott, Kistemaker, 박윤선). 자신이 과거에 기독교인들을 박해한 사실을 유대인들이 잘 알고 있기 때문에 자신을 박해하는 유대인들이 자신을 아주 잘 이해하여 복음을 잘 받아들일 것이라고 예수님께 말씀 드린다. 첫째, 자신도 과거에 예수님을 믿기 전에는 "주를 믿는 사람들을 가두었다"고 말씀드린다(4절; 8:3 주해참조). 둘째, 자신도 예수님을 믿기 전에는 예수님을 믿는 사람들을 "각 회당에서 때렸다"는 것을 말씀드린다(8:3; 마 10:17). 셋째, "주의 증인 스데반이 피를 흘릴 때에 내가 곁에 서서 찬성하고 그 죽이는 사람들의 옷을 지켰다"고 말씀드린다 (7:58; 8:1; 눅 11:48; 롬 1:32). 바울이 지은 죄 중에 가장 컸던 것은 스데반이 순교할 때 직접 가담하지는 않았다 해도 찬성했다는 사실이었고 또 스데반을 죽이는 사람들의 겉옷을 지켜 준 것이었다.

바울은 예수님께 유대인들이 자기가 행한 일을 "그들도 아나이다"라고 말씀드린다. 유대인들이 자신의 과거 경력을 잘 아는 고로 자신과 똑 같은 행동을 하는 유대인들이 자신을 잘 이해하여 자신의 전도를 잘 들을 것이라고 말씀드린 것이다. 자기는 다른 데로 가기를 원하지 않는다는 것이었다. 자기 는 구약 성경도 잘 알고 있고 또 율법도 잘 알고 있으며 유대인들도 잘 알고 있고 또 예루살렘에서 성장했고 교육을 받았으니 될 수 있다면 예루살렘 에 남아서 유대인들을 복음화 하겠다고 예수님께 말씀드린다. 그러나 예수님 의 뜻은 달라서 다음 절처럼 말씀하신다. 인간의 생각과 예수님의 생각이 다른 때가 많이 있음을 알 수 있다.

바울은 예수님께 말씀드릴 때 "예수"라는 말을 사용하지 않고 "주"라는 단어를 사용한다. 자기의 연설을 듣는 사람들을 감안하여 "주"(하나님을 의미할 수도 있는 단어임)라는 단어를 사용하며 청중들에게 말한다. 바울이 아무리 그 청중들을 의식했지만 역시 청중들로부터 환영받지는 못했다. 모든 것은 주님의 뜻대로 되어간다.

행 22:21. 나더러 또 이르시되 떠나가라 내가 너를 멀리 이방인에게로 보내리 라 하셨느니라.
예수님은 바울의 요청(19-20절)을 들어주시지 않고 바울에게 말씀하시기를 "떠나가라 내가 너를 멀리 이방인에게로 보내리라"고 하셨다(9:15; 13:2, 46-47; 18:6; 26:17; 롬 1:5; 11:13; 15:16; 갈 1:15-16; 2:7-8; 엡 3:7-8;

딤전 2:7; 딤후 1:11). 바울 자신은 예루살렘을 사랑하고 유대인들을 사랑하여 그냥 예루살렘에 남아서 복음을 전하고자 했지만 주께서 바울에게 멀리이방인에게로 보내셨기 때문에 지금까지 이방에서 복음을 전하다가 왔다는것을 암시하고 있다. 자신은 주님으로부터 명령을 받고 나간 것이지 자의로나간 것은 아니라고 말한다. 예수님은 두 차례(18절, 21절)나 바울에게 이방인에게로 가라고 하셨다. 우리는 예수님께서 하라는 대로 해야 한다. 또사실은 예수님께서 하라는 대로 하는 것이 본인에게도 영광이 되는 것이다.

2. 바울의 변명으로 백성의 소요가 일어나다 22:22-23

행 22:22. 이 말하는 것까지 그들이 듣다가 소리 질러 이르되 이러한 자는세상에서 없애 버리자 살려 둘 자가 아니라 하여.

바울이 청중들에게 자신을 변명하며 예수님을 증거하려고 했는데 바울이예수님의 말씀 곧 "내가 너를 멀리 이방인에게로 보내리라 하셨다"는 말씀(앞 절)까지 듣다가 유대인들이 갑자기 화가 치밀어서 "소리를 질러 이르되이러한 자는 세상에서 없애 버리자 살려 둘 자가 아니라"고 하면서 소란을일으켰다(21:36; 25:24). 그들이 화가 치민 것은 바울이 이방으로 갔다는사실이었다. 감히 이방사람들과 선민인 유대인들과 동일시 할 수 있느냐는것이었다. 생각도 못할 말을 바울이 했다는 것이다. 당시 유대인들은 편협했고 국수주의자들이었다. 이방인들을 아주 우습게 여겼다. 그래서 그들은소리를 질렀고 또 바울 같은 사람은 세상에서 없애버려야 한다고 야단했다.아예 살려둘 가치가 없는 자라고 했다. 그들은 율법대로 산다고 하면서생명을 경시했다.

행 22:23. 떠들며 옷을 벗어 던지고 티끌을 공중에 날리니.

누가는 유대인들이 야단하는 장면을 잘 묘사하고 있다. 첫째, 그들은 "떠들었다." 여기 "떠들었다"(κραυγαζόντων)는 말은 분사 시제로 '계속해서 떠들었다'는 뜻이다. 바울의 말을 더 이상 듣지 않겠다는 표시로 계속해서 떠든

것이다. 둘째, 그들은 "옷을 벗어 던졌다." "옷을 벗어 던졌다"(ῥιπτούντων)
는 말도 역시 분사 시제로 '계속해서 옷을 이리저리 던졌다'는 뜻이다. 옷을
이리저리 던진 것은 바울을 돌로 치려는 준비였다(7:58). 셋째, 그들은 "티끌
을 공중에 날렸다." "날렸다"(βαλλόντων)는 말도 역시 분사 시제로 '계속해
서 날렸다'는 뜻이다. 예수님께서 바울에게 "그들은 네가 내게 대하여 증언하
는 말을 듣지 아니하리라"(18절)는 예수님의 예언이 금방 이루어졌다.

3. 바울이 로마 시민권자인 것을 말하다   22:24-29

**행 22:24. 천부장이 바울을 영내로 데려가라 명하고 그들이 무슨 일로 그를
대하여 떠드는지 알고자 하여 채찍질하며 심문하라 한 대.**

천부장은 층대위에서 바울 곁에 있었지만(21:40) 바울이 쓰는 아람어를 모르
는 것이 아니라 바울이 말하는 내용자체를 잘 알 수가 없었을 것이다
(Kistemaker). 유대인들이 바울의 연설을 잘 듣다가 왜 갑자기 돌변하는지
의심스러워서 천부장은 "바울을 영내로 데려가라 명하고 그들이 무슨 일로
그를 대하여 떠드는지 알고자 하여 채찍질하며 심문하라"고 명령한다. 우선
바울을 "영내로 데려가라"고 명령한다. 그냥 바울을 층대 위에 있게 했다가는
무슨 일이 벌어질 것이니 일단 바울의 안전과 당시의 질서를 위하여 군영(軍
營)내로 데려가라고 명령한 것이다. 천부장은 분명히 바울이 무슨 못된 짓을
했으리라고 추측하고 "그들이 무슨 일로 그를 대하여 떠드는지 알고자"
해서 "채찍질하며 심문하라"고 말한다. "채찍질하며 심문하면" 순순히 말할
터이니 채찍질 하라는 것이었다. 그러나 이 때 바울이 자기가 로마 시민권자
라고 밝혀 군병들이 채찍질을 하지 않았다.

**행 22:25. 가죽 줄로 바울을 매니 바울이 곁에 서 있는 백부장더러 이르되
너희가 로마 시민 된 자를 죄도 정치 아니하고 채찍질할 수 있느냐 하니.**

군인들이 "가죽 줄로 바울을 매니"(ὡς δὲ προέτειναν αὐτὸν τοῖς ἱμᾶσιν)란
말은 두 가지로 해석할 수 있다. 하나는 군인들이 바울을 기둥에 묶고 등을

채찍질 할 수 있도록 등을 앞으로 굽혀 드러내었다는 뜻으로 해석할 수도 있고, 또 다른 해석으로는 바울의 두 손을 가죽 줄로 매고 때리기 좋게 바울을 땅으로부터 들어 올렸던 것으로 해석할 수도 있다. 어떤 해석을 취해도 결과는 같다. 아무튼 바울의 두 손을 머리 위로 올렸고 또 앞으로 굽히게 하고 두 발도 묶었던 것으로 볼 수 있다. 이유는 등을 때리기 위함이었다. 바울은 실제로 복음을 전하는 동안에 다른 사도들보다 더 많이 매를 맞았다고 말한다(고후 11:23-25). 그는 거의 죽을 뻔 했다고 말한다. 그는 40에 하나 감한 매 39대씩 5회에 걸쳐 매를 맞은 일이 있다고 회고한다.

이렇게 군인들이 가죽 줄로 바울을 맸을 때 곁에 서 있으면서 군인들을 지도하고 있는 백부장에게 바울이 말하기를 "너희가 로마 시민 된 자를 죄도 정치 아니하고 채찍질할 수 있느냐"고 항의한다. 당시 로마 법에 의하면 로마 사람을 함부로 고문하면 엄벌에 처할 수 있었기에(16:37-38주해 참조) 바울은 로마 시민 된 자신을 재판도 하기 전에 채찍질할 수 있느냐고 항의한다. 바울은 하나님의 뜻에 어긋나지 않는 한도 안에서 자신을 방어하고 있다. 바울은 자신이 날 때부터 로마 시민 된 자임을 말한다. 우리는 이 땅에서 복음을 전할 때 하나님의 뜻에 어긋남이 없는 한 자신을 방어할 수 있음을 알아야 한다.

행 22:26. 백부장이 듣고 가서 천부장에게 전하여 이르되 어찌하려 하느냐 이는 로마 시민이라 하니.

바울의 말, 즉 "너희가 로마 시민 된 자를 죄도 정치 아니하고 채찍질할 수 있느냐"(앞 절)는 말을 들은 백부장은 깜짝 놀라서 금방 천부장(글라우디오 루시아)에게 달려가서 말하기를 "어찌하려 하느냐 이는 로마 시민이라"고 보고한다. 잘 못 하다는 우리의 계급이 강등되거나 아니면 군으로부터 전역될지도 모를 일이니 어찌하려 하는 것이냐고 말했다.

행 22:27. 천부장이 와서 바울에게 말하되 네가 로마 사람이냐 내게 말하라

이르되 그러하다.

백부장의 말을 전해들은 천부장은 즉시 바울에게 와서 말하기를 "네가 로마 사람이냐 내게 말하라"고 한다. 천부장이 바울에게 물은 이유는 만일 로마 시민권을 가진 자가 아니면서 로마 시민권을 가졌다고 말하면 사형에 해당한 고로 진짜 로마 시민권자인지 물은 것이다. 당시 로마 시민권은 여러 방법으로 얻었다고 한다. 첫째, 시민권을 가진 부모 집에서 태어나면 시민권을 가졌고, 둘째, 돈으로 사기도 하였으며, 셋째, 로마 군인이 되면 보상으로 시민권이 주었다 한다. 천부장의 질문에 바울은 말하기를 "그러하다"고 대답한다. 다시 말해 로마 시민권자라고 말한다.

행 22:28. 천부장이 대답하되 나는 돈을 많이 들여 이 시민권을 얻었노라 바울이 이르되 나는 나면서부터라 하니.

천부장은 누가 묻지도 않았는데 자발적으로 말하기를 "나는 돈을 많이 들여 이 시민권을 얻었다"고 말한다. 로마 관리한테 뇌물을 주고 로마 시민권을 얻었다고 말한다. 천부장의 이름이 루시아인 것을 보면 그는 헬라 사람이었다 (Bruce).[151] 그는 헬라인으로서 돈을 많이 들여 로마 시민권을 얻었다. 그런데 바울은 "나는 나면서부터라"고 말한다. 아마도 바울의 아버지가 로마 시민이었기에 바울이 나면서부터 시민권자가 될 수 있었다. 그런데 바울의 조상이 어떤 경로를 통하여 로마 시민권을 얻었는지에 대해서는 알려져 있지 않다.

행 22:29. 심문하려던 사람들이 곧 그에게서 물러가고 천부장도 그가 로마 시민인 줄 알고 또 그 결박한 것 때문에 두려워하니라.

---

151) 브루스(Bruce)는 글라우디오 루시아 총독의 "그 시민권은 글라우디오의 아내인 메사리나(Messalina)와 그녀의 궁정에서 총애를 받던 자들이 자신들의 주머니를 두둑히 채우면서 판 것이다. 그 천부장의 이름이 루시아인 것은 그가 헬라 태생임을 보여준다. 부(富)나 영향력이 (어쩌면 둘 다가) 그로 하여금 로마 시민권을 얻게 했을 뿐 아니라 로마 군대의 고급장교가 될 수 있게 하였다"고 말한다. 사도행전, (하), p. 243.

바울을 한참 잡아매고 있던 군인들이 바울에게서 금방 물러가고 천부장도 바울이 로마 시민권자인 줄 알고 또 바울을 줄로 결박했던 일 때문에 떨게 되었다. 천부장은 이미 죄를 지은 것이었다. 결박한 것 자체가 죄였기에 천부장이 두려워 했다. 본문의 "두려워하니라"(ἐφοβήθη)는 말은 부정(단순) 과거 시제로 '참으로 두려워했다,' '진정으로 두려워했다'는 뜻이다. 천부장은 로마 시민권자인 바울을 결박한 것 때문에 윗사람으로부터 문책을 당할까 보아 아주 두려워했다. 그래서 바울의 손을 묶었던 가죽 줄(25절)을 풀어주었다. 바울의 로마 시민권 때문에 바울은 완전히 다른 환경을 만난 것이다. 그러나 다음 절(30절)에 기록한 "그 결박을 풀고"라는 말 때문에 학자들의 의견은 몇 가지로 갈린다. 본 절에서 바울의 결박을 풀었다고 하면 다음 절에 나오는 "결박을 풀고"라는 말을 해석하기 힘이 든다는 이유로 여러 가지 해석이 시도되었다. 1) 바울의 결박을 풀지 않았다. 로마의 시민이라도 결박할 수는 있었기에 바울은 자신이 결박되었다는 사실을 여러 번 언급했다 (26:29; 빌 1:7, 13-14, 16; 골 4:18; 몬 10:13)고 주장한다. 그러나 천부장이 놀랐는데도 바울의 결박을 풀지 않았다고 상상하는 것은 자연스럽지 않은 듯하다. 2) 아마도 고문기구인 무거운 쇠사슬은 풀고 가벼운 쇠사슬로 바울을 매었다가 다음날 가벼운 것까지 풀고 공회에 나갔을 것이라고 주장한다. 가능한 해석이다. 그러나 다음 셋째 번의 해석이 더 타당하다고 보인다. 3) 천부장은 당장에 바울을 매었던 쇠사슬을 풀고 밤중 사이에 연금하였을 것이다. 다음 날 아침 천부장은 바울을 연금으로부터 풀고 자유하게 한 다음, 산헤드린을 소집케 하고 자유인이 된 바울과 함께 산헤드린 공의회 장소로 내려갔다(Lenski, Kistemaker). 세 학설 중에서 셋째 학설이 가장 타당한 것으로 보인다. 이유는 천부장이 바울을 결박했던 것 때문에 두려워하면서 바울의 결박을 풀지 않았다는 것은 납득하기 어렵다.

3. 바울이 공회 앞에 서다 22:30

행 22:30. 이튿날 천부장은 유대인들이 무슨 일로 그를 고발하는지 진상을

알고자 하여 그 결박을 풀고 명하여 제사장들과 온 공회를 모으고 바울을 데리고 내려가서 그들 앞에 세우니라.

바울은 하룻밤 연금 상태에서 지나고 "이튿날 천부장은 유대인들이 무슨 일로 그를 고발하는지 진상을 알고자 하여 그 결박을 풀고 명하여 제사장들과 온 공회를 모으고 바울을 데리고 내려가서 그들 앞에 세웠다." 천부장은 유대인들이 무슨 일로 그를 고발하는지 진상을 알고자 했다. 정치적으로 보아서는 아무 문제가 없는 것 같은데 달리 신학적으로 무슨 문제가 있는지 자기로서는 알 수가 없어 일단 연금(하룻밤을 군영 안에서 보호받는 것)을 풀고 온 공회를 모으고 바울을 데리고 내려가서 공회 앞에 세웠다. 천부장이 공회를 모으는 방법은 천부장이 공회를 열 필요가 있다고 생각할 때에는 대제사장에게 회의의 필요가 있다고 알리면 대제사장은 회의를 소집한다 (4:6). 바울은 이제 산헤드린 공의회 앞에서 자신을 변명하고 그리스도를 증거할 기회를 얻은 것이다.

제 23 장
바울의 변론으로 인한 공회의 분열,
바울 살해음모, 가이사랴 호송

D. 바울이 공회 앞에서 변명하다   23:1-10

천부장이 바울을 공회 앞에 세웠을 때(22:30) 바울은 자신이 지금까지 양심에 따라 하나님을 섬겼다고 말하자(1절) 대제사장 아나니아와 충돌하였고(2-5절), 또 바울이 부활신앙을 말하자 공회가 두 갈래, 즉 사두개인들과 바리새인들로 갈라졌다(6-10절).

행 23:1. 바울이 공회를 주목하여 이르되 여러분 형제들아 오늘날까지 나는 범사에 양심을 따라 하나님을 섬겼노라 하거늘.
공회 앞에 선 바울은 "공회를 주목하였다." "주목하다"(ἀτενίσας)는 말은 '힘 있게 쳐다보다,' '자세히 주시하다'는 뜻으로 바울이 공회 앞에서 공회원들을 주시했음을 표현하는 말이다. 바울은 양심에 거리낌이 없었기에 사람들을 응시할 수 있었다. 만약 바울에게 그 어떤 수치되는 일이나 부끄러운 일이 있었다면 주목하지 못했을 것이다. 사람이 부끄러운 일이 있거나 수치스러운 일이 있으면 고개를 들지 못하고 눈을 아래로 내려 뜨게 된다.

바울은 공회원들을 응시하면서 말하기를 "여러분 형제들아 오늘날까지 나는 범사에 양심을 따라 하나님을 섬겼노라"고 말한다(24:16; 고전 4:4; 고후 1:12; 4:2; 딤후 1:3; 히 13:18). 바울은 자기를 박해하는 공회원들을 향하여 "여러분 형제들아"라고 부른다. 바울은 공회원들을 향하여 바로 전날 사용했던 존칭어(22:1, "부형들아")를 쓰지 아니하고 동등됨을 표시하는 언어("여러분 형제들아")를 사용한다. 그렇다고 그가 그들을 향하여 무례함을 표하기 위해서 이런 칭호를 사용한 것은 아니었다. 바울은 1) 그들(유대인)과 동료라는 것을 표현하기 위해서, 2) 유대인들과 같은 하나님을 믿는 민족적인 동료라는 것을 표현하기 위해서, 3) 그들에 비해 아무 것도 꿀릴 것 없는 입장이라는 것을 표현하기 위해서 "여러분, 형제들아"라고 불렀다.

바울은 그의 연설에서 자기의 정체성에 대해서는 한마디도 하지 않고 단번에 "오늘날까지 나는 범사에 양심을 따라 하나님을 섬겼다"고 말한다. 이렇게 자기가 누구라는 것을 말하지 않았기 때문에 혹자는 바울이 과거에 산헤드린 공회원이었다고 주장하는 사람들이 있다. 그러나 바울이 옛날에 공회원이었다는 그 어떤 근거도 성경에서 발견할 수가 없다. 바울이 자기가 누구인가를 말하지 않고 단번에 연설 한 이유는 바로 하루 전에 층대위에서 이미 자기가 누구인지를 말했기 때문일 것이다(22:3).

바울은 연설 벽두에 갑자기 "오늘날까지 나는 범사에 양심을 따라 하나님을 섬겼다"고 말했는데 "오늘날까지"란 말은 '바울의 한 생애'를 지칭하는 말이다. 바울은 한 생애 동안 "범사에 양심을 따라 하나님을 섬겼다"고 말한다. 곧 '모든 일을 할 때 선한 양심을 따라 하나님을 섬겨왔다'는 것이다. "양심"이란 "사람과 함께 하는 지식인데 그것은 옳고 그름에 대한 개인의 내적인 감각 즉, 과거, 현재 생각 속에 속하는 자신의 사고, 태도, 말 그리고 행동에 대하여 판단하는 활동으로 나타나는 그의(어느 정도는 하나님에 의해 부여된) 도덕적 의식"이다(윌럼 헨드릭슨).[152] 바울은 오늘날까지 선악을 아는 기능으로서의 선한 양심, 도덕적 의무감을 자극하는 정서로서의 선한 양심을 따라 하나님을 섬겨왔다는 것이다. 바울은 훗날 벨릭스 총독 앞에서도 "그들의 기다리는바 하나님께 향한 소망을 나도 가졌으니 곧 의인과 악인의 부활이 있으리라 함이니이다 이것으로 말미암아 나도 하나님과 사람에 대하여 항상 양심에 거리낌이 없기를 힘쓰나이다"라고 말했다(24:15-16). 그리고 그는 빌립보 교회에 보내는 편지에서도 자기는 "율법의

---

152) 윌럼 헨드릭슨, *로마서* (상), 헨드릭슨 성경주석, 손종국 옮김 (서울: 아가페출판사, 1983), p. 136.

의로는 흠이 없는 자로다"라고 말했다(빌 3:6). 바울은 하늘 법정에서는 감히 이런 소리를 못해도 산헤드린 공의회 앞에서는 이 말을 할 수 있었다. 우리 역시 양심을 따라서 하나님을 섬겨야 할 것이다.

본문의 "섬겼다"(πεπολίτευμαι)는 말은 현재완료 수동태 시제로 '하나님 나라의 시민으로 살아왔다'는 뜻이다. 이 낱말이 수동태인 것은 바울 자신이 능동적으로 살아온 것이 아니라 하나님의 은혜에 의하여 시민으로 살게 되었다는 뜻이다. 선한 양심이 지시하는 대로 하나님 나라의 시민노릇을 한다는 것은 중요한 일이다.

행 23:2. 대제사장 아나니아가 바울 곁에 서있는 사람들에게 그 입을 치라 명하니.

대제사장 아나니아[153]가 바울 곁에 서 있는 사람들에게 바울의 입을 치라고 명령한다(왕상 22:24; 렘 20:2; 요 18:22). 그래서 바울은 갑자기 자신의 변명을 중단했다. 아나니아는 바울이 앞 절에서 "오늘날까지 나는 범사에 양심을 따라 하나님을 섬겼다"는 말을 듣고 이런 교만한 자가 또 있는가하고 격분하여 친 것이다. 아나니아는 얼마 후 벨릭스 총독 앞에서 바울을 고발한 사람이다(24:1). 아나니아가 바울의 입을 치라고 한 명령은 대제사장 가야바가 예수님의 얼굴을 치라고 한 명령과 같은 명령이었다(요 18:22-23). 아나니아가 바울의 연설을 끝까지 들어보지도 않고 이런 명령을 하는 것을 보면 그는 참으로 난폭한 사람이었다. 사람을 사람으로 알지 않았던 비인간적인 사람이었다.

---

153) 아나니아는 유대인 사이에 흔한 이름으로 요세푸스(Josephus)에 의하면 네데바에우스(Nedebaeus)의 아들로서 헤롯 안디바스 2세(AD 44-48)에 의하여 대제사장으로 임명되었다. 그는 AD 47년-59년 사이에 대제사장직을 수행했는데 그는 아주 사악하고 난폭한 사람으로 그는 영향력이 큰 사람이었고 부자였다고 한다. 그는 탐욕이 심하여 백성들로부터 인기가 없었다. 아그립바 왕은 AD 59년에 그를 면직시켰고 암살자들이 그를 AD 66년 유대인들의 소요가 일어났을 때 9월에 그를 암살하였다고 한다(Josephus, *War* 2.12.6[243];2.17.6[441-42]; *Antiquities* 20.8.11[196].

행 23:3. 바울이 이르되 회칠한 담이여 하나님이 너를 치시리로다 네가 나를 율법대로 심판한다고 앉아서 율법을 어기고 나를 치라 하느냐 하니.
바울은 아나니아의 말을 듣고 즉시 반응한다. "회칠한 담이여 하나님이 너를 치시리로다"라고 말한다. "회칠한 담이여"란 말은 '겉과 속이 다른 사람이여,' '외식자여,' '위선자여'라는 뜻으로 아나니아가 대제사장으로서 율법대로 행해야 할 사람이 율법을 어기고 사람을 치라고 한고로 "회칠한 담이여"라고 꾸짖었다(마 3:7; 23:13, 15, 16, 23, 25, 27, 29; 눅 13:32 참조). 그리고 바울은 아나니아를 향하여 "하나님이 너를 치시리로다"라고 말한다. 바울의 이 말은 예언이 되어 아나니아는 훗날 유대인들의 전쟁이 있었을 때 결국 암살자들한테 암살을 당하고 말았다.

바울은 구체적으로 꾸짖는다. 곧 "네가 나를 율법대로 심판한다고 앉아서 율법을 어기고 나를 치라 하느냐"고 꾸짖는다(레 19:35; 신 25:1-2; 요 7:51). 율법을 실천해야 할 아나니아는 사람을 치라고 명령할 수 없었다. 그런데도 사람을 치라고 명령했으니 율법을 어긴 것이다. 그래서 아나니아는 회칠한 담이었고 또 훗날 하나님의 치심을 받았다. 오늘도 회칠한 담들은 수없이 많다. 하나님으로부터 치심을 받아야 할 사람들이 많다. 오늘 우리는 옳게 행하고 있는지 그리고 사람을 참으로 사랑하고 있는지 살필 일이다.

행 23:4. 곁에 선 사람들이 말하되 하나님의 대제사장을 네가 욕하느냐.
바울이 격렬하게 대제사장을 꾸짖는 것을 듣고 바울 곁에 서 있던 사람이 말하기를 "하나님의 대제사장을 네가 욕하느냐"고 말한다. 바울 곁에 서 있던 사람(경비병이었을 것이다)은 아나니아가 무례하고 욕심이 많은 사람인 줄 알았지만 그래도 대제사장으로 인정하고 있었다. 그래서 바울에게 대제사장에게 그렇게 말할 수는 없는 법이라고 말했다. 사람은 그처럼 악질이라도 직책은 인정해야 한다는 뜻이었을 것이다. 옆에 서 있었던 사람은 바울의 말에 적지 아니 충격을 받았던 것 같다. 사실 대제사장을 욕해서는 안 되었다. 바울은 그가 대제사장인 줄 알지 못하고 욕했다.

행 23:5. 바울이 이르되 형제들아 나는 그가 대제사장인 줄 알지 못하였노라 기록하였으되 너의 백성의 관리를 비방하지 말라 하였느니라 하더라.

바울은 곁에 서 있던 사람들이 "하나님의 대제사장을 네가 욕하느냐"고 말해주었을 때 "형제들아 나는 그가 대제사장인 줄 알지 못하였노라"고 대답한다(24:17). 바울이 말하기를 '나는 그가 대제사장인 줄 알지 못했다'는 말에 대해서 많은 해석이 붙여졌다. 1) 혹자는 바울이 이렇게 말한 것은 하나의 풍자로 한 말이라고 한다. 바울은 대제사장이 폭력을 사용하는 것을 보고 그를 대제사장으로 대우할 수 없음으로 그를 꾸짖은 것이라고 한다. 바울이 "너의 백성의 관리를 비방하지 말라 하였느니라"(출 22:28; 전 10:20; 벧후 2:10; 유 1:8)는 말을 했는데 아나니아 같은 사람은 참된 관원이 아니라는 뜻으로 그 말을 했다는 것이다. 그러나 바울이 죄가 되지 않는 한 유대인들의 마음을 얻으려고 지금까지 많이 노력했는데(16:3; 21:6; 22:14주해 참조) 공회 앞에서 그들의 마음을 자극하는 말을 했을 것 같지는 않다. 2) 혹자는 그 때의 모임이 비공식적인 모임이었던 고로 아나니아는 제사장의 옷도 입지 않았고 사회봉도 잡지 않았기 때문에 사람의 눈에 잘 띄지 않아 그가 대제사장인 줄 몰랐다는 것이다. 그러나 그가 대제사장이었으므로 사회를 보았을 것이다(Lenski). 3) 혹자는 법정의 소란한 말소리들 때문에 바울은 그를 치라고 한 사람이 누구인지를 판별할 수 없어서 욕을 했을 것이라고 해석한다. 지지하기 어려운 해석으로 보인다. 4) 혹자는 바울이 예루살렘에 없었음으로 아나니아가 대제사장인 줄 몰랐다고 주장한다. 그러나 이 학설도 타당한 것 같지 않다. 이유는 바울이 제 2차 전도여행을 마치고 예루살렘에 있었다(18:22). 그런고로 바울이 아나니아가 대제사장인 줄 알았을 것이다. 5) 혹자는 바울이 이런 말을 한 것은 사과하는 의미에서 했다고 한다. 사과하려는 뜻으로 구약 성경(출 22:28)을 인용했다는 것이다. 받을만한 해석이다. 6) 혹자는 바울이 시력이 약해서 잘 못 알아보고 욕을 했을 것이라고 해석한다(Plumptre, Stott, 고후 12:7; 갈 4:16). 가능한 해석이다. 7) 혹자는 바울이 아나니아를 욕한 것은 분명히 실수였다고 주장한다(Kistemaker). 바울은 대제사장 아나니아 때문에 말이 중단되고 또 뺨을 얻어맞아서 냉정을 잃었기에 그런 말을 했을 것이라고 한다. 그런고로 바울은 바로 율법학자 답게 모세의 율법을 인용한 것이다(출 22:28). 위에 기록한 모든 학설 중 어느 것 하나라도 완전한 학설은 없는 듯이 보인다. 어느 학설을 지지한다고 해도 반대의견이 제기될 수 있다고 보아야 한다. 마지막 세 개(5번, 6번, 7번)의 학설에 해답이 있을 것으로 보인다.

행 23:6. 바울이 그 중 일부는 사두개인이요 다른 일부는 바리새인인 줄 알고 공회에서 외쳐 이르되 여러분 형제들아 나는 바리새인이요 또 바리새인의 아들이라 죽은 자의 소망 곧 부활로 말미암아 내가 심문을 받노라. 사두개 계통의 사람 대제사장 아나니아와 신경전을 벌였던(1-5절) 바울은 산헤드린 공회에서 "그 중 일부는 사두개인이요 다른 일부는 바리새인인 줄 알고 공회에서 외쳐" 말한다. 바울이 공회에서 외친 이유는 자기의 말이 공회원들에게 분명하게 각인되게 하기 위해서였을 것이고 또 산헤드린 공의회가 많이 소란했기 때문이었을 것이다. 바울이 외친 내용은 두 가지였다. 하나는 "여러분 형제들아 나는 바리새인이요 또 바리새인의 아들이라"고 외쳤다(26:5; 빌 3:5). 자기는 원래 바리새인이었다는 뜻이다. 여기 "바리새인의 아들"이란 말이 반드시 바울의 조상이 바리새인이었다는 뜻이라기보다는 차라리 자기가 바리새인이었다는 것을 강조하는 표현이다(예: "아브라함의 자손" 혹은 "다윗의 자손," Kistemaker). 바울이 이렇게 자신이 바리새인이었다(26:5; 빌 3:5)는 사실을 말하는 것은 자신이 지금 바리새인이었다는 것을 자랑하기 위해서 외친 것이 아니라 바리새인들로부터 호의를 얻기 위함이었다. 다시 말해 바울은 자기와 신앙적으로나 사상적으로 아주 딴판인 사두개인들(4:1-4주해 참조)보다는 차라리 더 가까운 바리새인들의 호의를 얻고 그들을 그리스도의 부활 신앙으로 이끌기 위하여 자기가 바리새인이었다는 사실을 말했다. 결코 두 집단 사이를 이간시키려는 것은 아니었을 것이다.

또 하나는 "죽은 자의 소망 곧 부활로 말미암아 내가 심문을 받는다"고 외친다(24:15, 21; 26:6; 28:20). "죽은 자의 소망 곧 부활"이란 말은 '죽은 자의 부활의 소망,'[154] '죽은 자들의 유일한 소망은 부활'이란 뜻이다. 죽은 자들의 유일한 소망은 우리 살아 있는 자들이 볼 때에 다른 것이 아니라 부활일 수밖에 없다는 것이다. 바울은 죽은 자들이 가지는 유일한 소망은 부활이라는 사실을 전한다는 이유로 "심문을 받는다"고 말한다. 유대인들이 바울을 박해하는 것은 바울이 모세를 배반하고 할례와 유대인의 전통을 반대한다는 것(21:21)이었으나 바울 자신은 죽은 자의 부활을 전하는 것 때문에(24:15, 21; 26:6-8; 28:20) 심문을 받는다고 말한다. 바울은 예수님 자신이 부활이심(막 8:31; 9:31; 10:34; 요 2:18-22)을 선포했고, 예수님께서 모든 죽은 자의 부활을 약속하신 사실(요 5:25; 6:39-40, 44, 54)을 말했다. 그리고 바울은 부활이 사도들이 전하는 복음의 중심교리였음(2:32; 3:15; 4:10; 13:30, 34: 고전 15:4-57)을 드러냈다. 그러기에 유대인들은 바울을 박해하고 심문했다.

행 23:7-8. 그 말을 한즉 바리새인과 사두개인 사이에 다툼이 생겨 무리가 나누어지니 이는 사두개인은 부활도 없고 천사도 없고 영도 없다 하고 바리새인은 다 있다 함이라.

바울이 말하기를 "죽은 자의 소망 곧 부활로 말미암아 내가 심문을 받노라"고 말하자(6b) "바리새인과 사두개인 사이에 다툼이 생겨 무리가 나누어졌다." 바울은 그 산헤드린 공의회가 열린 곳, 곧 사두개파와 바리새파가 있는 자리에서 뇌관(雷管-폭약의 기폭에 쓰이는 발화구)을 때린 셈이다. 뇌관을 때렸으니 두 사이에 다툼이 생겨 무리가 나누어지고 말았다(다툼은 결국 폭력으로 변했다. 10절). 이렇게 두 세력이 나누어진 이유는 "사두개인은 부활도 없고 천사도 없고 영도 없다 하고 바리새인은 다 있다"고 주장하기

---

154) F. F. Bruce, *사도행전* (하), p. 251.

때문이었다. 이와 같은 증언은 공관복음에도 나온다(마 22:23; 막 12:18; 눅 20:27).

사두개인은 세 개(부활, 천사, 영)가 다 없다고 했고 바리새인은 세 개가 다 있다고 믿었기 때문에 다툼이 생길 수밖에 없었고 나누어질 수밖에 없었다.[155] 물론 바리새인들의 부활 사상과 바울의 부활 사상은 많이 다르다. 바리새인의 부활사상은 막연한 것으로 내세에 사람이 부활하리라는 믿음을 가지고 있었다. 그러나 바울의 부활 사상은 그리스도께서 부활하셨으니 그리스도를 믿는 자는 부활한다는 것이었다. 다시 말해 그리스도 안에서 부활한다는 사상이다.

행 23:9. 크게 떠들 새 바리새인 편에서 몇 서기관이 일어나 다투어 이르되 우리가 이 사람을 보니 악한 것이 없도다 혹 영이나 혹 천사가 그에게 말하였으면 어찌 하겠느냐 하여.

양편 사람들이 점점 더 크게 떠드는 동안 "바리새인 편에서 몇 서기관이 일어나 다투어 이르되 우리가 이 사람을 보니 악한 것이 없도다 혹 영이나 혹 천사가 그에게 말하였으면 어찌하겠느냐"고 떠들어댄다(22:7,17-18; 25:25; 26:31). 사두개인 편에서는 세 가지(부활, 천사, 영)가 다 없다 하고, 바리새인 편에서는 세 가지가 다 있다고 크게 떠들다가 드디어 싸움은 새로운 양상으로 변했다. 즉 바리새인 편에서 몇몇 서기관(서기관들은 대체로 바리새파에 속해 있었다. 4:5; 막 2:16)이 일어나(아마도 바울 가까이에 와서) 다투어 말하기를 우리들이 이 바울을 보니 악한 점이 없다. 혹시 영이나 천사(두 낱말은 동의어로 사용되었을 것이다)가 바울에게 말하였으면 어찌 하겠느냐고 하면서 바울 편을 들어주었다. 선한 영이나 선한 천사가 바울에게 부활에 대해서 말했다면 우리가 선한 영이나 선한 천사를 반대하는 것이 되니 말도 되지 않는다는 주장이다(5:39).[156] 서기관들은 아마도 22:6-11과

---

155) 바리새인들은 천사와 마귀의 계층이 있다고 믿었다.

156) 여기 "영"이 무엇이냐를 두고 혹자는 '마귀'라고 해석하나 문맥으로 보아 어울리지

22:17-18에서 바울에게 말한 존재가 바로 선한 영이나 선한 천사로 여긴 모양이다. 바울은 영이나 천사로부터 그리스도의 부활에 대해 가르침 받은 것은 아니었다.

행 23:10. 큰 분쟁이 생기니 천부장은 바울이 그들에게 찢겨질까 하여 군인을 명하여 내려가 무리 가운데서 빼앗아 가지고 영내로 들어가라 하니라. 사두개인들과 바리새인들 사이에 큰 분쟁이 생겨서 "천부장은 바울이 그들에게 찢겨질까 하여 군인을 명하여 내려가 무리 가운데서 빼앗아 가지고 영내로 들어가라"고 명한다. 여기 두 정파(政派) 간에 큰 분쟁이 생긴 것을 두고 람세이(Ramsay)는 재구성을 해보았다. 바울 지지자들은 바울 뒤에 서고 바울 반대자들은 바울 앞에 서서 바울을 중간에 두고 싸웠다는 것이다. 그래서 바울은 산산조각이 날 정도가 되었다는 내용이다(물론 과장법이다). 천부장은 바울에게 무슨 문제가 있는지 알아보려고 산헤드린 총회에 데려왔는데 공연히 사람만 찢겨지게(상하게, 부상당하게) 된 것을 알고 군인들을 명령하여 내려가서 무리 가운데서 빼앗아 가지고 군영내로 들어가라고 했다. 하나님께서 바울을 이런 식으로 보호하시는 것은 놀라운 일이었다. 하나님은 전도자를 묘한 방법으로 보호하시고 돌보신다.

    E. 하나님께서 바울을 격려하시다 23:11

행 23:11. 그 날 밤에 주께서 바울 곁에 서서 이르시되 담대하라 네가 예루살렘에서 나의 일을 증언한 것 같이 로마에서도 증언하여야 하리라 하시니라. 군영내로 이끌려 들어간 바울은 그 동안 이틀 동안 당한 일을 회고했을 것이다. 성전에서 체포되어 사람들에게 죽을 뻔 했는데 군대가 출동하여

않는다. 이유는 마귀가 바울에게 말했다면 바울은 악한 사람이었을 터인데 바리새인들은 바울을 "악한 것"이 없는 사람이라고 말한다. 그런고로 마귀라고 해석하는 것은 바람직하지 않다. 그리고 또 바리새인들이 "혹 영이나 혹 천사가 그에게 말하였으면 어찌 하겠느냐"고 했으니 여기 "영"을 '선한 영'으로 해석해야 문맥에 맞는다. 그러니까 '선한 영이나 선한 천사가 바울에게 부활에 관해 가르쳐주었으니 바울은 악한 것이 없는 사람이라고 주장한 것이다.

군영내로 끌려가던 중 층대 위에서 연설한 일(22:2-29), 그리고 당일 산헤드
린 공의회에서 당한 일(23:1-10)등을 회고하면서 그 날 밤을 지낼 때 예수님
께서 나타나셔서(주님은 전에도 나타나셨다. 18:9; 22:17 참조)[157] 바울
곁에 서서 말씀하신다. "담대하라 네가 예루살렘에서 나의 일을 증언한 것
같이 로마에서도 증언하여야 하리라"고 하신다(18:9; 27:23-24). 곧 '네가
예루살렘에서 담대하게 나의 일, 곧 복음을 증언한 것과 같이 로마에서도
담대하게 증언하라'고 명하신다. 바울은 주님께서 나타나셔서 로마 이야기를
하실 때 얼마나 기뻤을까. 평생 소원이던 로마 전도를 말씀하시니 날아갈
듯 기뻤을 것이다. 이렇게 주님께서 바울에게 로마 전도를 말씀해 주시니
훗날 로마에서 지내면서 전도하던 때에도 든든했을 것이다. 주님은 심각한
어려움에 직면한 전도자에게 나타나셔서 담대하라고 말씀하신다(마 9:22;
14:27; 막 6:50; 요 16:33).

F. 바울이 가이사랴에까지 호송되다 23:12-35

유대의 성도를 구제하기 위해 예루살렘을 방문한 바울은 두 번의 큰
어려움(성전에서 유대인들에게 잡혀서 죽음 직전에까지 간 어려움, 또 산헤
드린 공의회에서 두 정파 사람들에게 찢겨 죽을 뻔한 어려움)을 당했으나
천부장을 중심한 군인들의 역할로 죽음을 면하자 유대인들은 분을 참지
못하여 바울을 죽이기 전에는 먹지도 않고 마시지도 않겠다고 40여명이
동맹하여 바울 죽이기를 모색하고 있을 때 천부장은 바울을 가이사랴에까지
호송한다.

1. 유대인들의 간악한 음모 23:12-15

누가는 바울을 죽이기 전에는 먹지도 않고 마시지도 않겠다고 동맹한

---

157) 여기 주님께서 나타나신 일을 두고 혹자는 바울의 "꿈"에 나타나신 것으로 말하기도
하고 혹자는 "환상"중에 나타난 것이라고 말한다. "환상"(vision)이라고 보는 편이 많다
(Kistemaker, Marshall, Nail; 이상근).

사람이 40여명이 된다고 말한다(12-13절). 누가는 그들이 계속해서 바울을 죽일 음모를 꾸미고 있는 것을 말한다(14-15절).

행 23:12-13. 날이 새매 유대인들이 당을 지어 맹세하되 바울을 죽이기 전에는 먹지도 아니하고 마시지도 아니하겠다 하고 이같이 동맹한 자가 사십여 명이더라.

"담대하라 네가 예루살렘에서 나의 일을 증언한 것 같이 로마에서도 증언하여야 하리라"(앞 절)는 예수님의 말씀을 들은 바울은 그날 밤을 지낸 다음 "날이 새매 유대인들이 당을 지어 맹세하되 바울을 죽이기 전에는 먹지도 아니하고 마시지도 아니하겠다"(21절, 30절; 25:3)고 "동맹한 자가 40여명이 되었다." 바울은 주님으로부터 담대하라고 하는 격려의 말씀을 듣고 또 로마에서 복음을 전하게 될 것이라는 소망적인 말씀을 들은 이튿날 아침 유대인들이 당을 짓고 맹세하되 바울을 죽이기 전에는 먹지도 아니하고 마시지도 아니하겠다고 동맹한 사람이 40여명이 된다는 소문을 들었다. 주님의 그런 말씀을 들은 다음에 사람들의 말을 들으니 별로 두렵지도 않았을 것이다. 우리 하나님은 우리가 이 땅에서 일 할 때에 낙심 절망할만한 말을 듣기 바로 전에 먼저 기쁜 소식을 듣게 하여 이기게 하신다. 단식 서약하는 일은 유대사회에 일찍이 존재했었다(삼상 14:24). 유대인들이 아무리 당을 지어 바울을 죽이기로 맹세했다 해도 하나님의 계획이 이루어지기 위해서는 그들은 바울을 건드리지 못했다.

행 23:14. 대제사장들과 장로들에게 가서 말하되 우리가 바울을 죽이기 전에는 아무 것도 먹지 않기로 굳게 맹세하였으니.

유대인들이 아무리 당을 짓고 맹세해도 자기들의 힘만 가지고는 일이 성사되기 힘 드는 것을 알고 "대제사장들과 장로들에게 가서 말하되 우리가 바울을 죽이기 전에는 아무 것도 먹지 않기로 굳게 맹세하였다"고 하고 다음 절(15절) 같이 도움을 요청한다. 그들이 아무리 치밀한 계획을 세워도 그들보다 더 높으신 하나님께서 바울을 생명싸개(bundle of life) 속에 감추어 두셨으니 죽일 수 없었다.

행 23:15. 이제 너희는 그의 사실을 더 자세히 물어보려는 척하면서 공회와 함께 천부장에게 청하여 바울을 너희에게로 데리고 내려오게 하라 우리는 그가 가까이 오기 전에 죽이기로 준비하였노라 하더니.

바울을 죽이기로 맹세한 암살단원 40여명이 대제사장들과 장로들에게 협조를 부탁하고 또 한 편 자신들이 행할 일을 보고한다. 40명의 동맹자들은 대제사장들과 장로들에게 "이제 너희는 그의 사실을 더 자세히 물어보려는 척하면서 공회와 함께 천부장에게 청하여 바울을 너희에게로 데리고 내려오게 하라"고 부탁한다. 즉 '대제사장들과 장로들은 바울에게 더 물어볼 것이 있는 것처럼(재심할 것이 있는 것처럼) 꾸미고 공회의 이름으로 천부장에게 부탁하여 바울을 공회로 데리고 내려오게 해 달라'는 것이다. 대제사장과 장로들이 그런 일만 해주면 40여명의 암살단원들은 "그가 가까이 오기 전에 죽이기로 준비하였노라"고 말한다. 다시 말해 이제는 절대로 실수하지 않고 40여명이 길가에 숨어 있다가 바울이 공회로 올 때 죽이겠다는 것이다. 이 암살 계획은 성공 가능한 계획이었다. 이유는 바로 어제는 공회가 서로 싸우느라 천부장이 바울에 대하여 별로 알아보지 못했으니 이제 대제사장들과 장로들로부터 재심하겠다는 전갈이 오면 천부장이 산헤드린 공의회로 갈 생각이 많았을 것이다. 사람은 이렇게 치밀한 계획을 세워도 하나님은 철저히 그들의 계획을 막으신다.

　　　　2. 바울의 생질의 노력으로 유대인들의 음모가 실패하다 23:16-22
행 23:16. 바울의 생질이 그들이 매복하여 있다 함을 듣고 와서 영내에 들어가 바울에게 알린지라.

바울을 암살하려는 암살단의 계획과 또 공회의 계획은 잘 짜여서 이제 천부장에게 바울을 데리고 내일 공회로 내려오기를 부탁하려는 찰라 바울의 생질

(바울의 생질에 대해서는 누가가 아무런 정보도 남기지 않았다. 그저 바울의 생질이 순간적으로 나타나서 할 일을 했다는 것만 말한다), 즉 바울의 여동생 (예루살렘에서 살고 있었음)의 아들이 어디서 들었는지 공회가 바울을 죽일 음모를 꾸미고 암살단원들이 군영으로부터 산헤드린 공회로 오는 길에 숨어 있다는 소문을 듣고 황급히 군영으로 들어가 바울에게 그 사실을 알린다. 바울의 생질은 자기의 외삼촌의 생명을 위하여 자기가 할 수 있는 최선을 다해 일을 했다. 마치 천사가 갑자기 나타나 일을 하듯 했다. 하나님은 하나님 의 일에 사람을 사용하신다.

행 23:17. 바울이 한 백부장을 청하여 이르되 이 청년을 천부장에게로 인도하라 그에게 무슨 할 말이 있다 하니.

군영 내에서 바울은 "한 백부장을 청하여 이르되 이 청년을 천부장에게로 인도하라 그에게 무슨 할 말이 있다"고 말한다. 바울은 예의를 지켜 백부장을 청하여 말하기를 이 청년을 천부장에게로 인도해 달라고 말한다. 바울은 먼저 천부장에게 말하지 않는다. 질서를 지켜 먼저 백부장에게 접촉하여 백부장으로 하여금 청년을 천부장에게 인도해 달라고 말한다. 천부장에게까지 청년을 인도해주면 그 청년이 천부장에게 방금 들은 소문을 이야기 할 것이라고 말한다. 바울이 이처럼 백부장을 움직일 수 있었던 것은 아마도 그가 로마 시민권을 가진 자였기 때문일 것이다.

행 23:18. 천부장에게로 데리고 가서 이르되 죄수 바울이 나를 불러 이 청년이 당신께 할 말이 있다 하여 데리고 가기를 청하더이다 하매.

백부장은 바울의 생질을 천부장에게로 데리고 가서 말하기를 "죄수 바울이 나를 불러 이 청년이 당신께 할 말이 있다 하여 데리고 가기를 청하더이다"라고 말한다. 백부장은 바울을 "죄수"라고 부른다. 사실은 피의자라고 해야 하나 당시 '감금되어 있는 자들'도 "죄수"라고 부르기도 했다(Lenski). 배부장은 죄수 바울이 부탁한 말을 그대로 천부장에게 전한다. 바울은 갇혀 있었으나 마치 갇히지 않은 자처럼 군영 내에서 힘이 있었다. 하나님께서 함께 하셨기 때문이었다.

행 23:19. 천부장이 그의 손을 잡고 물러가서 조용히 묻되 내게 할 말이 무엇이냐.

천부장은 청년으로 하여금 안심하고 말할 수 있도록 "그의 손을 잡고 물러가서 조용히 묻되 내게 할 말이 무엇이냐"고 말한다. 천부장이 청년의 손을 잡은 것이나 조용한 곳으로 물러간 것이나 또 조용히 내게 할 말이 무엇이냐고 물은 것들은 청년으로 하여금 안심하고 말하도록 배려한 것이다. 지위가 높은 사람일수록 사람들에게 친절을 다하는 것을 볼 수 있다.

행 23:20-21. 대답하되 유대인들이 공모하기를 그들이 바울에 대하여 더 자세한 것을 묻기 위함이라 하고 내일 그를 데리고 공회로 내려오기를 당신께 청하자 하였으니 당신은 그들의 청함을 따르지 마옵소서 그들 중에서 바울을 죽이기 전에는 먹지도 않고 마시지도 않기로 맹세한 자 사십여 명이 그를 죽이려고 숨어서 지금 다 준비하고 당신의 허락만 기다리나이다 하니.

이 부분(20-21절)은 바울의 생질이 천부장의 질문에 하나하나 대답한 것을 기록한 말씀이다. 첫째, "유대인들이 공모하기를 그들이 바울에 대하여 더 자세한 것을 묻기 위함이라 하고 내일 그를 데리고 공회로 내려오기를 당신께 청하자 하였다"는 것을 말한다(12절). 유대인들이 공모한 내용은 다름 아니라 유대인들이 바울에 대하여 더 자세히 묻기 위함이라는 구실로 내일 바울을 데리고 공회로 내려오기를 천부장에게 청하자고 했다는 것이다. 둘째, "당신은 그들의 청함을 따르지 말아달라"고 말한다. '천부장은 그들의 요구를 완전히 묵살하시라'는 것이다. 묵살하면 그들의 모든 계획은 수포로 돌아간다는 요지이다. 셋째, "그들 중에서 바울을 죽이기 전에는 먹지도 않고 마시지도 않기로 맹세한 자 사십여 명이 그를 죽이려고 숨어서 지금 다 준비하고 당신의 허락만 기다리나이다"라고 말한다. '유대인들 중에서 바울을 죽이기 전에는 먹지도 않고 마시지도 않기로 맹세한 자 40여명이 그를 죽이려고 숨어서 지금 다 준비하고 천부장의 허락만 기다리고 있다'고 한다. 청년의 이런 보고를 듣고 허락할 사람이 어디 있겠는가. 하나님은 여러 사람들의 음모와 유대 최고 회의의 바울 살해 음모를 한 사람의 보고를 통하여 완전히 수포로 돌아가게 하신다. 하나님은 그들이 손을 쓰기 전에 청년으로 하여금 한발 앞서게 하셔서 모든 음모를 무효로 돌아가게 하셨다.

행 23:22. 이에 천부장이 청년을 보내며 경계하되 이 일을 내게 알렸다고 아무에게도 이르지 말라 하고.
천부장은 바울의 생질로부터 유대인들의 음모를 다 들은 다음 청년을 보내면서 경계하기를 "이 일을 내게 알렸다고 아무에게도 이르지 말라"고 지혜롭게 일을 처리한다. 두 사람이 서로 이야기 한 것이 누설되면 청년의 생명도 위태롭게 되고 또 천부장이 바울을 잘 보호해주려는 일도 방해받을 가능성이 있었다.

　　　　3. 하나님께서 바울을 보호하시기 위해 군인 470명을 동원하시다 23:23-24
행 23:23-24. 백부장 둘을 불러 이르되 밤 제 삼 시에 가이사랴까지 갈 보병 이백 명과 기병 칠십 명과 창병 이백 명을 준비하라 하고 또 바울을 태워 총독 벨릭스에게로 무사히 보내기 위하여 짐승을 준비하라 명하며.
천부장이 백부장 둘을 불러 바울을 가이사랴에 있는 총독 벨릭스에게로 무사히 보내기 위하여 병력과 짐승을 주선하도록 명령을 내린다. 총독이 바울을 그날 밤으로 보낸 이유는 로마 시민권을 가진 바울이 암살당하면 책임이 총독에게 있기에 그 책임을 면하기 위해서 부랴부랴 서두른 것 같다. 백부장 "둘"을 부른 이유는 총 470명을 지휘하기 위함이었을 것이다. 그리고 "밤 제 3시"에 떠나라고 한 이유는 유대인들이 알지 못하게 위함이었다. "밤 제 3시"는 우리 시간으로 '밤 9시'를 지칭한다. "가이사랴"는 예루살렘에서 북쪽으로 104km(65마일) 정도 지점에 있는 도시이다. 천부장이 "보병

이백 명과 기병 칠십 명과 창병 이백 명을 준비"하게 한 이유는 유대인들로
구성된 암살단원 40명을 능히 막을 수 있는 병력이 필요했기 때문이었다.
그리고 혹시 예루살렘 밖에 또 다른 암살자들이 있을지 모른다는 생각에서
충분한 병력을 준비한 것으로 보인다. 여기 "기병"(horsemen)은 '기마병'을
의미하고 "창병"(δεξιολάβους)은 '가볍게 창으로 무장한 사람' 또는 '호위
병'을 지칭한다. 학자들은 여기 "창병"에 대해 여러 해석을 제시했으나 이
낱말의 뜻은 불확실한 채 남아있다. 천부장은 바울 한 사람을 무사히 가이사
랴까지 호송하기 위하여 470명 규모의 군인을 준비하게 했다.

  그리고 총독은 또 "바울을 태워 총독 벨릭스에게로 무사히 보내기 위하여
짐승을 준비하라"고 명령을 내렸다. 여기 "짐승들"(beasts)은 바울을 태우기
위하여 사용되었던 짐승들이었는데 아마도 말들이었을 것이다. 바울 한 사람
태우는데 최소 두 마리 이상의 말들을 준비한 이유는 무엇인가. 혹시 누가나
아리스다고를 생각했을 것이다. 아리스다고는 에베소의 소요 때부터 동행해
서(19:20), 고린도, 마게도냐를 거쳐 예루살렘까지 동행했고(20:4) 또 훗날
로마에까지 동행했다(27:2). 그래서 천부장은 말들을 준비하게 했을 것이다.
천부장의 주밀함을 엿볼 수 있다. 우리는 하나님으로부터 주밀하게 보호를
받고 살고 있다.

  4. 가이사랴에까지 바울을 호송하다 23:25-35
  천부장은 총독 벨릭스에게 바울을 보내면서 편지를 쓴다(25-30절). 그
리고 군인들을 동원하여 바울을 안디바드리를 거쳐 가이사랴로 보낸다
(31-35절).

행 23:25-26. 또 이 아래와 같이 편지하니 일렀으되 글라우디오 루시아는
총독 벨릭스 각하께 문안하나이다.
누가는 천부장이 벨릭스 총독에게 보낸 편지를 어떻게 입수해서 여기에
기록했는지 우리는 정확하게 알 수가 없다. 아마도 이 편지가 바울의 손에

들려져서 벨릭스 총독에게 보내졌기에 바울이 누가에게 보여준 것으로 보인다. 누가는 그 편지를 그대로 옮기지는 못했고 대략 "이 아래와 같이" 즉 '이런 취지로' 쓰였다고 말하는 것 같다. 그런데도 누가는 천부장이 쓴 편지의 내용을 거의 충실하게 여기 옮긴 것 같다. 천부장은 먼저 자기가 "글라우디오 루시아"158)라는 것을 알리고 "총독 벨릭스 각하159)께 문안한다"고 말한다.

행 23:27. 이 사람이 유대인들에게 잡혀 죽게 된 것을 내가 로마 사람인 줄 들어 알고 군대를 거느리고 가서 구원하여다가.

누가는 본 절부터 30절까지 천부장의 편지 내용을 말한다. 천부장은 "이 사람(바울)이 유대인들에게 잡혀 죽게 된 것을 내가 로마 사람인 줄 들어 알고 군대를 거느리고 가서 구원했다"고 말한다(21:33; 24:7). 즉 '바울이 유대인들에게 잡혀죽게 된 것을 천부장이 로마 사람인 줄 들어 알고 군대를 거느리고 가서 구원했다'는 내용인데 사실은 천부장 자신이 바울이 로마 사람이라는 것을 알고 군대를 거느리고 가서 구원한 것이 아니라 바울을 잡아서 가죽 줄로 매고 고문하려 했을 때 바울 자신이 자기가 로마 사람이라 말했으므로 알았다(22:24-27). 천부장은 참으로 겸손하고 친절한 사람이었지만(19절) 자기의 실수에 대해서는 숨겼다. 천부장이 이렇게 사건의 전말(顚末)을 뒤집어 말한 것은 두 가지 이유에서였을 것이다. 하나는 바울이 로마 사람이니 로마 사람을 알아준다는 차원에서였을 것이고(그러지 않으면 윗사람으로부터 책망 받을 위험이 있었다) 또 천부장 자신의 결점이 들추어지지

---

158) "천부장은 헬라 태생으로서 그의 헬라어 이름 루시아는 그가 로마 시민권을 샀을 때의 가명(家名)이 되었을 것이며, 아마도 그가 시민권을 살 때의 황제의 이름을 따서 이름을 글라우디오라고 지었을 것이다"(F. F. Bruce). 천부장은 사회 질서를 유지하는 일에 성실한 군인이었고(21:32), 준법정신이 강한 사람이었으며(22:29), 성실하며 친절한 사람이었다(23:19).
159) "벨릭스"는 유대 제 11대의 총독으로 주후 52-58년 어간에 통치하였다. 그는 간교한 사람이었고 탐욕이 많은 사람이었다(24:26). 로마의 역사가 타키투스는 벨릭스를 평하여 "잔인하고 음탕하며 노예의 정신을 가지고 국왕의 대리권을 행사한 자"라고 했다(Tacitus, *Hist.* v. 9). 벨릭스와 그의 형제 팔라스(Pallas)는 옛날에 노예였던 자들로서 로마정부에서 영향력 있는 위치에 오른 사람들이었다. 주후 52년에 글라우디오 황제는 벨릭스를 가이사랴의 총독으로 임명하고 다음으로 그를 더 높은 지위로 승진시켰다.

않기 위해서였을 것이다. 아무튼 천부장은 로마 시민권을 가진 사람을 존중해 준 점에서 처세에 능숙한 사람임을 알 수 있다(Bruce).

행 23:28-29. 유대인들이 무슨 일로 그를 고발하는지 알고자 하여 그들의 공회로 데리고 내려갔더니 고발하는 것이 그들의 율법 문제에 관한 것뿐이요 한 가지도 죽이거나 결박할 사유가 없음을 발견하였나이다.

천부장 자신은 유대인들이 무슨 일로 바울을 고발하는지 알기 위해서 유대인들의 공회로 데리고 내려가서(22:30) 알아본 결과 "그들의 율법 문제에 관한 것뿐이요 한 가지도 죽이거나 결박할 사유가 없음을 발견하였다"고 말한다. 유대인들이 고발하는 이유가 다른 것은 아무 것도 없고 다만 "율법 문제에 관한 것뿐이라"(18:15; 23:6; 25:19)고 말한다. 여기 "율법문제"란 말은 '종교문제'란 뜻이다. 천부장은 바울의 로마 시민권을 크게 생각하면서 "한 가지도 죽이거나 결박할 사유가 없음을 발견하였다"고 말한다(26:31). 결코 죽일 일도 없고 결박할 이유도 없다는 뜻이다.

행 23:30. 그러나 이 사람을 해하려는 간계가 있다고 누가 내게 알려 주기로 곧 당신께로 보내며 또 고발하는 사람들도 당신 앞에서 그에 대하여 말하라 하였나이다 하였더라.

천부장은 세 가지를 말한다. 첫째, "이 사람을 해하려는 간계가 있다고 누가 내게 알려준" 사람이 있어서(20-22절) 바울을 보낸다고 말한다. 유대인 40여 명이 암살하려고 한다는 것을 구체적으로 말하지 않고 그냥 개략을 말한다. 둘째, "곧 당신께로 보낸다"고 말한다. '누가 보고해 주는 것을 듣자마자 즉시 바울을 보낸다'는 뜻이다. 로마 관원의 바른 태도를 부각시킨다. 셋째, "고발하는 사람들도 당신 앞에서 그에 대하여 말하라 하였다"고 말한다 (24:8; 25:6). 바울을 고발하는 사람들이 천부장 앞에서 말할 것이 아니라 재판장이신 벨릭스 앞에서 고발하라고 했다고 한다. 천부장의 이 처신은 벨릭스를 재판장으로 알아주는 말이다. 유대인은 암살을 계획하는 민족이고

로마인은 정당하게 행동하고 있음을 부각시키고 있다. 천부장이 즉시 행동을
취한 점이나 벨릭스를 재판장으로 깎듯이 알아주는 점에서 유대인들과는
많이 다르다는 것을 드러내고 있다. 종교인들이 썩으면 아주 냄새가 고약한
것을 알 수 있다.

행 23:31. 보병이 명을 받은 대로 밤에 바울을 데리고 안디바드리에 이르러.
본 절은 보병이 바울을 안디바드리에까지 호송한 것을 말한다. 보병은 명을
받은 대로(23-24절) 밤에 바울을 데리고 안디바드리에까지 이르렀다. 안디바
드리(Antipatris)160)는 예루살렘과 가이사랴의 중간에 있는 지명으로 예루살
렘으로부터 서북쪽 방향 64km 지점에 위치해 있다. 밤중에 여기까지 보병이
도착했다는 것은 강행군을 했다는 것을 뜻한다. 여기까지는 위험한 산악지대
이지만 이후로 가이사랴까지는 평원지대이다.

행 23:32. 이튿날 기병으로 바울을 호송하게 하고 영내로 돌아가니라.
보병과 창병 합해서 400명은 안디바드리에까지만 바울을 호송하고 "이튿날
기병으로 바울을 호송하게 하고 영내로 돌아갔다." '이튿날 기병 70명으로
하여금 바울을 호송하게 하고 예루살렘 군영내로 돌아갔다.' 이렇게 마병
70명으로 하여금 바울을 호송하게 한 것은 이제는 유대인 암살단원의 저격이
없을 것이었기 때문이었다. 아무튼 로마 군인들이 바울을 철저하게 보호하고
있음을 알 수 있다. 신자는 지금도 하나님께서 눈동자같이 보호하심을 믿어야
한다(신 32:10; 시 17:8).

**행 23:33. 그들이 가이사랴에 들어가서 편지를 총독에게 드리고 바울을
그 앞에 세우니.**

---

160) 안디바드리(Antipatris)는 로마의 군사주둔지로 예루살렘과 가이사랴 사이에 위치한
휴식장소로 사용되었다. 헤롯 대왕이 그 도시를 건설하여 그의 부친(이름은 안티파테르
-Antipater-였다)에게 드렸다.

기병이 안디바드리로부터 대략 40km가 되는 가이사랴에 들어가서 편지를
총독에게 전달하고 바울을 그 앞에 세웠다. 그리고 기병은 자기들의 임무
를 완수한 고로 다시 예루살렘으로 돌아갔다. 바울은 이제부터 새로운
환경을 만났다. 바울은 로마의 고위관리들에게 복음을 전하는 기회를 얻게
된 것이다.

**행 23:34-35. 총독이 읽고 바울더러 어느 영지(領地) 사람이냐 물어 길리기아
사람인 줄 알고 이르되 너를 고발하는 사람들이 오거든 네 말을 들으리라
하고 헤롯 궁에 그를 지키라 명하니라.**

기병으로부터 넘겨받은 천부장의 편지를 총독이 읽은 다음 바울에게 어느
영지 사람이냐[161] 물어 길기기아 사람(21:39)인 줄 알고 말하기를 "너를
고발하는 사람들이 오거든 네 말을 들으리라"고 말한다(24:1, 10; 25:16).
길리기아는 황제가 관할하는 영토임으로 벨릭스는 곧장 자기의 관할인줄
알고 "너를 고발하는 사람들이 오거든 네 말을 들으리라"고 말한다. 총독은
자기의 관할인줄은 알았으나 즉시 바울의 말을 듣지 않은 이유는 피고가
원고들 앞에서 고소 사건에 대하여 변명할 기회가 있어야 한다는 로마법에
따라(25:16) 바울을 고발하는 사람들이 올 때까지 기다렸다가 듣는다는 취지
에서 "헤롯 궁에 그를 지키라"고 명령한다(마 27:27). 벨릭스는 바울이 로마
사람인 것을 알고 자유를 주면서도 유대인들이 올 때까지 감시 하에 있게
했다. 오늘 우리가 세상에서 무슨 특별한 특권이 없다 해도 하나님의 아들과
딸이라는 신분 때문에 세상에서도 특별 취급을 받는다는 것을 알아야 할
것이다.

---

161) 바울이 어느 영지 사람인지를 물은 것은 만일 바울이 수리아나 아나톨리아 등의 예속
왕국 출신이라면 그 영지의 통치자에게 이 문제를 의뢰하는 것이 합당한 일이기 때문이었다.
그러나 실제로 바울은 로마 영지(길리기아는 로마 영지였다) 출신이었기 때문에 로마의 관리가
외부의 자문 없이 이 사건을 계속해서 심리할 권리가 있었다(Bruce).

제 24 장

벨릭스 앞에서 재판을 받는 바울과
벨릭스의 탐욕 및 베스도의 취임

VII. 바울이 가이사랴에서 받은 재판   24:1-26:32

　누가는 이 부분(24:1-26:32)에서 바울 사도가 옥에서 보낸 2년간의 옥중 생활을 진술한다. 누가는 바울 사도가 가이사랴의 2년간의 옥중 생활을 기록함에 있어 주로 신상에 대해 변명한 것을 기록했는데, 누가는 바울이 총독 벨릭스 앞에서 유대인들에게 고소를 당한 일(24:1-9), 바울이 변명한 일(24:10-23), 벨릭스가 추한 탐욕을 드러낸 일(24:24-26), 그리고 베스도가 벨릭스의 후임으로 취임한 일(24:27) 등을 기록한다. 그리고 누가는 바울이 벨릭스의 후임자 베스도에게 인계 된 일(25:1-5), 바울이 가이사에게 상소한 일(25:6-12), 베스도가 아그립바 왕에게 바울의 일을 보고한 일(25:13-22), 베스도가 아그립바 왕과 베니게에게 바울에 대한 사연을 진술한 일(25:23-27) 등을 기록하고, 또 바울이 아그립바 왕 앞에서 변명한 일(26:1-23), 바울과 아그립바가 묻고 답한 일(26:24-29), 아그립바 왕이 바울의 무죄를 말한 일(26:30-32) 등을 기록한다.

　A. 바울이 벨릭스 총독 앞에서 재판을 받다   24:1-23

　누가는 예루살렘으로부터 바울을 고소하는 사람들이 도착하여 바울의 재판이 진행된 것을 말한다. 누가는 유대인들이 변호사 더둘로를 통하여 바울을 고소한 일(1-9절), 피고인 바울의 답변(10-21절), 및 재판장 벨릭스의 바울에 대한 재판을 연기한 것을 말한다(22-23절).

1. 더둘로가 고소하다 24:1-9

변호사 더둘로의 고소 내용은 첫째, 바울이 각지에서 유대인을 소요하게 했다는 것, 둘째, 나사렛 이단의 괴수라는 것, 셋째, 성전을 더럽혔다는 것이었다.

행 24:1. 닷새 후에 대제사장 아나니아가 어떤 장로들과 한 변호사 더둘로와 함께 내려와서 총독 앞에서 바울을 고발하니라.

바울이 가이사랴에 도착한 지 "닷새 후에 대제사장 아나니아가 어떤 장로들과 한 변호사 더둘로와 함께 내려왔다." 혹자는 바울이 예루살렘으로부터 출발한 지 닷새 후에 대제사장 일행이 가이사랴에 도착한 것으로 해석하나 바울이 가이사랴에 도착한 지 닷새 후로 보는 것이 더 자연스럽다(11절; 21:27). 대제사장 아나니아가 고소자들만 보내지 않고 친히 먼 길을 마다하지 않고 내려온 것은 바울로부터 "회칠한 담"(23:3)이라는 말을 들었기 때문에 마음의 분함이 식지 않았기 때문일 것이다(23:2, 30, 35; 25:2). 대제사장 아나니아는 어떤 장로들과 한 변호사 더둘로를 대동하여 함께 내려왔다. "아나니아"에 대해서는 23:2주해를 참조할 것. "변호사 더둘로"는 유대인으로(이름은 로마식이다) 직업적인 변호사였다. 변호사는 자기에게 유리한대로 증언하려면 얼마든지 증언할 수 있는 지략과 말 재주를 가졌기 때문에 아나니아는 변호사를 대동한 것이다. 그리고 본문에 "내려와서"란 말은 위도 상으로 아래쪽으로 내려왔다는 말이 아니라 위도에 관계없이 예루살렘을 등지고 가는 경우 내려간다고 말하고 예루살렘을 향해 전진하는 것을 올라간다고 말한다. 가이사랴는 위도 상으로 예루살렘 보다는 위쪽이지만 사람들이 예루살렘으로부터 가이사랴로 가기 때문에 "내려와서"라는 표현을 쓴 것이다. 대제사장과 장로들과 변호사 더둘로는 가이사랴에 도착해서 "총독 앞에서 바울을 고발했다."

행 24:2. 바울을 부르매 더둘로가 고발하여 이르되.

고발하는 사람들이 예루살렘으로부터 도착하자 벨릭스 총독은 재판장의 입장에서 피고 바울을 불렀다. 바울이 불려나오자 대제사장 측 변호사 더둘로가 바울을 벨릭스 총독에게 고발한다. 더둘로가 어느 언어(라틴어나 헬라어)를 사용했는지는 확인할 수 없으나 아래와 같이 유창하게 고발하는 말을 했다(2-8절). 처음부터 기선(機先)을 제압하기 위해서였다. 예루살렘으로부터 내려오는 도중 내내 생각해 두었던 기선 잡기용 언어를 사용했을 것이다.

행 24:3. 벨릭스 각하여 우리가 당신을 힘입어 태평을 누리고 또 이 민족이 당신의 선견으로 말미암아 여러 가지로 개선된 것을 우리가 어느 모양으로나 어느 곳에서나 크게 감사하나이다.

변호사 더둘로가 재판장 벨릭스를 극찬하는 두 마디 말을 한다. 하나는 "우리가 당신을 힘입어 태평을 누려왔다"고 말한다. 다시 말해 벨릭스가 정치를 잘하여 유대민족이 조용하고 평안한 삶을 살아왔다는 것이다. 벨릭스가 애굽인의 반란을 진압하고(21:38 주해 참조) 도적들을 십자가에 못 박은 일은 있었으나(Jos. Bf. ii. 13:2) 사실은 정치를 잘 한 정치가는 아니었다고 유대의 두 역사가들은 입을 모아 말한다.162) 그래서 그가 죽었을 때 유대인들은 환호성을 질렀다고 한다. 이런 악질적인 총독을 향하여 변호사 더둘로는 변호에서 이기기 위해서 아첨을 심하게 했다. 또 하나는 "이 민족이 당신의 선견으로 말미암아 여러 가지로 개선된 것을 우리가 어느 모양으로나 어느 곳에서나 크게 감사한다"고 말한다. "선견"(foresight)이란 말은 '은혜로운 간섭,' '백성들에 대한 하나님의 돌보심'이란 뜻으로 하나님의 '능력 있는 손길,' '능력 있는 간섭'을 일컬을 때 쓰는 말인데 더둘로는 자기의 변호에 승리하기 위하여 벨릭스를 한없이 높이고 있다. 그러니까 더둘로는 벨릭스의 놀라운 정치로 말미암아 유대나라의 문화나 문명이 심히 발전하고 발달해서 심히 감사한다고 말한다. 그러나 벨릭스는 선견이 없었던 총독으로 유대

---

162) 두 역사가는 벨릭스의 잔인함과 파괴를 일삼은 사실을 말하며 또 뇌물을 좋아하고 여색을 즐겼던 사실을 역사에 기록했다(Tacitus, *Agricola*, 30; *Hist.* v. 9; Jos, *Ant.* xx. 8:9).

총독 중에 가장 악정을 한 사람으로 알려져 있다. 선한 정치를 하지 못하는
정치가에게 이런 말들을 해주기 때문에 정부의 고급관리들은 고치지 못하고
그저 악정을 계속하고 있다.

**행 24:4. 당신을 더 괴롭게 아니하려 하여 우리가 대강 여짜옵나니 관용하여
들으시기를 원하나이다.**

더둘로의 아첨의 말은 계속된다. 더둘로는 '벨릭스 각하를 더 괴롭게 아니하
려 하여 간략하게 말씀드릴 터이니 폭넓은 아량을 가지고 들으시기를 간절히
원합니다'라는 말로 아첨한다. 이런 말을 할 때 벨릭스도 어쩔 수 없이
들어줄 것이었다. 세상 사람들은 아첨으로 성공하려 하고 또 아첨을 듣다가
망하기도 한다.

**행 24:5. 우리가 보니 이 사람은 전염병 같은 자라 천하에 흩어진 유대인을
다 소요하게 하는 자요 나사렛 이단의 우두머리라.**

이제 본 절부터 8절까지는 더둘로의 송사 내용이다. 더둘로는 바울을 세
가지 죄목으로 고소한다. 첫째, "우리가 보니 이 사람은 전염병 같은 자라
천하에 흩어진 유대인을 다 소요하게 하는 자"고 말한다(6:13; 16:20; 17:6;
21:28; 눅 23:2; 벧전 2:12, 15). "전염병"이란 병은 '전염되는 병'을 말하는
데163) 바울을 전염병 같은 자라고 한 것은 여기저기 다니면서 유대인들을
소요하게 하기 때문에 사용한 말이다. 사실은 바울이 백성을 소요하게 한
것이 아니라 유대백성들이 바울의 복음을 듣고 주님께로 돌아가니 불신
유대인들이 바울을 향하여 미워하는 마음이 있어 소요(선동, 선동)를 일으킨
것이다(13:50; 14:2, 19; 17:5, 13; 18:6, 12). 그들이 바울을 향하여 미워한

---

163) 세상에는 페스트, 콜레라, 장티푸스, 파라티푸스 세균성이질, 백일해, 홍역, 유행성이하
선염, 풍진, B형간염, 파상풍, 말라리아, 결핵, AIDS, 성병, 인플루엔자, 비브리오 폐혈증, 공수병
레지오넬라증, 발진열, 렙토스피라증, 쯔쯔가무시증, 신증후군 출혈열 등 많은 전염병들이 있다.
이 전염병들은 빨리 전염되는 전염병도 있고 느리게 전염되는 병들도 있다.

마음을 가지게 된 것은 말할 것도 없이 사탄의 역사였다. 둘째, 더둘로는 바울이 "나사렛 이단의 우두머리"인 고로 고소한다고 말한다. 불신 유대인들의 눈으로 보기에는 바울 사도가 대표적인 이단자였다. 사실은 유대인들이 이단자였다. 이유는 예수님께서 구약 성경의 율법과 예언을 이루신 분으로 예수님이 정통이시니 율법을 지켜 구원을 받으려는 유대인들이 이단자들이었다.

행 24:6. 그가 또 성전을 더럽게 하려 하므로 우리가 잡았사오니.
셋째, 더둘로는 바울을 "성전을 더럽게 하려 하므로 우리가 잡았다"고 말한다(21:28). 유대인들이 바울을 잡은 것은 사실이지만(21:27, 30) 바울은 성전을 더럽게 한 일이 없었다. 그들의 주장은 완전 거짓말이었다. 21:28에 보면 유대인들은 바울이 헬라인을 데리고 성전에 들어갔다고 주장했으나 사실은 성전에 들어간 일이 없었다(21:29). 바울의 주장은 스데반의 주장과 같이 하나님은 성전에만 계신 분이 아니라 우주 어디에나 계시다고 역설하였다.

(24:6b. "우리의 율법에 따라 그를 재판하고자 했었으나(요 18:31). **24:7. 총독 루시아가 큰 폭력으로 바울을 우리 손에서 빼앗아 가며. 24:8a. 그를 고소하는 사람들에게 당신에게 가도록 명령하였나이다")**라는 말이 서방 사본에 있다. 그러나 유력한 사본들에는 없으므로 바른 읽기로 보기 어렵다. 그러나 어떤 학자들은 이 부분을 해석한다. 이 부분의 더둘로의 말을 들어보면 유대인들의 법에 따라 바울을 재판하려고 했었으나 천부장이 강제로 바울을 유대인들의 손에서 빼앗아갔다고 불평한다. 그리고 더둘로는 천부장이 바울을 고소하는 사람들에게 가이사랴의 총독 벨릭스에게 가라고 해서 이렇게 멀리 오게되었다고 천부장을 원망하고 있다. 이 부분을 보면 암살단원 40여명이 활동하였기에 천부장이 바울을 가이사랴로 보냈다는 말은 빠뜨리고 있다. 세상은 거짓투성이다.

행 24:7-8. 당신이 친히 그를 심문하시면 우리가 고발하는 이 모든 일을 아실 수 있나이다 하니.

더둘로는 말하기를 벨릭스 총독이 피고인 바울을 심문해보시면 우리가 고발하는 이 모든 일이 사실인 것을 알 수 있을 것이라고 말한다. 더둘로는 자기의 바울에 대한 고소가 전혀 의심이 없다고 말한다.

행 24:9. 유대인들도 이에 참가하여 이 말이 옳다 주장하니라.

1절에 보면 대제사장 아나니아는 장로들과 한 변호사 더둘로와 함께 온 것으로 말하고 있으나 그 외에도 본 절에 나오는 "유대인들"을 대동한 것 같다. 함께 왔던 "유대인들도 이에 참가하여 이 말이 옳다 주장했다." 유대인들도 바울에 대한 감정이 좋지 않아 더둘로의 변론이 옳다고 주장했다. 혹자는 여기 "유대인들"을 1절에 나오는 "장로들과 아나니아"라고 해석하나 동행한 다른 유대인들로 보는 것이 더 타당할 것 같다.

  2. 바울이 변명하다   24:10-21

바울은 체포된 후 두 번에 걸친 변명을 한(22:1-21; 23:1-6) 후 이제 세 번째로 변명을 한다(10-21절). 바울의 변명은 변호사 더둘로가 말한 세 개의 고소 건에 대해 하나하나 답하는 형식을 취한다. 바울은 총독 벨릭스에게 먼저 인사하고(10절), 더둘로의 첫 번째의 고소건에 대해 답하고(11-13절), 두 번째의 고소 건에 대해 답하며(14-16절), 세 번째의 고소 건에 대해 답한다(17-21절).

행 24:10. 총독이 바울에게 머리로 표시하여 말하라 하니 그가 대답하되 당신이 여러 해 전부터 이 민족의 재판장 된 것을 내가 알고 내 사건에 대하여 기꺼이 변명하나이다.

총독은 "바울에게 머리로 표시하여 말하라 한다." 즉 '말로 하지 않고 머리로 표시하여 말하라'고 한 것은 권력자의 오만한 태도이다. 사람이 권력을 쥐고 있으면 자기도 모르는 사이에 권력을 쥐고 있는 동안 이렇게 위세를 세우기 위해 오만한 태도를 보이기 쉽다. 그리스도를 믿지 않으면 쉽게 교만해질 수 가 있다.

총독이 머리로 바울에게 표시하여 말할 기회를 준다는 표시를 했을 때 바울은 "당신이 여러 해 전부터 이 민족의 재판장 된 것을 내가 알고 내 사건에 대하여 기꺼이 변명한다"고 말한다. 바울은 총독에게 아첨하는 말은 하지 아니하고 단지 총독이 오래 동안(주후 52년부터 재판장이었다) 유대 민족의 재판장 된 것을 알고 자기의 사건에 대하여 기쁘게 변명하게 되었다고 말한다. 하나님의 사람들은 세상의 권력자들을 존경할 필요는 있으나 아첨해 서는 안 된다. 이유는 모든 것을 결정하는 것은 하나님이시기 때문이다.

행 24:11. 당신이 아실 수 있는 바와 같이 내가 예루살렘에 예배하러 올라간 지 열이틀밖에 안 되었고.

바울은 본 절부터 13절까지 더둘로의 고소의 첫 조문(5a)을 반박한다. 더둘로 가 바울을 유대인 소요죄로 고소했는데 바울은 "내가 예루살렘에 예배하러 올라간 지 열이틀밖에 안 되었는데"(17절; 21:26) 시간적으로 언제 소동을 일으킬 시간이 있었느냐고 말한다. 바울의 12일밖에 되지 않았다는 말에 대해 학자들은 두 가지로 해석한다. 첫째, 예루살렘에 예배하러 올라간 날부 터 벨릭스 앞에 서기까지 12일이라는 것. 즉 도착한 날은 오순절이 되기 전 금요일(21:17), 토요일에 야고보와 장로들을 만났고(21:18), 주일에 결례 에 참여했으며(21:26), 결례주간이 끝나기 전에 바울이 체포되었고(21:27), 제 8일째(금) 바울이 산헤드린 공의회에 나타났으며(22:30), 제 9일(토)째 밤 9시에 바울은 예루살렘으로부터 가이사랴로 호송되었는데 제 11일(월)째 에 가이사랴에 도착했다. 그리고 유대인의 지도자들이 제 12일째(화)에 도착 하여 다음 날(수) 벨릭스의 재판이 열렸다는 것이다. 이 견해를 주장하는 학자들이 만나는 어려움은 만일 바울이 주일에 결례를 위하여 성전으로 갔다면 바울은 주일 다음 날 제 3일 즉 화요일에 결례의 물 뿌림을 받았을 것이며 두 번째의 물 뿌림은 일곱째 날 즉 토요일에 받았을 것이다. 간단히 말해 이 학설을 주장하는 학자들이 말한 날보다 예루살렘에 더 오래 있은 셈이 된다.

둘째, 12일 기간을 바울이 예루살렘에 도착해서부터 예루살렘을 떠날 때까지로 계산하는 방법. 슐라터(Adolf Schlatter)나 헨첸(Ernst Haenchen)은 바울의 결례의 한 주간을 제 3일부터 제 9일까지로 잡고 바울이 산헤드린 공의회 앞에 선 날을 제 10일째로 잡는다. 그리고 바울이 가이사랴로 인계된 것을 12일째로 잡는다. 이 견해를 주장하는 학자들이 만나는 어려움은 바울이 제 12일밖에 안 되었다는 말을 총독 벨릭스에게 하는 것이지(지금 말의 상대가 벨릭스이다) 유대인 대제사장에게 하는 것은 아니라는 점이다. 대제사장 아나니아는 바울이 예루살렘에서 12일을 지냈다고 알 것이지만 벨릭스는 바울이 말하는 12일 기간이 벨릭스 앞에 나타난 순간까지로 알 것이라는 점이다.

사실 정확한 계산은 힘이 든다. 이유는 첫째, 바울이 성전에서 체포된 날이 정확하게 언제인지(21:27) 알 수 없는 점이고, 둘째, 날의 일부분도 일반적으로 하루로 계산된다는 점이다. 아무래도 우리는 바울이 열이틀밖에 안 되었다는 말을 바울이 예루살렘에 있었던 기간으로 잡는 것이 더 바람직한 것으로 본다. 결론적으로 말해서 바울이 여기서 말하는 내용은 참으로 짧은 시간에 어떻게 많은 사람을 소요하게 할 수 있느냐 하는 것이다(Simon Kistemaker).

행 24:12. 그들은 내가 성전에서 누구와 변론하는 것이나 회당 또는 시중에서 무리를 소동하게 하는 것을 보지 못하였으니.
바울은 말하기를 "그들은 내가 성전에서 누구와 변론하는 것이나 회당 또는 시중에서 무리를 소동하게 하는 것을 보지 못하였다"고 말한다(25:8; 28:17). 즉 '고소자들은 바울이 성전 안에서 어떤 사람과 변론하는 것이나 또는 회당에서나 시중에서 무리를 소동하게 하는 것을 전혀 본 일이 없다'는 것이다. 바울은 결례에 참여하는 일 외에는 성전 밖에서 조용하게 지냈고 회당에 가는 일도 없었고 또 시내를 소요하게 하거나 떠들썩하게 한 일도 없었다고 말한다. 바울은 참으로 논리정연하게 말한다. 성령님께서 함께 하시는 사도답게 말한다. 오늘 우리는 항상 성령의 인도를 따라서 생각하고 말하고 행동해야 할 것이다.

행 24:13. 이제 나를 고발하는 모든 일에 대하여 그들이 능히 당신 앞에 내세울 것이 없나이다.

바울은 더둘로가 고소한 내용 중에 제 1 죄목을 반박함에 있어 고소자들이 "능히 당신 앞에 내세울 것이 없다"고 말한다. '내세울 물증이 없다'는 것이다. 바울은 고소자들에게 결정타를 가하고 있다. 아무 물증도 없이 덤빈 더둘로나 아나니아 그리고 장로들은 허탈하기 그지없게 되었다.

행 24:14. 그러나 이것을 당신께 고백하리이다 나는 그들이 이단이라 하는 도를 따라 조상의 하나님을 섬기고 율법과 및 선지자들의 글에 기록된 것을 다 믿으며.

바울은 더둘로의 고소내용 중 두 번째의 죄목(5b-"나사렛 이단의 우두머리")을 본 절로부터 16절까지 걸쳐 반박한다. 바울은 벨릭스에게 "그러나 이것을 당신께 고백하리이다"라고 말한다. '거리낄 것 없이 고백하겠다'는 것이다. 성도들은 고백할 것은 솔직히 고백해야 한다. 바울이 고백하는 내용은 "나는 그들이 이단이라 하는 도를 따라 조상의 하나님을 섬기고 율법과 및 선지자들의 글에 기록된 것을 다 믿는다"고 고백한다(딤후 1:3). 바울은 고소자들이 이단이라고 하는 도를 따라 조상의 하나님을 섬긴다고 말한다. 여기 "이단이라고 하는 도"란 말은 '그들이 이단이라고 주장하는 기독교'를 뜻한다. 바울은 예수님의 가르침을 따라 조상의 하나님을 섬긴다고 말한다. 오늘 우리도 모두 예수님의 가르침을 따라 유대인들의 조상들이 섬기던 하나님을 섬기고 있다. 아브라함의 하나님, 이삭의 하나님, 야곱의 하나님을 섬기고 있다.

예수님은 하나님을 그대로 보여주시는 분으로(요 1:1, 14) 하나님을 섬기는
방법을 가르쳐주셨다. 누구든지 예수님의 가르침을 받으면 아브라함의 하나
님, 이삭의 하나님, 야곱의 하나님을 섬길 수 있게 된다.

그리고 바울은 "율법과 선지자들의 글에 기록된 것을 다 믿는다"고
말한다(26:22; 23:6). 율법과 선지자들의 글에 기록된 것을 다 믿는다는
말은 예수님을 믿는다는 말이다. 이유는 율법과 선지자는 예수님을 예언하
고 있기 때문이다(신 18:15, 18; 눅 24:27; 요 1:45; 5:39). 누구든지 구약
성경을 믿으면 예수님을 믿을 수 있게 된다. 구약 성경은 예수 안에서 온전히
이루어졌기 때문에(마 5:17) 구약 성경을 믿는다고 하면서도 예수님을 믿지
않는 것은 자가당착이다. 예수님을 믿지 않는 유대인들은 자가당착에 빠진
사람들이다.

**행 24:15-16. 그들의 기다리는바 하나님께 향한 소망을 나도 가졌으니 곧
의인과 악인의 부활이 있으리라 함이니이다 이것으로 말미암아 나도 하나님
과 사람에 대하여 항상 양심에 거리낌이 없기를 힘쓰나이다.**

바울은 "그들의 기다리는바 하나님께 향한 소망을 나도 가졌으니 곧 의인과
악인의 부활이 있으리라"는 소망을 가지고 있다고 말한다(26:6-7; 28:20,
23). 바울은 유대인들이 기다리는바 하나님께 향한 소망을 바울 자신도 가지
고 있다고 말한다. 그것은 다름 아니라 의인과 악인의 부활이 있으리라는
것이다. 유대인들은 사두개인들을 제외하고는 대체적으로 마지막 날에 부활
하리라고 믿고 있었다(요 11:24). 바울은 산헤드린 공의회 앞에 서 있을
때 "죽은 자의 소망 곧 부활로 말미암아 내가 심문을 받노라"고 말한 일이
있다(23:6; 단 12:2; 요 5:28-29). 유대인들이 가지고 있는 소망이나 바울이
가지고 있는 소망 곧 의인과 악인의 소망은 똑 같은 것이지만 그러나 바울이
가지고 있던 의인과 악인의 부활은 그리스도 중심한 소망이었다. 다시 말해
그리스도를 믿은 사람은 의인이고 그리스도를 믿지 않은 사람은 악인으로서
훗날 양측이 다 부활하리라는 것이다(단 12:2; 마 25:31-46; 요 5:28-30;

계 20:12). 그러나 바울은 주로 의인의 부활을 많이 말했다(고전 15:12-57; 살전 4:16-17).

바울은 의인과 악인의 부활이 있으리라고 말한 다음 "이것으로 말미암아 나도 하나님과 사람에 대하여 항상 양심에 거리낌이 없기를 힘쓰고 있다"고 말한다(23:1). 바울은 며칠 전에도 산헤드린 공의회 앞에서 자신은 범사에 양심을 따라 하나님을 섬겼다고 말했다(23:1). 바울은 부활신앙을 가지고 있는 사람이기에 항상 양심에 거리낌이 없기를, 항상 흠 없는 삶을 살기를 힘쓰고 있다고 말한다. 오늘 우리 역시 의인과 악인의 부활이 있으리라 소망하면서 하나님과 사람 앞에서 항상 양심에 거리낌이 없기를 힘써야 할 것이다.

행 24:17-18a. 여러 해 만에 내가 내 민족을 구제할 것과 제물을 가지고 와서 드리는 중에 내가 결례를 행하였고 모임도 없고 소동도 없이 성전에 있는 것을 그들이 보았나이다.

바울은 더둘로의 고소내용 중 세 번째의 죄목(6절-"성전을 더럽게 했다"는 말)을 본 절부터 21절에 걸쳐 근거가 없다고 반박한다. 바울은 "여러 해 만에" 예루살렘에 왔다고 말한다. 그가 제 2차 전도여행을 마치고 예루살렘에 잠시 들른 적이 있었는데(18:22) 그 때부터 계산해 보면 5년이 경과했다. 바울은 "내가 내 민족을 구제할 것과 제물을 가지고 와서 드리는 중에 내가 결례를 행하였고 모임도 없고 소동도 없이 성전에 있는 것을 그들이 보았다"고 말한다.

바울은 "내가 내 민족을 구제할 것"을 가지고 왔다고 말한다(11:29-30; 20:16; 롬 15:25; 고후 8:4; 갈 2:10). 바울이 5년 만에 자기의 민족을 구제하기 위하여 구제할 것을 가지고 왔는데 무슨 소동을 일으켰겠느냐고 말한다. 바울은 가난한 사람들을 기억하고(갈 2:10) 또 모든 사람들을 돕기 위하여(갈 6:10) 선물을 가지고 예루살렘에 왔는데 무슨 시간이 있어서 소동을 일으킬 수 있겠느냐고 따진다. 그는 이방 교회로부터 예루살렘의 가난한 성도들을 구제하기 위하여 구제금을 걷어 가지고 와서 드렸다고 말한다. 누가는 여기서 간단히 말하지만 바울은 그의 서신에서 이 문제에 대해서 여러 곳에서 말한다 (롬 15:25-28; 고전 16:1-4; 고후 8:13-14; 9:12-13; 갈 2:10). 바울을 고소하는 사람들이 억지를 써도 너무 쓰고 있었다. 오늘 세상도 사건의 전말을 뒤집어서 사람들을 마구 잡는 사람들이 있다.

그리고 바울은 "제물을 가지고 왔다"고 말한다. 여기 "제물"(offerings)이 무엇이냐를 두고 몇 가지 해석이 있다. 첫째, 여기 "제물"이란 바로 앞에 말한 "구제할 것"이란 말과 동의어로 보는 시각이 있다. 둘째, 이 "제물"이란 말은 예루살렘의 가난한 성도들에게 주는 구제금 이외에, 하나님께 서원하고 난 다음 드리는 감사제물을 지칭하는 말이라고 보는 시각이 있다(18:18 참조). 셋째, 바울은 제물을 드리기 위하여 예루살렘에 온 것은 아니지만, 야고보와 장로들의 조언을 받아드려 네 사람의 나실인의 비용을 지불했는데 바로 그 비용을 지칭하는 것이라고 말한다(21:23-24, 26). 위의 세 해석 중에 세 번째의 해석이 가장 타당한 듯하다.

그리고 바울은 "내가 결례를 행하였고 모임도 없고 소동도 없이 성전에 있는 것을 그들이 보았다"고 보고한다. 바울이 "결례를 행하였다"고 말한 것(21:26)은 변호사 더둘로가 말한바 바울이 성전을 더럽혔다는 말(6절)에 대해 반박하기 위하여 한 말이다. 더둘로는 사건을 완전히 뒤집어 말했다. 결례를 행했다는 말과 성전을 더럽혔다는 말은 완전히 다른 것이다. 그리고 바울이 "모임도 없고 소동도 없이 성전에 있는 것을 그들이 보았다"고 말한다. 유대인들이 바울을 성전에서 보았을 때 바울은 조용히 결례에 전념하고 있었던 때였다. 그들은 바울이 성전에서 소동을 일으키는 것을 목격하지 못했다. 다른 사람들이 대제사장이나 장로들에게 말해서 바울이 체포된 것을 알게 해서 알게 된 것이다. 소동과는 아무 관련이 없는 바울을 그들은 바울이 군중을 소요하게 하고 소동을 일으켰다고 말한 것이다.

행 24:18b-19. 그러나 아시아로부터 온 어떤 유대인들이 있었으니 그들이

만일 나를 반대할 사건이 있으면 마땅히 당신 앞에 와서 고발하였을 것이요

성전을 더럽히지도 않고 또 성전에서 소동을 일으키지 않은 바울을 더둘로가 고소할 것이 아니라(앞 절) "아시아로부터 온 어떤 유대인들이 있었으니 그들이 만일 나를 반대할 사건이 있으면 마땅히 당신 앞에 와서 고발하였을 것이라"고 바울은 말한다(21:26-27; 23:30; 25:16; 26:21). 아시아로부터 온 어떤 유대인들은 바울이 소아시아를 여행하면서 복음을 전할 때 바울을 보았고 또 그들이 오순절을 맞이하여 예루살렘에 와서 성전에서 바울을 본 일이 있으니 그들이 만일 바울을 반대할 일이 있으면 마땅히 벨릭스 앞에서 고발했어야 한다는 뜻이다. 고발을 한다면 대제사장이나 장로들이 할 것이 아니라 소아시아에서 온 유대들이 했어야 한다는 것이다. 공연히 딴 사람들이 고발하는 것은 말도 되지 않는다는 뜻이다.

행 24:20. 그렇지 않으면 이 사람들이 내가 공회 앞에 섰을 때에 무슨 옳지 않은 것을 보았는가 말하라 하소서.

"그렇지 않으면," 즉 '아시아에서 온 사람들이 바울 자신을 고발하지 않으면' "이 사람들," 즉 '대제사장과 장로들'이 바울이 공회 앞에 섰을 때에 무슨 옳지 않은 것을 보았는가 한번 말해보게 하라고 벨릭스에게 부탁한다. 바울은 공회 앞에서 "죽은 자의 소망 곧 부활로 말미암아 내가 심문을 받는다"(23:6)는 말만 했을 뿐이었고 이 말 때문에 사두개인들과 바리새인들 사이에 분쟁만 났다. 바울은 결코 공회 앞에서 무슨 옳지 않은 일을 하지 않았다고 말한다.

행 24:21. 오직 내가 그들 가운데 서서 외치기를 내가 죽은 자의 부활에 대하여 오늘 너희 앞에 심문을 받는다고 한 이 한 소리만 있을 따름이니이다 하니.

바울은 공회 앞에 섰을 때에 외친 한 마디 말만 있을 뿐이라고 한다. 그 한마디는 다름 아니라 "내가 죽은 자의 부활에 대하여 오늘 너희 앞에 심문을 받는다고 한 이 한 소리만 있을 따름이라"고 말한다(23:6; 28:20). 이 한

마디가 무슨 문제가 되는 것이냐고 바울은 따진다. 바울은 어디를 가든지 그리스도께서 부활하신 것과 성도가 부활할 일에 대해서 외쳤다. 우리의 메시지도 역시 그리스도의 부활과 성도의 부활이어야 한다는 것을 알 수 있다.

3. 벨릭스 총독의 결정   24:22-23

행 24:22. 벨릭스가 이 도에 관한 것을 더 자세히 아는 고로 연기하여 이르되 천부장 루시아가 내려오거든 너희 일을 처결하리라 하고.

누가는 벨릭스가 바울에 대한 판결을 연기했다고 말한다. 누가는 "벨릭스가 이 도에 관한 것을 더 자세히 알고 있으면서도 연기했다"고 말한다. 벨릭스가 "이 도," 즉 '기독교'에 관한 것을 더 자세히 안다는 말은 일반 백성들보다는 더 잘 안다는 뜻일 것이다(Kistemaker). 혹은 '꽤 정확한 지식'을 가지고 있다는 뜻일 수도 있다(RSV). 벨릭스가 기독교에 대한 지식을 상당히 정확하게 가지게 된 것은 제 1차적으로는 그의 아내 유대 여자 드루실라를 통해서였을 것이다(24절). 그리고 가이사랴의 고넬료 가정에 대략 20년 전에 성령님이 임하셨는데 은혜를 받은 가이사랴의 성도들이 로마의 관리들에게 복음을 전할 때 벨릭스도 어느 정도 들었을 것으로 볼 수 있다. 벨릭스는 기독교에 대한 지식을 상당히 가지고 있으면서도 바울에 대한 판결을 연기하면서 말하기를 "천부장 루시아가 내려오거든 너희 일을 처결하리라 하고" 말한다(7절). 빨리 무죄를 선언해야 했는데도 그가 연기한 이유는 본문에 나와 있는 대로 천부장으로부터 좀 더 자세한 내용을 들어보겠다는 이유였다. 이것은 하나의 핑계였다. 이유는 천부장 루시아는 그 후 내려왔다는 기록이 없다.

그리고 바울을 무죄 석방하지 않은 이유는 바울에게서 돈을 받을까하고 기대했기 때문이며 또 자기의 임기 중에 유대인들(특히 산헤드린 공의회)과의 관계가 어색해질 것을 두려워했기 때문이었을 것이다(26-27절). 세상의 권력자들은 무슨 일을 옳게 하려는 것보다 대체적으로 자신의 이익을 생각하는 경향이 강하다.

행 24:23. 백부장에게 명하여 바울을 지키되 자유를 주고 그의 친구들이 그를 돌보아 주는 것을 금하지 말라 하니라.

벨릭스는 바울에 대한 판결을 연기하면서 바울을 위하여 "백부장에게 명하여 바울을 지키되 자유를 주고 그의 친구들이 그를 돌보아 주는 것을 금하지 말라"고 명한다(27:7; 28:16). 백부장에게 두 가지를 명령한다. 하나는 바울에게 자유를 주라는 것이고(사슬까지 풀었는지 안 풀었는지는 확인할 수가 없다), 또 하나는 바울의 친구들이 바울을 돌보아주는 것을 금하지 말라고 명한다. 아마도 누가나 아리스다고 같은 친구들이 바울을 수종했을 것이고 다른 방문객들도 찾아볼 수 있게 했을 것이다.

4. 벨릭스의 탐욕적인 행동 24:24-27

행 24:24. 수일 후에 벨릭스가 그 아내 유대 여자 드루실라와 함께 와서 바울을 불러 그리스도 예수 믿는 도를 듣거늘.

바울에 대한 판결을 연기한 후 "수일 후에 벨릭스가 그 아내 유대 여자 드루실라와 함께 와서 바울을 불러 그리스도 예수 믿는 도를 들었다." 벨릭스는 그의 아내 유대 여자 드루실라164)와 함께 그리스도 예수를 믿는 믿음에 대해서 들었다. 어떻게 하면 그리스도 예수를 믿을 수 있느냐고 물었다. 이렇게 기독교에 대하여 관심을 보였으나 그 자신 돈을 사랑하는 마음(26절)과 또 정치가적인 독특한 이기적인 성품(27절) 때문에 기독교인이 되지 못한 것 같다. 아무리 기독교에 대해서 들어도 그 심령 밭이 좋지 않으면

---

164) 드루실라는 헤롯 아그립바 1세(12:1)의 막내딸로 이 때 (AD 57년)에 20세도 채 안 되는 나이였다. 어린 소녀 시절 드루실라는 동부 소아시아에 위치한 코마게네(Commagene)의 태자와 정혼한 적이 있었으나 그 신랑감이 유대교를 거부했기 때문에 결혼하지 않았다. 그 후 그의 오빠 아그립바 2세가 수리아의 작은 국가인 에메사(Emesa)의 왕과 결혼시켰다. 그러나 그녀가 아직 열여섯 살 때에 벨릭스가 아토모스(Atomos)라고 불리는 구브로(Cypriote)의 마술사의 도움을 얻어, 남편을 떠나 자기와 결혼하도록 그녀를 설득하였다. 그래서 그녀는 벨릭스의 세 번째 아내가 되었으며 아들을 낳아 아그립바라고 이름 지었다(F. F. Bruce).

결국은 진리에 이르지 못한다(마 13:18-22).

행 24:25. 바울이 의와 절제와 장차 오는 심판을 강론하니 벨릭스가 두려워하여 대답하되 지금은 가라 내가 틈이 있으면 너를 부르리라 하고.

벨릭스가 기독교에 대해 물었으므로 바울은 "바울이 의와 절제와 장차 오는 심판을 강론했다." 바울은 벨릭스에게 십자가와 부활 같은 중요한 교리를 가르치지 않고 "의와 절제와 장차 오는 심판을 강론했다." 그 이유는 벨릭스는 먼저 윤리적인 설교를 들어야 할 필요가 있었던 사람이었다. 그는 돈을 사랑했고(26절) 또 정치가 특유의 이기심이 강했으므로(27절) 바울은 "의와 절제와 앞으로 닥칠 심판"을 말해주었다. 여기 "의"란 말은 '인간관계에 있어서 옳게 행하는 것'을 뜻하고 "절제"(ἐγκρατεια)란 말은 '자제'(self-control), '극기,' '금욕,' '금욕'을 뜻한다. 바울은 벨릭스를 향하여 '물질관계에 있어서나 향락관계에 있어서 심하게 빠지지 않아야 할 것'을 말씀했다. 이 두 가지를 설교한 다음 바울은 이 두 가지를 잘 못하면 앞으로 오는 심판을 받는다는 것을 가르쳤다. 이런 강론을 받은 벨릭스는 두려운 마음이 있어 "지금은 가라 내가 틈이 있으면 너를 부르리라"고 말하면서 바울을 보냈다. 세례 요한도 헤롯에게 직설적으로 말했는데(마 14:4) 헤롯도 결국은 감심으로 듣지 않았다. 자기 마음에 두려움을 주는 교리에 대해서 회피하는 사람들은 그리스도를 믿지 못한다.

행 24:26. 동시에 또 바울에게서 돈을 받을까 바라는 고로 더 자주 불러 같이 이야기 하더라.

벨릭스는 기독교에 대하여 바울에게서 배우기보다는 "바울에게서 돈을 받을까 바라는 고로 더 자주 불러 같이 이야기 했다"(출 23:8). 벨릭스의 마음은 돈에 있었다. 바울에게 돈이 있는 것을 벨릭스가 알았다. 바울이 친구로부터 돈을 받았을 것이라고 추측한 것이다. 람세이(Ramsay)는 바울은 부모의 유산을 가지고 있었다고 주장한다. 그렇게 주장하는 이유는 4년간의 옥중생활과 또 소송비용을 위하여 많은 비용이 필요했을 것이라는 것이다. 벨릭스는 자주 바울을 만나 돈을 받을까 기대했지만 결국 못 받고 말았다.

행 24:27. 이태가 지난 후 보르기오 베스도가 벨릭스의 소임을 이어받으니 벨릭스가 유대인의 마음을 얻고자 하여 바울을 구류하여 두니라.
누가는 "이태가 지난 후 보르기오 베스도가 벨릭스의 소임을 이어받았다"고 말한다. '바울이 무죄하면서도 2년이 지나도록 그냥 헤롯 궁(23:35)에 갇힌 채 보르기오 베스도가 벨릭스의 소임, 즉 직위, 자리를 이어받았다'는 뜻이다. 벨릭스는 바울을 석방하지 않고 2년이란 긴 세월 동안 헤롯 궁에 가두고 바울에게서 돈을 받을까 바래서 자주 불러 이야기했고(앞 절) 유대인의 마음을 얻고자 하여 바울을 그냥 구류하여 두었었다. 벨릭스는 뇌물을 좋아했고 온갖 포악을 다했으며 남의 아내였던 드루실라를 빼앗아 자기 아내로 삼은 자였다. 그가 파면당한 이유는 자신의 통치 지역 가이사랴에서 유대인과 이방인 주민 사이에서 내란 때문이었는데 그는 이 내란을 진압하기 위해 군대를 동원해서 중재하려다가 유대인 당파의 지도자들의 피를 많이 흘렸다(Josephus, *Jewish War*. ii, 13.7; *Antiquities*. xx, 8,7,9). 그는 유배형을 받았는데 다행히 그의 형제 팔라스(Pallas)의 노력으로 유배 집행은 면하였다. 보르기오 베스도는 벨릭스에 비해 선량한 정치가였으며 고상한 인격과 온순한 성품으로 선정을 베풀려고 노력하였고 도적들과 암살자들을 진압하였다(Jos., *Ant*. xx. 8:10).

　누가는 "벨릭스가 유대인의 마음을 얻고자 하여 바울을 구류하여 두었다"고 말한다(12:3; 25:9, 14; 출 23:2). 벨릭스는 무슨 일을 옳게 하는 사람이 아니었다. 일을 처리할 때 자기에게 어떤 유익이 올 것인가를 살폈다. 그는 유대인의 마음을 얻어 자기의 정치적인 생명의 연장을 위하여 인권을 생각하지 않고 바울을 가두어두었다.

　바울은 2년 간 무죄한 자로서 옥살이를 했는데 이 기간은 바울에게 무익하지 않았다. 첫째, 그 기간은 바울에게 좋은 휴식기간이 되었다. 3차에 걸친 전도여행의 과로를 푸는 휴양기간이었다. 둘째, 2년간 기도하면서 앞으로의 로마 전도를 준비했다. 그는 특히 자신이 개척한 교회의 성장을 위하여 기도하는 시간을 가졌다. 전도자는 활동할 때는 활동해서 좋고 구류당할 때는 구류 당함으로 좋다.

바울의 2년간의 옥고는 바울에게만 유익했던 것이 아니라 누가에게도 유익했다. 누가는 바울 곁에 있으면서 기독교의 시초부터 정확하게 진행되어 내려온 모든 사건 경위를 추적하였다(눅 1:3, Bruce).

제 25 장

베스도 총독과 아그립바 왕 앞에 선 바울

B. 바울이 베스도 앞에서 변론하다   25:1-12

벨릭스 총독의 재임 시 옥에 갇힌 바울은 2년간의 긴 세월 동안 옥에 갇혀 있다가 베스도 총독이 부임하자 다시 유대인들의 고발이 이어져 바울은 베스도 총독 앞에 선다. 바울은 자신이 유대인의 율법이나 성전이나 가이사에게나 도무지 죄를 범하지 않았다고 변명하자 베스도는 유대인의 마음을 얻고자 바울을 향하여 예루살렘에 올라가서 자기 앞에서 심문을 받겠느냐고 묻는다. 바울은 베스도의 말을 받아 가이사에게 호소한다고 말한다. 베스도는 바울에게 가이사에게 가서 판결을 받으라고 권한다. 누가는 이 부분(1-12절)에서 베스도가 바울을 인수한 것(1-5절)과 재판 석에서 바울이 가이사에게 상소한 것(6-12절)을 말한다.

1. 베스도가 바울을 인계받다   25:1-5

총독으로 부임한 베스도가 즉시 예루살렘을 방문하자 아직도 바울에 대한 화가 풀리지 않은 유대인들이 바울을 베스도에게 고소한다. 이에 베스도는 바울을 인계 받는다.

행 25:1. 베스도가 부임한 지 삼 일 후에 가이사랴에서 예루살렘으로 올라가니.

베스도는 부임한 지 삼일 후에 가이사랴에서 예루살렘으로 올라갔다. 부임한 지 삼일 후에 예루살렘으로 올라간 것은 자기의 직임 수행에 충실한 것을

보여준 것이다. 유대의 총독은 가이사랴에서 일을 보았으나 신임 인사차
예루살렘으로 올라가 유대인의 지도자들을 만났다.

행 25:2. 대제사장들과 유대인 중 높은 사람들이 바울을 고소할 새.

베스도가 예루살렘에 올라갔을 때(앞 절) "대제사장들과 유대인 중 높은
사람들이 바울을 고소한다"(15절; 24:1). '당시의 대제사장 이스마엘
(Ishmael, 파비의 아들, 아그립바 2세가 AD 59년에[165] 세운 대제사장)과
전직 대제사장 아나니아 및 유대인들 중에 높은 사람들, 곧 장로들이 바울을
고소했다.' 이들은 바울과 헤어진 지 2년이 흘렀는데도 마음에 바울에 대한
악한 감정이 사라지지 않아 다시 고소했다. 새로운 총독이 부임하였으니
일이 더 잘 풀리지 않을까 하는 기대심리로 고소한 것이다. 그들의 생각으로
는 바울이야 말로 유대교에 대한 위협적인 존재로 보아 바울을 없애버리려고
고소한 것이다.

**행 25:3. 베스도의 호의로 바울을 예루살렘으로 옮기기를 청하니 이는 길에
매복하였다가 그를 죽이고자 함이러라.**

유대인의 대제사장들(현직 대제사장 이스마엘과 전직 대제사장 아나니아)과
장로들(공회에 대한 또 하나의 표현일 것이다-Bruce)은 형식상으로 바울을
고소했지만 내면적으로는 바울을 죽이려 함이었다. 그들은 "베스도의 호의
로 바울을 예루살렘으로 옮기기를 청했다." 이유는 "길에 매복하였다가 그를
죽이고자 함이었다"(23:12, 15). 그들은 2년 전의 암살 계획을 그대로 실행하
려 했다(23:20-21). 2년 전에 40여명의 사람들은 바울을 죽이기 전에는 식음
을 전폐하겠다고 약속하였으니 아직도 생생하게 기억하고 있었다. 그러나
베스도는 그들로부터 요청받은 것을 베풀어주지 않았다. 바울이 헤롯 궁에서
2년간 갇혀있으면서 앞날의 선교를 위해 기도하였으니 하나님께서 바울을

---

165) Josephus, *Antiquities,* 20. 8. 8[179]; Schurer, *History of the Jewish People,* vol. 2. p. 231.

지켜주셨다.

행 25:4-5. 베스도가 대답하여 바울이 가이사랴에 구류된 것과 자기도 멀지 않아 떠나갈 것을 말하고 또 이르되 너희 중 유력한 자들은 나와 함께 내려가서 그 사람에게 만일 옳지 아니한 일이 있거든 고발하라 하니라.
유대인들이 바울을 베스도에게 고소하면서 바울을 예루살렘으로 옮겨오기를 요청했으나 베스도는 세 가지 이유를 들어 거부한다. 첫째, "바울이 가이사랴에 구류된" 사실을 들어 거부했다. 둘째, 베스도 자신도 "멀지 않아 떠나갈 것"이므로 거부했고, 셋째, "너희(유대인) 중 유력한 자들은 나와 함께 내려가서 그 사람에게 만일 옳지 아니한 일이 있거든 고발하라"(18절; 18:14)고 말하면서 거부했다. 베스도는 자신이 지금 만나고 있는 사람들을 가리켜 "너희 중 유력한 자들"(2절)이라고 했을 것이다. 베스도는 유대인 중에 유력한 자들이 가이사랴로 가서 바울을 고소하는 것이 옳은 일이지 이미 로마의 법정에 옮겨진 사람을 다시 예루살렘의 종교재판으로 옮길 수는 없다고 단호히 거부한다. 그리고 베스도는 유대인들에게 바울을 고발하되 "그 사람에게 만일 옳지 아니한 일이 있거든" 고발하라고 한다. 로마인의 법에 충실한 정신을 보여주고 있다.

2. 바울이 가이사에게 상소하다 25:6-12

베스도가 가이사랴로 내려가자 이튿날 재판정을 열고 바울을 데려오고 또 예루살렘으로부터 내려온 유대인들이 여러 가지 중대한 사건으로 바울을 고발하자 바울은 그들의 고소에 대하여 자신은 유대인의 율법이나 성전이나 가이사에게 도무지 죄를 범한 일이 없다고 변호했을 때 베스도는 판결을 내리지 않고 바울을 향하여 가이사에게 호소하겠느냐고 묻는다. 이에 바울은 가이사에게 상소한다고 말하여 재판을 종결한다.

행 25:6. 베스도가 그들 가운데서 팔 일 혹은 십 일을 지낸 후 가이사랴로

내려가서 이튿날 재판 자리에 앉고 바울을 데려오라 명하니.

베스도가 예루살렘에서 8일 혹은 10일을 지낸 후 가이사랴로 내려갔다.166) 유대인의 유력한 자들(2절, 5절)은 베스도와 가이사랴까지 동행했다(17절). 여기 8일 혹은 10일이라는 표현은 누가의 기억에 불분명한 점이 있음을 드러낸 말이다.167) 베스도는 "이튿날 재판 자리에 앉고 바울을 데려오라 명한다." 베스도가 예루살렘으로부터 내려와서 그 이튿날 재판정을 개정한 다음 재판자리에 앉고 바울을 데려오라 명해서 오게 했다는 뜻이다.

행 25:7. 그가 나오매 예루살렘에서 내려온 유대인들이 둘러서서 여러 가지 중대한 사건으로 고발하되 능히 증거를 대지 못한지라.

바울이 베스도의 명령을 받고(앞 절) 재판정으로 나왔을 때 "예루살렘에서 내려온 유대인들이 둘러서서 여러 가지 중대한 사건으로 고발하되 능히 증거를 대지 못했다"(막 15:3; 눅 23:2, 10 참조). 베스도와 함께 내려온 유대인들(유대의 높은 사람들-2절, 5절)이 여러 가지 중대한 사건(다음 절에 바울이 변명한 세 가지)으로 고발했는데(아마도 더둘로가 고발한 내용과 대동소이했을 것이다) 능히 증거를 대지 못했다. "주님께서 의롭다 하신 자를 누가 정죄하랴"(롬 8:33-34). 마 26:59-60 참조.

행 25:8. 바울이 변명하여 이르되 유대인의 율법이나 성전이나 가이사에게나 내가 도무지 죄를 범하지 아니하였노라 하니.

유대인의 고발이 끝나자 바울이 변명한다. 바울은 말하기를 "유대인의 율법이나 성전이나 가이사에게나 내가 도무지 죄를 범하지 아니하였다"고 말한다(6:13; 24:12; 28:17). 바울은 첫째, "유대인의 율법"을 범한 일이 없다고 말한다. 바울은 율법을 범하지도 않았고 유대인들에게 율법의 무용

---

166) 여기 "내려가서"란 말의 뜻을 위해서 8:15주해를 참조할 것.

167) 일수에 대해 박윤선목사는 "베스도가 예루살렘에 체류한 완전한 날수만 계산하면 '팔일'이고, 그의 떠나던 날과 도착하던 날을 포함시켜 계산하면 '십일'이다"라고 말한다. 일리 있는 해석으로 보인다.

성을 말한 적도 없다. 다만 예수님께서 구약의 율법을 다 이루셨으니(마 5:17; 롬 10:4) 예수님만 믿으면 율법을 다 지킨 것이라고 가르쳤다. 둘째, 바울은 "성전"을 더럽힌 일이 없다고 변명한다. 바울은 하나님께서 성전에만 계신 분이 아니라 우주 안에 어디든지 계시다고 가르쳤다. 이 두 가지 고소 내용은 2년 전의 더둘로가 고소했던 내용과 같다(24:5-7 참조). 셋째, "가이사에게" 죄를 범하지 아니했다고 변호한다. 이 셋째 고발내용은 2년 전에 더둘로가 고발한 내용에는 빠진 것으로 유대인들이 새롭게 넣은 고발내용이다. 유대인들은 바울이 로마의 행정 구역을 다니면서 소요를 일으켰다는 뜻으로 이렇게 말한 것으로 보인다. 죄목이 많으면 좋은 고로 이렇게 억지로 하나 더 붙인 듯이 보인다. 그러나 바울은 소요를 일으킨 일도 없고 로마의 가이사를 거역한 일도 없었다. 재판에서 이기기 위해 덧붙인 고발내용이었다.

행 25:9. 베스도가 유대인의 마음을 얻고자 하여 바울더러 묻되 네가 예루살렘에 올라가서 이 사건에 대하여 내 앞에서 심문을 받으려느냐.
베스도는 양측의 이야기를 들어보아도 바울에게 아무런 범과가 없는 것을 알고 이제 마지막으로 "유대인의 마음을 얻고자" 하는 데로만 기울어지고 있었다(24:27). 그래서 베스도는 "네가 예루살렘에 올라가서 이 사건에 대하여 내 앞에서 심문을 받으려느냐"고 물어본다(20절). 유대인들이 베스도에게 "베스도의 호의로 바울을 예루살렘으로 옮기기를 청했으니"(3절) 베스도는 유대인의 마음을 얻고자 예루살렘에 올라가서 자기 앞에서 심문을 받겠느냐고 물었다. 아무데서나 물어도 바울의 답은 똑 같은데 베스도는 유대인들의 불평을 최소화하기 위하여 예루살렘에 올라가서 자기 앞에서 심문을 받겠느냐고 물었다. 정치가들은 대부분 사람들의 비위를 맞추기 위해 힘쓴다.

행 25:10. 바울이 이르되 내가 가이사의 재판 자리 앞에 섰으니 마땅히

거기서 심문을 받을 것이라 당신도 잘 아시는 바와 같이 내가 유대인들에게 불의를 행한 일이 없나이다.

베스도 총독의 질문을 받고 바울은 "내가 가이사의 재판 자리 앞에 섰으니 마땅히 거기서 심문을 받겠다"고 말한다. 곧 '바울이 지금 베스도 총독 앞에 선 것은 가이사의 재판 자리 앞에 선 것이니(6절) 마땅히 거기서 심문을 받겠다'고 말한다. 다시 말해 가이사의 대리자인 베스도 총독 앞에 선 것은 곧바로 가이사 앞에 선 것이라고 말한다. 바울은 가이사의 대리자인 총독 앞에 이미 섰으니 가이사의 재판을 받을 일이지 사람을 죽이려는 예루살렘의 종교 재판을 받을 이유가 없다는 것을 암시한다.

사실 신자들은 재판을 받아야 한다면 종교 재판을 받아야 하는데 예루살렘의 종교 재판은 종교재판이 아니었다. 예루살렘의 산헤드린 공의회원들은 신자들이 아니었다. 그들은 기독교인을 죽이는 사람들이었다. 그런고로 바울은 예루살렘의 종교재판을 피한 것은 당연한 것이었다. 그리고 바울은 자기 방어를 위해서 가이사의 재판을 원한 것이지 유대 민족을 해하려는 계획은 없었다. 그리고 또 바울은 로마에 가서 가이사에게 복음을 전할 목적으로 상소한 것이지 결코 자기 민족을 고소하려는 것이 아니었다(28:19 참조). 혹자들은 오늘날 바울과 같이 우리도 성도들을 세상 법정에 고발해도 된다고 주장하나 바울은 신자들을 세상 법정에 고소한 것이 아니었다. 유대의 산헤드린 공회원들은 신자들이 아니었으니 말이다. 오늘날 우리는 신자들을 세상 법정에 고발해서는 안 된다.

바울은 "당신도 잘 아시는 바와 같이 내가 유대인들에게 불의를 행한 일이 없나이다"라고 말한다. 즉 '베스도 총독도 잘 아시는 바와 같이 나 바울이 유대인들에게 불의를 행한 일이 없다'고 말한다. 바울은 유대인들에게 불의한 일을 행한 일이 없으니 유대인들에게 고발당할 이유가 없고 베스도가 바울을 유대인들에게 넘겨주어서는 안 된다고 말한다.

행 25:11. 만일 내가 불의를 행하여 무슨 죽을죄를 지었으면 죽기를 사양하지

아니할 것이나 만일 이 사람들이 나를 고발하는 것이 다 사실이 아니면 아무도 나를 그들에게 내줄 수 없나이다 내가 가이사께 상소하노라 한 대.

바울은 바로 앞 절에서 말한 것을 다시 한 번 더 말한다. 즉 바울이 무슨 불의를 행하여 무슨 죽을죄(死罪)를 지었으면 죽기를 사양하지 아니할 것이지만 유대인들이 바울을 고발하는 것이 다 사실이 아니라면 아무도 나 바울을 그들 유대인들에게 내 주어서는 안 된다고 말한다(25절; 18:14; 23:29; 26:31). 바울은 로마 사람인 자기를 유대인들에게 내주어서는 안 된다고 강하게 주장한다. 그러면서 바울은 드디어 "내가 가이사께 상소하노라"고 말한다(26:32; 28:19). 바울은 세 가지 이유로 가이사에게 호소한다 (Kistemaker). 첫째, 가이사에게 호소해야 자신의 생명을 구할 수 있었기 때문이었다. 둘째, 로마에 가는 것은 바울의 소망이었고(19:21) 예수님께서 지시하신 것이었다(23:11). 셋째, 로마에 가면 바울이 네로의 측근자들에게 복음을 전할 수 있었기 때문이었다(빌 1:13; 4:22참조). 그는 그의 생명이야 어찌되었든 복음이 네로의 측근들에게 전해진다면 그것으로 만족하게 생각했다.

행 25:12. 베스도가 배석자들과 상의하고 이르되 네가 가이사에게 상소하였으니 가이사에게 갈 것이라 하니라.

베스도는 바울을 판결할 때 "배석자들과 상의했다." "배석자들"은 '고급재판관들과 젊은 행정보좌관들로 구성되어 있었는데' 총독이 그들의 의견을 들어보고 결정하는 것이 상례였다. 베스도는 드디어 바울에게 "네가 가이사에게 상소하였으니 가이사에게 가라"고 한다. 베스도도 바울을 가이사에게 보내기를 소원했고 또 바울도 가이사에게 상소한다고 한고로 가이사에게 가라고 했다. 이때는 베스도의 소원이나 바울의 소원이 맞아떨어졌다. 하나님의 뜻은 이렇게 하여 이루어지게 되었다. 그는 이제 로마로 갈 일만 남았다.

C. 베스도와 아그립바가 행한 일 25:13-27

베스도의 결정으로 바울에 대한 결정이 끝난 줄로 알았으나 아그립바 왕(아그립바 2세)이 자기의 누이 버니게와 함께 새로 부임한 총독 베스도를 예방하기 위하여 가이사랴에 왔을 때 베스도는 아그립바 왕에게 바울의 일을 보고한다(13-22절). 아그립바도 역시 바울의 일을 듣고자 하여 다음날 접견장소로 바울을 불러내어 바울의 말을 듣는다(23-27절).

행 25:13. 수일 후에 아그립바 왕과 버니게가 베스도에게 문안하러 가이사랴에 와서.

바울이 가이사에게 상소하고 난 후 "수일 후에 아그립바 왕과 버니게가 베스도에게 문안하러 가이사랴에 왔다." 바울이 가이사에게 상소하고 난 지 '며칠이 지난 후 아그립바 왕과 그의 누이 버니게가 베스도에게 문안하러 가이사랴에' 와서 바울을 앞에 세워놓고 말을 들으며 바울에게 죄가 없음을 말한 것은 바울의 무죄가 만천하에 확실하다는 것을 보여준 것이며 또한 유대의 종교지도자들이 바울을 정죄한 것은 천부당만부당하다는 것을 보여준다. 불의하기 그지없는 이 두 사람까지 바울의 무죄를 주장한 것은 유대의 종교지도자들이 얼마나 잘 못 되었다는 것을 보여주고도 남음이 있다.

아그립바 왕과 버니게와 드루실라는 모두 헤롯 아그립바 1세(12:1주해 참조)의 자녀들이었는데, 헤롯이 AD 44년에 죽었을 때 아그립바 왕은 17세였고 버니게는 16세였다. 그리고 드루실라는 6세였다. 그 때에, 아그립바 왕은 로마에 있었다. 그는 AD 50년에 글라우디오(Claudius) 황제에 의해 그의 숙부 헤롯의 영토였던 칼키스(Chalcis, 레바논 계곡) 지방의 영토를 얻고 대제사장의 임명권을 얻었다. 3년 후 글라우디오는 아그립바 2세에게 칼키스 왕국 대신에 바타니아 등 몇 고을을 더 주었다. 그리고 네로(Nero) 치세 제 1년(AD 54년), 황제는 아그립바 2세에게 갈릴리와 베레아의 몇 주요 도시들과 마을들을 주었다. 아그립바 왕(2세)은 팔레스타인의 북쪽 지방 반을 다스렸다. 그는 유대인의 관습과 문제를 잘 아는 전문가로 알려졌다(26:3). 유대 전쟁(AD 68년-70년) 때에는 적극 로마 편에 서서 지원한 친(親) 로마 파였으며 유대인과 로마와의 조화에 노력했으므로 황제의 총애를 받기도 했다.

　버니게는 아그립바 1세의 맏딸이었고 아그립바 2세의 누이 동생이었으며 드루실라의 언니였다. 그녀는 먼저 숙부인 칼키스 왕 헤롯에게 출가하였다가 그가 죽었을 때 오빠에게 와서 거주했다. 그후 길리기아 왕 폴레몬(Polemon)과 결혼했으나 얼마 안 되어 이혼하고 오빠에게 와서 기거하는 중에 사람들에게 불의의 관계를 의심받게 되었으며 그녀에게는 불륜의 삶이 많았다. 이런 불의한 사람들까지도 바울에게서 죄를 찾지 못한다고 했는데 소위 종교가들이라고 하는 사람들은 바울을 세상에서 없애버리려는 운동을 버리고 있었다(21:31; 22:22; 23:15).

행 25:14. 여러 날을 있더니 베스도가 바울의 일로 왕에게 고하여 이르되 벨릭스가 한 사람을 구류하여 두었는데.

아그립바 왕이 베스도에게 문안하러 왔다가 금방 돌아가지 아니하고 "여러 날을 있었다." "여러 날을 있었기에" 베스도가 아그립바 왕에게 바울의 일에 대해 말하게 되었다. 베스도는 말하기를 "벨릭스가 한 사람을 구류하여 두었다"고 말한다(24:27). 베스도의 전임자 벨릭스는 아무 죄도 없는 바울을 얼른 석방하지 않고 구류하여 두어서 바울을 고생시켰고 또 후임자 베스도로 하여금 신경 쓰이게 했다. 벨릭스는 자신의 입장만 생각하고 자기 유익만 생각하고 바울을 가두어두어 여러 사람을 고통 받게 했다. 다행히도 바울이 가이사에게 호소한 고로 베스도는 한 시름 덜기는 했지만 바울에 대하여 가이사에게 보고할 내용이 없어 고민하던 차에 아그립바 왕의 의견을 듣기를 원했다. 그런데 아그립바는 베스도로부터 바울에 대한 이야기를 듣고 한편 많은 관심을 가지게 되었다. 이유는 아그립바 왕이 대제사장을 임명하는 권한이 있었기 때문이었다. 현직 대제사장 이스마엘과 그리고 전직 대제사장 아나니아가 바울을 고발한 것이니까 바울의 일에 대해서 관심이 있었다.

행 25:15-16. 내가 예루살렘에 있을 때에 유대인의 대제사장들과 장로들이 그를 고소하여 정죄하기를 청하기에 내가 대답하되 무릇 피고가 원고들 앞에서 고소 사건에 대하여 변명할 기회가 있기 전에 내주는 것은 로마 사람의 법이 아니라 하였노라.

베스도는 아그립바 왕에게 자신이 총독으로 부임한 후 예루살렘에 올라갔을 때(2절) "유대인의 대제사장들과 장로들이 그를 고소하여 정죄하기를 청한"(2-3절) 것에 대하여 베스도는 "피고가 원고들 앞에서 고소 사건에 대하여 변명할 기회가 있기 전에 내주는 것은 로마 사람의 법이 아니라 했다"고 말한다(4-5절). 즉 '피고 바울이 가이사랴의 헤롯 궁에 있고 현장(즉 예루살렘)에 없어 원고들 앞에서 고소 사건에 대하여 변명할 기회를 얻을 수 없는데 피고 바울을 고발 자들에게 내주는 것은 로마 사람의 법이 아니라고 했다'는 것이다. 총독다운 주장이었다. 이 부분(15-16절)을 위해서는 2-4절 주해를 참조할 것. 세상의 불신 총독이 예루살렘의 종교인들보다도 훨씬 나은 생각을 가지고 있었다. 종교인이 부패하면 세상의 불신자보다도 더 썩은 사실이 알려진다.

행 25:17. 그러므로 그들이 나와 함께 여기 오매 내가 지체하지 아니하고 이튿날 재판 자리에 앉아 명하여 그 사람을 데려왔으나.

베스도는 본 절부터 21절까지 자신이 바울을 처리한 것에 대해 아그립바 왕에게 보고한다. 본 절 주해를 위해서는 6절을 참조할 것.

행 25:18. 원고들이 서서 나의 짐작하던 것 같은 악행의 혐의는 하나도 제시하지 아니하고.

베스도는 대제사장들과 유대의 높은 사람들이 서서 자신이 짐작하던 것 같은 악행의 혐의(바울이 행했을 법한 악행-곧 가이사에게 큰 죄를 범했을

것을 염두에 두었음-8절)는 하나도 제시하지 아니했다고 말한다. 베스도는
고소자들이 예루살렘으로부터 멀리 가이사랴까지 와서 고소하는 것을 보고
바울이 무슨 엄청난 죄나 지었을 것으로 예상했는데 실제 들어보니 아무
것도 아니었고 문서에 남길만한 혐의는 하나도 제시하지 아니했다고 말한다.
베스도로서는 황당함을 느꼈을 것이다. 본 절의 주해를 위해서는 7-8절 주해
를 참조할 것.

**행 25:19. 오직 자기들의 종교와 또는 예수라 하는 이가 죽은 것을 살아
있다고 바울이 주장하는 그 일에 관한 문제로 고발하는 것뿐이라.**
베스도는 아그립바 왕에게 유대인들이 바울을 고발한 내용 두 가지를 말한다.
하나는 유대인들이 "자기들의 종교"를 바울이 해쳤다는 이유로 고발했다고
말한다(18:15; 23:29). 유대인들의 주장은 바울이 유대인의 율법을 모독했고
또 성전을 모독했다는 이유로 고발했다는 것이다. 그러나 바울은 율법을
모독한 적도 없었고 성전을 더럽힌 적도 없었다. 또 하나는 "예수라 하는
이가 죽은 것을 살아 있다고 바울이 주장하는 그 일에 관한 문제로 고발하는
것뿐이라"고 말한다. 유대인들은 "예수라 하는 이가 죽은" 것이지 "살아있
는" 것은 천부당만부당이었는데 바울은 예수님이 죽은 자 가운데서 다시
살아나신 것으로 말하니 유대인들은 그것이 싫어서 고발했다는 것이다. 바울
의 전도의 요점은 예수님의 부활이었다(고전 2:2). 오늘 우리의 전도의 요점
도 예수님의 부활이어야 한다.

　　본문에 베스도가 "예수라 하는 이"(τινος Ἰησοῦ)라고 말한 것은 예수님
을 잘 모르기 때문에 남의 말 하듯 하는 말투이다. 예수님을 모르는 사람들은
예수님이 얼마나 귀하고 중요한 분인 줄 모르고 함부로 말한다. 예수님에
대해서 어떻게 말하는가를 보면 그 사람의 신앙을 알 수 있다.

**행 25:20. 내가 이 일에 대하여 어떻게 심리할는지 몰라서 바울에게 묻되
예루살렘에 올라가서 이 일에 심문을 받으려느냐 한즉.**

베스도는 아그립바 왕에게 자기가 바울의 문제를 어떻게 판결할는지 몰라서 바울에게 묻기를 예루살렘에 올라가서 이 일에 심문을 받겠느냐고 물어보았다고 말한다. 그러나 베스도는 유대인의 마음을 얻고자 하여 바울에게 예루살렘에 올라가서 심문을 받으려느냐고 물어 보았다. 본 절 주해를 위해서는 9절 주해를 참조할 것.

행 25:21. 바울은 황제의 판결을 받도록 자기를 지켜 주기를 호소하므로 내가 그를 가이사에게 보내기까지 지켜 두라 명하였노라 하니.

베스도는 아그립바 왕에게 "바울은 황제의 판결을 받도록 자기를 지켜 주기를 호소했다"고 말한다. '바울이 황제의 판결을 받도록 자기를 지켜주기를 호소한' 이유는 로마 군병의 보호가 없이는 로마에 무사히 갈 수 없었기 때문이었다. 유대인들 중에 바울을 죽이기 전에는 식음을 전폐한 사람이 과거에 40여명이나 되었으니(행 23:13, 21) 바울이 그냥 석방되어 로마로 간다면 도중에 무슨 일을 만날는지 알 수 없는 일이었다. 베스도는 바울의 이런 소원을 들어 "내가 그를 가이사에게 보내기까지 지켜 두라 명하였다"고 말한다. 베스도는 유대인들의 무모한 요구를 들어줄 수가 없었다. 그래서 베스도는 바울을 가이사에게 보낼만한 기회가 올 때까지 그냥 헤롯 궁에 구류하여 두었다고 말한다.

행 25:22. 아그립바가 베스도에게 이르되 나도 이 사람의 말을 듣고자 하노라 베스도가 이르되 내일 들으시리이다 하더라.

아그립바 왕은 베스도의 설명(17-21절)을 듣고 말하기를 "나도 이 사람의 말을 듣고자 한다"고 말한다. 아그립바는 예수님을 믿으려는 생각에서 그런 것이 아니라 새로운 종교운동에 대한 호기심도 있고 또 자신에게 대제사장 임명권이 있으니 대제사장이 왜 바울을 고소했는지를 알고 싶었을 것이다. 우리는 바울을 보고자 했던 본 절의 아그립바 2세와 예수님을 보고자 했던 아그립바 왕의 종조부(從祖父-)였던 헤롯 안티바(Herod Antipas, 눅 9:9;

23:8)를 볼 수 있다. 예수님을 믿을 생각으로 보려는 것과 단순 호기심으로 보려는 것은 천양의 차이가 있다. 베스도는 아그립바의 말을 듣고 "내일 (바울의 말을) 들으시리이다"고 답변한다. 아그립바는 아주 쉽게 바울의 말을 들을 수는 있었지만 바울이 전해주는 예수님을 믿지 못했고 믿기를 권고하는 바울의 말을 거부해버리고 만다(26:28).

행 25:23. 이튿날 아그립바와 버니게가 크게 위엄을 갖추고 와서 천부장들과 시중의 높은 사람들과 함께 접견 장소에 들어오고 베스도의 명으로 바울을 데려오니.

베스도가 약속한대로 이튿날이 왔다. "아그립바와 버니게가 크게 위엄을 갖추고 와서 천부장들과 시중의 높은 사람들과 함께 접견 장소에 들어온다." 여기 "아그립바와 버니게"에 대해서는 13절 주해를 참조할 것. 이 두 사람이 "크게 위엄을 갖추고 왔다." "위엄"(fantasiva)이란 말은 '자랑해보이기,' '과시,' '화려,' '허식,' '자랑'이란 뜻으로 아그립바 왕과 그의 누이동생 버니게가 겉치장을 굉장히 꾸미고 온 것을 지칭한다. 아그립바 왕의 아버지 아그립바 1세도 가이사랴에서 이렇게 허식을 부리다가 하나님의 심판으로 충이 먹어 죽었다(12:21-23). 본 절의 아그립바 2세는 자기의 부친이 당한 일도 기억하지 못하고 여전히 아버지의 뒤를 따르고 있다. "세속주의로 어두워진 자들은 이처럼 죄의 전철(前轍)을 밟으며 달리고 있다"(박윤선). "그들 (아그립바와 버니게)의 중심은 불륜과 부도덕으로 부패하고 있었다. 그 앞에 끌려나온 바울은 결박된 죄수의 차림이었으나 하나님의 사자였다. 과연 누가 심판자이며 누가 죄인이었던가! 이 역설적 대조를 암시하는 데 저자의 의도가 있는 듯하다"(이상근).

아그립바와 버니게는 "천부장들과 시중의 높은 사람들과 함께 접견 장소에 들어왔다." "천부장"은 군사 1,000명을 이끄는 로마 최고의 장교이며, 당시의 군단장이었다. 그리고 본문의 "시중의 높은 사람들"은 가이사랴의 시(市)의원들이었다. 이들은 법정(6절, courtroom, judgment seat)으로 들어

온 것이 아니라 접견장소로 들어왔다. 이유는 재판은 이미 끝났고(20-21절)
지금은 재판이 열리는 시간이 아니라 단순히 바울에게 질문하는 시간이기
때문이었다.

일단 아그립바 왕과 버니게 그리고 천부장들, 시의원들이 들어온 후
베스도는 그의 "명으로 바울을 데려왔다." 화려하게 차린 사람들, 높은 권력
을 가진 사람들 앞에 초라하게 죄수복을 입은 바울이 불려나왔다. 너무
대조적이었다. 우리 역시 세상에서는 때로는 초라하게 보일 것이다. 그러나
주님께서 우리와 함께 계시고 성령님께서 우리 안에 계시니 우리의 영으로는
기쁨을 금할 길 없다.

**행 25:24-25. 베스도가 말하되 아그립바 왕과 여기 같이 있는 여러분이여
당신들이 보는 이 사람은 유대의 모든 무리가 크게 외치되 살려 두지 못할
사람이라고 하여 예루살렘에서와 여기서도 내게 청원하였으나 내가 살피건
대 죽일 죄를 범한 일이 없더이다 그러나 그가 황제에게 상소한 고로 보내기
로 결정하였나이다.**

베스도는 이제 아그립바 왕, 그의 누이 버니게, 천부장들, 시중의 높은 사람들
앞에서 27절까지 바울에 대해서 일장 연설을 한다. 베스도는 특별히 아그립
바 왕의 이름을 들추면서 말한다. 베스도는 말하기를 "당신들이 보는 이
사람은 유대의 모든 무리가 크게 외치되 살려 두지 못할 사람이라고 하여
예루살렘에서와 여기서도 내게 청원하였으나 내가 살피건대 죽일 죄를 범한
일이 없더라"고 말한다(2절, 3절, 7절; 22:22; 23:9, 29; 26:31). 곧 '모든
유대인들은 바울을 살려두어서는 안 된다고 하여 예루살렘에서 천부장에게
도 청원하였고(23:28-29) 여기 가이사랴에서도 나(베스도)에게 정죄하여
(죽여) 달라고 청원하였으나 내(베스도)가 살피건대 죽일 죄를 범한 일이
없더라'고 분명히 선언한다. 천부장도 바울의 무죄를 주장했고(23:28-29),
벨릭스도 바울이 무죄함을 알았으며(24:21-23), 베스도 자신도 바울이 법적
으로 죄를 범한 일이 없다고 주장한다. 베스도는 "그러나 그가 황제에게

상소한 고로 보내기로 결정하였다"고 보고한다(11-12절). 즉 '다행히도 바울이 가이사의 재판을 받도록 상소한 고로 보내기로 결정하였다'고 말한다. 바울의 상소가 베스도에게 다행이었던 이유는 유대인들의 마음을 얻는 일이었기 때문이었다.

행 25:26. 그에게 대하여 황제께 확실한 사실을 아뢸 것이 없으므로 심문한 후 상소할 자료가 있을까 하여 당신들 앞 특히 아그립바 왕 당신 앞에 그를 내세웠나이다.

바울이 무죄한 것은 사실이지만 바울이 일단 황제께 상소하였으니 베스도는 아그립바 왕 앞에서 "그에게 대하여 황제께 확실한 사실을 아뢸 것이 없으므로 심문한 후 상소할 자료가 있을까 하여 당신들 앞 특히 아그립바 왕 당신 앞에 그를 내세웠나이다'라고 말한다. 베스도는 '황제께 확실한 사실을 아뢸 것이 없으므로 이 접견 장소에서 바울을 심문한 후에 상소할 자료가 있을까 하여 여기에 내 세웠다'는 것이다. 이제 한번 바울을 심문해 달라는 부탁이다. 여기 "황제께"(τῷ κυρίῳ)[168]란 말은 글자대로는 '주님께'란 뜻으로 "네로"를 지극히 높이는 말이다. 네로는 자기가 "주"란 칭호를 아주 선호했다고 한다.

행 25:27. 그 죄목도 밝히지 아니하고 죄수를 보내는 것이 무리한 일인 줄 아나이다 하였더라.

베스도는 아그립바 왕 앞에서 말하기를 "그 죄목도 밝히지 아니하고 죄수를 보내는 것이 무리한 일인 줄 아나이다"라고 한다. '죄목도 기록하지 않고 죄수를 보내는 것이 무리한 일이라'고 말한다. 죄목도 없이 죄수를 보내는

---

168) 신적인 뜻을 함의하고 있는 "주"라는 칭호는 프톨레미 왕조나 다른 왕조에서 그러했던 것처럼 동쪽 지역에서 로마 황제를 일컫는 말로 사용되었다(F. F. Bruce). 키스테메이커(Kistemaker)는 "아구스도나 티베리우스는 '주'라는 칭호로 불리기를 거절하였다. 그러나 칼리굴라(Caligula)와 그의 후임 황제들은 이 칭호를 받아서 그렇게 불려졌다. 고고학적 증거를 보면 '주'라고 불리기를 바랐다"고 말한다. *Acts*, p. 879.

일이야 말로 "무리한 일"(absurd) 이상이다. 큰일 날 일이다. 네로 밑에서 일하는 다른 총독들이나 관리들은 이런 일을 하지 않을 것이라고 생각하고 자기 혼자만 이렇게 일을 처리한다고 하니 야단 중에 야단이 난 셈이었다. 네로가 용납하지 않을 것을 생각하니 계속해서 기가 막혔다. 세상의 권력자들이 기독교의 순교자들을 죽일 때 그 죄목을 쓰기에 얼마나 고심했을까!

제 26 장

바울이 아그립바 앞에서 변명하고 문답한 결과를 아그립바가 판단하다

D. 바울이 아그립바 왕 앞에서 변명하다   26:1-32

총독 베스도의 주선으로 바울이 아그립바 왕 앞에서 변명하고(1-23절), 아그립바와 문답한(24-29절) 결과 아그립바는 바울의 무죄를 확인한다(30-32절).

1. 바울이 변명하다   26:1-23

바울은 결박된 이래 예루살렘에서 두 번 변명했고(22:1-21; 23:1-6) 가이사랴에서 두 번 변명했는데(24:10-21; 25:6-12) 이제 가이사랴에서 세 번째로 변명한다. 그러니까 전체적으로는 이번이 바울의 다섯 번째의 변명이다. 바울은 자신을 변명함에 있어 다메섹 도상의 경험을 잊을 수 없어 이번에도 역시 다메섹 도상에서 그리스도를 만난 사실을 또 말한다. 바울은 먼저 회심하기 전의 삶을 말하고(1-5절), 지금 심문받게 된 이유를 말한다(6-8절). 그리고 바울은 회심하기 전에 기독교회를 박해했던 활동을 고백하고(9-12절), 그리스도에게 포로가 된 사실 자체를 전한다(13-15절). 바울은 그리스도의 포로가 된 후 그리스도로부터 사명을 받았다고 말하고(16-18절), 사명을 받은 후 활동한 사실을 전한다(19-23절).

a. 바울은 회심하기 전의 삶을 말하다   26:1-5

행 26:1. 아그립바가 바울에게 이르되 너를 위하여 말하기를 네게 허락하노라

하니 이에 바울이 손을 들어 변명하되.

아그립바 왕은 베스도와는 달리 바울에게 말할 기회를 허락한다고 말로
표시한다. 전임자 베스도는 바울에게 말하도록 허락할 때 머리로 표시했다
(24:10). 바울은 발언 기회를 허락 받고 자기의 손을 들어 변명한다. "손을
들어 변명한" 것은 사람들의 시선을 집중하기 위한 몸짓이었다. 그 현장에는
아그립바 왕이 참석하였고 버니게가 참석하였으며 천부장들과 시중의 높은
사람들이 참석하였다(25:23). 바울은 그들의 시선을 집중하여 그리스도의
복음을 전하려고 노력했다. 바울은 자기를 선전하는 사람이 아니었다.

**행 26:2-3. 아그립바 왕이여 유대인이 고발하는 모든 일을 오늘 당신 앞에서
변명하게 된 것을 다행히 여기나이다 특히 당신이 유대인의 모든 풍속과
문제를 아심이니이다 그러므로 내 말을 너그러이 들으시기를 바라나이다.**

바울은 아그립바 왕 앞에서 "유대인이 고발하는 모든 일을 오늘 당신 앞에서
변명하게 된 것을 다행히 여긴다"고 말한다. "유대인이 고발하는 모든 일,"
곧 '유대인들이 바울을 고발하는 모든 일들, 즉 바울이 율법을 어겼다 하고,
바울이 성전을 더럽혔다 하며, 바울이 가이사의 명을 어겼다고 하는 것들'을
아그립바 왕 앞에서 변명하게 된 것을 다행히 여긴다고 말한다.

바울이 다행히 여기는 이유는 첫째, 아그립바 왕이 "유대인의 모든 풍속
과 문제를 알아서" 바울의 모든 문제를 잘 이해할 수 있어서 잘 판단할
수 있을 것이기 때문이었다. 둘째, 바울이 이런 기회를 통하여 그리스도를
전할 수 있기 때문이었다. 이제부터 바울이 변명하는 것을 보면 바울이
그리스도의 포로가 되어 사명을 받고 그리스도를 전하다가 고난을 받은
것이지 무슨 법을 어겨서 심문을 받는 것은 아님을 말하고 있다(4-23절).
그리고 바울은 아그립바 왕에게 그리스도를 전하고 있음을 볼 수 있다(24-29
절). 그러니까 바울이 다행이라고 말한 것은 자기 자신을 위해서 다행이라기
보다는 그리스도를 전할 기회를 얻었기에 다행이라고 말함을 알 수 있다.

바울이 말한바 "당신이 유대인의 모든 풍속과 문제를 아심이니이다"라는

말은 '아그립바 왕이 유대인의 모든 풍속과 문제를 알기에' 바울의 문제를 잘 이해하실 것이라는 뜻이다. "풍속"이란 말은 '지방마다 나라마다 독특하게 가지고 있는 문화적인 특징'을 지칭한다. 그리고 "문제"란 말은 각 나라마다 각 지방마다 가지고 있는, 정상이 아닌 문제점들을 지칭한다. 예를 들어 우리 민족의 독특한 문제가 있고 다른 나라에 독특한 문제가 있다. 어느 나라는 우월주의 의식을 가지고 있고 혹은 어느 나라는 특별히 야심이 강하며 또 어느 나라는 특히 부정과 비리가 강하다. 여러 가지 좋지 않은 문제들이 있을 수 있다. 그런데 아그립바 왕은 유대인을 속속들이 알고 있다는 것이다. 한 나라의 정치를 책임지려면 풍속과 문제를 잘 알고 있어야 한다.

바울은 아그립바 왕이 유대인들의 풍속과 문제를 잘 아는 전문가이기 때문에 "그러므로 내 말을 너그러이 들으시기를 바란다"고 말한다. 바울은 아그립바의 장점을 말한 다음 이렇게 자기의 말을 잘 들어주기를 소원한다는 말을 한다. 우리는 다른 이들의 장점을 알아주고 말을 시작하는 것이 좋을 것이다. 바울의 이 말은 결코 아그립바에게 아부하는 말은 아니었다. 사실을 사실대로 말하는 것이니까 아부는 아니었다.

행 26:4. 내가 처음부터 내 민족과 더불어 예루살렘에서 젊었을 때 생활한 상황을 유대인이 다 아는 바라.
바울은 자신이 "처음부터 내 민족과 더불어 예루살렘에서 젊었을 때 생활한 상황을 유대인이 다 아는" 처지라고 말한다. '유대민족과 더불어 예루살렘에서 젊었을 때 생활한 상황을 유대인이 다 아는데' 바울에게 무슨 죄가 있다고 죽이려는 것인가라고 반문한다. 함께 생활을 했기에 뻔히 아는 처지인데 왜 죽이려는 것인지 이상하다고 말한다.

행 26:5. 일찍부터 나를 알았으니 그들이 증언하려 하면 내가 우리 종교의 가장 엄한 파를 따라 바리새인의 생활을 하였다고 할 것이라.
바울은 길리기아의 다소에서 출생하여 일찍이 예루살렘으로 이주하여 예루살렘에서 교육을 받았기에 유대인들이 바울을 잘 알고 있으니 바울은 "그들이 증언하려 하면 내가 우리 종교의 가장 엄한 파를 따라 바리새인의 생활을 하였다고 할 것이라"고 말한다(22:3; 23:6; 24:15, 22; 빌 3:5). 바울은 '유대인들이 말을 한다고 하면 바울이 유대 종교의 가장 엄한 파를 따라 바리새인의 삶을 살았다고 증언해야 할 것이라'고 말한다. 당시 바리새파는 두 파가 있었는데 바울은 가장 엄한 파였던 샴마이 파에는 속하지 않고, 좀 자유로운 힐렐(Hillel) 파에 속해 있었지만 그 스승 가말리엘의 문하에서 엄한 교육을 받고 또 율법을 아주 엄격하게 실천했던 사람이었다(갈 1:13-14; 빌 3:5-6). 그런고로 바울은 유대인들이 바울에 대하여 할 말이 있다면 바울이야 말로 가장 엄격한 율법교육을 받았고 가장 엄격하게 율법을 적용하며 바리새인들의 삶을 실천했다고 말을 했어야 한다고 말한다. 결코 그가 죽어야 할 만한 일은 하지 않았다고 말한다. 그런데도 유대인들은 엉뚱하게도 바울을 죽이려고 하니 어이없는 일이었다.

b. 바울은 자신이 심문을 받게 된 이유를 말하다   26:6-8

행 26:6. 이제도 여기 서서 심문 받는 것은 하나님이 우리 조상에게 약속하신 것을 바라는 까닭이니.

바울은 본 절부터 8절까지 자신이 심문 받게 된 이유를 설명한다. 바울이 이제도 "여기," 곧 '가이사랴의 헤롯 궁전 이 접견장소'에서 "심문을 받는 것은 하나님이 우리 조상에게 약속하신 것을 바라는 까닭이라"고 말한다(23:6). 즉 '하나님이 유대인의 조상들에게 약속하신 것을 바라는 까닭이라'고 말한다(13:32; 창 3:15; 22:18; 26:4; 49:10; 신 18:15; 삼하 7:12; 시 132:11; 사 4:2; 7:14; 9:6; 40:10; 렘 23:5; 33:14-16; 겔 34:23; 37:24; 단 9:24; 미 7:20; 롬 15:8; 딛 2:13). 하나님은 유대인의 조상 아브라함에게 예수님을 보내시겠다고 약속하셨으며(창 17:2-4; 22:18), 다윗에게도 예수님을 보내시겠다고 약속하셨는데(삼하 7:12-16) 바울은 하나님이 유대의 조상들에게 약속하신 것이 예수님이라고 하지 않고 "부활"이라고 바꾸어 말한다

(8절). 결국은 똑 같은 말이다. 다시 말해 약속이나 부활이나 똑 같은 말이다. 이유는 하나님께서 예수님을 주신다는 말은 예수님께서 오셔서 우리를 부활시킴으로 메시아의 역할을 감당하시는 것이기 때문이다. 하나님의 약속은 우리의 부활로 이루어지는 것이다. 예수님은 오셔서 우리를 대속하기 위하여 십자가에 죽으셨고 죽은 지 삼일 만에 부활하셔서 우리에게 부활의 소망을 주셨다. 그리스도의 부활은 우리의 부활을 의미한다. 바울은 유대인의 조상들이 약속하신 것을 전한다는 이유로 심문 받게 되었다. 유대인들은 좋은 소식을 말해주는 바울을 죽이려고 안간 힘을 썼다.

행 26:7. 이 약속은 우리 열두 지파가 밤낮으로 간절히 하나님을 받들어 섬김으로 얻기를 바라는 바인데 아그립바 왕이여 이 소망으로 말미암아 내가 유대인들에게 고소를 당하는 것이니이다.

바울은 하나님께서 유대의 조상들에게 약속하신 것을 "우리 열두 지파가 밤낮으로 간절히 하나님을 받들어 섬김으로 얻기를 바라는 바"라고 말한다 (눅 2:37; 딤전 5:5; 살전 3:10; 약 1:1). 여기 "우리 열두 지파"란 말은 '바울이 살고 있던 당시의 유대인들 전체'를 뜻하는 말이다. "열두 지파"는 구약 시대에는 분명했으나 유대민족이 바벨론 포로가 된 후로는 많이 흐트러졌으나 바울 당시는 더 더욱 12지파는 흐트러진 상태였는데 그래도 이스라엘 민족 전체를 12지파라고 불렀다. 열두 지파라는 명칭은 하나의 상징적인 이름이었다. 바울은 유대 민족 전체가 밤과 낮으로 하나님을 섬기는 중에 얻기를 바라는 것은 바로 부활이라고 말한다. 다시 말해 예수님께서 이루시는 부활이라고 말한다.

바울은 "아그립바 왕이여 이 소망으로 말미암아 내가 유대인들에게 고소를 당하는 것이니이다"라고 말한다. 바울은 '이 소망을 전한다고 해서 유대인들에게 고소를 당하는 것이라'고 말한다. 이 이미 그리스도께서 오셨다는 말을 전한다고 해서 유대인들에게 고소를 당하는 것이며 그리스도로 말미암아 부활이 올 것을 전한다고 해서 고소를 당했다고 말한다. 바울은 사람들에게 좋은 일을 해주고 매 맞으며 죽음의 협박을 받는다고 말한다. 참으로 이상한 일이 아닐 수 없었다. 유대인들이야 말로 너무 어두워진 민족이 되었다.

행 26:8. 당신들은 하나님이 죽은 사람을 다시 살리심을 어찌하여 못 믿을 것으로 여기나이까.

바울은 바울의 변명을 듣는 사람들, 아그립바, 버니게, 천부장들, 가이사랴의 높은 시의원들을 향하여 "당신들은 하나님이 죽은 사람을 다시 살리심을 어찌하여 못 믿을 것으로 여기나이까"라고 도전한다. 얼마든지 믿을 수 있지 않느냐는 도전이었다. 바울은 앞 절에서는 "소망으로 말미암아 내가 유대인들에게 고소를 당한다"고 했는데 본 절에서는 갑자기 "하나님께서 죽은 사람을 다시 살리시는" 것으로 바꾸어 나왔다. 그것은 유대인들이 가지고 있는 소망, 곧 예수님이 오시리라는 소망은 바로 하나님이 우리를 다시 살리시는 것과 밀접하게 관련되어 있기 때문이다. 예수님이 오셔서 우리를 다시 살리시지 못하면 우리가 바라는 소망은 이루어지지 않는 것이다. 그리스도가 오셔서 우리를 다시 살리시지 못한다면 결국 소망은 이루어지지 않는 것이다. 우리는 하나님께서 예수 그리스도를 통하여 우리를 다시 살리시리라고 믿어야 한다. 하나님은 예수님을 살리셨듯이 우리를 예수 안에서 다시 살리실 것이다. 예수님과 연합되어 있는 우리를 다시 살리실 것이다.

c. 바울이 회심 전에 기독교회를 박해한 사실을 고백하다 26:9-12
행 26:9. 나도 나사렛 예수의 이름을 대적하여 많은 일을 행하여야 될 줄 스스로 생각하고.

바울도 과거에는 "나사렛 예수의 이름을 대적하여 많은 일을 행하여야 될 줄 스스로 생각했다"고 말한다(요 16:2; 딤전 1:13). '나사렛 예수님을 대적하고 또 예수님을 믿는 사람들을 박해하는 것이 당연한 일로 생각했었다는 말이다. 바울이 이런 말을 하는 것은 예수님을 만나기 전에는 그랬으나 지금은 완전히 생각이 달라졌다는 것을 말하기 위함이다. 본문의 "이름"이란 말에 대한 주해는 3:6주해를 참조할 것.

행 26:10-11a. 예루살렘에서 이런 일을 행하여 대제사장들에게서 권한을 받아 가지고 많은 성도를 옥에 가두며 또 죽일 때에 내가 찬성투표를 하였고 또 모든 회당에서 여러 번 형벌하여 강제로 모독하는 말을 하게하고.
바울은 예루살렘 도시 안에서 성도들을 박해했다고 말한다(8:3; 갈 1:13). 바울은 성도들을 박해할 때 절차를 밟아서 했다. 곧 대제사장들에게서 권한을 받아가지고 많은 성도를 옥에 가두었으며(8:3; 9:14, 21; 22:5) 또 많은 기독교인들을 죽일 때에 바울은 찬성투표를 하였다(얼마나 많은 기독교인들이 죽었는지는 확인할 수가 없다). 또 바울은 여러 회당에서 여러 번 형벌하여 강제로 모독하는 말을 하게 했다고 말한다(22:19). 바울은 성도들을 죽이기 보다는 차라리 예수님을 저주하도록 강제로 모독하는 말을 하게 했다. 그러니까 바울의 박해 법은 여러 가지였다. 옥에 가두기도 했고 여러 성도들을 죽일 때에 찬성투표를 하기도 했으며 또 강제로 모독하는 말을 하게도 했다.

행 26:11b. 그들에 대하여 심히 격분하여 외국 성(들)에까지 가서 박해 하였고.
바울은 예루살렘과 유대에서 성도들을 박해하는 것으로 만족하지 못하여 "그들에 대하여 심히 격분하여 외국 성(들)에까지 가서 박해하였다"고 말한다. '기독교인들에 대하여 심히 격분하여 여러 외국 성에까지 가서 박해했다'고 말한다. 다메섹은 이 여러 외국 도시 중의 한 도시였다. 바울은 예수님을 만나기 전에 박해의 왕이었다. 그를 능가할 사람이 없을 정도였다. 그런 사람이 예수님의 포로가 된 것은 놀라운 일이었다.

행 26:12. 그 일로 대제사장들의 권한과 위임을 받고 다메섹으로 갔나이다.
바울은 성도들을 박해하는 일을 위하여 "대제사장들의 권한과 위임을 받고

다메섹으로 갔다"고 말한다(9:3; 22:6). 그는 항상 대제사장의 허락을 받고
다녔다. 대제사장은 바울에게 외국 도시에 가서 성도들을 박해하는 일에도
박해 권을 줄 권한이 있었다. 바울은 박해할 권한을 받아가지고 갔다. 바울
은 대제사장으로부터 박해할 수 있는 위임을 받아가지고 간 것이다(9:2;
22:5). 바울이 여러 도시를 찾아다니면서 박해하는 중 다메섹의 경험을
잊을 수 없어 "다메섹으로 갔다"는 말을 한다. 바울은 다메섹 이야기를
여러 차례 했다.

d. 바울이 그리스도의 포로가 된 것을 말하다   26:13-15

**행 26:13. 왕이여 정오가 되어 길에서 보니 하늘로부터 해보다 더 밝은
빛이 나와 내 동행들을 둘러 비추는지라.**
바울은 자신이 주님을 만나는 장면에 와서 심각한 상황을 말하기 위해 "왕이
여"라고 부른다. 그리고 바울은 "정오가 되어 길에서 보니 하늘로부터 해보다
더 밝은 빛이 나와 내 동행들을 둘러 비추었다"고 말한다. 바울은 본 절에서는
"해보다 더 밝은 빛"이라고 표현했는데 9:3에서는 그저 "빛"이라고만 표현했
고, 22:6에서는 "큰 빛"으로 표현하였다. 본 절의 표현이 가장 강한 표현으로
보인다. 바울은 그 해보다 더 밝은 빛의 원천이 "하늘로부터"라고 말한다.
바울은 아그립바 왕에게 그 빛이 그저 다른 빛이 아니라 하늘에서부터 내려
온 빛임을 알려준다.

**행 26:14. 우리가 다 땅에 엎드러지매 내가 소리를 들으니 히브리 말로
이르되 사울아 사울아 네가 어찌하여 나를 박해하느냐 가시채를 뒷발질하기
가 네게 고생이니라.**
바울은 해보다 더 밝은 빛이 자신과 동행들을 둘러 비출 때 첫째, "우리가
다 땅에 엎드러졌다"고 말한다. 그 초자연적 현상을 당하여 다 땅에 엎드러졌
다는 것이다. 9:4과 22:7에서는 바울 혼자만 엎드러진 것으로 말한다. 그러니
까 동행한 사람들이 다 엎드러졌으나 그들은 눈이 멀지 아니하여 금방 일어났

다. 그래서 9:4과 22:7에서는 동행들이 엎드러진 것을 말하지 않은 것으로 보인다. 둘째, "내가 소리를 들었다"고 말한다. 그 소리의 내용은 히브리말로[169] "사울아 사울아 네가 어찌하여 나를 박해하느냐 가시 채를 뒷발질하기가 네게 고생이니라"는 내용이었다. 주님은 바울이 회심하기 전의 이름을 두 번 부르셨다. 확실하게 부르신다는 뜻이다. "네가 어찌하여 나를 박해하느냐"고 하신다(9:4; 22:7). 예수님은 예수님을 믿는 성도들을 박해하는 것이 바로 예수님을 박해하는 것이라고 말씀하신다. 성도들은 예수님과 연합되어 있기 때문에 성도들을 박해하는 것은 예수님을 박해하는 것과 똑 같다고 하신다(마 25:40, 45). 그리고 또 "가시 채를 뒷발질하기가 네게 고생이니라"는 말씀이 들려왔다.[170] 예수님을 믿는 성도들을 박해하는 것이 바로 가시 채를 뒷발질 하는 것과 같다고 말씀하신다. "가시 채"는 유대 농경사회에서나 어느 나라 농경 사회에서 잘 알려진 소몰이 기구이다. 말을 잘 듣지 않는 소를 몰기 위해 채찍 끝에 뾰쪽한 추를 달아 소가 말을 듣지 않을 때 소를 치면서 일을 했는데 바울이 예수님을 믿는 성도들을 박해할 때 가시 채를 뒷발질하는 것과 같아서 심한 아픔이 있었다는 뜻이다. 사실 누구든지 그리고 어느 단체나 어느 국가를 물론하고 그리스도의 성도들을 박해하면 심한 고생이 따라온다. "이 사실은 교회사를 통하여 반복 증명된 사실이다. 그리스도교를 박해하고 멸망하지 않은 전례가 없었다"(이상근).

행 26:15. 내가 대답하되 주여 누구시니이까 주께서 이르시되 나는 네가 박해하는 예수라.

예수님의 음성을 듣고 바울은 "주여 누구시니이까"라고 질문한다. 예수님은 "나는 네가 박해하는 예수라"고 알려주신다. 오늘도 기독교회의 성도들을 박해하는 자들은 바로 예수님을 박해하는 것이다. 누구든지 성도들을 박해하여 고생을 할 이유가 없다. 가시 채를 뒷발질한다는 것만큼 어리석은

---

169) 이곳에만 예수님께서 바울에게 히브리말로 말씀하신 것을 기록한다.
170) 이곳에만 "가시 채를 뒷발질하기가 네게 고생이니라"는 말씀이 기록되어 있다.

일은 없다.

e. 바울이 그리스도로부터 사명을 받은 사실을 말하다   26:16-18

행 26:16. 일어나 너의 발로 서라 내가 네게 나타난 것은 곧 네가 나를 본 일과 장차 내가 네게 나타날 일에 너로 종과 증인을 삼으려 함이니. 예수님은 자신의 정체를 밝히신(앞 절 하반 절) 다음 바울에게 "일어나 너의 발로 서라"고 말씀하신다(9:6; 22:10). 사명을 맡기시기 위하여 일어나 너의 발로 서라고 하신다. 누가는 주님께서 바울에게 본 절로부터 18절에까지 사명을 주신 사실을 기록한다. 9:15-17과 22:14-16에서는 아나니아를 통하여 받았다고 기록되었고 본 장에서는 그 기사를 요약했다. 누구든지 주님으로 말미암아 엎드러진 자는 사명을 감당하기 위하여 일어서야 한다.

그리고 예수님은 바울에게 사명을 주시기 위해 "내가 네게 나타나셨다"고 말씀하신다. 다메섹 도상에서 나타나셨다는 뜻이다. 예수님은 "해보다 더 밝은 빛"으로 나타나셨고(13절), 또 음성으로 나타나셨다(14절).

예수님께서 바울에게 나타나신 목적은 "네가 나를 본 일과 장차 내가 네게 나타날 일에 너로 종과 증인을 삼으려 함이라"고 하신다(22:15). 곧 '바울이 예수님을 본 일과 장차 예수님께서 바울에게 나타나실 일을 전하게 하기 위하여 바울을 종과 증인을 삼기 위해서' 나타나셨다고 하신다. 바울은 이미 다메섹 도상에서 예수님을 보았는데 그것을 전하도록 예수님은 바울을 종으로 삼으셨고 또 증인으로 삼으시기 위해서 나타나셨다고 말씀하신다. 그리고 그 후 계속해서 예수님께서 바울에게 환상으로 보이실 일(18:9-10; 22:17-21; 23:11; 27:23)을 전하도록 하기 위해서 바울을 종으로 삼고 증인으로 삼기 위해서 나타나셨다는 것이다. 예수님은 오늘도 우리에게 먼저 성령으로 나타나시고 다음으로 종으로 삼으시고 증인으로 삼으신다. 우리가 종이라면 절대적으로 순종해야 하고 또 증인으로 그리스도를 증거 하는 일에 생명을 바쳐야 할 것이다.

행 26:17. 이스라엘과 이방인들에게서 내가 너를 구원하여 그들에게 보내어.
예수님은 바울을 종과 증인으로 쓰시기 위하여 먼저 "이스라엘과 이방인들에게서 내가 너를 구원하여 그들에게 보내신다"고 하신다(22:21). 사명을 감당하게 하기 위해서는 예수님께서 바울을 먼저 유대인의 박해에서 구원하시고 또 이방인들의 박해에서 구원하셨다고 하신다. 예수님은 항상 우리가 전도자의 사명을 잘 감당하도록 하기 위해서 모든 박해로부터 구원하신다.

행 26:18. 그 눈을 뜨게 하여 어둠에서 빛으로, 사탄의 권세에서 하나님께로 돌아오게 하고 죄 사함과 나를 믿어 거룩하게 된 무리 가운데서 기업을 얻게 하리라 하더이다.
예수님께서 바울에게 맡기신 사명은 첫째, "그 눈을 뜨게 하여 어둠에서 빛으로" 나아오게 하는 것이라고 하신다. 바울은 유대인과 이방인들의 눈을 뜨게 하여 어둠에서(롬 1:24) 빛으로(사 29:18; 35:5; 42:7; 마 9:27; 11:5; 12:22; 20:30; 21:14; 눅 1:79; 요 8:12; 9:6-7; 고후 4:4; 6:14; 엡 1:18; 4:18; 5:8; 골 1:13; 살전 5:5; 벧전 2:9, 25) 나아오게 해야 했다. 눈을 뜨게 하는 방법은 말씀을 증거하므로 되었다. 말씀을 증거할 때 성령님이 역사하셔서 사람들의 영안(靈眼)이 열리게 해야 했다. 사람은 부모님으로부터 태어날 때는 육안(肉眼)만 가지고 나온다. 태어난 후 2주가 지나면 육안이 떠져서 사물을 보게 되는데 영안은 계속해서 닫혀 있다가 하나님의 말씀을 들을 때 성령님이 역사하시므로 된다. 영안이 뜨이면 빛 되신 그리스도를 보게 되어 어둠에서 빛으로 나아오게 된다. 둘째, "사탄의 권세에서 하나님께로 돌아오게" 해야 한다는 것이다. 바울이 복음을 전할 때 복음을 받아드리는 사람은 사탄의 권세로부터(요 8:44; 엡 2:2; 골 2:15) 하나님께로 돌아오게 된다. 셋째, "죄 사함"을 얻게 해야 하는 것이다(눅 1:77). 복음을 전하여 사람들로 하여금 예수님을 믿어 죄 사함을 얻게 해야 하는 말이다(마 9:2; 요 8:32; 롬 8:1; 요일 1:9). 예수님 앞으로 나아오는 사람마다 모두 죄 사함을 받는다. 예수님께서 그 사람의 죄 짐을 받으시고 죄를 용서하여 주신다. 넷째, "나를 믿어 거룩하게 된 무리 가운데서 기업을 얻게" 해야 한다는 것이다(20:32; 엡 1:11; 골 1:12). 바울의 사명은 사람들에게 복음을 전하여 예수님을 믿게 만들어(막 1:15) 거룩하게 된 무리 가운데서 구원을 얻게 만들어야 한다(롬 8:18; 엡 1:18; 골 1:12). 전도자의 사명은 막중하다. 영적인 맹인들의 눈을 뜨게 해주어야 하고 또 사탄의 권세에 사로 잡혀 고생하는 사람들을 하나님께로 돌아오게 해야 하며 죄 짐에 눌려 신음하는 사람들로 하여금 죄 사함을 받게 해야 하고 또 하늘 기업을 얻게 해야 하는 것이다.

f. 바울이 사명을 받은 대로 실천한 사실을 말하다   26:19-23

행 26:19. 아그립바 왕이여 그러므로 하늘에서 보이신 것을 내가 거스르지 아니하고.

바울은 자신의 사명이 무엇인지를 말한(16-18절) 다음 사명을 실천한 사실을 말한다. 바울은 자신이 사명을 실천한 새로운 사실을 말하려고 "아그립바 왕이여"라고 부른다. 바울은 "그러므로 하늘에서 보이신 것을 내가 거스르지 아니하고" 사명을 실천했다고 말한다. 본문의 "그러므로"란 말은 '하나님께서 다메섹에서 사명을 주셨으므로 그리고 그 후에도 계속해서 환상을 통하여 해야 할 일을 보여주셨으므로'란 뜻이다. 바울은 "하늘에서 보이신 것을 내가 거스르지 아니했다"고 말한다. 하나님께서 다메섹에서 그리고 그 후 환상으로 보이신 것을 거스르지 아니했다고 말한다. 오늘 우리도 하나님께서 영적으로 보여주신 것과 깨닫게 해주신 것을 거스르지 말고 실천해야 한다. 성경을 통하여 우리에게 주신 것을 어찌 거스를 수 있겠는가.

행 26:20. 먼저 다메섹과 또 예루살렘에 있는 사람과 유대 온 땅과 이방인에게까지 회개하고 하나님께로 돌아와서 회개에 합당한 일을 하라 전하므로.

바울은 하나님께서 보이신 것을 거스르지 아니하여 "먼저 다메섹과 또 예루살렘에 있는 사람과 유대 온 땅과 이방인에게까지 회개하고 하나님께

로 돌아와서 회개에 합당한 일을 하라 전했기"(9:20, 22, 29; 마 3:8) 때문에
유대인들로부터 박해를 받았다고 말한다. 바울은 자기가 다니면서 복음
전한 곳을 대충 말한다. 다메섹, 예루살렘에 있는 사람들, 유대 온 땅,
이방인(3차 전도여행 때)에게까지 회개하고 하나님께로 돌아오라고 했다.
바울은 예수님께서 말씀하신바(1:8) 예루살렘-유대-사마리아-땅 끝의 순서
를 따랐다. 우리는 가까운 곳으로부터 먼 곳으로의 전도를 시도해야 한다.
바울은 여러 곳을 돌아다니면서 사람들을 보고 돌아와서 회개에 합당한
열매를 맺으라고 전했기에 살해의 위협을 받았다고 말한다. 본문의 "회개"
란 말은 그리스도에 대한 나쁜 감정을 고치고 그리스도에게로 회전(U-turn)
하는 것을 뜻한다. 그리스도에게 돌아오는 것이 곧 하나님께로 돌아오는
것이다.

행 26:21. 유대인들이 성전에서 나를 잡아 죽이고자 하였으나.
바울은 자신이 사람들을 향하여 회개하고 하나님께로 돌아와 회개에 합당한
일을 하라고 권했으므로(앞 절) "유대인들이 성전에서 나를 잡아 죽이고자
하였다"고 말한다(21:30-31). 유대인들이 성전에서 바울을 잡아 죽이고자
한 사건은 21:27-31에 기록되어 있다. 성전에서는 하나님을 섬기고 사람을
살려야 하는데 유대인들은 바울을 죽이고자 했다.

**행 26:22. 하나님의 도우심을 받아 내가 오늘까지 서서 높고 낮은 사람
앞에서 증언하는 것은 선지자들과 모세가 반드시 되리라고 말한 것밖에
없으니.**
바울은 "하나님의 도우심을 받았다"(21:32-36)고 말한다. '천부장이 백부장
들과 군사들을 동원하여 바울을 구출했다'는 뜻이다. 하나님은 바울을 도우
실 때 천부장들과 군사들을 사용하셨다. 바울은 그 때뿐 아니라 그 이후
줄곧 하나님의 도우심을 입어 위험한 상황을 면하게 되었다(22:22-29;
23:23-35).

바울은 하나님의 도우심을 받아 "내가 오늘까지 서서 높고 낮은 사람 앞에서 증언하는 것은 선지자들과 모세가 반드시 되리라고 말한 것밖에 없다"고 말한다(24:14; 28:23;눅 24:27, 44; 요 5:46; 롬3:21). 바울은 사람을 차별하지 않고(높고 낮은 것을 차별하지 않고, 빈부도 가리지 않고, 인종도 가리지 않고) 선지자들과 모세가 반드시 되리라고 말한 것을 전했다고 말한다. 바울이 전한 내용은 '율법과 선지자'(13:15주해 참조), 즉 '구약'이 말하는바 예수님이 오시리라는 예언대로 예수님이 이미 오셨다는 것을 전했다는 것이다. 우리는 성경이 말하는바 예수님이 오셔서 십자가에 죽으신 사실과 그가 부활하여 우리에게 부활의 소망을 주신 사실과 또 예수님이 앞으로 재림하사 신천신지(新天新地)를 이루시리라는 사실을 전해야 한다.

행 26:23. 곧 그리스도가 고난을 받으실 것과 죽은 자 가운데서 먼저 다시 살아나사 이스라엘과 이방인들에게 빛을 전하시리라 함이니이다 하나라. 바울은 구약이 말하는 바는 세 가지라고 말한다. 첫째, "그리스도가 고난을 받으실 것"을 말하고(2:14-36; 24:26, 46; 사 53:1-12), 둘째, "죽은 자 가운데서 먼저 다시 살아나실 것," 곧 '예수님께서 부활의 첫 열매가 되시리라는 것'을 말하며(눅 24:26; 고전 15:20; 골 1:8; 계 1:5), 셋째, "이스라엘과 이방인들에게 빛을 전하시리라"고 말한다는 것이다(눅 2:32). 구약 성경은 예수님께서 부활하신 후 이스라엘과 이방인들에게 복음을 전하시리라(13절)고 예언하였는데 그대로 바울이나 종들을 통하여 복음을 전하신다는 것이다. 바울은 구약이 말하는 바 이 세 가지를 전했는데 유대인들이 바울을 죽이려고 했다고 말한다. 오늘 전도자들도 구약이 말하는바 세 가지를 전해야 할 것이다. 그리스도의 십자가와 부활, 그리고 그리스도께서 바로 빛이시고 소망이시라는 것을 전해야 한다.

  2. 바울이 아그립바와 문답하다 26:24-29

바울은 그리스도에게 포로가 되었고 또 사명을 받아 사명을 실천했다는 것을 전하는 중에 갑자기 베스도 총독이 바울을 향하여 고성을 지르면서 바울이 미쳤음을 말해서 바울의 변증이 잠시 중단되었으나 바울은 다시 계속하여 아그립바 왕에게 다가가 예수님을 믿을 것을 권장한다.

행 26:24. 바울이 이같이 변명하매 베스도가 크게 소리 내어 이르되 바울아 네가 미쳤도다 네 많은 학문이 너를 미치게 한다 하니.

바울이 지금까지 말한 바와 같이(2-23절) 변명한 고로 “베스도가 크게 소리 내어 이르되 바울아 네가 미쳤도다 네 많은 학문이 너를 미치게 한다”고 말한다. 베스도는 바울의 변명을 듣고 예수님을 믿었어야 했는데 반대로 고성을 지르면서 “바울아 네가 미쳤다”고 말한다(왕하 9:11; 요 10:20; 고전 1:23; 2:13-14; 4:10). “미쳤다”는 말은 ‘정신이 돌았다,’ ‘제 정신이 아니다,’ ‘정신이 정상이 아니다’는 뜻이다. 베스도는 예수님의 십자가 죽음과 부활을 믿을 수 없어서 바울이 미쳐서 그런 것을 믿는 줄로 알고 소리를 질렀다. 베스도가 바울을 보고 미쳤다고 보는 이유는 바울의 “많은 학문” 때문이라고 말한다. 바울이 가지고 있는 많은 학문, 즉 십자가 교리, 부활교리, 구약 성경 교리들이 바울을 정상이 아닌 사람으로 만들었다는 것이다. 베스도는 바울이 정신 이상인 줄로 알았고 자기 자신이 비정상인 줄은 몰랐다(고전 2:14). 세상 사람들은 하나님의 진리를 어리석게 여긴다(고전 1:18). 예수님도 미친 자 취급을 받으셨다(막 3:31). 본문의 “많은 학문”(τὰ πολλά γράμματα)이란 말은 ‘많은 책,’ ‘많은 성경’ 이란 뜻으로 베스도는 바울이 감옥에서 너무 많은 성경을 읽어서 정신 이상이 된 줄로 알았던 것 같다.

행 26:25. 바울이 이르되 베스도 각하여 내가 미친 것이 아니요 참되고 온전한 말을 하나이다.

베스도가 바울을 향하여 미쳤다고 소리를 쳤을 때(앞 절) 바울은 “베스도

각하여 내가 미친 것이 아니요 참되고 온전한 말을 하나이다"라고 말한다.
바울은 내가 미친 것이 아니라 참되고 온전한 말을 하고 있다고 대답한다.
바울은 베스도로부터 미쳤다는 소리를 듣고도 침착하게 "베스도 각하여"라
고 부르고 말한다. 정신이 이상한 것은 베스도이지 바울은 아니었다. 여기
바울이 "참되고 온전한 말을 하나이다"라는 말은 '거짓이 아닌 참된 말,
정신 차린 말을 하나이다'라는 뜻이다. 성령의 사람들은 술 취한 사람들과
달라서 확실히 바른 말을 한다(엡 5:18). 사람이 성령 충만하지 않으면,
다시 말해 성령의 지배와 인도에서 조금이라도 벗어나기 시작하면 약간씩
흐트러진 말을 하기 시작한다. 그런고로 성령 충만을 다시 구해야 한다.
이런 점에서 볼 때 불신자들은 별수 없이 흐트러진 말을 하게 되며 또 정상이
아닌 말을 하게 된다. 이유는 그들이 성령의 지배하에 있지 않기 때문이다.
베스도는 정상적인 사람이 아니었고 바울은 정상적인 사람의 심리를 가지고
말하고 있었다.

**행 26:26. 왕께서는 이 일을 아시기로 내가 왕께 담대히 말하노니 이 일에
하나라도 아시지 못함이 없는 줄 믿나이다 이 일은 한쪽 구석에서 행한
것이 아니니이다.**
베스도의 갑작스런 말 끼어들기 때문에(24-25절) 바울의 변증이 중단되었다
가 바울은 잘 수습하고 이제 다시 아그립바 왕에게 변증을 계속한다. 바울은
"왕께서는 이 일을 아시기로 내가 왕께 담대히 말하노니 이 일에 하나라도
아시지 못함이 없는 줄 믿나이다"라고 말한다. '아그립바 왕께서는 이 일,
즉 구약 성경에서 예언한바 그리스도의 십자가 대속의 고난과 부활 예언이
실제로 역사상에서 이루어진 사실을 아시기로 내(바울)가 왕께 담대히 말하
는데 이 사실을 하나라도 아시지 못함이 없는 줄 믿나이다'라고 도전한다.
이유는 "이 일은 한쪽 구석에서 행한 것이 아니기" 때문이라고 말한다.
'그리스도의 십자가 죽음과 그의 부활은 어느 한 쪽 구석에서 행한 것이
아니고 예루살렘과 유대와 사마리아와 땅의 먼 곳까지 퍼졌으니'(9:31;

11:19) 다 아는 것이라고 말한다. 기독교는 벌써 유대 지경을 넘어 이방에까지 퍼졌으니 아그립바 왕도 다 알 것이라고 바울은 말하면서 믿을 것을 권장한다.

행 26:27. 아그립바 왕이여 선지자를 믿으시나이까 믿으시는 줄 아나이다.
바울은 앞 절(26절)에 나온 "이 일"을 다시 말하며 믿을 것을 권장한다. 바울은 "아그립바 왕이여 선지자를 믿으시나이까 믿으시는 줄 아나이다"라고 도전한다. 선지자를 믿으면 예수님의 십자가 대속의 죽음과 부활을 믿지 않을 수 없다는 뜻이다. 그러면서 바울은 왕의 대답을 기다리지도 않고 선수를 쳐서 말한다. 즉 "믿으시는 줄 아나이다"라고 말한다. '믿으시는 것이 당연하지 않느냐'는 식이다. 너무도 대담한 도전이었다.

행 26:28. 아그립바가 바울에게 이르되 네가 적은 말로 나를 권하여 그리스도인이 되게 하려 하는도다.
아그립바 왕은 바울에게 "네가 적은 말로 나를 권하여 그리스도인이 되게 하려 하는도다"라고 말한다. 곧 '네가 몇 마디 말로써 나를 권하여 그리스도인이 되게 하려 하는구나'라고 말한다. 너무 서두르는 것 아니냐는 뜻이다. 여기 "적은 말로"(ἐν ὀλίγω)란 말은 신약 사본의 차이 때문에 여러 번역이 시도되었다.
"Almost thou persuadest me to be a Christian"(KJV)
"You almost persuade me to be a Christian"(NKJV)
"You with a few words are trying to persuade me to be a Christian"(MLB)
"In a short time you will persuade me to become a Christian"(NASB)
"Do you think that in such a short time you can persuade me to be a Christian?"(NIV)
"In a short time you think to make me a Christian"(RSV)
　따라서 우리 개역개정판의 "적은 말로"(ἐν ὀλίγω)란 말은 여러 가지

다른 뜻으로 해석할 수가 있다. 1) '거의,' '거지반'(almost)으로 해석할 수도
있고, 2) '적은 말로'라고 해석할 수도 있으며, 3) '짧은 시간에,' '아주 짧은
시간에'라고 해석할 수도 있다. 어느 해석을 취하든지 문법적으로는 하자가
없으나 문맥으로 보아 '짧은 시간에'로 해석하는 것이 가장 나을 듯싶다.
바울은 아그립바 왕 앞에서 아주 짧은 시간에 몇 마디 하지 않고 그냥 밀어붙
이기 식으로 설득하는 인상을 주기에 이런 말을 한 것으로 보인다. 본문의
"그리스도인"이란 말의 해석에 대해서는 11:26의 주해를 참조할 것.

**행 26:29. 바울이 이르되 말이 적으나 많으나 당신뿐 아니라 오늘 내 말을
듣는 모든 사람도 다 이렇게 결박된 것 외에는 나와 같이 되기를 하나님께
원하나이다 하니라.**

바울은 아그립바 왕의 반응에 대하여 "말이 적으나 많으나 당신뿐 아니라
오늘 내 말을 듣는 모든 사람도 다 이렇게 결박된 것 외에는 나와 같이
되기를 하나님께 원하나이다"라고 대응한다(고전 7:7). 앞 절에서 해석한대
로 '시간이 짧으나 길거나 당신뿐 아니라 오늘 내 말을 듣는 모든 사람도
다 이렇게 결박된 것 외에는 나와 같이 되기를 하나님께 원한다'고 대답한다.
바울은 "당신뿐 아니라 오늘 내 말을 듣는 모든 사람도"라는 말 속에 여러
사람을 포함하고 있다. 베스도, 버니게, 천부장들, 가이사랴의 시의원들도
다 바울처럼 그리스도인이 되기를 소원하고 있었다. 그리고 바울은 "다 이렇
게 결박된 것 외에는"이란 말을 할 때에는 자기의 결박된 손을 쳐들어 보이면
서 말을 했을 것이다. 바울은 그들보다 전혀 불행한 사람이 아니라는 것을
확실하게 보여주었다. 그리고 바울은 "나와 같이 되는 것" 즉 '하나님을
신앙하는 사람이 되는 것'은 사람의 힘으로 되는 것이 아닌 것을 알기 때문에
"하나님께 원하나이다"라고 말한다. 우리는 다른 이들이 다 우리처럼 그리스
도인이 되기를 소망하는 사람들이 되어야 할 것이다. 우리는 우리 자신들을
비관하는 사람들이 아니라 우리들을 최고의 행복자로 알고 살면서 다른
이들도 우리 같이 되기를 소망해야 할 것이다.

3. 아그립바왕의 판단   26:30-32

접견장소에서 아그립바 왕이 바울을 심문한 다음 거기에 있었던 여러 사람들은 물러가서 바울의 무죄를 확인했다. 바울이야 말로 율법으로나 로마 법으로나 무죄한 사람이었다.

행 26:30-31. 왕과 총독과 버니게와 그 함께 앉은 사람들이 다 일어나서 물러가 서로 말하되 이 사람은 사형이나 결박을 당할 만한 행위가 없다 하더라.

아그립바 왕과 총독 베스도와 버니게와 천부장들과 가이사랴의 시의원들이 다 일어나서 심문 자리에서 물러간 다음 서로 말하기를 "이 사람은 사형이나 결박을 당할 만한 행위가 없다"고 했다(23:9, 29; 25:25). 사형에 처할만한 행위도 없고 결박할만한 행위가 없다고 입을 모아 말했다. 심문 장소에서 아그립바 왕을 비롯하여 여러 사람들이 있는 곳에서 바울을 심문한 것은 바울의 무죄를 다시 한 번 확인한 셈이었다. 제일 먼저 천부장이 바울의 무죄를 확인했고(23:29), 베스도가 두 번째로 확인했으며(25:25), 아그립바 왕이 세 번째로 바울의 무죄를 확인했다. 바울은 무죄한 사람이었다. 그러나 유대인들이 바울을 없애버리자고 해서 바울이 가이사에게 호소한 것이다. 예수님께서도 빌라도에게 세 번 무죄 선언을 받으셨다(요 18:38; 19:4, 6).

행 26:32. 이에 아그립바가 베스도에게 일러 이르되 이 사람이 만일 가이사에게 상소하지 아니하였더라면 석방 될 수 있을 뻔하였다 하니라.

심문장소에서 여러 사람들이 물러가서 바울의 무죄를 확인한(앞 절) 다음 특히 아그립바가 베스도에게 말하기를 "이 사람이 만일 가이사에게 상소하지 아니하였더라면 석방 될 수 있을 뻔하였다"고 말한다(25:11). 즉 '바울이 만일 가이사에게 상소하지 않았더라면 석방될 수 있을 뻔 했다'고 말한다. 바울은 이때에 가이사에게 상소한 것을 취소할 생각을 했을지도 모르나 취소하지 않았다. 상소한 것을 취소해서 만약에 석방된다면 아마도 유대인들한테 암살되었을 수도 있었다. 바울은 자기의 육신상의 안전을 택하기 보다는 로마에 가서 복음을 전할 생각으로 충만했을 것이다(20:24).

아마도 아그립바 왕은 베스도에게 지시하여 바울을 로마에 보내면서 바울에게 아주 유리한 상고 문을 쓰라고 했을 것이다. 아마도 이렇게 썼을 것이다. "이 사람이 만일 가이사에게 상소하지 아니했더라면 석방될 수 있었는데 자기 자신이 상소했기에 가이사에게 보내드리는 것입니다"라는 취지로 썼을 것이다. 그러니까 상소한 책임은 베스도가 아니라 바울 자신이었다.

아무튼 아그립바는 유대인으로서 유대인 편을 들어 바울에게 불리한 말을 할 수도 있었으나 구약 성경에 대한 지식이 있었고 또 기독교의 가르침이 있었기에 바울을 무죄한 사람으로 선언했다(Kistemaker). 아그립바는 유대인이었지만 로마 황제에 의해서 임명받은 왕으로서 로마법에 충성하지 않을 수 없었으며 바울이 로마에 가서 재판받겠다는 요청을 존중하였다. 바울은 이제 비록 죄수의 신분으로 떠나지만 오랫동안 소망했던 로마행을 하게 되었다. 바울은 계속해서 기도하면서 로마로 가는 배를 기다렸다.

제 27 장

바울 일행이 배를 타고 로마로 가는 도중 멜리데 섬에 상륙하다

VIII. 바울이 로마로 복음을 전하러 가다   27:1-28:31

누가는 바울 일행이 로마로 가는 도중 바다에서 조난당한 사건을 상세하게 전하고(27:1-28:15), 로마에 도착한 후 바울의 활동상황을 말해준다(28:16-31).

A. 바울이 로마까지 호송되어 가다   27:1-28:15

누가는 바울 일행이 가이사랴를 출발하여 그레데 섬까지의 여정을 전하고(27:1-8), 또 유라굴로 광풍으로 말미암은 해상의 풍랑으로 고난당한 내용을 상세히 전한다(27:9-26). 그리고 누가는 그 풍랑으로부터 구원받은 사건을 전하며(27:27-44), 멜리데 섬에서 바울이 이적을 행한 것을 말하며(28:1-10), 로마에 들어가는 경로를 전한다(28:11-15).

1. 가이사랴에서 그레데 섬의 미항까지   27:1-8

누가는 바울 일행이 가이사랴를 떠나 시돈 항구를 거쳐 소아시아의 해안을 따라 항해하여 루기아의 무라 시에 이른 것을 전하고(1-5절), 거기서 알렉산드리아 배로 바꾸어 타고 그레데 섬의 미항에 도착한 것을 전한다(6-8절).

행 27:1. 우리가 배를 타고 이달리야에 가기로 작정되매 바울과 다른 죄수 몇 사람을 아구스도 대의 백부장 율리오란 사람에게 맡기니.

본서의 저자 누가는 자기를 포함한 "우리"(이곳이 "우리"부분의 마지막이다)
가 배를 타고 이달리야에 가기로 작정되었다고 말한다(25:12,25). 여기 "우
리"속에는 바울과 다음 절(2절)에 나오는 아리스다고도 포함되어 있다. "우
리" 일행은 배를 타고 이달리야로 가는 것이지 로마로 가는 것은 아니었다.
일단 배로 이달리야의 항구까지 간 다음 도보나 다른 교통수단을 이용하여
로마로 가야 했다. 그리고 "작정되었다"는 말은 얼마의 세월이 지난 후에야
'준비가 되었다'는 뜻이다. 이유는 죄수가 한 사람이면 백부장과 군대가
동원되기가 어려운고로 아마도 많은 죄수가 모여질 때까지 기다려야 했다.
"우리" 일행은 이달리야로 가기로 작정되었을 때 "다른 죄수 몇 사람을
아구스도 대의 백부장 율리오란 사람에게 맡겨졌다." 즉 '다른 종류의 죄수
(아마 중죄인들로서 로마의 원형극장에서 처형될 죄수들이었을 것이다-람세
이) 몇 사람이 아구스도대(隊)라고 불리는 부대의 백부장 율리오라는 사람에
게 맡겨졌다. 이 부대가 어떤 성격을 띤 부대냐를 두고 많은 의견이 있다.
1) 아그립바 왕의 친위대(NIV, Holtzmann). 2) 사마리아인의 군대(Jos.,
BJ., ii. 12:5, Alford, Lumby). 3) 가이사랴에 주둔해 있던 다섯 부대(10:1)
중 한 개의 부대(Meyer, Harckett, Harvey). 4) 죄수들을 인솔하여 로마로
가는데 투입된 경찰 군(Rackham, 박윤선). 5) 로마 황제와 황제의 지방
주둔군 사이의 연락을 담당하도록 파견될 연락 장교단(Ramsay, Mommsen,
Bruce). 6) 황제의 군대("The Augustan cohort"-NASB) 등의 견해가 있다.
위의 견해들 중 3번, 4번, 5번, 6번의 설명은 비슷한 것으로 보이고 채택할만
한 견해이다. "백부장 율리오"는 아구사도대에 속한 장교로서 군인들의 도움
을 받아 죄인들을 운반하고 보호하는, 네로의 호위를 맡은 군대 장교였을
것이다.

**행 27:2. 아시아 해변 각처로 가려 하는 아드라뭇데노 배에 우리가 올라
항해할 새 마게도냐의 데살로니가 사람 아리스다고도 함께 하니라.**
바로 앞 절은 "우리" 팀이 이달리야에 갈 때 백부장 율리오에게 맡겨진

사실을 말하고(1절) 본 절은 이달리야로 가는 배편이 어떤 배인지 밝히고 있다. 즉 "아시아 해변 각처로 가려 하는 아드라뭇데노 배"라고 말한다. "아드라뭇데노"라는 말은 소아시아 북쪽 무시아 지방의 중요한 무역항 이름인데 배 이름으로도 사용되었다. 이 배는 이달리야로 직행하는 배가 아니라, 수리아와 아시아 해변 각처를 항해하는 무역선이었다. 그런데 "우리가 올라 항해할 새 마게도냐의 데살로니가 사람 아리스다고도 함께 했다"고 말한다. 아리스다고(19:29; 20:4)도 우리와 동행 했다는 말이다. 아리스다고는 바울이 로마 옥에 있을 때 바울을 수종했다(골 4:10; 몬 1:24). 참으로 충성스런 사람이었다.

행 27:3. 이튿날 시돈에 대니 율리오가 바울을 친절히 대하여 친구들에게 가서 대접 받기를 허락하더니.

가이사랴를 떠나 "이튿날 시돈에 댔는데" "율리오가 바울을 친절히 대하여 친구들에게 가서 대접 받기를 허락하는" 이변이 일어났다(24:23; 28:16). 백부장 율리오는 그 많은 승객 중에서 그리고 다른 죄수 중에서도 바울에 대하여 특별히 관심을 가지고 바울의 친구들(시돈에 있는 교회 성도들을 지칭할 것이다-F. F. Bruce)에게 가서 대접 받는 것을 허락했다. 아마도 바울이 아무 죄도 없이 죄수의 몸으로 로마에 가는 것을 백부장이 베스도로부터 들어 알고 있었을 것으로 보인다(26:32). 하나님은 백부장을 통하여 바울에게 친절을 베풀고 계신다. 하나님은 지금도 사람들을 통하여 우리들에게 사랑을 베푸신다. "시돈"171)이란 항구는 가이사랴를 중심해서 북쪽으로 대략 112km 지점에 있는 항구였다. 시돈에 대해서는 12:20주해 참조할 것.

---

171) "시돈"(Sidon)은 대략 두로와 베이루트의 중간이며, 두로의 북쪽 36㎞에 있는 베니게의 성읍인데, 지중해로 돌출한 구릉 위에 있다. 오늘날 많은 어선이 이 항구를 이용하고 있다. 신약에서는 '시돈'과 '시돈 사람'은 이스라엘의 예언자나 그 예언과 관련하여 나오는 것(마 11:21,22; 눅 4:26; 10:13,14) 외에 헤롯에게 엉켜있는 한 삽화(행 12:20)에 나온다. 또 예수님 자신도 시돈에 가셔서(마 15:21; 막 7:24,31) 시돈 출신들에게 설교하셨다(막 3:8; 눅 6:17). 또 바울은 로마로 가는 도중 시돈 항에 들렀다(행 27:3).

행 27:4-5. 또 거기서 우리가 떠나가다가 맞바람을 피하여 구브로 해안을 의지하고 항해하여 길리기아와 밤빌리아 바다를 건너 루기아의 무라 시에 이르러.

아드라뭇데노 배는 시돈에서 떠나가다가 맞바람을 만났다. 맞바람은 바울 일행이 만난 최초의 거센 바람이었다. 그 후 계속해서 바람이 강해져갔다 (7-20절). 아드라뭇데노 배는 맞바람을 피하여 "구브로 해안을 의지하고 항해하여 길리기아와 밤빌리아 바다를 건너 루기아의 무라 시에 이르렀다." "구브로 해안을 의지하고 항해했다"는 말은 '구브로의 동쪽과 북쪽 즉 그 섬에서 바람을 피할 수 있는 면을 타고 항해했다'는 뜻이다(F. F. Bruce). 계절풍이 너무 심하여 구브로의 동쪽과 북쪽으로 돌아 섬과 육지 사이의 비교적 평온한 해상을 항해했다는 것이다. 그리하여 배는 길리기아와 밤빌리아 바다를 건너 루기아(Lycia)의 무라(Myra) 시(市)[172)에 도착했다. 무라 시는 바다라(Patara, 21:1 참조)와 함께 루기아의 또 하나의 항구이다.

행 27:6. 거기서 백부장이 이달리야로 가려 하는 알렉산드리아 배를 만나 우리를 오르게 하니.

루기아의 무라 시에서 백부장은 "이달리야로 가려 하는 알렉산드리아 배를 만나 우리를 오르게 했다." 즉 '이달리야로 떠나려 하는 알렉산드리아 배를 만나 바울과 누가, 그리고 아리스다고와 다른 죄수들을 오르게 했다'는 뜻이다. 애굽의 알렉산드리아 배가 무라 시에 왔다가 이달리라아로 떠나려고 하고 있었는데 백부장 율리오는 그 배를 이용하여 사람들을 이달리야로 가게 하려 했다. 알렉산드리아 배는 애굽의 배로서 애굽의 곡물을 이달리야로

---

172) "무라"(Myra) 시(市)는 소아시아의 루기아 지방의 남안(南岸)에 있던 성읍이며, 애굽과 로마의 직접 항로(直接航路)에 있는 항구였다. 오늘날의 성읍 이름은 뎀레(Demre)이다. 알렉산드리아의 선박은 레반트(Levant)의 연안 항로를 취하지 않고 편서풍을 이용하여 지중해를 횡단, 알렉산드리아에서 루기아로 통상 항로를 취하였다. 바울은 로마로 갈 때 무라에 입항하였다(행 27:5). 그는 연안 항로의 작은 배에 편승하여 연안을 따라 무라에 도착했다. 바울 일행은 이 항구에서 알렉산드리아의 곡물 선으로 옮겨 탔다.

옮기는 운반선으로 때로는 무라 시(무라 시는 애굽의 알렉산드리아 시의
정 북쪽에 위치해 있다)를 거쳐 이달리야로 가곤했다. 당시 애굽은 로마를
위한 곡물 공급지(곡창)로서 이 두 나라 사이에 곡물선이 왕래했는데 알렉산
드리아 배도 역시 곡물선의 하나였다(38절). 그런데 배가 그레데 남방을
거쳐 로마로 직항하는 수도 있었으나(Hackett) 다른 항구에 들르기 위해서
무라 시를 거치는 수가 있었다. 바울과 일행은 이달리야로 향하는 애굽의
곡물 운반선에 오른 것이다.

**행 27:7. 배가 더디 가 여러 날 만에 간신히 니도 맞은편에 이르러 풍세가
더 허락하지 아니하므로 살모네 앞을 지나 그레데 해안을 바람막이로
항해하여.**

알렉산드리아 배는 더디 가서 여러 날 만에 간신히 니도 맞은편에 도착했다.
본문의 "더디 갔다"는 말, "여러 날 만에"란 말, "간신히"란 말은 모두 풍세
(북서풍)가 강했던 것을 보여주는 말들이다. "니도"(Cnidus)[173]라는 곳은
소아시아의 서남단에 있는 카리아(Caria) 갑(岬-바다나 호수로 뾰족하게 내
민 땅)의 항구 도시로, 이곳은 애굽으로부터 오는 상선들이 자주 드나드는
곳이었다. 니도는 무라 시에서 약 220km 지점에 있다. 순풍이 불었다면
하룻 만에도 갈 수 있었던 거리였는데(Hackett) 바람이 심하여 더디 가서
여러 날이 걸려 간신히 도착했다.

　그런데 문제는 니도로부터 "풍세가 더 허락하지 아니하므로 살모네 앞을
지나 그레데 해안을 바람막이로 항해하였다." 여기 "풍세가 더 허락하지
아니했다"는 말은 '바람이 배로 하여금 더 전진하는 것을 용납하지 아니했다'
는 말이다. 다시 말해 바람(북서풍)이 더 강해져서 배를 전진하지 못하게
했다는 뜻이다. 그래서 배는 직진하지 못하고 옆 걸음 쳐서 거의 남쪽으로

---

173) "니도"(Cnidus)는 소아시아의 남서부에서부터 에게해로 길이 65㎞나 돌출해 있는 가늘
고 긴 니도 반도의 서단 이스칸딜 갑(Iskandil Burnu)에 있던 성읍이다. 바울이 로마로 갈 때
배가 이 앞바다에서 진로를 남쪽으로 바꾸었다(행 27:7).

내려와서 그레데 섬의 동편 쪽에 위치한 살모네 해협(海峽)을 지나 그레데 해안을 바람막이로 삼고 항해하게 되었다. 그레데 섬은 동서로 길게 뻗힌 섬으로, 지중해의 큰 섬 중의 한 섬이다. 동서의 길이는 250km, 남북의 길이는 10km-50km 되는 좁고 긴 섬이다.

행 27:8. 간신히 그 연안을 지나 미항이라는 곳에 이르니 라새아 시에서 가깝더라.

알렉산드리아 선원들은 힘을 드려 크레데 연안을 지나 미항(Fair Havens)[174] 이라는 곳에 이르게 되었다. 미항은 라새아(Lasea) 시에서 가까웠다. 미항에 이르렀을 때에는 북서풍으로부터 비교적 안전하여 그 곳에 배를 드려다 댔다. 라새아 시는 미항으로부터 동쪽으로 대략 8km 지점에 있다. 당시에는 어디를 가나 강한 바람뿐이었는데 그래도 좀 안전한 곳이 있어서 미항에 배를 댄 것이다.

2. 풍랑을 만나다   27:9-26

바울은 미항(Fair Havens)에서 겨울을 지나자고 권유했으나 사람들이 선장과 선주의 말을 더 믿어 뵈닉스(Phoenix)에 가서 지나자고 하여 알렉산 드리아 배는 미항을 떠났다(9-12절). 남풍이 순하게 불었기 때문에 사람들은 틀림없이 뜻을 이룬 줄 알고 닻을 감아 떠났는데 얼마 안 되어 섬 가운데로부 터 유라굴로 광풍이 불어와 14일간이나 바다위에서 시달려 거의 죽게 되었다 (13-20절). 바울은 하나님으로부터 계시를 받아 사람들을 격려한다(21-26 절). 혹자는 유라굴로 광풍을 두고 사탄의 역사라고 말하나 선교를 돕는 바람이라고 말해야 할 것이다. 사도행전은 전적으로 전도(선교)를 말하는 책인데 유라굴로 광풍도 역시 전도(선교)를 돕는 바람이라고 해야 한다.

---

174) "미항"(Fair Havens)은 그레데 섬 남해안, 라세아(Lasea) 가까이에 있던 해항. 바울 일행은 바람을 피해 여기에 입항했다(행 27:8). 그레데 섬 최남단 리쉬논 갑(岬)의 동에 있는 항구로, 지금도 옛 이름을 간직하여 칼로이 리미오네스(Kaloi limiones, 미항)로 불리고 있다. 항만은 동으로 향하여 열리고, 두 작은 섬이 만을 옹호하고 있어서 여름철의 안전한 항구이다.

이 바람으로 말미암아 사람들이 맥을 추지 못하자 바울은 계시를 받아 하나님을 드러냈다. 이 바람이 없었다면 바울 사도가 하나님을 드러낼 기회를 얻지 못했을 것이다. 예수님을 모시고 떠난 배는 갈릴리에서 큰 풍랑을 만나 사람들은 예수님이 어떤 분이신가를 더욱 알게 되었다(마 8:23-27). 우리 주위의 모든 환난도 전도를 돕고 재촉하는 것들이다.

행 27:9a. 여러 날이 걸려 금식하는 절기가 이미 지났으므로 항해하기가 위태한지라.

역풍(서북풍) 때문에 미항에서 여러 날을 지나는 동안 금식하는 절기가 이미 지나 항해하기가 위태로워졌다. 금식하는 절기(레 16:29; 23:26-32 참조)는 대 속죄일을 지칭함인데 날짜로는 유대력 티쉬리(Tishri-7월) 즉 7월 10일이었다.175) 이날을 우리의 양력으로 환산하면 9월 20일 전후에 해당되는데 이때를 지나면 항해하기가 위험하였다. 그래서 바울은 미항에서 겨울을 지나자고 사람들을 설득했다(다음 절).

행 27:9b-10. 바울이 그들을 권하여 말하되 여러분이여 내가 보니 이번 항해가 하물과 배만 아니라 우리 생명에도 타격과 많은 손해를 끼치리라 하되.

바울은 전도하는 중 항해의 경험을 쌓은 터라(고후 11:25) 배안에서 열리는 사람들의 회의에 참여했다가 "그들을 권하여 말하되 여러분이여 내가 보니

---

175) "AD 59년에는 대 속죄일이 양력 10월 5일이었으며, AD 57-62년까지의 앞뒤 해에는 더 이른 날짜가 되었다. 또 그 이후 계속된 이탈리야까지의 여행에 대한 시간 기록을 보면 역시 이 대 속죄일이 양력으로 좀 더 늦은 시기였다고 볼 수 있다. 그들이 미항을 떠나 가우다(Cauda)의 안전한 곳까지 가는데 50마일-60마일(80km-96km)을 가야했고(16절), 가우다로부터 14일째 되는 날(27절)에 육지에 가까이 가서, 다음 날(39절) 멜리데(Malta)에 닿았으며, 거기에서 3개월(28:11)을 머물렀다. 아무리 일찍 잡아도 2월 초가 되어야 항해를 할 수 있었으므로 멜리데에서 보낸 3개월은 대략 11월, 12월, 1월이어야 한다. 위와 같은 시간 계산도 결국 그들이 미항을 떠난 것이 10월 중순보다 훨씬 이른 시기여서는 안 된다는 것을 보여준다. 그러므로 AD 59년의 양력 속죄일이, 그들이 미항에 머물고 있는 동안 금식일이 지났다는 누가의 말과 잘 일치한다"(F. F. Bruce). *사도행전* (하), p. 317.

이번 항해가 하물과 배만 아니라 우리 생명에도 타격과 많은 손해를 끼치리라"고 말했다. 바울은 사람들에게 미항에서 머물지 않고 항해를 계속하면 세 가지로 타격을 입고 많은 손해를 끼치리라고 말해주었다. 첫째, "하물"에, 둘째, "배"에, 셋째, "우리 생명에" 타격과 손해를 끼칠 것이라고 말해주었다.

하나님의 말씀을 맡은 주의 종들은 분명히 하나님께서 주시는 깨달음을 가지고 있다. 경제 방면에도, 정치방면에도, 나라의 장래에 대해서 놀라운 깨달음이 있다. 때로는 어떤 방면의 전문가들보다도 더 놀라운 깨달음이 있다. 그것은 꼭 경험에서 오는 것이 아니라 하나님께서 주시는 놀라운 깨달음으로 말미암는다. 결국 사람들은 바울의 말을 따르지 않고 미항을 떠났다가 하물도 버리고 배도 파선하게 되었다. 그리고 인명이 손실되지는 않았으나 오래 먹지 못하고(21절) 고생이 이만저만이 아니었다.

행 27:11. 백부장이 선장과 선주의 말을 바울의 말보다 더 믿더라.

백부장 율리오가 "선장과 선주의 말을 바울의 말보다 더 믿어" 미항을 떠나게 되었다. 항해의 결정권을 가지고 있는 백부장이 배의 지휘권을 가지고 있는 선장과 배의 주인인 선주의 말을 일개 죄수의 말보다 더 믿는 것은 세상적으로는 아주 당연하였다. 오늘도 세상은 모든 방면에서 다 그렇게 돌아가고 있다. "그러나 선장은 경험과 지식에 입각하여, 선주는 이해타산에 입각하여, 그리고 바울은 신앙에 입각하여 각각 의견을 진술하였다. 지식과 재물의 의견이 중시되고 신앙적인 말이 무시되었기 때문에 바다에서 풍랑을 만난 것이다. 지금 인생항로에 있어 같은 현상을 어디서나 발견하는 것이다"(이상근). 하나님의 말씀을 맡은 종들, 기도하는 종들의 의견이 존중되어야 한다. 백부장은 바울의 말을 존중하지 않은 점에서 미련하였다.

행 27:12. 그 항구가 겨울을 지내기에 불편하므로 거기서 떠나 아무쪼록 뵈닉스에 가서 겨울을 지내자 하는 자가 더 많으니 뵈닉스는 그레데 항구라 한 쪽은 서남을, 한 쪽은 서북을 향하였더라.

선장과 선주와 그리고 대부분의 사람들은 "그 항구가 겨울을 지내기에 불편하므로 거기서 떠나 아무쪼록 뵈닉스에 가서 겨울을 지내자"고 주장했다. 미항(Fair Havens)이 겨울을 지내기에 불편하였기에 미항에서 떠나 뵈닉스(Phoenix-미항에서 뵈닉스까지는 대략 64km 거리이다)에 가서 겨울을 지내자고 했다. 미항이 겨울을 지내기에 불편했던 이유는 "미항은 겨울바람을 보호하는 항구가 아니기 때문이었고"(Kistemaker) "작은 섬들로 보호를 받고 있긴 하지만, 전망이 거의 반밖에 되지 않는다는 불리한 점이 있었기에"(Bruce) 그들은 넓은 항구인 뵈닉스에 가서 겨울을 지내자는 의견을 내놓고 그렇게 하기로 했다. 뵈닉스는 그레데176) 항구인데(오늘날 루트로(Lutro)라고 불린다) 모우로스(Mouros) 갑(岬)이 있어서 모우로스(Mouros) 갑을 중심하고 양쪽에 만들(bays)이 있다. 갑(岬)을 중심하고 한 개의 만(bay)은 갑의 동쪽에, 다른 또 하나의 만(bay)은 서쪽에 위치하고 있다. 서쪽만의 해안을 따라서는 오늘날 포이니카(Phoinika)라고 하는 마을이 있고 또 루트로(Loutro) 마을은 동쪽만의 해안에 자리 잡고 있다. 옛날이나 오늘날이나 항해사들은 겨울철에 서쪽만을 선호한다는 것이다. 바울 시대에는 뵈닉스 항구로 들어가는 입구가 양쪽으로 나뉘어 있어 각각 북서쪽, 남서쪽을 향하고 있다. 서쪽 만에 뵈닉스 항구가 있는데 바로 그 곳에서 알렉산드리아 배의 선원들이 그 겨울을 지내기를 소원했다는 것이다. 그런데 바울 시대에는 서쪽 만에 두 개의 항구가 있었다고 전해진다. 항구 하나는 남쪽을 향하고 있었고 또 다른 항구는 북서쪽을 향하고 있었다(Kistemaker).

---

176) "그레데"(Crete)는 희랍 본토의 남단에서 96㎞ 지점에 있는 섬이다. 크기에 있어서 이 섬은 지중해에서 시칠리아섬(Scily Ⅰ.), 사르데냐 섬(Sardegna Ⅰ.), 구브로 섬(키프르스, Cyprus Ⅰ.) 다음 가며 이름은 칸디아(Candia)이다. 초대 교회 시대에 그레데 사람들이 극히 자연스럽게 예루살렘 등지에 와 있었음을 엿볼 수 있다(행 2:11). 이것은 아마 그레데에서 살던 유대인이었을 것이다. 바울은 로마로 가는 도중 그레데 섬 해안을 따라 행선했다(행 27:7-21). 기독교도 일찍부터 이 섬에 전해져 있었다. 바울은 이곳의 낮은 도덕적 상태를 한탄했다. "그레데 인들은 항상 거짓말장이며, 악한 짐승이며, 배만 위하는 게으름장이라"했다(딛 1:12). 이것은 그레데의 시인 에피메니데스(Epimenides)의 말이다. 디도는 그레데 제 성읍의 교회를 감독하도록 파견되었다(딛 1:5).

행 27:13. 남풍이 순하게 불매 그들이 뜻을 이룬 줄 알고 닻을 감아 그레데 해변을 끼고 항해하더니.

뵈닉스(Phoenix)를 향하여 출발할 것을 결정하고 이제 막 출발을 준비하고 있는데 마침 "남풍이 순하게 불매 그들이 뜻을 이룬 줄 알고 닻을 감아 그레데 해변을 끼고 항해하기" 시작했다. 뵈닉스를 향해 뱃머리를 서북쪽으로 돌려야 할 때 남쪽으로부터 바람이 불어왔으니 이제는 살았다는 생각이 들었다. 그래서 닻을 감아 그레데 해변을 끼고 항해를 시작했다. 선지자 요나도 하나님의 명령을 받고 니느웨로 떠나야 했는데 가기 싫어 다시스로 가려고 할 때 마침 다시스로 가는 배가 있었다. 때로는 하나님의 뜻을 거스르려고 할 때 마침 무슨 일이 잘 진행되는 수가 있다. 그러나 그것이 불행으로 가는 길일 수가 있다. 알렉산드리아 배를 위해서 마침 남풍이 불어온 것은 이들에게 결국은 큰 불행을 선사하게 되었다. 하나님께서 원하지 않으시는 것도 때로는 잘 진행되는 수가 있으니 조심해야 한다. 이런 불행을 골라내기 위해서는 기도하는 수밖에 없다.

행 27:14. 얼마 안 되어 섬 가운데로부터 유라굴로라는 광풍이 크게 일어나니.

알렉산드리아 배는 닻을 감고 그레데 해변을 끼고 항해를 시작했는데(앞절) "얼마 안 되어 섬 가운데로부터 유라굴로라는 광풍이 크게 일어나서" 14일 동안이나 광풍에 밀려 고생했다. 하나님의 뜻이 아닌 것을 밀고 나가면 얼마 안 되어 문제가 터진다. 마침 섬 가운데로부터 유라굴로 광풍이 크게 일어났다. 여기 "유라굴로"(Εὐρακύλων)란 말은 '동북풍'이란 뜻이다. 이때 그레데 섬에서 동북풍이 불어왔는데 그 동북풍의 힘은 대단한 광풍이었다. 유라굴로, 곧 동북풍은 그레데의 한 가운데에 솟아오른 2,100m의 이다(Ida) 산맥의 영향으로 생기는 바람인데 두 반대 기류(氣流)가 충돌하여 태풍을 일으켜 남풍은 급격한 북풍으로 변하는 수가 있다고 한다. 바람의 방향이 급격히 바뀐 것이다. "선원들은 이 바람을 오랜 원수라고 생각하였으며 유라굴로라는 이름으로 불렀다"(F. F. Bruce). 본문의 "광풍"(ἄνεμος τυφωνι-κὸς)이란 '격렬한 바람,' '태풍'이란 뜻이다. 이 "광풍(태풍)이 크게 일어나서" 알렉산드리아 배를 향해서 불어온 것이다.

행 27:15. 배가 밀려 바람을 맞추어 갈 수 없어 가는 대로 두고 쫓겨 가다가.
이제는 "배가 밀리게" 되었다. 즉 '배가 바람에 완전히 잡혔다'는 뜻이다. 그래서 "바람을 맞추어 갈 수 없었다." "바람을 맞추어 갈 수 없었다"는 말은 '바람을 뚫고 헤쳐 나갈 수 없었다'는 뜻이다. 알렉산드리아 배는 북쪽과 동쪽으로부터 불어오는 강한 태풍을 거슬러서 전진할 수 없게 되었다. 배는 이제 "가는 대로 두고 쫓겨 갔다." 배는 사람이 원하는 대로 가는 것이 아니라 바람이 원하는 대로 가는 수밖에 없었다. 세상의 조류에 밀려가는 인간들을 보는 것 같다.

행 27:16. 가우다라는 작은 섬 아래로 지나 간신히 거루를 잡아.
알렉산드리아 배는 바람에 맡겨져서 결국은 바람 부는 대로 37km 거리를 내려가다가 가우다(Cauda)[177]라고 하는 작은 섬에까지 왔다. 그 배가 섬 아래쪽을 지나는 동안 섬 때문에 바람의 세력을 덜 받는 곳에서 선원들은 재빨리 그 기회를 이용하여 "거루"('작은 배'-lifeboat)를 잡아 배의 갑판 위로 끌어올렸다. 거루 혹은 거룻배는 보통 때는 배 끄트머리에 매달고 다니지만 날씨가 나빠지면 갑판위로 끌어올렸다.

행 27:17. 끌어 올리고 줄을 가지고 선체를 둘러 감고 스르디스에 걸릴까 두려워하여 연장을 내리고 그냥 쫓겨가더니.
선원들은 거룻배를 잡아끌어 올린 다음 "줄을 가지고 선체를 둘러 감았다."

---

177) "가우다"(Cauda)는 그레데 섬의 남서 37㎞ 지점에 있는 작은 섬인데, 지금의 갑도스 (Gavdhos)이다. 바울이 탄 배가 마타라 갑(岬)을 돈 다음 진로를 서북서로 잡았지만 느닷없이 동북동의 돌풍 유라굴로를 만나 표류되어 가우다 섬 아래서 간신히 구조 되었다(행 27:16).

곧 '줄을 가지고 배의 파선을 막기 위해서 선체를 둘러 감았다. 그리고 "스르디스에 걸릴까 두려워하여 연장을 내려놓았다." "스르디스"란 '모래 톱'이나 '유사'(물에 밀리어 흐르는 모래)나 '사정'(바닷가의 모래톱)을 의미 한다. 바로 가우다 섬 부근에는 두 개의 스르디스가 있는데 큰 스르디스(북 아프리카 해안지대 트리폴리-Tripoli-와 발카-Barca- 중간에 있음)와 작은 스르디스(카르타스-Carthase-부근에 있음)가 있다고 한다.

여기 "연장을 내리고"란 말이 무엇을 의미하는지 정확히 규명할 수는 없다. 혹자는 '바다 닻'(바다 닻을 바다에 내려놓는 이유는 배가 움직이지 않게 하려는 것이라고 한다) 혹은 '떠우는 닻'(배가 이리저리 떠다니지 않게 막고 바람 부는 쪽으로 배를 향하게 하기 위해서 물 위에 떠우는 닻)이라고 말하기도 한다(Kistemaker). 그러니까 "연장을 내린다"는 말은 바다 닻이나 떠우는 닻을 바다 속에 내려놓는다는 뜻이다. 또 혹자는 모래 언덕에 배가 걸릴까 두려워하여 배 위에 돛대, 돛, 색구(배위에서 쓰는 줄 같은 것), 닻, 밧줄을 내려놓는 것이라고 해석하기도 한다(Smith). 이 두 해석 중에 후자의 해석이 더 바람직하다. 이유는 29절에 보면 "고물로 닻 넷을 내렸다"는 말을 보면 본 절의 "연장을 내린다"는 말은 닻을 내려놓았다는 의미가 아니라 배안에 있는 다른 물건들을 배위로 내려놓았다는 말로 보는 것이 더 타당한 것으로 보인다. 그리고 선원들은 자기들이 해야 할 일을 다 한 후 배를 "그냥 쫓겨 가게" 했다. 그들은 가우다 섬에 정박할 수도 없어서 바람에 배를 맡기고 배가 가는대로 맡긴 것이다. 그저 속수무책이었다. 완전 포기 상태였다.

행 27:18. 우리가 풍랑으로 심히 애쓰다가 이튿날 사공들이 짐을 바다에 풀어 버리고.

"우리," 곧 '누가를 포함한 사람들'이 풍랑으로 심히 애쓰다가 이튿날 사공들 이 짐을 바다에 풀어버렸다(욘 1:5 참조). 그러나 아직 식량은 버리지 않았다 (33절). 우리는 지금도 우리가 살기 위하여 버릴 것을 다 버려야 한다. 바울은 그리스도를 더욱 알기 위하여 모든 것을 배설물로 여겨 버렸다(빌 3:8).

행 27:19. 사흘째 되는 날에 배의 기구를 그들 손으로 내버리니라.

사공들이 짐을 바다에 버린(앞 절) 다음, 배가 그레데를 떠난 지 "사흘째 되는 날에 배의 기구를 그들 손으로 내버렸다"(욘 1:5). 다시 말해 배안에 있는 기구 일체를 그들 손으로 바다로 내버렸다. 그 기구 하나하나가 얼마나 중요한 것들인가. 그러나 생명이 살기 위해서는 아낌없이 버렸다.

행 27:20. 여러 날 동안 해도 별도 보이지 아니하고 큰 풍랑이 그대로 있으매 구원의 여망마저 없어졌더라.

누가는 그 동안 폭풍에 대해서 말하고 또 배에 있는 것들을 버린 것에 대해서 말하다가 이제는 하늘을 쳐다보았다. "여러 날 동안 해도 별도 보이지 아니하고 큰 풍랑이 그대로 있으매 구원의 여망마저 없어졌다"고 말한다. 바다는 그렇다 치더라도 하늘을 쳐다보고 자기들의 위치나 알 수 있었어야 했는데 해도 별도 보이지 아니했다고 말한다. 참으로 막막한 심정이었다. 그리고 "큰 풍랑이 그대로 있었다." 참으로 사람을 죽이는 풍랑이었다. 그래서 누가는 "구원의 소망이 없어졌다"고 말한다. 이제는 배 안에 있는 모든 사람들이 살 소망을 포기했다. 오늘 우리도 구원의 여망이 없어질 때 하나님이 보이기 시작한다. 사람은 빨리 자기의 지력과 능력과 수단과 소위 모든 배짱을 포기해야 한다. 그럴 때 하나님을 보게 되니 구원을 얻게 된다.

행 27:21. 여러 사람이 오래 먹지 못하였으매 바울이 가운데 서서 말하되 여러분이여 내 말을 듣고 그레데에서 떠나지 아니하여 이 타격과 손상을 면하였더라면 좋을 뻔하였느니라.

바울은 가볍게 책망한다. 이렇게 가볍게 책망하는 것은 이제부터 위로하기 (26절까지) 위해서 한 말이고 또 자신의 말에 귀를 기울여 주기를 바라는 마음에서 한 말이다. 바울은 "여러 사람이 오래 먹지 못하였다"고 말한다.

아마도 바울을 제외한 275명이 잘 먹지 못하였을 것이다. 파선의 위험을 당할까 염려해서 먹지 못하였고 또 바람이 너무 심하여 마음이 불안해서 오랫동안 먹지 못했다. 바울은 오랫동안 먹지 못한 사람들 가운데 서서 말하기를 "여러분이여 내 말을 듣고 그레데에서 떠나지 아니하여 이 타격과 손상을 면하였더라면 좋을 뻔하였느니라"고 말한다. '바울의 말을 듣고 그레데에서 떠나지 말고 미항에서 겨울을 지내서 이 신체적인 타격과 손상을 면하였더라면 좋을 뻔하였다'고 말한다. 바울은 이제부터 자신이 하나님의 말씀을 대언할 때 청중들은 잘 들어야 한다고 권한다. 전도자나 성도는 세상에서 한 동안 사람들이 전도자나 성도가 전하는 하나님의 말씀에 귀를 기울이지 않아도 일단 말씀을 전해놓아야 한다. 그러면 세상 사람들이 어려움을 당할 때에는 하나님의 말씀을 듣게 마련이다. 물론 하나님의 말씀을 듣지 않았다고 해서 크게 책망하거나 정죄해서는 안 될 것이다.

행 27:22. 내가 너희를 권하노니 이제는 안심하라 너희 중 아무도 생명에는 아무런 손상이 없겠고 오직 배뿐이리라.

바울은 오랫동안 먹지 못한 사람들 가운데 서서 위로하기를 "이제는 안심하라 너희 중 아무도 생명에는 아무런 손상이 없겠고 오직 배뿐이리라"고 말한다. 바울은 하나님으로부터 계시를 받아서 확신을 가지고 '이제부터는 안심하라'고 말한다. 안심할 이유는 아무도 죽는 사람도 없고 부상당하는 사람도 없다고 말하고 오직 배만 손상당할 것이라고 말한다. 배가 손상을 입은 것은 41절에서 밝히고 있다. 배가 손상을 입는 것은 사람이 죽거나 상처를 당하는 것에 비하면 큰 손상이 아니다.

행 27:23. 나의 속한 바 곧 나의 섬기는 하나님의 사자가 어제 밤에 내 곁에 서서 말하되.

바울은 자신이 하나님으로부터 계시를 받았기에(다음 절) 사람들 가운데 서서(21절) 위로하고 있다. 바울은 사람들 사이에 서서(21절) 자신과 하나님과의 관계를 먼저 말한다. 자신은 하나님께 "속한" 사람이라고 말한다. 곧 자신은 세상에 속한 사람도 아니고 사람들에게 속한 사람도 아니며 어느 단체에 속한 사람이 아니라 하나님께 속한 사람이라고 그 소속을 밝힌다. 그는 하나님을 창조주로 믿는 사람이고 하나님을 우주통치주로 믿는 사람이며 독생자를 보내어 구원해 주신 분으로 믿는 사람이라고 말한다. 하나님과 자신은 완전히 연합되어 있는 사람이라는 것이다.

그리고 바울은 그 하나님은 "나의 섬기는 하나님"이라고 말한다(단 6:16; 롬 1:9; 딤후 1:3). "나의 섬기는 하나님"이란 말은 '내가 예배하는 하나님,' '내가 종노릇하고 있는 하나님,' '내가 봉사하고 있는 하나님'이란 뜻이다. 바울은 전적으로 하나님만 섬기고 있다고 사람들에게 말한다. 우상을 섬기고 있던 수많은 사람들은 가슴이 뜨끔하였을 것이다.

그런데 바울은 그 하나님께서 보내신 "사자(천사)가 어제 밤에 내 곁에 서서 말했다"고 말한다. 바울은 어제 밤에 환상을 보았다고 말한다(18:9; 22:17; 23:11 등 참조). 본 절에 바울이 말한 환상은 사도행전에서 바울이 본 마지막 환상이다. 바울은 광풍을 만난 알렉산드리아 배 안에서 여러 날 기도하는 중에 환상을 보았다. 다른 사람들은 그 광풍중에 불안해서 식사도 못하는 형편이었지만 바울은 하나님과 계속해서 교제하며 지내다가 사람들에게 전할 메시지를 받았다. 하나님은 기도하는 바울에게 사자를 보내서서 사람들에게 전할 메시지를 주셨다. 하나님은 기도하는 종들에게 그리고 기도하는 성도들에게 메시지를 주신다.

행 27:24. 바울아 두려워하지 말라 네가 가이사 앞에 서야 하겠고 또 하나님께서 너와 함께 항해하는 자를 다 네게 주셨다 하였으니.
바울은 하나님의 사자가 말한 세 가지 내용을 말한다. 첫째, 천사는 "바울아 두려워하지 말라"고 말한다. 아무리 큰 광풍이 닥쳐와도 두려워할 것이 없다는 메시지이다. 성도는 세상 사람들이 아무리 죽는다고 야단할지라도 두려워할 것이 없다. 하나님은 성도들을 향하여 두려워하지 말라고 수없이 말씀하신다.

둘째, 천사는 "네가 가이사 앞에 서야 하겠다"고 말한다. 하나님은 이미 바울에게 가이사 앞에 서야 할 것을 말씀하셨는데(23:11) 앞으로 가이사 앞에 설 것을 다시 확인하신다. 전도자가 세상의 최고 권력자 앞에 서서 그리스도를 대리하여 복음을 전한다는 것은 큰 일이 아닐 수 없다.

셋째, 천사는 "하나님께서 너와 함께 항해하는 자를 다 네게 주셨다"고 말한다. 하나님은 가이사만 바울에게 주신 것이 아니라 현재 함께 항해하고 있는 275명의 사람도 바울에게 주셨다고 말씀하신다. 다시 말해 바울의 복음을 청종할 사람으로 만들어 주신다는 뜻이다. 성도들과 전도자들은 세상에서 다른 것을 소원할 것이 아니라 세상 사람들에게 아무튼지 복음을 전하려고 해야 한다. 전도자들은 주님께 기도하기를 세상 사람들을 전도자에게 주십사고 기도해야 한다. 그리고 능력을 구하여 힘 있게 복음을 전해야 한다. 오늘 우리는 힘을 잃지나 않았는지 살펴야 한다. "외치는 자 많건만은 생명수는 말랐어라"는 찬송을 들을 때마다 우리는 부끄러움을 금할 길이 없다.

행 27:25. 그러므로 여러분이여 안심하라 나는 내게 말씀하신 그대로 되리라고 하나님을 믿노라.
하나님의 사자(천사)가 알렉산드리아 배를 타고 항해하는 사람들에게 전할 메시지를 바울에게 주었으니 "그러므로 여러분이여 안심하라 나는 내게 말씀하신 그대로 되리라고 하나님을 믿노라"고 바울은 말한다. 바울은 다시 한 번 사람들에게 "안심하라"고 말한다(22절 참조). 그러면서 바울은 "나는 내게 말씀하신 그대로 되리라고 하나님을 믿는다"고 힘주어 말한다(눅 1:45; 롬 4:20-21; 딤후 1:12). '하나님께서 말씀하셨으니 하나님께서 이루실 것이라고 믿는다'는 말이다.

하나님의 존재를 믿는 것도 믿음이고(약 2:19), 하나님의 속성, 곧 하나님의 위대하신 지혜와 능력을 믿는 것도 믿음이며, 하나님께서 우주를 통치하신다고 믿는 것도 믿음이고, 내 자신이 기도한대로 하나님께서 이루실 것이라고 믿는 것도 믿음이며(막 11:23-24), 본 절에 말한 대로 하나님께서 말씀하신 그대로 되리라고 하나님을 믿는 것도 믿음이다. 우리는 성경에 하나님께서 말씀해 놓으신 모든 것이 그대로 되리라고 믿어야 한다.

행 27:26. 그런즉 우리가 반드시 한 섬에 걸리리라 하더라.
하나님의 사자가 말씀한대로 이루어지기 위해서는 당연히 생명에는 아무 손상이 없어야(22절) 함으로 바울은 "우리가 반드시 한 섬에 걸리리라"고 말한다(28:1). 생명에는 손상이 없기 위해서는 반드시 알렉산드리아 배가 어느 육지에 걸려야 한다는 말이다. 그냥 바다에 떠 있어서는 생명을 유지할 수 없다. 바울의 이 말은 항해자들에게 놀라운 안도감을 주었을 것이다. 바울은 하나님의 위대하심을 그들에게 보여주었다.

3. 풍랑으로부터 구원받다   27:27-44

그레데(Crete) 섬의 미항(Fair Havens)에서 겨울을 지내자는 바울의 권유를 뿌리치고 백부장이 선장과 선주 그리고 많은 사람들의 말을 더 신용하여 뵈닉스(Phoenix)에서 겨울을 지나려고 미항을 떠나 항해를 시작하자 유라굴로라고 하는 광풍을 만나 14일간이나 바다에서 생명의 위협을 받으면서 고생하다가 이제 드디어 구원을 받았다. 지난 14일간은 바울의 말이 무시를 당했으나 이제는 바울이 알렉산드리아 배를 구원하는 일에 총지휘를 했다. 바울은 도망하려는 사공들을 못 도망하게 하여 구원하였고, 사람들에게 음식 먹기를 권했으며, 275명(바울 제외)의 사람들에게 큰 위로의 말을 전하였다. 드디어 276명은 모두 구원을 얻었다. 하나님의 사람이 큰일을 하는 것을 보여주는 좋은 예이다. 교회에 한 사람의 그리스도를 대리하는 사역자가 교회를 구원하는 것을 보여주는 좋은 예이기도 하다.

행 27:27. 열나흘 째 되는 날 밤에 우리가 아드리아 바다에서 이리저리

쫓겨 가다가 자정쯤 되어 사공들이 어느 육지에 가까워지는 줄을 짐작하고.
그레데 섬의 미항에서 바울의 조언을 뿌리치고 베닉스에 가서 겨울을 지내기를 원하여 떠난(13절) 알렉산드리아 배는 유라굴로 광풍을 만나 14일간이나 바다에서 표류하다가 이제 드디어 "열나흘 째 되는 날 밤에 우리가 아드리아 바다에서 이리저리 쫓겨 가다가 자정쯤 되었을" 때에 "사공들이 어느 육지에 가까워지는 줄을 짐작하기를" 시작했다. 즉 '열나흘 째 되는 날 밤에 알렉산드리아 배는 아드리아 바다에서 이리저리 쫓겨 가다가 자정이 되어서도 사공들은 잠을 자지 않고 있다가 이제는 어느 육지에 가까워지는 줄을 짐작하기 시작한 것이다.' 항해에 익숙한 사공들은 바다 물결소리를 들으면서 바위로 된 해안이 가까이 오는 것을 느꼈다. 바람은 이제 광풍이 아니었다. 사공들은 이제 바위로 된 해안을 만나 배가 파손될지도 모른다는 두려움에 휩싸였다.

가우다 섬으로부터 멜리데까지는 476.6 해리(海里)인데(대략 850km), 스미스(James Smith)가 계산한 대로 대략 1시간에 1마일 반 정도의 속도로 동북풍에 의해 쫓겨 가면 13일이 걸린다고 한다. 알렉산드리아 배는 광풍이 미는 힘으로 멜리데 섬 가까이까지 간 것이다. 아드리아 바다[178]는 멜리데로부터 그레데 섬까지에 이르는 바다를 지칭한다. 중세의 항해사들은 지중해의 동 반부 전체를 아드리악(Adriac)이라는 이름으로 불렀다.

행 27:28. 물을 재어 보니 스무 길이 되고 조금 가다가 다시 재니 열다섯 길이라.
사공들은 밤중이 되었는데도 자지 못하고 어느 바위로 된 해안이 가까워지는 것을 짐작하고 긴장을 늦추지 않고 "물을 재어 보니 스무 길이 되고 조금 가다가 다시 재니 열다섯 길이었다." 여기 "길"(ὀργυια)이라고 하는 단위는

---

178) "아드리아 바다"는 길이 800km. 너비 95~225km. 면적 약 13만 1050㎢. 오트란토 해협을 거쳐 이오니아해(海)에 연결된다. ·유고슬라비아 ·알바니아 ·크로아티아 ·슬로베니아 등 5개국으로 둘러싸여 있으며, 북서쪽에서 남서방향으로 길게 전개되어 있다. 비교적 얕으나 가장 깊은 곳은 1,324m에 이른다(백과사전).

1.8m에 해당한다고 하는데(두 팔을 벌린 길이) 사공들은 바다의 깊이를 재기 위해서 깊이를 재는 줄을 바다에 던졌다. 처음에는 36m, 다음에 조금 더 가서 쟀을 때는 27m가 되었다. 점점 얕아짐을 알게 되었다.

행 27:29. 암초에 걸릴까 하여 고물로 닻 넷을 내리고 날이 새기를 고대하니라.

사공들은 배가 바위위에 걸릴까 두려워 배 끄트머리에 닻 넷을 내리고 날이 새기를 고대했다. 닻들을 이렇게 배 끄트머리에 내리는 것은 정상적인 조치는 아니었으나 이때는 그렇게 하는 것이 현명한 조치였다. 만약 이런 때 배 머리에서 닻을 내리면 바람에 배가 위험했을 터인데 고물로 닻을 내려서 배가 흔들리지 않게 하고 날이 새기를 기대한 것은 잘 한 일이었다. 사공들은 일을 지혜 있게 했다.

행 27:30. 사공들이 도망하고자 하여 이물에서 닻을 내리는 체하고 거룻배를 바다에 내려놓거늘.

사공들이 고물로 닻 넷을 내린 것(앞 절)은 잘 한 일이었으나 "사공들이 도망하고자 하여 이물에서 닻을 내리는 체하고 거룻배를 바다에 내려놓은 것"은 의리가 없는 행동이었다. 사공들이 도망하고자 하여 뱃머리에서 닻을 내리는 척하면서 자기들이 탈 구명보트(life boat)를 바다에 내려놓은 것은 아주 비열한 행위였다. 사공들은 끝까지 여객들을 책임져야 했다.

행 27:31. 바울이 백부장과 군인들에게 이르되 이 사람들이 배에 있지 아니하면 너희가 구원을 얻지 못하리라 하니.

바울은 사공들이 비열하게 자기들만 살려고 하는 것을 보고 "백부장과 군인들에게 이 사람들이 배에 있지 아니하면 너희가 구원을 얻지 못하리라"고 말해준다. 다시 말해 사공들이 배에 있지 아니하면 백부장과 군인들이 구원을 얻지 못하리라고 말해준다. 사공들이 없으면 알렉산드리아 배를 섬에 가져다가 댈 수가 없을 것이었다. 항해자들의 안전을 위해서는 사공들이 배에 있어야 한다는 말이었다. 이제 이 배에서 바울이 주도적인 입장을 취했다. 하나님의 사자가 바울에게 이 배안에 있는 사람들을 맡기셨으니 바울은 끝까지 사람들의 영육간의 구원을 위해서 역할을 다했다. 그들에게 하나님의 말씀도 전했으며 또 사람들의 육신의 구원을 위해서 조언도 아끼지 않았다.

행 27:32. 이에 군사들이 거룻줄을 끊어 떼어 버리니라.

바울의 조언을 받고 군사들이 거룻줄, 곧 구명보트 줄을 끊어서 알렉산드리아 배로부터 떼어버리고 말았다. 사실은 거룻배를 써야 할 시간이 있었을 터인데도 군인들이 보기에 이 때 사공들이 하는 짓을 보고 아주 끊어 떼어버린 것으로 보인다. 구명보트가 없으니 나중에 사람들은 널조각 혹은 배 물건에 의지하여 육지로 상륙하였다(44절). 바울의 말은 백부장 율리오 그리고 군인들에게 경청되고 있었다. 바울은 이제 지휘관으로 역할을 하고 있었다.

행 27:33-34. 날이 새어 가매 바울이 여러 사람에게 음식 먹기를 권하여 이르되 너희가 기다리고 기다리며 먹지 못하고 주린 지가 오늘까지 열나흘인즉 음식 먹기를 권하노니 이것이 너희의 구원을 위하는 것이요 너희 중 머리카락 하나도 잃을 자가 없으리라 하고.

날이 새어갈 무렵 바울이 여러 사람들에게 음식 먹기를 권하여 말하기를 "너희가 기다리고 기다리며 먹지 못하고 주린 지가 오늘까지 열나흘"이 되었다고 말한다. '당신들이 구원받기를 기다리고 기다리며 먹지 못하고 굶은 지가 오늘까지 14일이 되었다'는 말이다.[179] 그들은 아주 금식하지는 않았을 것이다. 너무 근심되는 나머지 식사다운 식사를 못하고 먹는 둥

---

179) 27절에 보면 열나흘 째 자정이 되기 전에도 바울은 "열나흘 째 되는 날 밤"이라고 말했는데 이제는 "자정"이 지나고(27절) "날이 새어 갈 때"(33절)도 역시 "열나흘"(33절)이라고 말하는 이유는 유대인의 날짜가 변경되는 시간은 저녁 해가 떨어질 때부터 시작하는 고로 자정이 되기 전의 밤이나 다음날 아침이나 똑 같이 같은 날로 계산되었기 때문이다.

마는 둥 하면서 14일을 지냈다는 말일 것이다. 그래서 이제는 진짜 식사다운
식사를 하라고 바울이 권한다. 이제는 완전히 바울이 위로자의 입장으로
변신했다. 그는 한번 책망한(21절) 다음에는 이제는 더 이상 책망하지 않고
위로자의 입장에서 놀라운 위로를 했다(본 절과 다음 절).

　　바울은 음식 먹기를 권하면서 "이것이 너희의 구원을 위하는 것이요
너희 중 머리카락 하나도 잃을 자가 없으리라"고 위로한다(왕상 1:52; 마
10:30; 눅 12:7; 21:18). '음식을 먹어야 육체가 구원을 얻을 수 있는 것이고
또 실제로 너희의 머리카락 한 가닥이라도 잃을 자가 없으리라'는 말이다.
14일을 먹는 둥 마는 둥 하면서 굶었으니 이제 육지에 상륙하려면 헤엄을
치거나 혹은 육체를 움직여야 하는데 음식을 먹지 않으면 육지까지 나가지
못한다는 뜻이다. 바울은 히브리 사람들이 쓰는 과장법("머리카락" 이야기)
을 사용하여(삼상 14:45; 삼하 14:11; 왕상 1:52; 마 10:30; 눅 21:18) 그들의
구원을 하나님께서 예언해 주셨다고 말한다(22절).

**행 27:35. 떡을 가져다가 모든 사람 앞에서 하나님께 축사하고 떼어 먹기를
시작하매.**
떡을 가져다가 모든 사람 앞에서 하나님께 감사기도하고 떼어 먹기를 시작했
다. 바울은 이때에 하나님께 무한한 축사, 즉 한없는 감사를 드렸다(삼상
9:13; 마 15:36; 막 8:6; 요 6:11; 딤전 4:3-4). 하나님께서 모두를 풍랑에서
구원해 주신 것을 생각하니 감사가 넘쳤고 또 밥을 먹게 되니 진정으로
감사했으며 또한 275의 구원을 바울에게 맡겨주신 사실을 생각하고 무한
감사했고 또 불신자들 앞에서 하나님을 알리는 기회를 주신 것을 생각하고
감사가 넘쳤다. 바울이 감사하는 모습은 예수 그리스도께서 오병이어로 오천
명 이상을 먹이실 때 축사하신 것을 연상케 한다(마 14:19). 바울이 이렇게
많은 사람들 앞에서 하나님을 부르며 감사하므로 다른 사람들에게 하나님의
위대하심을 증거 하였다. 혹자는 바울이 음식을 앞에 놓고 감사 기도한
것을 두고 성찬 예식을 한 것이라고 주장하나 바울은 여기서 음식만 먹었지

포도주 잔도 마시지 않았고 또 불신자들 앞에서 무슨 성찬 예식을 가졌겠는가. 순전히 식사한 것뿐이었다. 바울 옆에서 누가와 아리스다고는 바울이 감사 기도하는 것을 보고 감사로 충만했을 것이다.

행 27:36-37. 그들도 다 안심하고 받아먹으니 배에 있는 우리의 수는 전부 이백칠십육 명이더라.

배안에 있었던 사람들이 다 안심하고 받아먹었다. 바울 한 사람의 놀라운 신앙과 행위로 말미암아 모두들 안심하게 되었다. 신앙인은 다른 사람들에게 안심을 선물로 준다. 하나님이 계심을 보여주며 또 실제로 감화가 넘쳐서 안심을 전해주게 된다. 혹시 성도들이 세상 사람들과 어울려 사회를 혼란하게 하고 교회를 혼란하게 한다면 그 성도는 큰 문제가 있는 성도이다. 성도는 반드시 하나님을 보여주고 그리스도의 위대하심을 보여주어 교회와 사회에 안심을 주고 소망을 주어야 한다.

누가는 "배에 있는 우리의 수는 전부 이백칠십육 명이라"고 말한다(2:41; 7:14; 롬 13:1; 벧전 3:20). 276명이라는 숫자는 누가가 계산한 것이 아니라 아마도 선장과 백부장이 배가 떠나기 전에 마지막으로 인원을 점검하기 위해서 계산했을 것이다. 그런데 누가는 이렇게 많은 사람들이 한 사람도 빠짐없이 하나님의 은혜로 구원을 받았다는 사실에 너무 감사해서 기록했을 것이다.

행 27:38. 배부르게 먹고 밀을 바다에 버려 배를 가볍게 하였더니.

276명의 사람들은 모두 "배부르게 먹었다." 오랜만에 만족하게 먹은 것이다. 우리는 세상에서 어려움을 당하는 중에라도 항상 모든 것을 하나님께 맡기고 만족하게 먹고 살아야 한다. 근심과 걱정 중에 산다는 것은 하나님을 불신하는 것이다.

사람들은 먹을 만큼 먹고 나머지 "밀을 바다에 버려 배를 가볍게 했다." 여기 나머지 밀은 양식으로 쓰인 밀일 것이다. 아프리카에서 로마로 밀을 운반하는 중이었으므로 혹자는 수출용 밀이라고 해석하기도 하나 밀은 이미 일찍이 바다에 버렸을 것으로 보인다(18절). 이 밀은 그들이 양식으로 쓰던 밀이었는데 이제는 상륙을 앞두고 하나라도 더 버려서 배를 가볍게 해야 하므로 양식으로 쓰고 남은 밀을 바다에 버렸을 것이다. 백부장과 사공들은 바울이 말한바 배가 손상을 입을 것이라고 한 것(22절)을 기억하고 배가 될 수 있는 한 덜 부서지도록 하기 위해서 이렇게 밀을 바다에 버렸을 것이다. 그리고 그들에게는 구명보트도 없으니 배 자체가 한 발자국이라도 더 육지에 가까이 가야할 필요가 있었다. 배는 더 가벼워질 필요가 있었다.

행 27:39. 날이 새매 어느 땅인지 알지 못하나 경사진 해안으로 된 항만이 눈에 띄거늘 배를 거기에 들여다 댈 수 있는가 의논한 후.

날이 훤히 밝았을 때, 그들이 접근하고 있는 땅이 어느 땅인지는 알지 못했으나, 경사진 해안으로 된 항만이 눈에 띄었다. 사공들이 그 땅을 어느 땅인지 알지 못했다는 말 때문에 혹자는 이 섬이 멜리데 섬이 아닐 것이라고 추측하나 분명이 누가는 이 섬이 멜리데라고 말한다(28:1). 그런고로 사공들이 접근하고 있는 섬이 여기 어느 땅인지 알지 못했다는 말은 멜리데 섬 중에서 좀 낯 설은 곳에 접근하고 있었다는 것을 뜻한다. 다시 말해 사공들은 멜리데 섬에 대해 잘 알고 있었지만(28:11에 보면 애굽의 알렉산드리아 배가 또 있다는 말을 볼 수 있다) 당시에 접근하고 있던 곳은 멜리데 섬의 주(主) 항구였던 발레타(Valeta)에서 비교적 먼 곳에 위치했던 어느 모래밭이었기에 사공들이 몰라보았던 것으로 보인다(Ramsay, Smith). 훗날 바울이 들어갔던 이곳을 '성 바울 만'('St. Paul's Bay')으로 부르게 되었다고 전한다(Bruce). 본문의 "해안"(αἰγιαλὸς)이란 말은 '평평한 모래 밭'이란 뜻이다.

사공들은 "배를 거기에 들여다 댈 수 있는가 의논했다." 다시 말해 모래밭으로 된 평평한 바닷가에 배를 가져다가 댈 수 있는가를 점검했다. 그런 곳은 바위로 된 바닷가보다는 훨씬 안전했다. 바위로 된 바닷가는 배를 산산조각 낼 수 있는 곳인데 비해 사공들이 당시에 본 곳은 배를 대기에 안성맞춤인 곳이었다. 그들의 의논은 길지 않게 끝이 났다.

행 27:40. 닻을 끊어 바다에 버리는 동시에 키를 풀어 늦추고 돛을 달고 바람에 맞추어 해안을 향하여 들어가다가.

사공들의 의논이 쉽게 끝나고 그들은 몇 가지 작업을 했다. 첫째, "닻(네 개의 닻-29절)을 끊어 바다에 버렸다." 네 개의 닻을 끊어(29절) 바다에 버려 배를 가볍게 했다. 이미 배의 짐을 버렸고(18절), 배의 기구를 버렸으며 (19절), 식물을 버렸고(38절), 지금은 네 개의 닻까지 버렸다. 우리가 살기 위해 생명보다 덜 중요한 것을 버려야 할 것을 보여준 좋은 예이다. 둘째, "키180)를 풀어 늦추었다." 곧 조타용(操舵用) 노(櫓)의 밧줄을 느슨하게 만들었다(이는 배가 진행할 때 방향을 조절하기 위한 조처였다). 셋째, "바람에 맞추어 해안을 향하여 들어갔다." 즉 '바람에 맞추어 해안을 향하여 들어가서 그 배가 좌초하도록 조정하였다.' 사공들이 해야 할 일은 다 한 셈이다.

행 27:41. 두 물이 합하여 흐르는 곳을 만나 배를 걸매 이물은 부딪혀 움직일 수 없이 붙고 고물은 큰 물결에 깨어져 가니.

배는 해안에 정박하기 전에 "두 물이 합하여 흐르는 곳을 만나 배를 걸었다." "두 물이 합하여 흐르는 곳을 만났다"는 말은 '멜리데 섬으로부터 바다로 흘러내려오는 물줄기와 바닷물이 합하는 곳을 만났다'는 뜻이다. 바로 이곳에서 알렉산드리아 배는 파선했다. 제임스 스미스(James Smith)는 배가 파선한 곳은 그 섬의 동북쪽 해안에 있는 '성 바울 만'(St. Paul's Bay)이라고 알려진, 전설적 장소였다고 말한다.181) 이 성 바울만의 모래와 진흙이 물의 흐름에 의해서 섞여져서 진흙 퇴적물을 이루었다. 결과 "이물은 부딪혀 움직

---

180) "키"란 '배의 방향을 조종하는 장치'를 말한다.

181) 그곳이 정확하게 어디냐 하는 것은 제임스 스미스(James Smith)만큼 자세히 말하는 사람은 아마도 아직은 없는 것 같다. 그는 그 지역을 탐사하고 발표한 고로 모든 성경주경신학자들은 그의 설명을 따르는 수밖에 없다. James Smith, *Voyage and Shipwreck of St. Paul.* 3d ed. (London: Longmans, Green, 1866), p. 140.

일 수 없이 붙고 고물은 큰 물결에 깨어져 갔다"(고후 11:25). '두 물이 만나는 곳에 암초가 형성되어 있어서 배 머리는 움직일 수 없이 그 진흙 속에 빠져버렸다. 그러나 배의 뒷부분은 파도에 노출되어 더 이상 견디지 못하고 깨어져갔다'(Kistemaker).

행 27:42. 군사들은 죄수가 헤엄쳐서 도망할까 하여 그들을 죽이는 것이 좋다 하였으나.
배가 파선되는 것을 보고(앞 절) "군사들은 죄수가 헤엄쳐서 도망할까 하여 그들을 죽이는 것이 좋다"고 주장했다. 죄수 한 사람만 도망해도 죄수를 지키는 군사에게 책임이 돌아가는 것이 로마의 법이니까(12:19; 16:27) 군사들은 차라리 죄수들을 죽이는 것이 더 낫다고 판단하여 죽이자고 주장했다. 군사들은 자기들의 책임만 생각하고 죄수들을 죽이자고 한 것이다. 죄수들을 죽이면 바울도 죽여야 하는데 군인들은 바울을 통하여 하나님으로부터 말씀도 받았고 마음 평안히 식사도 했으며 여러모로 큰 위로를 받았는데 그 은혜를 기억하지 못하고 죄수들을 죽이자고 했다. 사람들은 이처럼 은혜를 쉽게 잊어버린다.

행 27:43. 백부장이 바울을 구원하려 하여 그들의 뜻을 막고 헤엄칠 줄 아는 사람들을 명하여 물에 뛰어내려 먼저 육지에 나가게 하고.
백부장은 바울을 구원하려고 죄수들을 죽이자고 주장하는 군인들의 뜻을 들어주지 않고 막았다. 올바른 상관이었다. 바울 때문에 다른 죄수들도 군인들한테 죽임을 당하지 않았다. 세상의 죄인들도 한 사람의 의인 때문에 죽지 않고 안전하게 사는 수가 많이 있다.
　백부장은 헤엄칠 줄 아는 사람들로 하여금 물에 뛰어내려 먼저 육지에 나가게 했다. 백부장은 헤엄칠 줄 아는 사람과 헤엄칠 줄 모르는 사람을 구별하여 육지에 나가게 했다(다음 절). 백부장은 바울에게만 친절하게 행하는 사람이 아니라 지도력이 있어 헤엄칠 줄 아는 사람과 헤엄칠 줄 모르는 사람을 구별하여 대처했다.

행 27:44. 그 남은 사람들은 널조각 혹은 배 물건에 의지하여 나가게 하니 마침내 사람들이 다 상륙하여 구조되니라.

"그 남은 사람들," 곧 '헤엄칠 줄 모르는 사람들'은 "널조각 혹은 배 물건에 의지하여 나가게 했다." 백부장은 헤엄칠 줄 모르는 사람들로 하여금 배가 파손할 때 생겨난 널조각을 타고 나가게 하고 혹은 배 안에 있는 어떤 물건들을 의지하여 육지로 상륙하게 했다. 그래서 결국은 276명 모두는 다 상륙하여 구원을 얻게 되었다(22절). 배안에 실었던 물건들과 배가 파손되었을 뿐, 생명은 모두 구원을 받았다.

아무튼 풍랑으로 인하여 바울은 배 안에서 많은 기도를 드렸다. 성도는 세상에서 만나는 풍랑 때문에 손해를 보지 않는다(롬 8:28). 그리고 풍랑 때문에 바울의 위상은 올라갔다. 처음에는 그의 말(주님으로부터 받은 깨달음)이 먹혀들지 않았다. 풍랑이 더 강해지니 그의 말이 먹혀들어 사람들은 그의 말에서 큰 위로를 얻었고 또 그의 지도를 받았다. 성도는 풍랑 중에서 기도하여 다른 사람들에게 유익을 끼치고 위로를 주어야 한다. 그래서 그리스도께서 영광 받으시도록 해야 한다. 성도는 고난 중에 기도하고 즐거울 때 찬송해야 할 것이다(약 5:13).

제 28 장
바울의 멜리데 섬의 사역과 로마로 가는 여정
및 로마에서의 사역

4. 멜리데 섬 토인들의 후한 대접   28:1-10

바울을 포함한 276명은 유라굴로 광풍을 만나 아드리아 바다에서 형언할 길 없는 조난을 당했으나 드디어 하나님의 은혜로 멜리데 섬에 상륙하였는데 뜻 밖에도 섬의 원주민들의 따뜻한 영접을 받는다(1-2절). 특히 바울은 섬에서 독사에게 물렸으나 해를 받지 않자 원주민들은 바울을 대단한 인물로 알게 된다(3-6절). 바울은 멜리데 섬에 도착하여 3개월을 지내는 중 또 복음 사역을 한다. 그 섬에서 제일 높은 사람의 부친의 병을 고친 일을 비롯하여 많은 사람들의 병을 고치고 전도하는 기회를 얻는다(7-10절). 성도가 가는 곳은 모두 그리스도를 전할 교구인 셈이다.

행 28:1. 우리가 구조된 후에 안즉 그 섬은 멜리데라 하더라.

바울 일행은 멜리데 섬에 상륙하기 전에는 그 곳이 어디인지 모르다가 구조된 후에 알게 된 것인데 바로 그 섬은 "멜리데"(Malta)였다(27:26). 멜리데 섬은 시칠리아 섬의 남쪽에 있는 말타(Malta)이다.182) 이 섬은 둘레가 96km

---

182) ""멜리데"(Melita) 섬은 지금의 몰타(Malta) 공화국인 것이 분명하다. '몰타'는 페니키아 어로 '피한지' 또는 '항구'라는 뜻이다. 면적 : 36 ㎢ (제주도의 1/6), 시칠리아 섬 남쪽 93㎞, 아프리카 북방 288 Km, 인구 : 38만7천명, 독립 : 1964. 9. 21 (독립기념일), 공화제 수립 : 1974.12. 몰타가 주도(主島)이고 고조(Gozo), 코미노(Comino) 등의 섬으로 구성돼 있고 수도는 발레타(Valletta)이다. 섬 길이는 약 29㎞이고 너비는 13㎞, 높이는 가장 높은 곳이 해발 258m 정도이다. 이 섬은 위치상 매우 중요한 곳으로 동서로 횡단하는 여행자나 북쪽에서 남쪽 아프리카로 건너가는 여행자에게 매우 중요한 요지이다. 이 섬에는 보블리오가 파선 당한 바울 일행을 잘 대접해 준 것을 기념해 세운 보블리오 기념교회, 바울이 뱀에 물린 곳에 세워진 기념교회,

되는 작은 섬이다.

행 28:2. 비가 오고 날이 차매 원주민들이 우리에게 특별한 동정을 하여 불을 피워 우리를 다 영접하더라.

바울 일행이 멜리데 섬에 도착했을 때는 금식하는 절기(27:9-9월 20일경)가 지난 때, 곧 "비가 오고 날이 차가운" 때였다. 그런데 고맙게도 "원주민들이 우리에게 특별한 동정을 하여 불을 피워 우리를 다 영접했다"(롬 1:14; 고전 14:11; 골 3:11). 여기 "원주민들"(βάρβαροι)이란 말은 '비(非) 헬라인들'을 뜻하는 말인데(롬 1:14), "대부분 베니게 혈통을 가졌으며 베니게 말을 사용했다. 그러므로 그들은 헬라인이나 로마인 모두에 의해 야만인으로 불렸다"(F. F. Bruce). 이곳 멜리데 섬의 원주민들은 배에서 내린 사람들에게 특별한 동정심을 발휘하여 바울 일행을 영접하였다. 배에서 아침에 내린 사람들, 바닷물에 젖은 사람들에게 불을 피워 영접하므로 문명인의 모습을 보여주었다. 나그네를 우대하는 것은 고대인들의 미풍이었지만 특별히 본서 저자 누가의 느낌에도 원주민들이 현저하게 바울 일행에게 특별한 동정을 한 것은 하나님의 특별하신 섭리에 의한 것이었다. 하나님께서 바다에서 고생한 바울 일행을 선대하도록 원주민들의 마음을 주장하신 것이다. 하나님은 사람의 마음을 주장하신다(잠 21:1).

행 28:3. 바울이 나무 한 묶음을 거두어 불에 넣으니 뜨거움으로 말미암아 독사가 나와 그 손을 물고 있는지라.

섬의 원주민들이 불을 피워 바울 일행을 영접하였는데(앞 절) 바울은 봉사하는 뜻으로 "나무 한 묶음을 거두어 불에 넣은" 것으로 보인다. 그 때 "뜨거움으로 말미암아 독사가 나와 그 손을 물었다." 나무 묶음 속에 있던 독사가 불 때문에 뜨거워 바울의 손을 문 것이다. 혹자는 멜리데 섬에 지금 독사가

바울이 보블리오를 만난 곳에 세워진 바울기념교회가 있다.

없다는 이유로 바울 일행이 상륙한 섬이 멜리데 섬이 아니라고 한다. 그러나 1853년에 레빙(Lewing)이 이 항만 근처에서 독사를 보았다고 한다(Lenski).

독사가 다른 사람들의 손이나 발을 물지 않고 유독 바울의 손을 문 것을 보고 세상 사람들은 바울이 복이 없는 사람이라고 할 것이다. 그러나 독사가 물어도 아무 탈 없는 바울을 보고 섬 사람들과 또 275명의 항해자들은 놀라움을 금치 못했을 것이다. 하나님을 사랑하는 사람들은 모든 것이 합력하여 선이 된다(롬 8:28).

행 28:4. 원주민들이 이 짐승이 그 손에 매달려 있음을 보고 서로 말하되 진실로 이 사람은 살인한 자로다 바다에서는 구조를 받았으나 공의가 그를 살지 못하게 함이로다 하더니.

바울이 뱀에 물린 것을 보고(앞 절) 원주민들은 바울이 살인자라고 생각했다가(본 절) 아무 이상이 없는 것을 보고(5절) 나중에는 완전히 마음을 바꿔 신(神)이라고 하였다(6절). 본서의 저자 누가는 본 절에서 바울에 대한 원주민들의 평가를 기록한다. 원주민들은 독사가 바울의 손에 매달려 있는 것을 보고 서로 말하기를 "진실로 이 사람은 살인한 자로다 바다에서는 구조를 받았으나 공의가 그를 살지 못하게 한다"고 말했다. 원주민들은 '진실로 바울은 살인한 사람이다. 바울이 사람을 죽인 사람이니 독사에 물려 죽게 되었다. 독사가 물면 죽는다는 것이 상식이다. 바울이 바다에서는 죽지 않고 구사일생으로 구원을 받았으나 공의가 그를 살지 못하게 한다고 말했다. 여기 "공의가 그를 살지 못하게 한다"는 말은 '섬사람들이 가지고 있는바 정의와 복수(復讐)의 여신(女神) 공의(ἡ δίκη)가 바울을 살지 못하게 한다'는 뜻이다. 여기 "공의(ἡ δίκη)"가 무엇이냐를 정확히 말하기는 힘 든다. 1) 혹자는 인류의 마음속에 있는 '정의'로 보았다. 렌스키(Lenski)는 "추상적 의미에서 '정의'를 생각하는 것이 좋다. 이 이념은 정의가 언제나 희생을 요청하고 있다는 점이다. 정의는 그 자체의 이상하고도 신비로운 방법에서 역사한다. 우리는 이것을 미신이라고 생각해서는 안 된다"고 주장한다.183)

2) "원주민들의 여신 공의"(Justice)를 지칭하는 것이라고 말한다
(Kistemaker, Bruce, John Stott, Marshall). 헬라인들이 가지고 있던 공의의
여신이 있었는데 멜리데 사람들이 그 여신 개념을 수입하여 자신들 나름대로
의 공의의 여신을 가지고 있었던 같다. 둘 중에 아마도 2번의 설명이 더
나을 듯싶다. 이유는 원주민들이 "서로 말하는" 중에 "공의"를 언급한 것을
보면 멜리데 사람들이 자주 말하고 있던 공의의 여신 개념이 분명히 있었던
것으로 보인다. 공의의 여신은 도둑들을 벌하고 간음 자들을 벌하며 살인자들
을 죽이는 신으로 멜리데 사람들의 머릿속에 자리 잡고 있었던 것으로 보인
다. 멜리데 섬사람들은 공의의 여신을 생각하며 또 공의의 여신의 주장을
받고 살았던 것 같다. 그러니까 토인들이 본래적으로 가지고 있던 공의
개념에서 말했다기보다는 헬라인들로부터 수입한 공의의 여신 개념에서
말했다고 보는 것이 더 타당할 것이다.

행 28:5. 바울이 그 짐승을 불에 떨어 버리매 조금도 상함이 없더라.
바울은 자기 손을 물고 있던 뱀을 불에 떨어버렸다. 그런데 조금도 그 손이
상하지 않았다(막 16:18; 눅 10:19). 원주민들은 공의의 여신이 바울을 죽일
것이라고 예상했으나 예수 그리스도께서 살려주셨다(막 16:18). 바울은 예수
그리스도의 위대함을 보여주었다. 그리고 예수님은 멜리데 섬에서 복음을
전하고 사역을 해야 하는 바울을 사람들에게 그리스도의 종이라고 미리
보여주셨다. 예수님은 바울을 배 안에서 사용하시고 또 불 쬐는 자리에서도
사용하시고 또 멜리데 섬에서 복음 전하는 중에서도 사용하셨다.

행 28:6. 그들은 그가 붓든지 혹은 갑자기 쓰러져 죽을 줄로 기다렸다가

---

183) 렌스키(Lenski), *사도행전* (하), 성경주석, 차영배역, p. 484. 렌스키는 주장하기를 "토인
들이 확신하는 바에 의하면, 범죄는 보응을 받는다는 것이며 흔히 그 보응은 현저하게 가시적
방법으로 온다는 것이었다...그들은 바울이 틀림없는 살인자로 생각하였다. 그리고 이 범죄는
죽음에 해당한다고 보았다. 비록 그가 바다에서는 안전했으나 정의는 그를 이제 살려 둘수는
없었다고 보았다"고 주장한다(Ibid., p. 484).

오래 기다려도 그에게 아무 이상이 없음을 보고 돌이켜 생각하여 말하되 그를 신이라 하더라.

원주민들은 바울이 뱀의 독에 의해서 붓든지 혹은 갑자기 쓰러져 죽을 줄로 기다렸다가 오래 기다려도 그에게 아무 이상이 없음을 보고 돌려 생각하여 말하기를 "그를 신이라"고 말했다(14:11). 사람들은 너무 지나치게 아래위로 출렁거리고 있었다. 살인자로 생각한 것도 잘 못이고 신(神)이라고 생각한 것도 잘 못이었다. 그는 살인자도 아니고 신도 아니었다. 그리스도가 없는 사람들은 세상을 잘 관찰하지 못한다. 아무리 세상에서 지식을 많이 얻은 사람도 관찰의 기준이 없기 때문에 아래위로 너무 출렁일 수밖에 없다.

행 28:7. 이 섬에 가장 높은 사람 보블리오라 하는 이가 그 근처에 토지가 있는지라 그가 우리를 영접하여 사흘이나 친절히 머물게 하더니.

누가는 본 절부터 10절까지 바울의 사역과 바울이 받은 대접에 대해 언급한다. 바울 일행은 보블리오(Publius)의 대접을 받았다. 누가는 멜리데 섬에서 "가장 높은 사람 보블리오라 하는 이가 그 근처에 토지가 있었다"고 말한다. "가장 높은 사람"(τῷ πρώτῳ)이란 말은 '앞서 있는'(pro)이란 말의 최상급으로 글자대로 말하면 '첫째 되는 것,' '첫째 되는 사람'이란 뜻이다. 이 말은 멜리데 섬에서 발견된 비문에 의하여 하나의 직명인 것으로 믿어진다. 보블리오184)는 멜리데 섬의 총독 아래서 가장 중요한 직위에 있었던 사람으로 보인다. 보블리오가 그 근처에 토지가 있는 여유 있는 사람이었고 그 근방에 여러 저택을 가지고 있었던 사람으로 보인다.

누가는 보블리오가 "우리를 영접하여 사흘이나 친절히 머물게 했다"고 말한다. 그가 바울 일행을 영접하여 사흘이나 친절하게 자기 집에 머물게 한 이유는 두 가지였을 것이다. 첫째, 하나님께서 그에게 바울을 친절하게

---

184) 람세이(Ramsay)는 보블리오(Publius)라는 말이 가족 명(last name)이 아니라 개인의 이름(first name)이라고 한다. 당시에 보블리오의 소작인들이 보블리오의 첫 이름을 부르는 습관이 있었고 또 누가도 보블리오와 친해지면서 그냥 첫 이름을 성경에 썼을 것이라고 말한다.

대접할 마음을 주셨기 때문일 것이다. 하나님은 사람을 시켜서 주의 종들을 공궤하시니 말이다(왕상 17:9; 눅 4:26). 둘째 바울이 독사에 물려서도 죽지 않고 오히려 독사를 죽인 것을 보고 대단한 사람으로 여겨 친절하게 대접했을 것이다. 사흘이 지난 다음 원주민들은 바다에서 올라온 사람들을 위해서 피난처(임시거처)를 만들어 주었을 것이다.

행 28:8. 보블리오의 부친이 열병과 이질에 걸려 누워 있거늘 바울이 들어가서 기도하고 그에게 안수하여 낫게 하매.

보블리오가 바울 일행에게 친절을 다했는데 "보블리오의 부친이 열병과 이질에 걸려 누워 있었다." "열병"(πυρετοῖς)이란 말이 복수로 표현되어 있었던 것은 '열이 자꾸 반복적으로 공격했던 것'을 보여준다. 열이 자꾸 오르고 이질에 고생하고 있던 보블리오의 부친을 바울이 들어가서 몸에 손을 얹고(19:11-12; 막 6:5; 7:32; 16:18; 눅 4:40; 고전 12:9, 28) 기도하여 (약 5:14-15) 고쳐주었다. 바울은 보블리오의 부친을 위하여 안수 기도하는 일에 열심을 품었을 것이다. 아들 보블리오로부터 대접을 받았으니 감사하는 마음도 있었고 또 이 사람을 고치면 복음의 문이 더욱 열릴 것을 예상했을 것이다.

행 28:9. 이러므로 섬 가운데 다른 병든 사람들이 와서 고침을 받고.

보블리오의 부친의 병이 바울의 안수 기도로 깨끗이 나았음으로 "섬 가운데 다른 병든 사람들이 와서 고침을 받았다." 이질 환자만 아니라 무슨 환자든지 다 와서 바울의 기도로 고침을 받았고 또 바울이 전하는 복음을 듣고 새 생명의 역사가 그 섬에 나타났다.

행 28:10. 후한 예로 우리를 대접하고 떠날 때에 우리 쓸 것을 배에 실었더라.

바울은 그 섬에서 쉴 사이 없이 복음을 전하고 병을 고쳐주었다. 그 결과 두 가지 일이 발생했다. 하나는 바울 일행이 3개월을 섬에 있는 동안 섬사람

들이 "후한 예로 우리(바울 일행)를 대접했다"(마 15:6; 딤전 5:17). 바다에서
고생한 바울 일행은 섬사람들이 식량과 의복을 제공하여 잘 지나게 되었다.
그리고 둘째, 바울 일행이 "떠날 때에 우리 쓸 것을 배에 실어" 주었다.
바울 일행(누가, 아리스다고)은 그 겨울을 섬에서 잘 지내고 떠날 때에 일행이
쓸 것을 섬사람들이 배에 실어주었다. 주님은 섬사람들을 통하여 바울 일행에
게 넉넉하게 주셨다.

5. 멜리데 섬에서 로마까지 28:11-15

멜리데 섬에서 3개월 동안 계속해서 주님을 증언하고 사람들의 병을
고쳐준 바울은 이제 다시 알렉산드리아 배를 타고 로마로 향한다. 먼저
시칠리아 섬을 거쳐 레기온, 보디올, 압비오광장, 트레이스 타베르네(삼관이
라고 불리는 여관)를 거쳐 드디어 로마에 도착한다.

**행 28:11. 석 달 후에 우리가 그 섬에서 겨울을 난 알렉산드리아 배를 타고
떠나니 그 배의 머리 장식은 디오스구로라.**

바울은 멜리데 섬에서 주님을 증언하기도 하고 혹은 많은 병자들의 병을
고쳐주기도 하며 혹은 충분한 휴양을 취하기도 하다가 "석 달 후에 우리(바울
일행)가 그 섬에서 겨울을 난 알렉산드리아 배를 타고 떠났다." 멜리데 섬에
들어간 것이 11월 중순이었다면(Ramsay) 이제 2월 중순 경이 되어 멜리데
섬의 주항(主港) 발레타(Valetta)에서 알렉산드리아 배를 타고 떠났다(그
섬에서 겨울을 지낸 배였다). 여기 "알렉산드리아 배"는 멜리데 섬에 들어올
때에 타고 왔던 알렉산드리아 배(27:6)는 아니다. 그 배는 3개월 전에 파선
당했고 본 절에 나오는 배는 다른 배로서 애굽의 밀을 싣고 로마로 가는
배였다. 그런데 누가는 로마로 가는 배의 머리 장식이 "디오스구로"라고
말한다. "디오스구로"(Διοσκούροις)란 말은 '제우스(Διος)의 아들들
(κούροι)'이란 뜻인데, 구체적으로 말해 '제우스(Zeus신 또는 Jupiter신)의
쌍둥이 아들들'(Custer와 Pollux)이란 뜻이다. 제우스의 쌍둥이 아들들은

선원들의 수호신이었다. 사공들은 제우스의 쌍둥이 아들들이 자기들을 지켜
주는 줄로 믿었다. 누가가 "디오스구로"라는 이름을 기록한 이유는 사공들은
제우스의 아들들을 수호신으로 믿고 다니지만 바울 사도 일행(누가 및 아리
스다고)은 예수 그리스도 안에서 여행하고 있다는 것을 드러내기 위함이었
다. 예수님이야 말로 전도자들과 성도들을 참으로 보호하시는 하나님이시다.
알렉산드리아 배는 드디어 멜리데 섬을 떠나 시칠리아 섬의 수라구사를
향해 떠났다.

행 28:12. 수라구사에 대고 사흘을 있다가.

알렉산드리아 배는 멜리데 섬의 발레타(Valetta) 항구를 출발하여 "수라구사
에 대고 사흘을 있었다." "수라구사"(Syracuse)[185]는 시칠리아 섬의 수도로
서 이 섬의 동남쪽 영안에 있는 큰 항구 도시이다. 수라구사는 고린도인의
식민지로 BC 734년에 건설되었고, BC 212년 이래로 로마의 지배하에 들어
가게 되었다. 신약 시대에 주민의 대부분은 로마 시민이었다. 바울이 이곳에
3일을 머무는 동안 아마도 전도했을 것으로 보인다. 알렉산드리아 배가
수라구사에서 3일을 정박했던 이유는 아마도 이 배가 역풍을 만났기 때문이
었을 것이다(다음 절 참조).

행 28:13. 거기서 둘러가서 레기온에 이르러 하루를 지낸 후 남풍이 일어나므로 이튿날 보디올에 이르러.

알렉산드리아 배는 수라구사로부터 "둘러가서" 레기온에 이르러 하루를
지냈다. 여기 "둘러가서"란 말은 아마도 '바람 때문에 지그재그(zigzag)로
혹은 갈지 자(之) 형으로 간 것'을 지칭할 것이다(John Stott). 그들은 레기온
에 이르러 하루를 지냈다. "레기온"('Ρήγιον)은 반도의 서남단 가까이에

---

185) "수라구사"는 시칠리아 섬 동부 해안에 있는 항구 도시이다. 이 도시에는 다이아나
신전, 미네르바 신전, 총독관저가 있었고 유명한 샘인 아데투사가 있다. 그리고 아크라디나라고
불리는, 본토지방에는 광장 공회당 원로원 의사당 유테피네신전 등이 있다.

있던 성읍인데, 희랍의 옛 식민지 중 하나이다. 시칠리아 섬에 가까우며, 이 섬의 성읍 멧시나와는 불과 10㎞을 떨어져 있다. 신약 시대에 이 곳 주민은 헬라 사람들과 라틴사람들이 혼합되어 살았다. 바울은 여기서 하루를 체류하면서 남풍을 기다려 보디올로 떠났다(행 28:13). 오늘날의 이름은 레기오 디 칼라브리아(Reggio di Calabria)이다.

알렉산드리아 배는 "하루를 지낸 후 남풍이 일어나므로 이튿날 보디올에 이르렀다." 다시 말해 '레기온에서 하루를 지낸 후 다음 날 그 배는 남풍이 일어나기 때문에 남풍을 이용하여 계속 항해해서 매우 빠르게 전진하여 이튿날에는 320km를 항해하여 보디올186)에 도착했다.'

행 28:14. 거기서 형제들을 만나 그들의 청함을 받아 이레를 함께 머무니라 그래서 우리는 이와 같이 로마로 가니라.

보디올에서 바울 일행은 예수님을 믿는 형제들을 만나 그들의 초청을 받아 한 주(週)를 함께 머물렀다. 일이 이렇게 된 것은 죄수들을 책임 맡은 백부장 율리오가 보이올에서 지체할 수밖에 없었던 부득이한 일이 있었던 것으로 보인다. 그래서 백부장은 바울로 하여금 보디올에 있는 믿는 형제들의 초청을 받도록 한 주간 쉬도록 허락했다(27:3 참조). 바울이 형제들을 만나 함께 이레를 머문 것은 말할 수 없는 즐거움이었을 것이다. 하나님은 성도들에게 자주 이런 기쁨을 주신다.

누가는 본 절에서 "그래서 우리는 이와 같이 로마로 가니라"고 표현하고 있다. 이 구절에 대한 해석은 쉽지가 않다. 1) 혹자는 여기 "로마로 가니라"는 말을 16절에 있는 "로마에 들어가니"라는 말과 구별하기 위하여 넓은 의미의 "로마로 가니라"로 해석한다. 이유는 본 절의 "로마"라는 말 앞에 관사가

---

186) 보디올이란 곳은 이탈리야의 나폴리 만에 위치한 로마의 외항으로 로마까지는 220km 지점에 있는 중요한 항구이다. 보디올은 나폴리 서쪽 11㎞ 지점에 있던 고대의 중요한 항구로 오늘날의 풋추올리(Pozzuoli)라는 한적한 어촌이다. 이곳은 헬라인에 의해 일찍부터 개발되었는데 유대인이나 기타 민족에 의해 식민되었으며, 그리스도인들도 일찍부터 여기 거주했으므로 바울은 로마로 가는 도중 여기 상륙하여 신자들의 환영을 받아 한 주간을 지냈다.

없다는 이유에서이다. 그러나 이 해석은 받기가 어렵다. 이유는 누가가 여기
서 넓은 의미의 로마와 좁은 의미의 로마로 구분하였을 것 같지가 않다.
2) 혹자는 '숙망의 로마로 가니라'는 뜻으로 보기도 한다. 그러나 그 보다도,
3) '이와 같이 하여 로마를 향하여 출발하니라'(In this way we started
for Rome)는 말로 해석하는 것이 바람직하다. 요 20:3에 보면 베드로와
요한은 무덤을 향하여 출발했다는 말이 나오는데 그 구절에 '갔다'(to come)
는 말이 나온다. 문맥에서 그 말(to come)은 '무덤을 향하여 출발했다'는
뜻인 것처럼 본 절에서도 역시 "로마로 가니라"가 아니라 '로마를 향하여
출발하니라'로 해석해야 할 것이다(Longenecker, Kistemaker, Marshall).
바울 일행은 보디올에서 형제들과 이레 동안 친교 하다가 로마를 향해 출발했
다.

**행 28:15. 그 곳 형제들이 우리 소식을 듣고 압비오 광장과 트레이스 타베르
네까지 맞으러 오니 바울이 그들을 보고 하나님께 감사하고 담대한 마음을
얻으니라.**
보디올에서 7일을 머무는 동안 어떤 형제가 바울이 왔다는 소식을 로마의
형제들에게 전하자 "그 곳 형제들," 곧 '로마의 믿는 형제들'이 "우리(바울
일행) 소식을 듣고 압비오 광장과 트레이스 타베르네까지 맞으러 왔다."
몇몇 형제들은 로마로부터 동남쪽 64km(40마일) 지점까지 즉 압비오 광장까
지 마중 나왔고 또 몇몇 형제들은 로마로부터 동남쪽 48km(30마일) 지점까
지 즉 트레이스 타베르네까지 마중 나왔다. "압비아 광장"이란 곳은 사람들이
압비아 로(路)(The Appian Way)를 여행하다가 쉬는 장터이다. BC 312년에
건설하기 시작한 도로로 아피우스 클라우디오(Appius Caudius) 검열관의
이름을 따서 이름 지어진 도로이다. 그리고 "트레이스 타베르네"라는 말에서
"트레이스"는 '셋'이라는 뜻이고 "타베르네"라는 말은 꼭 '여관'만을 의미하
는 것이 아니라 '상점' 혹은 '가게'를 의미하기도 한다.
바울은 뜻밖에도 아피안 도로를 따라 올라가다가 두 그룹의 성도들을

도중에서 만나게 되어 첫째, "그들을 보고 하나님께 감사하게 되었다." 성도들이 이렇게까지 멀리 올 줄이야 전혀 생각하지 못했는데 압비오 광장까지 나오고 또 트레이스 타베르네까지 마중 나왔으니 하나님께 감사하기 이를 데 없었다. 그리고 둘째, 바울은 "담대한 마음을 얻었다." 한 번도 와보지 않았던 초행이었고 또 앞으로의 일이 어떻게 진전될지 모르는 불안감이 있었는데 그 모든 불안감은 씻은 듯이 사라져 버리고 말았다. 그는 계속해서 감사한 마음으로 그리고 담대한 마음을 가지고 그 도로를 따라 올라갔다. 바울이 로마에 들어갔을 때는 많은 성도들로부터 감싸이게 되었다. 바울은 3년 전에 로마서를 써 보내고 난후 그들을 위해서 계속해서 기도해왔고(롬 1:9-10), 또 그는 로마에 있는 성도들에게 자신을 위해서 기도해주고 또 자신이 훗날 로마에 안전하게 도착하도록 기도해 주기를 부탁했는데(롬 15:31-32) 과연 하나님께서 기도에 응답하신 것을 현실로 느꼈을 것이다. 함께 가던 백부장 율리오는 바울을 마중 나온 두 무리를 보고 큰 감명을 받았을 것이다. 그는 바울이 죄수가 아니라 성자임을 느꼈을 것이다.

B. 바울이 로마에서 활동하다   28:16-31
    바울은 로마에 도착하여 사역을 시작하였다. 1) 유대인들 중 높은 사람들을 초대하여 자기가 상소한 이유를 설명했고(16-22절), 2) 다른 날짜를 정하여 주님의 복음을 전하였고(23-29절), 3) 2년간의 옥중 생활 중에 계속해서 복음을 전했다(30-31절).

1. 유대인들을 초대하다   28:16-22
    바울이 로마에 들어간 후 3일이 지나 유대인들 중 높은 사람들을 초청하여 자기에 대한 유대인들의 오해를 불식시킨다. 자기에 대한 오해를 불식시키지 않으면 전도를 할 수 없는 고로 먼저 바울에 대하여 바른 생각을 가지도록 노력한다. 바울은 자기가 가이사에게 상소한 이유는 마지못하여 한 것이고 결코 민족을 걸어 송사하려는 것이 아니라고 변명한다.

행 28:16. 우리가 로마에 들어가니 바울에게는 자기를 지키는 한 군인과 함께 따로 있게 허락하더라.

"우리," 즉 '바울과 누가, 아리스다고'가 로마에 도착했을 때 백부장 율리오는 죄수를 인계하는 중에 당국자들에게 바울에 대해서 좋게 말했을 것이다. 백부장 율리오는 바울이 죄가 전혀 없는 사람이라는 것, 바울은 자기 스스로 상소해서 여기까지 왔다는 것, 그리고 로마까지 오는 중에 바울이 알렉산드리아 배 안에서 역사했던 일들, 그리고 멜리데 섬에서 3개월간 전도하고 또 사람들의 병을 고쳐준 일들, 로마에 들어올 때 많은 성도들이 마중 나왔던 일들을 차례로 말했을 것이다. 아무리 무쇠 같은 당국자들이라도 그 사실을 들었을 때 느낌이 달랐을 것이다. 결국 누가는 "바울에게는 자기를 지키는 한 군인과 함께 따로 있게 허락하더라"고 말한다(24:25; 27:3). 함께 온 죄수들과는 완전히 달리 취급 받게 되었다는 뜻이다. 바울은 다른 죄수들과 따로 있게 되었는데 바로 셋집에 있게 되었다(30절). 그렇지만 바울은 여전히 매인 몸이었다(20절). 한 사람의 군인이 그를 지키고 있었다. 그러나 하나님은 로마의 성도들을 감화하셔서서 바울의 편리를 보아주게 하셨을 것이다. 로마의 성도들은 바울의 집세, 음식, 의복 등 여러 면으로 보살폈을 것이다. 쉬지 않고 로마 교회를 위하여 기도한 기도(롬 1:9)가 헛되지 않아서 로마 교회도 잘 되고 또 바울도 그들을 통하여 사랑을 받게 된 것이다.

행 28:17. 사흘 후에 바울이 유대인 중 높은 사람들을 청하여 그들이 모인 후에 이르되 여러분 형제들아 내가 이스라엘 백성이나 우리 조상의 관습을 배척한 일이 없는데 예루살렘에서 로마인의 손에 죄수로 내준 바 되었으니.

바울이 로마에서 거주할 셋집(이 집이 감옥으로 사용되었다)을 구하는 일, 로마 당국이 바울을 지킬 군인을 배치하는 일, 바울이 잠시 쉬는 시간 합해서 3일이 걸렸는데 바울은 더 이상 시간을 잡지 않고 "유대인 중 높은 사람들을 청하였다." 여기 "높은 사람들"이란 '로마에 있는 유대인 회당의 지도자들과 또 로마 사회에서 지위가 높은 유대인들'을 지칭할 것이다. 당시 유대인들이 로마에 많이 있었던 이유는 마카비 시대(BC 166-63)로부터 로마에 거주하였고 또 마카비 독립운동을 진압한 폼페이가 BC 63년 많은 유대인 포로를 로마로 데리고 왔기 때문일 것이다. 유대인들은 로마에서 부자가 된 사람들이 많았고 또 세력가들이 많이 생겼다. 바울은 어디를 가든지 먼저 유대인, 다음으로 이방인 순서로 복음을 전했다(롬 2:10). 바울이 얕은 사람들보다 먼저 "높은 사람들"을 먼저 초청한 이유는 높은 사람들부터 설득하고 복음을 전하는 것이 더 빠른 방법이기 때문이었을 것이다. 결코 얕은 사람들을 무시한다는 뜻은 아니었다.

바울은 유대인 중 높은 사람들이 모인 후에 말하기를 "여러분 형제들아 내가 이스라엘 백성이나 우리 조상의 관습을 배척한 일이 없는데 예루살렘에서 로마인의 손에 죄수로 내준 바 되었다"고 말한다(24:12-13; 25:8). 바울이 "여러분 형제들아"라고 부른 것은 '유대인 동족들아'라고 부른 것이나 다름 없다. 그들이 아직은 그리스도를 믿지 않는 사람들이니 '믿는 형제들아'라고 부르지는 않았다. 그리고 바울은 자신이 "이스라엘 백성"을 배척한 일이 없다고 말한다. 혹시 로마에 있는 유대인들의 마음속에 그런 생각이 있으면 그런 생각을 불식시키기 위하여 바울은 이스라엘 백성을 배척하는 마음은 추호도 없다는 것을 알린다. 그리고 바울은 "우리 조상의 관습을 배척한 일이 없다"고 말한다. 모세의 율법이나 유대인들의 전통을 배척한 일이 없다고 말한다. 다만 율법을 완성하신 그리스도를 믿으라고 한 것뿐이었다. 율법 조문 하나하나를 지켜서 구원 받는 것은 불가능하니 구약 율법을 완전히 성취하신 그리스도를 믿을 때에 구원을 받을 수 있는 것이니 그리스도를 믿으라고 말했을 뿐이라고 알렸다(25:8 주해 참조).

바울은 자신이 죄를 지은 일이 없는데 "예루살렘에서 로마인의 손에 죄수로 내준 바 되었다"고 말한다(21:33). 예루살렘 성전에서 유대인들한테 잡혀서 가이사랴의 벨릭스 총독과 베스도 총독에게 죄수로 내준바 되었다는 것이다. 그래서 바울은 하는 수 없이 자신의 결백을 변명하려고 가이사에게 상소하였다고 말한다(19절).

행 28:18. 로마인은 나를 심문하여 죽일 죄목이 없으므로 석방하려 하였으나.
로마인들, 즉 천부장 루시아, 총독 벨릭스, 또 하나의 총독 베스도는 "나를
심문하여 죽일 죄목이 없으므로 석방하려 하였다"고 말한다(22:24; 24:10;
25:8; 26:31). 로마인은 로마법에 따라 바울에게 죄가 없는 것을 판단하고
석방하려 하였다는 것이다.

**행 28:19. 유대인들이 반대하기로 내가 마지못하여 가이사에게 상소함이요
내 민족을 고발하려는 것이 아니니라.**
바울은 "유대인들이 반대하기로 내가 마지못하여 가이사에게 상소했다"고
말한다(25:11). 바울은 로마에 있는 유대인들 앞에서 아주 점잖은 표현을
쓰고 있다. 사실은 유대인들이 바울을 죽이려고 했는데 바울은 다만 유대인들
이 바울의 석방을 반대한 것으로만 말한다. 유대인들이 바울의 석방을 반대했
기에 바울은 마지못하여 부득이 가이사에게 상소한 것뿐이지 결코 "내 민족
을 고발하려는 것이 아니라"고 말한다(25:9-11; 26:32). 바울은 유대민족에
게 해가 돌아가도록 고발하는 것이 아니라 단지 자신의 무죄를 입증하기
위해서 상소했다고 말한다. 오늘날 신자들끼리 일반 법정에 고소하면서 바울
도 일반 사회 법정에 고소했다는 것을 들어 자신들이 정당함을 입증하려고
한다. 그러나 바울은 자신의 무죄함만을 드러내려고 상소한 것뿐이었다.

**행 28:20. 이러하므로 너희를 보고 함께 이야기하려고 청하였으니 이스라엘
의 소망으로 말미암아 내가 이 쇠사슬에 매인 바 되었노라.**
바울은 "이러하므로(for this cause)," 즉 '바울 자신이 유대인들을 정죄하기
위해서 가이사에게 고발한 것도 아니고 단지 자신의 무죄를 드러내기 위하여
마지못하여 상소하였으므로(17-19절), 다시 말해 유대인들에 대한 반감이
전혀 없으므로' "너희를 보고 함께 이야기하려고 청하였으니 이스라엘의
소망으로 말미암아 내가 이 쇠사슬에 매인 바 되었다"고 말한다(26:6-7,
29; 엡 3:1; 4:1; 6:20; 딤후 1:16; 2:9; 몬 1:10, 13). 즉 바울 자신은 유대인들

에 대한 감정은 전혀 없고 다만 "이스라엘의 소망으로 말미암아"(24:15주해 참조) 쇠사슬에 매이게 되었다고 말하기 위해서 유대인들을 초청했다고 말한다. 여기 "이스라엘의 소망"이란 '예수 그리스도'를 지칭하는데 바울은 예수 그리스도가 바로 이스라엘 사람들이 기대하던 소망이라 전했고 이스라엘 사람들은 예수님을 소망으로 믿지 않을 뿐 아니라 오히려 바울을 죽이려고 했으므로 바울은 어쩔 수 없이 유대인들의 손에 의하여 죽지 않으려고 가이사에게 상소하여 쇠사슬에 매여 로마까지 왔다고 말한다. 오늘 우리는 예수님을 우리의 구주라고 전하다가 쇠사슬에 얽매일 각오가 되어야 있어야 할 것이다.

행 28:21-22. 그들이 이르되 우리가 유대에서 네게 대한 편지도 받은 일이 없고 또 형제 중 누가 와서 네게 대하여 좋지 못한 것을 전하든지 이야기한 일도 없느니라 이에 우리가 너의 사상이 어떠한가 듣고자 하니 이 파에 대하여는 어디서든지 반대를 받는 줄 알기 때문이라 하더라.

바울이 유대인들을 초청한 이유에 대하여 말하는 것을 들은 유대인들은 두 가지 반응을 보인다. 하나는 "우리가 유대에서 네게 대한 편지도 받은 일이 없고 또 형제 중 누가 와서 네게 대하여 좋지 못한 것을 전하든지 이야기한 일도 없다"고 말한다. 즉 바울이 로마에 오기 전에 유대로부터 바울에 대한 편지를 받은 일도 없고, 또 어떤 사람이 와서 바울에 대해서 좋지 못한 말을 한 적도 없어서 전혀 바울에 대해서는 아는바가 없다고 말한다. 물론 바울에 대해서는 아는 바가 없다고 해도 바울이 믿는 종교가 어떠한 종교라는 것을 대충 알았을 것이지만 공식적으로 무슨 보고를 받지 못했다는 것이다. 또 하나는 "이에 우리가 너의 사상이 어떠한가 듣고자 한다"고 말한다. 다시 말해 '그렇다고 해도(δε) 우리가 당신의 사상이 어떠한가를 들어보고자 한다'는 것이다. 그들은 "이유는(γὰρ) 이 파(24:5의 "이단"이라는 낱말과 같은 말이다)에 대하여는 어디서든지 반대를 받는 줄 알기 때문이라"고 말한다(24:5, 14; 눅 2:34; 벧전 2:12; 4:14). 그들은 바울에 대해서는 전혀 들은바 없지만 기독교가 어디서든지

반대를 받는 줄 알기 때문에 바울의 사상이 어떠한가를 알고자 한다고
말한다. 그들은 바울이 예수 그리스도를 믿는 사람이니 바울의 사상이
어떠한가를 알아보기를 원했다.

2. 바울이 변증하다　28:23-29

누가는 바울이 유대인의 높은 사람을 불러 자신이 로마에 오게 된 이유를
설명한(17-22절) 다음 예수 그리스도를 변증한다. 그러나 바울은 유대인들이
예수 그리스도에 대해 냉담한 반응을 보이기 때문에 이방인에게 갈 수밖에
없다고 말한다(23-29절).

**행 28:23. 그들이 날짜를 정하고 그가 유숙하는 집에 많이 오니 바울이
아침부터 저녁까지 강론하여 하나님의 나라를 증언하고 모세의 율법과 선지
자의 말을 가지고 예수에 대하여 권하더라.**

누가는 "그들," 곧 '유대인 중 높은 사람들'(17절)이 "날짜를 정하고 그가
유숙하는 집에 많이 왔다"고 말한다. 그들은 매일 온 것은 아니고 날짜를
정한 다음 바울이 유숙하는 집, 즉 바울이 얻은 셋집(30절)에 많이 찾아왔다.
바울은 찾아오는 많은 사람들에게 "아침부터 저녁까지 강론하여 하나님의
나라를 증언하고 모세의 율법과 선지자의 말을 가지고 예수에 대하여 권했
다"(17:3; 19:8; 눅 24:27). 아침부터 저녁까지 모세의 율법과 선지자의 말,
즉 구약 성경을 자세히 파헤쳐서 하나님의 나라를 증언하고 예수 그리스도를
믿으라고 권했다. 여기 "하나님 나라"는 예수님께서 전하신 중심 메시지였다
(마 4:17, 23; 9:35; 막 1:15; 눅 8:1; 9:2). 바울은 하나님의 나라를 세우시는
분이 예수 그리스도이시며 하나님 나라를 통치하시는 분이 예수 그리스도이
심을 증언하였다. 바울은 에베소의 회당에서도 그리고 두란노의 서원에서도
"하나님의 나라"와 "그리스도의 말씀"을 가르쳤다(19:8, 10). 그리고 바울은
에베소 교회의 장로들에게 고별설교를 할 때에도 "하나님의 은혜의 복음"을
전했고 "하나님 나라를 전파했다"(20:24-25). 오늘도 역시 전도할 때는 구약

성경과 신약성경을 풀어서 하나님의 나라를 증언하고 하나님 나라의 주인이신 그리스도를 전해야 할 것이다.

행 28:24. 그 말을 믿는 사람도 있고 믿지 아니하는 사람도 있어.
바울이 유대인들에게 아침부터 저녁까지 하나님 나라의 완성자는 그리스도이시고 통치자도 그리스도이심을 증언하면서 그리스도를 믿을 것을 권했으나 바울의 "말을 믿는 사람도 있고 믿지 아니하는 사람도 있었다"(14:4; 17:4; 19:9). 다시 말해 두 갈래로 갈라진 것이다(14:4; 17:4-5; 19:9-10). 그러나 이때는 믿지 않는 사람이 더 많았다(28절 참조).

행 28:25. 서로 맞지 아니하여 흩어질 때에 바울이 한 말로 이르되 성령이 선지자 이사야를 통하여 너희 조상들에게 말씀하신 것이 옳도다.
바울이 유대인들에게 하나님 나라를 증언하고 예수님을 믿도록 권했으나 바울의 말을 믿는 사람도 있고 믿지 아니하는 사람도 있었는데(앞 절) 양편이 "서로 맞지 아니하여 흩어지게 되었다." 서로 신앙이 맞지 아니하여 산회하게 될 때에 바울이 한 마디 말로 말했는데 그것은 성령님께서 선지자 이사야를 통하여 유대인의 조상들에게 말씀하신 것이었는데 바울 당시에도 그 말씀이 잘 들어맞는다고 말한다. 성령님께서 하신 말씀은 어느 때나 잘 들어맞는다. 예수님께서도 이사야의 이 말씀을 들어 말씀하신 적이 있으시다(마 13:14-15; 막 4:12; 눅 8:10; 요 12:39-40).

행 28:26-27. 일렀으되 이 백성에게 가서 말하기를 너희가 듣기는 들어도 도무지 깨닫지 못하며 보기는 보아도 도무지 알지 못하는도다 이 백성들의 마음이 우둔하여져서 그 귀로는 둔하게 듣고 그 눈은 감았으니 이는 눈으로 보고 귀로 듣고 마음으로 깨달아 돌아오면 내가 고쳐 줄까 함이라 하였으니.
본문의 "이 백성"은 '유대인'을 지칭한다(28절에 "이방인"이란 말이 있는 것을 보면 알 수 있다). 바울은 이사야 6:9-10의 말씀을 인용하여 불신 유대인들에게 적용한다. 바울은 26절에서는 유대인들을 마주 대하고 말하기를 "너희가 듣기는 들어도 도무지 깨닫지 못하며 보기는 보아도 도무지 알지 못하는도다"라고 말한다(사 6:9; 렘 5:21; 겔 12:2; 마 13:14-15; 막 4:12; 눅 8:10; 요 12:40; 롬 11:8). '너희가 귀로 복음을 들어도 깨닫지 못하며 눈으로 하나님의 징조를 보기는 보아도 도무지 알지 못하는구나'라고 말한다. 그러니까 귀와 눈이 전혀 열리지 않았다는 뜻이다. 육적인 귀는 들을 수 있고, 육안(肉眼)은 열려서 무슨 물체를 보기는 하나, 영안(靈眼)이 닫혀서 도무지 진리를 알지 못한다는 탄식이다. 그런데 바울은 27절에서는 이렇게 유대인의 귀와 눈이 닫혀있는 이유는 그들의 마음이 우둔하기 때문이라고 말한다. 문제는 마음이다. 마음이 둔하면 영적인 귀가 열리지 않아서 복음의 내용이 들리지 않고 영안이 열리지 않아서 깨달을 수 없다.

그런데 바울은 유대인들의 마음이 우둔하여져서 귀가 있어도 복음의 진리가 들리지 않으며 눈이 있어도 깨닫지 못하는 이유는 "이는 눈으로 보고 귀로 듣고 마음으로 깨달아 돌아오면 내가 고쳐 줄까" 염려가 되기 때문이라고 말한다. 사실은 유대인들이 눈으로 보고 귀로 듣고 마음으로 깨달아 하나님께 돌아오면 하나님께서 구원해 주실 터이지만 워낙 마음을 굳게 해서 귀가 닫히고 눈이 닫혔기에 하나님께 절대로 돌아올 생각도 하지 않고 또 돌아올 수도 없음을 표현하는 말씀이다. 유대인들은 하나님의 선택을 받지 않았기에 하나님께로 돌아가서 구원받으면 안 된다는 생각을 가지고 있었다. 이사야 당시의 유대인들은 끝까지 회개하지 않아서 결국은 바벨론 포로가 되었고 예수님 당시의 유대인들은 끝까지 예수님을 영접하지 않아서 주후 70년에 로마에 의해서 망하게 되었다. 바울은 로마에서 유대인들을 보면서 이사야 당시의 유대인들이 회개하지 않다가 망한 사실을 기억하고 이사야의 예언을 말한 것이다.

행 28:28. 그런즉 하나님의 이 구원이 이방인에게로 보내어진 줄 알라 그들은 그것을 들으리라 하더라.

유대인들이 예수님을 믿지 않기 때문에 바울은 "하나님의 이 구원이 이방인에게로 보내어진 줄 알라"고 말한다(13:46-47; 18:6; 22:21; 26:17-18; 마 21:41, 43; 롬 11:11). 바울은 유대인들이 그리스도의 복음을 믿지 않으니 복음이 이방인에게로 보내어진 줄 알라고 경고한다. 다시 말해 바울은 이방인 중심으로 복음을 전하겠다는 것이다. 바울은 벌써 3년 전에 로마서를 써서 보냈을 때 유대인이 복음을 배척했기에 복음이 이방으로 넘어갔고 종말에 유대인이 회개할 것을 말했다(롬 9:-11:). 바울은 그 사실을 알면서도 너무 안타까워 여기서 다시 한 번 외친 것이다. 바울은 이방인들은 "그것을 들으리라"라고 말한다. '복음을 들으리라'는 말이다. 바울은 로마에 오기 전에 벌써 이방의 사도로서 이방에 복음을 전하다가 왔다. 유대인들은 어쩔 수 없는 민족이었다. 종말에 가서야 예수님을 믿을 것이다.

행 28:29. (없 음). 서부 사본(HLP)에는 29절이 있다. KJV에도 서부 사본의 것을 번역했다. "And when he had said these words, the Jews departed, and had great reasoning among themselves." "그가 이 말을 마치니 유대인들이 떠나가더라. 그리고 그들 사이에 큰 논쟁이 있더라." 바울이 말을 마치고 유대인들이 떠나갈 때 바울의 말 때문에 서로 입씨름을 했다는 내용이다. 당연한 추측으로 보인다. 훗날 앞 뒤 문맥을 살펴서 삽입한 것으로 보인다.

3. 바울이 옥중에서 하나님 나라를 전파하다 28:30-31

누가는 바울의 로마 옥중 생활에 대하여 겨우 두 줄로 표현하고 갑자기 사도행전을 끝맺는다. 참으로 궁금함을 더해준다. 누가가 갑자기 사도행전을 끝맺음한 것을 두고 여러 추측이 가해졌다. 그러나 그 모든 추측은 역시 추측일 뿐이다. 지금 우리가 알 수 있는 사항이 아니다. 누가는 바울이 예수님의 가르침을 담대하게 그리고 중단 없이 가르치고 있다고 말하면서 끝을 맺는다.

행 28:30. 바울이 온 이태를 자기 셋집에 머물면서 자기에게 오는 사람을 다 영접하고.

누가는 바울이 2년을 로마에 있으면서 사역한 것을 전한다. "바울이 온 이태를 자기 셋집에 머물면서 자기에게 오는 사람을 다 영접했다"고 말한다. 바울의 로마 사역 기간은 2년이라고 말하고 또 사역 장소는 자기 셋집이라고 말하며 자기에게 오는 사람(가이사 집 사람들-빌 4:22, 도주한 노예-몬 1:10, 또 다른 많은 사람들)을 다 영접해서 하나님의 나라를 전파하며 주 예수 그리스도에 관한 모든 것을 가르쳤다고 말한다(다음 절).

　여기서 문제가 되는 것은 바울이 2년 동안 로마에 있으면서 왜 재판을 받지 않았는지에 대해 여러 추측이 있다. 1) 가이사랴로부터 베스도의 보고가 아직 로마로 오지 않았기 때문이라는 견해. 2) 유대인들의 압력이 있어서라는 견해. 3) 단순한 사무관계로 지연되었다는 견해. 4) 고소자들이 로마 법정에 출두해야 하는 법정 기간(아마도 18개월일 것이라고 한다)이 지나 궐석재판이 진행되었고 또 게다가 바울의 석방 기간까지도 포함되어 2년이 걸렸을 것이라고 한다(Ramsay). 브루스(Bruce)는 람세이(Ramsay)의 견해에 동의하고 있다. 바울을 기소했던 자들은 계속해서 바울을 고소하는 일이 실리적이지도 못할 뿐만 아니라 지혜로운 일이 못된다고 판단하여 아마도 바울에 대한 산헤드린의 소송은 궐석으로 진행되었을 것이라고 추측한다(Bruce). 위의 모든 견해 중에 마지막 것이 가장 타당한 듯이 보인다. 이유는 하나님께서 바울을 로마로 보내신 것은 복음 전도를 위해 보내신 것이지 재판 받으라고 보내신 것은 아니기 때문에 2년 동안 복음만 전했고 재판은 궐석재판으로 끝이 났을 것이다. 아무튼 바울은 2년 동안 복음을 전할 좋은 기회를 가지고 하나님 나라와 그리스도를 전했다.

　그리고 바울의 셋집의 집세를 누가 지불했느냐 하는 것이 문제가 된다. 1) 바울이 원래 가진 돈으로 지불했을 것이다. 2) 장막을 만들어 판돈으로 지불했을 것이다. 3) 빌립보 교회에서 보내준 헌금으로 지불했을 것이다. 4) 로마 교회의 성도들이 돈을 주어서 지불했을 것이다(John Stott). 아마답은 2, 3, 4번에 있을 것이다.

행 28:31. 하나님의 나라를 전파하며 주 예수 그리스도에 관한 모든 것을 담대하게 거침없이 가르치더라.

본문의 "하나님의 나라"라는 말과 "주 예수 그리스도에 관한 모든 것"이란 말의 주해를 위해서는 23절 주해를 참조할 것. 바울은 예수님께서 하나님의 나라의 주인이시고 또 예수님은 하나님 나라의 통치자라는 것을 가르쳤고 예수님을 믿을 때 하나님 나라에 갈 수 있다는 것, 그리고 예수님을 믿을 때 현세에서도 하나님 나라의 시민으로 살 수 있다는 것을 전했다(4:31; 엡 6:19).

그리고 누가는 바울이 죄수의 신분이었지만 "담대하게" 가르쳤다고 말한다. 연금 상태였지만 바울은 완전한 자유를 누렸다. 그가 여러 곳을 찾아가지는 못했지만 찾아오는 사람들에게 그리스도를 담대하게 전할 수 있었다. 그리고 누가는 바울이 그리스도의 복음을 "거침없이"(unhindered) 가르쳤다고 말한다. 로마 정부에서 아무런 제재를 가하지 않아서 바울이 로마에서나 또 로마를 넘어 더 넓은 범위의 사람들이 찾아와도 제재 받지 않고 거침없이 가르쳤다. 로마 정부는 교회에 대해 결코 어떤 제약을 가하지 않았다. 바울의 셋집으로부터 복음은 로마 전체로 그리고 세계로 흘러가고 있었다. 그리고 그가 석방된 후 복음은 세계로 계속해서 퍼져나갔다. 사도행전은 예루살렘에서 시작하여 로마에서 끝난다(F. F. Bruce). 사도행전에서 교회의 부흥을 발견하지 못하는 사람은 다른 곳에서 발견하기는 힘들 것이다. 성령 충만한 한 사람이 세계를 흔들어 놓았다. 오늘 우리는 성령 충만을 받아 담대하게 그리고 거침없이 복음을 세계를 내 교구로 알고 전해야 할 것이다.

-사도행전 주해 끝-

사도행전 주해

2009년 6월 15일 1판 1쇄 발행 (기독교연합신문)
2024년 5월 20일 2판 1쇄 발행

지은이 | 김수흥
발행인 | 박순자
펴낸곳 | 도서출판 언약
주 소 | 수원시 영통구 중부대로 271번길 27-9, 102동 1303호
전 화 | 031-212-9727
E-mail | kidoeuisaram@naver.com
등록번호 | 제374-2014-000006호

 정가 32,000원

ISBN : 979-11-89277-0-0 (94230)(세트)
ISBN : 979-11-89277-5-5 (94230)